U0740161

1979—2019

城轨建造

——中国土木工程学会轨道交通分会40年

中国土木工程学会轨道交通分会　编著

中国建筑工业出版社

图书在版编目（CIP）数据

城轨建造——中国土木工程学会轨道交通分会40年 / 中国土木工程学会轨道交通分会编著. —北京：中国建筑工业出版社，2019.8

ISBN 978-7-112-23984-9

Ⅰ.①城…　Ⅱ.①中…　Ⅲ.①轨道交通—交通工程—中国—文集　Ⅳ.① U2-53

中国版本图书馆CIP数据核字（2019）第144276号

本书以中国土木工程学会轨道交通分会40年的发展为时序，以轨道交通工程技术为核心内容，梳理出我国城市轨道交通工程技术发展的阶段脉络，特别是具有中国特色的自主创新技术的提出、研究、应用、发展及再创新的过程。

全书共分9章，分别是学会发展历程、建设规划、勘察测量、土建设计与施工、轨道、机电设备、运营管理、站场一体化开发、成果与展望。各章分别围绕分会发展的历史，从各自技术的角度，分析了中国内地城市轨道交通60多年来技术发展历程及最新技术案例，同时展示了分会成立40年来的工作和研究成果。

本书内容对城市轨道交通相关的政府部门、建设方、设计和科研单位的技术与管理人员有很好的参考作用，对各城市的轨道交通从业者具有很好的借鉴意义，也可作为高等院校轨道交通工程专业、交通运输专业、土木工程专业及其他相关专业师生的教学参考书。

责任编辑：李笑然　蔡文胜
责任校对：张惠雯　李欣慰

城轨建造——中国土木工程学会轨道交通分会40年
中国土木工程学会轨道交通分会　编著

＊

中国建筑工业出版社出版、发行（北京海淀三里河路9号）
各地新华书店、建筑书店经销
北京点击世代文化传媒有限公司制版
北京建筑工业印刷厂印刷

＊

开本：787×1092毫米　1/16　印张：31¼　插页：6　字数：591千字
2019年9月第一版　2019年9月第一次印刷
定价：198.00元
ISBN 978-7-112-23984-9
　　　（34278）

版权所有　翻印必究
如有印装质量问题，可寄本社退换
（邮政编码 100037）

领导听取北京地铁 1 号线工程汇报

设计人员讨论北京地铁 1 号线设计方案

北京地铁人工施工

早期模架施工

铺轨作业

地铁学组成立，北京，1979.5

第二次学术交流会，广州，1979.11

第三次学术交流会，哈尔滨，1980.8

第十届学术交流会，北京，1995.10

第二届城市轨道交通中青年专家论坛暨第十六届地下铁道学术交流会

2004 年 10 月 17-18 日 上海

第十六届学术交流会，上海，2004.10

中国土木工程学会城市轨道交通技术推广委员会成立暨隧道及地下工程学会地铁专业委员会第五届委员会

2005

技术推广委员会成立大会，沈阳，2005.12

首届城市轨道交通关键技术论坛，南京，2006.10

第十八届地铁学术交流会，广州，2007.10

第十九届地铁学术交流会，北京，2009.2

中国工程科技论坛，第二十一届地铁学术交流会，西安，2011.11

专家聚焦研讨

第二十七届学术交流会会场，长沙，2018.4

勘察与测量专委会五周年纪念大会

中国城市轨道交通关键技术论坛暨第二十六届地铁学术交流会，郑州，2017.4

中国城市轨道交通关键技术论坛暨第二十七届地铁学术交流会，长沙，2018.4

院士视察第一台盾构模型

"7·19"城市轨道交通关键技术座谈会

汶川地震调研，2008.6

北京地铁亦庄线

北京地铁 6 号线北运河东站明挖法施工

南京地铁 S1 线

北京地铁 7 号线东延黑庄户车站明挖法施工

深圳地铁 5 号线

长沙磁浮快线

青岛地铁 3 号线暗挖区间隧道单双线接口

深圳地铁 7 号线

上海地铁 11 号线康桥车站

上海地铁 16 号线高架区间

深圳罗湖地铁枢纽工程

沈阳地铁 1 号线

北京地铁八通线

北京地铁 9 号线六里桥站

编写委员会

总 策 划：王汉军

总 顾 问：张 弥　王振信　王新杰　杜文库　金 锋　刘国琦
　　　　　宋敏华　陈湘生　丁树奎　刘纯洁　杨秀仁

主 　 编：冯爱军

副 主 编：梁青槐　郭建国　刘加华　许巧祥　袁敏正　黄伏莲

参编人员：（按姓氏笔画排序）

于松伟　万传风　弓 剑　马海志　丰茂圣　王 霆
王宏博　王思锴　韦相廷　龙 静　卢 云　叶晓平
叶富智　史海欧　冯祖辉　吕 馨　华福才　刘 劲
刘 萱　刘力丹　刘永勤　刘明辉　刘树亚　江 琴
许 巍　孙永兵　孙名刚　孙常青　严金秀　李芳凝
李松梅　李杭轩　李泳慧　李瑞东　杨 旭　时亚昕
吴 超　吴久林　吴建忠　余永明　张 丽　张义鑫
张建全　张贵满　张峥嵘　易危香　金 奕　金 淮
郑瑞武　孟 鑫　胡雨欣　秦暄阳　袁永球　袁泽重
袁振国　徐 凌　徐胜运　徐鹏宇　黄齐武　黄晓宇
曹宝宁　董叶青　韩少光　傅德明　鲁 放　谢宇山
蒲科岍　雷 刚　颜 威　潘志刚　戴树森

统稿审核：冯爱军　梁青槐　郭建国　万传风　刘明辉　叶晓平

序 1

　　中国土木工程学会历来重视技术进步与创新技术的交流和推广，1979 年，为解决当时地铁的建设技术难题，在我会隧道分会成立了地铁学组，经过 40 年发展，现已成为我会直属分支机构暨轨道交通分会。分会一直是我会最活跃的分支机构之一，40 年来，在行业内开展了很多卓有成效的活动，吸引了行业的众多单位积极参与，分会先后成功举办了 27 届地铁学术交流会及 11 届城市轨道交通关键技术论坛。论坛已成为我国城市轨道交通行业中最有影响力的学术会议之一，受到了行业的广泛关注和好评。

　　城市轨道交通是城市重要的基础设施，近年来其建设规模与速度世界罕见。从 1969 年中国第一条地铁——北京地铁 1 号线开通的 23.6km 到今天，已发生了翻天覆地的变化。据统计，截至 2018 年 12 月 31 日，中国内地包括北京、上海、广州、深圳、南京、天津、重庆、大连、沈阳、长春、成都、武汉、西安、佛山、苏州、杭州、昆明、哈尔滨、郑州、长沙、宁波、无锡、青岛、南昌、淮安、东莞、合肥、南宁、福州、石家庄、贵阳、厦门、珠海、乌鲁木齐，共 34 座城市拥有 181 条城市轨道交通运营线路，运营线路总里程为 5451km。有 27 座城市拥有两条及以上城市轨道交通线路，逐步形成网络化运营格局。除已开通运营的 34 座城市之外，徐州、常州、呼和浩特、济南、芜湖、兰州、太原、绍兴、金华、台州、南通、洛阳、蒙自、德令哈、三亚共 15 座城市正在进行城市轨道交通建设。目前，在建地铁线路长度为 6374km，共有 63 座城市（含地方政府批复的 19 个）已获城市轨道交通建设批复，规划总里程近 8000km。在建设速度不断加快的同时，城市轨道交通的技术也有了跨越式的发展，轨道交通分会一直致力于创新技术的推广应用，并通过研究课题引领行业的技术发展，更多种制式、更快速便捷、更智能高效、更安全可靠、更节能环保是未来城市轨道交通技术发展的方向。

　　今天，看到轨道交通分会组织编撰的这部《城轨建造——中国土木工程学会轨道交通分会 40 年》，很是欣慰！这本书不仅记录了分会 40 年的工作成果，更重要的是记录了改革开放 40 年来中国城市轨道交通技术发展的脉络，凝聚了分会理事单位的心血和成果。此书是 2017 年出版的《中国地铁 60 年——人和事》的姊妹篇，也是一本城市轨道交通行业的重要文献著作，非常值得珍藏！我很感谢分会做了这么多有意义的工作，为学会积累了城市轨道交通方面的宝贵财富。

希望分会再接再厉，不断开拓创新，搭建好行业技术交流的平台，积极推广创新技术，促进行业技术进步，为城市轨道交通的勘察设计、施工、建设运营管理单位及广大工程技术人员提供更好的服务！中国土木工程学会也将一如既往地支持轨道交通分会的工作。

郭允冲

2019 年 6 月

序　2

1959 年，我在苏联莫斯科铁道运输工程学院获得地铁专业副博士学位，回国后回母校唐山铁道学院任教，并被聘为北京地铁工程局和铁道部第三勘察设计院顾问，参与北京地铁最初的筹建工作。后于 1965 年正式调入北京地铁工程局工作。自此，我的人生就一直与我国的地铁事业相伴，至今整整 60 年。从北京地铁最初的"战备为主"，到现在地铁的"交通功能"为主；从北京首条地铁线路零的突破，到 2018 年底 5451km 运营线路；从北京地铁初期的"深埋"改"浅埋加防护"，到现在盾构的广泛使用和地下大型综合交通枢纽站的暗挖工程技术……。在中国土木工程学会轨道交通分会成立 40 周年之际，回想起来，感慨万分，点点滴滴再次不断涌现出来。

从 1979 年最初的中国土木工程学会隧道学会地铁学组，到中国土木工程学会隧道及地下工程分会地铁专业委员会，到中国土木工程学会城市轨道交通技术推广委员会，到中国土木工程学会城市轨道交通技术工作委员会，直至今日的中国土木工程学会轨道交通分会，我从参与者，到组织者，到策划者，直至顾问，可以说我是伴着分会发展一路走来，既得到了分会给我的技术滋润，又见证了分会的发展历程，感受到了分会对我国城市轨道交通行业大发展的伟大贡献。

未来 20～30 年，我国城市轨道交通仍将处在快速发展的阶段，隧道、桥梁、车站等土木工程勘察、设计、施工技术，车辆、供电、信号、通信等机电设备技术，智能化运营和管理技术，以轨道交通为核心的城市一体化发展技术和管理，以轨道交通为骨干的多种交通方式并存的城市综合交通体系构建技术，轨道上的城市群建造和管理技术……发展日新月异。愿中国土木工程学会轨道交通分会，引导、助力我国城市轨道交通新技术的发展，再创辉煌。

施仲衡

2019 年 6 月

寄　语　1

时光荏苒，岁月如梭。40 年风雨，40 载地铁情！从 1979 年成立的隧道学会地铁学组，到今天的轨道交通分会，历经七届委员会，经历了改革开放的 40 年，见证和参与了国家轨道交通建设快速发展的 40 年。

轨道交通分会以地铁学组为基础，组织机构从地铁学组、隧道及地下工程分会地铁专业专委会、城市轨道交通技术推广（工作）委员会，开枝蔓叶，成立了勘察和测量专业委员会，逐渐发展成为今天的轨道交通分会。

分会发挥了桥梁、纽带的作用，始终带领大家共同研究推广了地铁建设的规划设计与建造技术，推广应用地铁建设的新技术、

刘国琦
地下铁道专业委员会第三、四届主任

新工艺、新材料、新产品，以促进中国城市轨道交通规划、设计、建设、运营等方面的技术进步和发展为行动宗旨，服务好政府、服务好行业、服务好企业。七届委员会各届委员们同心同德，共同努力，一路走来，取得了很好的成绩。从第一届交流会的自带论文交流，发展到现在的会前征集并印制、出版、发行论文集；40 年来，共召开了 27 届（次）不同主题地铁学术交流会；以北京、上海、广州等地铁建设经验为基础，推广应用"明挖法""暗挖法""浅埋暗挖法""盾构法""冻结法"等新技术、新工艺、新工法；承担了科技部、住建部的相关课题研究，为政府决策提供了依据；依靠专家团队在不同城市和地区开展技术咨询服务，提高了行业技术水平；主持、参与编制了国家轨道交通方面的多项标准，引领科技先行。

改革开放 40 年，尤春风和煦，吹拂神州大地，中国地铁建设也在改革春风中茁壮成长，从最初的北京 1 号线、2 号线 40 多公里，到上海、广州、天

津等城市的同步发展，到全国 30 多个城市 5000 多公里，在运营里程和地铁建造技术方面，中国地铁都走到了世界前列。地铁建设，带动了国家 GDP 的增长，增加了就业，节约了资源，降低了能耗和环境污染，方便了出行，造福了百姓。

40 年来，轨道交通分会通过几代人辛勤付出和不懈努力，积累了大量经验，取得了不俗的成绩，获得了上级组织的认可和行业的支持与关注。我希望，同时也期待，中国土木工程学会轨道交通分会能保持初心、牢记使命，继续为国家轨道交通事业做出更多更大的贡献。长风破浪，直挂云帆，勇往直前！

2019 年 6 月

寄 语 2

光阴似箭，岁月如梭。中国土木工程学会轨道交通分会喜迎 40 周年华诞，作为一名亲历者，谨向我们分会致以热烈而诚挚的祝贺。

中国土木工程学会隧道及地下工程分会地铁专业委员会成立于 1979 年，由中国人民解放军基建工程兵发起组织，是我国最早的开展城市轨道交通学术交流活动的学术团体。组织了 27 届地铁建设学术研讨活动，发表论文无数。真可谓精英荟萃、交流活跃、成果颇丰。

2003 年，我还在担任北京城建设计研究总院院长一职。记得是上半年的一天，北京城建集团总工程师，也是我的老领导刘国琦同志把我找去，希望将地铁专委会挂靠在北京城

宋敏华
轨道交通技术工作委员会第五、六届理事长

建设计研究总院，并语重心长地嘱咐我，要把专委会的旗帜接过去，并努力把专委会办好！我欣然领命，于 2003 年 10 月在成都举办的第十五届地铁学术交流会上正式接任第四届地铁专委会主任。接任后我即开始积极筹划在专委会基础上成立二级分会事宜。时任中国土木工程学会理事长的谭庆琏同志和住建部黄卫副部长二位领导对地铁专委会的工作很重视也很支持，采纳并批准了我们在地铁专委会基础上成立城市轨道交通技术推广（工作）委员会的建议。2006 年 4 月 8 日，中国土木工程学会第八届第五次常务理事扩大会议正式批准成立"城市轨道交通技术推广委员会"，委员会直属土木工程学会管理。民政部于 2010 年 5 月正式批复的名称为"中国土木工程学会城市轨道交通技术工作委员会"，为具有社团法人的分支机构。我从 2003 年的第四届专委会主任，到连任第五届、第六届委员会理事长，前后共历时 12 年。

我任职的 12 年恰逢城市轨道交通大规模建设期，技术工作委员会也随之快速成长壮大，活动日渐丰富，行业影响力不断扩大。12 年间，我们创立了城市轨道交通关键技术论坛；承担了科技部国家科技支撑计划重点项目"新型城市轨道交通技术"的研究工作；出版了"新型城市轨道交通技术丛书"；编制了《城市轨道交通技术发展纲要建议》暨系列标准；开展了"城市轨道交通专项科技成果评估与推广工作"；2008 年汶川地震时，第一时间组织业内专家赶赴灾区调研地震对成都、重庆地铁建设的影响，调研的成果也被写入了有关规范。

12 年辛勤耕耘的足迹历历在目，12 年创造的辉煌倍感欣慰，12 年铸就的友谊永远铭记。

现在，我虽身任中国城市轨道交通协会副会长兼秘书长，但一直在关注着土木学会轨道交通分会的发展，并与分会的同志们共享着成功的快乐，同尝着胜利的喜悦。

当前，城市轨道交通处在高质量发展的黄金时期，"交通强国，城轨担当"，让我们在不同的岗位上，不忘初心，牢记使命，砥砺奋进，无愧于时代赋予我们的历史责任。谨以此与大家共勉。

2019 年 6 月

寄 语 3

2015 年初我开始担任中国土木工程学会城市轨道交通技术工作委员会理事长，至今 4 年多了。期间，"城市轨道交通技术工作委员会"更名为"轨道交通分会"。在过去的 4 年里，轨道交通分会一直致力于我国城市轨道交通行业的技术交流平台建设，开展了多种多样的技术交流活动，尤其是每年召开的"中国城市轨道交通关键技术论坛"作为官方唯一的轨道交通工程类技术论坛，已成为国内具有较大影响力的轨道交通技术交流平台。

王汉军
轨道交通分会第七届理事长

除了组织中国城市轨道交通关键技术论坛外，分会还多次组织行业热点问题的专题技术研讨、开展轨道交通技术创新推广项目评审及推广、进行中国土木工程詹天佑奖轨道专业组的初评、组织编制团体标准等工作。

其中牵头承担的中国科协课题"京津冀轨道交通一体化与协同创新平台"作为决策咨询项目受到科协连续三年的支持。

首个城市轨道交通行业团体标准《市域快速轨道交通设计规范》T/CCES 2-2017 的发布，为后续多个市域快速轨道交通项目的建设提供了技术指导。

近 4 年共有 12 项城市轨道交通工程获得中国土木工程的最高大奖——詹天佑奖，极大地提高了行业的影响力。

同时，分会 2017 年还组织编写出版了《中国地铁 60 年——人和事》，书中记录了国内参与地铁规划建设和运营的近百位关键人物，通过人和事，反映中国地铁 60 多年来的发展历程、重大事件。今年，分会又组织理事单位编写《城轨建造——中国土木工程学会轨道交通分会 40 年》，本书以中国土木工程学会轨道交通分会 40 年的发展为时序，以轨道交通工程技术为核心内容，梳理出我国城市轨道交通工程技术发展的阶段脉络，特别是具有中国特色的自主创新技术的提出、研究、应用、发展及再创新的过程，为行业留下了珍贵的技术文献资料。

回首过去的 4 年，分会努力搭建我国城市轨道交通行业的技术交流平台，积极引领行业技术发展和创新，致力于成为政府、规划设计单位、建设单位、运营单位、施工单位、科研机构、大专院校、设备制造商等单位和社会各界人士的纽带。在此，我感谢各理事单位和业内同行的一路支持，希望在今后的岁月，分会能继续与各位同行携手做好轨道交通分会的工作，促进行业新发展！

2019 年 6 月

前　言

中国土木工程学会轨道交通分会（以下简称"分会"）的前身为中国土木工程学会隧道学会地铁学组，成立于 1979 年。分会成立 40 年来，经历了中国土木工程学会隧道学会地铁学组（1979～1995 年）、中国土木工程学会隧道及地下工程分会地铁专业委员会（1995～2005 年）、中国土木工程学会城市轨道交通技术推广委员会（2005～2010 年）、中国土木工程学会城市轨道交通技术工作委员会（2010～2017 年，2010 年民政部正式批准为社会团体分支机构）、中国土木工程学会轨道交通分会（2017 年至今）五个阶段。

分会是全国城市轨道交通行业单位自愿组合成立的非营利性、全国性的行业学术组织，几十年来，几代人致力于城市轨道交通的规划、设计、建设、运营方面的研究与技术推广，业务范围从土木工程设计与施工领域逐步扩展到城市轨道交通项目前期规划、建设、运营、管理、投融资等各个方面，在城市轨道交通行业内具有广泛影响。

分会设常务理事会，由理事长、副理事长、常务理事、秘书长和副秘书长组成。分会共有理事单位 100 余家，基本涵盖了全国城市轨道交通行业的大多数规划设计、施工、运营、科研机构、大专院校等单位。截至目前，分会历经七届理事会，共组织大型行业学术交流会 27 届，创办并召开了 11 届"中国城市轨道交通关键技术论坛"，其中三次还被确定为中国工程院的学部学术活动；牵头国家科技支撑计划重点项目"新型城市轨道交通技术"的研究，承担中国科协"城市轨道交通创新平台建设"等课题研究；编制发布了《城市轨道交通技术发展纲要建议》《城市轨道交通运营管理指南》CCES 01—2010，主编了国家标准《城市轨道交通建设项目管理规范》GB50722—2011，编制了国家首批试点的团体标准《市域快速轨道交通设计规范》T/CCES 2—2017 和《有轨电车交通工程技术标准》；开展"城市轨道交通专项科技成果评估与推广工作"，共评估和发布了 165 项城市轨道交通新技术和优秀工程；推选 25 项城市轨道交通工程获中国土木工程詹天佑奖；编辑出版论文集 16 本，发表论文 1551 篇。

分会把促进中国城市轨道交通规划、设计、建设、运营等方面的技术创新与发展作为行动宗旨，致力于搭建我国城市轨道交通行业的技术交流平台，引领本领域的技术创新，形成联系政府、投资者、项目业主、咨询工程师、施工企业、设备建造商、运营商和社会各界人士的纽带。基于此，为庆祝分会成立40年，分会秘书处特别组织理事单位编写了这本技术著作，全书共分9章，分别为发展历程、建设规划、勘察测量、土建设计与施工、轨道、机电设备、运营管理、站场一体化开发、成果与展望。章节基本涵盖了城市轨道交通各专业、各阶段的技术内容，各章分别围绕分会发展的时间脉络，从各自技术的角度，分析了中国内地城市轨道交通60多年来技术发展的历程及最新工程案例，同时也展示了分会成立40年来的工作成果。

希望通过我们的记录，更多地保留住中国城市轨道交通60余年发展历程中的珍贵资料，让从业人员了解我国城市轨道交通规划、建设、运营技术的过去、现在和未来，记住这些成果以及为这些成果做出贡献的人们！

在本书编写过程中，得到了理事及会员单位的大力支持，协助调研及资料搜集，为本书提供了大量素材，特别是各章节主编单位及编写人员付出了辛苦的努力！其中北京城建设计发展集团股份有限公司主编了第1、3、5、9章；北京交通大学主编了2、8章；上海申通地铁集团有限公司主编了第4章；南京地铁集团有限公司主编了第6章；广州地铁集团有限公司主编了第7章。上一任副秘书长傅德明亲自撰稿，而多年来一直支持分会工作的前辈张弥、王新杰、王振信、金锋、杜文库老先生们提供了素材并对稿件进行了细致审核。在此深表感谢！

也特别感谢中国土木工程学会领导对分会多年来一如既往的指导和帮助，感谢理事单位的支持，感谢分会挂靠单位北京城建设计发展集团股份有限公司对本书出版的大力支持！

编者

2019年6月，北京

目　录

第1章 发展历程

——1979 到 2019，伴中国城市轨道交通而生

中国土木工程学会轨道交通分会的前身为中国土木工程学会隧道学会地铁学组，成立于 1979 年。地铁学组成立 40 年来，经历了中国土木工程学会隧道学会地铁学组（1979～1995 年）、中国土木工程学会隧道及地下工程分会地铁专业委员会（1995～2005 年）、中国土木工程学会城市轨道交通技术推广委员会（2005～2010 年）、中国土木工程学会城市轨道交通技术工作委员会（2010～2017 年）、中国土木工程学会轨道交通分会（2017 年至今）的历次更名。

轨道交通分会成立 40 年来，先后在北京（1979.5）、广州（1979.11）、哈尔滨（1980.8）、北京（1983.1）、天津（1986.5）、上海（1987.3）、南京（1988.10）、北京（1992.5）、上海（1993.12）、北京（1995.10）、广州（1996.12）、上海（1998.5）、深圳（1999.12）、北京（2001.12）、成都（2003.10）、上海（2004.10）、南京（2006.10）、广州（2007.10）、北京（2009.2）、上海（2010.11）、西安（2011.11）、长春（2012.10）、北京（2013.9）、天津（2015.4）、深圳（2016.4）、郑州（2017.4）、长沙（2018.4）等 13 个城市举办了 27 届地铁学术交流会，并在 2006 年创立了中国城市轨道交通关键技术论坛，至今也已举行了 11 届。第 28 届地铁学术交流会和 2019 年城市轨道交通关键技术论坛将于 2019 年 8 月在北京举办。随着地铁学术交流活动的开展，各地同行互相学习、不断提高，地铁规划、设计、施工、运营、车辆及相关装备的技术水平 40 年来取得了突飞猛进的发展，轨道交通分会的学术交流活动对我国城市轨道交通的建设和发展作出了重要贡献。可以说从 1979 到 2019，轨道交通分会伴中国城市轨道交通而生。

1.1 隧道学会地铁学组（1979～1995 年）

1.1.1 改革开放伊始，地铁学组成立

1978 年，改革开放的春风同样唤醒了中国土木工程隧道界及地铁界，那时北京地铁 1 号线已开通运营了将近 10 年，2 号线正在建设中，筹备了 20 年的上

海地铁终于在1978年批复了《上海地铁盾构法试验段计划任务书》，广州市委重提修建地铁议案，并翻译了英国咨询公司所做的香港地铁可行性研究报告，天津和哈尔滨正在考虑人防工程如何改造为地铁，各地都遇到了建设中的诸多技术问题，迫切需要有一个行业组织把广大隧道及地下工程的同行们聚集在一起，共同探讨地铁建设的难点问题。

70年代末，由西南交通大学刘圣化校长和著名的隧道专家高渠清教授发起，并得到全国隧道与地下工程界的支持，经过两年多的筹备和中国土木工程学会常务理事会的批准，中国土木工程学会隧道分会（后改名为隧道与地下工程分会）于1979年2月27日—3月5日在四川峨眉西南交通大学举行成立大会，并举行了学术讨论会，选举产生了以刘圣化为理事长、高渠清为秘书长的第一届理事会。地铁作为地下工程的一个重要领域，由时任基建工程兵北京指挥部总工程师的傅清谈、时任上海隧道公司副总工程师的王振信、时任天津地铁筹建处的王津生、时任广州市坑道管理所副所长的宋慧元、时任哈尔滨地铁筹建处的李成栋代表五家单位共同发起，在隧道学会的成立大会上成立了地铁学组，挂靠单位是中国人民解放军基建工程兵北京指挥部（北京城建集团的前身），由指挥部总工程师傅清谈同志负责筹建。其主要目的是共同研究地铁建设的设计与施工建造技术。时任隧道及地下工程学会副秘书长的北京交通大学张弥教授编写了会议纪要，标志着中国土木工程学会隧道及地下工程学会地铁学组的诞生。

1979年5月18日—24日在北京召开了地铁学组成立大会并举办了第一届学术交流活动，成立了第一届委员会（图1.1.1），傅清谈同志为组长，王振信（上海隧道公司）、王津生（天津地铁筹建处）、宋慧元（时任广州市九号工程及地铁筹建处副主任）为副组长，郝玺、杜文库任秘书。

图1.1.1　地铁学组成立大会及第一届学术交流活动全体代表合影

第一届学术交流会于 1979 年 5 月在北京举行，来自全国各城市的代表有 30 余人，会议代表参观了北京地铁工程建设，研究了地铁学术交流活动今后如何开展。

第二届学术交流会于 1979 年 11 月在广州举行，有 50 多位代表参加，广州市有关领导参加了会议（图 1.1.2）。有 30 多篇论文在会上进行了交流。特别需要指出的是，会上代表们提出了降低地铁防护等级的建议，认为地铁的防护等级应该改为五级人防标准，这对降低地铁造价具有很大的意义，地铁学组的这个建议获得了各部门的认可，后来中央对上海地铁 1 号线的批复中从以防护为主改为以交通为主兼顾人防。

图 1.1.2　地铁学组第二届学术交流活动全体代表合影

第三届、第四届、第五届学术交流会分别于 1980 年 8 月、1983 年 1 月、1986 年 5 月在哈尔滨、北京和天津举行。由于受到当时条件的限制，前五届都是代表自带论文分发给大家进行交流，并未编印论文集。

1.1.2　第二届委员会，规模扩大

地铁学组的第二届委员会及第六届地铁学术交流会于 1987 年 3 月在上海举行（图 1.1.3）。会议选举出第二届委员会委员，沈祖澄任组长，王振信、金锋、李忠信、李成栋、王新杰、侯学渊、宋长明任副组长，杜文库、薛绍祖、孙学策任秘书。从本届会议开始，采取会前征集并印制论文的方式，使学术交流活动更加正规化，学术交流会的规模也越来越大。

图 1.1.3　地铁学组第六届学术交流会

第七届地铁学术交流会于 1988 年 10 月在南京举行，由南京工程兵技术学院和南京地铁筹建处承办，会议主题是"地铁暗挖技术"。本次会议开始，一些年青工程师和高校研究生开始参加交流活动，为地铁学组增添了新鲜血液。

第八届地铁学术交流会于 1992 年 5 月在北京举行，由北京城建集团承办，会议主题是"地铁盖挖技术"。在这次会议上，大家对我国地铁前期建设所采用的技术进行了充分交流。80 年代以前，我国地铁的设计和施工只有一家，地铁学组组织各城市进行学术交流，促使更多城市的设计、施工单位纷纷参加到地铁设计、施工队伍的行列中来。

第九届地铁学术交流会于 1993 年 12 月在上海举行，由上海地铁建设公司承办，会议主题是"地铁盾构技术"。

北京从 1965 年开始修建地铁，当时，大都采用明挖法，只有一个车站和两个区间采用暗挖。明挖在当时的条件下是最经济合理的方案。由于地铁明挖采用了打桩、降水等工艺，应用了大型挖土机、推土机、汽车运输、组合模板、混凝土搅拌站、混凝土搅拌车和泵送混凝土、钢管柱混凝土等先进机具和技术，大大改变了当时人工施工的落后面貌。同时也带动了其他城市建设工程机具和技术的更新改造。

盖挖法也是率先在北京、上海地铁施工中应用，这项技术目前在城市建筑密集地区的深层地下工程施工中，也取得了良好的社会、经济效益。

浅埋暗挖法在北京地铁施工中成功应用后，很快普及到城市各种市政管网、地下过街道、地下车库、地下商场等工程，出现了多连拱暗挖工程。北京城建设计发展集团（原北京城建设计研究院）还发明了平顶直墙暗挖法、多跨多层的平顶直墙暗挖法，保证了施工安全，为更好地利用地下空间提供了技术保障，有力推进了地下空间的开发。

冷冻法在北京地铁区间隧道中应用成功，使它成为在有水地层施工的新方法。沉埋法施工技术在广州越江工程应用获得成功。这些施工技术的创新，有力推动了大城市地铁的建设进程。该技术在上海等地的越江隧道也被成功应用。

盾构法施工技术在上海地铁施工中获得成功，为在其他城市采用盾构施工积累了经验。盾构（TBM）是掘进速度快、衬砌质量有保证、施工安全的隧道暗挖工法，北京、上海在 20 世纪 60 年代就自主研究气压网格盾构，压缩混凝土衬砌盾构,后又引进、消化、改造和制造盾构(TBM),解决了在软土、砂粒土、砾岩等各种复杂地质条件下修建地铁的难题。

通过地铁学组组织的学术交流会,使得各地在设计、施工实践中创造的新工艺、新技术在行业内得到充分交流,同行们在交流中提高技术水平,增进了友谊。交流活动促进了各种技术在各地的应用,也推广应用到城市建设的其他领域中,促使城市建设水平不断提高,推动了各城市的地铁建设。

1.2　隧道及地下工程分会地下铁道专业委员会(1995~2005 年)

1.2.1　第三届理事会,学术交流日渐规范

1995 年 10 月,地铁学组在北京召开了第三届理事会,会议决议将"地铁学组"正式更名为"地下铁道专业委员会",并选出第三届理事会成员。委员会挂靠在北京城建集团,时任总工程师的刘国琦担任主任委员,王振信、金锋担任顾问,王新杰、李忠信、侯学渊、李成栋、王梦恕、董云德、陈韶章、谢正光任副主任,杜文库任秘书长,薛绍祖、孙学策、孙长江、盛百松为秘书。同期举办了第十届地铁学术交流会(图 1.2.1),由北京城建集团承办,会议主题是"地铁的规划及投融资"。本次会议时值 1995 年,国务院暂停审批地铁项目,但地铁专业委员会仍坚持活动,为我国各城市应储备一些规划、设计和施工力量而做宣传和呼吁,从而保护、储存了一些设计、施工力量。并在线网规划、可研深度上不断创新、发展,在设计、施工技术和车辆及装备制造等方面进一步提高质量。本次会议参会代表达到了 200 人以上,地铁专业委员会的学术交流活动日渐规范。

第十一届地铁学术交流会于 1996 年 12 月在广州举行,会议交流论文达到 195 篇,为历届之最,会议主题是"地铁车站设计与施工"。1996 年,广州地铁施工中引进日本复合盾构技术通过岩石和软土地层获得成功。2000 年,北京在地铁 5 号线的施工中开始采用盾构技术。从此各城市修建地铁开始了大规模采用盾构(或 TBM)的时代,国家为防止进口盾构"万国牌"现象,鼓励和扶持自主研发制造。2012 年,我会原副主任、专家王新杰参与组织了中国工程机械协会掘进机分会的成立。2017 年

图 1.2.1　地铁专业委员会第十届地铁学术交流会

和 2018 年我国自主制造的盾构机销量已达 645 和 650 台。各城市仅地铁工程中使用的盾构机已经有 600 余台,加上城市市政管网、越江隧道、煤炭、公路、引水、铁路等领域的广泛应用,目前不完全统计,国内全断面隧道掘进机的保有量已近 3000 台,中国已成为世界上最大的盾构机研发、制造、销售和使用国。

第十二届地铁学术交流会于 1998 年 5 月在上海举行,由上海地铁建设公司承办。会议的主题是"地铁深基坑设计施工",一批年轻的工程师结合北京、上海、广州等地的工程实践,发表了独到的见解,而今,这些年轻人有的成为行业内龙头单位的负责人,有的成为行业的知名专家,是新世纪我国地铁的建设者,为我国的地铁建设贡献了青春和汗水。

第十三届地铁学术交流会于 1999 年 12 月在深圳举行,由深圳地铁公司承办,会议的主题是"地铁设备国产化",这也是地铁学术会议的交流主题首次拓展到了设备专业。地铁专业委员会对我国地铁车辆、通信信号、供电、通风、自动扶梯等设备的开发应用及国产化问题十分关注,纵观历史,北京地铁一期工程在中央领导小组主持下,铁道、机械、电子等部委合作,自力更生生产出车辆和各种设备,并在北京地铁一期工程中应用。70 年代开始,又在平壤地铁中得到成功应用。随着引进外资修建地铁,开始大量引进车辆和其他设备,尽管性能有所改善,但大大提高了地铁工程造价,到了城市难以承受的程度。为此,国务院〔1995〕60 号文件暂停审批地铁项目,这促使我们不得不认真研究和思考如何降低地铁工程造价和设备国产化问题。只有降低地铁造价,促进地铁车辆设备的国产化,才能在我国各城市更健康地发展地铁,解决大城市的交通问题。为此,我们的学术交流也围绕着这个问题展开深入的研究和探讨。一批性价比占有很大优势的国产车辆、设备应运而生。在激烈的国际竞争中,我国的车辆、供电、通风等设备获得伊朗地铁订单,说明我国地铁车辆和设备的性能、价格在国际上是有竞争能力的。原国家计划委员会要求车辆和设备的国产化,并在深圳、南京等城市进行试点是非常正确的,我们在近几届学术交流会上,都把车辆及设备国产化问题提到了重要的议程。

为了搞好国产设备的改造工作,地铁专业委员会根据有关厂家的要求,组织专题论证协助厂家解决有关技术问题。天津通风机厂了解到地铁风机使用的是矿井轴流和纺织轴流两类之间的机型,虽然风压、风量可满足要求,但对地铁特殊环境下的特殊要求尚无适合的风机问世,应厂家要求地铁专业委员会邀请有关科研单位、大专院校和有关城市地铁专家共同对地铁原用风机进行分析论证,专家们对地铁风机的技术要求进行了研究,对风量、风压、适应火灾排烟及耐湿、适应季节、风叶片调整,对结构和经济方面的要求进行了分析,并提出建议。根据

专家的建议，天津通风机厂与中国科学院物理所、东北大学合作，采用先进的空
气动力设计和结构优化设计成功研制了 DT-45 和 DT-60 型地铁专用风机，其动
叶可调角度、噪声低、结构紧凑、维护保养方便。该风机在地铁第十届学术交流
会上受到热烈赞扬。

1.2.2　第四届理事会，行业发展建议引起关注

第十四届地铁学术交流会于 2001 年 12 月 22 日—25 日在北京举行（图
1.2.2），由北京地铁总公司承办，同期，地下铁道专业委员会进行了换届选举，
选出第四届专业委员会，刘国琦连任主任，施仲衡、刘建航、王振信、金锋、
王新杰担任顾问，王梦恕、王小林、伍勇、刘国彬、何川、李成栋、李养平、
陈韶章、杨斌、姜帆、程骁、葛世平、谢正光担任副主任，杜文库任秘书长，
杨秀仁、郭建国任副秘书长。本届会议对地铁综合技术进行了深入研讨。

图 1.2.2　地铁专业委员会第十四届学术交流会

第十五届地铁学术交流会于 2003 年 10 月 10 日— 11 日在成都举行，由西南
交通大学承办（图 1.2.3）。在成都召开的第十五届学术交流会上，对第四届专业
委员会成员进行了适当调整。推举北京城建设计研究总院院长宋敏华为主任，增
补余波、江庆滨为副主任，刘国琦、杜文库、李成栋为顾问，冯爱军为秘书长。
为了更好地为行业服务，专业委员会依托挂靠单位变更为北京城建设计研究总院
（现北京城建设计发展集团股份有限公司）。

2003 年 12 月 1 日—3 日，中国城市轨道交通规划、建设及设备国产化论坛
在广州举行，本次大会由中国土木工程学会、广东省建设厅、广州市建设委员会、
广东省土木建筑学会主办，广州地下铁道总公司承办，全国各地地铁规划、建设、
设计、运营、生产厂家及相关政府部门的 150 余名代表参加了此次大会，有 20

位代表做了专题报告，大家就目前城市轨道交通的热点问题进行了深入热烈的讨论，这次论坛为我国城市轨道交通、建设和设备国产化工作提供了值得借鉴的新经验，地铁专业委员会协助组织了本次大会，并执笔形成了提交国家相关主管部门的建议性意见，受到有关部门的高度重视。

第十六届地铁学术交流会于2004年10月在上海举行（图1.2.4）。本次会议，地铁专业委员会成功地与中国交通运输协会城市轨道交通专业委员会共同在上海主办了第二届城市轨道交通中青年专家论坛暨第十六届地铁学术交流会，首次实现了国内城市轨道交通全行业的合作，会议由上海地铁建设公司承办。会上交流的"城市轨道交通线网建设与资源共享""全寿命周期集成化管理""综合交通枢纽""地铁建设风险管理""运营安全管理""区域轨道交通"等全新概念，代表了行业的最新学术水平，引领和带动了行业的发展。

图1.2.3　地铁专业委员会第十五届学术交流会

图1.2.4　地铁专业委员会第十六届学术交流会

由于地铁专业委员会在我国地铁建设事业中发挥的独特作用，多次受到上级学会的表彰，学会在我国的大城市中已有很深的影响，日益受到各有关单位的欢迎。各有关城市主动要求承办学术交流会，把它看作促进本城市地铁和轨道交通发展的重要因素。

由于地铁专业委员会的学术交流活动受到各城市同行的重视，根据大家的要求，从第十三届开始正式出版论文集。出版前，对征集的论文组织专家进行筛选、修订、编辑，以确保论文集的质量，使学术交流活动更具吸引力。读者可从中了解和学习我国地铁建设的科技动态，设计、施工的新工艺、新技术、新设备、新材料，从而推动我国地铁和轨道交通不断向前发展。通过地铁专业委员会的学术交流活动，从只有北京一家设计和施工单位发展到上海、广州及原铁道部等多家设计和施工单位，使设计、施工单位之间形成了竞争局面，这种市场竞争也促进了我国地铁建设水平的提高，保证了工程质量，节约了资金。

地铁专业委员会的工作能得到上级学会和轨道交通界人士的支持、认可，是历届委员会领导成员的辛勤工作的结果，历届委员会主任付清谈、沈祖澄、刘国琦等同志都为委员会的建设发展作出了重要贡献。各位副主任、委员、顾问以及会员单位也都为此付出了辛勤的劳动。特别需要指出的是，委员会的老秘书长杜文库同志，从地铁学组成立 26 年来一直为学会的活动和发展兢兢业业、不遗余力地工作，使委员会的各项工作充满活力，有论文发言、答辩、讨论和参观交流等，使每次学术交流会都成为二三百人的盛会，使地铁委员会成为全国很有影响力的社团组织。哈尔滨市原建委副主任、地铁专业委员会的李成栋同志，每届都参加活动，并主持分组讨论会，他对我国城市轨道交通事业的积极性，为我们树立了学习的榜样。

1.3　城市轨道交通技术推广（工作）委员会（2005～2016 年）

1.3.1　第五届理事会，获批社团法人

2005 年，时任国务院总理的温家宝同志作出批示，要求优先发展城市公共交通，优先发展城市公共交通是符合中国实际的城市发展和交通发展的正确战略思想。国务院办公厅于 2005 年 9 月 23 日下发了《国务院办公厅转发建设部等部门关于优先发展城市公共交通意见的通知》（国办发〔2005〕46 号）（以下简称《意见》），要求各地认真落实"公交优先"战略。原建设部等部门在《意见》中明确提出"要大力发展公共汽（电）车，有序发展城市轨道交通，适度发展大运量快速公共汽车系统。城市轨道交通建设要坚持量力而行、有序发展的方针，与

图 1.3.1　地铁专业委员会第五届委员会议

城市规模和经济发展水平相适应。对经济条件较好、交通拥堵问题比较严重的特大城市轨道交通项目予以优先支持。项目建设要严格按照城市轨道交通建设规划组织实施。"

2005 年，全国已经开通运营轨道交通的城市有北京、上海、天津、重庆、广州、南京、武汉、长春、深圳、大连等 10 座城市，开通运营线路共计 20 条，线路总长近 500km。除上述 10 座城市外，据不完全统计，尚有沈阳、杭州、成都、哈尔滨、西安、石家庄、南昌、合肥、长沙、青岛、苏州、鞍山、无锡、常州、徐州、烟台、威海、东莞等城市，有的已经开工建设，有的正在进行前期工作。另外，在经济发达地区，如珠三角、长三角以及京津塘环渤海湾地区，城际轨道交通建设也在酝酿之中。当时近期规划建设的轨道交通线路，就有 55 条，约 1700km。

在此背景下，2005 年 12 月，根据 2005 年 8 月 26 日中国土木工程学会专业分会、专业委员会秘书长会议关于各专业委员会加强组织制度建设的会议精神，地铁专业委员会于 2005 年 12 月在沈阳举行换届选举，产生第五届委员会（图 1.3.1）。施仲衡、王梦恕任名誉主任，刘建航、李成栋、王振信、金锋、王新杰、刘国琦、杜文库、张弥、陈韶章任顾问，宋敏华担任主任，王灏、谢正光、卢光霖、伍勇、张金立、周文波、罗富荣、白廷辉、王如路、王小林、沈林冲、王刚、姜庆滨、侯树民、仲建华、杨少林、何川、刘国彬、王良、白云、沈秀芳、徐明杰、刘维宁、张汎 24 位担任副主任，冯爱军担任秘书长，郭建国担任副秘书长。本届会议，委员们一致认为，中国的城市轨道交通建设急需建立更高层级的学术交流平台，为此，本届理事会形成了向中国土木工程学会提交的成立"城市轨道交通技术推广委员会"的建议书。建议以地铁专业委员会为依托，成立"城市轨道交通技术推广委员会"（图 1.3.2）。这个委员会下设领导小组和专家小组。为了更好地加强城市轨道交通信息交流和服务工作，开展以下几方面的工作：

（1）进一步搞好城市轨道交通的学术交流活动。通过学术交流这个平台，深入交流各城市轨道交通的可行性研究、规划、设计、施工、设备制造、安装、科研、运营管理、维修、投融资等方面的经验。引导新技术的推广和应用，不断提高我国城市轨道交通的建设与管理水平。

（2）搞好国内外交流，组织学习考察国外轨道交通的建设管理经验和先进技术。根据需要，组织有关技术和管理人员赴国外考察、学习培训，组织双边和多边国际城市轨道交通建设的交流会，学习发达国家的经验，不断引进新技术、新设备，提高我国的城市轨道交通建设管理水平。

（3）依靠专家，集中优势搞好城市轨道交通建设的技术咨询服务。轨道交通建设和运营的城市已经初步形成了一支专家队伍，我们专业委员会应把这些专家组织起来，一方面组织学术交流，另一方面根据各城市，特别是正在筹建地铁和城市轨道交通的城市需求，组织专家进行技术咨询服务，使已有城市轨道交通的建设经验形成"生产力"，不断提高科技含量和技术水平。

（4）进一步加强与政府主管部门的联系与合作，加强产业服务，起到政府、企业的行业联系纽带，借此共同搭建多方共赢的伙伴关系。在制定我国城市轨道交通的发展战略、发展规划、相关产业政策、技术政策、建设标准等方面为行业提供技术服务。

（5）将委员会活动规范化，制定行动纲领，不断发展会员，实现中国乃至世界范围的交流互动。

图 1.3.2　城市轨道交通技术推广委员会成立大会

2006 年 4 月 8 日，中国土木工程学会第八届第五次常务理事扩大会议正式批准成立"城市轨道交通技术推广委员会"，委员会直属土木工程学会管理，挂靠单位为北京城建设计研究总院。2010 年，中国科协、民政部正式批准中国土木工程学会成立"城市轨道交通技术工作委员会"（以下简称工作委员会），为社团法人（图 1.3.3）。宋敏华任理事长，冯爱军任秘书长。同时成立了领导小组和专家小组。

图 1.3.3　城市轨道交通技术工作委员会登记证书

这个阶段是委员会发展壮大、行业影响力迅速扩大的阶段。第一，从 2006 年起，在地铁学术交流会的基础上，我们创立并举办了"中国城市轨道交通关键技术论坛"，至今已连续举办了 11 届，其中三次还被确定为中国工程院的学部学术活动，逐步形成了中国土木工程学会的品牌学术活动，受到了中国工程院和中国科学技术协会的关注。第二，牵头国家科技支撑计划重点项目"新型城市轨道交通技术"的研究，这是全国首个在城市轨道交通领域的国家重点科技计划，对我国城市轨道交通建设和管理技术进行了系统的研究，形成了城市轨道交通发展的政策建议、系列标准规范和"新型城市轨道交通技术丛书"等研究成果，对我国轨道交通发展具有积极的指导意义。第三，开展了标准编制工作，陆续发布了《城市轨道交通技术发展纲要建议》《城市轨道交通运营管理指南》CCES 01—2010，主编了国家标准《城市轨道交通建设项目管理规范》GB50722—2011。第四，开展"城市轨道交通专项科技成果评估与推广工作"，共评估和发布了 106 项城市轨道交通新技术和优秀工程。

1.3.2　创办城市轨道交通关键技术论坛

为适应全国城市轨道交通建设迅速发展的形势，贯彻"国家中长期科学和技术发展规划纲要"精神，落实"十一五"规划中提出的轨道交通"超前规划，适时建设"的发展战略，2006 年 7 月 19 日，时任原建设部副部长的黄卫院士主持召开会议，研究城市轨道交通关键技术有关问题（图 1.3.4）。中国工程院院士施仲衡、吕志涛，原建设部质量安全司、科学技术司、标准定额司、城乡规划司、城市建设司的负责同志，有关城市轨道交通企业、科研院所及高校的负责同志和专家出席了会议。施仲衡院士介绍了我国城市轨道交通发展的现状和存在的问题，并就开展城市轨道交通关键技术研究提出了意见和建议。与会代表和专家围绕开展城市轨道交通关键技术研究，促进我国城市轨道交通健康发展等进行了讨论。会议认为，当前我国城市轨道交通发展十分迅速，对城市规划、环境、交通组织、公共安全等产生了巨大的影响，对相关政策、法规和标准等方面也提出了更高的要求。回顾我国城市轨道交通 40 年的发展历程，有许多经验和教训值得认真思索和全面总结。与会代表认为，由原建设部牵头组织全国力量，开展城市轨道交通关键技术研究，是十分必要和及时的，对于提高城市交通效率、降低城市运行成本、推动公共交通优先战略的顺利实施，促进我国城市轨道交通的可持续发展具有重要的意义。会议强调，开展城市轨道交通关键技术研究，要以科学发展观为指导，紧紧围绕资源节约、环境友好、技术创新和安全便捷的总体要求，系统地总结我国城市轨道交通发展的成功经验，推广我国已经取得成效的城市轨道交通创新技术以及先进施工工法，着力研究解决我国城市轨道交通建设、运营和管理中的突出问题，形成具有中国特色的城市轨道交通政策、法规和标准体系。会议明确，课题由施仲衡院士、黄卫副部长牵头，由轨道交通技术工作委员会组织协调。

图 1.3.4　城市轨道交通关键技术座谈会

　　为此，委员会在组织关键技术课题研究的基础上，发起并举办了首届城市轨道交通领域的关键技术论坛（图 1.3.5），与第十七届地铁学术交流会同步召开，于 2006 年 10 月在南京举行，由南京地铁集团公司承办。南京会议以"城市轨道交通关键技术研究"为主题，推出《中国城市轨道交通新技术第一集》，该书汇集了全国城市轨道交通最新技术成果 20 项，并与《都市快轨交通》杂志合作，推出 2006 年增刊，该期增刊收录了城市轨道交通学术论文 42 篇。原建设部、中国土木工程学会、全国各城市轨道交通建设、运营、设计、施工、科研院所、大专院校的领导、专家、工程技术人员、论文作者 260 余人参加了大会。

图 1.3.5　首届城市轨道交通关键技术论坛　　图 1.3.6　首批中国城市轨道交通新技术颁发证书

　　随后，每届的年度关键技术论坛都与地铁学术交流会同步举办（图 1.3.6），第十八届地铁学术交流会于 2007 年 10 月 12—13 日在广州举办，由广州地铁集团公司承办（图 1.3.7）。本次会议的主题是发布首批"建设部城市轨道交通专项技术推广项目"，推出国家科技支撑计划"新型城市轨道交通技术"初步研究成果，推广"资源节约型、环境友好型、技术创新型、安全便捷型"城市轨道交通新方法、新设备和新技术。本届会议继首届城市轨道交通关键技术论坛推出《中国城市轨道交通新技术（第一集）》之后，又推出了《中国城市轨道交通新技术（第二集）》，该集收录了 39 个项目，内容涉及轨道交通安全、环保、节能、创新、国产化等各个方面，较第一集内容更丰富，技术更全面，集中体现了节能、环保、安全、增效和创新的理念。原建设部、中国土木工程学会、全国各城市轨道交通建设、运营、设计、施工、科研院所、大专院校的领导、专家、工程技术人员约 200 人参加了此次会议。

图 1.3.7　第十八届地铁学术交流会

　　第十九届地铁学术交流会于 2009 年 2 月 27 日—28 日在北京举办（图 1.3.8），

由北京市基础设施投资有限公司、
北京城建设计研究总院有限责任公
司承办。时任住房和城乡建设部副
部长齐骥、时任中国土木工程学会
理事长谭庆琏、时任北京市副市长
黄卫、中国工程院院士周干峙、施
仲衡、钱七虎等到会并作了重要讲
话。来自住房和城乡建设部、中国
土木工程学会、城市轨道交通技术

图 1.3.8　第十九届地铁学术交流会

推广委员会委员单位、住建部"新型城市轨道交通技术"项目课题组成员单位、
全国各有关城市轨道交通建设、运营、设计、施工、科研院所、大专院校的领导、
专家、工程技术人员 150 余人参加了大会。

　　本次会议的主题是"突出城市轨道交通的技术发展与创新",会议发布了国
家"十一五"科技支撑计划重点项目"新型城市轨道交通技术"的阶段性研究成
果;展示北京地铁的建设和运营经验;推出《中国城市轨道交通新技术(第三集)》;
交流、推广城市轨道交通新技术。在本次论坛上,来自北京、上海、广州、南京、
深圳等地的有关专家就北京城市轨道交通发展策略、城市轨道交通投融资与可持
续发展、城市轨道交通技术发展和创新体系、北京地铁运营管理、北京地铁建设
安全管理创新、城市轨道交通建设管理模式创新与示范、城市轨道交通运营管理
模式、轨道交通与土地利用的互动分析、网络整体效益评价体系、综合造价控制、
轨道交通建设时序、安全责任体系及安全风险评估指南、轻轨交通工程技术标准
与应用、客流预测相关问题研究、能耗分析等行业热点问题做了主题发言。发言
从不同的角度和侧面,论述了我国城市轨道交通的发展和创新,内容涉及轨道交
通规划、网络化建设、技术创新、投融资、标准体系、运营、轻轨以及建设安全
管理等各个方面,展示了我国城市轨道交通技术发展的现状。

　　特别值得一提的是,本次大会在北京召开,适逢北京成功举办奥运会不久。
奥运前夕北京新开通了地铁 10 号线、机场线和奥运支线,北京地铁新老线路成
功地经受住了奥运的考验,顶住了奥运会期间,观赛流、旅游流、通勤流三股客
流合一对北京交通形成的巨大压力,为保障北京奥运会期间交通顺畅运行发挥了
重要作用。北京市轨道交通指挥中心于 2008 年 12 月 26 日全面投入使用,这标
志着北京市轨道交通发展进入网络化运营管理新时代。北京轨道交通指挥中心是
当时世界上集指挥调度和票务清算两大功能于一体,规模最大、接入线路最多、
智能化水平最高的轨道交通调度指挥中枢。轨道交通指挥中心大厅面积约 1300

多平方米，通过显示屏，工作人员可以对 8 条已经运营的轨道线路和未来开通的新线路的动态运营情况进行实时监控。指挥中心包括轨道交通路网指挥调度中心、路网票务清算管理中心、14 条轨道交通线路的控制中心及相应配套设施。2008 年 6 月 9 日，随着地铁自动售检票系统全面投入运营，轨道指挥中心的路网票务清算管理中心投入使用。2008 年 7 月，路网指挥调度中心系统具备开通条件，地铁 1 号线、2 号线、5 号线、10 号线一期、八通线、13 号线、奥运支线和机场线 8 条轨道线路控制中心进入轨道指挥中心，从而结束了北京轨道交通一条线路一个调度控制中心的历史，提高了整体运营效率和综合调度指挥能力。随着 2009 年地铁 4 号线开通，京港地铁公司正式加入北京地铁运营，依托指挥中心可以在不同运营主体之间建立起快速、高效、可靠的协调机制和快速反应机制，不断完善紧急突发事件快速处置。

针对北京轨道交通网络化时代的到来，北京市基础设施投资有限公司组织开展了《网络化建设与运营及资源共享专题研究》，明确了北京市城市轨道交通网络系统构成基本框架和技术方向，制定各专业系统的主要功能、技术指标和技术原则，形成北京轨道交通网络化建设与运营实施指导意见，为北京市轨道交通系统的统筹协调和可持续发展提供了有力的技术支撑和技术保证。在会上发布的课题研究成果包括：

（1）线网运量等级分类及运营模式研究；

（2）车辆规划与资源共享综合研究；

（3）车辆综合基地、联络线规划与资源共享综合研究；

（4）供电系统规划与资源共享综合研究；

（5）通信系统规划与资源共享综合研究；

（6）信号系统规划与资源共享综合研究；

（7）网络票务系统综合研究；

（8）乘客服务界面、工作界面 / 标识系统综合研究；

（9）网络化运营管理模式研究；

（10）网络化运营行车组织研究；

（11）网络换乘节点综合研究；

（12）轨道交通与其他交通方式衔接研究。

1.3.3　开展汶川地震调查

2008 年 5 月 12 日，四川地区发生特大地震。据中国地震台网测定"5·12"汶川大地震的震级为 8 级，震源深度约为 14km，地震主要能量的释放是在一分多钟内完成的。这次地震是一次低速率、长周期和高强度的巨大地震。特点是能量积累慢、复发周期长、影响范围大、破坏强度高、次生灾害重。地震释放出巨大的能量以地震弹性波的形式传遍中国大陆乃至整个地球。

图 1.3.9　汶川地震调研，成都，2008.6

　　为了解汶川地震对震区城市轨道交通结构安全性的影响情况，及时收集、分析有关资料，采集有关数据，并提出地铁安全相应的对策措施建议，中国土木工程学会城市轨道交通技术推广委员会应成都、重庆地铁公司的邀请，组织业内有关专家赴震区开展地铁震害调研工作。本次活动的目的是通过现场调研、资料收集，组织各方专家开展分析和研究工作，研究现行地铁（地下结构）设计标准及抗震规范的适用性，提出下阶段城市轨道交通抗震研究课题和方向，研究提出下一步建设和运营的应对措施。此项工作得到了住房和城乡建设部工程质量安全监督与行业发展司的指导与支持，也得到了中国交通运输协会城市轨道交通专业委员会和中国建筑业协会深基础施工分会的大力支持。2008年 6 月 1 日—6 日，调研组在领队中国土木工程学会秘书长张雁和中国土木工程学会城市轨道交通技术工作委员会主任、北京城建设计研究总院院长宋敏华的带领下，一行 10 人赴成都、重庆实地调查和了解了地震灾害对地铁结构安全的影响，进行第一阶段实地考察调研，采集相关数据。调研组成员有中铁隧道集团原董事长郭陕云、北京城建设计研究总院总工程师杨秀仁、清华大学教授张建民、北京工业大学教授陶连金、广州地铁设计院副总工程师廖景、铁道第二勘测设计集团副总工程师张海波、南京地铁公司副总工程师杨树才、中国土木工程学会城市轨道交通技术工作委员会秘书长冯爱军以及成都地铁公司和重庆市轨道交通总公司的专家参加了此次活动（图 1.3.9）。

　　调研组先后与成都地铁公司和重庆轨道交通总公司进行了座谈，并实地进行了考察，编写了调研报告并提交给有关部门。

1.3.4　组织实施国家科技支撑计划——新型城市轨道交通技术

　　优先发展城市公共交通，是促进我国城市健康发展的重要战略，发展城市轨道交通，是城市公共交通战略的重要内容。轨道交通将成为特大城市公共交通的骨干、大中城市的主要公共交通方式，不仅为改善群众出行作出重大贡献，其建设也是拉动内需的重要举措。据统计，每投资 1 亿元的轨道交通项目，可带动GDP 增长 2.63 亿元，增加 8000 个以上的就业岗位。城市轨道交通每百人公里的人均能耗是小汽车的 1/20。在人均占用土地资源方面，城市轨道交通为 $0.2m^2$，而公共电汽车、小型轿车、摩托车、自行车分别是它的 4.6 倍、115 倍、100 倍和 50 倍。

2006 年，"新型城市轨道交通技术"作为"十一五"国家科技支撑计划首批启动的重点研究项目，由原建设部牵头组织实施，下设专家组、实施专家组和项目办公室，项目办公室挂靠在北京城建设计研究总院（现北京城建设计发展集团股份有限公司），主要工作由城市轨道交通技术工作委员会承担。项目针对目前我国城市轨道交通系统存在的主要问题，通过系统研究提出我国城市轨道交通的发展机制和创新模式，构建城市轨道交通标准体系，研制具有自主知识产权的城市轨道交通运行与控制系统，重点突破中低速磁悬浮交通系统和 100% 低地板轻轨车等关键技术，为城市轨道交通的规划和建设提供技术支撑，促进我国城市轨道交通行业规范化与有序发展，提高轨道交通装备制造业的整体技术水平，带动产业发展。该项目包括 6 个课题，62 个子课题，参与研究单位 101 个，参加研究工作人员千余人。六个课题的承担单位分别是中国土木工程学会、北京城建设计研究总院有限责任公司、原建设部标准定额研究所、北京交通大学、北京控股磁悬浮技术发展有限公司、长春轨道客车股份有限公司。

"新型城市轨道交通技术"项目研究开发了多项先进适用技术、集成应用技术，掌握自主知识产权的核心技术，项目研究形成了系统的成果体系，完成政策建议及指南类成果 10 项；建立了城市轨道交通的工程和产品两个标准体系，编制完成 18 项关键技术标准；提出了 6 项规划理论成果；在基于通信的列车运行控制系统（CBTC）、中低速磁悬浮交通系统、100% 低地板轻轨车辆方面实现核心技术突破；获得专利 50 项，其中发明专利 29 项；出版专著 9 本，发表论文 167 篇，其中国外发表论文 40 篇；项目完成试验基地、中试线、示范工程等 13 项。

特别是项目的研究成果已陆续得到推广应用。如研发的核心技术"基于通信的列车控制系统 CBTC"已在北京亦庄线应用，目前已在国内多个城市使用。2019 年 7 月 22 日，该项目的完成单位成功在科创板上市（交控科技 688015）。中低速磁浮系统在唐山建立了工程示范线，北京 S1 线也已开通运营。100% 有轨电车也在北京西郊线上应用。推动了我国城市轨道交通多层次、多制式的发展。

1.3.5　城市轨道交通创新技术推广

2006～2009 年期间，在"新型城市轨道交通技术"项目的研究阶段，技术工作委员会同时大力开展城市轨道交通创新技术的推广工作，连续 3 届围绕项目研究重点举办城市轨道交通关键技术论坛，出版了三集《中国城市轨道交通新技术》文集，建立了城市轨道交通专项技术评审与推广机制。2006 年、2007 年、2008 年连续 3 年评选出 88 项专项技术推广项目，包括：综合技术 16 项，土建技术 29 项，运营设备技术 43 项，基本构建了我国城市轨道交通的关键技术体系。其中，土建技术多为结合我国国情和复杂地质条件，自主创造的新型施工方法，丰富了地下工程的设计与施工理论和工艺。机电设备技术集中围绕实现机电设备国产化，以及节能、环保、防灾等方面的技术。成果中有 28 项达到国际先进水平，21 项达到国内先进水平。授权发明专利 27 项、实用新型专利 22 项、外观设计专利 1 项、软件著作权专利 19 项，尚有多个项目已经申请专利。这些技术在后续开展城市轨道交通建设的 34 个城市中得以推广应用。

委员会结合"十一五"国家科技支撑计划重点项目"新型城市轨道交通技术"的研究成果，编辑出版了共四卷"新型城市轨道交通技术丛书"，包括：《城市轨道交通可持续发展研究及示范工程》《城市轨道交通建设综合造价控制》《城市轨道交通投融资模式研究》《城市轨道交通建设项目管理指南》。编写出版了《城市轨道交通技术发展纲要》《城市轨道交通运营管理指南》。连续参与《中国土木工程学科发展报告》的编写，负责城市轨道交通篇。

1.3.6　第六届理事会

2010 年 11 月 10 日，城市轨道交通技术工作委员会第六届会员代表大会及第六届常务理事会一次会议在上海华纳风格酒店会议中心举行。委员会名誉理事长施仲衡院士、中国土木工程学会张雁秘书长以及委员会代表共 50 余人出席了此次会议。委员会秘书长冯爱军主持此次会议。会上，名誉理事长施仲衡院士首先作了重要讲话，介绍了我国城市轨道交通快速发展的现状，是委员会所面临空前的挑战和机遇，希望委员会能认清形势、抓住机遇，紧密跟踪行业热点和难点问题，进一步发挥委员会在城市轨道交通行业技术创新、技术交流、技术发展、技术推广的平台作用，为我国城市轨道交通发展做贡献。

会议选举产生了新一届理事会，推举中国工程院院士施仲衡、黄卫为名誉理事长，宋敏华为理事长，田振清、丁树奎、张树人、白廷辉、张兴彦、仲建华、丁建隆、佘才高、林茂德、申伟强、赵瑞亮、陈峰、杨秀仁 13 人为副理事长，

图 1.3.10　第二十届地铁学术交流会

姚洪伟等 16 人为常务理事，选举冯爱军为秘书长，郭建国、佟丽华、傅德明、袁敏正、许巧祥、吴焕君、梁青槐、严金秀 8 人为副秘书长。

会议表决通过了"中国土木工程学会城市轨道交通技术工作委员会工作办法"和"城市轨道交通专家库管理办法"，对委员会今后的工作、组织管理进一步规范。会议还对委员会 Logo 进行评选，确定了委员会活动要有统一的标识，制作统一的"Logo"，树立品牌意识，创建品牌会议、品牌活动、品牌出版物的工作理念。

会议期间同时召开了秘书长工作会议，对各位副秘书长的工作进行了分工。具体是佟丽华同志分工负责组织建设；郭建国同志分工负责对外经营；梁青槐同志分工负责学术研讨与培训；徐巧祥、袁敏正、吴焕军分工负责业主需求与产业发展跟踪；严金秀负责国际合作。

同期，举办了第二十届地铁学术交流会（图 1.3.10），本次会议委员会联合上海市土木工程学会主办，上海申通地铁集团有限公司董事长应名洪致欢迎词；上海市城乡建设和交通委员会领导、中国土木工程学会领导、中国工程院院士施仲衡、住房和城乡建设部领导等到会并作了重要讲话。来自住房和城乡建设部、中国土木工程学会、城市轨道交通技术工作委员会理事单位、上海土木工程学会、上海市交通工程学会、中国土木工程学会城市公共交通分会、"新型城市轨道交通技术"项目课题组成员单位、全国各有关城市轨道交通建设、运营、设计、施工、科研院所、大专院校的领导、专家、工程技术人员近 200 人参加了大会。

本次大会的主题是：突出展示几年来我国城市轨道交通的创新技术，探讨在低碳经济新形势下城市轨道交通领域的可持续发展，展示上海城市轨道交通建设的技术成果。来自北京、上海、南京等地的有关专家做了新型城市轨道交通技术成果体系、上海市轨道交通规划与建设、北京市轨道交通规划与建设、南京市轨道交通建设与发展、国内城市轨道交通工程施工技术发展的主题发言。并集中对城市轨道交通系统制式及应用、以轨道交通为骨干的规划方法及案例、地下工程施工技术及风险控制等三个专题进行了深入探讨。从不同的角度和侧面，论述了我国城市轨道交通的发展和创新，内容涉及城市轨道交通规划、新型城市轨道交通系统、网络化建设、换乘布局、综合交通枢纽、低碳发展模式、创新施工技术、风险控制等各个方面，展示了我国城市轨道交通技术发展的现状。

2011 年 11 月 23 日—25 日，第二十一届地铁学术交流会在西安举办（图 1.3.11），由西安地铁公司承办，此次会议的主题是"构建安全的多层次城市轨道交通体系"，此次会议被列为中国工程院 2011 工程科技

图 1.3.11　第二十一届地铁学术交流会

论坛。会议主题是探讨构建安全的多层次城市轨道交通系统建设安全与运营安全，促进城市轨道交通可持续发展。

本届"论坛"被中国工程院列为第 130 场"中国工程科技论坛"。针对我国不同城市规模、人口密度、地貌环境和市区、市郊等不同需求，选择不同系统制式的轨道交通系统制式，促进城市轨道交通的可持续发展是本届"论坛"讨论的重点之一。特别是轻轨交通（现代有轨电车）技术作为"十一五"国家科技支撑计划的研究成果，提出了我国城市轨道交通多层次、多制式发展的理念，因地制宜地调整设计思路、设计理念、设计方法、评价方法。中国工程院王梦恕院士、梁文灏院士到会并做了大会主题发言，施仲衡院士针对城市轨道交通的可持续发展专门撰写了文章。十几位业内专家就城市轨道交通可持续发展、地下工程安全风险管理、城市轨道交通网络化规划建设与运营的深度思考、轻轨及市域等多层次轨道交通系统模式、轨道交通系统保证体系等热点问题发表了主题演讲，并展开了深度讨论。

2012 年 10 月 18 日—19 日，第二十二届地铁学术交流会在长春举办（图 1.3.12），由中国国际贸易促进委员会长春市委员会、长春市轨道交通集团有限公司承办，会议主题是"轻轨交通系统应用及安全"。本届论坛中国工程院施仲衡院士做了大会主题发言，提出了轨道交通要科学发展、突出重点、引领未来。科学制定城市轨道交通的路网规划。根据城市规模、客流预测，科学地选择轨道交通制式，提高轨道交通的综合效益。

论坛十几位业内专家就轨道交通可持续发展进行了热烈讨论，内容涉及技术创新引领城市轨道交通产业发展、现代有轨电车系统在城市公共交通中的应用、现代有轨电车系统在城市公共交通中的应用、面向主动安全保障的轻轨列车电力牵引系统安全性预测与控制、广州新型轨道交通研究与应用、沈阳浑南新区有轨电车工程实践、深圳中低速磁浮用于公共交通的安全绿色经济性探讨、现代有轨电车在北京适用性研究等。

图 1.3.12　第二十二届地铁学术交流会　　　　图 1.3.13　第二十三届地铁学术交流会

2013 年 9 月 5 日—6 日，第二十三届地铁学术交流会在北京召开（图 1.3.13），本届论坛由中国土木工程学会及城市轨道交通技术工作委员会、中国工程院土木、水利与建筑工程学部共同主办，列入 2013 年中国工程院土木、水利与建筑工程学部学术活动，由北京市轨道交通建设管理公司承办。

本届会议的主题是"如何高水平地建设城市轨道交通"，会上十几位业内专家就轨道交通工程的风险管理、地铁系统设备管理指标体系、轨道交通信息模型的全生命周期管理、城市轨道交通人性化设计探讨、城市轨道交通施工变形指标统计分析与管控措施研究、轨道交通网络化进程中客流特征及成长规律研究等问题发表了主题演讲，并展开了深度讨论。本届论坛收录论文 48 篇，以论文集形式在大会上推出，内容涵盖了城市轨道交通的各个方面。大会根据论文内容，分成规划建设、设备与运营以及勘察、测量与监测三组进行了交流，并评出 20 篇优秀论文。

1.3.7　成立勘察和测量专业委员会

2012 年 3 月 19 日，中国土木工程学会批复了技术工作委员会"关于成立勘察与测量专业委员会"的报告，同意分会成立勘察与测量专业委员会，以下简称"勘测专委会"。2012 年 4 月 27 日，在北京举行了成立大会暨第一次专业交流会，标志着勘测专委会的正式成立（图 1.3.14）。

北京城建勘测设计研究院有限责任公司作为勘测专委会的发起单位，担任委员会主任委员单位，副主任委员单位为中铁隧道勘测设计院有限公司、上海岩土工程勘察设计研究院有限公司、天津市勘察院、广州地铁设计研究院有限公司、西北综合勘察设计研究院、北京市勘察设计研究院有限公司、南宁轨道交通集团有限责任公司 7 家企业，委员会的常设办事机构为秘书处。目前拥有工作人员 2 人；同时，专业委员会积极吸纳有一定贡献的勘测单位，作为委员和常务委员单位。

委员单位已从初建的 33 家发展到 70 家，充分显示了勘测专委会在行业的影响力和号召力。

勘测专委会成立 6 年来，先后组织多项技术交流活动，特别是以一年一度全体大会为契机的技术交流大会，至今已成功举办六届，分别为：2013 年在北京召开以"高水平地建设城市轨道交通"为主题的中国城市轨道交通关键技术论坛；2014 年在广州召开的第二次全体委员大会暨"智慧勘测，智慧地铁"技术交流会；2015 年在昆明举办第三次全体大会暨"适应新常态，合作谋发展"技术交流大会；2016 年在青岛举办的第四次全体大会暨"智慧地铁、勘测先行"技术交流大会；2017 年在南京举办的第五次全体大会暨"精准发力，助推轨道交通创新发展"技术交流大会；2018 年在南宁举办的第六次全体大会暨"大交通工程勘测与风险管控"技术交流大会。技术交流大会规模不断扩大，影响力不断提升，总结了行业改革发展经验，推动了企业技术及管理创新，实现了行业之间、企业之间，以及委员之间的全方位交流，得到了相关政府部门的大力支持和社会的高度认可。

与此同时，委员会多次组织专业技术培训，为行业专业技术人才培养提供专业技术平台，培训效果成效显著。分别于 2014 年 6 月、2016 年 3 月，委员会与主任单位北京城建勘测设计研究院共同举办"城市轨道交通工程监测技术""城市让生活更美好，监测让社会更和谐"全国监测技术交流大会。多次培训现场反响热烈，效果显著，为轨道交通工程勘测行业技术人员的培养打下了良好的基础。

为推动轨道交通勘测行业的技术创新及发展，委员会编纂出版了《城市轨道交通勘测创新技术》论文集，六年内向全国发行出版 5 期，收录 224 篇专业技术论文，从不同角度不同城市记录了轨道交通勘测行业建设的实践，对我国轨道交通勘测技术的发展和推进有积极的借鉴作用。

紧密围绕行业技术发展需要，坚持科学发展和自主创新，认真协助住建部完成标准建设，积极组织委员单位作为标准的主编及参编单位，参与新标准制定及原标准的修改工作。过去六年，委员单位主编了《城市轨道交通岩土工程勘察规范》GB 50307—2012、《城市轨道交通工程监测技术规范》GB 50911—2013、《城市轨道交通工程测量规范》GB/T 50308—2017、《跨座式单轨交通工程测量标准》（送审稿）4 部国家标准及多项行业地方标准，推动了技术进步，提高了工程质量。

委员会于 2015 年 12 月在云南召开了"院长高峰论坛"，会议审议通过了《昆明共识》，共识着力倡导行业自律，提高全行业专业素养，强化为业主履约服务的能力和水平。不断提高企业创新能力，创新生产方式，加强技术进步，以合理价格承接项目，创造公平竞争环境，维持轨道交通勘测行业的健康发展。通过不断修改完善，《昆明共识》已成为业内共同遵守的约束纲领。

为加强行业内部交流，反映轨道交通行业热点，委员会于 2015 年创办了行业交流期刊《轨道交通勘察与测量讯息》，创刊出版后得到多方认可，目前已连续出版 3 期。期刊的编辑发行可使各会员单位分享更多业内信息，反映行业发展动态，引导科技创新，发挥成果应用，为轨道交通勘测行业提供专业交流平台。

图 1.3.14　勘测专委会学术交流会

1.3.8　第七届理事会

2015 年 1 月，举行第七届理事会一次会议，通过换届选举，产生第七届委员会，施仲衡担任名誉理事长，王汉军任理事长，王灏、张树人、丁建隆、罗富荣、毕湘利、朱敢平、陈湘生、林莉、陈峰、申伟强、马栋、杨秀仁担任副理事长。冯爱军任秘书长，郭建国、袁敏正、许巧祥、梁青槐、严金秀、刘加华、李　恒担任副秘书长。委员会挂靠单位为北京城建设计发展集团，此次会议由德国宝峨机械设备有限公司提供支持，同期举办了地下连续墙新技术新工艺研讨会。

2015 年 4 月 23 日—24 日，第二十四届地铁学术交流会在天津举办（图 1.3.15），由天津轨道交通集团和铁道第三勘察设计院（现中国铁路设计集团有限公司）承办。

本次大会主题是"区域轨道交通网络化·互联互通"，紧密结合国家实施京津冀一体化协同发展的重大战略。大会上共有 26 位专家分别从区域轨道交通发展与规划、区域轨道交通建设、区域轨道交通设计、市域轨道交通技术、互联互通技术与国际经验、平台案例和国际经验

图 1.3.15　第二十四届地铁学术交流会

等六个方面阐述了区域轨道交通发展及装备关键技术。会议还对全国申报的轨道交通设计、建设、技术和工程等创新项目进行了表彰，授予"天津市地下铁道 3 号线工程"等 19 个项目为"城市轨道交通创新技术推广项目"，在全国轨道交通建设中予以推广。本次大会收录论文 120 篇，以论文集形式在大会上推

图 1.3.16　第二十五届地铁学术交流会

出，内容涵盖了城市轨道交通的各个方面。大会根据论文内容，评出了 26 篇优秀论文。

2016 年 4 月 21 日—22 日，第二十五届地铁学术交流会在深圳举办（图 1.3.16），由深圳地铁集团公司、中国铁建股份有限公司、中铁建设投资集团有限公司、中国电建股份有限公司、中国交通建设集团、中国建筑南方投资有限公司联合承办。

本次会议的主题是"城市轨道交通工程建设工艺与技术的创新与应用"，中国工程院王梦恕院士也出席了本次大会并在会上作了主旨发言。大会上共有 26 位演讲人做了专题报告，重点探讨城市轨道交通建设的新技术、新工艺、基础设施的运营维护技术及装备以及相关的标准和管理方法，两项 2015 年度土木工程詹天佑大奖的获奖项目分享了其创新技术及成功经验。

会议授予了"上海市城市轨道交通 16 号线工程"等 9 项工程及"繁华商业区超大规模地铁车站施工关键技术"等 9 项技术为城市轨道交通技术创新推广项目，在全国轨道交通建设中予以推广。本次大会收录论文 66 篇，以论文集形式在大会上推出，并根据论文内容，评出了 20 篇优秀论文。

"城市轨道交通关键技术论坛"已成为行业中最有影响力的学术会议。委员会充分调动了近百家会员单位的力量，在决策技术支持、行业技术服务、技术交流、人才培养等方面发挥作用，为实现"资源节约型、环境友好型、技术创新性和安全便捷型"的城市轨道交通做出了贡献。

1.4　轨道交通分会（2017 年至今）

2014 年 5 月，城市轨道交通技术工作委员会证书到期，根据民政部、中国科

图 1.4.1 第二十六届地铁学术交流会

学技术协会关于规范群团工作的有关管理规定，二级分支机构不再由民政部登记，为中国土木工程学会的二级分支机构，经委员会申请并经中国土木工程学会批准，2017 年 2 月 1 日，我会更名为轨道交通分会。

作为中国土木工程学会的分支机构，随着国家社团组织的改革，轨道交通分会也进入一个新的发展阶段。除了每年一次举行地铁学术交流会和城市轨道交通关键技术论坛外，受总会委托，分会独立承担中国土木工程詹天佑奖轨道交通专业的推荐和初评工作，至今已有中国 25 项城市轨道交通工程获奖。分会组织编制了国家首批试点的团体标准《市域快速轨道交通（120-160km/h）技术规范》（已发布）和《现代有轨电车交通工程技术标准》（报批稿）。分会连续 4 年承担了中国科协"城市轨道交通创新平台建设"等课题的研究。同时根据中国土木工程学会的统一安排，先后开展了城市轨道交通技术创新成果的评估工作、推荐国家科技进步奖和中国工程院院士的工作。

2017 年 4 月 20 日—21 日，第二十六届地铁学术交流会暨 2017 城市轨道交通关键技术论坛在郑州举办（图 1.4.1），由郑州市轨道交通有限公司承办，本次会议被列为中国工程院土木、水利与建筑工程学部学术活动。本届会议的主题是"城市轨道交通绿色与安全建造技术与装备"，分为"绿色与安全建造技术"和"智能化与大数据"两大会场。

本次会议参会代表首次突破了 500 人。同时，由中国土木工程学会轨道交通分会组织编写的《中国地铁 60 年——人和事》在会上举行了发布仪式，受到了业内的广泛好评。

此次会议被列为 2017 年中国工程院学部学术活动。中国工程院卢耀如院士、杜彦良院士、任辉启院士、王复明院士出席了大会。会上 41 位与会嘉宾发表了精彩演讲。各位专家、学者从轨道交通前期线网规划、勘察设计、施工工艺、施工安全、施工检测、运营管理等方面分享了创新成功的经验，探讨行业前景以及发展方向。同时本次大会还组织了 2016 年度詹天佑大奖的项目分享，也让人受益匪浅，大会还对荣获城市轨道交通创新推广项目（20 项）、第二十六届地铁学术交流会优秀论文奖（10 篇）进行了证书颁发仪式。

2018 年 4 月 22 日—23 日，第二十七届地铁学术交流会在长沙举办（图 1.4.2），由长沙市轨道交通集团有限公司、湖南磁浮交通发展股份有限公司、北京城建设计发展集团股份有限公司联合承办。本届大会的主题是"新型城市轨道交通及绿色智慧建造"。

图 1.4.2　第二十七届地铁学术交流会

大会分主旨报告以及新型轨道交通系统与可持续发展、绿色与安全建造技术和大数据与装备三个分论坛，涵盖多方面内容，来自政府、行业学会（协会）、轨道交通建设主管部门、城市轨道交通建设运营单位、工程施工企业、城轨车辆、装备制造企业，以及相关的系统集成、研究院、设计院、学校等单位的 500 余名代表和专家对行业新型建设、绿色建造、大数据发展诸多议题进行了深入交流。同时大会还分享了 2017 詹天佑大奖获奖项目及创新技术，并举行了 2017 中国城市轨道技术创新推广项目发布仪式，会后体验乘坐了长沙磁浮快线。

1.5　分会业务

2019 年，是轨道交通分会 40 岁的生日，40 年来，几代人不懈努力致力于城市轨道交通的规划、设计、建设、运营方面的研究与技术推广，业务范围从土木工程设计与施工领域逐步扩展到城市轨道交通项目前期规划、建设、运营、管理、投融资等各个方面，受到国内外同行的关注，在城市轨道交通行业内具有广泛影响。

目前，分会已是非常有影响力的城市轨道交通全国性的行业学术组织，分会把促进中国城市轨道交通规划、设计、建设、运营等方面的技术进步和发展作为行动宗旨，致力于搭建我国城市轨道交通行业的技术交流平台，引领本领域的技术创新，形成联系政府、投资者、项目业主、咨询工程师、施工企业、设备建造商、运营商和社会各界人士的纽带。

1.5.1　业务范围

（1）开展对我国城市轨道交通领域规划、建设、运营的调查研究，掌握行业国内外动态，就本领域重大科技发展规划及相关产业政策等问题向政府部门提出咨询建议；

（2）组织开展国内外学术交流和专题研讨活动；

（3）开展行业技术咨询、技术服务及技术培训；

（4）组织或参加城市轨道交通行业技术规范、标准的制定；

（5）开展城市轨道交通创新技术项目评审、鉴定和推广；

（6）组织城市轨道交通领域中国土木工程詹天佑奖的推选；

（7）根据中国土木工程学会的安排，组织推荐理事单位申报国家科技进步奖；

（8）根据中国土木工程学会的安排，组织推荐中国工程院院士及其他人才；

（9）组织建立城市轨道交通领域专家库。

分会设常务理事会，由理事长、副理事长、常务理事、秘书长和副秘书长组成。城市轨道交通行业内单位提出申请，并推荐代表人选，经常务理事会批准，可成为分会理事，单位和个人也可申请成为分会个人会员。分会共有理事单位100余家，基本包括了全国城市轨道交通行业的大多数规划设计、施工、运营、科研机构、大学等单位。为了更好地服务行业单位，分会开放了会员申报，有意参加行业技术交流活动的业内单位可随时申请成为分会会员。

1.5.2　中国土木工程詹天佑奖专业评审

组织中国土木工程詹天佑奖（简称詹天佑大奖）城市轨道交通项目的专业初评，是分会的工作内容之一。

詹天佑大奖由中国土木工程学会和北京詹天佑土木工程科学技术发展基金会于1999年联合设立，是"詹天佑土木工程科学技术奖"的主要奖项，是住房和城乡建设部认定的全国建设系统工程奖励项目之一（注："詹天佑土木工程科学技术奖"于2001年3月经国家科技部首批核准登记，包括詹天佑大奖、中国土木工程学会优秀论文奖、中国土木工程学会优秀毕业生奖）。

詹天佑大奖是我国土木工程领域工程建设项目科技创新的最高荣誉奖，由中国土木工程学会和北京詹天佑土木工程科学技术发展基金会联合颁发，在住房和城乡建设部、交通运输部、水利部、中国铁路总公司（原铁道部）等建设主管部门的支持与指导下进行。奖励对象是在科技创新（尤其是自主创新）和科技应用方面成绩显著的优秀土木工程建设项目。获奖项目充分体现"创新性""先进性"和"权威性"。本奖项每年评选一次，每次评选获奖工程一般不超过30项，必要时可设立"特别奖"。

自1999年奖项设立以来，共有25项城市轨道交通项目获奖。轨道交通分会是项目推荐单位之一，每年可推荐 3 个项目参评，并作为专业评审单位，负责组织城市轨道交通项目的专业初评。

1.5.3　组织编制团体标准

轨道交通分会一直致力于推动城市轨道交通行业的技术标准及技术导则的制定。

2011 年，由中国土木工程学会牵头，轨道交通分会组织理事单位共同编制的我国首部城市轨道交通建设项目管理规范《城市轨道交通建设项目管理规范》GB 50722—2011（以下简称《规范》）颁布实施，标志着我国城市轨道交通工程建设项目管理日趋科学化、规范化和制度化。《规范》在编制过程中经广泛调查和分析研究，在认真总结我国城市轨道交通建设 40 年经验并结合"十一五"国家科技支撑计划重点项目"新型城市轨道交通技术"课题一"城市轨道交通技术发展和创新体系研究"相关成果，分析借鉴了国外城市轨道交通项目建设管理的成功经验和理论技术，又以多种方式广泛征求了全国城市轨道交通方面有关专家和单位的意见，经反复论证研究多次修订，最后经审查定稿。《规范》编写内容共有 19 章和 1 个附录，包括：总则、术语、基本规定、项目组织管理、合同管理、勘测设计管理、投资管理、质量管理、技术管理、采购管理、进度管理、施工监理管理、施工管理、安全管理、建设风险管理、接口管理、信息管理、系统联调和试运行管理、验收及移交管理。系统全面地对城市轨道交通建设全过程的管理工作进行了统一规定。

同时，结合"十一五"国家科技支撑计划重点项目"新型城市轨道交通技术"课题一"城市轨道交通技术发展和创新体系研究"相关研究成果，编制了中国土木工程学会技术指导性文件《城市轨道交通运营管理指南》CCES 01-2010，及《城市轨道交通技术发展纲要》。

2015 年，中国土木工程学会作为国家标准体系第一批团体标准的试点单位，组织开展团体标准的编制工作。中国土木工程学会标准立项范围包括符合下列条件的新产品、新技术、新体系，学会标准主要就其生产、设计、施工、质量验收、管理、维护、服务作出规定。团体标准的内容要求有：

（1）符合"互联网＋土木工程"主题；

（2）土木工程行业发展迫切需要、具有相应研究成果和工程应用实例；

（3）对土木工程安全、环保具有重要作用，具有较好经济效益；

（4）已获得国家、行业科技与工程奖励；

（5）有利于我国企业参与国际工程建设市场竞争；

（6）国外先进标准的本土化。

轨道交通分会积极组织理事单位申报团体标准的申报工作，分会组织编制的第一本团体标准《市域快速轨道交通设计规范》T/CCES 2—2017已正式发布，由北京城建设计发展集团股份有限公司、温州市铁路与轨道交通投资集团有限公司、中铁第四勘察设计院集团有限公司会同有关单位编制完成。规范在编制过程中，编制组经广泛调查研究，认真总结了近年来我国城市轨道交通和城际铁路建设和运营管理经验，参考了国内外相关标准，并在广泛征求意见的基础上，经反复研究讨论和修改，最后经审查定稿。规范共分23章和5个附录，主要技术内容包括：1 总则；2 术语和参考标准；3 基本规定；4 客流预测；5 运营；6 线路；7 车辆；8 限界；9 轨道；10 路基工程；11 车站建筑；12 车站结构；13 隧道；14 桥涵；15 供电；16 通信；17 信号；18 综合监控系统；19 客服系统；20 机电设备；21 车辆基地及综合维修；22 节约能源与环境保护；23 防灾等。该团体标准的发布受到行业欢迎，已加印了三次，有力地促进和指导了市域快轨的发展。

1.5.4 信息共享

轨道交通分会自2008年开始，联合《都市快轨交通》杂志社，每年推出《中国城市轨道交通年度报告》，至今已出版了10期。报告的内容大多由各城市地铁公司和分会理事单位提供，报告系统介绍了各年度中国城市轨道交通的发展情况，对当年的运营、再建数据进行了全面统计，给出了各地最新的规划及主要技术情况，同时提供城市轨道交通行业的主要行业组织、主要企业和年度大事记，给出年度行业发展现状和发展趋势。年度报告已成为相关政府部门、建设和运营单位、科研院校及相关企业的参考资料。

轨道交通分会自2006年起每月发布一期情况通报，截至2019年6月共发布了162期。

1.5.5 网站及会员服务

中国土木工程学会轨道交通分会网站是 www.chinametro.net，是全国城市轨道交通信息资讯平台，不仅发布分会的活动情况，同时汇集全国城市轨道交通行业的信息与资讯，宣传国家关于城市轨道交通行业的各项方针、政策，介绍国内外城市轨道交通建设、运营过程的经验，并着力于行业最新科技成果及技术信息，促进同行业间的学术研讨和技术交流，为行业内提供最广泛丰富的技术资源、最权威的专家意见。

1.6　历届委员会（理事会）领导名单

第一届　地铁学组成立（1979.5—1987.3）　　表 1.6.1

组长	付清谈	基建工程兵北京指挥部	副总工程师
副组长	王振信	上海隧道公司	副总工程师
	王津生	天津 7047 工程规划设计组	主任工程师
	李成栋	哈尔滨 7381 工程指挥部	市建委主任
秘书	郝玺	基建工程兵北京指挥部	工程师
	杜文库	基建工程兵北京指挥部	工程师

第二届　地下铁道专业委员会（1987.3—1995.10）　　表 1.6.2

组长	沈祖澄	北京市城市建设工程总公司	总工程师
副组长	王振信	上海地铁公司	总工程师
	金锋	广州地铁筹建处	主任
	李忠信	天津地铁管理处	副处长
	李成栋	哈尔滨市建设委员会	市建委主任
	王新杰	北京市城市建设工程设计院	院长
	侯学渊	同济大学	教授
	宋长明	北京地铁公司基建处	副主任
秘书	杜文库	北京市城市建设工程总公司	工程师
	薛绍祖	上海地铁公司	工程师
	孙学策	天津地铁管理处	工程师

第三届　地下铁道专业委员会（1995.10—2001.12）　　表 1.6.3

主任	刘国琦	北京市城建集团总公司	总工程师
顾问	王振信	上海市振信工程顾问公司	经理
	金锋	广州地铁总公司	高工
副主任	王新杰	北京市城建设计研究院	院长
	李忠信	天津市地铁建设发展公司	副总经理
	侯学渊	同济大学	教授
	李成栋	哈尔滨市建设委员会	顾问
	王梦恕	铁道部隧道工程局	副总工程师
	董云德	上海市地铁总公司	副总工程师
	陈韶章	广州市地下铁道总公司	副总经理
	谢正光	北京市地下铁道总公司	总工程师
秘书长	杜文库	北京市城建集团总公司	部长

第四届　地下铁道专业委员会（2001.12—2005.12）　　　　表 1.6.4

主任	刘国琦	北京城建集团有限责任公司	总工程师
顾问	施仲衡	中国国际工程咨询公司	院士
	刘建航	上海地铁建设有限公司	院士
	王振信	上海地铁建设有限公司	顾问
	金锋	广州地铁总公司	顾问
	王新杰	久宏科技开发公司	经理　教授
副主任	王梦恕	北方交通大学隧道中心	院士　教授
	王小林	南京地下铁道有限责任公司	副总经理　高工
	伍勇	成都市地铁建设领导小组办公室	主任
	刘国彬	同济大学	教授
	何川	西南交通大学土木工程学院地下工程系	主任　教授　博导
	李成栋	哈尔滨市建设委员会	顾问　高工
	李养平	天津市地下铁道总公司	副总工　工程师
	陈韶章	广州地铁总公司	副总经理
	杨斌	北京地铁建设管理有限责任公司	总经理
	姜帆	北京城建设计研究院	院长　高工
	程骁	上海地铁建设有限公司	总经理　教授级高工
	葛世平	上海地铁运营有限公司	总工程师
	谢正光	北京地铁运营有限公司	总经理
秘书长	杜文库	北京城建集团有限责任公司技术中心	主任
副秘书长	杨秀仁	北京城建设计研究院	副院长　高工
	郭建国	北京地铁房地产开发经营公司	经理　高级经济师

第五届　地下铁道专业委员会（轨道交通技术推广委员会）（2005.12—2010.11）　表 1.6.5

名誉主任	施仲衡	中国地铁工程咨询有限责任公司	总工程师
	王梦恕	北京交通大学隧道及地下工程中心	主任
主任	宋敏华	北京城建设计研究总院有限责任公司	院长
顾问	刘建航	上海申通地铁集团有限公司	顾问
	李成栋	哈尔滨市建设委员会	原副主任
	王振信	上海地铁建设有限公司	顾问
	金锋	广州市地下铁道总公司	顾问
	王新杰	中国地铁工程咨询有限责任公司	总经理
	刘国琦	北京城建集团有限责任公司	顾问
	杜文库	北京城建地铁地基市政工程有限公司	顾问

续表

顾问	张弥	北京交通大学	教授
	陈韶章	广州市地下铁道总公司	总工程师
副主任	王灏	北京市基础设施投资有限公司	总经理
	谢正光	北京地铁运营有限公司	总经理
	卢光霖	广州市地下铁道总公司	总经理
	伍勇	成都市地铁有限责任公司	董事长 总经理
	张金立	天津滨海快速交通发展有限公司	总经理
	周文波	上海隧道工程股份有限公司	总经理
	罗富荣	北京市轨道交通建设管理有限公司	副总经理
	白廷辉	上海申通集团有限公司	总工程师
	王如路	上海地铁运营有限公司	总工程师
	王小林	南京地下铁道有限责任公司	副总经理
	沈林冲	杭州市地铁集团有限责任公司	总工程师
	王刚	沈阳市地铁建设指挥部	副总指挥
	姜庆滨	哈尔滨市轨道交通建设办公室	主任
	侯树民	天津市地下铁道总公司	总工程师
	仲建华	重庆市轨道交通总公司	副总经理、总工
	杨少林	深圳市地铁三号线投资有限公司	总经理
	何川	西南交通大学地下工程系	系主任
	刘国彬	上海同济大学土木工程学院地下建筑与工程系	系主任
	王良	北京城建集团有限责任公司工程承包部	副总工程师
	白云	上海城建（集团）公司	总工程师
	沈秀芳	上海市隧道工程轨道交通设计研究院	名誉院长
	徐明杰	广州地铁设计院	院长
	刘维宁	北京交通大学土建学院隧道与岩土工程所	副所长
	张汎	北京市政建设集团有限责任公司	总工程师
秘书长	冯爱军	北京城建设计研究总院有限责任公司	副总工程师
副秘书长	郭建国	北京地铁房地产开发经营公司	经理

第六届　轨道交通分会（轨道交通技术推广委员会/工作委员会）

（2010.11—2015.1）　　　　　　　　　　　　　　表 1.6.6

名誉理事长	施仲衡	中国工程院	院士
	黄卫	中国工程院	院士
理事长	宋敏华	北京城建集团有限责任公司	副总工

续表

	田振清	北京市基础设施投资有限公司	总经理
副理事长	丁树奎	北京市轨道交通建设管理有限公司	总经理
	张树人	北京市地铁运营有限公司	总经理
	白廷辉	上海申通地铁集团有限公司	副总裁
	张兴彦	天津市地下铁道集团有限公司	董事长
	仲建华	重庆市轨道交通总公司	总经理
	丁建隆	广州市地下铁道总公司	总经理
	佘才高	南京地下铁道有限责任公司	总经理
	林茂德	深圳市地铁集团有限公司	总经理
	申伟强	上海市隧道工程轨道交通设计研究院	院长
	赵瑞亮	中铁十六局	总经理
	陈峰	北京交通大学	副校长
秘书长	杨秀仁	北京城建设计研究总院有限责任公司	总工程师
	冯爱军	北京城建设计研究总院有限责任公司	副总工程师
副秘书长	郭建国	北京地铁监理公司	总经理
	佟丽华	北京市华通科峰轨道交通科技开发有限公司	副总工程师
	傅德明	上海申通轨道交通研究咨询有限公司	副总经理
	袁敏正	广州市地下铁道总公司	总工室主任
	许巧祥	南京地下铁道有限责任公司	总师室主任
	吴焕君	重庆市轨道交通总公司	总师室主任
	梁青槐	北京交通大学城市轨道交通研究中心	副主任
	严金秀	中铁西南科学研究院	副院长

第七届 轨道交通分会（轨道交通技术工作委员会）（2015.1—2019.9） 表 1.6.7

名誉理事长	施仲衡	中国工程院	院士
理事长	王汉军	北京城建设计发展集团股份有限公司	总经理
副理事长	张树人	北京市地铁运营有限公司	总经理
	丁建隆	广州市地下铁道总公司	总经理
	罗富荣	北京市轨道交通建设管理有限公司	副总经理
	毕湘利	上海申通地铁集团有限公司	总工程师
	朱敢平	天津市地下铁道集团有限公司	总工程师
	陈湘生	深圳市地铁集团有限公司	总工程师
	陈峰	北京交通大学	副校长
	申伟强	上海市隧道工程轨道交通设计研究院	院长

续表

副理事长	马栋	中铁十六局集团有限公司	副总经理　总工程师
	杨秀仁	北京城建设计发展集团股份有限公司	总工程师
秘书长	冯爱军	北京城建设计发展集团股份有限公司	副总工程师
副秘书长	郭建国	北京地铁运营有限公司	教授级高工
	袁敏正	广州市地下铁道总公司	技术研发中心主任
	许巧祥	南京地铁集团有限公司	副总工程师
	梁青槐	北京交通大学城市轨道交通研究中心	副主任
	严金秀	中铁科学研究院有限公司	副院长
	刘加华	上海申通地铁集团有限公司上海轨道交通技术研究中心	副总经理

1.7　历届学术交流会

分会历届交流会列表　　　　　　　　　　　　　　表 1.7.1

序号	时间	地点	交流会	会议主题	承办单位
1	1979.5.18—24	北京	第一届学术交流会	地铁学组成立暨地铁建设技术	基建工程兵北京指挥部（北京城建集团前身）
2	1979.11.23—28	广州	第二届学术交流会	地铁防护及支护技术	广州市坑道管理所
3	1980.8	哈尔滨	第三届学术交流会	地铁施工综合技术	哈尔滨地铁筹建处
4	1983.1.20—25	北京	第四届学术交流会	北京地铁建设运营及隧道施工技术	基建工程兵北京指挥部（北京城建集团前身）
5	1986.5	天津	第五届学术交流会	地铁建设综合技术	天津地铁筹建处
6	1987.3.23—27	上海	第六届学术交流会	地铁规划设计	上海隧道公司
7	1988.10	南京	第七届学术交流会	南京地铁规划与建设	南京工程兵技术学院、南京地铁筹建处
8	1992.5	北京	第八届学术交流会	地铁车站暗挖技术	铁道部十六工程局
9	1993.12.7—10	上海	第九届学术交流会	地铁盾构施工技术	上海地铁建设公司
10	1995.10.15—17	北京	第十届学术交流会	地铁规划投资技术	北京城建集团
11	1996.12.3—6	广州	第十一届学术交流会	地铁车站设计施工	广州地下铁道总公司
12	1998.5.18—20	上海	第十二届学术交流会	地铁深基坑设计施工	上海地铁建设公司
13	1999.12.21—24	深圳	第十三届学术交流会	地铁设备国产化	深圳市地铁集团有限公司
14	2001.12.22—25	北京	第十四届学术交流会	地铁综合技术	北京地铁总公司
15	2003.10.10—11	成都	第十五届学术交流会	地铁隧道设计施工	西南交通大学
16	2004.10.17—18	上海	第十六届学术交流会	地铁资源共享与风险管理	上海地铁建设公司

续表

序号	时间	地点	交流会	会议主题	承办单位
17	2006.10.13—15	南京	第十七届地铁学术交流会	城市轨道交通关键技术研究	南京地铁集团有限公司
18	2007.10.12—13	广州	第十八届地铁学术交流会	新型城市轨道交通技术	广州地铁集团有限公司
19	2009.2.27—28	北京	第十九届地铁学术交流会	城市轨道交通的技术发展与创新	北京市基础设施投资有限公司、北京城建设计研究总院有限责任公司
20	2010.11.11—12	上海	第二十届地铁学术交流会	低碳经济新形势下城市轨道交通领域可持续发展	上海申通地铁集团有限公司
21	2011.11.23—25	西安	第二十一届地铁学术交流会	构建安全的多层次城市轨道交通体系	西安市地下铁道有限责任公司
22	2012.10.18—19	长春	第二十二届地铁学术交流会	轻轨交通系统应用及安全	长春市轨道交通集团有限公司
23	2013.9.5—6	北京	第二十三届地铁学术交流会	如何高水平地建设城市轨道交通	北京市轨道交通建设管理有限公司
24	2015.4.23—24	天津	第二十四届地铁学术交流会	区域轨道交通网络化·互联互通	天津轨道交通集团有限公司
25	2016.4.21—22	深圳	第二十五届地铁学术交流会	城市轨道交通建设新技术与工艺	深圳市地铁集团有限公司
26	2017.4.20—21	郑州	第二十六届地铁学术交流会	城市轨道交通绿色与安全建造技术与装备	郑州地铁集团有限公司
27	2018.4.22—23	长沙	第二十七届地铁学术交流会	新型城市轨道交通及绿色智慧建造	长沙市轨道交通集团有限公司、湖南磁浮交通发展股份有限公司

第 2 章　建设规划

2.1　概述

　　城市，是人们生产生活的聚集点；轨道，是钢轨一左一右的平行线。二者作为不同的实体，自 1863 年英伦的一声汽笛起，就开始建立起密切的联系。随后百余年的时光里，城市建设与轨道交通建设相得益彰，城市轨道交通业已成为大城市的名片和标志。截至 2018 年底，我国内地开通轨道交通的城市达 34 座，运营里程达 5451km（图 2.1.1），运营线路 181 条。我国一跃成为世界领先的城市轨道交通建设大国。

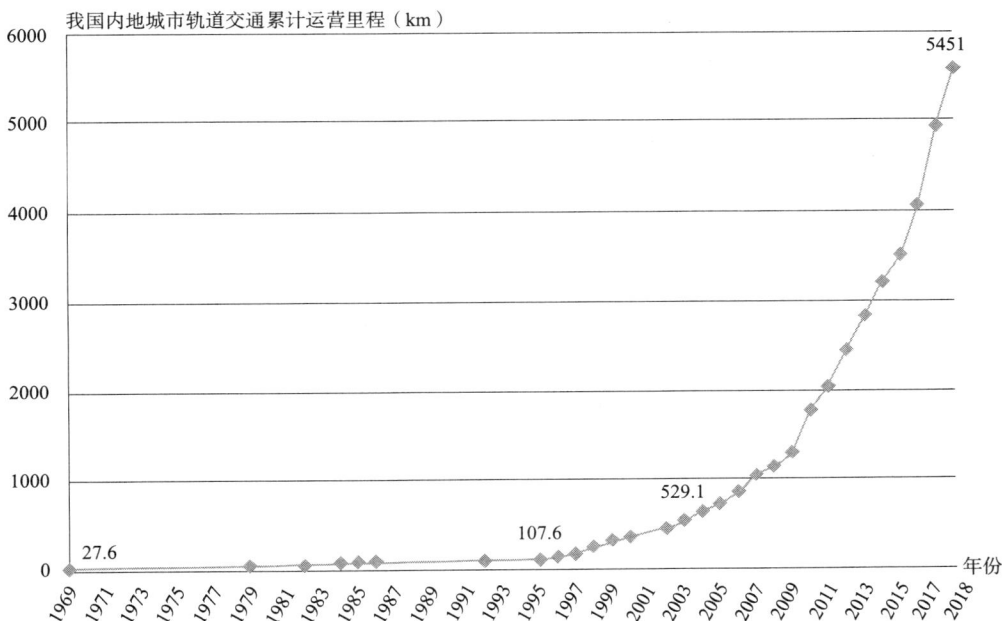

图 2.1.1　1969—2018 年我国轨道交通累计运营里程
（数据来源：中国城市轨道交通协会各年度统计分析报告）

　　我国城市轨道交通的建设发展历史，可以追溯到 20 世纪 60 年代。在之后半个多世纪的时间里，城市轨道交通的建设发展几经起伏，既有"停杯投箸"似的探寻求索，亦含"千帆竞渡"般的高速向前。按照国务院、国家发展改革委员会在我国城市轨道交通建设发展史上颁布的 3 个具有里程碑意义的文件：《国务院办公厅关于暂停审批城市地下快速轨道交通项目的通知（国办发〔1995〕60 号）》（以下简称"60 号文"）、《国务院办公厅关于加强城市快速轨道交通建设管理的通知（国办发〔2003〕81 号）》（以下简称"81 号文"）、《国务院办公厅关于进一步加强城市轨道交通规划建设管理的意见（国办发〔2018〕52 号）》（以下简称"52 号文"），将我国城市轨道交通建设发展分为 3 个阶段：起步阶段、初始发展阶段和高速发展阶段（图 2.1.2）。

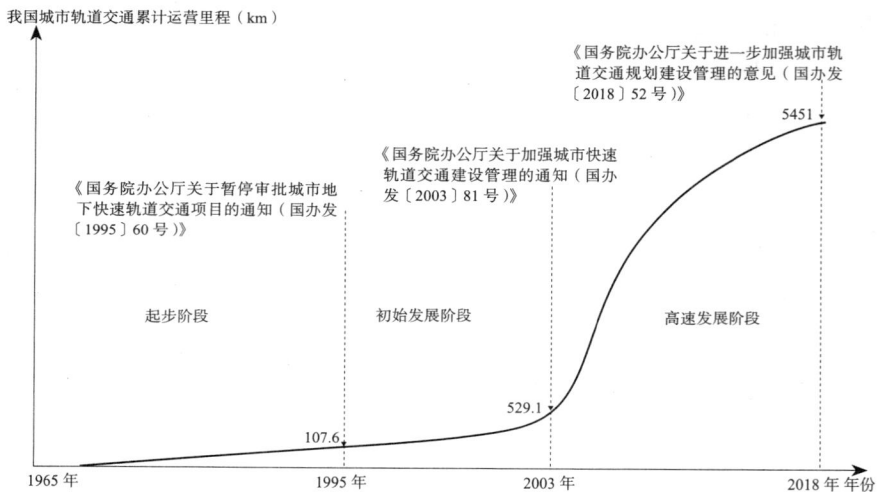

图 2.1.2　我国城市轨道交通建设发展阶段划分

2.2　起步阶段（1965～1995 年）

2.2.1　发展历程

新中国成立初期，中共北京市委 1953 年 9 月在《改建与扩建北京市规划草案要点》（图 2.2.1）中第一次提出"为了提供城市居民以最便利、最经济的交通工具，特别是为了适应国防的需要，必须尽早筹划地下铁道的建设"。1955 年，北京聘请了苏联专家工作组到京指导城市总体规划的修订，在市委成立的专家工作室中专门设置了地下铁道组，负责北京地下铁道路网编制、与其他交通方式衔接以及战时人口疏散等问题的研究。1956 年 10 月，北京市正式成立地下铁道工程筹建处，地下铁道建设进入到方案研究阶段。

在苏联专家的指导下，编制了第一版北京地下铁道路网规划图（图 2.2.2），包含 1 条环线和 7 条其他线路，全长 172km。在这张图上有今天许多地铁线路的雏形，如 1 号线、4 号线、5 号线以及 2 号线环线。从 1956 年到 1960 年的 5 年间，关于北京修建地铁的方案是"浅埋"还是"深埋"进行了较长时间的研究和争论，经过地质勘查、试验模拟及一系列讨论之后，最终，北京确定一期工程建设方案的方针为"浅层埋设，加强防护"。

建设方案确定后，却赶上我国 60 年代初的三年自然灾害以及中苏关系破裂等历史事件，地铁的修建事宜被迫搁置，直到 1965 年才再次被提上日程。时年 2 月，毛主席在《关于北京修建地下铁道问题的报告》中做了批示，这就是著名的"二·四批示"。这一批示不仅对早期北京地铁的建设提供了重要的指导意义，也成为日后所有建筑工程的一个主要指导思想。

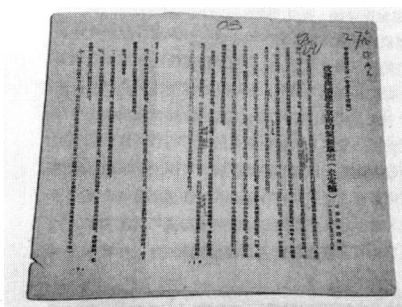

图 2.2.1 《改建与扩建北京市规划草案要点》　图 2.2.2　北京地下铁道路网规划图

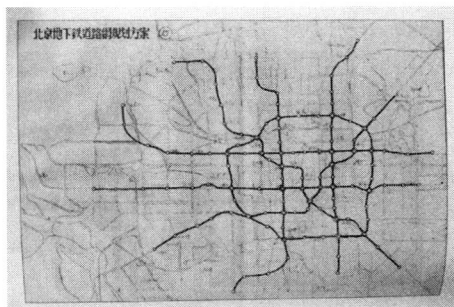

北京地铁一期工程于 1965 年 7 月 1 日正式开工，代号"07 号工程"。朱德、邓小平、彭真等党和国家领导人为其奠基。1969 年 10 月 1 日，第一辆地铁列车从古城路站呼啸而出，北京地铁一期工程公主坟站至北京站正式通车试运营。随后北京地铁一期工程运营区段总共经过三次延长，首先在 1971 年 8 月由公主坟站向西延长到玉泉路站，同年 11 月由玉泉路站再次向西延长到古城路站，1973 年 4 月延长至苹果园站，车站增至 17 个，运营路线延长为 23.6km。

1984 年 9 月 20 日，北京地铁二期工程投入使用，其运营线路从复兴门起，经过西直门、鼓楼大街、东直门，到达建国门，呈"马蹄形"。一、二期工程的换乘通过相距 400m 的南礼士路站和复兴门站实现。1987 年 12 月 28 日，北京地铁一期工程的运营区段由南礼士路站沿复兴门外大街向东延伸至复兴门站，并在复兴门站后进行折返运行，使得长椿街至北京站区间组合形成环线，成为北京地铁 2 号线，一期工程其余部分组成 1 号线，北京地铁 1、2 号线开始分开独立运营，两线乘客在复兴门站内立体交叉换乘。

由于复兴门上下层车站换乘通道狭窄，每小时只能通过 8000 人次，无法满足高峰小时实际换乘客流高峰超过 28000 人次的通行需求，为保证运营安全也为了缓解长安街上日益紧张的交通状况，1 号线继续向东延伸，首先从复兴门延伸至西单，其次从西单延伸至八王坟东，全长 13.5km，共设 12 座车站和 1 个车辆段。这就是北京地铁复八线（图 2.2.3）。1989 年 7 月 15 日，复八线开工建设，1999 年 9 月 28 日开通试运营，2000 年 6 月 28 日与 1 号线实现贯通运营。

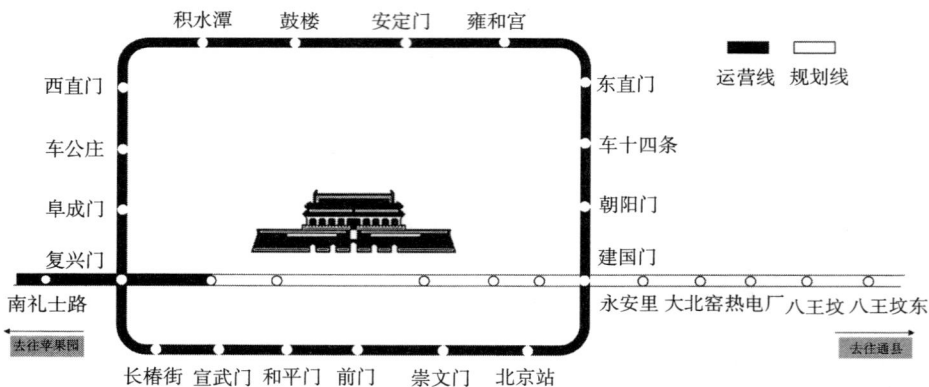

图 2.2.3 "复兴门—八王坟"地铁线路示意图

在我国城市轨道交通建设起步阶段的 30 年时间里，除了北京，上海、广州、天津也开始筹划地铁的规划和建设。

天津于 1970 年以墙子河改造工程的名义立项建设了 1 条长 7.4km 的线路，利用河床修建战备工程，力图实现"平时走车、战时走人"的目的。1976 年 1 月，新华路至海光寺段建成试通车，共设 4 座车站，开通长度 3.6km。1984 年 12 月 28 日，新华路站至天津西站开通运营，共设 8 座车站，全程达到 7.4km，天津正式成为全国第 2 个开通地铁运营的城市。由于天津地铁既有线的运营里程短、建设标准低、运营效率低，到 90 年代末地铁客流明显下降，很难起到缓解地面交通压力的作用，改造势在必行。2001 年 10 月 9 日，天津地铁既有线正式停运，结束了其长达 16 年零 9 个月的"服役"使命。后期的天津地铁 1 号线是在它的基础上修建的。

上海早在 1956 年就酝酿修建地铁，到 60 年代，还修建了一段用盾构法施工的双线区间隧道及一座用气压沉箱法施工的地铁车站，为在软弱地层中修建地铁打下基础。但后续的建设进程几经波折，直到 1990 年上海才开始建设第 1 条地铁线路。1990 年 1 月 19 日，国务院批准上海地铁 1 号线开工建设（图 2.2.4）。

到 1993 年 1 月 10 日，首列地铁列车驶入新龙华至徐家汇区间上行正线，进行试车调试。同年 5 月 28 日南段双线开通试运营。

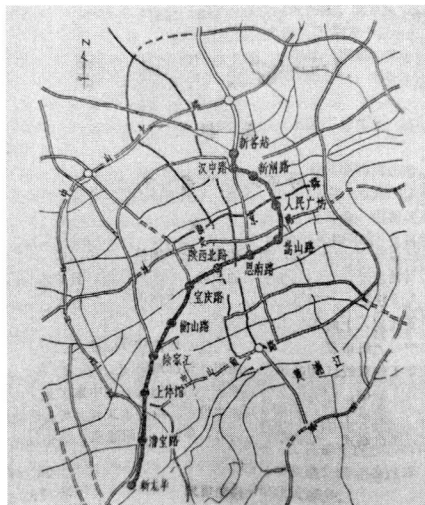

图 2.2.4　上海地铁 1 号线线路平面图

广州很早就萌生了修建地铁的愿望。1961 年 7 月，《广州市地下铁道工程地质勘察报告》分析论证了广州修建地铁的工程可行性（图 2.2.5）。

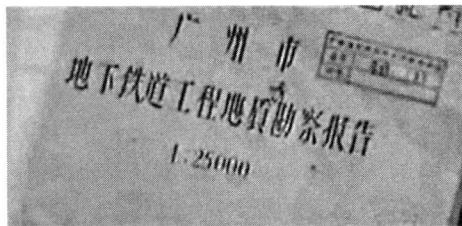

图 2.2.5　《广州市地下铁道工程地质勘察报告》

1965 年，以 "交通战备" 为契机，广州建造了一个地下工程，计划早期实现人防需要，远期发展为地铁，代号 "九号工程"。然而囿于当时落后的生产技术，"九号工程" 建成后根本无法发展成为地铁。在随后几十年里，因为诸多原因，广州地铁几次上马又几次被迫停下，直到 1993 年地铁 1 号线才开始正式开工。

到 20 世纪 80 年代末，随着城市经济和社会的发展，城市交通问题逐步显现，一些城市开始将解决交通问题的突破口放在城市轨道交通建设上。同时，以产业化带动地方经济发展的理念也激发了地方城市建设城市轨道交通的热情。于是，一些经济发展速度快的大城市相继开始城市轨道交通的规划和建设，形成我国城市轨道交通规划建设的一个小高潮。

不过在我国当时条件下，地铁系统建设和运营技术尚不成熟，以及地铁工程高昂的投资，是需要面对的两大难题。1993年，受通货膨胀影响，国家开始严控固定资产投资的增长规模。1995年西班牙国王胡安·卡洛斯一世访华，与沈阳签订城市轻轨设备的订单，但由于财政状况不佳，沈阳难以承受高昂的设备费用，订单谈判迟迟没有进展，造成了不好的外交影响。

由于此次事件的影响，加上当时又处于通货膨胀的经济环境，国务院办公厅出台了"60号文"，开门见山地指出"城市快速轨道交通（包括地铁、轻轨等）在城市交通骨干体系中具有重要作用，但由于其建设投资大、运营成本高，国家和所在城市财政目前难以承受。根据我国城市现有经济发展水平和国家财力状况，当前必须严格控制城市快速轨道交通的发展，并对在建项目加强管理"，要求除北京、广州两个在建地铁项目和上海地铁2号线项目外，今后一段时间内暂停审批城市地下快速轨道项目。对国务院和国家计委已批准立项和原则同意建设的天津、青岛、南京等城市的地铁项目和沈阳轻轨项目要停止对外签约，国家计委要暂停审批其可行性研究报告和开工。

我国这一阶段城市轨道交通的建设发展经历了从无到有的过程；经历了从战备工程到城市交通工程功能定位的过渡；经历了初期艰难发展到各大城市纷纷看好、蠢蠢欲动再到国家暂停审批、放缓发展的过程。

2.2.2 政策文件

我国这一阶段城市轨道交通的建设，以工程项目形式进行审批（表2.2.1），由国务院批复其项目建议书，核准立项，并另行批复开工。在这一发展阶段里，我国尚没有真正意义上的城市轨道交通建设规划。

起步阶段城市轨道建设政策文件年列表 表2.2.1

日期	政策文件
1965.2	"二·四批示"
1985.4	《国务院批转城乡建设环境保护部关于改革城市公共交通工作报告的通知》（国发〔1985〕59号）
1995.7	《国务院关于严格限制新开工项目、加强固定资产投资资金源头控制的通知》（国发明电〔1995〕6号）
1995.12	《国务院办公厅关于暂停审批城市地下快速轨道交通项目的通知》（国办发〔1995〕60号）

1965 年 2 月，"二·四批示"成为日后所有建筑工程的一个主要指导思想。

1985 年 4 月，国发〔1985〕59 号文件针对大城市"乘车难"问题，强调了其客运交通，应采取逐步发展轨道交通为主的方针。实行多层次、多结构的立体化交通。我国城市轨道交通建设发展的指导思想和建设方针开始由"平战结合"向"交通服务"转变。

1995 年 7 月，国发明电〔1995〕6 号文件出台，强调了在当前通货膨胀的严峻形势下，要将严格控制固定资产投资规模的过快增长作为加强宏观调控的首要手段。

1995 年 12 月，"60 号文"出台，国家层面正式暂停城市地下快速轨道项目的审批工作，我国刚刚兴起的城市轨道交通建设进入第一轮调整期。

2.2.3　发展特点

我国城市轨道交通建设起步阶段的主要特点如下：

（1）前期"以平战结合为主"，中后期"明确为交通服务，兼顾人防"

这一发展阶段前期，我国城市轨道交通建设最为鲜明的特点是"平战结合"。几个城市在规划建设城市轨道交通项目时，主要考虑战备功能和人防属性，交通功能为辅。例如，中共北京市委在《关于建设与扩建北京市规划草案》中就明确提出地下铁道的修建，是为了适应国防的需要。1956 年 8 月，上海提出建造地下铁道，并由上海市政建设交通办公室编制了《上海市地下铁道初步规划（草案）》，同时成立上海市地下铁道筹建处。到了 60 年代，天津和广州也相继提出了关于地下铁道的修建计划。

20 世纪 80 年代改革开放以来，随着城市经济和社会的发展，几个大城市人口显著增加，城市交通问题显现，我国城市轨道交通建设发展的指导思想和建设方针开始由"平战结合"向"交通服务"转变。国务院于 1985 年 4 月 19 日发布的国发〔1985〕59 号文件中明确指出"解决城市交通拥挤问题，必须综合治理。……从长远看，在一些大城市要考虑快速轨道交通和地下交通，以缓和地面交通的紧张状况"。南京市在 1986 年 4 月成立了"南京市综合交通规划领导小组"，分设交通规划组和地铁专业组两个专业组，在修建地铁上确定了两点指导思想：第一，地铁建设应以交通为主，与人防工程的结合要视具体情况而定；第二，地铁规划应慎重对待，如规划失误将永为遗憾，无法补救，并影响今后的地铁经营管理。正是在这种思想的指导下，南京市综合交通规划领导小组地铁专业组提出了基于南北主要交通走廊的地铁南北线规划方案（图 2.2.6），以满足城市交通现状和发展趋势。

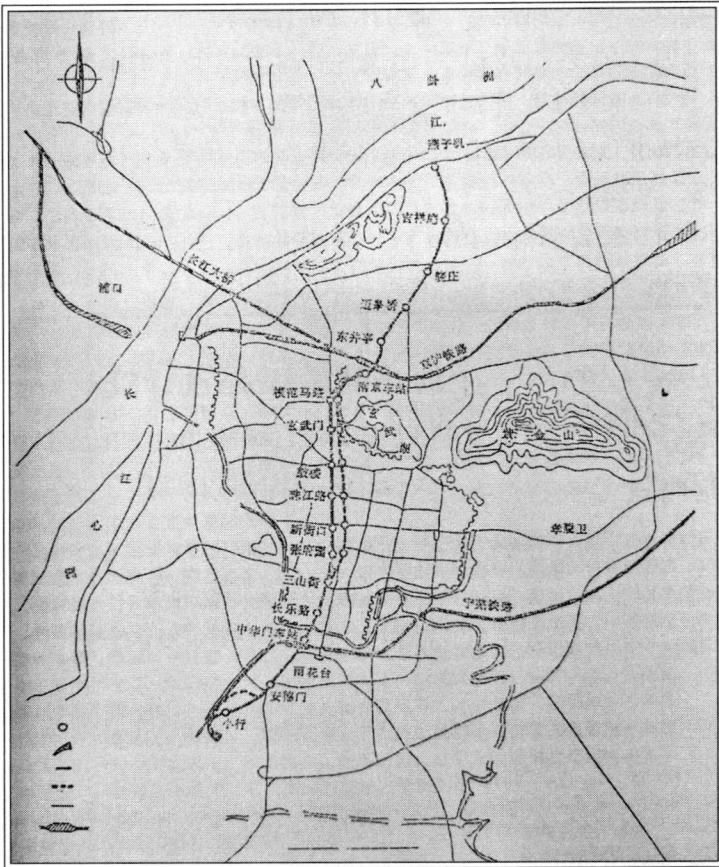

图 2.2.6　南京地铁规划南北线平面图

（2）城市轨道交通规划建设以项目方式立项，尚未形成建设规划体系

根据国家当时的规定，凡建设投资超过 5000 万的建设项目，必须经国务院批复其项目建议书以及可行性研究报告。

因此，这一阶段的城市轨道交通项目都是以工程项目的方式报请国务院审批的。比如上海，1986 年 7 月，向国务院上报《关于建设新龙华至新客站地下铁道工程项目建议书的请示报告》。同年 8 月，国务院批准立项。上海市地铁公司就客流、线路走向、站位、工程地质、地下管线状况、征地拆迁、技术标准、工程筹划、投资估算、资金筹措及建设方案，进行深入调查研究，并会同国内外专家综合分析论证，于 1986 年 10 月上报《上海市新龙华至新客站地下铁道工程可行性研究报告》。次年 1 月和 5 月，该可研报告分别通过市级和国家两级评审。1990 年 1 月，国家计委批准上海轨道交通 1 号线开工。

这一阶段，城市轨道交通项目按照一个普通的城市基建项目进行立项批复，我们尚未意识到城市轨道交通系统的复杂性、网络性、系统性，也因此没有建立全面、系统、规范的规划建设审批程序。我国北京、上海、广州早期建成的几条线路，在日后的运营以及地铁网络化建设中，或多或少都出现了一些问题，这与当时没有编制详细、深入、系统的建设规划报告是有关的。

（3）地铁造价居高不下，设备国产化率低

该阶段后期，以上海、广州为代表的城市为解决城市交通问题，大力发展建设地铁，然而，受制于生产技术不足、建设标准缺失、经济水平不够等原因，城市轨道交通建设多依赖于国外的先进技术和贷款支持，也因此造成了地铁工程造价过高（在 20 世纪 90 年代上海市每公里综合造价高达 1.4 亿元）的问题，给地方政府带来了沉重的债务压力。另外，一些地方不顾宏观经济大局，在现有项目资金不足的情况下，未经国家审批自行上马工程项目，致使固定资产投资总规模继续膨胀，资金链出现问题，投资效益进一步下降，严重影响国家实现宏观调控目标。正因如此，国务院办公厅于 1995 年出台了"60 号文"，以暂缓城市轨道交通的建设进度。

2.3　初始发展阶段（1995 ~ 2003 年）

2.3.1　发展历程

"60 号文"为我国当时方兴未艾的城市轨道建设发展"泼"了一盆冷水。在其出台后的几年内，我国内地除北京、广州两个在建地铁项目和上海地铁 2 号线项目外，其他城市地下快速轨道项目均暂停审批，城市轨道交通发展速度相对放缓。后来，随着国内经济形势发生变化，以及 1998 年亚洲金融危机的影响，我国经济的宏观调控政策转向为扩大内需，城市轨道交通建设迎来了新一轮的审批和建设高潮。

1999 年，《国务院办公厅转发国家计委关于城市轨道交通设备国产化实施意见的通知》（国办发〔1999〕20 号）出台，明确指出"从 1999 年起，国家将批准条件成熟的城市启动轨道交通项目。新上城市轨道交通项目，其项目建议书、可行性研究报告以及开工报告，必须上报国家计委审查后报国务院审批，并以国产化率目标作为审批立项的首要条件。未经批准，各地一律不得对外开展实质性工作。"在 1999 年后我国城市轨道交通建设发展的小高潮中，大连、长春、武汉、深圳、重庆、南京等城市相继获批建设城市轨道交通项目并开工建设（表 2.3.1）。

初始发展阶段获批及开工建设的轨道交通线路 　　　　表 2.3.1

城市轨道交通线路	开工建设日期	开通试运营日期
北京地铁复八线（又称北京地铁 1 号线东段）	1989.7.15	1999.9.28
广州地铁 1 号线	1993.7.15	1999.6.28（全线开通）
上海地铁 2 号线	1995.12	2000.12.26
上海明珠线一期工程（又称上海地铁 3 号线）	1997.6	2000.12.26
大连快轨 3 号线一期工程（香炉礁至金石滩段）	2000.9	2002.10.1（试通车）
长春轻轨 3 号线一期工程	2000.5.27	2002.10.30
天津地铁 9 号线一期工程	2001.1.18	2004.3.28
武汉轨道交通 1 号线一期工程	2000.12	2004.7.28
深圳地铁一期工程（包括 1 号线和 4 号线）	1998.12.28	2004.12.28
重庆轨道交通 2 号线一期工程	1999.12.26	2005.6.18
南京地铁 1 号线	2000.12.12	2005.9.3
广州地铁 4 号线首通段	2003.1.28	2005.12.26

在此阶段，青岛是一个特例，其城市轨道交通建设项目很早获批，但并未开工建设。早在 1991 年青岛地铁一期工程已经获得国家计委批准立项，并在 1994 年开工建设试验段工程。到 1995 年，受"60 号文"的影响，一期工程可研报批工作暂停。1999 年 4 月，青岛完成了城市轨道交通线网规划，2000 年地铁一期工程可研报告正式上报国家计委，并在同年 11 月，其线网规划方案获市政府批准。而之后在 2005 年和 2007 年，青岛又陆续开展轨道交通建设规划研究和轻轨线路规划方案研究，其地铁一期工程直到 2010 年下半年才正式进入开工阶段。

1999 年以来，城市快速轨道交通在我国得到较快发展，部分特大城市相继建成了多条线路，使城市交通状况有了明显改善。但与此同时，发展过程中也暴露出一些问题，有的城市未经国家审批，擅自新上城市轨道交通项目；有的盲目攀比，建设标准偏高，造成投资浪费；有的工程项目资本金不足，使政府债务负担沉重；运营后亏损和政府大量运营补贴开始显现。

为了加强城市轨道交通的建设管理，国务院办公厅于 2003 年出台了"81 号文"，针对该阶段出现的问题，首次提出了建设规划的概念，明确了我国城市轨道交通建设的审批和建设程序。"81 号文"的出台，在我国城市轨道交通建设史上具有划时代里程碑的意义，从此，我国城市轨道交通规划建设步入规范化的道路和新的规划建设时代。

2.3.2 政策文件

在这一阶段，我国所有城市的快速轨道交通项目均作为大型建设项目，必须报国务院审批。国家计委会同有关部门组织制订了我国城市快速轨道交通的发展规划和地铁设备国产化规划，各城市快速轨道交通项目的审批，均以国家轨道交通发展规划为依据。在建设工作的基础上，国家出台了关于城市轨道交通规划建设的两个重要文件（表 2.3.2）。

初始发展阶段城市轨道建设相关政策文件年列表 表 2.3.2

日期	相关文件
1999.2	《国务院办公厅转发国家计委关于城市轨道交通设备国产化实施意见的通知》（国办发〔1999〕20 号）
2003.9	《国务院办公厅关于加强城市快速轨道交通建设管理的通知》（国办发〔2003〕81 号）

1999 年，《国务院办公厅转发国家计委关于城市轨道交通设备国产化实施意见的通知》（国办发〔1999〕20 号）出台，国家要求原国家计委、建设部要尽快颁布《城市轨道交通建设标准》和一些相关标准，各地的城市轨道交通建设和国产化工作必须按照标准实施。此外，本文件第 1 次明确规定城市轨道交通项目设备国产化率不得低于 70%。这一要求后来也被"81 号文"乃至"52 号文"所采用。

2003 年，针对一些地方出现不顾自身财力，盲目要求建设城市轨道交通项目的现象，国务院办公厅出台了"81 号文"，明确提出了可申请建设城市轨道项目的基本条件，强调了编制建设规划以及审批工作的重要性，指出所有拟建设城市轨道交通项目的城市要编制城市轨道交通建设规划，由建设规划替代了原来的项目建议书。同时，"81 号文"还进一步要求要严格控制建设标准，以降低工程造价；要切实加强城市轨道交通的安全管理，提高灾害防御和应急救助能力；要改革建设经营管理体制，提高投资效益；要坚持装备国产化政策，促进设备制造业发展，对国产化率达不到 70% 的项目不予审批。

这样一来，"81 号文"从发展方针、审批程序、建设标准、安全管理、管理体制以及装备国产化这 6 个方面规范了我国的城市轨道建设，第 1 次提出了建设规划的概念，使得城市轨道交通项目有别于一般的城市建设项目，充分考虑其体量大、工期长、涉及专业广等特点，着力强调规划的重要性，让城市轨道建设更加科学、合理。

2.3.3　发展特点

在这一发展阶段，特别是 1999 年，国家提出扩大内需、带动经济发展以后，我国各大城市对城市轨道交通规划建设表现出特别浓厚的兴趣和热情，部分城市甚至出现了未批先建，不顾自身财力一味追求高建设标准、大量成套使用进口设备等崇尚"高、大、上"的倾向。因此，导致地铁工程造价不断攀升，部分线路每公里综合造价达到了 6 亿元，给地方政府带来了异常沉重的经济负担。也正因为如此，国务院办公厅于 2003 年下发了"81 号文"，提出坚持"量力而行、有序发展"的方针，并设置了城市轨道交通建设规划报批的量化基本条件。申报发展地铁的城市应达到下述基本条件：地方财政一般预算收入在 100 亿元以上，国内生产总值达到 1000 亿元以上，城区人口在 300 万人以上，规划线路的客流规模达到单向高峰小时 3 万人以上；申报建设轻轨的城市应达到下述基本条件：地方财政一般预算收入在 60 亿元以上，国内生产总值达到 600 亿元以上，城区人口在 150 万人以上，规划线路客流规模达到单向高峰小时 1 万人以上。对经济条件较好，交通拥堵问题比较严重的特大城市，其城市轨道交通项目予以优先支持。

正因为有了"81 号文"中的量化基本条件，给各城市明确了城市轨道交通建设项目上马的条件，因此，满足基本条件的大批城市进入城市轨道交通规划建设的队伍，这为下一阶段我国全国范围内大范围、大规模的城市轨道交通规划建设奠定了基础。

2.4　高速发展阶段（2003 年至今）

2.4.1　发展历程

自"81 号文"以来，我国城市轨道交通规划、设计、建设逐步规范，城市轨道交通前期建设程序按照"线网规划—建设规划—可行性研究—总体设计—初步设计—施工图设计"进行。虽然审批过程中略有细微调整，但这一主旋律一直保持至今。在这一发展阶段，从 2003 年"81 号文"颁布至 2018 年底，我国共有 44 个城市 105 个城市轨道交通建设规划（含温州市域轨道交通规划）获得国务院或国家发展改革委批复，批复线路里程总规模达 10396km。其中，一些人口密集、经济条件较好的大城市，建设规划已经批复到了第三轮甚至第四轮。这一阶段国家批复的城市轨道交通建设规划见表 2.4.1。

高速发展阶段批复建设规划年列表　　　　　　　　表 2.4.1

城市	批复日期	建设规划名称
深圳	2005.3	深圳市城市轨道交通建设规划（2005—2010 年）
	2008.11	深圳市城市快速轨道交通建设规划调整方案（2005—2011 年）
	2011.4	深圳市城市轨道交通近期建设规划（2011—2016 年）
	2015.9	深圳市城市轨道交通第三期建设规划调整方案（2011—2020 年）
	2017.7	深圳市城市轨道交通第四期建设规划（2017—2022 年）
哈尔滨	2005.6	哈尔滨市城市快速轨道交通建设规划（2005—2014 年）
	2012.6	哈尔滨市城市轨道交通近期建设规划调整方案（2008—2018 年）
杭州	2005.6	杭州市轨道交通一期建设规划（2005—2010 年）
	2013.6	杭州市城市轨道交通近期建设规划（2013—2019 年）
	2016.12	杭州市城市轨道交通第三期建设规划（2017—2022 年）
	2018.11	杭州市城市轨道交通第三期建设规划调整方案（2017—2022 年）
广州	2005.7	广州市轨道交通建设规划（2003—2010 年）
	2012.7	广州市城市轨道交通近期建设规划（2012—2018 年）
	2017.3	广州市城市轨道交通第三期建设规划（2017—2023 年）
沈阳	2005.8	沈阳市快速轨道交通建设规划（2003—2010 年）
	2012.6	沈阳市城市轨道交通近期建设规划（2012—2018 年）
	2018.12	沈阳市城市轨道交通第三期建设规划（2019—2024 年）
成都	2005.10	成都市城市快速轨道交通建设规划（2005—2013 年）
	2009.5	成都市城市快速轨道交通建设规划调整方案（2005—2015 年）
	2013.12	成都市城市轨道交通近期建设规划（2013—2020 年）
	2015.5	成都市城市轨道交通近期建设规划调整方案（2013—2020 年）
	2016.7	成都市城市轨道交通第三期建设规划（2016—2020 年）
天津	2005.10	天津市轨道交通建设规划（2003—2012 年）
	2013.11	天津市城市轨道交通近期建设规划调整方案（2005—2015 年）
	2015.9	天津市城市轨道交通第二期建设规划（2015—2020 年）
上海	2005.11	上海市城市快速轨道交通近期建设规划（2003—2010 年）
	2010.12	上海市城市轨道交通近期建设规划（2010—2015 年）
	2012.6	上海市城市轨道交通近期建设规划调整方案（2010—2015 年）
	2018.12	上海市城市轨道交通第三期建设规划（2018—2023 年）
南京	2005.12	南京市城市快速轨道交通建设规划（2004—2015 年）
	2010.5	南京市城市轨道交通近期建设规划调整方案（2004—2015 年）
	2015.5	南京市城市轨道交通第二期建设规划（2015—2020 年）
	2016.11	南京市城市轨道交通第二期建设规划调整方案（2016—2021 年）

续表

城市	批复日期	建设规划名称
长春	2010.10	长春市城市轨道交通近期建设规划（2010—2016年）
	2015.6	长春市城市轨道交通近期建设规划调整方案（2010—2019年）
	2018.11	长春市城市轨道交通第三期建设规划（2019—2024年）
武汉	2006.4	武汉市城市轨道交通近期建设规划（2006—2012年）
	2011.1	武汉市城市轨道交通近期建设规划（2010—2017年）
	2015.6	武汉市城市轨道交通第三期建设规划（2015—2021年）
	2018.12	武汉市城市轨道交通第四期建设规划（2019—2024年）
重庆	2006.6	重庆市城市快速轨道交通建设规划（2005—2013年）
	2009.6	重庆市城市快速轨道交通建设规划调整方案（2006—2014年）
	2012.12	重庆市城市轨道交通近期建设规划（2012—2020年）
	2018.11	重庆市城市轨道交通第三期建设规划（2018—2023年）
西安	2006.9	西安市城市快速轨道交通建设规划（2006—2015年）
	2010.1	西安市城市快速轨道交通建设规划调整方案（2006—2016年）
	2013.12	西安市城市轨道交通近期建设规划（2013—2018年）
	2016.2	西安市城市轨道交通第二期建设规划调整方案（2013—2021年）
苏州	2007.2	苏州市城市快速轨道交通建设规划（2006—2012年）
	2012.1	苏州市城市轨道交通近期建设规划（2010—2015年）
	2018.8	苏州市城市轨道交通第三期建设规划（2018—2023年）
北京	2007.12	北京市城市快速轨道交通建设规划（2007—2015年）
	2012.11	北京市城市轨道交通近期建设规划调整方案（2007—2016年）
	2015.9	北京市城市轨道交通第二期建设规划（2015—2021年）
宁波	2008.8	宁波市城市快速轨道交通建设规划（2008—2015年）
	2013.11	宁波市城市轨道交通近期建设规划（2013—2020年）
无锡	2008.9	无锡市城市轨道交通近期建设规划（2008—2015年）
	2013.9	无锡市城市轨道交通近期建设规划（2013—2018年）
福州	2009.6	福州市城市快速轨道交通近期建设规划（2008—2016年）
	2015.12	福州市城市轨道交通第二期建设规划（2015—2021年）
昆明	2009.6	昆明市城市快速轨道交通近期建设规划（2008—2016年）
	2013.4	昆明市城市轨道交通近期建设规划（2013—2019年）
南昌	2009.6	南昌市城市轨道交通近期建设规划（2009—2016年）
	2015.5	南昌市城市轨道交通第二期建设规划（2015—2021年）
郑州	2009.6	郑州市城市快速轨道交通近期建设规划（2008—2015年）

续表

城市	批复日期	建设规划名称
郑州	2014.4	郑州市城市轨道交通近期建设规划（2014—2020 年）
长沙	2009.7	长沙市城市快速轨道交通近期建设规划（2008—2015 年）
	2012.12	长沙市城市轨道交通近期建设规划（2012—2018 年）
	2017.3	长沙市城市轨道交通第三期建设规划（2017—2022 年）
东莞	2009.7	东莞市城市轨道交通近期建设规划（2009—2015 年）
	2013.12	东莞市城市轨道交通近期建设规划（2013—2019 年）
大连	2009.7	大连市城市轨道交通近期建设规划（2009—2016 年）
	2015.12	大连市城市轨道交通第二期建设规划（2015—2020 年）
青岛	2009.8	青岛市城市轨道交通近期建设规划（2009—2016 年）
	2013.11	青岛市城市轨道交通近期建设规划（2013—2018 年）
	2016.4	青岛市城市轨道交通第二期建设规划调整方案（2013—2021 年）
合肥	2010.7	合肥市城市轨道交通近期建设规划（2009—2016 年）
	2014.12	合肥市城市轨道交通近期建设规划（2014—2020 年）
南宁	2010.7	南宁市城市轨道交通近期建设规划（2009—2015 年）
	2015.1	南宁市城市轨道交通近期建设规划（2015—2021 年）
贵阳	2010.9	贵阳市城市轨道交通近期建设规划（2010—2020 年）
	2016.7	贵阳市城市轨道交通第二期建设规划（2016—2022 年）
常州	2012.5	常州市城市轨道交通近期建设规划（2011—2018 年）
厦门	2012.5	厦门市城市轨道交通近期建设规划（2011—2020 年）
	2016.10	厦门市城市轨道交通第二期建设规划（2016—2022 年）
兰州	2012.6	兰州市城市轨道交通近期建设规划（2011—2020 年）
太原	2012.6	太原市城市轨道交通近期建设规划（2012—2018 年）
石家庄	2012.7	石家庄市城市轨道交通近期建设规划（2012—2020 年）
	2015.12	石家庄市城市轨道交通近期建设规划调整方案（2012—2021 年）
佛山	2012.9	佛山市城市轨道交通近期建设规划（2011—2018 年）
温州	2012.9	温州市域铁路近期建设规划（2012—2018 年）
	2015.10	温州市域铁路建设规划 S3 线一期调整方案（2012—2018 年）
乌鲁木齐	2012.11	乌鲁木齐市城市轨道交通近期建设规划（2012—2019 年）
	2016.10	乌鲁木齐市城市轨道交通第二期建设规划（2016—2021 年）
徐州	2013.2	徐州市城市轨道交通近期建设规划（2013—2020 年）
南通	2014.8	南通市城市轨道交通近期建设规划（2014—2020 年）
济南	2015.1	济南市城市轨道交通近期建设规划（2015—2019 年）
	2018.11	济南市城市轨道交通近期建设规划调整方案（2015—2019 年）

续表

城市	批复日期	建设规划名称
呼和浩特	2015.4	呼和浩特市城市轨道交通近期建设规划（2015—2020 年）
芜湖	2016.2	芜湖市轨道交通建设规划（2016—2020 年）
绍兴	2016.5	绍兴市城市轨道交通第一期建设规划（2016—2021 年）
洛阳	2016.8	洛阳市城市轨道交通第一期建设规划（2016—2020 年）
包头	2016.9	包头市城市轨道交通第一期建设规划（2016—2022 年）

2.4.2 政策文件

这一阶段，围绕着城市轨道交通建设规划的审批，从审批主体、审批程序、重点审查内容、重新报批变更条件、政府资本金、政府债务控制等方面着手，国务院和国家发展改革委颁布出台了4个重要文件（表2.4.2）。

高速发展阶段城市轨道建设相关政策文件年列表 表 2.4.2

日期	相关文件
2004.7	《国务院关于投资体制改革的决定》（国发〔2004〕20 号）
2015.1	《国家发展改革委关于加强城市轨道交通规划建设管理的通知》（发改基础〔2015〕49 号）（以下简称"49 号文"）
2015.11	《国家发改委住建部关于优化完善城市轨道交通建设规划审批程序的通知》（发改基础〔2015〕2506 号）
2018.6	《国务院办公厅关于进一步加强城市轨道交通规划建设管理的意见》（国办发〔2018〕52 号）

2004 年 7 月，《国务院关于投资体制改革的决定》（国发〔2004〕20 号）出台，基于深化投资体制改革的目的，简化和规范政府投资项目审批程序，合理划分审批权限。对于政府投资项目，采用直接投资和资本金注入的方式，从投资决策角度只审批项目建议书和可行性研究报告，除特殊情况外不再审批开工报告，同时应严格政府投资项目的初步设计、概算审批工作；采用投资补助、转贷和贷款贴息方式的，只审批资金申请报告。由此，城市轨道交通的审批部门主要为国家发展改革委，国家层面上只审批建设规划和工程可行性研究报告，建设规划由国务院审批，工程可行性研究报告由国家发展改革委核准，初步设计由省级政府部门批复。

2015 年 1 月，在各城市建设规划执行标准和深度不统一的背景下，国家发展改革委发布了"49 号文"。"49 号文"强调建设规划要以线网规划为基础，提出近期建设方案，作为项目实施的依据，并在附件中对项目选择、建设规模、总体要求、客流预测、规划方案、工程方案、投资能力、建设保障以及有轨电车规划衔接等 9 个方面进行详细的规定。

2015 年 11 月，《国家发改委住建部关于优化完善城市轨道交通建设规划审批程序的通知》（发改基础〔2015〕2506 号）发布，进一步完善审批程序，下放审批权限，要求对已实施首轮建设规划的城市，其后续建设规划由国家发展改革委会同住房和城乡建设部审批，报国务院备案；初次申报的城市首轮建设规划仍由国家发展改革委会同住房和城乡建设部审核后报国务院审批。城市轨道交通建设规划及规划调整由省级发展改革委会同省级住房和城乡建设（规划）等部门进行初审，形成一致意见。在规划环境影响审查意见、社会稳定风险评估完成后，省级发展改革委会签省级住房和城乡建设（规划）部门向国家发展改革委报送城市轨道交通建设规划，同时抄报住房和城乡建设部。

2015 年 "49 号文" 从建设规划的技术内容和深度上进一步规范化，但其基本框架和基本条件仍保持与 2003 年 "81 号文" 一致。从 2003 年至今已过去的十几年，我国 GDP 增速保持在每年 6% 以上，城镇化率也以每年 1% 的增速增长，各城市的地方财政预算收入均保持平稳增长，城市人口、经济总量、地方财政收入、交通需求特征等已经发生了巨大的变化，整体社会背景相比于 "81 号文" 制定时已迥然不同。因此，有些城市，人口、经济等发展指标已经远远超过了基本条件的要求，获批城市轨道交通建设规划，并开工建设、开通运营。然而，实际运营效果却远未达到地铁应有的能力和标准。

例如，无锡市在 2008 年 9 月通过其第一轮建设规划时，全市 GDP 为 4419.50 亿元、地方一般预算收入为 365.43 亿元、年末全市常住人口为 610.73 万人，三项基本指标均满足 "81 号文" 的要求。然而在无锡 1 号线和 2 号线开通运营后，据《江苏城市轨道交通发展分析》显示，2015 年无锡轨道交通总客流量为 0.72 亿人次，日均客流量近 20 万人次，轨道交通占公共交通日均客流量的 9.2%，客流负荷强度仅为每日每公里 0.35 万人次，实际通车水平远未到达地铁的运营标准。同样的问题在其他城市也存在。由中国城市轨道交通协会《城市轨道交通 2018 年度统计和分析报告》可以发现（图 2.4.1），2018 年度，昆明、苏州、天津、无锡、宁波、厦门、长春、东莞、大连、青岛、乌鲁木齐、淮安、贵阳、珠海等 14 座城市的客运强度不足 0.7 万人次 / 公里日，远远达不到 "81 号文" 中对于地铁高峰小时不低于 3 万人次客运量的要求。

因此，在新的社会发展背景下，国务院办公厅于 2018 年下发了《国务院办公厅关于进一步加强城市轨道交通规划建设管理的意见》（国办发〔2018〕52 号）（以下简称 "52 号文"），同时废止 "81 号文"。

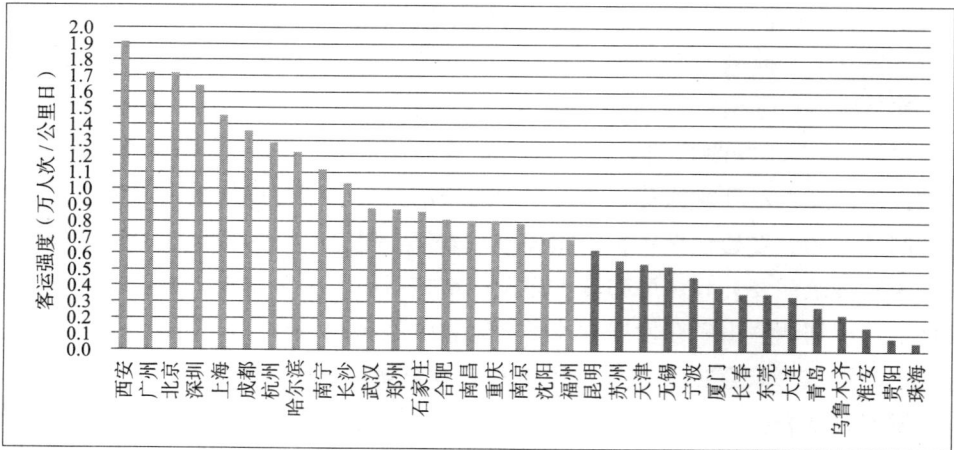

图2.4.1　2018年度国内城市轨道交通客运强度指标情况
（图片来源：《城市轨道交通2018年度统计和分析报告》）

"52号文"针对部分城市由于对轨道交通发展的客观规律认识不足、对实际需求和自身实力把握不到位，从而使得规划过度超前、建设规模过于集中、资金落实不到位，一定程度上加重了地方债务负担的问题，进一步提高了城市轨道交通建设的准入门槛，调整了地铁和轻轨的申报条件，并增加了初期客流负荷强度作为申报条件，明确拟建地铁、轻轨线路初期客运强度分别不低于每日每公里0.7万人次、0.4万人次，远期客流规模分别达到单向高峰小时3万人次以上、1万人次以上，以确保城市轨道交通发展规模与实际需求相匹配。

同时，"52号文"还对规划编制提出了新的要求，强调原则上本轮建设规划实施最后一年或规划项目总投资完成70%以上的，方可开展新一轮建设规划报批工作，避免刚批完建设规划又报下一轮的情况出现，尽量使得城市的轨道交通建设节奏与其支撑能力相适应。此外，"52号文"还强调了对债务风险的控制，并将项目总投资中财政资金投入不得低于40%作为一条明确的审批标准，严禁以各类债务资金作为项目资本金。

可以说，"52号文"的出现，标志着我国城市轨道交通的建设将从"重数量"向"重质量"进行转变。城市轨道交通的科学发展、健康发展将会是今后的主旋律。

2.4.3　发展特点

这一阶段，我国城市轨道交通建设规划的特点主要表现在以下方面：

（1）涉及城市广，建设速度快，建设规模大。

2003年以来，我国共有44个城市编制并提交轨道交通建设规划并获得批复。

除银川、拉萨、西宁和海口外，全国所有省会均已经获批修建城市轨道项目。还有不少社会经济基础较好、城市发展快的计划单列市（大连、青岛、宁波、厦门、深圳）或地级市（苏州、无锡、郑州、东莞、常州、佛山、温州、徐州、南通、芜湖、绍兴、洛阳、包头），也规划建设了城市轨道交通。

2005 年 3 月，《深圳市城市轨道交通建设规划（2005—2010）》获得批复，深圳开始了第一期轨道交通的建设，而到了 2017 年 7 月，《深圳市城市轨道交通第四期建设规划（2017—2022 年）》也已经获得批复，并开始第四轮轨道交通的建设。

2005 年 11 月批复的《上海市轨道交通建设规划（2003—2010 年）》是目前我国批复的单轮最大建设规模的规划，总计批复了 10 个项目，批复规模达 389km。而单轮建设规划批复规模超过 200km 的（含本轮次的调整方案），还有北京、广州、深圳、成都、重庆、天津、杭州这 7 个城市（表 2.4.3）。

单轮建设规划批复规模大于 200km 的城市及规划名称   表 2.4.3

城市	规划名称	批复规模（km）
上海	上海市城市快速轨道交通近期建设规划（2003—2010 年）	389
	上海市城市轨道交通近期建设规划（2010—2015 年）	250.55
	上海市城市轨道交通近期建设规划调整方案（2010—2015 年）	
	上海市城市轨道交通第三期建设规划（2018—2023 年）	286.1
北京	北京市城市快速轨道交通建设规划（2007—2015 年）	308.7
	北京市城市轨道交通近期建设规划调整方案（2007—2016 年）	
	北京市城市轨道交通第二期建设规划（2015—2021 年）	262.9
广州	广州市城市轨道交通近期建设规划（2012—2018 年）	228.9
	广州市城市轨道交通第三期建设规划（2017—2023 年）	258.1
深圳	深圳市城市轨道交通近期建设规划（2011—2016 年）	254.7
成都	成都市城市轨道交通近期建设规划（2013—2020 年）	269
	成都市城市轨道交通近期建设规划调整方案（2013—2020 年）	
重庆	重庆市城市轨道交通近期建设规划（2012—2020 年）	215.04
天津	天津市城市轨道交通第二期建设规划（2015—2020 年）	228.1
杭州	杭州市城市轨道交通第三期建设规划（2019—2024 年）	267.6

（2）为适应城镇化的快速发展、响应国家宏观经济调控政策，城市轨道交通建设规划审批明显加快，并具有集中审批的波段特点，部分城市已经开展第三轮和第四轮建设规划。

"81号文"首次明确了城市轨道建设的准入门槛，使得各城市在申请建设城市轨道项目时，能够做到有据可凭。因此，"81号文"问世以后，很多城市都陆续展开了对建设规划的编制工作。2005年，国务院批复了一批城市的建设规划，包括深圳、哈尔滨、杭州、广州、沈阳、成都、天津、上海、南京等9座城市在内，总批复规模超过1200km。随后，2009年、2012年、2015年和2016年也是国务院批复建设规划的高峰年份，在这4年中，每一年都有两位数的建设规划得到批复（图2.4.2）。

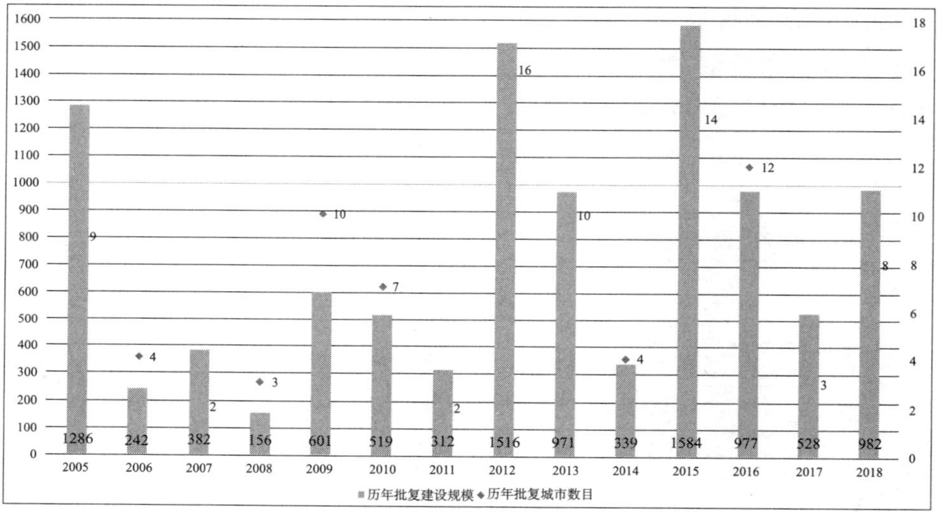

图 2.4.2　2005—2018年历年批复建设规模和城市数目

图2.4.3是各城市首轮建设规划批复年份，可以看出，在2011年，我国内地没有城市获批第一轮城市建设规划，以此为分界线，从2005年到2010年，获批第一轮建设规划的城市以省会城市为主，而从2012年到2016年，获批第一轮建设规划的城市则以地级市为主。

图 2.4.3　各城市首轮建设规划批复年份

　　2009 年，国务院相继批复了成都、福州、昆明、南昌、郑州、重庆、东莞、大连、长沙、青岛这 10 座城市，所有获批城市均刚开始其第一轮的建设规划（其中成都和重庆是对本轮规划的调整方案）。而到 2010 年和 2011 年，这两年虽然国家发展改革委批复的建设规划不多，但是在 2010 年 12 月批复的《上海市城市轨道交通近期建设规划（2010—2015 年）》，使得上海成为我国第一个批复第二轮建设规划的城市。到了 2015 年和 2016 年，连续两年国家发展改革委分别批复了 14 项和 12 项建设规划，其中，仅石家庄、呼和浩特、济南、包头、洛阳、绍兴、芜湖这七座城市还在进行第一轮建设规划的审批，其他批复城市均已经进入了第二轮规划，而像深圳、武汉、成都、杭州等发展较快的城市，甚至已经进入了第三轮规划。各城市不同轮次建设规划批复规模如图 2.4.4 所示。

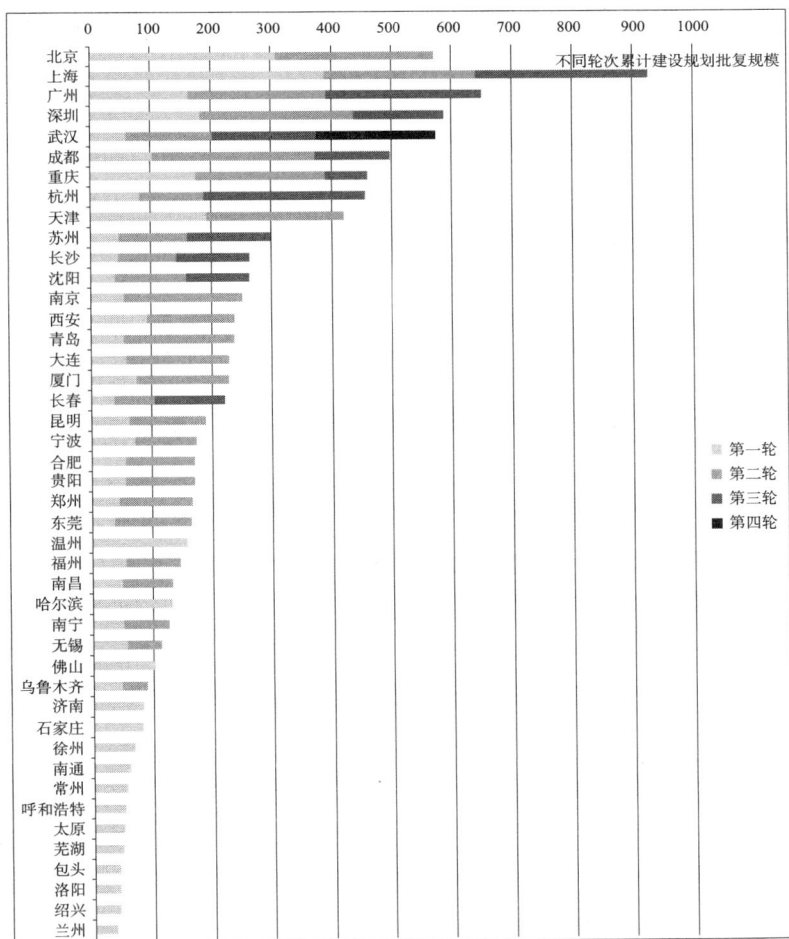

图 2.4.4　各城市不同轮次建设规划批复规模

（3）本阶段前期全国各城市建设规划标准不统一，存在建设规划连续性较差的问题。

在本阶段前期，全国各城市基于"81号文"编制建设规划，有的城市过度超前，短时间内集中上马好几条线。以上海为例，第一轮建设规划批复10条线路，线路总长逾300km；而有的城市则相对滞后，一轮规划的建设周期过长导致与城市发展水平不相匹配，例如，哈尔滨，其第一轮规划期限10年，规划建设45.5km的城市轨道交通线路，与城市发展水平不相匹配，在2012年又对第一轮规划进行调整，新增85.98km的线路。

另一方面，即使同一城市在不同轮次的建设规划期限上也存在不统一的问题。如一些城市在编制第一轮建设规划时，基于城市特点通过了为期10年的建设规划，然而仅仅过去5年，就又开始了第二轮建设规划的编制工作。由于城市轨道项目，体量大、周期长、投资高，并且一经修建很难有改造的余地，故而像这样在第一轮规划期限仅仅过去一半就又提出了新一轮的规划，其实是打破了其规划建设的连续性，不利于城市轨道交通的可持续发展。

"49号文"对于上述问题，明确提出各城市要根据线网规划编制5~6年期的建设规划。在其发布后，国务院一共审批了27项建设规划。其中，除部分城市建设规划调整方案的规划期限超限，所有城市均严格依照"49号文"的要求编制建设规划。

（4）建设规划理念由量向质转变，更加关注城市经济的可持续发展。

在"49号文"出台之前，各城市轨道交通建设考虑的重点是项目建成后能否解决城市的交通问题。以上海为例，国务院在对其第二期建设规划调整方案的批复中提到"为保障上海迪士尼乐园和中国博览会会展综合体项目客流集散，服务大型居住区居民出行，完善既有网络运营功能，同意对上海市城市轨道交通近期建设规划确定的建设任务及目标进行调整"，着眼点在于城市轨道项目能否满足城市的交通需求、服务居民出行，对其建设是否符合可持续发展的要求，是否遵循城市总体规划等并没有强调。因而，在本阶段前期，甚至出现了同一城市前后两版建设规划截然不同的现象，城市发展缺乏延续性和科学性。所以，"49号文"特别强调了这一点。

2018年12月，国务院对上海第三期建设规划的批文中，前两条分别指出要坚持"为适应上海市新一轮城市总体规划要求，建设卓越的全球城市和社会主义现代化国际大都市"以及"在规划实施过程中，要按照现代、安全、高效、绿色、经济的原则，统筹城市开发进程、建设条件及财力情况，量力而行、有序推进项目建设"，强调了线网规划、建设规划要遵循城市总体规划的要求，符合可持续发展的指导思想。

由于《上海市城市总体规划（2017—2035 年）》提出要实施公交优先战略，包括"发展多元化的公共交通模式""构建市域轨道交通网络"和"提高公共交通的便利度和舒适度"三项举措，因此其第三期建设规划主要在既有城市轨道线网的基础上，大力发展 1.5h 交通圈内新城与主城区以及新城与新城之间的联络线及市域快线，如图 2.4.5 所示。

2018 年 6 月，《国务院办公厅关于进一步加强城市轨道交通规划建设管理的意见》（国办发〔2018〕52 号）指出，城市轨道交通是城市公共交通系统的骨干，近年来发展总体有序，但部分城市也存在规划过度超前、建设规模过于集中、资金落实不到位等问题。为促进城市轨道交通规范有序发展，要坚持"量力而行、有序推进，因地制宜、经济适用，衔接协调、集约高效，严控风险、持续发展"的原则，提高了申报建设地铁和轻轨的相关经济指标，从完善规划管理规定、有序推进项目实施、强化项目风险管控、完善规划和项目监管体系四个方面促进政策措施的落实。

由此可见，在经历了十余年的城市轨道交通高速发展后，行业对于现状进行了深刻反思，高质量发展将是未来不可动摇的指导思想和建设方针。在这个阶段的建设规划中，多层次的轨道交通也被纳入到各城市的建设规划中。

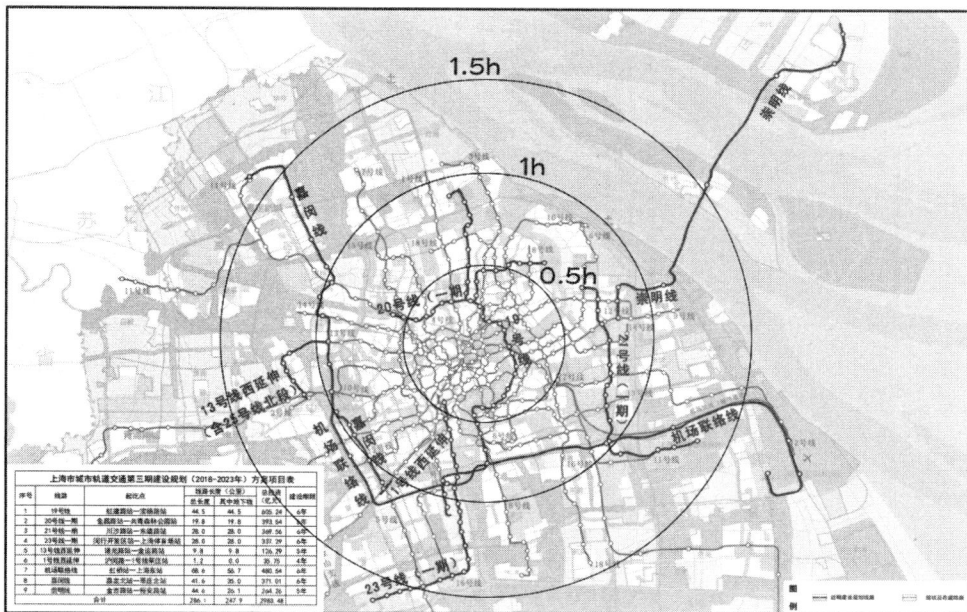

图 2.4.5　上海市城市轨道交通第三期建设规划（2018—2023 年）示意图

2.5 新型轨道交通制式发展

根据《城市公共交通分类标准》CJJ/T 114—2007，城市轨道交通可分为地铁系统、轻轨系统、单轨系统、有轨电车系统、磁浮轨道交通系统、自动导向轨道系统、市域快速轨道系统七种类型。

截至 2018 年底，我国内地累计有 34 个城市开通运营 5451km 的城市轨道交通线路，其中地铁 4498.0km，占比 82.5%，轻轨 253.5km，占比 4.7%，其他制式的轨道交通（单轨系统、市域快速轨道系统、现代有轨电车系统、磁浮轨道交通系统、APM 等）占比 12.8%。其中普通轮轨地铁交通系统之外的其他轨道交通系统线路见表 2.5.1。

其他轨道交通系统开通线路统计　　　　　　　　表 2.5.1

直线电机轮轨交通系统		
线路名称	总里程	开通时间
广州地铁 4 号线	60.03 km	2005 年 12 月 26 日
广州地铁 5 号线	31.9 km	2009 年 12 月 28 日
广州地铁 6 号线	41.94 km	2013 年 12 月 28 日
北京机场线	28.1 km	2008 年 7 月 19 日
单轨系统		
线路名称	总里程	开通时间
重庆轨道交通 2 号线	31.36 km	2004 年 12 月 11 日
重庆轨道交通 3 号线	67.09 km	2011 年 12 月 30 日
深圳"云轨"线路	4.4 km	2016 年 10 月 13 日
银川"云轨"旅游专线	5.67 km	2017 年 9 月 1 日
有轨电车系统		
线路名称	总里程	开通时间
大连轨道交通线路 202 路	12.6 km	2002 年 12 月 1 日
天津开发区导轨电车 1 号线	7.9 km	2007 年 5 月 10 日
大连轨道交通线路 201 路	10.6 km	2007 年 12 月 30 日
上海张江有轨电车	10 km	2010 年 1 月 1 日
长春有轨电车 54 路	6.1 km	2012 年 12 月 28 日
沈阳浑南新区有轨电车 1 号线	12.2 km	2013 年 8 月
沈阳浑南新区有轨电车 2 号线	14.8 km	2013 年 8 月

续表

沈阳浑南新区有轨电车 5 号线	21.1 km	2013 年 8 月
南京河西有轨电车	7.76 km	2014 年 8 月 1 日
苏州高新有轨电车 1 号线	25.76 km	2014 年 10 月 26 日
长春有轨电车 55 路	5.1 km	2014 年 12 月
广州海珠有轨电车 THZ1 线	7.7 km	2014 年 12 月 31 日
沈阳浑南新区有轨电车 3 号线	7.9 km	2015 年 6 月
淮安现代有轨电车 1 号线	20.07 km	2015 年 12 月 28 日
青岛城阳区现代化有轨电车	8.77 km	2016 年 3 月 5 日
武汉车都现代有轨电车 T1 线	16.8 km	2017 年 7 月 28 日
珠海现代有轨电车 1 号线	8.8 km	2017 年 10 月 13 日
深圳龙华区有轨电车	8.81 km	2017 年 10 月 28 日
南京麒麟科技创新区有轨电车	8.95 km	2017 年 10 月 31 日
北京现代有轨电车西郊线	8.8 km	2017 年 12 月 30 日
武汉光谷有轨电车 T1 示范线	2.526 km	2018 年 4 月 1 日
武汉光谷有轨电车 T2 示范线	19.6 km	2018 年 4 月 1 日
苏州高新区有轨电车 2 号线	18.463 km	2018 年 8 月 31 日
成都有轨电车 2 号线	13.7 km	2018 年 12 月 26 日
上海松江有轨电车 2 号线	13.9 km	2018 年 12 月 26 日
沈阳浑南有轨电车 4 号线	6 km	2019 年 1 月 5 日
沈阳浑南有轨电车 6 号线	7.8 km	2019 年 1 月 5 日

磁浮系统

线路名称	总里程	开通时间
上海磁浮线路	30 km	2006 年 4 月 27 日
长沙磁浮快线	18.55 km	2016 年 5 月 6 日
北京地铁 S1 线	10.2 km	2017 年 12 月 30 日

自动导向轨道系统

线路名称	总里程	开通时间
北京机场旅客捷运系统	2.080 km	2007 年 12 月 31 日
广州地铁 APM 线	3.94 km	2010 年 11 月 8 日
上海轨道交通浦江线	6.644 km	2018 年 3 月 31 日

市域快速轨道系统

线路名称	总里程	开通时间
天津津滨轻轨	52.759 km	2004 年 3 月 28 日
上海地铁 11 号线	82.8 km	2009 年 12 月 31 日

广佛线	37.96 km	2010 年 11 月 3 日
青岛 11 号线	58.35 km	2018 年 4 月 23 日
南京 S7 线	30.16 km	2018 年 5 月 26 日
青岛 13 号线	70 km	2018 年 12 月 26 日
温州轨道交通 S1 线	34.77 km	2019 年 1 月 23 日

目前我国各城市虽然仍以城市中心区的地铁系统建设为主，然而随着我国大规模、快速城镇化的发展和建设，市域轨道交通、城市群城市间的轨道交通开始规划建设，市域快速轨道系统、市域（市郊）铁路、城市群卫星城中心内部以及中等城市城中心区的现代有轨电车系统、高新开发园区以及旅游景点等特色线路的单轨系统和现代有轨电车系统、轨道交通发展新技术的磁浮系统等新型轨道交通系统已经涌现，并呈快速发展态势。下面简要介绍我国已经开通运营的新型轨道交通制式。

2.5.1　直线电机轮轨交通系统

1. 制式原理及特点

普通轮轨系统的列车驱动力源于列车钢轮与钢轨之间的粘着摩擦力，由于摩擦力受轮轨间正压力和摩擦系数的限制，当线路纵坡足够大时，这种列车牵引方式不再有效。为解决这一问题，诞生了直线电机牵引轮轨交通系统。将列车电机转子铺设在轨道上，定子布设在车底，电机转子和定子之间通过电磁感应产生列车牵引驱动力（图 2.5.1），只要电流足够大，就能产生足够大的列车牵引力。

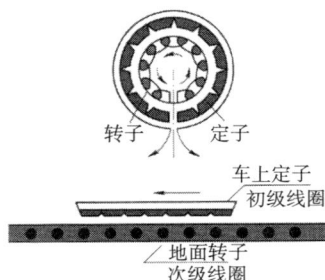

图 2.5.1　直线电机系统电磁感应原理

因此，直线电线轨道交通系统具有更强的爬坡、启动、加减速和制动能力。此外，由于直线电机交通系统不再依靠轮轨粘着力驱动，钢轮仅用于支撑，因此轮轨磨耗相对普通轮轨交通系统大大减小。

直线电机结构简单，更有利于列车通过线路小曲线半径，再加上其强大的爬坡能力，为线路选线带来很大的灵活性，使线路能够更好地适应地形（图 2.5.2 ~图 2.5.4），并降低系统工程造价；由于采用直线电机车辆断面尺寸得以减小，从而使得隧道断面面积也减小（图 2.5.5），降低土建工程造价的同时，其列车的运行故障和维修费用也大大降低。

图 2.5.2　小曲线加大坡度（日本）

图 2.5.3　小曲线半径（温哥华）

图 2.5.4　大坡度（温哥华）

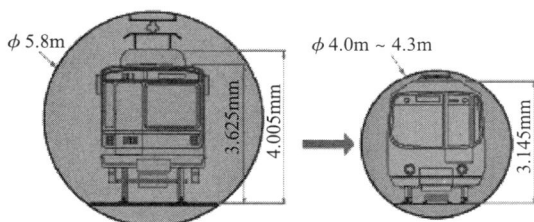

图 2.5.5　直线电机与旋转电机隧道断面比较

2. 我国直线电机轨道交通系统发展

目前，我国开通运营的直线电机轨道交通线路共有广州地铁 4 号线、5 号线、6 号线和北京机场线 4 条线，其中广州地铁 4 号线是国内第 1 条直线电机轨道交通线路。

广州地铁 4 号线线路（图 2.5.6）大致呈南北走向，起点站为黄村站，途径天河区、番禺区、海珠区、天河区，终点站为南沙客运港站。线路下跨河流水系较多、站间坡度较大、线路纵断面设计困难、作为亚运会专线对旅行速度要求较高，为此选用了直线电机轨道交通系统制式。该线于 2005 年 12 月 26 日开通，标志着中国内地第 1 条直线电机轨道交通系统诞生。

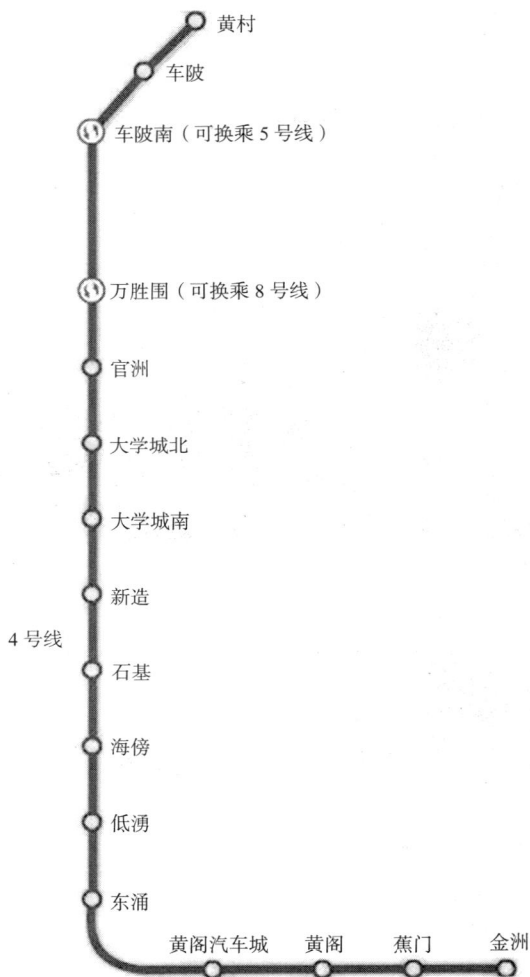

图 2.5.6　广州地铁 4 号线

　　广州地铁 5 号线线路（图 2.5.7）大致呈东西走向，连接城市东部与城市中心区，起点站位于滘口站，途径荔湾区、越秀区、天河区和黄埔区，贯穿旧城中心区、广州市中心组团和珠江新城 CBD，终点站为文冲站，于 2009 年 12 月 28 日开通运营。

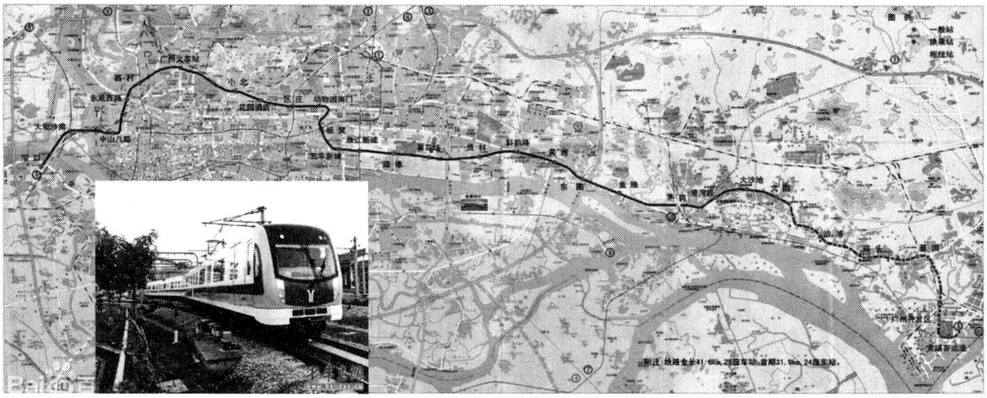

图 2.5.7　广州地铁 5 号线

广州地铁 6 号线（图 2.5.8），线路大致呈东西"U 形"走向，连接中心城区和城市东西两翼。起点站位于浔峰岗站，途径荔湾区、越秀区、天河区、黄埔区，贯穿坦尾、珠江北岸，终点站设置于香雪站，于 2013 年 12 月 28 日开通运营。

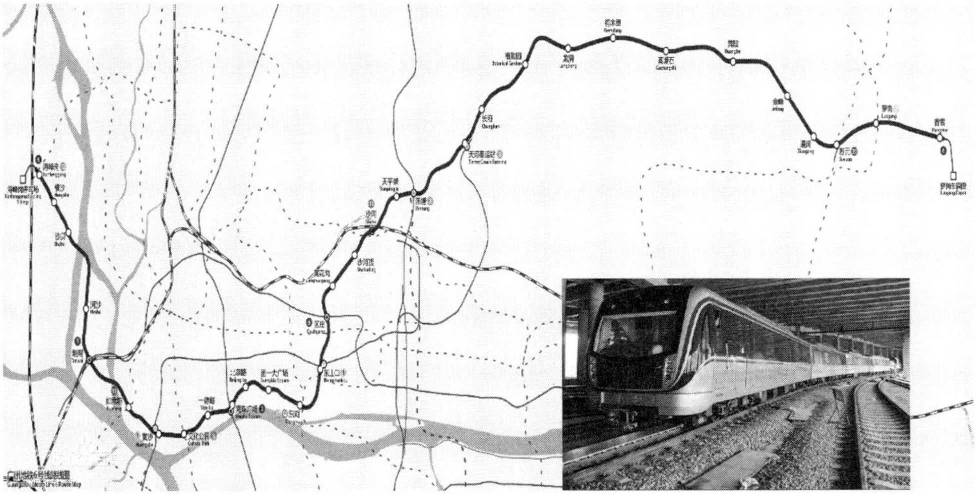

图 2.5.8　广州地铁 6 号线

北京机场线（图 2.5.9）线路由二环东直门站向东北方向延伸，经三元桥站后，直达北京首都国际机场 T2、T3 航站楼站。线路走向大部分路段与机场高速重叠，跨越河流、高速公路、多条城市道路，地下线、地面线、高架线三种敷设方式交替出现，直线电机轨道交通系统能更好地适应这种情况，因此采用了这一制式，于 2008 年 7 月 19 日开通。

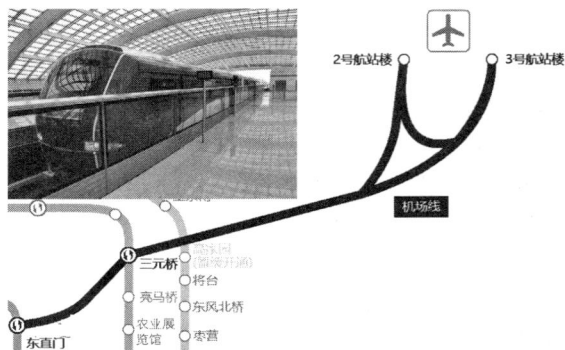

图 2.5.9 北京机场线

2.5.2 跨座式单轨系统

1.制式原理及特点

对于自然地形起伏较大的城市，比如山城重庆，规划建设高架线路时，为适应地形，线路多出现大纵坡和小曲线半径；除此之外，城市老城区，往往街道比较窄，规划建设高架线路时，尚需要有效解决振动和噪声的问题。跨坐式单轨交通系统可有效解决这一难题。

跨坐式单轨系统摆脱了传统的钢轮钢轨体系，采用了特殊的胶轮系统，列车跨坐在钢筋混凝土轨道梁上，沿着轨道梁行驶（图 2.5.10）。

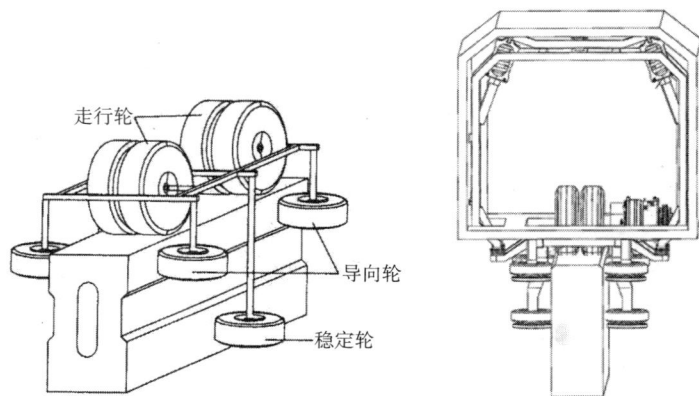

图 2.5.10 跨座式单轨原理

由于采用胶轮系统，因此其爬坡能力强、适应很小的平面曲线半径、振动噪声小；线路选线灵活，能更好地适应地形；线路建设时征地拆迁量也可大大减少，从而节约工程投资。

2. 我国跨座式单轨系统发展

目前，我国共有重庆轨道交通 2 号线和 3 号线、银川"云轨"线路 3 条跨座式单轨交通线路开通运营。其中重庆轨道交通 2 号线是我国第 1 条跨座式单轨线路。

截至 2018 年 3 月，共有 18 个城市开展了跨座式单轨交通线网规划或线路规划，包括佛山市、株洲市、宝鸡市、南充市、芜湖市、吉林市、汕头市、柳州市、深圳市、西安市、中山市、蚌埠市、邯郸市、赤峰市、大庆市、宿迁市、遵义市、济宁市等，线网规划总里程 2842.46km。其中正开工建设的城市有芜湖市，建设总里程 46.3km。

重庆轨道交通 2 号线（图 2.5.11），跨越重庆 4 个行政区，辐射 9 个片区，其中 3 个行政区为老城区，受重庆山城地形条件的限制，普通轮轨地铁交通系统建设难度较大，为此选用了跨座式单轨交通系统。线路大致呈东西走向，东起渝中区较场口站，途经九龙坡区，西至大渡口区新山村站，向南延伸至巴南区鱼洞站。该线于 2004 年 12 月 11 日开通运营，是中国内地第 1 条单轨交通系统线路。

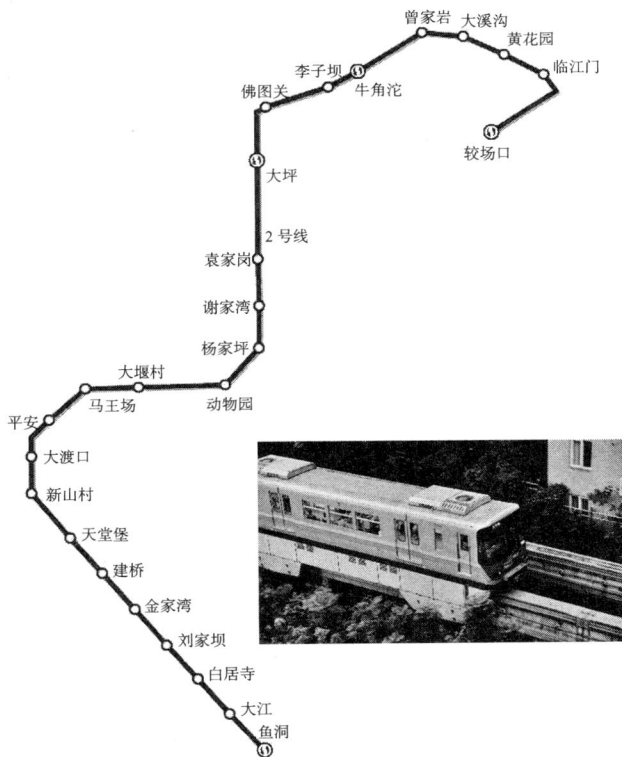

图 2.5.11　重庆轨道交通 2 号线

重庆轨道交通 3 号线（图 2.5.12），线路大致呈南北走向，北起江北机场 T2 航站楼站，途经渝北区西南部、江北区西部、渝中区中部、南岸区西南部和巴南区西北部，南至鱼洞站。支线南起碧津站，向北延伸至举人坝站，于 2011 年 12 月 30 日开通。重庆轨道交通 3 号线是单线运营里程最长、地形条件最复杂的、运输效率高的跨座式单轨交通线路。

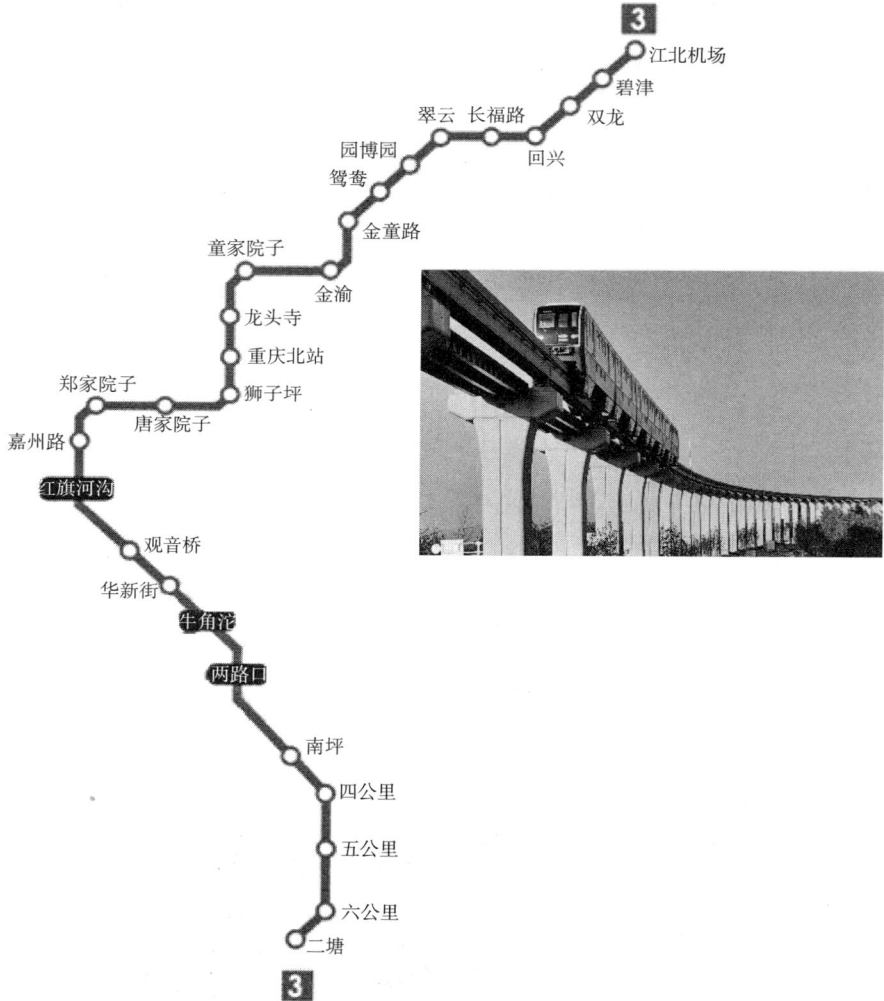

图 2.5.12　重庆轨道交通 3 号线

银川"云轨"1 号线（图 2.5.13），环绕银川花博园建设，也是 1 条旅游专线，乘客可以乘坐云轨俯瞰花博会。

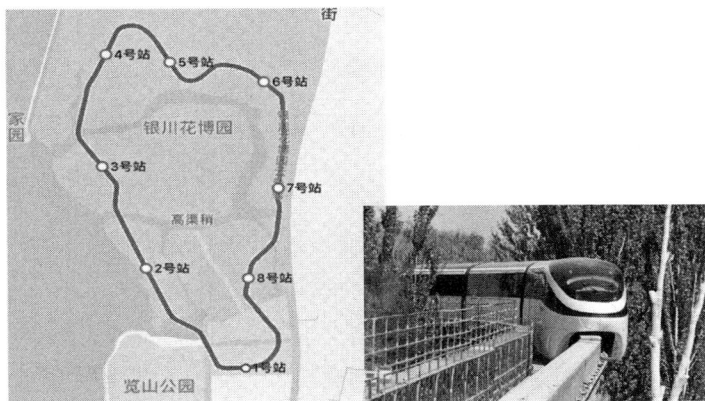

图 2.5.13　银川"云轨"线路

2.5.3　有轨电车系统

1. 制式特点

有轨电车系统是一种中低运量的轨道交通系统，系统运输能力（小时断面客流量）一般在 1 万人次 / 小时左右。与公交汽车相比，具有运量大、运行准时、舒适安全、节能、绿色、环保、美观等特点。作为轨道交通系统，又具有项目审批流程简单、可地面敷设、建设周期短、工程造价低等优点。

有轨电车交通系统，可作为地铁和轻轨等大运量交通系统的连接辅助线路、大城市卫星城以及中小城市中心区的主干公共交通或者一些特殊区域的旅游特色线路等。

2. 我国有轨电车系统发展

2010 年以来，我国有轨电车交通系统的线路规划建设形成一轮发展热潮。截至 2018 年 12 月 31 日，中国内地共有 15 个城市的有轨电车线路开通运营，分别是大连、长春、天津、上海、苏州、沈阳、南京、青岛、广州、淮安、珠海、深圳、武汉、北京、成都，运营线路共计 26 条，线路总里程为 324.63km。据不完全统计，全国开展有轨电车规划建设工作的城市或地区有 73 个，规划有轨电车线路共计 452 条，规划里程超过 7000km，在建线路 29 条，总里程达 460.25km。

下面介绍几条典型的有轨电车线路：

（1）大连有轨电车交通线路 202 路（图 2.5.14），连接旅顺口区与市中心，是在原有的有轨电车线路基础上改造形成的，线路大致呈西南 – 东北走向，线路北起兴工街，西至小平岛前。该线路于 2002 年 12 月 1 日完成改造并开通运营。

（2）天津开发区导轨电车 1 号线线路（图 2.5.15），以南北走向贯穿天津市滨海新区天津经济技术开发区西部。该线路于 2007 年 5 月 10 日开通运营。

图 2.5.14　大连有轨电车交通线路 202 路

图 2.5.15　天津开发区导轨电车 1 号线

（3）上海张江有轨电车线路（图 2.5.16），线路位于张江功能区的核心区域——高科技园区范围内，沿线覆盖了张江工业园区内主要产业基地、科研院所、医院和生活区域。该线作为地铁的接驳线，在张江高科站与地铁 2 号线无缝接驳，于 2010 年 1 月 1 日开通运营。

（4）沈阳浑南新区有轨电车 1 号线线路（图 2.5.17）呈反"L"形，线路起点位于沈阳会展中心，终点站设于兴隆大奥莱，连接沈阳的西部和北部。该线路于 2013 年 8 月 1 日开通运营，同时开通的还有沈阳浑南新区有轨电车 2 号线和沈阳浑南新区有轨电车 5 号线。

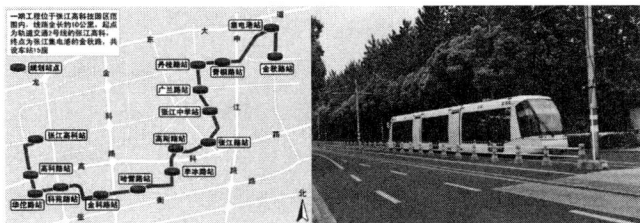

图 2.5.16　上海张江有轨电车线路

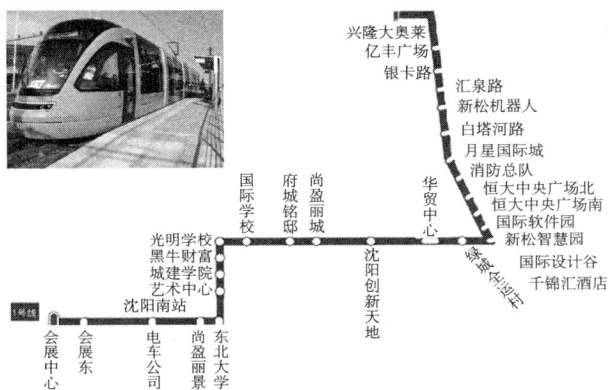

图 2.5.17　沈阳浑南新区有轨电车 1 号线

（5）广州海珠有轨电车 THZ1 线（图 2.5.18），线路大致呈东西走向，起点站位于万胜围站，终点设在广州塔站，在广州塔—会展东路段沿珠江江边绿化带行驶。线路功能定位为城市中心区的地面旅游观光线路，于 2014 年 12 月 31 日开通运营。

图 2.5.18　广州珠海有轨电车 THZI 线路

（6）淮安有轨电车1号线（图2.5.19），线路大致呈西北—东南走向，线路起点位于体育馆站，串联了清河区、经济技术开发区、生态新城和淮安区4个组团，终点站是南门站。由于清河区、经济技术开发区、生态新城和淮安区4个组团之间交通需求高，传统公交不能满足客流需求，而淮安城市规模又不大，城市经济实力也有限，因此选择了现代有轨电车交通系统。该线路于2015年12月28日开通运营。运营以来，客流量较好、旅行速度较高，运营效果表明了当时决策的正确性。

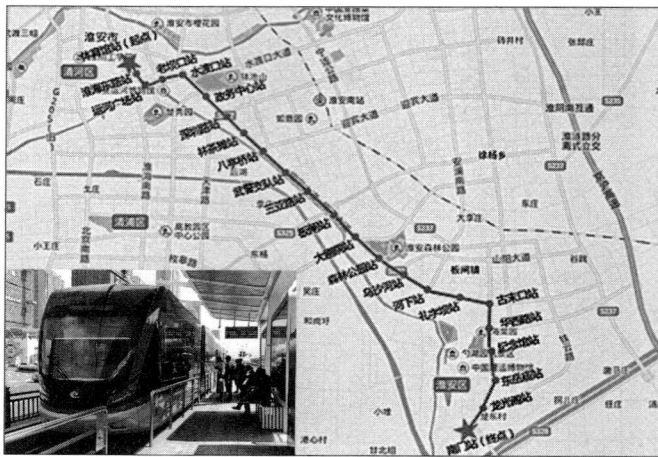

图2.5.19　淮安有轨电车1号线

（7）北京有轨电车西郊线（图2.5.20），大致呈东西走向，线路起点位于巴沟站，连接香山公园、北京植物园、玉泉郊野公园和颐和园，终点位于香山站。该线主要为香山及线路沿线地区的旅游、休闲、观光提供便捷交通服务，同时又是地铁的接驳线路，与北京地铁10号线在巴沟站接驳。该线路于2017年12月30日开通运营。

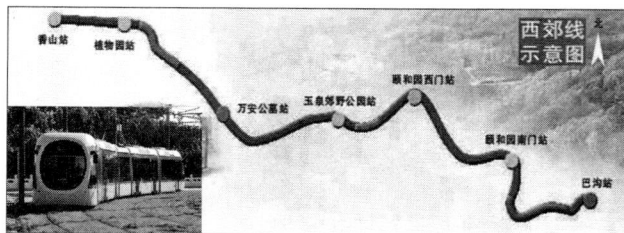

图2.5.20　北京现代有轨电车西郊线

2.5.4 磁浮轨道交通系统

1. 制式原理及特点

磁浮轨道交通利用电磁力将列车悬浮于轨道梁上（图 2.5.21），利用直线电机牵引驱动列车。由于列车与轨道之间没有直接接触，因此接触磨耗得以极大减小，同时机械振动和噪声也极大降低。由于列车采用直线电机牵引，因此，磁浮轨道交通系统具有非常优越的爬坡能力和很小的转弯半径，系统运行平稳，乘客舒适度好。

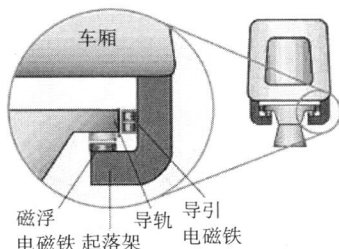

图 2.5.21　磁悬浮原理

磁浮轨道交通系统，既适用于长距离高速运行，也适合中短距离中低速运行，线路以高架敷设方式为主，特别适应于城市群城市间的快速线路、城市内部高架线路、机场专线以及旅游景区线路等。

2. 我国磁浮交通系统发展

目前，我国有上海浦东机场线、长沙机场线、北京 S1 线共 3 条磁浮轨道交通线路开通运营。其中上海浦东机场线是世界范围内第 1 条投入商业运营的高速磁悬浮线路。长沙机场线中低速磁浮线路采用我国自主研发的中低速磁浮列车技术。北京 S1 线采用的也是我国中低速磁浮技术。

上海浦东机场磁悬浮线路大致呈东西走向（图 2.5.22），西起上海轨道交通 2 号线的龙阳路站，东至上海浦东国际机场，是连接城市中心区与机场的快速城市轨道交通线路。该线于 2006 年 4 月 27 日开通。

图 2.5.22　上海浦东机场磁悬浮线路

长沙机场线（图 2.5.23），线路大致呈东西走向，线路起点位于磁浮高铁站，途经长沙市雨花区和长沙县，连接长沙南站和长沙黄花国际机场，终点位于磁浮机场站。该线的开通打造了我国中部地区"空铁联运"一体化综合交通枢纽，于 2016 年 5 月 6 日开通。

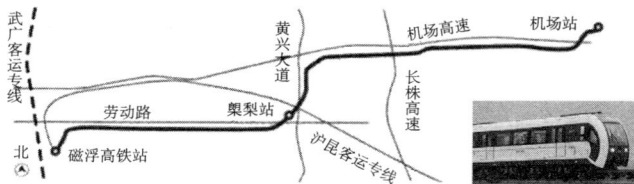

图 2.5.23　长沙机场线中低速磁悬浮线路

北京磁悬浮 S1 线（图 2.5.24），线路大致呈东西走向，线路起点位于地铁 6 号线金安桥站，途径石景山区、门头沟区，贯穿门头沟、石景山，终点位于石厂站。该线于 2017 年 12 月 30 日开通。

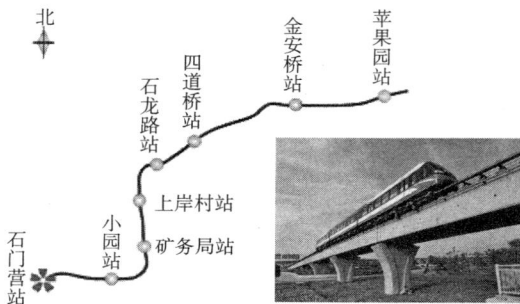

图 2.5.24　北京磁悬浮 S1 线

2.5.5　自动导向轨道系统

1. 制式原理及特点

为满足城市特殊小范围区域内对轨道交通的需求，研发了适应短线路、密车站的自动导向轨道交通系统。该系统的列车采用胶轮，行驶在特定的轨道结构上，导向采用自动导向轮（图 2.5.25），列车采用无人驾驶技术，实现自动控制。

自动导向轨道交通系统最大的特点是全自动化管理和无人驾驶。此外，由于车辆采用胶轮承载、驱动和导向，因此其爬坡能力强，能适应大坡度、小半径等

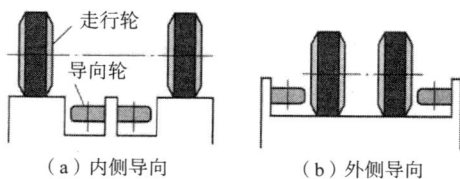

（a）内侧导向　　　　（b）外侧导向

图 2.5.25　自动导向轨道系统原理

困难线路条件。同时，其在行驶过程中振动噪声小，对环境影响小。自动导向轨道交通系统还具有结构简单、投资小、建设周期短等特点。

自动导向轨道交通系统往往旅行速度较低，一般作为城市特定区域短途运输系统，比如航站楼内部，或者旅游观光线路。

2. 我国自动导向轨道交通系统发展

目前，我国用于公共交通的自动导向轨道交通系统线路较少，仅在广州、上海有运营线路。

广州地铁 APM 线（图 2.5.26），线路起点位于广州塔站，跨越珠江，贯穿珠江新城核心区域，终点位于林和西站。线路全长 3.94km，共设置 9 个车站。由于珠江新城核心区人口密集、交通压力大，为解决珠江新城核心区的交通问题，实现珠江新城 CBD 地区与天河商贸区内部的快速连接，需要 1 条轨道交通线路，但受限于站间距小与线路长度短，因此选用了自动导向轨道交通系统。该线于 2010 年 11 月 8 日开通运营。

图 2.5.26　广州地铁 APM 线线路

上海轨道交通浦江线（图 2.5.27），线路起点位于沈杜公路站，途径浦江镇，终点位于汇臻路站，线路全长 6.644km，共设置 6 座车站。为了促进浦江镇大型居住区建设，改善鲁汇与杜行居民的出行条件，解决好城市轨道交通"最后一公里"问题，选用了自动导向轨道交通系统。该线于 2018 年 3 月 31 日开通运营。

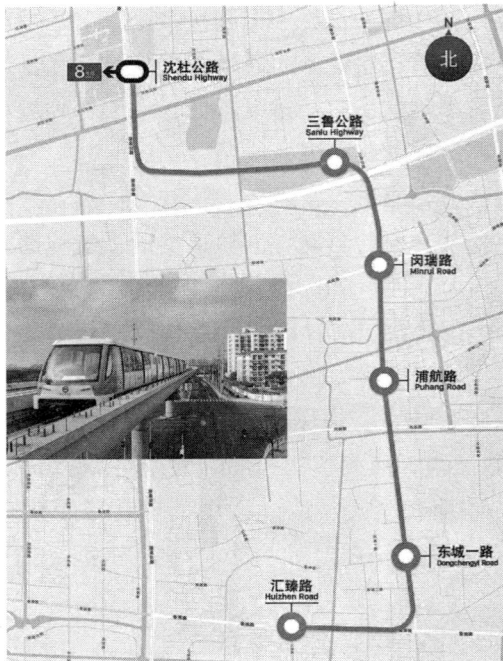

图 2.5.27　　上海轨道交通浦江线

2.5.6　市域快速轨道交通系统

1. 系统特点

市域快速轨道交通系统一般连接城市中心城区与周边城镇组团或者城镇组团之间的连接，提供通勤化、快速化的出行服务。

市域快速轨道交通线路较长、站间距大、旅行速度高。运行组织以快慢线运行、跨线运行等网络化运营方式为主，往往按照列车时刻表运行。

市域快轨的车辆运营最高速度目标值为 100 ~ 160km/h。

2. 我国市域快速轨道交通系统发展

目前，我国内地开通运营的天津津滨轻轨、上海轨道交通 11 号线、广佛线、青岛轨道交通 11 号线、青岛轨道交通 13 号线、南京轨道交通 S7 线、深圳轨道交通 11 号线、东莞地铁 2 号线等几条线路运营最高速度目标值均超过 100 km/h。但多为市区地铁线路向郊区的延伸，采用地铁的设计理念。

采用市域快速轨道交通系统最典型的当属温州轨道交通 S1 线一期工程西段（图 2.5.28），南起桐岭站，途径瓯海区、鹿城区和龙湾区，贯穿温州市中心区域，东至奥体中心站。一期工程东段自奥体中心站至双瓯大道站，全线大体呈东西走向。为了将城市框架向东延伸发展，同时建立温州火车站、城市公交中心站、温州机场等不同交通站场的纽带联系，将不同类型的客流进行快速集散运输，提高市民出行效率，缓解高峰时段交通压力，选用了市域快速轨道交通系统。该线路一期西段于 2019 年 1 月 23 日开通运营。

图 2.5.28　温州 S1 线

系统采用市域动车组（市域 D 型），最高速度 120～140km/h（图 2.5.29）。运营组织（信号）初近期采用点式 ATC 系统，远期采用 CBTC 系统。正线列车运行在正常情况下采用 ATO 自动驾驶模式，以满足控制列车运行速度、提高正点率、进站准确停车的要求。供电系统由 110/27.5kV 牵引变电所外部电源工程、110/27.5kV 牵引变电所、牵引网系统、电力监控系统、供电维修等组成。温州市域铁路 S1 线正线采用带回流线直接供电方式。

图 2.5.29　温州 S1 线市域车辆

S1 线主要解决大都市区中心城区与外围各组团间的旅客联系、都市区各组团间旅客交流，兼顾主中心内部部分中短距离城市客流出行，从其主要技术参数与服务对象分析，S1 线为典型的市域快速轨道交通系统。

2018 年，《关于促进市域（郊）铁路发展的指导意见》（发改基础〔2017〕1173 号）发布，把温州轨道交通 S1 线列为示范工程。市域快速轨道交通将进入快速发展阶段。

2018 年 3 月，轨道交通分会组织编写的团体标准《市域快速轨道交通设计规范》T/CCES 2—2017 发布，对今后相同功能定位的市域快线的设计提供了指导。

2.6 结语

从 1965 年到现在，我国城市轨道交通的规划历经 60 余年的风风雨雨，从最初的一无所有，到如今全国超过 7000km 的规划规模，我国的城市轨道建设还远未到达终点。城市轨道交通项目从最开始的一条线一条线的批复立项，到 2003 年 "81 号文" 第 1 次提出建设规划的概念，再到 2018 年 "52 号文" 重 "质" 的推进，城市轨道交通建设规划发展得更为严谨、科学，能与美好城市更加有机融合。

"建轨道交通即是建城市" 从来就不只是一句口号，更是城市轨道交通所有从业人员的价值追求和情怀体现。当一份规划的成果，从纸面落地，穿行的列车将整个城市联结相通，建设规划者的兴奋之情溢于言表，我们坚信：因为城市轨道交通建设规划，未来，城市必将更加美好！

第3章　勘察测量

3.1　城市轨道交通勘测发展综述

勘察测量专业是技术密集型的行业，在城市轨道交通建设全过程中起着先导作用。勘测为城市轨道交通建设提供技术、质量和安全保障，其主要内容分为：勘察、测量和监测三部分。

近年来，我国城市轨道交通工程建设取得了迅猛发展，无论是建设速度，还是建设规模都超过世界其他国家，已经成为世界上最大的城市轨道交通建设市场。由于城市轨道交通工程建设具有规模大、周期长，地质条件复杂，对周边环境影响大，施工工法多、难度高、参建单位多、专业广等特点，加上设计水平、施工能力及管理经验与城市轨道交通建设的快速发展不匹配，使得各地安全事故时有发生。为保证工程施工安全、周边环境稳定及线路结构自身安全，勘测的作用显得尤为重要。随着城市轨道交通的快速发展，勘测工作也取得了长足的发展，完善的勘测工作体系已经建立，先进的勘测综合技术可以为城市轨道交通建设全过程提供技术、质量、安全保障，为工程建设的顺利实施保驾护航。

3.1.1　我国城市轨道交通勘测技术发展历程

城市轨道交通工程勘测技术的发展，一方面依赖于勘测技术本身的发展，另一方面与城市轨道交通工程施工技术的发展相辅相成，密切相关。回顾和总结我国城市轨道交通工程勘测技术几十年的发展历程，大致可分为起步、发展、完善和提升阶段。

（1）起步阶段（1958～1989年）

城市轨道交通工程勘测技术是伴随着新中国城市轨道交通工程建设事业的起步发展共同成长起来的。1958年成立了北京地铁指挥部，1965年7月我国的第一条城市轨道交通线路在北京动工兴建，同期也掀开了城市轨道交通勘测工作的新篇章。当时的勘测工作主要以工程地质钻探和简易的工程测绘为主，测绘仪器以光学经纬仪、水准仪、小平板、算盘和计算尺等近代测量装备为主，勘测工作主要服务于工程建设前期，内容主要是为工程设计和施工提供地层和地形图资料。

勘测工作处于起步和摸索阶段，没有相应的技术标准可供执行。

（2）发展阶段（1990～1999年）

进入20世纪90年代以来，随着经济的快速发展，我国进入了城市轨道交通工程建设的快速发展阶段。勘察工作从最初的工程地质钻探进入到岩土工程勘察，除了提交地层资料外，增加了许多岩土问题分析；岩土工程勘察工作内容拓展到工程地质勘察、水文地质勘察、地质灾害评估、协同作用分析、数值模拟计算、岩土咨询等。工程测量从简单地形测绘发展到地形图、管线图测绘，线路初测和定测，控制网测量、施工放样测量，贯通测量，铺轨和设备安装测量，竣工测量、规划验收测量等。以GPS、全站仪、电子水准仪为代表的现代测绘仪器和计算机等先进测绘及计算工具得到了广泛使用。同时，逐步建立起了城市轨道交通岩土工程勘察体系和工程测量体系。

20世纪90年代中期，原建设部委托北京城建勘测设计研究院作为主编单位，与国内几家具有城市轨道交通勘察经验的勘察单位着手编写国家标准《地下铁道、轻轨交通岩土工程勘察规范》GB 50307—1999和《地下铁道、轻轨交通工程测量规范》GB 50308—1999，于1999年编写完成，并正式发布实施。这两个规范的出台，使得我国城市轨道交通勘测工作有了技术标准依据，不仅填补了我国城市轨道交通建设勘测工作无据可循的空白，而且在规范我国城市轨道交通建设勘测工作方面起到了积极的推动作用。

（3）完善和提升阶段（2000年至今）

进入21世纪，随着我国城市轨道交通高速、大规模发展，新开工建设城市轨道交通的城市往往建设经验不足，在建设过程中存在诸多安全隐患。在此情况下，在传统工程勘察和工程测量的基础上，开始推行第三方监测和工程检测技术，实现了勘测综合技术与城市轨道交通建设的无缝衔接。该项技术扩展了工程勘测工作内容，也将工程勘测工作领域延伸到了城市轨道交通建设规划、设计、咨询、施工、运营等各个阶段中。

这一时期，岩土工程勘察与工程测量技术标准均完成了新一轮的修订工作，分别更名为《城市轨道交通岩土工程勘察规范》GB 50307—2012和《城市轨道交通工程测量规范》GB 50308—2008。同时住房和城乡建设部委托北京城建勘测设计研究院主编了《城市轨道交通工程监测技术规范》GB 50911—2013，并于2013年9月正式发布。监测技术规范的出台，全方位、多角度为城市轨道交通建设与管理提供服务和支持。

当前，随着工程勘察专业新型钻机的引进，各类特殊的土工试验大量开展，改进的旁压、扁铲、静力触探等原位测试手段被广泛应用，智能微动勘探系统等工程物探技术取得重要进步。2017 年 6 月，住房和城乡建设部开始试点工程勘察质量管理信息化，通过影像留存、人员设备定位和数据实时上传等信息化监管方式，推动勘察现场、试验室行为和成果的质量管理标准化，切实提升工程勘察质量水平。

随着全国城市轨道交通工程建设高潮的到来，工程建设事故的不断出现，暴露出施工单位实施的施工监测出现一些问题，如瞒报、缓报监测数据、监测数据造假等不良现象，对工程质量安全管理带来较大隐患。在政府部门的推动下，国内各城市相继开展了第三方监测工作，以加强安全监测和工程风险管理。监测作业手段也日趋完善，自动化、集成化、智慧化监测系统被大量地应用到实际工作中。

3.1.2　勘测技术在城市轨道交通建设中的作用

我国第一条地铁建设之初，毛主席曾经批示："精心设计、精心施工。"精心设计和精心施工的前提是做好勘测工作。勘测工作贯穿于城市轨道交通工程建设的全过程，是城市轨道交通工程建设的基础线、生命线、智慧线。

（1）勘测成果的可靠性是城市轨道交通建设的基础线

施仲衡院士说："勘测工作是城市轨道交通建设的基础"。勘测工作为城市轨道交通工程建设提供城市地形图数据、地质地层参数、管线数据、周边建构筑物环境等基础资料，是工程建设基础中的基础。城市轨道交通建设工程一般位于繁华的城市区，周边环境复杂，城市轨道交通沿线常常要穿越桥梁、河道，以及高层建筑的地下基础设施，并且城市地下各种管线，如电力、污水管线等设施多且复杂。在规划和设计阶段，各种比例尺的正射影像、地形图、管线图、周边环境调查等是线路比选和设计的基础资料；岩土工程勘察通过工程地质钻探、探坑、物探、原位测试和室内试验等方法和手段获取地层信息，经过整理和综合分析，为城市轨道交通建设提供岩、土和地下水的物理力学指标和设计所需的参数；在施工阶段，高精度的城市轨道交通工程专用控制网为工程建设提供定位基准；在工程竣工后，竣工测量的成果是工程验收的重要依据，也是运营阶段工程养护维修的重要资料。勘察、测量技术经过多年的发展，在城市轨道交通建设领域的应用日益成熟，并形成了独具特色的城市轨道交通工程勘测专有技术，为建设工程提供详实、准确、科学、有效的基础数据和参数成果，是工程建设开始前的第一道工序、设计的底图及依据、施工的基准，是城市轨道交通工程建设的基础线。

（2）勘测技术的精确度是城市轨道交通建设质量安全的生命线

勘测技术的发展，特别是高质量的勘测，对城市轨道交通行业的健康、安全、和谐发展起到了很大的推动作用。城市轨道交通以地下工程为主，工程建设中的主要工程问题是岩土工程问题。而岩土工程勘察技术正是解决岩土工程问题的重要学科。勘察工作通过工程类比、数值分析、专家判断等咨询服务，可以预测工程建设过程中可能出现的地质风险问题，并及时提出防治措施。勘察与设计、施工密切结合，初步形成了从勘察到设计、到施工、到监测各个阶段的认识、实践、改造全过程，从而更有效地对工程风险进行控制。施工放样测量、贯通测量、铺轨和设备安装测量则是保证结构、线路和设备能够按照设计要求准确就位并满足限界要求的关键环节，是控制施工质量的主要因素。城市轨道交通工程监测工作主要服务于工程施工阶段与运营阶段：施工阶段监测工作主要为基坑与隧道的工程支护结构、周边岩土体、周边环境的现场实施人工巡视与仪器监测；运营阶段监测工作主要为线路设施提供长期监测和对城市轨道交通保护区工程进行监测。由上可见，勘测工作贯穿工程建设全过程，为其提供质量安全保障，是城市轨道交通建设的生命线。

（3）勘测工作的信息化程度是城市轨道交通建设的智慧线

目前，我国已有500多个智慧城市建设试点启动，智慧城市建设已进入落地阶段。作为城市公共基础设施重要系统的城市轨道交通也将全面步入智慧时代。智慧城市轨道交通的落地必须要有一个载体，这就是建立一个科学、便捷、高效的三维可视化智能管理平台。城市轨道交通勘测工程从前期地质及环境勘察到后续精密测量和形变监测，贯穿城市轨道交通建设全生命周期的各个环节，其独特的优势和角色对城市轨道交通建造、运营和管理等具有非常重要的作用。

勘察专业利用自身掌握的大量区域地层信息，结合现场工程地质调查、钻探、物探、测试、试验等勘探数据，以及城市轨道交通工程自身的尺寸、埋深等工程信息，提供符合工程特点的且信息丰富能解决实际问题的勘察咨询报告和三维立体地质剖面；测量专业通过三维激光扫描测量技术将现场环境和工程实体测量数据转化为三维模型，将实体模型与设计BIM模型实时对比，及时发现偏差。监测专业将智能全站仪、静力水准仪、应力应变仪以及多种传感设备进行集成，通过高速数据传输链路，发展形成自动化监测技术，实时把控工程建设过程中结构本身、周围岩土体和周边环境的变形情况，成为城市轨道交通工程建设中的"眼睛"和"耳朵"，是实现工程信息化施工的重要手段，是工程建设实现智能化的重要保障。勘察、测量、监测技术为智慧城市轨道交通的发展提供了详实的勘测基础数据，为智慧地铁的构建提供了多触角、功能强大的感知系统，为智慧地铁的应用提供了详实可靠的解决方案及技术保障，是城市轨道交通工程的智慧线。

3.1.3　我国城市轨道交通勘测技术发展趋势

面对全国城市轨道交通建设大规模发展的背景，勘测作为城市轨道交通建设不可或缺的重要环节，正面临着前所未有的机遇与挑战。中国已步入世界城市轨道交通建设大国和强国行列，工程建设、装备制造、运营管理技术水平不断提升，城市轨道交通建设从机械化、自动化、信息化逐渐进入智慧化时代，"智慧地铁勘测先行"是利好城市轨道勘测行业的重大机遇。

（1）城市轨道交通勘测技术将实现高精细化发展

未来在科技、人文、绿色、创新理念指导下的城市轨道交通工程建设，以城市轨道交通专业技术的行业全面领先为目标，打造多样化、规模化、尖端化、网络化的城市轨道交通专业技术体系。在这种技术体系下，勘测技术势必实现精细化发展。

城市轨道交通岩土工程勘察的发展，综合钻探、现场挖探、视电阻率测试、原位试验、瞬变电磁法、地震勘探法等多种勘探勘察手段的综合勘察方法的应用将是一种大趋势，逐步取代单一的钻探、取样、试验模式。城市轨道交通建设与地下水及其周边环境的相互作用和影响以及地下水抗浮设防水位等问题亟待解决；应用于城市轨道交通监测专业的传感器设备将向小型化、材料化、高精度、实时化、智能化方向发展，进行监测信息感知、传输、处理等的综合集成化，最终实现监测节点的精确定位。三维激光扫描等新型测绘技术不断应用于城市轨道交通工程建设工作中，不仅可以提高测量的精确度，还可以扩大测绘面积，缩短测绘时间，减少人力消耗，能够为工程建设带来巨大的经济效益。

（2）城市轨道交通勘测工作将逐步转型向咨询化方向发展

城市轨道交通处于大规模建设阶段，由于在建设过程中受复杂的地质条件和环境条件的影响，安全风险和质量风险日渐突出；大规模工程建设使得各项资源投入不足，进一步加剧了工程建设各阶段的风险。在这种情况下，服务贯穿于城市轨道交通建设全生命周期的勘察、测绘和监测技术，作为工程建设的基础，高质量的勘测在平安地铁建设中的作用凸显得更加重要。

拥有城市轨道交通勘测经验和大量城市轨道交通勘测数据的企业，无疑占有先天的咨询优势。城市轨道交通先期启动的城市具有大量城市轨道交通勘测专业技术和管理队伍，可为后起城市提供专业的全过程咨询（包括勘测服务）；同时在城市轨道交通建设发展成熟的城市，通过现有勘测数据的信息化和智能化建设，为业主提供后期建设及运营阶段的专业化咨询与服务，推动城市轨道交通行业朝着咨询化、信息化及智慧化方向发展。目前住房和城乡建设部以及城市轨道交通行业也在逐步推行工程建设全过程咨询，进一步发挥已有数据的高效利用以及富有经验的专家和企业的支撑性作用。

（3）城市轨道交通勘测成果将迈向大数据智慧化时代

展望未来，随着我国城市轨道交通事业的不断发展，勘测技术在城市轨道交通建设中将朝着勘察精细化、测量自动化、监测智能化、管理集成化等方向发展，最终形成信息化、数字化的综合大数据的智慧勘测技术，实现城市轨道交通建设的三维可视化和数字可控化。勘测技术将为城市轨道交通工程的建设提供更全面、更先进、更优质的服务，为城市轨道交通工程保驾护航。

3.2 城市轨道交通勘察

3.2.1 城市轨道交通勘察政策与标准

目前国内各个城市开展的城市轨道交通工程勘察工作主要依据下列法律法规、技术标准：

1. 法律法规文件

（1）《建设工程质量管理条例》（国务院令第 279 号）

（2）《建设工程勘察设计管理条例》（国务院令第 662 号）

（3）《建设工程安全生产管理条例》（国务院令第 393 号）

（4）《实施工程建设强制性标准监督规定》（建设部令第 81 号）

（5）《建设工程勘察设计资质管理规定》（建设部令第 160 号）

（6）《勘察设计注册工程师管理规定》（建设部令第 137 号）

（7）《注册土木工程师（岩土）执业及管理工作暂行规定》（建市〔2009〕105 号）

（8）《建筑工程五方责任主体项目负责人质量终身责任追究暂行办法》（建质〔2014〕124 号）

（9）《建设工程勘察设计管理条例》（国务院令第 293 号）

（10）《危险性较大的分部分项工程安全管理规定》（住建部令第 37 号）

（11）《住房城乡建设部关于开展工程质量安全提升行动试点工作的通知》（建质〔2018〕169 号）

（12）《住房城乡建设部办公厅关于印发城市轨道交通工程 BIM 应用指南的通知 》（建办质函〔2018〕274 号）

2. 主要技术标准

由于城市轨道交通工程涉及的构筑物种类多，在勘察过程中所需提供的参数较为复杂，主要包括线路设计、基础设计、结构设计、降水设计、防腐、通风通电、抗震设计等，因此，不同构筑物类型的不同设计参数可能会应用不同的规范，据初步统计达到 40 部之多。

从事城市轨道交通岩土工程勘察工作，首先应执行强制性国家标准《城市轨道交通岩土工程勘察规范》GB 50307—2012，遇到该规范没有具体规定时，可参照其他规范执行。下面简要介绍一些重要的标准。

（1）国家标准

国家标准是对全国经济、技术发展有重大意义，在全国范围内统一规定的技术要求。强制性国标是保障人体健康、人身及财产安全的标准、法律及行政法规规定必须强制执行的国家标准。在进行城市轨道交通岩土工程勘察工作时应首先满足国家标准中的技术要求，常用的强制性国家标准见表 3.2.1：

国家勘察标准一览表　　　　　　　　　　　　　　　表 3.2.1

序号	规范名称	规范编号	适用范围
1	《城市轨道交通岩土工程勘察规范》	GB 50307—2012	城市轨道交通岩土工程勘察
2	《岩土工程勘察规范》	GB 50021—2001	车辆段及附属工程等建（构）筑物的勘察
3	《建筑地基基础设计规范》	GB 50007—2011	地基承载力验算及变形分析
4	《建筑抗震设计规范》	GB 50011—2010	建筑物的液化判别、场地类型划分等抗震评价
5	《工程岩体分级标准》	GB/T 50218—2014	岩土质量等级划分
6	《工程岩体试验方法标准》	GB/T 50266—2013	岩石的试验
7	《土工试验方法标准》	GB/T 50123—1999	室内土工试验
8	《湿陷性黄土地区建筑规范》	GB 50025—2004	黄土地区勘察
9	《膨胀土地区建筑技术规范》	GB 50112—2013	膨胀土地区勘察
10	《建筑边坡工程技术规范》	GB 50330—2013	边坡稳定性分析及支护方案建议
11	《建筑基坑工程监测技术规范》	GB 50497—2009	基坑勘察建议
12	《岩土工程勘察安全规范》	GB 50585—2010	岩土工程勘察的安全管理
13	《地铁设计规范》	GB 50157—2013	结构分类
14	《铁路工程抗震设计规范》	GB 50111—2006	线路、路基、挡土墙、桥梁、隧道等的抗震评价
15	《城市轨道交通工程测量规范》	GB/T 50308—2017	城市轨道交通工程测量
16	《基础地理信息数据库基本规定》	GB/T 30319—2013	地理信息、信息化、数据库
17	《地理信息公共平台基本规定》	GB/T 30318—2013	地理信息、信息化

（2）行业标准

在全国某个行业范围内统一使用的标准，称为行业标准。国家标准没有明确规定的，可执行行业标准的技术要求。城市轨道交通岩土工程勘察涉及的行业标准主要为铁路行业（表3.2.2）和建筑行业（表3.2.3）。

由于我国城市轨道交通的发展历史较短，技术体系尚不完全成熟。在进行城市轨道交通工程勘察时，对于城市轨道交通类规范没有明确规定的线路、路基、桥涵、山岭隧道工程等，通常参照执行铁路规范。

铁路类勘察标准一览表   表 3.2.2

序号	规范名称	规范编号	适用范围
1	《铁路工程地质勘察规范》	TB 10012—2007	市郊线路勘察、岩土施工工程分级
2	《铁路工程不良地质勘察规范》	TB 10027—2012	不良地质作用的勘察可参照执行
3	《铁路工程水文地质勘察规范》	TB 10049—2014	水文地质勘察
4	《铁路工程地质遥感技术规程》	TB 10041—2018	原位监测工作可参照执行
5	《铁路工程特殊岩土勘察规程》	TB 10038—2012	特殊性岩土的勘察可参照执行
6	《铁路桥涵地基和基础设计规范》	TB 10093—2017	桩基设计参数选取
7	《铁路隧道设计规范》	TB 10003—2016	隧道围岩分级等隧道设计参数选取

城市轨道交通工程中地面车站、各类建筑及附属设施等均属于地面建筑，详细勘察执行国家标准《岩土工程勘察规范》GB 50021—2001的有关规定。明挖法施工的基坑与建筑基坑十分相似。所以，在城市轨道交通岩土工程勘察工作中遇到城市轨道交通类规范未做具体规定的建筑问题，参照执行建筑类规范。

建筑类勘察规范一览表   表 3.2.3

序号	规范名称	规范编号	适用范围
1	《建筑桩基技术规范》	JGJ 94—2008	桩基承载力验算、变形分析及评价
2	《建筑基坑支护技术规程》	JGJ 120—2012	基坑稳定性评价及支护方案建议
3	《建筑与市政工程地下水控制技术规范》	JGJ 111—2016	基坑降水分析及方案建议
4	《建筑地基处理技术规范》	JGJ 79—2012	地基方案建议
5	《建筑工程地质勘探与取样技术规程》	JGJ/T 87—2012	野外地质钻探
6	《静力触探技术标准》	CECS 04:88	静力触探试验
7	《建筑变形测量规范》	JGJ 8—2007	变形勘察建议
8	《建筑基桩检测技术规范》	JGJ 106—2014	桩基检测建议
9	《房屋建筑和市政基础设施工程勘察文件编制深度规定》	2010 年版	勘察成果文件的编制

除以上标准外，为了进一步规范城市轨道交通信息系统，弥补信息化规范缺失，创新信息化体系建设，强化信息系统安全，中国城市轨道交通协会编制《智慧城轨信息技术架构及信息安全规范》，目前该行业标准正在报批中。

（3）地方标准

我国很多省、市发布了当地的勘察、地基基础设计和基坑支护标准。但专门针对城市轨道交通建设勘察的地方规范还很少，个别地方仅有自己的政府性指导文件。调查结果显示浙江省有针对城市轨道交通建设的勘察地标，重庆、西安等地正在编制中。

因全国各地区地质条件各不相同，而勘察专业需要具有很强的地区经验做指导，地方标准一般严于国家标准，并且总结了当地大量的工程经验，在进行城市轨道交通岩土工程勘察工作量布置、勘察成果分析和岩土参数提供时，在满足国家标准和行业标准的前提下，应参照执行地方规范。建议各地区尽量编制自己的勘察标准，以便提高勘察工作的针对性。

各省市目前已有的地方勘察标准情况见表 3.2.4。

各省市地方勘察标准　　　　　　　　　　　　　　　　表 3.2.4

省市	有无地方标准	标准名称
苏州	有	江苏省 2016 年发布的《岩土工程勘察规范》DGJ 32/TJ 208—2016
青岛	有	《青岛地铁隧道围岩分级指南》
福州	有	福建省标准《岩土工程勘察规范》DBJ 13—84—2006、福建省标准《建筑地基基础技术规范》DBJ 13—07—2006
广州	有	广东省标准《建筑地基基础设计规范》DBJ 15—31—2016、广东省标准《建筑基坑工程技术规程》DBJ/T 15—20—2016
杭州	有	《浙江省城市轨道交通岩土工程勘察规范》DB 33/T 1126—2016
吉林	有	《岩土工程勘察技术规程》DB22/JT147—2015
河北	有	《河北省建筑地基承载力技术规程》DB13（J）T48—2005
北京	有	《北京地区建筑地基基础勘察设计规范》DBJ 11—501—2009《建筑基坑支护技术规程》DB11/489—2016
重庆	在编	重庆市勘测院主持编制了《重庆市城市轨道交通工程勘察测量规范》，目前已完成征求意见稿
天津	—	《天津市轨道交通地下工程质量安全风险控制指导书》

3.2.2　城市轨道交通勘察技术

城市轨道交通工程建设投资大、施工周期长、地质与周边环境条件复杂、施工技术难度大，属于危险性较大工程。而地质条件是城市轨道交通工程的载体，对各种地质风险问题进行准确的分析和判断，对安全优质地完成施工至关重要。城市轨道交通岩土工程勘察分为可行性研究勘察、初步勘察、详细勘察。当线路或场地附近存在对工程设计方案和施工有重大影响的不良地质作用（暗浜、古河道、空洞、岩溶、土洞等）和特殊性岩土（孤石、漂石、球状风化体、破碎带、风化深槽）时，应进行针对性专项勘察。

工程勘察主要包括工程地质勘察、水文勘测、土工试验和检测、工程物探检测、不良地质勘察以及勘察信息化。近年来，我国城市轨道交通大规模建设，为工程勘察工作带来了大好的发展局势与发展前景，同时也对其提出了更高的要求。由于各勘察专业对技术装备的改善并积极开拓市场，引进开发、推广利用新工艺和新技术，勘察技术手段逐渐多样化，勘察技术水平得到一定程度的提高。

1. 工程钻探、取样技术

钻探技术为采用人力或机械的方式，揭示地层层序、岩土工程特征，掌握地表以下地层或是某一特定位置的地质地层情况的勘探手段。

从70年代至今，工程勘察中所采用的钻机主要为SH-30型冲击钻机和泥浆回转式钻机（XY-100型、XY-1型和DPP-100型钻机）两种类型。

SH-30型冲击钻机，额定钻孔深度30m，在工程地质勘察中使用非常普遍。该钻机工作面小，对钻探场地的适应性较强，能够准确分层观测地下水位，可用于人工填土、黏性土、粉土、砂卵石等第四系覆盖层的钻探，可在不同深度取原状样。

XY-100型、XY-1型和DPP-100型钻机，额定钻孔深度100m，根据地质不同，可选用金刚石、合金及钢粒等钻头进行钻进。这几种钻机具有钻进效率高的优点，可用于人工填土、黏性土、粉土、砂卵石、岩石等地层的钻探。这种类型的钻机不能分层观测地下水位。

近几十年来，城市轨道交通地质钻探工艺方法没有根本性的突破，仍然是以SH-30型钻机、XY-100型钻机和DPP-100型钻机为主。亟待新型勘察钻机在城市轨道交通勘察中探索应用。

在岩土工程勘察中，取样技术同样关键，尤其是在一些较难取得原状样或土样容易扰动的地层显得更为重要。目前，城市轨道交通工程勘察已经采取措施解决了取样难的问题。砂土结构松散，很不稳定，采砂器解决了原状砂样取样难的问题，满足了砂土进行密实度、容重、压缩模量、剪切指标等试验的要求。软土具有天然含水量高、天然孔隙比大、压缩性高、抗剪强度低、固结系数小、灵敏度高、扰动性大的特点。只有采用薄壁取土器才能采取到1级原状土样，满足试验项目要求。

在湿陷性黄土地区，采用人工挖井的方法来采取不扰动湿陷性黄土土样。这样才能保证取得质量等级 I 级的不扰动土样，真实、客观地反映地基土的工程特性。采用 SM 植物胶作为钻孔护壁技术、金刚石钻头钻进的方法，提高了巨厚卵石层的岩芯采取率，同时，钻进效率也有一定的提高。所取试样能够真实反映卵石地层的粒径情况。

双管单动薄壁取土器应用，进一步提高了流塑～硬塑状的黏性土、粉土、粉细砂原状土样的取样质量，原状土样的质量基本上能达到 I～Ⅱ级土样的质量要求，钻进效率高于其他取芯取样钻探工艺 50% 以上。

2. 原位测试技术

土体原位测试一般指的是在工程地质勘察现场，在不扰动或基本不扰动土层的情况下对土层进行测试，以获得所测土层的物理力学性质指标及划分土层的一种土工勘察技术。

土体原位测试与室内试验比较具有如下优点：不需经过钻探取样，直接测定岩土力学性质，更能真实反映岩土的天然结构及天然应力状态下的特性。原位测试所涉及的土样尺寸较室内试验样品要大得多，因而更能反映土的宏观结构（如裂隙等）对土体性质的影响，比土样更具代表性。可重复进行验证，缩短试验周期。

土体原位测试方法很多，可以归纳为下列两类：土层剖面测试法和专门测试法。土层剖面测试法：主要包括静力触探、动力触探、扁铲侧胀仪试验及波速法等。土层剖面测试法具有可连续进行、快速经济的优点。专门测试法：主要包括载荷试验、旁压试验、标准贯入试验、抽水和注水试验、十字板剪切试验等。土的专门测试法可得到土层中关键部位土的各种工程性质指标，精度高，测试成果可直接供设计部门使用。其精度超过室内试验的成果。

目前，国内城市轨道交通勘察大规模地应用了原位测试、现场试验技术，促进了原位测试、现场试验的发展，如长春市针对典型的白垩系泥岩、砂砾岩层的承载力、抗剪强度的取值问题开展了专项研究，进行了现场载荷试验与现场直剪试验；西安市针对大厚度黄土进行了十几组大型现场浸水试验，采用现场试验的手段对基床系数进行了大量的原位测试等，这些原位测试、现场的试验成果为城市轨道交通岩土工程勘察提供了更准确的第一手岩土参数。

3. 土工试验技术

土工试验是测定工程场区土体物理力学参数的重要手段，试验结果的准确性直接关系到工程建设的安全性和经济性。城市轨道交通的土工试验随着城市轨道交通的发展而发展，不断提升和进步，在试验手段、测试仪器、计算机自动化应用等方面不断提高,保证了城市轨道交通勘测设计参数的需求和对试验参数的新要求。

在传统试验(含水率、密度、固结、直剪等)领域,80年代以前各试验室大多采用人工加荷和人工读数计数、手动绘制成果曲线等传统手段,试验效率较低,随着90年代计算机技术的发展普及,土工试验也借助计算机技术实现了自动采集和自动绘制成果图件,大大提高了工作效率,满足了城市轨道交通建设规模日益增大的需要。进入20世纪以来,各种新技术、新方法的应用,进一步提升了土工试验的效率,包括全自动气压固结试验仪(图3.2.1)、四联电动直剪测试仪、全自动三轴试验仪(图3.2.2)、全自动静止侧压力系数测试仪、紫外分光光度计、岩石声波测试仪等设备,进一步降低了试验人员的工作强度,提升了试验效率,结合先进的数据处理系统,土工试验取得了极大的进步。

图3.2.1　全自动气压固结试验仪
及自动采集系统

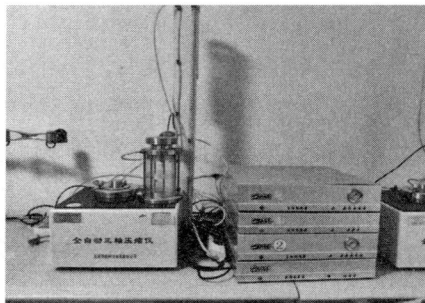

图3.2.2　全自动三轴试验

随着城市轨道交通设计的精细化发展,对岩土体参数不断提出新的要求,土工试验领域逐渐引进水质分析和土的易溶盐检测、三轴压缩试验、静止侧压力系数(图3.2.3)、无侧限抗压强度、基床系数、热物理参数(图3.2.4)等一系列试验项目,特别是岩土热物理参数在其他工民建及市政领域基本不用。岩土热物理参数是地下城市轨道交通散热通风设计的关键参数之一,为生产适合测定城市轨道交通勘察岩土热物理性能测定设备。2003年,北京城建勘测设计研究院技术专家与湘潭仪器仪表厂联合,将建筑材料导热系数设备进行革新改造,研制出适合测定岩土热物理参数的仪器,并随着全国多个城市的城市轨道交通建设将测试技术推广到全国,为勘察设计提供准确的参数。

近年来,冻结法在城市轨道交通联络通道施工中应用越来越普遍,为此需要相应的土工试验参数,如冻结土层的物理力学性质,其中包括含水量、饱和度、固结系数、抗剪强度、地下水中的含盐量、地层温度、热物理指标、冻胀率、融沉系数等参数。

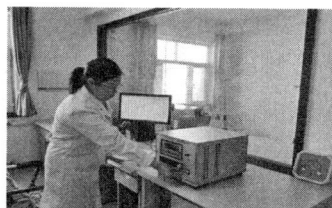

图 3.2.3 静止侧压力系数测试 　图 3.2.4 岩土热物理参数测试

进入新时代，各种科技进步层出不穷，随着物联网、自动化技术的发展，土工试验行业实现试验项目全部自动化检测与成果汇总，实现土样从工地到试验室到成果的全过程可视化操作，必将大大提升工作效率。

4. 工程物探技术

工程物探是利用物理学的原理研究地质问题，采用介质的密度、磁性、电性、弹性等物理差异为基础，通过不同的方法和仪器设备获取天然或人工场的变化，通过计算，反演推断解释地下构造或埋藏物体的分布情况。

随着城市轨道交通的发展，城市轨道交通勘察中遇到的不良地质作用（断裂、岩溶带、采空区等）的情况越来越普遍，单纯的钻探往往难以解决上述问题，综合勘探方法得以应用。物探方法作为综合勘探方法，具有采样密度大、速度快、成本低、科技含量高、服务领域广的特点，并与钻探相结合，在不良地质勘察中呈现了较强的优势。

目前，在城市轨道交通勘察中利用高密度电法进行地下孤立卵石和基岩突起的探测，与钻探资料对比，证明探测结果可靠。在南京市轨道交通 3 号线勘察过程中利用高密度电法探测地下溶洞，探测结果与钻探验证相吻合。在软土勘察、岩溶勘察、边坡滑坡及隧道勘察中利用综合物探方法进行地层的探明，深入研究了不同物探手段（高密度电法、地质雷达、地震波技术等）的适用效果。广州城市轨道交通 2 号线勘察工程进行了综合物探方法的试验研究，包括地震反射波法、探地雷达法、高密度电法和瞬态多道瑞雷波法。宁波市城市轨道交通勘察中利用了高密度方法和地球物理测井方式查明了基岩风化程度及基岩埋深，为设计提供了有力的根据。

北京城建勘测设计研究院在多条城市轨道交通线路勘察中运用了物探方法探查复杂地质情况。如北京城市轨道交通昌平线和 17 号线、乌鲁木齐市城市轨道交通 3 号线等利用高密度电法和微动探测法进行断裂的探查；南宁市城市轨道交通 2 号线利用超高密度电法、地质雷达、浅层地震、声波透视 CT 等方法查明了岩溶发育特征及规律；乌鲁木齐市城市轨道交通 1 号线、徐州市城市轨道交通 2 号线利用高密度电法和地微动测试查明采空区情况，为地质评价及岩溶不良地质处治设计和施工提供基础资料；北京城市轨道交通 6 号线西延、亦庄线采用地微动探测技术，解决了由于场地条件限制、钻机设备不能进场施工的难题，为无法拆迁征地的路段城市轨道交通勘察提供了解决方案。

随着相关仪器的进一步研发与推广，物探在城市轨道交通勘察中的应用越来越广，成为勘察方法中必不可少的一部分。

5. 地下水勘测与风险分析技术

水文地质勘察是城市轨道交通岩土工程勘察的重要组成部分，其工作是否做到位，直接影响着工程施工的安全和质量。

城市轨道交通岩土工程勘察中水文地质勘察主要包括以下 6 个方面内容：（1）地下水赋存条件勘察及地下水位动态监测；（2）地下水的补给、径流以及排泄条件评价；（3）地下水腐蚀性评价；（4）水文地质参数测定；（5）抗浮设防水位计算；（6）特殊工程问题和环境水文地质问题的专项研究。前部分属于地下水勘测范畴，后两部分属于风险分析范畴。（4）~（6）是目前研究的热点和难点。

地下水勘测与风险分析技术可解决城市轨道交通勘察工作中的参数测定、抗浮以及复杂水文地质问题。

（1）技术内容

地下水勘测与风险分析技术主要涉及的技术分项有地下水流向流速测定技术、高精度注水试验技术、地下水数值模拟技术、城市轨道交通工程的抗浮设防水位研究技术体系。

1）地下水流向流速测定。充电法地下水流速流向测定，是利用在地表所测到的等位线也将顺着地下水流动的方向逐渐移动这一原理，根据此位移的方向和速度可以判断地下水的流向和流速。

2）高精度注水试验技术。对于渗透性较差的粉土、粉细砂层，采用高精度地下水位自动记录仪及配套设备开展降水头注水试验，计算渗透系数。对于渗透性较好的中砂、粗砂和卵石层，则采用超声波井管流量计开展定水头注水试验或定流量注水试验，渗透系数计算公式相同。

3）基坑降水数值模拟预测技术。首先，构建三维地质模型，地质钻孔数量和位置满足精度要求（详勘钻孔）。然后，基于三维地质模型和验证性降水试验构建研究区地下水渗流模拟模型（模拟范围大于降水影响半径）。其中，技术的关键点是对于不规则形状基坑，采用数值模拟的定水头法计算基坑涌水量，对于非完整降水的概化，需通过增加垂向剖分的方式完成 well 模块的非完整井化应用。最后，基于数值模拟技术，完成不同降水方案下总涌水量和降水效果预测分析。

4）城市轨道交通工程抗浮设防水位技术体系。将水文地质学、地下水动力学、理论土力学、非饱和土力学相结合，综合采用模型试验、现场测试（水文地质试验、孔隙水压力监测等）、三维地质建模、GIS、数值模拟等技术手段，预测分析未来百年内可能出现的最高水位，最终，通过对建设场地地下水渗流分析来完成抗浮设防水位的计算。

（2）主要技术性能和技术特点

1）充电法相比传统测定方法，具有安全风险小、施工成本低、测试工期短、相对环保等特点。

2）高精度注水试验流量监测误差 1%，地下水位自动观测仪监测时间精度为 0.25s，相比传统人工观测手段具有精度高、操作简单、适用性强等特点。

3）解析法对于分析施工降水有较大的局限性，无法预测基坑非均匀降水效果，数值模拟法能够刻画非均质、不等厚以及复杂的水文地质条件，提高预测精度。

4）城市轨道交通工程抗浮设防水位研究方法体系以"点""面"预测方法相结合为原则，建立了以 GIS 技术和数值模拟技术为主、数理统计方法和水量均衡法为辅的最高水位预测方法体系，技术层面上提高了抗浮设防水位预测精度。

（3）适用范围及应用条件

充电法地下水流向流速测定技术通常适用于地下水位埋深 30m 以内的非硬化地面。高精度注水试验近乎适用于所有含水层。地下水数值模拟技术适用于以第四系含水层为主的地区。抗浮设防水位研究技术体系适用于所有工程。

（4）已应用情况

研究成果先后被应用于北京、长春、石家庄、合肥、乌鲁木齐等多个城市的城市轨道交通新线建设中，为 20 条城市轨道交通工程的勘察设计提供了技术支撑，总里程 389.6km，车站 312 座。

6. 不良地质作用及特殊土勘察

随着城市轨道交通的发展，城市轨道交通建设已由少数几个大城市发展到大中城市，且分布在不同地质特征地区，遇到各种不良地质及特殊性岩土，如岩溶、地裂缝、采空区、膨胀土、湿陷性黄土等，工程勘察中所采用的钻探、原位测试手段更加齐全、试验内容更加全面。

（1）岩溶勘察

岩溶作为一种典型的不良地质现象，对城市轨道交通建设的影响巨大，尤其是地下车站、区间以及高架桩基。因此，必须查明线路范围内的岩溶空间分布、发育程度、发育规律，岩溶水含水介质特征、岩溶水的运动特征以及岩溶水的补给、径流及排泄条件、动态变化，为设计提供准确的地质资料。

岩溶勘察过程中，一般采用钻探结合物探方法。钻探虽然能直观地揭露出地层信息，但是由于钻探局限性，无法清楚地探明两孔之间、孔周围岩溶的发育情况，往往给工程安全带来威胁，如桩孔坍塌、泥浆泄露乃至掉钻问题，严重影响了施工安全和进度。综合物探与钻探方法在此方面发挥了重要作用。

南宁市城市轨道交通4号线采用高密度电法、跨孔弹性波CT法和跨孔电磁波CT法等综合物探方法与钻探方法结合查明了岩溶的大小、埋藏深度、发育程度、填充物性质等；深圳市城市轨道交通16号线针对其岩溶发育特征，在勘察过程中采用了"钻探＋综合物探＋水文地质试验"的工作思路，在常规钻探基础上，通过采用多种物探手段比选（跨孔弹性波CT法、管波探测），查明了沿线岩溶发育的特征、规模、分布等。通过水文地质试验（抽水试验、连通性试验）等手段查明岩溶水的特性；济南市轨道交通R1线采用"高密度电法＋钻探"查明了沿线岩溶发育的特征、规模、分布等。武汉市轨道交通5号线采用钻孔电视方法直接、清晰地观看钻孔内套管、地层、岩性、结构和构造以及岩溶、裂隙中出水的地质现象，通过三维钻孔柱状图获得最直接的地质地层特征。

（2）地裂缝勘察

西安市地裂缝是一种地区性的地质灾害现象，其因分布广泛、活动剧烈、致灾严重而闻名于全国。在过量开采承压水，产生不均匀地面沉降的条件下，临潼—长安断裂带（FN）西北侧（上盘）一组北东走向的隐伏地裂缝出现活动，在地表形成破裂（图3.2.5）。

自20世纪50年代以来，由于过量抽取地下水，西安城区先后出现了14条地裂缝，其规模之大和危害之重在世界上独一无二。

地裂缝作为一种典型的不良地质现象，对城市轨道交通建设的影响巨大。因此，必须查明线路范围内的地裂缝的分布规律、具体位置、出露情况、延伸长度、产状、上下盘主变形区和微变形区的宽度、次生裂缝发育情况；地裂缝形态、宽度、充填物、充填程度；地裂缝的活动性、活动速率、不同位置的垂直和水平错距。为设计提供准确的地质资料。

西安市地裂缝通常采用地质调查、人工浅层地震法与钻探相结合的方法进行地裂缝勘察，西安市高新区"云轨"示范线项目在此基础上又采用了数值模拟对所经过的地裂缝进行研究，为探索西安市轨道交通地裂缝综合减灾技术，为我国地裂缝发育区城市轨道交通建设提供地质依据。

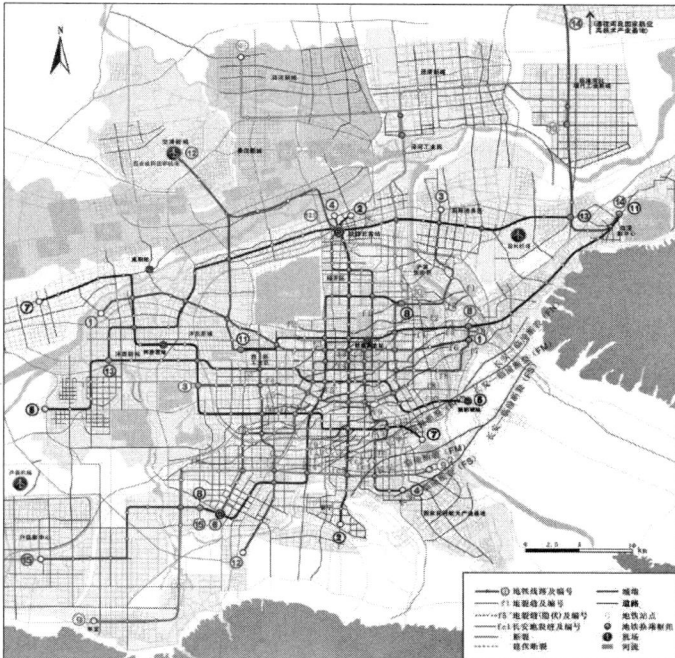

图 3.2.5　西安市轨道交通线路与地裂缝分布图

（3）采空区勘察

采空区作为一种典型的不良地质现象，对城市轨道交通建设的影响巨大。因此，必须调查线路范围内采空区的开采历史、开采计划、开采方法，开采边界、顶板管理方法、工作推进方向和速度，巷道平面展布、断面尺寸及相应的地表位置，顶板的稳定情况，洞壁完整性和稳定程度；地层层序、岩性、地质构造，矿层的分布范围、开采深度、厚度；地下水的季节与年变化幅度、最高与最低水位及地下水动态变化对坑洞稳定性的影响；采空区的空间位置、塌落、支撑、回填和充水情况；有害气体的类型、分布特征、压力和危害程度。为设计提供准确的地质资料。

目前，国内外采空区的勘察与探测主要是基于对采矿情况的调查及资料收集，采用地球物理勘探、工程钻探、变形观测及水文试验等手段进行。

乌鲁木齐市轨道交通 1 号线穿越陡倾煤层采空塌陷区，北京城建勘测设计研究院采用瞬变电磁、跨孔波速等物探方法，三维地质模拟、数值分析等手段综合应用于乌鲁木齐市城市轨道交通线路穿越采空塌陷区研究，为乌鲁木齐市轨道交通 1 号线线路方案设计、安全性、经济性优化提供了地质依据。

徐州市轨道交通 2 号线采用超高密度电阻率法、地震影像法和钻探相结合的方法查明了七里沟煤盆 3 个小采空区，为城市轨道交通设计及采空区的地基处理提供了依据。

（4）断裂勘察

断裂作为一种典型的不良地质现象，在城市轨道交通工程勘察阶段，需要主动发现和绕避活动断裂，以降低地质风险，及时发现并确定其准确位置就显得尤为重要。若必须通过，断裂带对城市轨道交通车站及隧道的施工影响巨大，因为断裂带往往较破碎，是地下水富集区和良好通道，在围护桩施工以及隧道开挖过程，容易发生断裂突水现象。因此，断裂勘察需要查明断裂带的工程性质及水文地质特征及其对工程的影响，为工程设计及施工提供准确的地质资料。

断裂勘察往往需要采用野外地质调查、物探、钻探等多种综合地质勘察方法。广州市轨道交通 3 号线对所经过的瘦狗岭断裂带和广三断裂带进行了专门的断裂活动性勘察，勘察手段有：静电卡氡气测量、构造岩及上覆松散沉积物热释光测年等，对瘦狗岭断裂带还进行了跨断层精密水准测量，得出结论是：以上两断裂带与城市轨道交通交汇段在全新世以来无明显活动。采用断裂带取样、抽水试验等手段，对所遇断裂的产状、破碎带宽度、破碎带及两侧岩石强度、断裂带含水性和渗透性进行了勘察，评价了断裂带对城市轨道交通建设的影响。得出结论是：瘦狗岭断裂带、礼村断裂带岩石硅化程度高，宜采用矿山法施工，其余断裂带岩石强度弱；礼村断裂带、里仁洞断裂带强富水、强透水，应采用有效的止水措施，其余断裂带的富水性、透水性较弱，对工程影响不大。

北京市轨道交通昌平线、17 号线和乌鲁木齐市城市轨道交通 3 号线等都利用高密度电法、微动探测法与钻探相结合的方法进行断裂勘察，准确地查明了断裂的具体位置，为城市轨道交通设计提供了地质资料。

（5）膨胀土勘察

膨胀土在我国的分布范围很广，如广西、云南、河南、湖北、四川、陕西、河北、安徽、江苏等地均有不同范围的分布。膨胀土作为特殊性岩土具有吸水膨胀、失水收缩和反复胀缩变形、浸水承载力衰减、干缩裂隙发育等极不稳定的性质。

膨胀土的勘察应查明地层岩性、形成年代、成因、结构、分布及节理、裂隙等特征；膨胀土分布区不良地质作用的发育情况与危害程度；膨胀土的强度、胀缩特性及不同膨胀潜势、胀缩等级的分布特征；地表水的排泄条件，地下水位与变化幅度等。

岩土的膨胀是由其含水量的增加引起的，随着岩土的膨胀量增加，膨胀力随之减小，在隧道开挖支护过程中，一定程度上限制了膨胀土的膨胀，会产生较大的膨胀力作用于支护结构上，从而对隧道结构应力造成不可忽视的影响。对膨胀力的研究方法，有现场调查分析、理论分析、模型试验、数值模拟等。成都城市轨道交通 2 号线研究了该地区膨胀土的膨胀力与初始含水率和干密度、膨胀土的黏聚力与初始含水率之间的关系。在此基础上，从膨胀土对路基、隧道、桩基等产生影响的角度分析了膨胀土对城市轨道交通建设的影响。合肥城市轨道交通 1 号线通过数值模拟的方法研究了膨胀土地区城市轨道交通深基坑的设计膨胀力取值及加载范围。

（6）湿陷性黄土

湿陷性黄土是指在上覆土层自重应力作用下，或者在自重应力和附加应力共同作用下，因浸水后土的结构破坏而发生显著附加变形的土，属于特殊土。广泛分布于我国东北、西北、华中和华东部分地区的黄土多具湿陷性。湿陷性黄土又分为自重湿陷性黄土和非自重湿陷性黄土。

湿陷性土的勘察应查明：湿陷性土的年代、成因、分布及其与地质、地貌、气候之间的关系；湿陷性土的地层结构、厚度变化以及与非湿陷性土层的关系；湿陷系数与自重湿陷系数随深度的变化；湿陷类型和不同湿陷等级的平面分布等。

西安市城市轨道交通临潼线采用离心模型试验方法，研究当隧道基底为湿陷性黄土工况下，隧道结构应力分布及沉降变形特性，为实际工程施工及地基处理方案设计提供依据。

兰州东岗城市轨道交通车辆段建设场地进行了累计观测时间超过 100d 的试坑原位浸水试验，研究结果进一步加深了对黄土湿陷变形与水稳定性的理解。

西安市城市轨道交通 4 号线南段大厚度湿陷性黄土浸水试验，揭示出该区域大厚度湿陷性黄土特点。

西安市城市轨道交通 1、2 号线通过研究黄土的基本工程特性，包括物理成分、结构及物理力学性质、抗剪强度、压缩性、湿陷性、水敏性、结构性，对黄土隧道支护机理、隧道变形规律、水对黄土隧道的影响，提出了城市轨道交通施工的应对措施。

7. 勘察信息化技术

传统的原始地质编录多采用手工方式进行，采集的数据均以纸介质为载体，数据采集、处理、分析效率低下，且存在较多的质量问题。

随着计算机软硬件、数据库技术、GIS 技术的迅猛发展，以及在地勘领域的深入应用，利用现代技术手段代替传统的原始地质编录，可以有效解决以上难题。

根据《住房城乡建设部关于开展工程质量安全提升行动试点工作的通知》（建质〔2018〕169 号）的相关要求。勘察质量管理信息化试点内容为：通过影像留存、人员设备定位和数据实时上传等信息化监管方式，推动勘察现场、试验室行为和成果的质量管理标准化,切实提升工程勘察质量水平。试点地区:北京、上海、浙江、山东、广西、云南、新疆。

目前这些试点地区,基本实现了勘察质量信息化管理目标:

(1)政府勘察质量监管信息化

建立了统一的政府勘察质量监管平台,通过勘察钻探采集信息系统实现对勘察生产全过程监管,对人员活动、设备使用、行为数据等信息进行甄别,保证了工程勘察质量。

(2)现场钻探描述与记录全过程信息化

通过外业描述和记录的信息化,记录外业作业的全过程,留下时间和位置信息痕迹,为工程勘察质量管理、人员管理、设备管理提供数据基础。

(3)成果资料交付及存档信息化

通过系统直接存储大量的原始资料,或对原有纸质资料进行数字化,进一步强化了质量终身责任制和过程可追溯。

3.2.3　城市轨道交通勘察装备

勘察专业机械设备配备通常以勘察工作量大小、施工进度计划和勘察技术要求为依据,主要钻探、物探、室内试验设备及仪器见表3.2.5。

常用勘察设备及仪器一览表　　　　　　　　表 3.2.5

专业	名称	型号	仪器图片	用途
野外钻探及水文地质试验	工程勘察汽车钻机	DPP-100		钻探
	工程勘察钻机	SH-30		钻探
	工程勘察钻机	XY-1		钻探

续表

专业	名称	型号	仪器图片	用途
野外钻探及水文地质试验	管线探测仪	DX-2		管线探测
	波速检测仪	GJY-1		波速测试
	全站仪	TSOZPlus2		测绘
	水准仪	B40		测绘
	空气压缩机	FB-0.36/8		洗井
室内试验	电子天平	EX-200A、B602-N		土工试验
	架盘天平	HC.TP12A.50		土工试验
	锥式液限仪	ZY		土工试验
	液塑限联合测定仪	GYS-2		土工试验

续表

专业	名称	型号	仪器图片	用途
室内试验	土壤分析筛	80-0.074mm		土工试验
	电热鼓风干燥箱	101A-1B		土工试验
	三轴压缩仪	TSZ-4A		土工试验
	振筛机	XSB-88		土工试验
	三联固结仪	TG-2B、WG-1		土工试验
	四联等应变直剪仪	DJY-4		土工试验
	击实仪	RJS-2A		土样制备
	压力试验机	YE-200A		岩石抗压强度

3.2.4　城市轨道交通勘察发展建议

经过 40 年的发展，城市轨道交通勘察专业发展已经取得很大的进步，但也有进一步提升的空间：

（1）需要进一步创新勘察手段和方法，推广应用新技术、新材料和新工艺，全面提高城市轨道交通行业勘察水平。

（2）勘察信息化技术目前只在试点城市运行，需要尽快向全国范围进一步推广，不断提高数字化程度，积极应用智能化控制、信息化管理，促使系统硬件系统网络化、数据采集信息化、图文处理自动化、综合技术 GIS 化、发展一体化的信息化技术。

（3）随着城市轨道交通岩土工程勘察的发展，综合钻探、现场挖探、视电阻率测试、原位试验、瞬变电磁法、地震勘探法等多种勘探勘察手段的综合勘察方法的应用将是一种大趋势，逐步取代单一的钻探、取样、试验模式。

（4）为了适应岩土工程勘察体制改革，加强人才队伍建设，提供岩土工程师的专业技术水平，从事业务需要由单纯的"岩土工程勘察"向"岩土工程勘察设计一体化"发展，由"岩土工程勘察"向"全过程咨询"靠拢。

3.3　城市轨道交通测量

3.3.1　城市轨道交通测量政策及标准

我国城市轨道交通测量工作一直认真执行国家规定的测绘技术规范和标准，严格使用国家规定的测绘基准和测绘系统。进入 21 世纪以来，在城市轨道交通测量工作中，始终以 2002 年 12 月 1 日起颁布施行的《中华人民共和国测绘法》为准绳，建立健全质量保证体系和测绘成果及资料档案管理制度，积极采取强有力的措施保护永久性测量标志。积极参与整顿和规范测绘市场秩序，确保测绘法律法规得到全面贯彻落实。具体参照如下：

1. 法律法规

（1）《中华人民共和国测绘法》（2002 年颁布，2017 年修订）

（2）《中华人民共和国保密法》（1988 年颁布，2010 年修订）

2. 标准规范

（1）《城市轨道交通工程测量规范》GB/T 50308—2017

（2）《城市轨道交通工程监测技术规范》GB 50911—2013

（3）《地下铁道工程施工质量验收标准》GB/T 50299—2018

（4）《工程测量规范》GB 50026—2007

（5）《城市测量规范》CJJ/T 8—2011

（6）《全球定位系统（GPS）测量规范》GB/T 18314—2009

（7）《铁路工程测量规范》TB 10101—2018

（8）《卫星定位城市测量技术规范》CJJ/T 73—2010

（9）《国家一、二等水准测量规范》GB/T 12897—2006

（10）《1∶500 1∶1000 1∶2000 地形图航空摄影测量数字化测图规范》GB 15967—2008

（11）《测绘成果质量检查与验收》GB/T 24356—2009

（12）《测绘作业人员安全规范》CH 1016—2008

（13）《三维地理信息模型数据库规范》CH/T 9017—2012

3.3.2　城市轨道交通测量技术

与欧美等发达国家相比，我国的城市轨道交通测量技术起步较晚，在测量技术和设备方面存在一定差距。在 1970 年前，我国的城市轨道交通测量技术主要依靠简单的建设区域地形测绘、施工区域放样等，测量误差较大。到 80 年代后，我国的测量技术有了根本性的转变，管线图测绘测量、贯通测量、专用控制网测量、规划验收测量等技术逐步得到实际应用，同时，国内先进的测绘仪器如全站仪、数字水准仪等也逐步在城市轨道交通中得到了进一步应用；由于导线的测量、平差软件的进一步发展，数字化与科学化的计算效率得到提高。

20 世纪 80 年代初期，GPS 等国外先进的测量技术率先在一些科研院所中得到了应用型的研究，到了 80 年代中期，导航型接收机在多领域开始被引进，相关部门进行了深入研究。在 80 年代末期，GPS 等测量技术已经成功地应用于精密工程和大地测量，特别是轨道工程，如美国的 Locamo 轨道、加拿大的麦克唐纳山轨道等。

随着 GPS 等测量技术的进一步研究以及工程实际中该技术的应用效果，到了 90 年代，GPS 等测量技术已普遍应用于成立、改善和加密测量控制网络，其中包括高级别的大地网络、城市轨道交通测量以及油田、矿区等测量控制网络。

进入 21 世纪后，随着我国城市轨道交通工程建设的迅猛发展，GPS 等测量技术成功应用于广州城市轨道交通、上海城市轨道交通等工程中，以实际应用效果验证了该技术在城市轨道交通工程中的优势。

1. 传统技术

随着我国城市轨道交通建设日益成熟，城市轨道交通测量检测工作也进行了程序化和规范化。测量工作贯穿于城市轨道交通建设各个环节，从最初的带状地形图测量到运行期间的变形监测，测量起到了至关重要的作用，城市轨道交通工程各阶段的测量工作如图 3.3.1 所示。

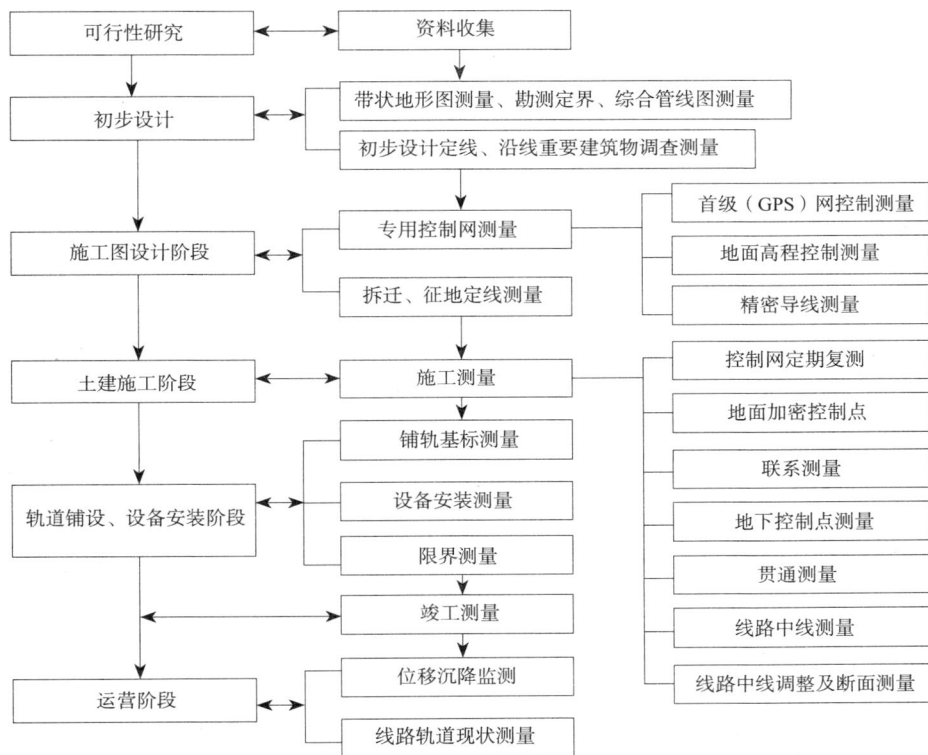

图 3.3.1　城市轨道交通各阶段测量内容

（1）可行性研究阶段的资料收集

在可研阶段应收集的测绘资料包括各种小比例尺地形图、航测照片、卫星影像等，为线路比选、技术经济指标的确定等工作提供基础测绘资料。

（2）地形测量

地形测量工作内容包括：线路沿线 1∶500 或 1∶1000 带状地形图测量、纵断面与横断面测量。其目的是全面反映拟建线路沿线的地形、地貌和地物等地理要素，为城市轨道交通工程初步设计和施工设计提供基础测绘资料。

（3）地下管线调查与测绘

查清拟建线路范围内地下管线的详细情况，如管线的平面位置、埋深、种类、流向、压力等，为城市轨道交通线路设计及管线迁改工作提供依据。地下管线调查测绘的主要内容包括埋设于地下的给水、排水、燃气、热力、工业和电力、电信等管线。

（4）初步设计定线测量

线路初步设计定线是将初步设计所确定的线路放样于实地的测量工作，其目的是为了核实线路的位置和走向，解决由于地形图的不准确或图解误差大，使设计线路与制约线路走向的个别建（构）筑物、管线、重要设施等控制点所发生的矛盾。

（5）沿线重要建筑物调查

沿线重要建筑物调查是为了彻底摸清沿线对线路设计有制约作用的重要建筑物（如：高大建筑物、地下建筑、桥梁、铁路等）的平面位置、高程、基础形式及埋深、权属等属性，为施工图设计提供可靠的数据基础，并为沿线建筑物的安全监测提供基础资料。

（6）专用控制网测量

由于城市轨道交通和轻轨工程线路较长，一般城市控制点的精度和密度都不能满足城市轨道交通建设的需要，因此，需建立与城市轨道交通工程相适应的专用控制网（GPS网、精密导线网、Ⅱ等水准网）。

（7）拆迁、征地定线测量

根据初步设计资料以及规划、土地等部门的批复意见，将城市轨道交通工程的用地范围放样于实地，以确定拆迁范围、征地边界等，为拆迁调查、征地确界等提供依据。

（8）控制网定期复测

城市轨道交通工程的首级平面控制网、精密导线网、精密水准网是大规模、高精度的测量控制网。由于城市轨道交通工程建设周期较长，在施工过程中这些控制网不可避免要发生点位的破坏丢失、沉降变形等。因此在施工期间需要经常掌握控制网的情况，及时进行控制网的复测和维护，保证整个施工期间控制网的完整和可用，为施工提供统一的平面和高程依据。

（9）地面加密控制点测量

地面加密控制点是施工单位在城市轨道交通精密导线和精密水准下加密的次一级控制网点，是直接用于施工放样的控制点，它的精度直接关系到施工放样的质量，因此地面加密控制测量属于施工测量的关键环节之一，需要进行严格的检测，从根本上确保施工质量。

（10）联系测量

联系测量的目的是通过一定的测量手段和方法，将地面的坐标、高程以及方位传递至地下，为隧道的掘进提供测量依据。联系测量成果的精度直接关系到隧道施工是否能按照设计位置准确就位，而且联系测量成果的精度与贯通误差的大小直接相关，是地下施工控制测量的关键环节，所谓"差之毫厘、失之千里"，必须慎之又慎。平面联系测量的方法分别有投点仪＋陀螺仪定向、一井定向、两井定向、导线定向等方式，高程联系测量的方法有悬吊钢丝、悬吊钢尺等。

（11）地下控制点测量

完成联系测量只是为隧道的正确贯通打下了基础，施工单位进行的地下施工控制导线和地下施工控制水准是影响隧道施工精度和贯通误差大小的又一重要因素。也属于城市轨道交通工程施工测量的关键环节，因此必须严格把关。

地下控制测量包括明挖地下中桩体系控制测量，暗挖地下主导线控制测量，明、暗挖工程地下主水准网控制测量，贯通测量等。通过贯通测量及地下导线水准联测，平差地下平面、高程主控制网，确定地下主控制网的坐标、高程。

（12）贯通测量

贯通测量的目的有两点：其一是在暗挖隧道贯通后实际测量贯通接合处隧道结构的实际偏差，确定其是否在容许偏差范围内；其二是将两边导线，水准连接起来，计算各项闭合差并对导线和水准进行平差，以确定贯通后的地下平面及高程控制体系，以便为下一步的贯通误差调整、线路中线放样、断面测量等后续工作奠定基础。贯通测量包括平面贯通测量和高程贯通测量两项工作。

（13）线路中线检测

在隧道贯通后，土建施工单位应根据经过贯通测量和平差后的地下控制点进行线路中线放样，在放样完成后需要对中线进行检测，其目的是验证中线放样成果的正确性及精度，为中线调整准备资料。

线路中线检测的内容：线路中线检测以"车站－区间－车站"或"竖井－区间－车站"或"竖井－区间－竖井"为单元进行，内容包括中线点之间的夹角、边长的检测，中线检测时应联测区间或车站内的导线控制点，并测设成附合导线或带结点的附合导线。

（14）线路中线调整

在中线检测完成后应进行中线调整测量，由于土建施工单位中线放样有可能存在偏差，造成其所放样的中线点不一定位于设计位置，中线调整的目的就是根据中线检测结果将中线点位归化于设计位置，使中线点之间的夹角、边长与设计值的互差在允许范围内，线路中线线形圆顺，为断面测量、铺轨基标测设奠定基础。

线路中线调整的内容：根据中线检测结果计算各中线点的点位改正量及改正方向，并在现场实地进行改正，改正完成后还要进行穿线测量，以验证中线调整的正确性。

（15）断面测量

断面测量的目的是根据调整后的中线测量各形断面的相关尺寸，确定结构施工是否满足限界要求。如果断面测量成果满足限界要求，则可开展下一步工作；如果不满足，则应采取相应措施，例如，由设计单位进行调线调坡或由施工单位对隧道结构进行处理。

横断面测量以隧道内控制点或中线点为依据，直线段每隔 6m、曲线段包括曲线要素在内每隔 5m 测设一个横断面。横断面测量采用全站仪三维坐标法、断面仪法等方法进行测量。

（16）铺轨基标测量

铺轨基标测量的目的是将设计线路精确放样于实地，为铺轨工作提供依据，使铺设的轨道符合线路设计的要求、线形圆顺、轨道的几何形位符合要求，并为运营后的轨道维护提供依据。

铺轨基标测量应根据铺轨综合设计图，利用调整好的线路中线点或贯通后的施工控制导线点和控制水准点测设铺轨基标。

铺轨基标测设时，应首先测设控制基标，而后在控制基标间测设加密基标和道岔铺轨基标。控制基标在直线线路每 120m 设置一个，曲线线路除曲线要素点设置控制基标外，还应每 60m 设置一个。加密基标在直线线路每隔 6m、曲线线路每隔 5m 设置一个。

铺轨基标一般设置在线路中线上，也可设置在线路中线的两侧，道岔铺轨基标一般在直股和曲股的两侧均要设置。

（17）设备安装测量

设备安装测量的目的是使接触轨（三轨）、接触网、隔断门、行车信号标志、线路标志、车站装饰及屏蔽门等相关设备按设计要求准确安装就位，防止设备侵入限界。

（18）限界测量

限界测量在铺轨和设备安装工作完成后等待车辆运行时进行，其目的是对在限界检查中发现的限界紧张地段重新进行隧道断面测量，为限界紧张地段的整改提供依据。

（19）竣工测量

竣工测量是对城市轨道交通结构的平面位置、埋深，线路的平面位置、高程，沿线设备的位置，城市轨道交通施工时迁改的管线的平面位置、埋深等进行实测，其结果作为竣工验收的重要依据，并作为城市的基础测绘档案长期保存。

（20）位移沉降监测

城市轨道交通的运营期长达数十年甚至上百年，在此期间，车站、隧道结构以及轨道等的位移沉降直接关系到行车安全，以及城市轨道交通周边环境的安全，因此需要进行位移沉降监测，积累历史数据，全面掌握城市轨道交通结构的变形规律，为各方决策提供依据。

城市轨道交通工程位移沉降监测的内容包括：车站及隧道结构的沉降监测；车站及隧道结构的水平位移监测；高架线路桥墩沉降监测；高架线路水平位移监测；高架线路桥梁挠度监测；既有线附近进行施工时，对既有线进行的重点部位安全监测（如：裂缝观测、轨道变形观测、道床沉降观测等）。

（21）线路轨道现状测量

在经过一段时间的运营后，由于道床结构的沉降变形，以及轨道的磨损，会造成线路轨道几何形位的改变，从而降低行车指标，为了线路维护和轨道整修的需要，需线路轨道现状测量。线路轨道现状测量的内容包括：铺轨基标补测；线路平面测量（测定线路的平面位置、平曲线要素等）；线路纵断面测量（测定线路坡度、竖曲线等）；限界紧张地段的限界复测。

表 3.3.1 为目前我国城市轨道交通建设各个阶段的测量工作内容及配套仪器设备。

测量检测项目及使用的主要测量仪器一览表　　　　表 3.3.1

测量检测项目或方法		规范规定使用仪器级别	部分符合要求仪器型号
初设阶段测绘	地形图测绘、管线测量	≥Ⅱ级精度的全站仪 ≥S_3级水准仪	LeicaTCA2003、LeicaNA2 或高于此精度的其他水准仪、RD-8000 管探仪、LTD-2100 地质雷达
地面施工控制网测量及复测	GPS 控制网	≤ 10mm+5ppm	TrimbleR8GNSS
	精密导线网	≥Ⅰ级精度的全站仪	LeicaTCA2003、TS30
	一等水准网	≥S_{05}级一等水准仪	TrimbleDINI03
施工测量检测	地面施工加密控制点检测	≥Ⅰ级精度的全站仪	LeicaTCA2003、TS15
	车站竖井明挖隧道基坑开挖控制桩及围护结构检测	≥Ⅱ级精度的全站仪	LeicaTCA2003、TS15
	地铁结构施工控制点检测	≥Ⅰ级精度的全站仪	LeicaTCA2003、TS15
	井上下联系测量｜一井联系三角形定向、两井定向、导线传递定向	≥Ⅰ级精度的全站仪	LeicaTCA2003、TS15
	陀螺经纬仪定向	一次定向中误差 ≤ 20″	AGT-1 陀螺经纬仪定向系统（一次定向中误差 ≤ 10″）

续表

测量检测项目或方法			规范规定使用仪器级别	部分符合要求仪器型号
施工测量检测	井上下联系测量	坐标投点	≥Ⅰ级精度的全站仪	LeicaTCA2003、TS15
		高程联系测量	≥S_1级一等水准仪	每次两台LeicaNA2+GMP3或高于此精度的其他水准仪等
	地下施工控制点检测		≥Ⅰ级精度的全站仪	TCRA1201+、TS15
	明挖暗挖隧道施工测量检测		≥Ⅱ级精度的全站仪	TCRA1201+、TS15
	结构横断面测量		三维激光扫描仪或Ⅱ级全站仪	FAROFocus三维激光扫描仪或Ⅱ级全站仪解析法测量
	其他施工放样定位测量检测		≥Ⅱ级精度的全站仪	LeicaTCA2003、TS15
贯通测量	控制点检测		≥Ⅰ级精度的全站仪	LeicaTCA2003、TS15
	贯通误差测量	平面（纵横向误差）	≥Ⅰ级精度的全站仪	LeicaTCA2003、TS15
		高程贯通误差	≥S_1级一等水准仪	每次两台LeicaNA2+GMP3或高于此精度的其他水准仪等
铺轨基标测量	中线复测、中线调整测量		≥Ⅰ级精度的全站仪	LeicaTCA2003、TS15
	隧道净空（限界）测量		断面仪或Ⅱ级全站仪	断面仪（LeicaTCRA1201+断面处理软件）或Ⅱ级全站仪解析法测量
	铺轨基标测量	控制基标测量	≥Ⅰ级精度的全站仪 ≥S_1级一等水准仪	LeicaTCA2003、TS15、LeicaNA2+GMP3
		加密基标测量	≥Ⅱ级精度的全站仪 ≥S_1级一等水准仪	LeicaTCA2003、TS15、LeicaNA2+GMP3
设备安装及装修辅助测量	隔断门安装		≥Ⅱ级精度的全站仪 ≥S_1级一等水准仪	LeicaTCA2003、TS15、LeicaNA2+GMP3
	屏蔽门控制基准线		≥Ⅱ级精度的全站仪 ≥S_3级一等水准仪	LeicaTCA2003、TS15、LeicaNA2或高于此精度的其他水准仪
	车站、区间设备安装控制线		≥S_3级水准仪	LeicaNA2或高于此精度的其他水准仪
	车站装修50线、龙骨线、吊顶线		≥S_3级水准仪	LeicaNA2或高于此精度的其他水准仪
竣工测量	线路轨道竣工测量		≥Ⅱ级精度的全站仪 ≥S_3级一等水准仪	LeicaTCA2003、TS15、LeicaNA2或高于此精度的其他水准仪
	运营维护桩测量		≥Ⅰ级精度的全站仪 ≥$S1$级一等水准仪	同控制基标
	车站、出入段线及附属建筑的竣工测量和验收		≥Ⅱ级精度的全站仪 ≥$S3$级一等水准仪	LeicaTCA2003、TS15、LeicaNA2或高于此精度的其他水准仪

续表

测量检测项目或方法		规范规定使用仪器级别	部分符合要求仪器型号
竣工测量	车站净空及站台板竣工测量	≥Ⅱ级精度的全站仪 ≥S₃级一等水准仪	LeicaTCA2003、TS15、LeicaNA2 或高于此精度的其他水准仪
	其他项目竣工测量	≥Ⅱ级精度的全站仪 ≥S₃级一等水准仪	LeicaTCA2003、TS15、LeicaNA2 或高于此精度的其他水准仪
业主安排的其他测量项目		按规范要求配置使用测量仪器	

注：表中 "≥" 表示 "不低于"；"Ⅰ级精度的全站仪" 表示 "1.0" "2mm+2ppm"，"Ⅱ级精度的全站仪" 表示 "2.0" "3mm+2ppm"；水准仪 "S05、S1、S3" 同《工程测量规范》GB 50026—2007。

以上为城市轨道交通测量检测的全部内容，该套测量体系的建立，为确保我国城市轨道交通建设的质量安全提供了重要保障。在该体系中尤其要重点关注以下几个方面：

（1）保证管线调查成果的完整性与准确性

由于地下管线的隐蔽性，同时，受目前技术条件的制约，地下管线成果的完整性与准确性一直是困扰众多测绘单位的难点，但地下管线对设计及施工的影响极大，稍有错漏就会引起极大的工程损失，甚至酿成安全事故，故必须严格管理，加强管线调查与探测过程中的质量控制，提高管线数据的准确性，对暂时无法查清的管线，应特别说明。为提高管线探测的准确性，通过如下手段进行管线探测过程质量控制：

1）生产准备阶段

① 对搜集的资料进行分析和现场踏勘，评价资料的可利用程度，了解交通及其他干扰因素，做到事前规划。

② 了解工作区物性条件，并进行方法试验，确定方法的有效性，选择合适的工作频率、最佳收发距，并确定修正系数。

③ 进行仪器一致性对比试验，选择一致性好的仪器投入生产。

④ 编写技术设计书或施工方案，并组织全员学习、培训。

此阶段使全员明确工作任务、技术要求、工作流程、预防和纠正措施及其他质量控制要点，增强全员质量意识。

2）外业探测阶段

该阶段是质量控制的重要环节，它包括明显点量测、管线探查、控制测量、管线点测量四道工序，就每道工序有其相应的质量标准和技术要求，这就要求作业人员注意以下几点：

① 必须按规程和技术设计书要求开展工作，认真填写各种记录，并保证原始记录真实、准确、完整，并配合检查，发现问题及时纠正。

② 管线仪须定期就其一致性、稳定性进行检查，并于每天开工前检查仪器性能，确保仪器正常使用。

③ 隐蔽点探查必须遵循由已知到未知、由简单到复杂，保证方法有效、快捷。复杂管线须采用综合方法进行确认。

④ 探查过程中须充分考虑各方法应用的前提条件及各种干扰因素，以保证探测结果的准确性。

⑤ 对特殊管线点如变径点、变深点、分支点、拐点等应进行重复探测、量测，必要时配合钎探和开挖验证，以保证探测精度。

⑥ 非金属管线须认真分析调绘成果，以探地雷达及钎探等手段进行探测。

⑦ 复杂管线如交叉无序、地形变化大、电磁干扰强烈、背景不明显等应认真分析调绘资料，了解分布情况，再采用综合方法进行确定。

⑧ 控制及管线点测量应严格按规程及设计书要求执行。

通过上述办法严格控制每道工序的质量，并杜绝有质量问题成果进入下道工序，从而取得准确、可靠的探测数据。

3）内业数据处理及编绘阶段

① 内业人员应认真检查外业提交的数据，并按要求进行数据整理。

② 图件符号应规范正确，编图严格按规程要求，绘图时对绘图仪精度进行检查，并确保图纸无变形。

③ 数据逻辑一致性必须特别注意管线点的连接关系，管径、材质、走向及特征点检查等。

④ 报告编写内容应齐全，并能客观地反映实际情况，结论准确。

4）质量检查验收阶段

① 质量检查验收制度：整个项目实施两级检查一级验收制度，在上一工序检查验收合格后进入下一工序，同时配合项目负责人、各专业负责人巡视检查，质量检查负责人跟踪检查，以便及时发现问题、解决问题。

② 质量检查办法

作业组自检：作业组在施工过程中随时随地对自己的工作进行检查，并填好检查记录。物探作业组仪器检查工作量应大于总量的2%，难以开挖地段隐蔽点检查应大于5%，明显点检查应大于2%，对内业要做到100%的检查。物探作业组在施工及检查工作中遇到疑难问题，及时汇报技术负责人，由技术负责人组织技术人员进行解决，把问题消灭在施工过程中。测量作业自检，外业巡视达到100%，设站检查不少于总站数的5%，图面达到100%检查。自检合格后申请作业间互检。

项目部质检：互检指项目作业组间互相检查，对物探作业组检查：仪器检查量为2%，开挖检查量为2%，内业检查大于30%；测量检查：外业巡视检查为30%，设站数为5%，图面检查为50%～100%。做好检查记录，对检查出的问题及时反馈给作业小组，共同解决问题，互检合格后，申请项目总检。

质量巡视检查：各专业负责人除组织正常的质量检查外，每三日必须进行一次作业现场巡视检查，项目负责人、技术负责人每周进行一次作业现场巡视检查。巡视检查的内容包括：仪器工作状态、操作探查方法、地面标志、探查范围、管线取舍标准，有无错测、漏测、安全措施以及内业工作情况等，质量负责人实施跟踪检查。

质量跟踪检查：生产过程中质量负责人对作业组及时进行跟踪检查，检查内容主要为探测质量。

管线普查成果检查与验收按《测绘成果质量检查与验收》GB/T 23456-2009中的相关要求实施。质量评定具体方法按《测绘成果质量检查与验收》GB/T 24356-2009执行。

5）提高探测精度

为了克服种种干扰以保证探测质量，投入的仪器设备应按如下方式工作：

①消除偶然误差：用管线探测仪探测管线时，首先确定管线走向平面位置，然后按正反方向重复探测管线的平面位置和埋深，消除仪器的偶然误差。探地雷达用反射波法，完成一个剖面后，发射天线与接收天线对调，再重复观测一次，其探测结果取两次探测异常点中心，能够有效地消除偶然误差。

②提高观测精度：探测埋深相同或埋深不同而距离较近的两条或多条管线时，由于管线异常难以区分，定位、定深失真较大。解决这些问题，除了尽量用低频外，应采用多种探查方法进行探查，如旁侧感应法、垂直偶极子压线法等。外业操作人员要牢记可能会出现的偏差趋向问题，并结合测区的地电条件，在探测过程中进行适时修正，以达到规程精度要求。

6）利用软件进行内业数据检查

在内业除进行人工检查外，还应利用管线测量专业软件进行内业检查，对管线成果的逻辑一致性进行检查。本软件可以对管井连线错误、孤井、重力管线流向错误、管线空间冲突等进行检查，从而保证管线成果的准确性。

7）各工序衔接

物探、测量、内业之间是紧密联系的，各工序之间衔接非常重要，普查采取物探组中每组内有一名测量人员，测量组外业测管线点时有物探人员参加，并且内业数据库由物探野外普查人员建立，编图均为测量外业作业人员，这样各工序之间的衔接非常密切，同时提高整体作业人员全面的技术水平，避免出现差错，保证工程质量，避免上一工序问题带入下一工序造成连环错误和事故的情况。

8）疑难问题的处理办法

施工过程中，技术负责人分阶段对各台组工作中发现的疑难问题进行汇总，组织专业技术人员和仪器设备，进行集体"会诊"攻关，确保工程质量。

（2）盾构推进过程中偏差控制

由于近年来个别城市轨道交通建设项目的施工单位因对工程测量管理不到位、监理单位监管不力，导致工程中线发生超允许范围偏差事故，造成了不良后果和影响。

为了避免此类情况的发生，我单位特别重视盾构推进过程中的偏差情况掌握，此处从管理及技术两方面进行盾构施工期间盾构姿态的过程控制。

管理措施如下：

1）制定盾构姿态的过程控制方案，对全线施工、监理单位进行宣贯，明确各方技术和管理职责。

2）建议建立盾构施工实时监控系统，同时，对施工现场进行定期和不定期巡视检查，施工单位定期上报施工进展及存在问题，以准确把握盾构施工进展，并在第一时间了解现场出现的问题。

3）制定偏差处理应急预案，视偏差级别进行不同响应。

技术手段如下：

1）保证地上、地下测量控制点的完整性和稳定性。

2）保证地面控制、联系测量、地下控制测量的成果准确无误。

3）盾构施工中线设计数据多级复核，由施工单位计算并内部复核，上报测量监理复核，然后上报第三方测量单位复核，最终数据报业主审批后方可用于盾构施工。

4）建议进行盾构始发前的验收工作：由业主、第三方测量、测量监理、施工单位共同进行盾构始发前的验收工作，通过检测手段对盾构始发依据的测量控制点、盾构始发环（接收环）定位、盾构安装定位测量（如始发托架等）、盾构始发前姿态等的正确性进行检查确认，对设计输入数据进行现场验收。

5）盾构推进过程中，及时进行隧道内主控制网的布设和检测，并保证其完整性和稳定性。

6）监督施工单位及监理单位加强盾构姿态、成型管片断面的检查，每日督促施工单位进行测量资料上报，并视偏差情况进行抽测。

（3）长盾构区间贯通误差的控制

城市轨道交通隧道区间主要工法为盾构法施工，盾构隧道不同于矿山法暗挖、明挖和高架施工，盾构隧道是单向掘进，一方面，起始方位角误差造成的隧道横向偏差将随着隧道掘进长度的增加而同比例增长；另一方面，随着隧道内施工控制导线的延伸，测角误差将逐步累积，测角累积误差带来的隧道横向偏差增长比起始方位角误差带来的偏差更加显著。因此，需要综合采取多种测量手段和措施加以控制，对于起始方位角误差的控制可采用如下方法：

1）在 GPS 检测时要考虑在盾构隧道的始发井和接收井之间布设直接观测基线，基线两端的控制点最好能直接通视，以减少地面控制点误差的影响；

2）根据误差传播理论进行贯通误差预计，以合理确定地下起始方位角需要达到的精度，并根据起始方位角的精度要求确定联系测量的次数，并根据多次联系测量的成果评定地下起始方位角是否达到设计要求。

另一方面，为了克服测角累积误差对隧道横向偏差的影响，可采用如下措施：

①将隧道内的控制导线布成边角网以提高可靠性；

②隧道内导线应尽量布置长边，减少测站数以降低测角累积误差；

③隧道内控制点采用强制对中装置以减小对中误差；

④在隧道内的适当位置加测陀螺定向边以克服测角累积误差的影响；

⑤隧道内控制导线采用多次测量取均值的方法提高精度和可靠性；

⑥有条件时，可以采用在区间中部钻孔投点的方法，来检验隧道内导线的可靠程度，并控制导线累积误差。

（4）测量控制点及监测点的保护问题

由于城市轨道交通建设施工周期长，而目前的城市建设飞速发展，已测设测量控制点很可能受周边建设影响而损坏，从而对城市轨道交通建设造成不利影响。除此之外，隧道内测量控制点的保护也非常重要，如盾构施工完成及暗挖施工初衬完成后，隧道内的控制点很容易破坏，有的施工单位在盾构隧道清理时或暗挖隧道二衬施工时将测量控制点全部破坏，从而导致后期的铺轨基标和设备安装等工作没有起算点，如果重新建立，不但大幅度增加测量工作量，而且会明显降低测量精度。

位于城市轨道交通车站及竖井开挖地点的控制点很难保留，为保证施工期间的正常使用，可采取如下措施：

1）适当减少精密导线边长，以提高精密导线点密度；

2）在明挖车站、竖井附近有条件时可沿邻近街区布设闭合环；

3）在有条件的明挖地段采用楼、地结合或双导线的方式进行精密导线网布设；

4）水准点可布设在沿线大型建筑物的承重结构上，为方便地面施工使用，在地面高程控制网施测时将地面平面控制点纳入水准线路一起进行观测，统一平差。

同时，要加强本工程沿线的巡视，多方收集信息，发现问题，及时进行检测维护处理，以保证在城市轨道交通施工期间，地面控制网可靠实用。

在运营前沉降监测，对目标的监测，需要是一个连续的过程，为了保证监测的连续性，需要具有稳定的监测点。因此在监测及施工过程中，对监测点的埋设与保护是整个监测项目的重点之一。在编制监测方案时，要充分考虑周边环境对测点的影响，制定最为安全、可行的方案。对容易遭到破坏的监测点，应对施工单位提出特别要求，采取相应措施让施工方在施工过程中尽力保护测量和监测点位。

（5）地面沉降对测量和施工的影响问题

随着经济高速发展，地下水的快速消耗导致城市沉降区日益增多，地面沉降对测量和施工将产生很大的影响。由于区域沉降差异，不同时期的高程测量成果会变化很大，并且由于差异沉降的影响，各相邻控制点间的测量成果也不能闭合。

应提前制定沉降区专项测量预案，在施工过程中，通过多专业间的协调配合，能比较圆满地解决问题。其解决思路关键在于成果更新时机的把握，如果每年都更新测量成果，因沉降速度太快，可能会导致不同期施工的结构间出现错台，如果每年设计单位根据最新数据调整设计高度，势必使设计工作量成倍增长，并且所有图纸必须随时更新，管理工作量非常大。

因此，对于沉降区测量，首先需根据沉降速度和施工进度对隧道贯通时的状态进行大致估计，从而采取相应措施。解决沉降影响的基本思路是：当保证车站或竖井底板控制成果准确无误后，在区间贯通和车站一次结构完工前，暂时不对其更新，直到贯通前 150 ~ 200m 时，对地面、地下高程成果进行复测，统一更新，并将成果报告交给设计单位，以判断是否需要进行调坡处理，这样就保证了施工期间测量成果的稳定性，从而保证不同时期生成的结构相对位置满足设计要求，避免了衔接上的错台现象。

（6）与交叉线路的衔接测量问题

交叉线路包括既有线路、同期建设线路和远期建设线路，为保证不同时期施工的线路准确衔接（特别是具有线路衔接的情况），需要实现不同期线路地面控制网的联测。对于既有线路，在项目地面控制网布设时，联测一定数量的既有线路控制点，并进行成果对比，根据成果差值大小，采取必要措施；同时，为保证与既有线路的准确衔接，应利用本线路最新成果对既有线路的衔接部位进行结构现状测量，以便提前把握贯通偏差，同时检查因沉降变形、施工及设计等多方面原因引起的累计误差大小。对于同期线路，需要联系交叉线测量实施单位，在衔接区域布设公共控制点，实现测量成果的统一性。对于远期交叉线路，则需要在交叉区域预留一定数量的控制点，点位必须稳定，易于长期保存，以便远期线路建设时进行联测和成果检核。

2. 技术进展

（1）理论与方法进展

城市轨道交通工程测量的发展主要依赖于城市轨道交通工程建设的需求、新型的仪器设备以及城市轨道交通工程测量理论的发展。可以这样认为：城市轨道交通工程建设对城市轨道交通工程测量不断提出新的任务、新的课题和新要求，使城市轨道交通工程测量的服务领域不断拓宽，有力地推动了城市轨道交通工程测量事业的发展与进步，这是推动城市轨道交通工程测量发展的外在源动力；随着科学技术的新成就，如电子计算机技术、网络通信技术、激光技术、微电子技术、空间技术等新技术的发展与应用，新型测量仪器设备不断涌现，推动了城市轨道交通工程测量技术和方法的进步；城市轨道交通工程测量理论是城市轨道交通工程测量学科发展的根本与保障。

随着"互联网+"技术、无人机技术的发展，新型测绘仪器的出现，城市轨道交通工程建设的迫切需求等，使得近几年来城市轨道交通工程测量在理论和方法上得到了飞速发展，主要表现在以下几方面：

1）精密城市轨道交通工程测量理论与方法进展

新型和先进的智能化仪器装备（扫描全站仪、三维激光扫描仪、测量机器人、激光跟踪仪、无人机等）的出现、新技术（CPIII 技术、INSAR 技术、多频多系统定位导航定位技术等）和新工艺的开发与研究，在各领域的工程中得以迅速引进和推广应用，从根本上改变了城市轨道交通工程测量的面貌，提高了作业效率和测量精度，取得了良好的经济效益和社会效益。例如，在高速铁路施工中所采用的 CPIII 技术已经被应用到城市轨道交通长区间施工控制网的建设中；GB-SAR 应用中的空间统一问题和气象改正问题已经基本解决；应用测量机器人进行超长距离高精度高程测量的方法已经得到进一步完善；利用无人机影像进行 1：1000 比例尺的地形图的生产；激光跟踪仪在我国 C919 大飞机组装中得到广泛应用等。

2）变形监测的理论和方法的发展

变形监测是一项跨学科的研究，包括变形信息的获取、分析和解释以及预报变形的理论和方法。变形分析分为几何分析和物理解释。前者用于模拟时空的特性，后者用于解释变形和引起变形的原因之间的关系。对一些重要的建（构）筑物而言，监测的周期已经覆盖其全寿命周期。变形预测的方法除传统的线性回归与非线性回归外，近几年主要研究小波变换、时间序列分析、卡尔曼滤波、灰色理论等。由于引起变形的因素非常复杂，到目前为止，在保持预报精度的情况下，没有哪一种预测方法能适用于所有场合。

（2）技术进展

1）几何测控关键技术研究与应用

城市轨道交通工程建设具有投资巨大、建设周期长、技术难度大、精度要求高、施工复杂、安全风险控制要求高等特点，给工程勘测设计、施工建设和运营管理的测量技术保障提出了新挑战。以城市轨道交通工程为背景，利用有限元数值模拟、GB-SAR、地面三维激光扫描系统、数字垂线仪、GNSS 和测量机器人等先进技术与理论方法，围绕城市轨道交通工程几何测控的关键科学技术难题进行研究，取得了以下技术创新成果：

① 预变形分析和测量监控相结合的方法。建立了三维可视化下的放样点坐标获取与施工位置检核方法，形成了作业简便、方法科学、技术先进、质量可靠的基于测量机器人和 GNSS 相结合的空间三维精确定位及变形控制技术，实现了大空间、多层次复杂结构体的三维精确定位。结合城市轨道交通工程，通过有限元数值模拟分析，并利用测量机器人进行全过程实测验证，对保障城市轨道交通工程主体结构施工过程的变形预控制和施工安全起到了关键作用。

② GB-SAR 多稳定点大气改正和变形计算模型，提出了一套基于地面三维激光扫描进行城市轨道交通沿线构筑物高频振动测量的数据处理方法与流程，实现了基于 GB-SAR 和地面三维激光扫描技术的大型构筑物非接触式高精度、高时空分辨率的挠度和振动测量，为城市轨道交通沿线大型构筑物的动态监测提供了一种新方法。

③ 基于测量机器人多连接点的基准网组建方法。研制了集测量机器人、无线网络、温度计、气压计、远程电源开关、工业计算机等于一体的城市轨道交通自动化变形监测软硬件系统，保障了城市轨道交通结构几何监控需要，实现了城市轨道交通隧道结构的长距离、全天候、实时、高精度、自动化监测，目前已在武汉、广州、沈阳、深圳、北京等城市轨道交通中得到推广应用。

④ 激光点自动跟踪测量的数字垂线仪，并率先应用于城市轨道交通建

设超深竖井施工过程中，实现了平面基准传递和动态变形监测的高精度和自动化。

⑤ GNSS 和测量机器人相结合的城市轨道交通高架桥梁施工实时几何监测系统。该系统在多处城市轨道交通高架桥上部结构施工几何形态测控中得到成功应用，解决了桥梁墩柱形态测控与动态变形监测、钢箱梁动态安装测控等关键技术问题，有效地克服了异常环境条件下常规测量手段的局限性。针对钢箱梁安装过程中的塔梁几何监测问题，提出了基于测量机器人的定点跟踪法和定期扫测法两种监测模式。

2）城市轨道交通沿线建筑遗产数字化保护

城市轨道交通沿线涉及众多地下空间开发和改造，这不可避免地会对周边重要历史街区和建筑进行一体化开发，对这些历史建筑和街区进行数字化保护是目前城市轨道交通发展过程中的新课题。利用科技手段支撑和引领文化遗产保护与公共文化服务，是国际社会的普遍做法和策略。作为基础性学科的测绘科学与技术在其中越来越发挥重要的科技支撑作用。建筑遗产的全生命周期信息采集、精细化重构、健康监测、虚拟修复及数据储存组织管理等研究都孕育着新的突破。主要有以下技术：

① 建筑遗产精细重构与表达技术

通过高保真建筑遗产数字采集技术与装备，形成了空地联合遥感遥测的建筑遗产形貌结构信息提取的关键技术。

② 建筑遗产健康监测技术

建筑遗产的健康监测作为科学化保护的核心基础环节，需要建筑遗产全生命周期信息的全模态高精度采集以及文物本体状态主动精准感知。以激光三维扫描技术、高光谱技术等为代表的高新测绘技术及物联网与大数据技术的发展，为提高建筑遗产保护的动态监测带来新的契机。

③ 虚拟修复技术

计算机文物虚拟修复是文物保护修复的重要依据之一。北京建筑大学侯妙乐完成的"大型复杂文物信息留取与虚拟修复关键技术研究与应用"，以顾及拓扑约束的三角网格模型骨架线提取算法，建立了大型复杂文物缺损部位复原预测模型，解决了修复参数定量化问题。

④ 建筑遗产大数据管理与展示技术

确保建筑遗产信息化海量数据组织管理的适用性、安全性和高效性，以数字文化遗产大数据多模态知识检索、内容挖掘、语义理解等关键技术，构建支撑文物研究、出版、导览和展示等业务的数字文化遗产内容服务云平台。

3）大比例尺测图新技术

无人机测绘综合利用无人驾驶飞行器技术、测绘传感器技术、无线传感器网络技术、遥测遥控技术、通信技术、POS 定位定姿技术、GPS 差分定位技术，以各种成像与非成像测绘传感器为主要载荷，快速获取国土、资源、环境、事件等多源空间信息，并进行快速处理、多维建模和高效分析的先进新兴低空测绘技术。用于无人机测绘信息获取的传感器种类较为繁多，如非量测相机、倾斜相机、轻小型激光雷达扫描系统、多光谱和高光谱仪、多光谱扫描仪、红外或近红外相机、侧视雷达等，国内外研制的测绘空间信息获取系统也呈现出多用途的形式，由于微小型无人机的载荷量有限，目前无人机空间信息获取平台的传感器主要以非量测相机、倾斜相机、轻小型激光雷达扫描系统和光谱仪为主。

倾斜摄影技术是测绘领域近年来发展起来的一项高新技术，通过与无人机平台搭载多台相机的结合，从多个角度同步曝光采集影像，经过精密解算处理获取真实地物信息，自动构建实景三维模型并进行立体量测，服务于智慧城市和智慧地铁建设。北京城建勘测院对烟台市轨道交通 1、2 号线沿线采用该技术建立了三维模型，并研发了相应的 GIS 系统，服务于城市轨道交通设计和施工。

4）移动测量技术

移动测量技术是 20 世纪 90 年代发展起来的一门前沿测绘技术，是测绘地理信息行业一种新兴的、高效的、综合的空间三维地理信息获取手段。人们将 GPS（全球定位系统）、INS（惯导系统）、三维激光扫描系统、CCD（影像系统）等先进的传感器和设备安置在可以移动的平台上，构成了一套移动三维测量系统（Mobile Mapping Systems，MMS）。根据搭载平台的不同，可以分为车载、船载、机载、推扫等多种类型的移动三维测量系统。

在移动测量方面，北京城建勘测院联合武汉大学，成功地将激光扫描设备放在移动车上，可以进行城市轨道交通内部激光扫描和建模，并支持在线三维实景空间浏览、人机交互、定位导航、协同信息交互，以及高精度实景测量等。实现了对城市轨道交通结构椭圆度、渗漏水、管片错台、收敛、环缝等众多城市轨道交通病害的检测。

5）高精度室内定位技术

近年来，iGPS、伪卫星和超宽带等高精度定位技术发展迅速，在城市轨道交通建设和运营方面进行了一定研究和探索。

① iGPS

20 世纪 90 年代，受 GPS 的启发，美国 ARCSECOND 公司开发了 IndoorGPS（简称 iGPS）。iGPS 主要用于解决大尺寸空间测量与定位问题，其原理与 GPS 类似，即利用三角测量原理建立三维坐标体系,不同的是采用红外激光代替了卫星信号。iGPS 利用室内的激光发射装置产生两个激光平面在工作区域旋转,每个发射器有特定的旋转频率,转速通常为 3000 转 / 分钟。接收器接收到信号后,能够对水平角及垂直角进行测量。在已知了发射器的位置和方位信息后,只要有两个以上的发射器就可以通过角度交会的方法计算出接收器的三维坐标。测量一个点所需要的最少发射器是 2 个,发射器越多,测量越精确。

iGPS 对城市轨道交通工程的精密测量提供了一种新的方法,可以实现多目标实时动态高精度测量。与 GPS 类似,iGPS 把同样的定位性能从地球空间缩小到封闭的区域和局部测量的应用,可以围绕被测物体进行 360 度空间测量,而不需要转换坐标系,从而降低或消除转站造成的误差。具有高精度、高效率、灵活、可靠的特点,并且基本不受空间限制,通过增加发射器,可以大大扩展测量范围,特别适合于城市轨道交通施工测量工作。

② 伪卫星

伪卫星是一种能发射出类似于 GNSS 卫星信号的发射器。伪卫星的工作原理与 GNSS 基本相同,接收机的软硬件结构也与 GNSS 卫星接收机保持一致。作为 GNSS 定位系统的辅助手段和工具,伪卫星既可以在城市峡谷、露天矿场等区域辅助增强 GNSS 系统,降低 DOP 值,改善定位性能;也能够单独构建定位系统,在室内区域和地下空间提供高精度的定位服务。伪卫星定位采用到达时间(TOA)和到达时间差(TDOA)的定位原理,定位方法与传统的 RTK 定位类似:利用载波相位测量值的双差测量值,消除伪卫星的钟差和接收机钟差等误差项,然后将接收机的空间坐标和整周模糊度联合求解,以获取得到厘米级别的定位精度。伪卫星定位系统已在室内、地下工程、形变监测、飞行导航、火星探测等方面得到了一系列应用。

③ 超宽带(UWB)

超宽带信号,正式定义为绝对带宽至少为 500MHz 或者分数带宽(带宽除以载波频率)为 20% 的信号,且连续区间内功率谱密度位于最大值的 10dB 以内。UWB 信号用于定位的主要吸引力在于多径分辨率。比如,若信号带宽为 1GHz,具有 0.3m 或以上不同路径延迟的多径分量可以独立解析出来,这使得在城市轨道交通洞内环境下,可以获得极佳的测距精度。UWB 通过发送 ns 级或者 ns 级以下的超窄脉冲来传输数据,并采用到达时间(TOA)算法和到达时间差(TDOA)算法完成测距和定位计算,能够获得 20cm 以内的测距精度。UWB 因其设计简单、成本低、网络节点布置方便等特点,可以为城市轨道交通工程、机场、军事基地、重要物资定位,为火灾现场等极端环境下提供精确定位和搜救解决方案。

6）BIM 技术

① BIM 与 GIS 技术的结合与应用

BIM 是以三维数字技术为基础，集成了城市轨道交通工程项目各种相关信息的工程数据模型，BIM 是对工程项目设施实体与功能特性的数字化表达。BIM模型信息具有完备性，可反映工程对象 3D 几何信息及拓扑关系、工程对象完整的工程信息描述和工程对象之间的工程逻辑关系；BIM 模型信息具有关联性，工程信息模型中的对象是可识别且相互关联的，模型中某个对象发生变化，与之关联的所有对象会随之更新；BIM 模型信息具有一致性，生命期不同阶段模型信息是一致的，同一信息无需重复输入；BIM 模型信息具有动态性，信息模型能够自动演化，动态描述生命期各阶段的过程。

正是基于 BIM 模型的以上特性，可实现工程全生命周期中包括测量信息在内的各种信息有效管理，如广州城市轨道交通 BIM 施工管理平台就是 BIM 应用比较典型的案例。在这个平台上是实现了统一的平台、模型，开发了 3 个系统，能直接操作模型实时交互数据的 CS 端系统，能支持远程协同工作的 BS 端系统及支持现场管理的移动端系统。

② 基于 BIM 的施工测量技术

随着科技的进步，传统平面图纸化的施工正在向立体三维模型化施工转变，从城市轨道交通线路设计到结构设计，再到结构深化设计，都是通过三维模型的传递得以实现的。工程前期利用 BIM 模型进行点位选择、方案设计，施工过程中利用 BIM 模型解决空间关系冲突，减少返工，放样过程中建立数据模型，得到特征点的数据，依据模型数据进行现场放样，构件安装完成后利用三维激光扫描技术，对结构进行全方位扫描，建立结构模型，并与设计模型进行比较分析。基于 BIM 模型的全新测量技术为城市轨道交通施工提供了有效保障，实现了平面图纸施工向三维模型施工的跨越。

3.3.3　城市轨道交通测量装备

1. 装备一览表

投入城市轨道交通测量项目的基本设备见表 3.3.2：

城市轨道交通测量主要仪器设备一览表　　　　　　　　　　　　　　表 3.3.2

序号	仪器名称	精度指标
1	GPS 接收机	5mm+0.5ppm
2	全站仪	0.5",1mm+1ppm

续表

序号	仪器名称	精度指标
3	全站仪	1.0"，1mm+1ppm
4	陀螺仪	一次定向中误差 ≤ 10"
5	陀螺经纬仪	1/1000gon（相当于每千米仅有 15mm 误差）
6	电子水准仪	0.3mm/km
7	三维激光扫描仪	300m 内系统距离误差不大于 ±2mm
8	自动安平水准仪	0.3mm/km
9	投点仪	1/20 万
10	测距仪	1mm
11	合成孔径雷达	0.01mm/4km
12	扫描全站仪	0.5"，1mm+1ppm，300m 距离
13	手持移动三维激光扫描仪	300m 内系统距离误差不大于 4cm
14	无人机	具有搭载测量仪器平台
15	线阵相机	扫描频率 2000kHz
16	光学对中器	—

2. 新装备介绍

（1）隧道快速检测系统

1）瑞士安伯格 GRP5000 隧道限界测量与隧道全息成像系统

隧道属于永久性建筑物，有多种因素会导致隧道净空的变化，无法满足限界需求。为确保行车安全，就需要将车辆限界和设备限界与隧道断面进行比对，进行限界分析和净空测量。

瑞士安伯格 GRP5000 集成手推式轨检小车采用高速激光扫描测量技术。当小车在轨道上行走时，高速旋转的激光扫描仪发射的激光以螺旋线的形式对隧道表面进行全断面扫描，通过分析发射和接收到激光信号（强度和相位差），可以获得隧道衬砌的内表面影像图以及隧道衬砌表面各点距轨道中心线的距离；扫描仪每秒获取高达 50 万个测点的断面数据，每个测点包含该位置的反射率和几何尺寸信息（角度和距离）。上述测量成果构成隧道状态测量、净空测量和限界分析的基础资料。手推式轨检小车内嵌的轨距、超高和里程测量传感器可在隧道扫描的同时，实时动态测量当前轨道的相对几何参数和里程信息。GRP5000 扫描得到的元数据（隧道内表面影像图）中每个点都包含里程、角度、距离及反射率等信息，经 GRPOffice 进行数据处理并沿隧道拱顶展开后，便可得到数字化灰度图。该灰度图清晰度很高，可清楚地分辩接触网等设备以及宽度 0.3mm 以上的裂缝等病害，也可导入 TunnelMap 中作为病害检测与管理的依据。

TunnelMap 软件中可以建立隧道的数字化模型，其中最重要的内容便是隧道内表面的数字化展开图。TunnelMap 还可充当隧道病害采集和状态评价系统，用于观察和收集已有建筑的结构数据。根据检测的要求标准不同，隧道智能绘图可以包括不同等级的细节信息。数字化的隧道智能绘图技术取代了在纸上对观察到的信息进行手动输入的方式，简化了实地绘图操作程序。数字化系统通过有效收集和处理原始数据以及其他数据评估、存档和图形结果输出功能，简化了信息管理。这些数字化的信息和数据可作为隧道状态评估的依据。

2）国产轨道移动式扫描系统

我国自主研发了隧道检测车—轨道移动式扫描系统，其核心思想是将三维激光扫描仪运用于城市轨道交通收敛变形检测。在研究吸收安伯格 TMS 隧道软件的基础上，开发了二维扫描软件，自行研制了轨道行走车。其原理是在 4 轮的行走支架车上安装电动马达，在轨道上匀速前进。其优点是成本低廉，运动匀速，隧道影像成像均匀。数据原理是小车在起始环时，人工记录下里程标及环号，根据小车的运动时间与速度计算里程增量与环号增量来连接整个区间。断面收敛运用自己开发的软件计算，隧道成像及断面分析借鉴安伯格基础算法。但其精度有待提高，功能有待完善。

（2）地基合成孔径雷达

地基合成孔径雷达干涉测量技术（GB-InSAR）的出现为高精度变形监测与分析提供了新的途径。经过十多年的发展，目前 GB-InSAR 技术正从试验验证阶段逐步转向核心技术完善、工程结构和地质灾害监测应用推广阶段。

地基合成孔径雷达（GB-SAR）硬件方面，得益于雷达信号处理技术的改善以及制造工艺水平的提升，一景 GB-SAR 影像采集时间大幅缩减，由原先 3 ~ 5min 减少至目前的几十秒钟：一方面，原始频域信号的快速采样使得一景影像合成孔径形成过程中的气象变化更加稳定均匀，能够确保气象变化剧烈条件下原始观测量的可靠性；另一方面，影像采集时间间隔的缩短又使 GB-SAR 系统能够探测更加快速的变形过程。此外，GB-SAR 系统可探测的区域面积也得到进一步提升，最远有效探测距离一般可达 8 ~ 10km。

国内对 GB-InSAR 技术的研究起步虽然相对较晚，但自引进 GB-SAR 设备开始发展迅速。多家高校、科研院所及勘测单位在 GB-SAR 硬件设计、信号处理以及变形监测应用技术等方面展开了较为广泛的研究。以开采矿区、支护边坡、大坝坝体、滑坡、堰塞体等区域作为监测对象进行了大量的试验研究，得到一批有益的分析成果，充分验证了 GB-InSAR 技术在小范围区域内进行高精度变形监测及灾害预报预警的巨大潜力。

针对实际监测工作的应用需求和变形体的变形特征，在干涉测量核心理论研究的基础上，GB-InSAR 变形监测应用目前已拓展细化为 3 个主要模式：①准实时动态监测，充分利用雷达影像高频采样的特点，可满足一般快速变形测量、变形动态特征分析及安全状态评估的需求；②短周期日波变形监测，回避了对日波气象成分的分析处理，能满足中等速率趋势性变形提取应用需求；③长周期微变形探测，适用于地表或结构小尺度趋势性变形过程估计与稳定性分析的需求。变形提取和气象改正等核心算法由传统的控制点直接差分以及一维时域干涉相位积分法，发展到基于高相干点目标的网络分析方法，解决了变形相位在时间和空间上计算基准不一致的问题，同时削弱了干涉相位中主要气象成分的影响。

实际工程变形监测应用需求不同，监测环境条件各异，变形特征复杂。这对GB-SAR 数据传输、处理和分析均提出了较高要求。然而，现阶段在用系统平台大都依赖设备进口，或者仅针对矿区等单一监测情景，适用性不强，仍缺乏能够满足各类监测需求并实现深度变形信息解译的自主研发平台。

目前是 GB-InSAR 变形监测技术算法研究与实践应用相结合的重要阶段。在较为理想的环境条件下，GB-InSAR 技术容易满足高精度动态监测的需求，而对于变化复杂、剧烈的自然条件下的监测应用，仍然存在大量亟待解决的关键技术问题。

（3）陀螺仪

陀螺仪是基于高速旋转的陀螺转子定轴性和进动性（或能够测量相对惯性空间角速度和角位移的传感器）而研制的一种绝对定向的惯性测量装置。陀螺全站仪（经纬仪）是一种将现代高精度陀螺惯导寻北与智能测量技术集成，通过敏感地球自转效应测定任意目标真北方位的惯性测量仪器。国外陀螺仪的研制主要集中在美国、日本、法国、德国和英国。美国、欧洲在中高精度陀螺仪上占有明显优势，日本则更注重低精度陀螺仪的商业应用。美国 Honeywell 研制的激光陀螺零偏稳定性已经达到 0.00038° /h，生产的陀螺主要用于波音 757 和 767 客机的惯导系统、潜艇导航或深层空间飞行器。Litton 公司研制的激光陀螺主要用于欧洲的大型远程和近程客机，远程、近程和短程导弹。漂移率低达 0.001° /h 的新型高性能精密惯导光纤陀螺已步入实用化，广泛装备于导弹系统、飞机和舰艇的导航系统以及军用卫星与地形跟踪匹配等系统中。德国 DMT 公司生产的Gyromat2000/3000 系列全站仪及日本索佳的 GP1 陀螺全站仪，减小了"逆转点法"和"中天法"人为读数误差、提高了寻北自动化程度，"积分法"数据采集模式也提高了陀螺定向精度和效率。国际上最近几年陀螺仪的主要研究热点包括视觉惯性导航陀螺仪的偏差校准、陀螺仪的温度特性研究与补偿、陀螺仪闭环校正和频率调谐控制、利用偏置陀螺仪和单个延迟矢量测量进行全局姿态估计等。

我国对高精度陀螺全站仪的研发相对落后。我国在惯性导航应用研究中的陀螺仪大致可以分为三类：机械陀螺仪、光学陀螺仪及微机械陀螺仪。理论上，主要研究基于小波方法、卡尔曼滤波及混沌理论等的陀螺仪随机误差分析、降噪方法、零点随机漂移抑制及数据处理等。近年来随着国防与民用对陀螺仪精度和功能等方面需求的提高，国内陀螺技术有些已经达到了国外同类产品的水平，中国航天科技集团第十五研究所、西安总参1001厂、天津船舶707所等单位基于悬挂带技术体系研制出多种下架式陀螺全站仪（经纬仪），解决了我国工程测量及国防领域应用的急需。由长安大学与中国航天集团第十六研究所联合，将磁悬浮支承及耦合优化、光电力矩反馈及静态模数转换、逐次多位置及双位置回转精寻北、自适应环境滤波等技术用于陀螺全站仪构架，成功研制出精度优于3.5s的第三代精密磁悬浮陀螺全站测量系统，为我国陀螺全站仪家族增添了新的类型，填补了国内空白，总体达到国际先进水平。在磁悬浮陀螺技术及受限空间快速定向测量应用方面达到国际领先水平。近年来，GAT磁悬浮陀螺全站仪为世界超级工程港珠澳海底沉管隧道、世界第一高原隧道青藏铁路关角隧道、世界超长深埋第一隧洞引汉济渭、北京城市轨道交通15号线、广州城市轨道交通9号线等40余项工程的精准贯通做出了贡献。

表3.3.3为国内外部分陀螺全站仪相关技术指标。

国内外部分陀螺全站仪相关技术指标   表3.3.3

序号	仪器型号	研制单位	技术特征	一测回中误差	定向时间	支承方式
1	Gyromat3000	德国DMT	模式：全自动 原理：积分法	±3.0″ ~ 5.0″	9 ~ 12min	悬挂带
2	索佳系列	日本索佳	模式：半自动 原理：逆转点法	±15″	>19min	悬挂带
3	GAK-1	瑞士WILD	模式：人工 原理：逆转点、中天法	±20″	>30min	悬挂带
4	GAT-C磁悬浮	长安大学、航天第十六所	模式：全自动 原理：力矩反馈	±3.5″ ~ 5.0″	8min	磁悬浮
5	GAT-D系列	长安大学、航天第十五所	模式：全自动 原理：积分法	GAT-D5：±5″ GAT-D8：±7″	9min	悬挂带
6	1001HG系列	总参1001	模式：全自动 原理：积分法	HGG05：±5″ HGT07：±7″	≤9 ~ 20min	悬挂带
7	中船重工GT3	中船707	模式：半自动 原理：拟合法+改化时差法	GT3：±15″ TJ9000：±30″	≤9 ~ 15min	悬挂带

（4）数字近景摄影测量系统

近景摄影测量指通过摄影确定（除地形以外）目标的外形和运动状态的技术。以数码相机作为图像采集传感器，对所摄图像进行数字处理的系统称为数字近景摄影测量系统，当用于工业产品检测时，也称为数字工业摄影测量系统。数字工业摄影测量技术在城市轨道交通精密测量领域得到了迅猛发展和广泛应用，其典型测量精度为摄影测量距离的 1/2 万至 1/10 万。数字近景摄影测量系统一般分为单台相机的脱机测量系统、单相片位姿测量系统和多台相机的联机测量系统。近景摄影测量广泛使用人工标志，可以保证测量的精度和可靠性。按照材质的不同，人工标志可以分为回光反射标志和普通标志。

1）基于回光反射标志的测量系统

采用回光反射标志可以实现摄影测量中特征点的自动提取，能够大幅度提高数字工业摄影测量系统的自动化程度。近两年来，基于回光反射标志的工业摄影测量系统的研究主要集中在单相机脱机测量系统、单相片位姿测量系统和多相机动态测量系统共三个方面。

单相机脱机测量系统。国外的单相机脱机测量系统以美国 GSI 公司的 V-STARSS8 工业摄影测量系统为典型代表，国内以信息工程大学的 MetroIn-DPM 工业摄影测量系统为典型代表，其关键部件有量测相机、编码标志、定向靶、基准尺等，核心技术有相机检校、像点高精度自动提取、像片概略定向、像点自动匹配、自检校光束法平差等。

单相片位姿测量系统。单相片位姿测量是利用一张相片实现对被测目标位置及姿态的测量技术，在航天器交会对接、飞机空中加油等过程中有着重要的应用。多相机动态测量。通过近景摄影测量技术来获取运动物体三维空间运动参数，需要两台或两台以上的相机同步获取被测目标的二维影像。信息工程大学的曹林对双相机数字工业摄影测量标志点匹配算法进行了研究，设计了一种基于相对关系不变性的图像匹配算法，实现了同名点快速、准确的自动匹配。

2）基于普通标志的测量系统

普通标志有漫反射标志、激光投点标志、彩色标志等。武汉大学的孟丽媛、邹进贵等采用非量测型数码相机进行基坑的变形监测，精度达到了亚毫米级。武汉大学的万荧、邹进贵等基于直接线性变换模型设计了近景摄影测量软件，达到了地质观测的分米级精度要求。天津市测绘院的陈楚将近景摄影测量技术应用到滑坡监测中，模拟并制定了一套完整的检测方案，在摄影距离约 50m 的情况下，监测精度达到厘米级的要求。吉林建筑大学的梁晓娜基于 Lensphoto 多基线数字近景摄影测量系统展开了边坡岩体的三维建模研究，实现了厘米级精度的边坡变形监测。

（5）地下管线测量新装备

1）管道闭路电视检测系统

城市排水管道检测已有很长的历史，传统的管道检测方法主要是人员进入、潜水员进入、量泥斗法、反光镜法等，但由于这些方法存在着人身不安全、病害不易发现、判断不准确等诸多弊病，而不能得以推广。新型的电视检测、潜望镜检测、声呐检测等技术方法，无论在安全性、清晰度、直观等方面都有了很大的突破，并且随着这几年仪器设备的发展已成为排水管道检测技术最有代表和有效的技术。

管道闭路电视检测系统（Closed Circuit Television，CCTV）主体是由三部分组成：主控器、操纵线缆架、带摄像镜头的"机器人"爬行器。主控器可安装在汽车上，操作员通过主控器控制"爬行器"在管道内的前进速度和方向，并控制摄像头将管道内部的视频图像通过线缆传输到主控器显示屏上，操作员可实时地监测管道内部状况，同时将原始图像记录存储下来，做进一步的图像分析。通过摄像机器人对管道内部进行全程摄像检测，对管道内的锈层、结垢、腐蚀、穿孔、裂纹等状况进行探测和摄像，实现管道内部长距离检测，实时观察并能够保存录像资料，将录像传输到地面由专业的检测工程师对所有的影像资料进行判读，通过专业知识和专业软件对管道现状进行分析、评估，有效地查明管道内部防腐质量、腐蚀状况及涌水管道、涌水点的准确位置。利用 CCTV 检测技术，可以科学全面地了解管道的现状，编写管道现状报告，并对排水管道运行质量及功能进行评价，为管道的定点修复、新铺管道的竣工验收以及管道修复前的方案设计、修补过程中的施工监测、修补后复测等提供经济、有效的检测方法。

2）管道 3D 重建测量仪

传统图像传感器只能获得三维空间在传感器所在二维平面的投影，在成像过程中丢失了深度维度的信息。如果能在二维图像中补充三维深度数据，即可重建三维空间的尺度信息，进而实现对空间结构的精确的测量。

我国自主研发了管道 3D 重建测量仪。该设备由 4 部分组成：扫描设备（Kinect 2.0）、选转平台、固定支架和移动电源。这是一款通过扫描和摄影方法，获取排水井室、排水管道的空间信息和纹理信息，并进行三维重建。该产品采用基于 TOF（Time of Flight）技术的 Kinect 2.0（扫描设备）作为图像采集设备。TOF 技术原理是，传感器发出经调制的近红外光，遇物体后反射，传感器通过计算光线发射和反射时间差或相位差，来换算被拍摄景物的距离，以产生深度信息。Kinect 2.0 将 TOF 技术和传统的相机结合，就能将物体的三维轮廓以不同颜色代表不同距离的地形图方式呈现出来。将 Kinect 2.0 固定在机械结构上在井室内进行旋转，获取内壁的深度信息。再利用爬行机器人将此套装置送入管道内部，即可实现管道的三维重建。

3.3.4　城市轨道交通测量发展建议

十二五期间，城市轨道交通建设飞速发展，到了"十三五"期间，城市轨道交通建设依然势头强劲，如此庞大的建设体量必然导致了人才的摊薄，技术人员的培养已经跟不上建设速度。面对新形势下的新问题，一是尽快在行业内对城市轨道交通工程测量建立法规依据；二是要确保工程投入，根除低价中标的市场土壤；三是加大新技术研发力度，积极引导新技术应用；四是加强测量技术人员的职业化培训以及后续力量的培养。今后，随着城市轨道交通事业的发展，服务于城市轨道交通工程建设的工程测量工作，必将从理论与实践上进一步完善发展，城市轨道交通工程测量新技术、新方法也将在城市轨道交通工程测量中得到更广泛的应用。测量专业进一步的合理化建议如下：

（1）推进信息化、网络化管理手段的应用

城市轨道交通工程建设具有参建单位多、建设周期长、同期开工建设工点多、工程施工工法多样，各工序环节衔接复杂，影响工程安全质量的地质、环境、管理及其他因素复杂的特点，城市轨道交通工程建设的质量安全风险高，项目管理难度大。

国内一些城市轨道交通建设城市在测量及监测工作的信息化管理方面作出了一定探索，并有工程实际应用，实践证明通过信息化管理手段可建立标准的技术管理模式，能够理顺管理流程，加强管控环节控制，深入分析工程质量、安全情况，及时高效沟通信息，有效存储保留管理证据。

城市轨道交通测绘行业应重视信息化、网络化管理平台的应用，自主开发的信息管理系统充分利用 GIS 技术和网络通信技术，以城市轨道交通线路设计图为基本框架，形成数字化信息，构建集成化、标准化的城市轨道交通测量、监测数据信息系统，在测量、监测项目工程质量安全管理服务方面有着深入的应用。

除技术管理外，通过城市轨道交通工程测量及监测信息的网络化管理的实施，可加强对施工单位的测监人员、设备、资质、成果管理；也可对技术资料的传递、审批、归档备案等进行管理，大大缩短资料在审核传递等环节上延误的时间，使管理更直接有效。

（2）建立盾构施工参数实时监控系统

在盾构施工中，由于受施工经验、地质条件及数据信息差错等诸多因素影响，盾构施工极易出现偏差。由于盾构隧道一次成型，如果发生方向偏差，无法像矿山法一样通过刷帮修正，轻者引起调线调坡，导致隧道使用标准降低，重则拆除重建，这样不仅引起巨大的工程损失和工期延误，而且由于结构完整性遭到破坏，为运营期间结构变形埋下了隐患。

因此，对于盾构法隧道施工，需要时刻保持警惕，不仅要保证隧道按要求顺利贯通，而且要将盾构推进过程中姿态偏差严格控制在设计允许值范围内。在盾构施工过程中，必须采取有效措施，对盾构姿态进行严密控制，以保证整个盾构隧道结构满足设计要求。

盾构施工过程中掘进参数的控制如土压力、推力、扭矩、注浆量不合理可能导致地面塌陷、管线破坏、建筑物过量沉降等风险情况，这些往往是在监测数据变化之前，了解这些有利于监测工作的跟进及数据分析。

因此，建议在条件允许的情况下，建立盾构施工参数监控系统，以便在掌握每个标段盾构机施工进度、施工参数、盾构机姿态，发现问题及时纠正或采取措施。

（3）推进城市轨道交通沿线改造过程中的历史街区数字化保护

城市轨道交通沿线涉及众多地下空间开发和改造，这不可避免地会对周边重要历史街区和建筑进行一体化开发，对这些历史建筑和街区进行数字化保护是目前城市轨道交通发展过程中的新课题。利用科技手段支撑和引领文化遗产保护与公共文化服务，是国际社会的普遍做法和策略。作为基础性学科的测绘科学与技术在其中越来越发挥重要的科技支撑作用。建筑遗产的全生命周期信息采集、精细化重构、健康监测、虚拟修复及数据储存组织管理等研究都孕育着新的突破。

（4）推进 INSAR 遥感技术实现对城市轨道交通沿线危房排查

城市轨道交通作为城市重要交通基础设施，已经成为城市建设和运营的大动脉和生命线。除了承载最大量的城市交通流量，也深刻影响了整个城市形态的发展与演化，即沿线物理空间上将汇集越来越多的具有极大经济价值的重要建（构）筑物，连同城市轨道交通自身一道形成城市最主要的固定资产。

城市轨道交通大规模建设和其他城市化快速进程也产生一种自然与人为共同作用下的新型城市综合地质灾害，如城市沉陷、建筑物变形、滑坡、泥石流等，给城市的安全运营带来巨大隐患，甚至造成人民群众生命财产的重大损失。城市轨道交通沿线新型城市综合地质灾害频繁发生的根本原因在于没有从本质上认清城市沉陷的诱发因素、形成机理和演化规律，其防控对策也就缺乏科学有效性，无法对风险进行准确的预测和预报。

利用 insar 遥感技术以城市轨道交通线网分布为切入点，以城市轨道交通规划、设计、施工、运营阶段积累的全生命周期大数据（设计、勘察、岩土、水文、地质、施工等）和遥感大数据（雷达卫星、光学卫星、无人机航拍等）为核心，融合其他多源大数据（气象、城市建筑、移动通信等），建立天地一体化多源数据融合分析的城市沉陷的诱发因素、形成机理和演化规律，城市固定资产风险分析模型和风险管控平台，采用天地一体化数据融合，研究地铁及沿线城市重要固定资产在建设期和运营期的变形和形变，进行风险识别、分析、分级，监控风险发展情况，及时预警，实现对地铁及沿线重要固定资产的全寿命周期风险管控。

（5）预先考虑城市轨道交通施工阶段的扰动对后期运营的影响

在城市轨道交通施工阶段，各建设方主要考虑的是在建工程本身结构及周边环境的安全。但是随着若干年后，城市轨道交通工程大规模建设趋近尾声，紧随其后迎来的是城市轨道交通沿线地块开发建设的高潮。由于城市轨道交通结构本体及周边建筑物、管线等在施工期间受扰动会产生一定的变形，变形长期累积下来，会波及城市轨道交通运营期的结构稳定和安全。

图 3.3.2　某隧道洞口结构病害情况

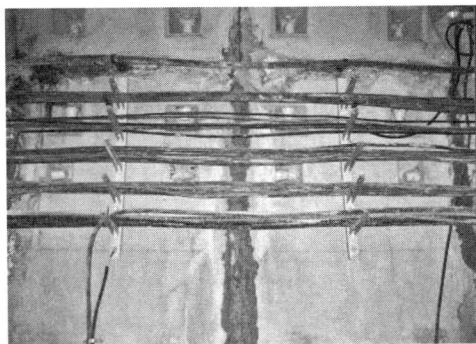

图 3.3.3　某区间隧道结构病害情况

这些对结构安全的影响往往源自城市轨道交通建设施工期对工程质量控制的不足，对后期城市轨道交通运营遗留了很多难以弥补的安全隐患，造成以后运营维护成本的极大浪费。

因此，建议城市轨道交通建设能够未雨绸缪，充分考虑建设阶段由于施工导致的结构变形及对周边环境的影响。在数据安全警戒值的制定和现场风险控制方面，预先考虑相关影响，从严控制。适时调整和优化设计、施工方案、预报警指标体系，将对城市轨道交通后期运营安全造成的影响降到最低。

（6）建议预先考虑城市轨道交通建设期与运营期的监测数据连续性

城市轨道交通建设期需要充分考虑到对运营期结构的安全影响。城市轨道交通建设期的相关监测数据信息会对运营期的工作起到极重要的指导作用，能指导城市轨道交通运营单位判读数据以及工程影响控制工作。因此，如何在建设期就考虑与运营期监测数据的连续性是值得思考的。

测点布置要考虑后期监护工作，比如沉降测点一般埋设于隧道拱底位置，但是在铺设城市轨道交通轨道工程阶段时，又会把这些测点覆盖，这样监护工作开展时又会重新进行监测初始化，数据没有传承，对监护工作没有指导作用。如果在一开始就把测点布置在边墙底，轨道铺设阶段也对其没有影响，这样测点就可以在监护工作时继续使用和延续。包括隧道断面收敛点、拱顶沉降、边墙沉降、水平位移点等的布设都应该有所考虑。

3.4　城市轨道交通监测

3.4.1　城市轨道交通监测政策及标准

国内各省市针对工程监测行业的实际情况和不同特点，执行国家、行业的法律法规，并分别制定了相应的法规，管理和规范本辖区内的工程监测活动，都取得了效果。目前国内各个城市开展城市轨道交通工程监测工作主要依据下列法律法规、技术标准来开展监测工作。

1. 法律法规文件（表 3.4.1）

相关法律法规

表 3.4.1

分类	序号	法律法规名称	颁发部门	颁布或实施时间	备注
国家法律法规	1	中华人民共和国建筑法	全国人大	1998.3.1	
	2	中华人民共和国测绘法	全国人大	2002.12.1	
	3	中华人民共和国计量法	全国人大	1986.7.1	
	4	中华人民共和国标准化法	全国人大	1989.4.1	
	5	中华人民共和国安全生产法	全国人大	2014.12.1	
	6	中华人民共和国劳动合同法	全国人大	2008.1.1	
	7	中华人民共和国物权法	全国人大	2007.10.1	中华人民共和国主席令第 62 号
	8	中华人民共和国刑法	全国人大	2015.8.29	
	9	中华人民共和国招标投标法	全国人大	2000.1.1	
	10	建设工程质量管理条例	国务院	2000.1.30	国务院令第 279 号

分类	序号	法律法规名称	颁发部门	颁布或实施时间	备注
国家法律法规	11	建设工程勘察设计管理条例	国务院	2000.9.25	国务院令第 293 号
	12	建设工程安全生产管理条例	国务院	2004.2.1	国务院令第 393 号
	13	生产安全事故报告和调查处理条例	国务院	2007.6.1	国务院令第 493 号
	14	中华人民共和国测绘成果管理条例	国务院	2006.9.1	国务院令第 469 号
行业法规	15	测绘资质分级标准	国家测绘地理信息局	2014.7.1	国测管发〔2014〕31 号
	16	测绘资质管理规定	国家测绘地理信息局	2014.7.1	国测管发〔2014〕31 号
	17	注册测绘师执业管理办法（试行）	国家测绘地理信息局	2014.7.9	国测人发〔2014〕8 号
	18	注册测绘师制度暂行规定	国家测绘地理信息局	2014.7.9	国测人发〔2014〕8 号
	19	建设工程勘察设计资质管理规定	住房城乡建设部	2007.9.1	建设部令第 160 号
	20	工程勘察资质标准	住房城乡建设部	2013.1.21	建市〔2013〕9 号
	21	建筑工程施工转包违法分包等违法行为认定查处管理办法	住房城乡建设部	2014.10.1	建市〔2014〕118 号
	22	危险性较大的分部分项工程安全管理规定	住房城乡建设部	2018.3.9	住房和城乡建设部令第 37 号
	23	城市轨道交通工程监测管理指南（征求意见稿）	住房城乡建设部	2011.1.7	建质监函〔2011〕2 号
	24	城市轨道交通工程安全质量管理暂行办法	住房城乡建设部	2010.1.8	建质〔2010〕5 号
地方法规	25	北京市路政局关于印发《地下工程穿越交通设施安全监管暂行办法》的通知	北京市路政局	2008.1.21	京路法制发〔2008〕64 号
	26	北京市轨道交通运营安全条例	北京市人大	2014.11.28	2014 年 11 月 28 日北京市人大公告
	27	关于规范北京市房屋建筑深基坑支护工程设计、监测工作的通知	北京市住建委	2014.6.1	京建发〔2014〕3 号

分类	序号	法律法规名称	颁发部门	颁布或实施时间	备注
地方法规	28	关于对地方标准《建筑基坑支护技术规程》（DB11/489—2007）中建筑深基坑支护工程监测项目和监测频率有关问题解释的通知	北京市住建委、规划委	2013.9.3	京建发〔2013〕435号
	29	关于加强房屋建筑和市政基础设施地下工程及深基坑工程第三方监测质量管理的通知	北京市规划和国土资源管理委员会	2016.11.9	市国土规划法〔2016〕1号
	30	北京市建设工程质量条例	北京市人大	2016.1.1	2015年9月25日北京市人大公告
	31	广州市基坑工程管理规定	广州市建设委员会	1999.9.6	穗建技〔1999〕311号
	32	广州市城乡建设委员会关于加强地下工程和深基坑安全监测方案管理的通知	广州市城乡建设委员会	2014.6.20	穗建质〔2014〕750号
	33	广州市地下工程和深基坑安全监测预警办法	广州市城乡建设委员会	2013.12.5	穗建质〔2013〕1853号
	34	广州市住房和城乡建设委员会关于规范地下工程和深基坑安全监测预警系统日常管理的通知	广州市城乡建设委员会	2016.11.23	穗建质〔2016〕2202号
	35	南京市房屋建筑和市政基础设施深基坑工程质量监督管理细则	南京市建委	2012.6.6	宁建规字〔2012〕4号
	36	关于印发《南京市房屋建筑深基坑工程监测备案管理规定》的通知	南京市质量检测站	2011.9.14	宁建监字〔2011〕18号
	37	关于印发《南京市房屋建筑深基坑工程质量监督管理实施细则（试行）》的通知	南京市建筑工程局	2006.12.28	宁建工字〔2006〕213号
	38	上海市建设工程质量和安全管理条例	上海市人大	2011.12.22	上海市人民代表大会常务委员会公告第42号
	39	上海市深基坑工程管理规定	上海市建设交通委	2006.2.23	沪建交〔2006〕105号
	40	关于进一步加强本市基坑和桩基工程质量安全管理的通知	上海市建设交通委	2012.6.14	沪建交〔2012〕645号

续表

分类	序号	法律法规名称	颁发部门	颁布或实施时间	备注
地方法规	41	关于印发《天津市建设工程质量安全管理工作要点》的通知	天津市城乡建设委员会	—	建质安〔2011〕320 号
	42	关于印发《天津市建设工程安全生产重大隐患挂牌督办办法》的通知	天津市城乡建设委员会	—	建质安〔2011〕365 号
	43	贵阳市城市轨道交通工程质量和安全生产管理办法（试行）	—	2014.3.21	—

各地颁布的政策法规既是针对国家法规的细化和延续，又融合了各地区的区域特点。例如，广州市住建委以信息化技术为其主要特色，采用自动化手段贯穿了管理的全过程，严格控制第三方监测的方案编制、监测实施、监测预警处置、监测完成等全过程。上海市建设交通委采用施工监测、第三方监测同步管理的模式，针对软土地区特点，发布了一系列的管理规定。南京市制定了完备的管理制度和管理法规，管理范围为建筑基坑第三方监测、城市轨道交通工程的施工监测和第三方监测，对工程监测项目实行监测单位备案、监测方案备案、监测过程监督制度开展监管工作。针对国家法律和地方法规，贵阳市城市轨道交通有限公司出台了一系列的管理制度，解决了方案论证、管理考核、安全风险管理、风险监控预警响应管理等实际问题。

2. 主要技术标准

城市轨道交通工程监测行业目前执行《城市轨道交通工程监测技术规范》GB 50911—2013、《建筑基坑工程监测技术规范》GB 50497—2009、《建筑变形测量规范》JGJ 8—2016 等规范。此外对于技术作业也参照相应作业规范执行。施工图纸设计、施工监测方案制定、第三方监测方案制定均依据相关标准。在技术方面，对于监测对象、监测项目、监测点布置、监测频率、监测控制指标和预警标准、监测技术方法等都有相应规范依据，主要标准规范见表 3.4.2。

相关技术标准　　　　　　　　　　　　　　　　表 3.4.2

分类	序号	技术标准名称	标准编号	标准所属类别	发布部门	实施时间
轨道交通类	1	地铁设计规范	GB 50157—2013	国家标准	中华人民共和国住房和城乡建设部	2014.3.1
	2	地下铁道工程施工标准	GB/T 51310—2018	国家标准	中华人民共和国住房和城乡建设部	2018.12.1

续表

分类	序号	技术标准名称	标准编号	标准所属类别	发布部门	实施时间
轨道交通类	3	地下铁道工程施工质量验收标准	GB/T 50299—2018	国家标准	中华人民共和国住房和城乡建设部	2018.12.1
	4	城市轨道交通地下工程建设风险管理规范	GB 50652—2011	国家标准	中华人民共和国住房和城乡建设部	2012.2.1
	5	城市轨道交通工程监测技术规范	GB 50911—2013	国家标准	中华人民共和国住房和城乡建设部	2014.5.1
	6	城市轨道交通工程测量规范	GB/T 50308—2017	国家标准	中华人民共和国住房和城乡建设部	2018.1.1
	7	地铁工程监控量测技术规程	DB11/490—2007	北京市地方标准	北京市建设委员会、北京市质量技术监督局	2007.11.1
	8	穿越城市轨道交通设施检测评估及监测技术规范	DB11/T 915—2012	北京市地方标准	北京市质量技术监督局	2013.7.1
相关参考类	9	建筑基坑工程监测技术规范	GB 50497—2009	国家标准	中华人民共和国住房和城乡建设部	2009.9.1
	10	建设基坑支护技术规程	JGJ 120—2012	行业标准	中华人民共和国住房和城乡建设部	2012.10.1
	11	建筑基坑支护技术规程	DB11/489—2016	北京市地方标准	北京市住房和城乡建设委员会、北京市质量技术监督局	2016.12.1
	12	建筑地基基础设计规范	GB 50007—2011	国家标准	中华人民共和国住房和城乡建设部	2012.8.1
	13	建筑地基基础工程施工质量验收规范	GB 50202—2018	国家标准	中华人民共和国住房和城乡建设部	2018.10.1
	14	建筑边坡工程技术规范	GB 50330—2013	国家标准	中华人民共和国住房和城乡建设部	2014.6.1
	15	国家、地方其他监测规范以及建设方制定的体系标准				

各地方编制的地标是对国标及行标的细化，更能体现当地特点，能够实际应用到当地的城市轨道交通建设工程监测的实际工作中。

3.4.2 城市轨道交通监测技术

从城市轨道交通工程监测技术视角来看，工程监测发展经历了三个发展阶段：第一阶段是以专家的经验为基础的经验监测技术，以布置人工监测点和半自动测试仪器开展的以传统测量手段和人工处理监测数据并进行简单预警判定为主；第二阶段是形成监测技术标准体系，人工、自动化监测技术的综合应用，预警信息和监测成果平台化管理；第三阶段是监测标准体系与评价方法的紧密结合，以现场自动化采集系统、无线或有线信息传输系统、信息处理管理系统等集成化的监测系统体系。目前，尚处于第二和第三阶段的过渡阶段。其主要体现在监测技术信息化、智能隧道、基坑建设等工程实际应用中。近年来，变形监测工作中出现了若干新的技术方法，这些新技术拥有广阔的应用前景。

1. 基于静力水准的自动化变形监测

基于静力水准的远程自动化监测主要是采用一种远程实时监测系统（图 3.4.1 ），利用该系统可以克服城市轨道交通列车在运行时无法进行人工监测的问题，同时还能满足沉降监测不低于 0.1mm 的精度需求。

静力水准远程自动化监测系统可以实现远程实时监测，该系统主要包括两大模块——监测数据自动采集模块和监测信息自动处理模块（图 3.4.2 ）。

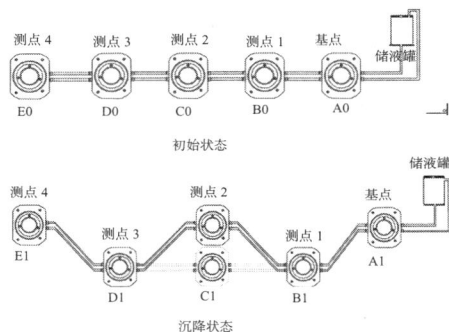

图 3.4.1　静力水准远程自动化监测系统工作原理

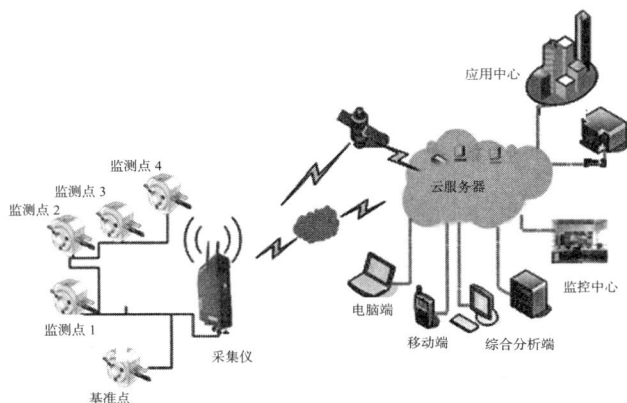

图 3.4.2　静力水准仪传输原理

2. 基于测量机器人的自动化变形监测

基于测量机器人的自动化风险变形监测系统主要应用于穿越东北快速路等高架桥梁设施。该监测系统由五大部分组成：测量机器人监测站、控制计算机系统、CDMA 通讯网及因特网、基准点、变形监测点，如图 3.4.3 所示。测量机器人可应用于诸如城市轨道交通隧道、周边环境的建构筑物等各类对象的竖向与水平位移的远程自动化监测。

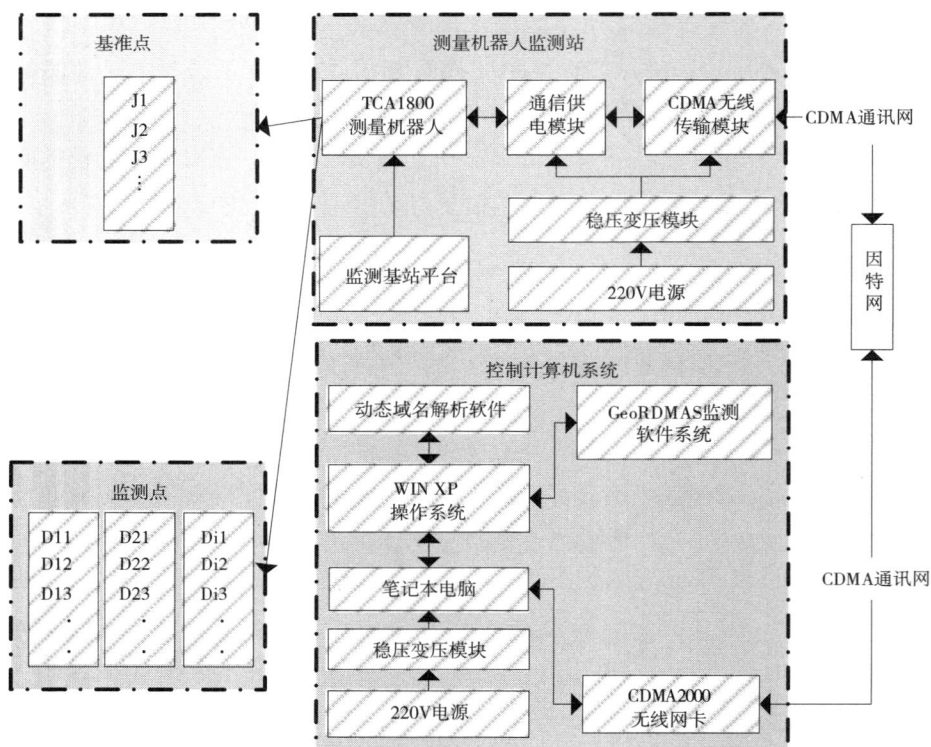

图 3.4.3　基于测量机器人的自动化风险变形监测系统

测量机器人采用自动伺服的高精度全站仪，通过内置的监测模块实时采集数据，通过无线传输的方法传回到自动化处理平台，自动计算水平位移的变化量。测量方法如图 3.4.4 所示。

3. 基于光纤、光栅的自动化变形监测

光纤技术是一种集光学、电子学为一体的新兴技术，其核心技术是光纤传感器。广义上说，凡是采用了光纤的传感器都可称为光纤传感器，它主要可分为两种类型，即传光型光纤传感器和传感型光纤传感器。传光型光纤传感器已在数字

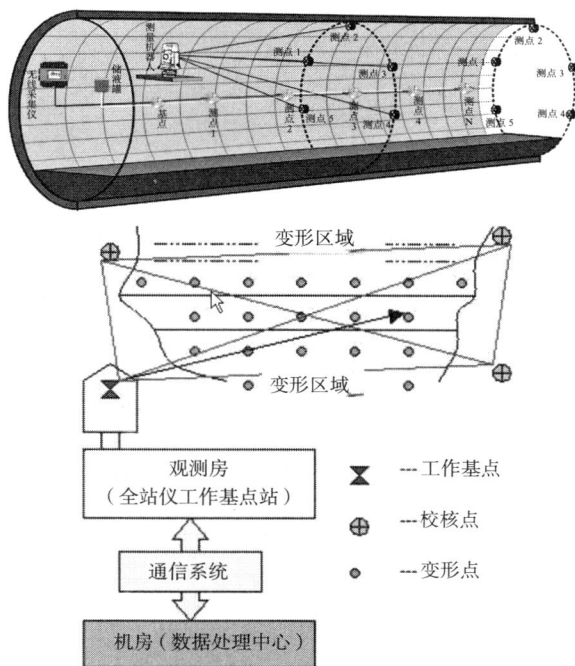

图 3.4.4　基于测量机器人的自动化风险变形监测系统测量方法

通信领域有了广泛的应用，在变形监测自动化系统中也常使用其来传输数据，而传感型光纤传感器，可用于测量温度、渗流等外部环境变化，也能测量位移、应力、应变等变形量。

光纤传感器系统由光源、入射光纤、出射光纤、光调制器、光探测器以及解调器组成，其基本原理是将光源的光经入射光纤送入调制区，光在调制区内与外界被测参数相互作用，使光的光学性质发生变化而成为被调制的信号光，再经出射光纤送入光探测器、解调器而获得被测参数（图 3.4.5）。

国内外工程变形监测领域主要的光纤传感器主要包括光纤 Bragg 光栅传感器（FBG）、Brilliouin 光时域反射计（BOTDR）、Fabry-Pérot 空腔传感器（FPI）及 SOFO 点式光纤传感器等。FPI 和 SOFO 分辨率高，但受信号传输和解调技术的限制，布点数量有限，还不能从根本上突破点式测量的局限，比较适用于结构重点部位的监测。分布式的 BOTDR 可对结构进行大范围监测，但分辨率较低，测得应变是所在位置后面一定距离(空间分解率)的平均应变值。FBG 不仅分辨率高，所测的应变位置明确易定，且能使用波分复用技术在一根光纤中串接多个传感器，实现真正意义上的多点线式分布测量。

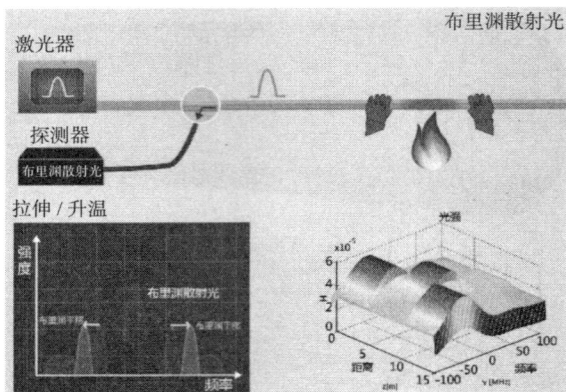

图 3.4.5　光纤监测技术

目前，光纤监测技术已从初期的单纯温度监测，发展到渗流监测、应力应变监测、位移监测等多个方面，例如：渗漏定位监测、裂缝监测、混凝土应力应变监测、动应变及结构振动监测、岩石锚固监测（锚杆及锚索预应力监测）、钢筋混凝土薄体结构物受力监测、混凝土固化监测、钢筋锈蚀监测、温度与渗流的耦合监测等。

与传统技术相比，光纤监测技术具有独特的优越性：

（1）光纤传感器以光信号作为载体，以光纤作为媒质，光纤的纤芯材料为二氧化硅，因此，光纤传感器具有耐腐蚀、抗电磁干扰、防雷击等特点。

（2）光纤本身轻细纤柔，光纤传感器的体积小、重量轻，不仅便于布设安装，而且对埋设部位的材料性能和力学参数影响甚小，能实现无损埋设。

（3）光纤传感器灵敏度高，可靠性好，潜在故障大大低于传统技术；使用寿命长，具有良好的性能价格比。

（4）可以准确地测出光纤沿线任一点的监测量，信息量大，监测效应量分布连续，成果直观，有助于实现动态监控。

4. 基于卫星合成孔径雷达差分干涉测量自动化监测

20世纪70年代末发展起来的卫星合成孔径雷达差分干涉测量技术（Differential SAR Interferometry，D-InSAR），为地表沉陷变形实时动态监测提供了新的手段（图 3.4.6）。其利用雷达复信号中的相位成分，作为附加的信息源来获取地形三维特征。与常规测量方法相比，差分干涉测量监测地表沉陷，具有区域大、快速、准确等优势，是水准测量和GPS测量的有益补充。从国内外研究来看，D-InSAR技术在监测较大幅度垂直变形方面，已有一些成功的例子，在地震、地下水过度开采等方面造成的地表沉陷变形均有应用。

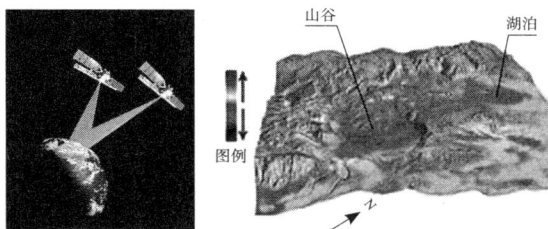

图 3.4.6 基于卫星合成孔径雷达差分干涉测量自动化监测

星载 SAR 系统所获取的影像中，除了包含地面分辨单元的雷达后向散射强度信息以外，还包含了与斜距有关的相位信息，形变信息的获取就是利用其中的相位信息。通过覆盖同一地区的不同时间获取的多幅 SAR 影像来获得干涉图像，相同的相位差值会在干涉图像中形成干涉条纹。如果在两幅影像获取的时间段内，发生了地表的变形移动，干涉图像中的干涉条纹则主要由地形效应和地表变形所造成，则：

$$\Phi_m = \Phi_d + \Phi_t + \Phi_a + \Phi_n$$

式中，Φ_m 为主从影像对应相位相减所获得的相位差，Φ_d 为地表变形移动所形成的相位差，Φ_t 为地形起伏所形成的相位差，Φ_a 为大气条件所造成的相位延迟，Φ_n 为噪声所引起的相位变化。

D-InSAR 就是通过去除地形、大气和噪声等干涉相位信号的影响，来提取和分离出地表形变信息。一般来说，对于大气影响所造成的相位延迟，多通过相位累积法和直接校正法去除。而对于噪声所引起的相位变化，可以在干涉处理过程中，采用滤波方式来抑制其对差分相位的影响。因此，为了从干涉图像中获得地表移动变形信息，非常重要的一步就是移除地形效应产生的相位信息。目前，根据移除地形效应方法的不同，可以将提取地表形变信息的方法分为 3 种：

（1）两轨法。使用两个雷达图像和一个外部数字高程模型，称为"两轨"方法。指导思想是利用已有的 DEM 数据，模拟地形相位和干涉处理生成地形相位来消除地形影响。在移除地形相位之后，可以得到地表形变所造成的差分相位。

（2）三轨法。为了获得地形效应产生的干涉图像，需使用第三张雷达影像。使用三个雷达图像形成两个干涉对，一个为地形干涉对，用来获得地形形变之前的地形信息；另一个为地形形变对，通过处理获得地形变形信息。

（3)四轨法。使用四个雷达图像形成两个干涉对,称为"四轨"方法。实质上，"两轨"和"四轨"方法是相似的，只不过是后者使用干涉的方法产生去除地形影响所需的数字高程模型，而"三轨"方法无须产生高程模型，直接使用地形干涉对的相位从地形形变对中去除地形影响。

5. 基于地基合成孔径雷达自动化监测

地基 InSAR 是近十年发展起来的一种微变形远程监测技术（图3.4.7），它采用一种基于微波干涉技术的创新雷达，集成了步进频率连续波或调频连续波、合成孔径雷达和干涉测量等多种先进技术，具有全天候、全天时、大范围、高精度、高分辨率、高采样频率和多角度观测等突出技术优势，可对目标区域进行长时间连续观测，可弥补传统变形监测手段点状监测结果的不足，其理论变形监测精度达 0.1mm。

鉴于城市轨道交通运营安全监测的迫切性，传统监测手段已无法完全满足其要求，采用地基 InSAR 技术能够实现远程非接触变形监测，且监测距离远、范围广，能够在保证人员安全和对城市轨道交通运营无影响的情况下获取被监测区域的高精度变形结果；此外，地基 InSAR 系统能够快速地获取被监测区域的整体变形信息，其采样频率介于几秒至几分钟，即在较短的时间内便可获取一次数据，有利于在恶劣气候下、抢险阶段监测作业。

地面城市轨道交通线路路基的边坡滑移、垮塌是运营城市轨道交通线路高填方路基段的重要风险因素，严重影响运营安全，且其日常运营过程中其风险特征不宜辨识，安全事故的发生具有突发性，在汛期尤为严重；传统的点式监测和人工巡查方法无法全面、及时地反映路基边坡安全状态，更无从探知路基边坡变形及病害发展规律，采用地基 InSAR 能够对整个路基边坡坡面变形情况进行全面、实时监测，尤其在暴雨、浓雾天气状况下能够通过大气补偿功能进行高精度监测，反映路基边坡变形过程，及时预警，预防或降低灾害损失。

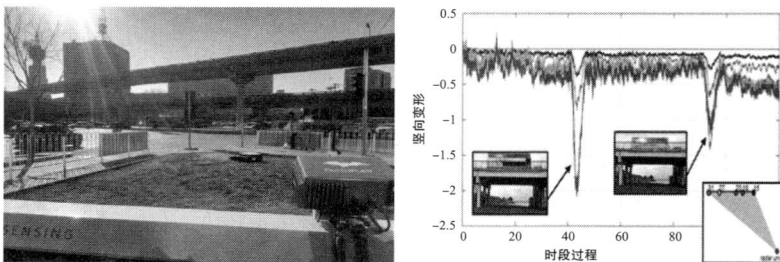

图3.4.7 基于地基合成孔径雷达自动化监测

6. 基于数字化近景摄影测量自动化监测

近年数字化近景摄影技术发展迅猛，监测行业也引入该项技术，其操作便捷、省时省力。数字化近景摄影测量系统具体测量过程如图3.4.8所示。

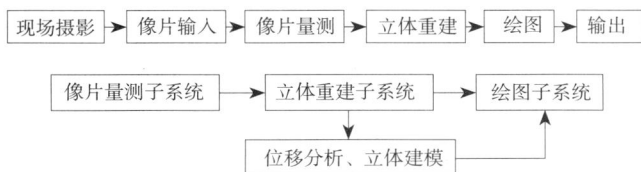

图 3.4.8　数字化近景摄影测量系统测量过程

通过输出的图形可以进行判别比较，从而确定变形等（图 3.4.9）。

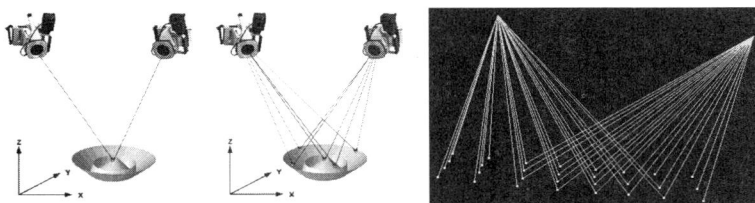

图 3.4.9　输出图形分析

其广泛适用于房屋、隧道、车站、结构、边坡及附属设施等变形观测。其特点是：与常规的边、角测量方法相比，它不但外业速度快、信息记录全，而且在许多常规测量无法作业的地点（如认为无法达到区、塌陷区等）都能进行测量。该系统将像片（数字影像）量测、三维坐标计算、计算结果的绘图输出一体化，因此，整个内业过程都在计算机上完成，操作十分方便。

7. 基于三维激光扫描技术的变形监测

三维激光扫描技术作为近年来发展起来的高新技术，将该项技术引入到变形监测领域中，具有重要的理论与现实意义。

三维激光扫描技术又被称为实景复制技术，它突破了传统的单点测量方法，通过高速激光扫描测量的方法，快速、大量采集空间点位信息，并快速建立物体的三维影像模型，和传统技术相比，激光扫描具有速度快、数据密度高、覆盖区域广等技术优势，为城市轨道交通工程提供了一种全新的技术手段。

激光扫描作为三维数据采集的新技术，近几年来在国外已广泛应用，在城市勘测、交通规划、三维建模、森林植被估算、灾害预测、管线设计方面都有成功的案例。在国内，通过三维扫描技术建模，进行文物复原、古建筑测量，已经得到了大量应用。近年来，三维激光扫描技术开始应用于城市轨道交通隧道收敛变形监测中。

国外关于三维激光扫描技术在城市轨道交通隧道中的应用研究，最具代表性的是采用三维激光扫描仪进行隧道测量的一套数据采集和处理系统，为隧道施工建设提供文档管理和分析服务,构成隧道测量市场中最专业、强大的系统。实现了：（1）快速高效的高精度高密度隧道激光点云绝对坐标数据获取和计算；（2）快速自动计算任意里程隧道断面的径向收敛；（3）快速自动计算隧道几何中心轴线的三维空间位置；（4）使用高分辨率隧道激光点云影像识别与定位隧道异状特征，如裂缝、渗水、水垢、风化、破损等隧道异状范围和位置；（5）隧道扫描数据可同时做侵界检测分析，确保线路运营安全。

国内一些大型勘测企事业单位和高校也利用三维激光扫描技术对城市轨道交通领域进行了一些尝试，如：利用三维激光扫描技术，对隧道结构进行实时监测，通过点云数据建立隧道模型，计算其变形情况并形成完整的监测和预警系统，为城市轨道交通长期运营的稳定和安全提供保障。采用地面三维激光扫描技术在测量城市轨道交通隧道全断面变形中的应用方法，解决了数据采集和数据处理两大方面的问题，并在实际工程中进行了应用。基于三维激光扫描的城市轨道交通隧道连续形变监测数据处理软件系统，其主要功能包括：点云拼接、隧道中轴线拟合、断面连续截取、形变分析以及成果输出等，结合城市轨道交通隧道的多期激光扫描数据处理，显示了此数据处理系统的主要功能。综合国内外研究现状，目前，三维激光扫描技术在城市轨道交通隧道的应用主要集中在变形监测、断面测量、调线调坡自动化处理等数据采集方面（图3.4.10）。基于三维激光扫描仪的城市轨道交通隧道测量、监测系统，包括城市轨道交通隧道内数据采集、数据处理和数据分析全过程，可为全国城市轨道交通安监、设计、勘测、施工单位提供软硬件系统集成的一站式服务。

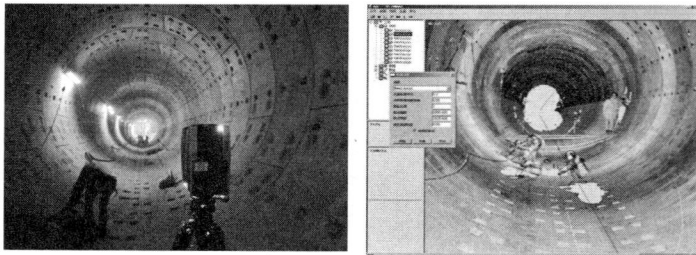

图 3.4.10　基于三维激光扫描技术的变形监测

8. 基于测量机器人城市快速路等封闭道路监测

此技术是针对市区封闭道路的监测，由于车流量较大，采用测量机器人空间交会技术进行监测。该技术主要基于空间前方交会的原理。 基于两台或两台以上高精度全站仪的空间角度前方交会测量，通过角度前方交会测量来求出空间点的三维坐标，如图 3.4.11 所示。

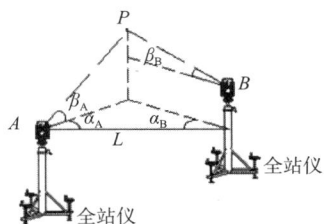

图 3.4.11　基于测量机器人城市快速路等封闭道路监测

　　监测实施时，可在机动车运行较少的紧急停车带架设仪器，通过计算机现场将两台仪器相连，仪器放样及解算均由计算机操作完成，每次测量完成后立即显示监测精度及阶段变化量，更有利于精度控制及对监测对象变形的实时了解。该监测手段可实现对监测目标的非接触测量，能够同时获得高精度的三维坐标，精度可达 1mm 以内。并且有效地保障了作业人员的安全，做到了现场信息的及时反馈，有效地保障了路面的正常运营。

　　9. 基于集成化、自动化智能监测系统

　　城市轨道交通工程自动化智能集成监测系统是利用传感器集成技术、信号传输技术，以及网络技术和软件技术，从宏观、微观相结合的全方位角度，来监测影响围护结构安全及既有线路运营安全的各种关键技术指标（图 3.4.12）；记录历史、现有的数据，分析未来的走势，以便辅助业主单位及政府决策，提升工程建设安全保障水平及既有线路运营安全，有效防范和遏制重特大事故发生。

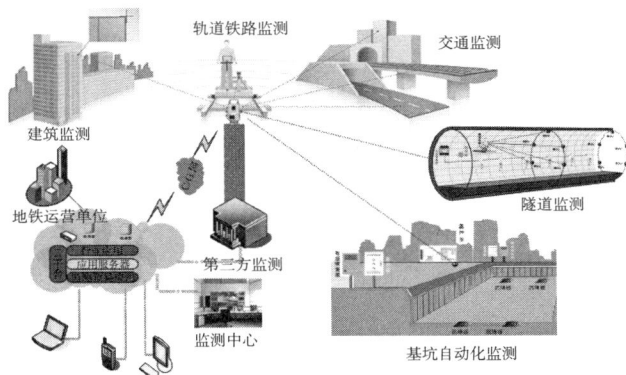

图 3.4.12　基于集成化、自动化智能监测系统

系统依托智能的软件系统，建立分析预警模型，实现与短消息平台结合，当发生异常时，及时自动发布短消息到监测管理人员，尽快启动相应的预案。

3.4.3 城市轨道交通监测装备

根据全国开展城市轨道交通建设城市的安全监测项目，各地管理部门都比较重视投入仪器的先进性及精度。各实施监测单位大都采用国内现行先进仪器设备，仪器设备的自动化程度较高，能够节省大量人力资源及费用，各监测单位普遍采用。另外，监测工作要求精度较高，各地招标投标投入的对仪器设备要求严格。目前各地开展监测活动普遍采用下列仪器：

投入的主要仪器、设备表   表 3.4.3

序号	仪器、设备名称	仪器图片	精度指标
1	电子水准仪		0.3mm / km
2	静力水准仪		± 0.1%F.S
3	徕卡全站仪		0.5",1mm+1ppm ~ 1.0",1mm+1ppm
4	测斜仪		± 0.01%F.S
5	收敛计		0.1mm
6	水位计		0.1mm
7	合成孔径雷达		0.01mm/4km

序号	仪器、设备名称	仪器图片	精度指标
8	扫描全站仪		0.5″,1mm+1ppm，300m 距离
9	三维激光扫描仪		300m 内系统距离误差不大于 ±2mm

3.4.4　城市轨道交通监测发展建议

城市轨道交通工程监测的发展逐步向专业化迈进，监测技术发展与其他相关技术都是共同发展的，呈现出以下趋势：

（1）监测技术与设计、施工、建设管理等新技术的发展相协同

根据住房和城乡建设部 BIM 技术应用指南，设计的发展趋势是三维化、施工的 BIM 化、数字化。根据数字化施工、数字化交付、数字化运维的需求，要求工程监测必须融入设计、建造的各个环节，并为以后运营提供条件。这些要求工程监测在设计阶段充分考虑全生命周期应用，实现监测系统集成化，在施工及运维阶段实现自动识别监测和反馈，并与控制系统联动。

（2）监测仪器设备、传感器及综合集成化监测设备的发展

监测传感器向小型化、材料化、高精度、实时化、智能化方向发展，在定义标准接口情况下，实现物联网形式的分布，在 BIM 模型等接口下实现监测节点的精确定位。实现监测信息感知、传输、处理等的综合集成化。监测传感器的集成实现宏观微观一体化、空天／地表／地下一体化监测集成。

（3）监测成果管理、分析评价专家系统化

物联网技术发展的大数据趋势下，云技术、智能化，在算法支持下，对监测成果评价模型在勘测基础模型、设计基础模型、施工仿真模型、以往经验模型、智能算法系统的支持下，实现监测与勘测、设计、施工的联动，实现专业化的发展。

（4）监测技术智慧化

行业当作为推手，推广新技术新产品并在实体工程上采用，加快自动化、信息化、智慧化、集成化监测技术的发展进程，促进先进技术在实际工程中加速落地应用。

纵观城市轨道交通工程监测的发展趋势，其远程化、智能化、集成化、自动化是一个长期的复杂的系统工程，未来工作将着重于具体的传感系统的使用寿命、

长期可靠性、传感单元的组合监测和专家信息系统的研究。人工智能将在下面6个领域的研究方向纵深发展：①机器视觉，包括三维重建、模式识别、图像理解等；②语言理解与交流，包括语音识别、合成，人机对话交流，机器翻译等；③机器人学，包括机械、控制、设计、运动规划、任务规划等；④认知与推理，包含各种物理和社会常识的认知与推理；⑤博弈与伦理，包括多代理人（Agents）的交互、对抗与合作，机器人与社会融合等；⑥机器学习，包括各种统计的建模、分析工具和计算方法等。前3项是感知，后3项是认知推理，城市轨道交通工程监测在信息获取和分析评价方面将在人工智能的推动下产生革命性变化。

第4章 土建设计与施工

4.1 20世纪60～70年代地铁工程施工技术

4.1.1 北京地铁工程设计、施工技术

20世纪60年代，中国开始在北京、天津、上海三座重要城市修建地铁，以作为平战结合的战备防御手段。

1. 明挖法

北京地铁始建于1965年7月1日，1969年10月1日第一条地铁建成通车，使北京成为中国第一个拥有地铁的城市。

北京地铁一期工程于1965年毛泽东主席为地铁建设作出"二四"批示后开始设计，于7月1日开工建设，考虑到工程性质，分为"401"线（市区）和"402"线两大段，其线路沿长安街、复兴路与北京城墙南缘自西向东贯穿北京市区，连接西山的卫戍部队驻地和北京站。由于地下水位低，地质为砂土和砂砾，采用明挖填埋法施工，放坡大开挖后立模浇筑钢筋混凝土，形成地铁区间隧道，如图4.1.1和图4.1.2所示。根据地质、水文勘察报告，"401"线采用人工降水、工字钢加木背板支撑明挖填埋施工。而"402"线采用钻爆法施工。

| 图4.1.1 放坡明挖法施工 | 图4.1.2 板桩围护及支撑施工 |

一期工程全长 23.6km，设 17 座车站和一座车辆段（古城车辆段），1969年 10 月 1 日建成。1971 年 1 月 15 日，公主坟至北京站段开始试运行，1971年 8 月 5 日，延长为玉泉路至北京站，1971 年 11 月 7 日，延长为古城路至北京站，1973 年 4 月 23 日，延长为苹果园至北京站。北京地铁二期工程于 1969年开工建设，线路沿北京内城城墙自建国门至复兴门，呈倒 U 字形，设 12 座车站及太平湖车辆段，线路长度为 17.2km。1981 年 9 月 15 日，北京地铁正式对外运营。

2. 钻爆法

北京地铁一期工程进山段称为"402"线，按山岭隧道设计施工，采用人工钻眼、放炮、出渣、支模浇筑混凝土衬砌，为了提高施工速度和安全作业，在一些洞段，地铁设计人员和铁道兵科研所研制了平板台车机械手钻眼和岩壁挂钢筋网喷射混凝土衬砌法，并在渡线大断面隧道上进行了喷射混凝土与岩壁结合力的1:1 工程试验，提高了钻爆法理论分析与实际操作技术水平。

3. 压缩混凝土盾构试验

1966 年，北京地下铁道工程局领导考虑到北京地铁有些线段将来必须用暗挖法施工，决定在铁道部立项进行压缩混凝土衬砌盾构试验。试验场地选在北京宋家庄地铁机械厂内，由施仲衡院士负责。自制的盾构外径 7.2m，压缩混凝土衬砌厚 50cm，在内部现浇 30cm 的钢筋混凝土二衬以提高防护能力。试验段盾构的覆土厚度为 6m，地下水位为地下 7m。为克服地下水对盾构掘进的影响，当时采用了深井泵降水技术，1969 年 9 月完成了盾构试验，盾构共推进 80m。

北京 20 世纪 60 ~ 70 年代修建地铁，虽然是以"战备为主，兼顾交通"，但对于地铁车站的有限空间，建筑师也采用一些技术和措施结合地面名胜、古迹、人文历史进行装修美化，使乘客进入地铁后，感到便捷舒适、视觉愉悦，如环线东四十条站体现了中国天文地理的历史成就，西直门站壁画是长城、长江的山川秀景，这些公共艺术作品是传递地铁文化与精神的城市名片。

4.1.2 上海地铁试验段工程技术

1. 盾构隧道掘进试验

1959 年国内学者开始研究地铁盾构隧道技术，包括盾构掘进机和钢筋混凝土管片。上海是饱和含水的软土地层，国际上在松软含水的地层中建隧道，采用的是用钢和铸铁管片的技术，但是这种方法要耗用大量的钢材，造价昂贵，根本不符合当时的国情。采用钢筋混凝土管片无疑造价要低得多，但是用它在松软含水的地层中建隧道，国际上当时尚无先例，而在苏联的技术规范中被明文禁止使用。

针对管片接头处因预制生产和拼装所形成的结构裂缝和接缝缝隙引起的渗漏水问题，上海市隧道工程局从钢筋混凝土管片的预制浇筑、拼装、防水等方面进行了综合性试验研究。

1962 年，上海市开始了第一次规模较大的盾构法隧道试验工程，项目负责人为刘建航、王振信。首期试验于 1962—1963 年在浦东塘桥基地进行，包括沉井施工、降水试验、钢筋混凝土管片制作和直径 4.2m 的网格挤压式盾构的研制等（图 4.1.3）。

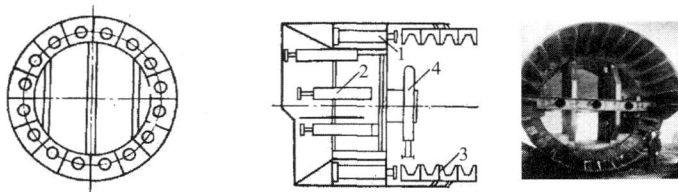

图 4.1.3　φ4.2m 网格盾构
1—推进千斤顶；2—正面支撑千斤顶；3—混凝土管片、4—管片拼装架

1963 年 4 月—1965 年 11 月，在塘桥试验基地，用 φ4.2m 盾构分别在覆土 4m 的粉砂层与地下 12m 淤泥土层中进行地下浅、深层隧道推进的综合试验，共推了 63m 隧道，如图 4.1.4 所示。试验采集了大量的数据，并进行了理论分析，试验证明：在上海市饱和含水软土地层内，用盾构法推进、预制装配式钢筋混凝土管片作衬砌结构建造隧道，技术上可行，为在上海市采用盾构法施工提供了初步经验。

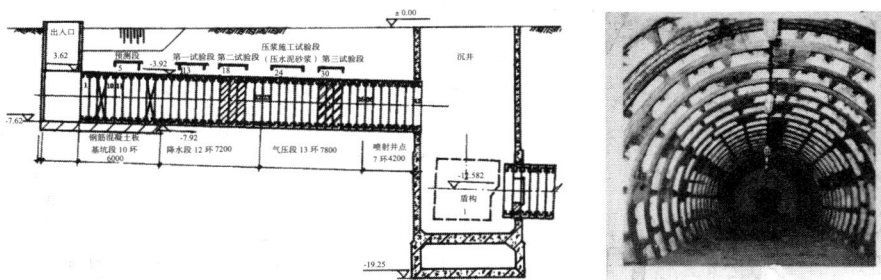

图 4.1.4　塘桥试验段盾构隧道及拼装式衬砌

2. 上海地铁衡山路试验段工程

1964 年，上海进行地铁衡山路段扩大试验工程。当时，还没有提出客流预测的概念，根据上海 26 路无轨电车（车身长 20m）的客流，设计地铁最大客流为每小时 1 万人次，采用 60m 站台、3 节编组、B 型车辆，地铁隧道内径为 4.8m，外径为 5.8m。车站设在衡山公园下。车站仅长 80m、宽 20m、深 20m，规模是按照 3 节列车编组的停靠来建造的。

1965 年 2 月开工的 02 盾构工作井长 10.3m、宽 22.8m、深 21.8m，采用沉井法施工，7 月竣工。104 车站位于衡山公园下，长 80m、宽 20m、深 20m，采用气压沉箱法施工，1965 年 10 开工，1967 年 5 月竣工，工期 20 个月。

两条各长 600m 的地铁区间隧道在我国首次采用盾构法施工。1965 年，由上海隧道工程设计院设计、江南造船厂制造了两台直径 5.8m 的网格挤压型盾构掘进机。在盾构切口环内采取全断面网格，紧靠网格后面，设有提土转盘，在盾构中心装有排土皮带运输机，使盾构开挖与排土全部实现了机械化。盾构的管片拼装机采用中心筒体支承方式，围绕中心筒体回转拼装管片，而皮带运输机则是安装在中心筒体内，这样可以使盾构的开挖出土和管片拼装实现同步作业。

隧道采用单层装配式钢筋混凝土衬砌结构，覆土 10m 左右。隧道外径 5620mm、内径 5000mm、环宽 850mm，主要穿越饱和含水淤泥质黏土土层（图 4.1.5）。根据防护等级要求，原设计采用铸铁管片衬砌，后因隧道结构不宜用脆性材料、铸铁的延伸性不能满足要求，改为钢筋混凝土管片（图 4.1.6）。管片纵缝采用内外双排螺栓的刚性接头，又采用整环浇筑的方法使纵缝接触面的精度有所提高，但仍有差距。管片接缝间的防水措施沿用了在塘桥试验中研发的环氧树脂和煤焦油混合的特殊涂料，解决了钢筋混凝土管片精度不高的问题。

图 4.1.5　地铁隧道衬砌圆环结构试验　　图 4.1.6　钢筋混凝土管片预制浇筑

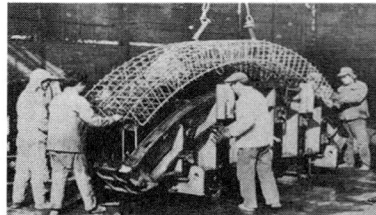

1966 年 1 月和 2 月，两台盾构先后从 02 工作井始发，出洞段采用井点降水辅助施工，在安装了闸墙、人行闸以及材料闸之后再采用气压法辅助施工。盾构隧道施工成功地穿越了建（构）筑物，控制了地面沉降。地铁隧道采用直径

5800mm 的网格转盘自动挖土盾构、干式出土辅以气压施工掘进了两条用钢筋混凝土管片支护的区间隧道。试验探索出了盾构施工对地面沉降的因素及沉降规律，特别是对盾构穿越建筑物、控制沉降的技术措施有了进一步的掌握，为地铁区间隧道施工积累了宝贵经验。

两台盾构分别在 1967 年 6 月和 7 月进洞，工期 17 个月。"60 工程"的成功实施，开创了国内盾构法施工的先河，技术人员基本掌握了在饱和含水软土地层中采用降水和气压两种辅助工法下的盾构法掘进和单层装配式钢筋混凝土衬砌结构建造隧道的关键技术。

4.2　20 世纪 80～90 年代地铁工程施工技术

4.2.1　北京地铁复八线施工技术

1. 插刀盾构

1997 年 1 月 15 日，北京地铁复八线的"热—八"（热电厂—八王坟，今大望路—四惠站）区间半断面插刀盾构试验段的顺利贯通，奠定了在国内地铁隧道施工运用插刀盾构技术的基础。插刀盾构具有下述独特的优点，特别适合于不同隧道断面的要求。

（1）结构特点

插刀盾构的外壳由数块标准形式的插刀依次安装在机架上构成，因而拆装十分方便。机架由各种杆件采用螺栓连接组合而成，可在洞内拆卸组装与改变形状及大小。操纵控制系统采用集成模块化结构，适用于不同大小、不同形状的断面。

（2）断面特点

设计时，插刀盾构的断面形状可以为任意形状，例如，圆形、椭圆形、矩形、马蹄形等，能最大限度地获得最高的断面利用率。插刀盾构的断面大小与形状的改变十分容易，只要改变机架的形状与大小，安装相应数量的插刀，就能满足不同形状与断面的要求，实现一机多用，降低一次性的设备投资费。

（3）推进特点

插刀盾构为自进型盾构，不像常规盾构那样必须依赖其后的永久性的管片衬砌支护结构提供足够的支反力方能前行。插刀可以单刀插入，或者成组插入。因而对开挖面只产生较小或不产生挤压力，有利于保持开挖面的稳定，最大程度减少对土层的扰动。

（4）衬砌支护的特点

目前，地下工程常用的衬砌支护形式为：管片支护衬砌、喷射混凝土支护、现浇混凝土支护、挤压混凝土支护。插刀盾构均能与上述支护形式相配合，为因地制宜地选择支护形式提供了较大的使用范围。

（5）使用范围

对于矩形或马蹄形插刀盾构，进出隧道口均可自行。例如，隧道施工中途需要转向调头进入另一相邻线路施工，只要修一大于盾构宽度的联络道，就可到达目的地，而不必解体或修建竖井等临时场地。

插刀盾构的主要部件均可在使用过程中随时更换、修复和重新使用，又可以组合成新型盾构，极大程度地能重复使用每一个零部件，具有较长的使用寿命，所以插刀盾构的设备摊销费极低。

（6）性能特点

插刀盾构操纵简单且便于控制，转向纠偏十分灵活，精心操作，短距离内施工误差可以控制在 10mm 以内。可正常进行 8% 的上坡推进，且变坡行程较短，也能在 $R \leq 250m$ 的弯道上进行推进作业。

2. 降水工程

北京地铁复八线的施工中，根据各站、段不同的施工方法，以及水文地质条件，选择了最佳降水方案，为工程按期或提前完成创造条件。部分路段降水方法见表 4.2.1。

复八线天安门西—热电厂段工程降水概况 表 4.2.1

站段	天安门西	王府井—东单	建国门—永安里	永安里—大北窑	热电厂
降低地下水类型	承压水	上层滞水、潜水、承压水	潜水	潜水	潜水
方法	地面管井	地面管井混合降水、砂渗井配合	洞内降水、盲管导流集水井排出	地面管井及砂渗井	地面管井

降水措施选择中主要遵守以下原则：

（1）既要满足施工降水的需求，又不浪费北京地下水资源，可就近利用，进行深层回灌，或先排入地表水系，再使其渗入地下。

（2）在降水过程中，应实时掌握地下水位的动态，不可降深过大，一般应降至基底下 0.50 ~ 1.0m。

（3）应选用造价低、简便易行的降水方法。

（4）应确保沿线高大建筑物的安全，防止含水层细颗粒流失而导致地面沉陷。

（5）有条件地段可采用连续墙法施工，挡土、挡水并配合注浆堵水。

对于复八线的施工，建国门以内降水特点是：局部有上层滞水，施工前应予疏干。采用暗挖法,基底接近承压水头,既要降低潜水水头,又要降低承压水水头,降水工作量大。建国门以外降水特点是:地铁埋深较浅,但地下水位较高,越往东,渗透系数相对较小。

复八线的施工降水基本上做到了因地制宜,因各站区间地质条件埋深均有所不同,降水方法亦应略有差异,采用最优方案降水。例如,根据实际情况采用洞内降水和地面降水相结合,如有条件尽量在洞内降水,不干扰地面,即使在地面打井,也把泵埋在路面以下,以免影响交通和行人。

天安门西站,只降承压水;天安门东站以降承压水为主;王府井至东单采用疏干上层滞水,减低承压水头。建国门至永安里区间,潜水地下水位距地表 13m 左右,洞顶覆土 10m。采用浅埋暗挖法超前支护,洞内两侧盲管导流,集水井明排,没有在地面打井,只降潜水不破坏承压水的隔水层,实现了只在洞内降水,洞内地面基本上达到无水作业;永安里至大北窑主要降低或疏干潜水;大北窑主要降低或疏干潜水,必要时潜水承压水一起降,可达到较好效果;热电厂及其以东只降低潜水位。

热电厂站某竖井,开始只在竖井内降水,发生涌砂。遇到困难(饱和粉细砂地层不宜在洞内降水,在竖井外降水应做好包网或包棕),后改为以在竖井外打井降水为主,并与竖井内排水相结合的方法,获得了较好的效果。

施工降水之前进行了方案设计与计算,有时用不同的计算公式进行对比,全线降水以管井为主,为疏干潜水并设置了若干砂井。

复八线的建设、勘察、设计及施工单位都本着既要满足施工降水的需要,又注意到了水资源的保护,从资源得以可持续利用的原则出发,降水施工单位在有条件回灌的站段,将抽出的地下水回灌到地下深部含水层将水储存起来。要求其回灌量应为降水量的 70%,其回灌水质如受污染,水质不合格,就不应进行回灌,以免污染地下水资源。回灌井井深 90 ~ 100m,将水回灌至 40m 以下的含水层中,以节省地下水资源。降水井、回灌井的设施,都隐蔽在地面以下,保持了市容的整洁。

复八线在降水施工中重视了对水资源的保护,在有条件的站段,北京市地矿局将抽出的地下水回灌到地下深部含水层,意义深远,标志在我国施工降水工程逐步走上了可持续发展的道路(图 4.2.1)。

3. 45m 水平冻结法

1997 年 11 月至 1998 年 4 月,在北京地铁复八线"大—热"区间(大北窑—热电厂,今国贸—大望路站)大北窑车站南隧道进行了我国首例水平法冻结施工,水平冻结距离 45m。

图 4.2.1　北京地铁 1 号线王府井站附近区间
隧道施工时洞内打井降水

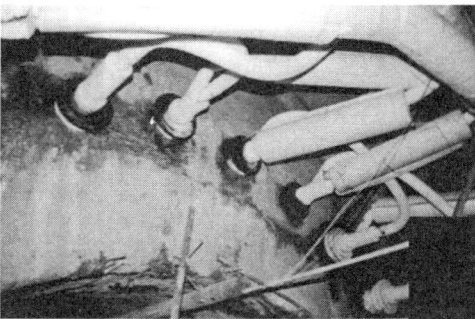

图 4.2.2　北京地铁复八线冻结法施工中
饱和粉细砂层水平冻结管的布设

冷冻法施工，即在含水层中水平打冷冻管形成管棚，如图 4.2.2 所示，通过冷冻管中的冷冻液将周围的土层形成冷冻壁，使拱部形成冻土壳，进行隧道施工。采用长距离冷冻隧道施工在国内尚无先例，其难度大，特别是准确率比竖向冷冻技术要求高，精度较难掌握，要求水平、竖向误差不超过 20cm。

北京地铁复兴门至八王坟的南隧道，在由东掘衬至大北窑车站东侧的隔断门（里程为 B248+12.08）时，隧道顶部遇到了粉细砂层，发生坍塌，并造成地表的沉陷，据勘测资料，此段的粉细砂约 1 ～ 2m 厚，鸡窝状赋存，呈流态。此段隧道正处在国贸立交桥下，是长安街和东三环的交叉要道。

隧道顶埋深约 10m，拱顶上部主要有以下管线：

（1）直径 1.8m 的污水管道，埋深 8m，距离拱顶 2m，距隔断门 16m，南北走向与隧道线路正交。

（2）6m 宽 2m 高的污水方沟，距离隔断门约 36m 处，埋深 8m，距离拱顶 2m，在三环高架桥两立柱间，与隧道正交。

（3）直径 1.4 的污水管道，埋深 7m，距拱顶 3m，南北走向与线路正交。

（4）直径 1.2m 的雨水合流管线，埋深 5m，距拱顶 3.5m，东西走向在拱顶南侧 3.5m。

以上管线年久失修，严重漏水，是使粉细砂处于饱和状态的重要原因。施工中必须保障管线的安全。

在北京地铁大北窑南暗挖隧道采用水平冻结法，顺利通过了粉细砂困难地段的施工中，主要有以下技术特点：

（1）通过改制国产 MK-5 钻机，研制钻具组合和导向孔口装置，从钻孔偏斜控制、防止土层流失、沉降控制、冻结管的密封等技术环节，基本解决了 45m 的水平冻结孔的钻进和冻结管铺设的技术问题。

（2）拱顶冻土厚壳和下部黏土层形成封闭防水结构，并有效地提高了暗挖隧道土体的稳定性，降低了开挖引起的空间效应，使得在施工期间地表下沉量降低了 1/3。

（3）在隧道水平冻结段内冻土壁上喷射混凝土施工是可行的，开挖面温度在 $-2 \sim 8$℃，隧道内空气温度 $2 \sim 10$℃，按冬季喷射混凝土施工加入复合防冻剂即可满足施工要求。

（4）隧道水平冻结为掘砌施工创造了良好的工作环境，掘衬施工效率明显提高，掘衬速度达到了 1m/ 昼夜。

北京地铁暗挖隧道在"大—热"区间采用水平冻结法加固施工取得了圆满成功，填补了我国隧道水平冻结的技术空白，对进一步完善浅埋暗挖技术提供了一条新途径。

4. 无钉铺设防水

防水问题是地下工程中的一个薄弱环节，尤其在北京地铁 1997 年复八线大北窑站的施工中采用盖挖逆作法，又使用地下连续墙作为围护结构，并将连续墙作为永久结构的一部分，解决好其防水设计与施工问题的难度非常大。

大北窑车站防水设计原采用全部刚性防水做法，但经过热电厂站施工后，发现楼板胡子筋处很难处理。地铁建设公司组织专家多次研讨，提出了对胡子筋进行封闭处理的多种方案，经过现场试验，效果都不理想，最后经过研究决定：取消楼板胡子筋，改刚性防水为柔性防水。

这样改变后，随之也带来一些新的技术问题：

（1）车站地下一层已经按刚性防水施工完，如何利用这部分 FS 刚性防水，并使刚性防水层顺利过渡到柔性 EVA 防水层；

（2）EVA 防水卷材的铺设问题；

（3）钢管柱穿透底板处防水的封闭问题等。

对于刚柔防水层连接过渡问题，首先用 SBS 改性沥青柔性油毡的自粘性，将之热粘在已做好的刚性防水层上。然后，热焊一层 ECB 卷材，再将 EVA 与 ECB 焊接，从而实现了刚柔过度。由于 ECB 具有沥青和聚氯乙烯材料的特性，所以它可分别与 SBS 和 EVA 材料热接，且粘结强度能满足规范要求。

在 EVA 施工中，无钉铺设先进技术得到了推广应用。对于底板上柱结点处防水封闭问题，先在钢管柱根部外层涂刷 2cm 厚的聚氨酯涂料，铺设玻璃纤维布，再采用 SBS、ECB 依次过渡到 EVA 的办法，使之与底板防水层形成一封闭整体，从而确保防水效果。

此外，在连续墙各段接头处也采用了一些适用技术，通过以上研究和施工实践，较好地解决了连续墙围护、盖挖逆作施工地铁车站的防水问题。

4.2.2 上海地铁 1 号线试验段工程地下墙围护及盾构隧道施工技术

1978 年 3 月，上海地铁漕溪路段试验工程动工，试验项目包括盾构法试验段和槽壁法（地下连续墙）试验井。工程项目包括 151 盾构始发井、漕宝路地铁站、盾构法区间隧道 1070m、明挖法矩形隧道 274m。地铁试验段工程设计、施工、试验全部由上海隧道建设公司承担。

1979 年 4 月开工的地下连续墙法试验段结构长 50m、宽 9m、深 10.4m，墙深 20m。自主开发的成槽机挖深约 20m、宽 0.6m、长 6m 的槽壁，垂直精度达到 1/250。完成了护壁泥浆配置、泥水分离、钢筋笼下吊、混凝土浇筑、接头防水等工艺、材料、施工技术试验研究，研制了超声波成槽精度检测仪。在 50m 长的试验段中有 10m 采用了预制地下墙。基坑开挖中首次采用 φ609 钢管支撑。1981 年我国首次试验完成地下连续墙支护方式的明挖法矩形隧道的修建。

随后，在上海地铁 1 号线漕宝路地铁站北端头井采用了地下墙围护施工技术，该结构长 28.4m、宽 21m、深 12.8m，地下墙最大深度达 25m（图 4.2.3）。

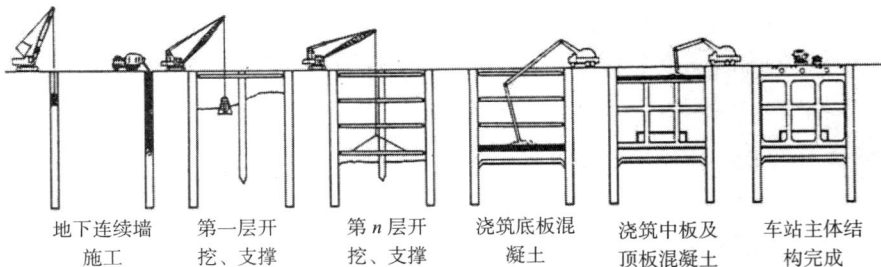

图 4.2.3 多层钢支撑地下连续墙围护明挖法施工地铁车站

漕宝路站至 151 井区间段由东、西两条隧道组成，隧道全长 1232m（东线长 565m，西线长 667m），隧道外径 6200mm、内径 5300mm、环宽 900mm（图 4.2.4）。原来采用"大刀盘盾构 + 泥水加压 + 局部气压"，但在直径 6.4m 盾构投入掘进试验之前，拆除了大刀盘，并改成固定网格。试验隧道内径 5.5m，隧道覆土 5~8m，衬砌为装配式钢筋混凝土管片结构。首次采用高精度钢模预制管片，精度达 0.5mm。用弹性密封垫为主的防水材料与工艺，通过多道防线使得渗水量降低到每日每平方米 0.1L 以下，防水达到同期国际标准。

盾构始发出洞段采用井点降水辅助施工，在拆除洞门时发生少量土体坍塌。试验段中，还尝试了管片通缝与错缝两种拼装方式，分别用厚度为 35cm 与 45cm 的管片进行施工，验证各种施工工艺和材料，为后续工程大规模工程的实施提供了数据支持和更多选择（图 4.2.5）。试验段施工中穿越漕溪公园一座宫殿建筑，采取现场监测并及时调整和优化盾构掘进参数，在隧道掘进施工中采取隧道壁后连续补注浆措施，使建筑物沉降控制在 2cm 以内，保护了该宫殿建筑。

图 4.2.4　盾构法建造的区间隧道

图 4.2.5　地铁漕宝路试验工程盾构始发

试验段隧道施工期间，还首次进行了圆隧道衬砌结构 1∶1 整环加载试验和管片接头试验，取得圆隧道结构和接头在不同荷载条件下的内力变化规律。还在试验段隧道上完成土压力、隧道内力和变形的实测。以验证和优化盾构法地铁隧道衬砌结构设计。

在试验段施工中，盾构掘进误差控制在 10cm 以内，地表沉降控制在 5 ~ 10cm，取得较全面的盾构施工技术数据，1982 年 12 月，该长 1070m 的区间隧道贯通。

4.2.3　上海地铁地下车站基坑施工技术

1. 第一座地铁车站长大基坑地下墙围护施工技术

1984 年 4 月，上海地铁新客站车站与铁路新客站同步建设，这是 1 号线第一个施工的地下车站，加上折返段，全长 595m、宽 22m、深 11.73m，由上海隧道工程公司承建，公司施工技术研究所负责工程监测和试验研究。车站工程采用 0.6m 厚度的地下连续墙围护，地下 2 层，地下连续墙深度约 21m，入土比小于 0.8。采用 2 道钢支撑，第一道支撑设在地下 3m 位置，地下水位 0.8m，先放坡开挖 2m，坑内辅以井点降水，基坑开挖分段分层，及时支撑并施加预应力。车站墙体采用内衬混凝土墙体与地下连续墙共同受力新理念，降低了工程造价（图 4.2.6）。

该车站作为国内第一座地下墙围护和内支撑明挖法施工的地铁车站，施工过程中进行了结构内力、基坑变形、支撑轴力、地表沉降的全面监测。在地下连续

图 4.2.6　新客站基坑支护及开挖

墙中埋设土压计、测斜管和钢筋应力计。钢支撑端头设轴力计，对墙体侧压、变形位移、内力和钢支撑轴力、基坑回弹、土体位移、地表沉降、底板反力和内力的变化进行了连续观测，第一次得到地铁车站基坑工程的大量实测数据，并进行了全面的分析。

得出了特定条件下的地下墙在开挖施工中的侧压力分布和主、被动土压力变化规律、墙体内力变形位移和钢支撑轴力的变化规律，对如何考虑实际施工因素和地质条件、验证和改进地下墙设计、支撑布置、沉降预测，提供了很多有参考价值的实测资料。

首次分析了地铁车站长大基坑围护墙变形机理和控制方法，在国内首次形成了《上海地铁工程地下连续墙原体测试及分析成果》技术成果。

2. 城区道路及建筑密集区地铁车站施工技术

1990 年 1 月，上海地铁 1 号线经国务院同意，正式开工建设。上海地铁 1 号线 1 期工程全长 16.21km，设 13 座车站，其中 11 座为地下车站。标准地下车站长度约 200m、宽度 20m、深度 12～17m，大部分车站位于道路上，其中淮海路商业街上设 3 座地下车站，徐家汇地铁站 600m 长、地下 3 层，位于交通要道上。地下车站全部采用地下连续墙围护和多道钢管支撑明挖法施工，其中淮海路上 3 座车站考虑尽快恢复道路交通而创新采用盖挖逆筑法施工。

由上海隧道工程公司承建的上海体育馆车站长 232m、宽 22m、深 14.8m，位于漕溪北路，与立交高架桥同步建设。车站围护采用 80cm 地下墙，开挖地层主要为饱和含水的淤泥质黏土，含水量达 50%。基坑两侧有众多地下管线，基坑两侧 2m 外为临时机动车道。基坑开挖设 4 道钢支撑，采用分段分层开挖，及时对钢支撑施加预应力，地下墙底部注浆加固，基坑坑底土体首次采用抽条注浆加固。施工效果良好，地下墙位移 2～5cm，保护了周边地下管线和交通的安全。1991 年 6 月竣工，地铁车站土建施工期仅 18 个月（图 4.2.7）。

黄陂路地铁站长 223m、宽 19.4m、开挖深度 16～18m。邻近老建筑较多，最近处仅 1.5m，如图 4.2.8 所示。车站结构为地下二层双柱三跨板梁式框架结构。考虑缩短交通封锁期，首次采用顶盖和结构逆筑法施工技术。地下墙接头首次采用钢板型接头，止水效果较好。车站立柱采用钢管桩。基坑开挖前安放第一道钢管支撑，挖至 5m 时放第二道支撑，然后浇筑车站顶板，顶板完成后恢复路面交通。

图 4.2.7 地铁上海体育馆
车站基坑围护和开挖施工

图 4.2.8 紧贴居民楼的地下墙成槽施工

车站基坑施工工序为在已经浇筑好的顶板下进行暗挖→安装第三道支撑→继续暗
挖→安装第四道支撑→暗挖到底部→浇筑底板→浇筑中楼板→拆除钢支撑，如图
4.2.9 ~图 4.2.11 所示。

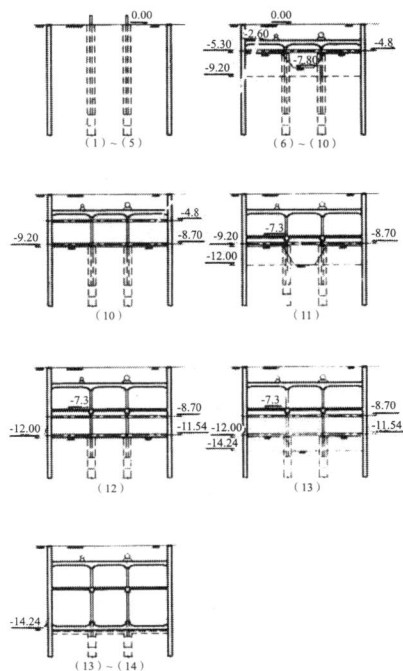

图 4.2.9 地铁车站顶板盖挖逆筑法施工

图 4.2.10　车站顶板逆筑施工

图 4.2.11　车站结构暗挖施工

　　车站开挖施工采用全过程监控量测，实现信息化施工。地表最大沉降 21mm，房屋最大沉降 42mm，但不均匀沉降小于 1.7%，3 层楼的老建筑未发生裂缝和门窗变形，邻近基坑 3 栋楼居民生活照常。车站土建施工于 1993 年 5 月完成，工期 24 个月。另两座地铁站陕西路站和常熟路站也同样采用顶板逆筑盖挖施工。

　　3. 新型围护 SMW 工法桩的开发应用

　　1996 年，上海隧道工程公司在消化吸收日本新型围护桩 SMW 工法的基础上，解决了型钢拔除回收的工艺技术，开发了型钢水泥土搅拌桩。与地下连续墙相比，具有成本低、无泥浆排放、弃土少等优点。1998 年在上海地铁 2 号线龙阳路出入场矩形暗埋段工程和静安寺地铁站基坑工程得到成功应用，如图 4.2.12 所示。2000 年后，型钢水泥土搅拌桩技术先后用于上海地铁 4 号线站基坑工程、南京地铁 1 号线多个车站基坑围护工程，后也广泛应用于建筑工程的大型基坑围护。

图 4.2.12　上海地铁 2 号线静安寺车站下沉式工程大基坑 SMW 桩围护

4.2.4　上海地铁区间隧道土压盾构施工技术

1. 我国地铁隧道第一台土压盾构掘进施工

上海地铁 1 号线区间隧道全长 18km（图 4.2.13），除漕宝路试验段外，全部采用从法国 FCB 公司引进的 7 台 ϕ 6.34m 土压平衡盾构掘进施工（图 4.2.14）。隧道外径 6.2m，由 6 块钢筋混凝土管片拼装而成，环宽 1m，通缝拼装（图 4.2.15）。隧道分上行线和下行线两条，覆土在 5 ～ 19m 之间，盾构掘进施工由计算机控制，具有掘进自动限时、维护正面土压稳定、盾尾同步注浆等功能（图 4.2.16）。

图 4.2.13　采用土压盾构施工的地铁区间隧道

图 4.2.14　第一台 ϕ 6.34m 土压盾构

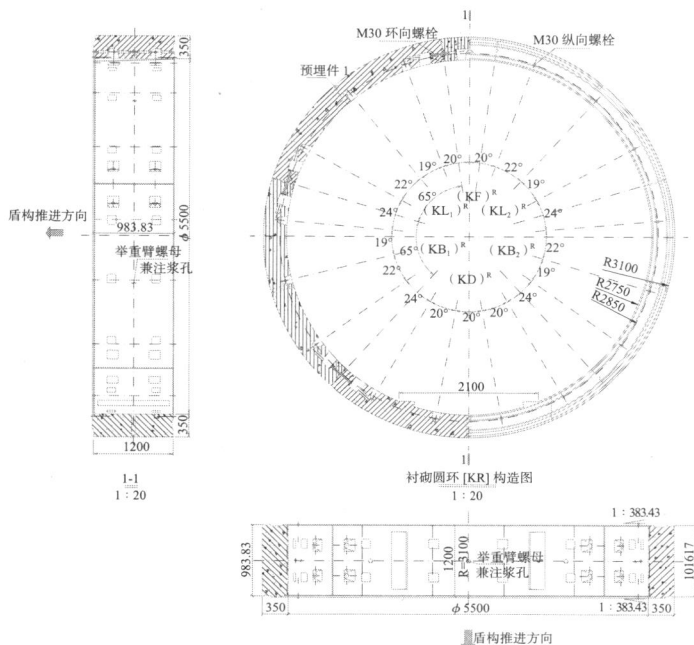

图 4.2.15　ϕ 6.2m 隧道衬砌圆环

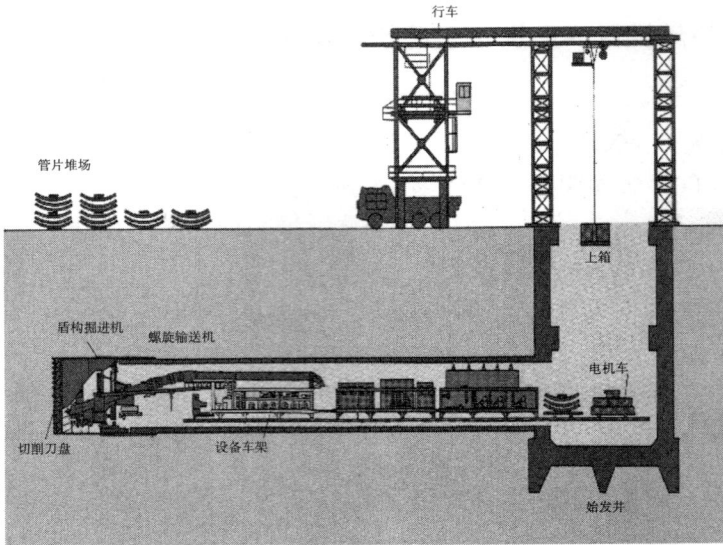

图 4.2.16　土压盾构掘进施工示意图

　　隧道所处的地层为淤泥质黏土和淤泥质粉质黏土,含水量饱和(40%~60%)、孔隙比大(0.7~1.0)、内聚力小(1~14kPa)、内摩擦角小(7°~15°),易塑流。

　　1991年6月,上海隧道工程公司的1号盾构在151井至上海体育馆站区间隧道中正式掘进施工,沿途穿越厂房和沪杭铁路。3层厂房长26m、宽10m,条形基础砖结构,厂房下建有防空洞,盾构隧道在厂房下6.5m穿越,离防空洞底部仅1.8m。在盾构穿越前对厂房下进行注浆加固,盾构穿越时优化控制土压、推力、推进速度等各项参数。盾尾进行同步注浆和多次补压浆。盾尾通过后沉降控制在3mm以内,7天后为18mm,不均匀沉降小于8mm,房屋安全无损,如图4.2.17、图4.2.18所示。

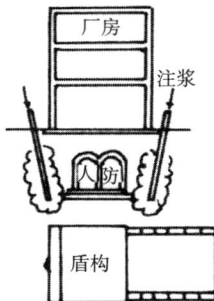

图 4.2.17　盾构穿越厂房示意图

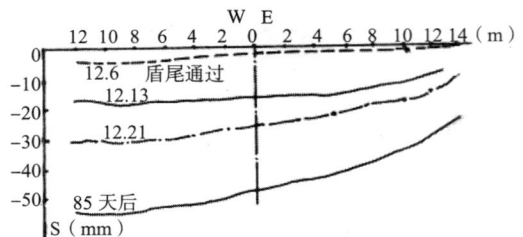

图 4.2.18　盾构穿越后的厂房沉降

盾构穿越沪杭铁路，隧道轴线与铁路斜交50°，上、下行线穿越铁路各长25m及27m，穿越段覆土7.3m。施工中，激光导向及时纠偏，控制盾构姿态，确定适当的正面压力值、掘进速度等施工参数，采用同步注浆及二次压浆，有效减少土体扰动；穿越施工时在铁路路基下进行跟踪注浆，施行监测信息指导施工，地表沉降小于30mm，最大隆起量小于10mm，盾构安全穿越铁路线。

1992年7月，地铁1号盾构在上海体育馆站至漕宝路方向下行线隧道施工，采用冻结法技术与试验隧道衔接，这是冻结法技术在上海地铁工程中的首次应用。之后，地铁常熟路站—陕西南路站—黄陂南路站—人民广场站—新闸路站—汉中路站区间隧道联络通道也相继使用冻结法技术。之后，冻结法技术在上海轨道交通2号线地铁区间联络通道工程中大量推广应用。

2. 粉砂地层中土压盾构掘进技术

1992年6月，地铁上海火车站—汉中路站—新闸路站区间盾构推进，采用7号加泥式土压平衡盾构机施工，盾构始发后200余米，便处于全断面粉砂及部分粉砂地层，新闸路站至汉中路站区间一段处于老式木结构民房及一些混合结构的厂房、小学及全断面含水砂土层。盾构掘进时，适度提高前舱压力，提高土体的止水性，并使孔隙水压力加快消散，稳定正面土体；在开挖面和密封舱内注入高浓度泥浆，进行充分搅拌，并对加泥量、泥浆浓度严加控制，谨慎操作，保持盾构匀速前进，防止土体强度迅速提高、刀盘切削扭矩增大，使盾构安全穿越粉砂层。

上海地铁1号线7台土压平衡盾构顺利完成18km区间隧道掘进施工，一批新技术新工艺也得到开发和应用。

3. 上海地铁2号线土压盾构穿越建（构）筑物及信息化施工技术

1996年起，上海地铁2号线开工建设，其中24.12km区间隧道采用10台 ϕ6.34m土压盾构掘进施工（图4.2.19），其中10号盾构为第一台国产化的土压盾构。国产盾构应用于静安寺站—石门路站2条区间隧道施工，各项技术性能达到进口土压盾构的技术水平，此台盾构使用了5公里。

上海地铁2号线一期杨高路站—东方路站盾构区间率先施工，隧道全长1555m，包括上下行各一条，采用法国FCB土压平衡盾构机。施工中，盾构需穿越上游引水箱涵（图4.2.20）、民房、厂房、市政地下管线，其中引水箱涵距洞门约20m，位于隧道上方，底板距隧道顶端2.2m。施工中，通过地面高精度水准仪测量、连通管和分层沉降检测信息的反馈，及时调整土压设定值和出土量，箱涵沉降量控制在8.5mm以内。盾构近距箱涵后采用速凝双液浆，远距箱涵后采用缓凝双液浆，形成较好的隧道环箍，减少对土体的扰动，该区段盾构推进速率为8环/天。还采用了实时监控系统等确保了盾构机顺利穿越北徐家宅、杨高路、东辉职业学校等地面构筑物及地下管线。

图 4.2.19　第一台国产化 φ6.34m 土压盾构

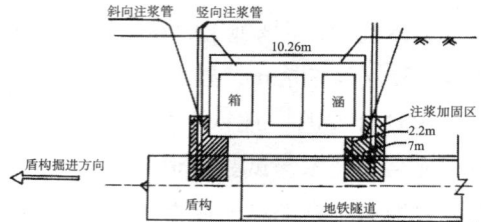

图 4.2.20　盾构穿越引水箱涵示意图

1996 年 12 月，上海地铁 2 号线区间穿越静安寺至石门一路区间段，经由较多曲线段。为了保证隧道轴线准确，上海隧道工程公司研究开发了地铁隧道盾构轴线控制系统，通过建立基本数据库，录入每环的设计要求、施工数据、测量数据，让模糊自适应系统根据实际情况自行进行调整，合理、适量地对盾构行驶方向进行纠偏，来提高隧道轴线精度，以减少对土体的扰动，使隧道轴线与设计轴线相一致，提高了盾构掘进施工的质量。

1997 年 8 月，上海轨道交通 2 号线一期工程静安寺站—石门一路站开工。静安寺站—石门一路站区间隧道位于上海市静安区内，盾构始发于静安寺站东端头井，接收于石门一路站端头井，沿线穿越名城广场地下室，盾构距底板仅 1.9m（图 4.2.21）。掘进速度控制在 15 ~ 20mm/min。出土量一般控制在 98%。盾构穿越过程中，在同步注浆和壁后注浆之后，利用车库底板预留的 30 根注浆管进行跟踪注浆。通过跟踪注浆进一步充填、密实了周围土体，有效地控制了隧道上浮，同时将地下室底板的最终沉降控制在 4mm 以内。施工中，实行了信息化施工，保证了隧道结构安全和环境安全，监测成果为优化设计提供了依据。

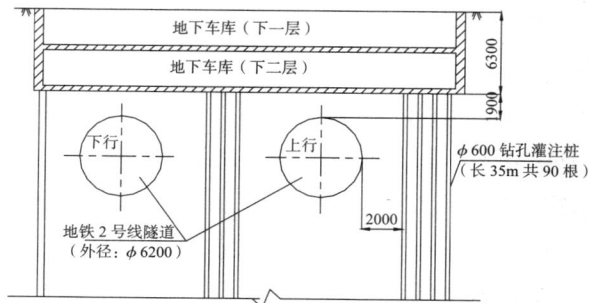

图 4.2.21　盾构穿越名城广场地下室

1998 年 3 月，穿越黄浦江底的陆家嘴路站—河南中路站区间开工。江底最小埋深 7m。隧道全长 3192m（上、下行线各长 1596m）。盾构进入黄浦江前，先穿越 100m 全断面粉砂土，大刀盘所受扭矩及推力大大增加。施工中，通过向土舱加注泡沫剂进行土体改良。为防止黄浦江江水透过粉砂土进入盾构内，采取了压注聚氨酯来切断江水的通道。当盾构一进入全断面粉砂土，就开始在盾尾后 3 环位置通过管片注浆孔压注聚氨酯形成隔水环箍，消除了江水侵入盾构的后患。在陆家嘴站—河南路站区间隧道工程中，盾构掘进中开始全面运用"盾构法隧道施工专家系统"。盾构需穿越黄浦江前，施工人员将完整的地面、地下工程数据输入专家系统，通过利用楔子环粘贴、管片拼装轴线图、盾构推进轴线图等各种实用功能，由专家系统提供了每环合理的注浆量、推进速度等施工参数，最终确保盾构顺利地穿越了黄浦江，并将黄浦江两岸的防汛墙沉降有效地控制在 4mm 以内。

1998 年 5 月，2 号线人民公园站—河南中路站区间开工。盾构出洞段将穿越营运中的地铁 1 号线区间隧道（图 4.2.22）。盾构出洞后仅 12m 距离与地铁 1 号线隧道呈 85° 斜交，且 1 号线隧道底部与 2 号线隧道顶部间距仅为 1m，隧道埋深达 17.5m。

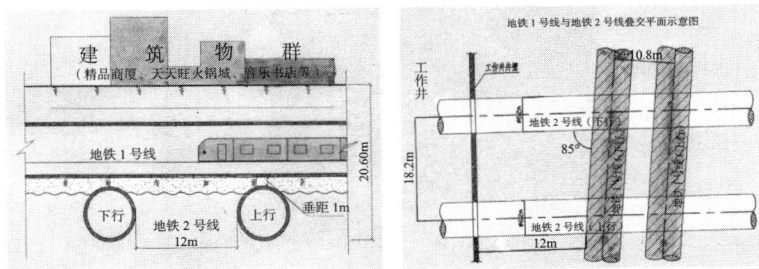

图 4.2.22　盾构穿越地铁 1 号线运营隧道平剖面示意图

地铁 1 号线隧道在 2 号线车站建造过程中已下沉 12mm，其累计沉降量不能超过 15mm，为此，盾构穿越 1 号线隧道时沉降必须控制在 3mm 以内；地铁 1 号线隧道底部已采用多种方法进行加固，有双液浆、聚氨酯、旋喷注浆以及分层注浆等，其浆液呈非均匀分布状，导致盾构掘进时对隧道轴线的控制产生不稳定的因素；盾构出洞后即进入加固区，并受邻边商业建筑物以及地铁 1 号线隧道的影响，增加了施工参数准确设定的难度。施工中，优化洞门混凝土吊除方案，缩短作业时间，减少正面土体的流失量，掘进速度控制在 1cm/min。确保盾构比较匀速地穿越加固区，同时保证刀盘对加固土体进行充分切削。加注发泡剂或水等润滑剂，减小刀盘所受扭矩，同时降低总推力。加强对地铁 1 号线的监测，确保及时优化调整掘进施工的参数，真正做到信息化动态的施工管理。合理控制注浆量，控制地铁 1 号线隧道以及地面的沉降。穿越过程中，根据连通管、巴塞特收敛系统量测环监控数据及时调整同步注浆量。将盾尾脱出时的沉降控制在 3.5mm 左右。在此基础上，及时监控后阶段隧道沉降的变化情况，以补注双液浆加固。2 号线 2 台盾构先后安全下穿正在运营中的 1 号线。

4.2.5　北京地铁区间隧道和车站浅埋暗挖施工技术

1. 北京地铁复兴门折返线工程浅埋暗挖技术

1986 年 8 月，北京地铁复兴门折返线工程开工建设，工程位于复兴门内大街交通要道，全长 358m、宽 22m，为避免明挖法造成的交通阻塞，北京地下铁道公司与原铁道部隧道工程局合作科技攻关，王梦恕院士创新提出采用"浅埋暗挖法"施工技术。该施工技术以"新奥法"原理为基础，施工中不干扰地面交通，拆迁少，地面沉降量小于 30mm，节约工程投资 1500 万元，1987 年 12 月 24 日完工。1987 年 12 月 28 日，复兴门折返线建成通车（图 4.2.23）。

图 4.2.23　复兴门折返线隧道

该工程暗挖隧道断面多样，单线隧道 445m、双线隧道 262m、渡线隧道 43m，不同断面形式 33 个。开挖跨度 6.96 ~ 14.86m，覆土厚度 9 ~ 12m。隧道处于粉细砂和砂砾地层，地下水位 –23m。由于围岩几乎没有自稳能力，开挖时易坍塌，故采取小导管注浆预加固稳定开挖面，采用深孔、前进式劈裂注浆加固围岩，再采取小导管注浆稳定地层。

隧道开挖采用正台阶法，分 3 步开挖施工：先拱部 2.2m，顺着外弧线进行环状开挖并留核心，将钢拱架嵌入，挂网喷护，形成安全作业的施工环境；第 2 步，在后 5 ~ 7m 开挖两侧，同时将网构拱架接至起拱线处，为第 3 步大面积开挖中部和拱底土体提供安全作业条件；第 3 步，在第 2 步开挖的后 5 ~ 7m 开挖中部和拱底土体，采用单臂掘进机挖土。渡线大跨度断面采用单侧壁导孔正台阶法施工，隧道开挖施工全过程进行地表沉降和土体位移量测。

"浅埋暗挖法"沿用了"新奥法"的基本原理，采用复合衬砌，初期支护承担全部基本荷载，二衬作为安全储备，初支、二衬共同承担特殊荷载；采用多种辅助工法、超前支护，改善加固围岩。采用不同开挖方式及时支护封闭成环，使其与围岩共同作用形成联合支护体系。在施工过程中应用监控量测、信息反馈和优化设计，实现不塌方、少沉降、安全施工等，并形成多种综合配套技术。经国家科委组织专家评审认为，浅埋暗挖工程技术成果在总体上达到国际领先水平。

2. 北京地铁复八线车站浅埋暗挖施工技术

北京地铁复八线于 1992 年 6 月 24 日开工建设，1999 年 9 月 28 日通车试运营，2000 年 6 月 28 日与 1 号线全线贯通。

北京地铁复八线西起复兴门站，东至八王坟，横穿中国第一街——十里长安街，途径西单、中南海、天安门、北京饭店、王府井、东单、外交公寓、永安里、国贸等重要建筑及地区，开创了北京乃至全国地铁采用暗挖修建地铁的新时代。

由中铁十六局承建的北京地铁西单站是我国第一个采用"浅埋暗挖法"施工的双层大跨度地铁车站，位于长安街下，长 259.4m、宽 26m、高 13m，覆土厚度 6 ~ 7m，三拱两柱双层结构。车站所处地层为砂土、黏土和砂砾，地下水位 –19m，侵入底部 0.9m。经多方案比选，确定车站开挖和初期支护创新采用双侧壁导坑法，即"双眼睛法"。

先由下而上完成两边跨的初期支护及梁、板、柱、墙、拱的二次衬砌，然后自上而下进行中跨的开挖和衬砌。施工中首次采用大管棚支护技术，研制了 6 台土星钻机，管棚直径为 100mm 和 115mm 两种，钢管一次钻进长度 18m。在相邻两根钢管棚之间的空隙采用小导管注浆加固。还采用了钢筋格栅加强支撑技术和挂网喷锚封闭掌子面技术。在暗挖施工过程中进行了地表沉降、拱顶沉降、土体位移、周边收敛、结构应力应变等量测。车站土建工程于 1992 年完成。

复八线共 8 座车站，其中西单、天安门西、东单及王府井四座车站采用了暗挖法，天安门东、永安里及国贸 3 座车站采用了盖挖法，仅大望路站采用了明挖法，区间全部采用暗挖法。经过大量的探索和实践，在"新奥法"原理的基础上，提出了"管超前、严注浆、短开挖、强支护、快封闭、勤量测"的十八字方针，创造出一套具有中国特色的暗挖施工方法。

在北京地铁复八线建设中，"中洞法""双侧壁导坑法""洞桩法""CD 法""CRD 法"等不同类型的暗挖方法在该地铁工程均有应用和实践，取得了宝贵的经验，丰富和发展了暗挖法。在北京地铁复八线采取了"小导管""注浆改良加固""施工降水""大管棚""冻结法"等主要辅助施工措施。通过监控量测控制风险，动态调整施工方案。

4.2.6 广州地铁1号线工程区间隧道和车站工程技术

1993年12月，广州地铁1号线工程开工建设。全长18.4km，设11座车站，9座为地下车站，采用明挖法施工。区间隧道主要采用矿山法暗挖施工，其中有8.8km区间隧道采用3台ϕ6.14m盾构掘进施工，其中1台为复合型土压平衡盾构，2台为泥水加压盾构，均为日本川崎重工制造，由日本青木建设承包施工。烈士陵园站—农讲所站—公园前站2970m区间隧道采用复合型土压盾构，其刀盘上设置了两种刀具，切削黏土的割刀和切削风化岩石的盘形滚刀。刀盘边缘还将有10cm的超挖刀。盾构为铰接型，由前后两节组成，机身长7.8m，便于转弯纠偏，左右可纠转1.5°，上下可纠转0.5°。盾构最大推力为32340kN，刀盘扭矩3430kN/m。

广州地铁首次采用盾构施工，也是我国在风化岩地层中首次使用盾构，隧道的掘进速度、工程质量、施工安全均优于采用钻爆矿山法施工的地铁隧道。

公园前站为1、2号线换乘站，其中换乘节点区84m×57.8m，地下3层，深22m，地层为黏土和粉质黏土，采用0.4m厚地下连续墙和挖孔桩围护，墙深25m，采用盖挖顺作法施工，开挖施工的同时进行监测，及时指导开挖施工。围护桩最大变形位移小于14mm，地表沉降小于23mm。车站基坑施工十分安全。

4.3 新世纪地铁工程施工新技术的发展和应用

从2000年开始，随着我国经济的发展和城市建设的发展，城市轨道交通建设步入快速发展期，工程施工新技术、新工艺、新设备、新材料也得到不断开发应用，施工机械化、自动化、信息化水平不断提高。地铁车站施工向大深度、多线枢纽、装配化施工发展，新技术得到开发和应用。地铁区间隧道工程大规模采用机械化、自动化程度高的土压盾构、泥水盾构、复合盾构和TBM掘进机掘进施工，适应不同地质水文条件的施工新技术得到不断开发和创新。高架轨道交通工程机械化、装配化技术水平持续提高。

4.3.1 地铁车站工程施工技术发展和应用

城市建设的发展需要轨道交通配套建设，而地铁车站的深基坑明挖施工又影响道路交通、邻近建筑和地下管线。基坑围护、支撑、坑底稳定、防水、邻近建筑监护技术不断创新发展。地铁车站盖挖逆筑和浅埋暗挖新工法不断提高和完善；多站换乘枢纽站共建技术、地铁车站装配化施工技术得到开发和应用。

1. 地铁车站盖挖法施工技术

地铁车站大部分建在城市道路下，一般采用地下墙围护明挖法施工，一般需封闭交通或修建临时交通。常规的盖挖逆作法是先在基坑的围护结构完成后，开挖表层土体至主体结构顶板底面标高，然后浇筑顶板，填土恢复交通后进行地下 2～3 层结构的暗挖施工。盖挖法施工新技术先后在北京、上海、深圳、南京、沈阳等城市地铁车站工程建设中得到广泛的应用。

2006 年，上海地铁 7 号线常熟路站，道路总宽不足 20m，且管线众多，周围多为商铺及多层住宅楼。为确保道路交通，首次提出路面盖挖新工法，采用理论分析与数值模拟，创新提出了一种临时路面体系支承结构方式，基坑首道混凝土支撑与盖板支承梁合一设计理论和方法，即"软土地区地铁车站路面盖挖法工法"。

针对上海流变软土，采用首道支撑兼作路面体系盖板梁，分幅施工的盖挖法工艺流程图如图 4.3.1 所示。

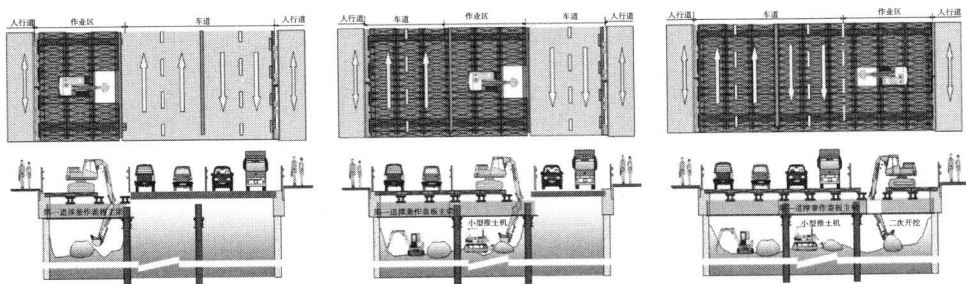

图 4.3.1　盖挖法路面体系施工示意

研制并应用了多种标准化、可重复利用的钢盖板，表面铺设钢丝网并浇筑 3cm 纤维混凝土作防滑面层，具有安装拆卸简便、平整耐磨、减震降噪的优点。研制并应用了螺杆式预加轴力装置，具有减小钢支撑安装间隙、能解决施工过程中轴力松弛问题、有效控制基坑变形的优点。

研究成果已应用于上海轨道交通 7、9 号线多座地铁车站工程，具有对交通和周边环境影响小、经济、施工方便安全的实效，社会与环境效益显著。

2. 地铁车站浅埋暗挖法施工技术

地铁车站浅埋暗挖法适用于岩土稳定性好、地下水位低的地层，在北京地铁复八线多座车站工程中得到应用。为了有效地解决地面交通等各种干扰问题，采用浅埋暗挖法是修建地铁车站的首选方法。浅埋暗挖车站结构的关键问题是如何控制地表沉陷。因此，寻求合理的施工方法关系重大。

浅埋暗挖按不同工艺技术分为中洞法、侧洞法、双眼镜工法、柱洞法、洞桩法等工法。

（1）浅埋暗挖——中洞法

中跨部分（包括立柱）采用CRD法施工。先将中洞自上而下分块成环，随挖随撑，及时做好喷锚和钢架初期支护；由下而上施作中跨部分二次模筑钢筋混凝土结构，中隔墙也逐层拆除，形成一个刚度很大的完整结构顶住上部土体，然后，两侧洞采用台阶法，对称自上而下开挖。初期支护完成后，再自下而上施作两侧洞的二次模筑钢筋混凝土衬砌（图4.3.2）。

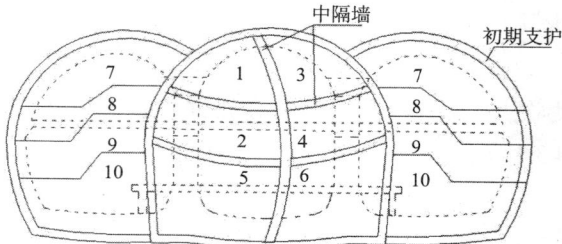

图4.3.2　浅埋暗挖——中洞法（三拱立柱式车站）施工流程

（2）浅埋暗挖——侧洞法

侧洞法是先对称地用CRD法开挖两个侧洞，待完成二次模筑钢筋混凝土结构后，再用台阶法开挖中洞（图4.3.3）。由于开挖两个侧洞后，中洞的宽度变窄，其承载土柱承受上覆土体压重的承载力下降，因而可能产生比中洞法要大的地表下沉。

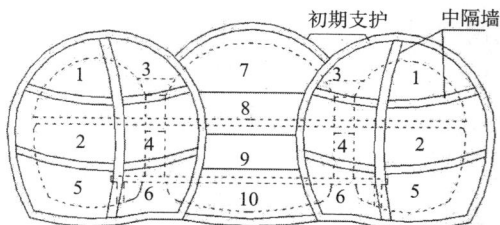

图4.3.3　三拱立柱式车站侧洞法施工步骤

（3）浅埋暗挖——双眼睛工法

先开挖一侧洞，再开挖另一侧洞，最后开挖中洞（图 4.3.4）。该工法不会在同一横断面上同时形成大的跨度，因而更有利于地层的稳定，但施工进度将会减慢。三跨双拱车站结构采用的双眼镜工法，对地表的沉陷值可以控制在 30mm 之内。

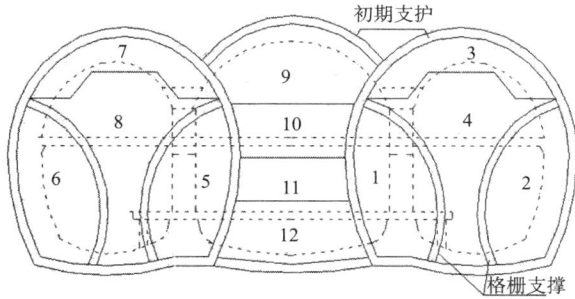

图 4.3.4　双眼睛工法施工步骤

（4）浅埋暗挖——柱洞法

采用"柱洞法"施工，按照"小分块、短台阶、早成环"的原则，将整个断面开挖横向分为：侧洞、有柱的柱洞和中洞共 5 个洞，每洞分上、中、下三层。先自上而下对称施工柱洞初支，再由下而上施作柱洞二衬，建立起梁、柱支撑体系。柱洞完成后，施工两个柱洞中间的中洞初支和二衬，形成整个大中洞稳定体系。再对称自上而下施工两侧洞初支，最后纵向分段自下而上对称施作二衬，完成结构闭合。柱洞法施工步骤如图 4.3.5 所示。

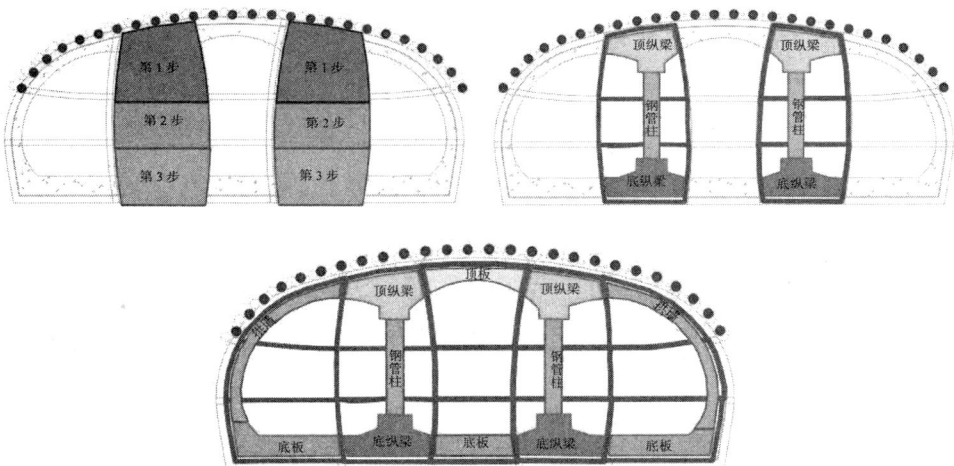

图 4.3.5　柱洞法施工步骤

（5）浅埋暗挖法——洞桩法

其主要原理是在车站立柱和边墙的顶部和底部施作小导洞，通过导洞采用桩基的施工方法施作车站立柱和边墙，而后小断面开挖施作车站顶板，最后在车站顶板的保护下开挖车站主体并进行车站其余结构的施工（图4.3.6）。洞桩法施工中车站的主体工程的开挖在车站顶板的保护下进行，施工较为安全，并能有效地控制地表的沉降。

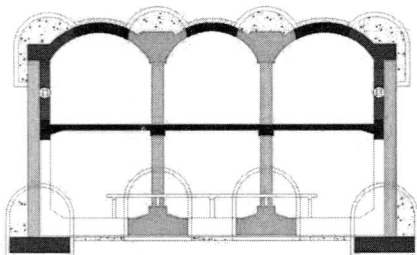

图4.3.6 洞桩法示意图

洞桩法最早应用于北京地铁复八线（王府井站、东单站和天安门西站），后来在地铁10号线、6号线、7号线多有采用。北京地铁15号线奥林匹克公园站最早选用了八导洞，采用人工挖孔桩、结构密贴的洞桩法施工。

以东西向贯穿中心城区的6号线一期及7号线工程，6号线一期工程19座车站中涉及采用洞桩法施工的车站有8座，占车站总量的42.1%；7号线工程20座车站中采用洞桩法施工的车站有9座，占车站总量的45%。除5号线采用中洞法外，后来线路基本采用了"PBA"工法。通过对洞桩法导洞施工、梁柱体系施工、扣拱施工、主体土方开挖及二衬施工等关键阶段对地表变形的影响分析，洞桩法车站施工引起的地表沉降主要发生在导洞施工及扣拱施工阶段，所发生的沉降约占总沉降量的90%左右。

暗挖出入段线或一线两列位停车线，结构断面形式的调整更有利于结构受力和防水，便于机械化暗挖，减少临时中隔壁拆除引起的沉降，节约工程投资，可采用普通模板台车浇筑二衬，简化了暗挖大断面结构施工工艺，加快了施工速度。该技术在北京地铁16号线起点—北安河站区间、宛平城站—终点区间工程中成功应用，每延米节约工程投资约6万；该结构与方法在北京地铁12号线、7号线东延、机场线西延等工程中得到进一步应用。

3. 地铁基坑水下开挖施工技术

在深厚富水砂层条件下施工的地铁深基坑，围护结构的止水及封底要求极高，为避免出现施工渗漏导致的地面塌陷事故，国内地铁工程开始尝试采用水下开挖技术，福州 2 号线厚庭站—桔园洲站区间风井位于乌龙江边，长 16.3m、宽 24.2m，开挖总深度为 41.6m，围护结构采用 1200mm 厚地下连续墙。

基坑分两步开挖：（1）第一级基坑从地面开挖至 23.6m 深度，采用水平封底后降水开挖方式，内支撑采用五道钢筋混凝土支撑，基底采用水平封底加固：采用 ϕ1100@850 三管旋喷桩加固，加固深度为基底以下 8m；（2）第二级基坑从 23.6m 深度开挖至 41.6m 深度，开挖土层厚度为 18m，采用水下开挖方式（图 4.3.7 ~ 图 4.3.9）。

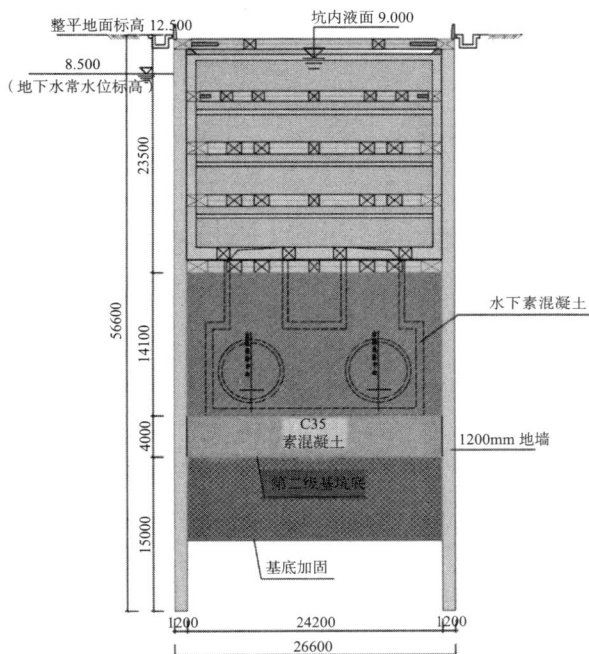

图 4.3.7　基坑剖面图

图 4.3.8　基坑内灌水开挖

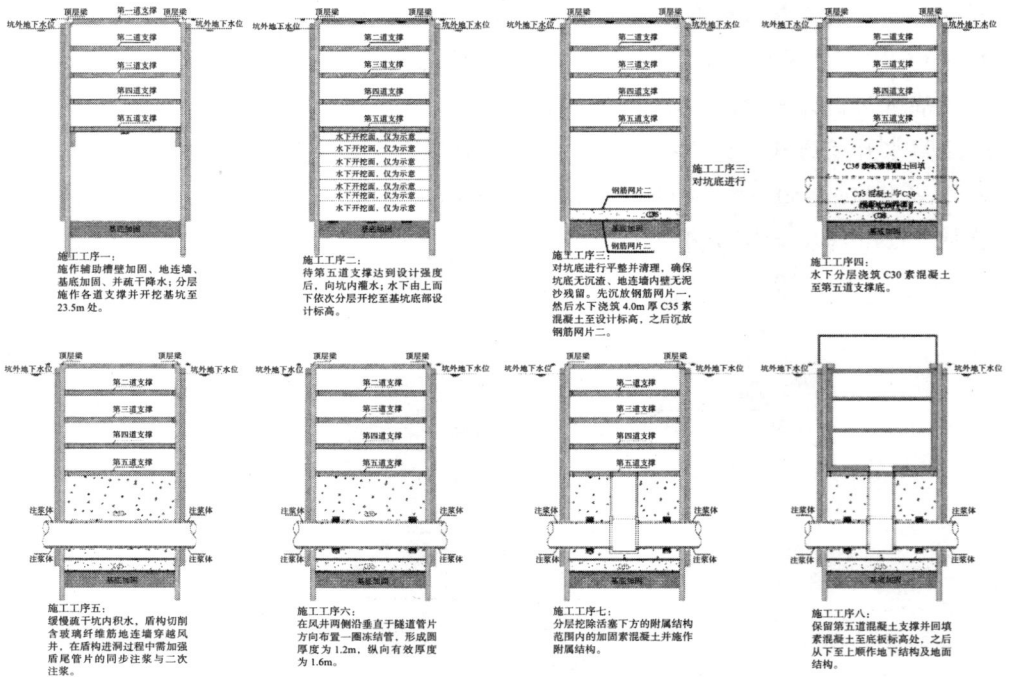

图 4.3.9 施工工序图

风井基坑范围内主要地层依次为：杂填土、素填土、粗中砂、卵石层，基坑底主要位于 <3-8> 卵石层。地下水主要为潜水、基岩裂隙水，埋深 3.40 ~ 5.66m，水位标高 3.40 ~ 8.13m，粗中砂和卵石层均为强透水层，乌龙江与两岸地下水有较密切的水力联系（图 4.3.10）。

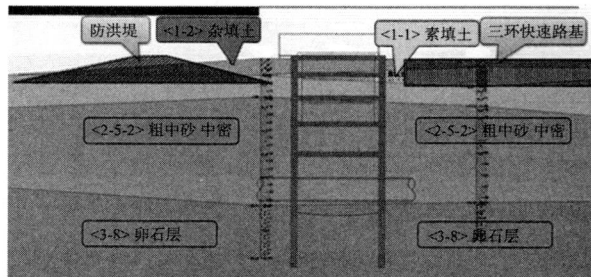

图 4.3.10 风井地质剖面

基坑水下开挖的原理为利用坑内外的水土压力平衡，保证基坑开挖的安全，同样道理，盾构隧道的始发和到达也越来越多地采用平衡始发 / 到达技术，如采

用钢套筒始发 / 到达（图 4.3.11）、钢筋混凝土箱体始发 / 到达（图 4.3.12）、水下接收等。

图 4.3.11　钢套筒始发

图 4.3.12　箱体始发

4. 土岩组合地质条件下明挖基坑刚柔复合式支护技术

应用于青岛地铁 3 号线。技术难点：青岛地处胶东半岛西南部，是典型的土岩组合地质类型，通常明挖车站的埋深较浅，要穿越强中风化分界面，因此如何设计出合理的支护方案，处理好岩土分界面（强风化性质近似于土）上下两部分的关系是设计和施工的关键点。另外，国内土岩组合地层中进行地铁车站盖挖法施工没有成熟选型经验，特别是吊脚桩的设计规范中还未有成熟的方法。施工技术与环境保护方面，依托五四广场站（五四广场站是亚洲最大的平行换乘地铁车站，地处青岛市政治经济中心，客流量大、管迁调流次数多）等类似明挖基坑工程，其所处特殊的站址环境以及青岛地区复杂的土岩组合地层，使得该站基坑的支护方案成为巨大的技术难题。因此，需开展相应的针对性科学技术研究。

技术创新方法与成果：

（1）提出适应于青岛地质条件的典型明挖基坑刚柔复合式支护方案（图 4.3.13），并研发出设计计算方法，提出吊脚桩嵌固深度的计算方法；在排桩计算模型的基础上，引入形状系数和土压力调整系数，建立吊脚桩的计算模型，并通过算例验证了计算模型的可行性。

（2）提出土岩组合地层盖挖法车站结构构件优化方法，结合有限元模拟和编程计算两种手段，对梁、柱构件提出了以截面尺寸、配筋以及箍筋间距作为优化变量，以构件重量为优化目标函数的优化算法，编写了优化计算程序，提出了土岩组合地层盖挖法车站结构构件优化方法（图 4.3.14）。

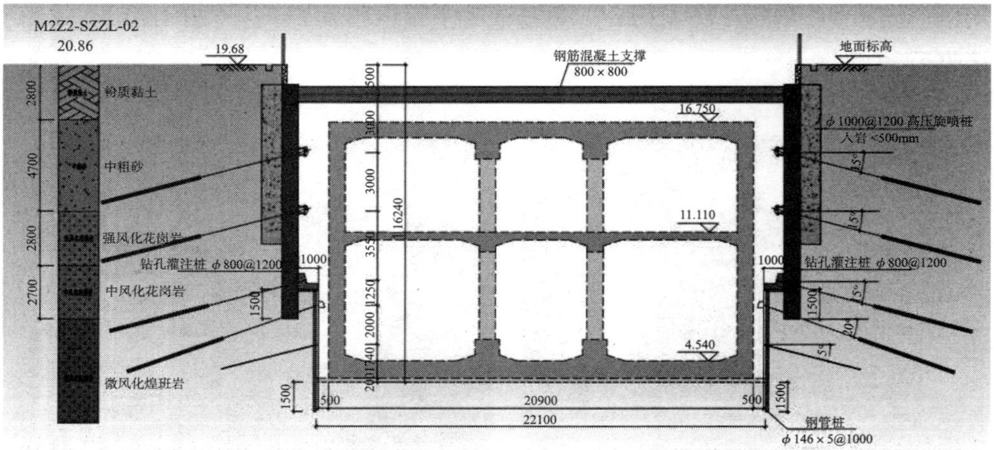

图 4.3.13　典型明挖基坑刚柔复合式支护方案

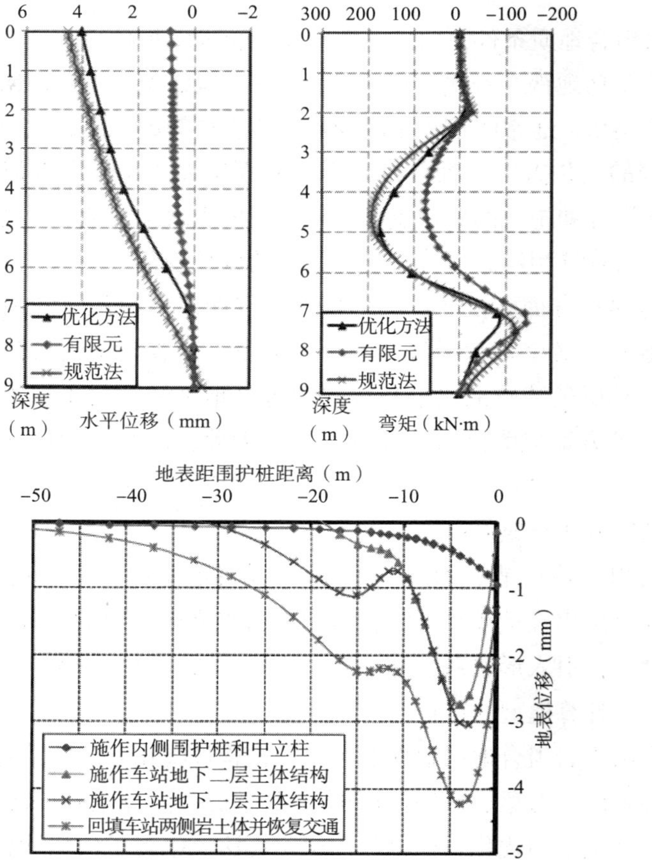

图 4.3.14　研发的刚柔复合式支护设计计算方法与传统方法的比较

（3）在施工中提出了钢管桩精确定位的控制要点，总结了一套大直径钢管柱精确定位技术。下端的定位依靠自动定位器完成，上端的定位采用 4 根置于钢套管和钢管柱之间的位于同一平面上的 4 根可调丝杆定位。自动定位器是预先加工的锥形装置，精确校正其平面位置、高程和垂直度后，用 4 只螺栓与预焊于钢套管管壁上的安装支脚连接，浇筑桩基混凝土后，定位器牢固锚固于混凝土中。其构造特点决定了其可实现对钢筋柱的引渡、限定、精确定位的功能。采用全站仪测设中间桩柱设计平面位置，并在护筒施工区域外十字轴线方向上做护桩，以确保桩心位置。采用水准仪及 30m 钢尺相结合，测设钢管柱底标高，并在钢套管管壁十字轴线方向对应做 4 点以控制定位器安装标高。柱心的测设方式为：先从地面用垂球将桩心引测至钢套管内桩基表面，较为精确地标定初安装位置，其后将 1/20 万的投点仪由全站仪直接置于地面桩心位置，将桩心直接投测于定位器中心，指挥定位器精确安装后浇筑混凝土。

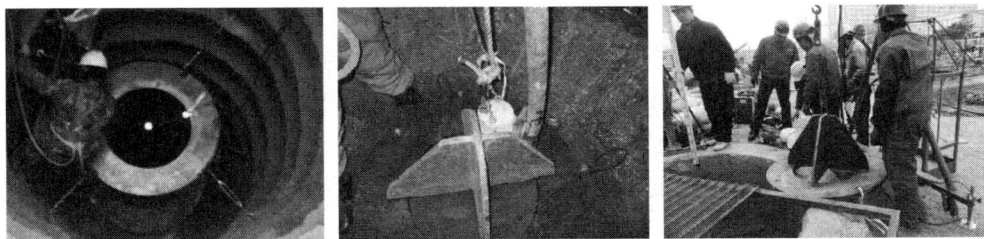

图 4.3.15　钢管柱的现场定位安装

（4）现场实测分析了爆破开挖中爆破振动对不同距离既有结构（车站主体结构中的钢管柱、顶板）的影响与防护。爆破参数设计合理，爆破前后对钢管混凝土柱的质量缺陷影响较小。对钢管柱的防护采用黄沙填充在挖孔桩护臂与钢管柱之间，节点部位采用机械破碎，达到减少振动、减少钢管柱的表面破坏，从而节约防火、防腐、防锈材料及维修费用。

以上成果将有助于解决城市中心区地铁车站结构施工中的安全和环境影响问题，保证工程本体与周边环境的安全性，提高其经济性。为后续类似工程的施工提供借鉴，为盖挖法在该地层条件中的推广建立基础性依据。

5.大型多线地铁枢纽站施工新技术

随着城市轨道交通的网络化建设，多线地铁换乘站越来越多。2 线换乘的地铁枢纽站形式有同站、平行和交叉换乘；交叉换乘有"十""T"和"L"字形等（图 4.3.16）。3 线换乘的地铁枢纽站形式有"三""Π""F""Δ"字形等（图 4.3.17）。

而在已建车站再建多线地铁枢纽站设计和施工难度大。例如，上海地铁人民广场站为"F"字形 3 线换乘站，汉中路站为"Δ"字形 3 线换乘枢纽站，世纪大道站为"丰"字形 4 线换乘枢纽站。

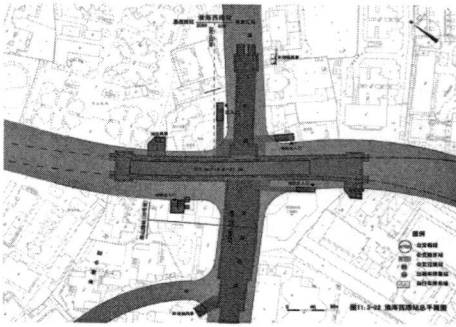

图 4.3.16 "十"字型 2 站换乘平面图

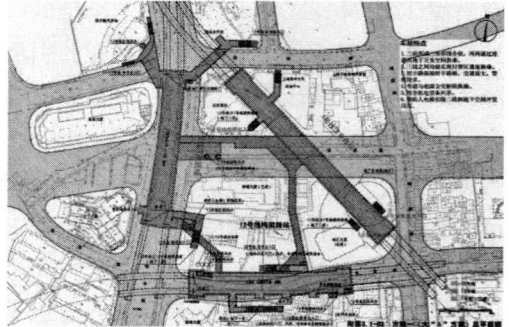

图 4.3.17 "Δ"字形 3 站换乘平面图

上海地铁世纪大道站有 2、4、6 号线和 9 号线 4 条线在此换乘。2 号线地铁站于 1999 年建成，长 269m，为地下 2 层结构，深 19m。2001 年开工建设的 4 号线地铁站位于 2 号线地铁站北侧，2 站平行换乘，为地下 3 层结构，开挖深度 23 m，比 2 号线地铁站低 4m，于 2005 年底建成通车。6 号线车站骑跨并穿越运营的 2、4 号线车站地下 1 层建筑空间，与同步实施的 9 号线东方路车站共同形成"丰"字形 4 线换乘大型枢纽站（图 4.3.18）。

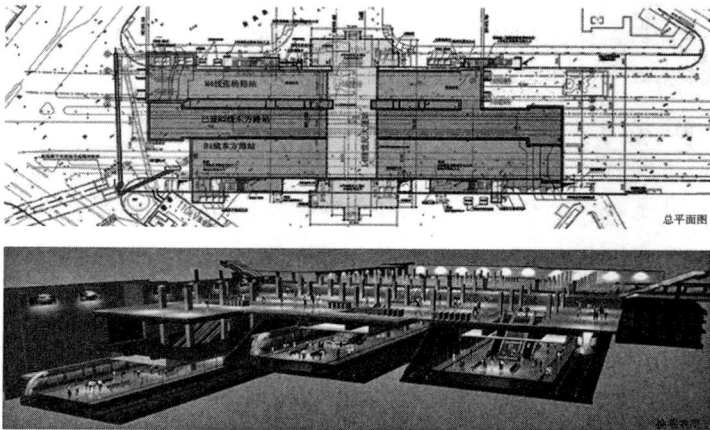

图 4.3.18 "丰"字形 4 线换乘世纪大道站示意图

世纪大道站设计与施工对改建工程中如何控制 2 号线车站结构上浮与侧移、9 号线车站基坑施工对周边运行中车站的影响、结构的耐久性（新老结构的衔接及防水等）等技术难点进行了重点研究，采取综合数值分析方法，并对重点部位进行仿真模拟分析。针对 2 号线车站侧墙大面积凿除所引起结构整体刚度大幅度减小等技术难点，设计采取了先撑后凿临时加固、化整为零小范围凿除、随凿随建确保整体刚度等技术措施；针对 6 号线穿越段 2 号线站厅层整体凿除改建带来结构受力改变和上浮等技术难点，采取了化整为零凿除结构、结构补强加固、抗拔桩压梁体系抗浮等一系列技术措施；针对 9 号线车站基坑平行施工对运行中 2 号线车站侧向土压力单侧卸载引起偏载的技术难点，采取了基坑化整为零施工、增大支撑刚度、盆式开挖等技术措施；通过三维数值模拟对各分项结构改扩建施工工序进行施工方案优化。项目实施过程中加强监测，根据理论分析和现场测试结果不断地优化施工方案，调整优化施工参数。将原 2 号线东方路车站的变形控制在设计要求的范围内，确保了地铁的安全运营和结构的安全，降低了施工风险。

2005 年开工建设的上海轨道交通 9 号线、11 号线与 1995 年建成运营的 1 号线在徐家汇形成 3 线换乘枢纽，但如何在高楼林立和交通拥堵的商圈内规划设计 2 座地下车站并与已建成运营 10 年的 1 号线徐家汇站实现客流方便换乘是一个难题。经多方案比选，提出以徐家汇最大最高的"港汇广场"双塔建筑为中心的"环港汇"3 线换乘枢纽为首选方案（图 4.3.19）。

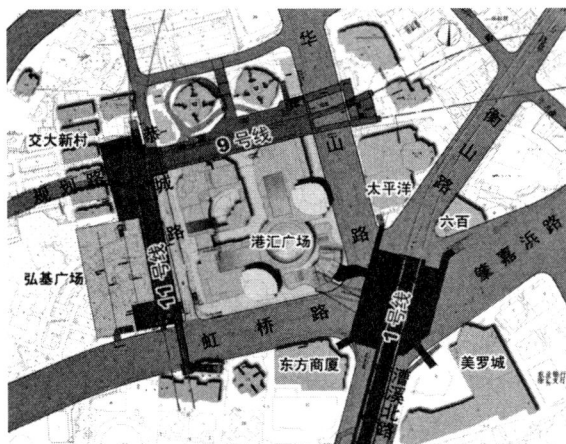

图 4.3.19　徐家汇 3 线换乘站"环港汇"方案

该方案在港汇广场北侧路下 3 层地下室改建为地下 2 层的 9 号线车站（图 4.3.20），在港汇广场西侧的恭城路下建地下 5 层的 11 号线车站，在西北角成"L"

形相交,可形成 2 站的换乘。9、11 号线与 1 号线的换乘则通过港汇广场的地下 1、2 层换乘大厅（图 4.3.21）。

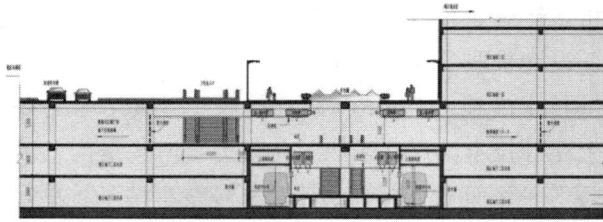

图 4.3.20 地下车库改建地铁站剖面图

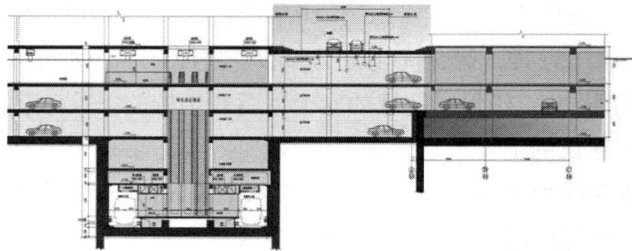

图 4.3.21 11 号线车站横剖面图

1 号线和 9、11 号线换乘大厅设在港汇广场东南侧,1、9 号线换乘通道利用港汇广场地下室改建。通道长 66.2m、宽 16.6m,开挖深度 10.33 ~ 12.51m。换乘大厅采用在原地铁商城地下盖挖加层施工,结构尺寸 67m×31m,深 4.7 ~ 10.9m。地下加层施工涉及结构托换、盖挖加层在狭小地下空间内的施工技术、通道与地下室接口连接的结构处理、向下盖挖加层对已运营的 1 号线现有结构的保护及衡山路下立交等关键性施工技术。西侧围护采用首创开发的旋喷桩内插型钢的形式,形成"低净空间下先插后喷型钢旋喷桩围护结构施工工艺"和 IBG 工法。加层区地基引进日本的 MJS 工法及设备,形成全方位压力平衡高压喷射注浆工法。在完成地基加固和围护结构后,压入静压桩作为盖挖法的支承桩对原结构变力体系进行转换,形成"低净空条件下的环境微扰动静压桩施工技术"。

6. 地铁车站装配式施工新技术

装配式建造技术是建筑工程建造方式的重大变革,但在地下工程领域,大型地下结构预制装配建造技术还很少应用。北京城建设计发展集团股份有限公司于 2012 年以长春地铁 2 号线袁家店站为试验段,在国内首次对明挖条件下的地铁车站预制装配技术进行了系统研发,包括结构选型及力学行为研究、接头综合技术研究、结构防水关键技术研究、施工技术研究与专用施工装备研发、大型预制构件生产技术研究、装配式地铁车站多专业一体化综合技术研究等。项目突破了6大关键技术，获得国家专利11项，其中发明专利4项。

至今已有5座车站在长春地铁2号线付诸实施，均为桩锚体系基坑支护结构的明挖车站，车站主体为单跨双层坦拱结构，结构总宽20.5m、总高17.45m，外围主体承载结构由环宽2m的7块大型预制构件拼装而成（出入口环也采用预制构件方式拼装），装配式主体结构无现浇混凝土湿作业，为"全预制装配式主体结构"。

采用该新技术显著提高车站结构工程质量；大幅度提高现场施工作业效率，缩短工期；现场作业环节大大减少，安全性显著提高；施工噪声和粉尘污染大大降低。

中国铁建大桥工程局集团承建长春地铁2号线袁家店站首座装配式地铁站，成功攻克了构件精度、构件混凝土耐久性配合比技术、厂内窑内蒸养技术，以及拼装定位、纠偏、基面精平处理等系列难题，形成了预制构件的施工新工艺，实现了预制件生产和拼装速度快、精度高、安全可靠等目标（图4.3.22）。

图 4.3.22　地铁车站构件拼装施工

与传统的明挖法建造方式相比，装配式车站能显著提高结构工程质量，大幅度提高现场施工作业效率和施工的安全性，环境影响小、节省劳动力，解决了严寒地区冬季无法施工的问题。预制装配式地下车站技术的研发和应用有利于推动地铁地下车站结构建造技术的变革。

2019年3月，上海地铁车站首次创新研发采用装配式拱形顶板新技术，应用于15号线吴中路站取得成功。车站顶板采用拱形预制钢筋混凝土结构，弦长20m、宽9.7m。施工人员采用运架一体机对预制拱板进行拼装、纵向移动和高精度就位；运架一体机由两台无线遥控的液压模块车和一组大型桁架支撑组成，设备在基坑内的中楼板上运行（图 4.3.23）。预制＋现浇叠合拱壳结构新工艺有利于地铁车站站厅层实现无柱大空间，减少现场支模的繁重工作量，缩短 50% 的施工时间。

图 4.3.23　预制拱板运架一体机施工

4.3.2　地铁区间隧道工程技术发展和应用

2001 年以来，广州地铁 2 号线、南京地铁 1 号线、深圳地铁 1 号线、北京地铁 5 号线、天津地铁 1 号线先后从德国、日本引进 14 台 $\phi 6.14 \sim 6.34m$ 的土压盾构和复合型土压盾构，掘进地铁隧道 50km。盾构法隧道逐步成为我国城市地铁隧道的主要施工方法。

盾构是集掘进化、自动化、信息化于一体的地铁隧道掘进机械，但由于地层的复杂性，如黏土、砂土、砂砾、软岩、硬岩、岩溶等，在盾构的选型及针对性设计、施工技术的选用上必须适应不同地层、岩层的地质水文特性。隧道掘进机的形式有土压平衡盾构（图 4.3.24）、泥水平衡盾构（图 4.3.25）、复合型盾构、TBM 掘进机（图 4.3.26）。

图 4.3.24　土压平衡盾构

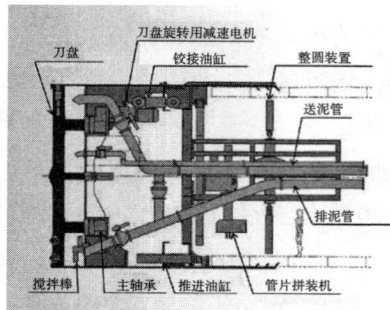

图 4.3.25　泥水平衡盾构

图 4.3.26 TBM 掘进机

土压盾构应用最广泛,适用各种黏土、砂土、砂砾地层,泥水盾构适用于含水量大、水头压力大的砂土和砂砾地层,TBM 掘进机适用于各类岩石地层。软土和软岩复合地层一般选用复合型土压盾构。盾构的刀盘和刀具也必须根据地层的不同性质特点而选型设计和配置。

新世纪前 10 年,我国地铁隧道施工的掘进机数量发展到 400 台,其中 90%以上为土压盾构,盾构制造主要采用国外技术。2005 年,列入国家"863"计划的我国第一台国产化 $\phi 6.34m$ 土压盾构投入施工,并建立了盾构模拟试验平台,开展不同地层盾构掘进模拟试验,使我国盾构制造和施工掘进技术逐渐赶上了国际先进水平。至 2018 年底,我国地铁工程使用的隧道掘进机数量达 1500 台,国产掘进机市场占有率达 70% 以上。

双线地铁隧道的直径约为 6m,2011 年以后,长距离越江地铁隧道开始采用 11m 直径以上的大盾构,先后在南京地铁 10 号线、武汉地铁 8 号线穿越长江隧道工程中得到应用。武汉地铁越江隧道还创新了与公路隧道合建的建设技术,隧道外径达 15.2m。

2003 年后,双圆地铁隧道断面在上海得到创新应用。2016 年后,又创新研发了类矩形断面地铁隧道,在宁波地铁工程中成果应用。6m × 8m 以上的大断面矩形顶管技术近 10 年来在地铁配套的过街人行地道工程中得到广泛应用。我国的地铁隧道盾构施工技术已经全面达到国际先进水平。

同时,硬岩地区的地铁隧道建设如青岛、重庆、厦门等地的施工技术也取得了很多新工法。

1. 软土地层土压盾构隧道施工技术

2000 年前,上海地铁工程区间隧道施工由 10 台 $\phi 6.34m$ 土压平衡盾构掘进施工,至 2008 年,盾构施工数量达 96 台,全年掘进区间隧道长度达 140km。盾

图 4.3.27 φ6520mm×W11120mm
双圆形土压盾构

图 4.3.28 双圆隧道 1:1 结构加载试验

图 4.3.29 12.83m×7.48m 类矩形
土压平衡盾构

构穿越建筑物和运营地铁隧道技术、盾构切削桩基技术、信息化施工技术、双圆盾构施工技术、矩形隧道掘进技术等得到全面发展，成为软土隧道技术领头羊。

2001 年起，南京、天津、杭州、武汉、西安、郑州等城市地铁隧道也先后采用土压盾构施工技术。

2003 年起，上海在消化吸收日本双圆盾构隧道的基础上，引进 4 台 φ6520mm×W11120mm 双圆形土压盾构（图 4.3.27），掘进 8 号线黄兴路站—开鲁路站 2.6km 区间隧道。以后又在 6 号线、10 号线、2 号线东延伸段陆续采用双圆盾构掘进隧道 10km。成为继日本之后第二个采用双圆地铁隧道先进技术的国家（图 4.3.28）。

2015 年，宁波市轨道交通 3 号线南侧车辆段出入段线工程，长 390.3m 区间隧道推进施工采用 1 台新研制的 12.83m × 7.48m 类矩形土压平衡盾构（图 4.3.29），主要穿越地层为黏土、淤泥、淤泥质粉质黏土、粉质黏土。

类矩形盾构外径为 12.83m×7.48m，采用了大刀盘加偏心小刀盘的组合切削形式，设 2 个出土螺旋机，管片拼装采用 2 个环臂式自动轨迹控制拼装机。

2017 年 5 月 17 日，类矩形盾构机"阳明号"在宁波轨道交通 4 号线翠柏里站始发，两个区间约 1.6km 的隧道成为我国第一条穿越核心城区的类矩形盾构法隧道（图 4.3.30）。

2. 复合地层盾构隧道施工技术

2000 年至 2004 年，广州 2 号线和深圳地铁 1 号线区间隧道有一部分建在软

图 4.3.30　地铁类矩形区间隧道

土与软岩复合地层，经比选研究先后从德国和日本引进 8 台 ϕ6.14m 复合型土压平衡盾构。盾构刀盘装有切削软土的齿刀和切削岩石的盘式滚刀，为解决块石从密闭土舱内出土的难题，首次采用无中心轴的带式螺旋输送机。

　　第一项工程为广州地铁 2 号线海珠广场站至江南新村站 3423m 区间隧道，选用 2 台由上海隧道工程公司改制的 ϕ6.14m 复合型土压盾构掘进施工（图 4.3.31）。盾构从珠江底穿越，埋深 16 ~ 28m，掘进地层为含水丰富的弱风化岩、强风化岩和中风化岩。为解决因刀盘面板的粘结引起的进土不畅、推进速度慢、刀盘扭矩大的问题，在刀盘上加装了先行刀。施工经验总结为"复合型土压平衡盾构掘进工法"（图 4.3.32）。

图 4.3.31　ϕ6.14m 复合型土压盾构

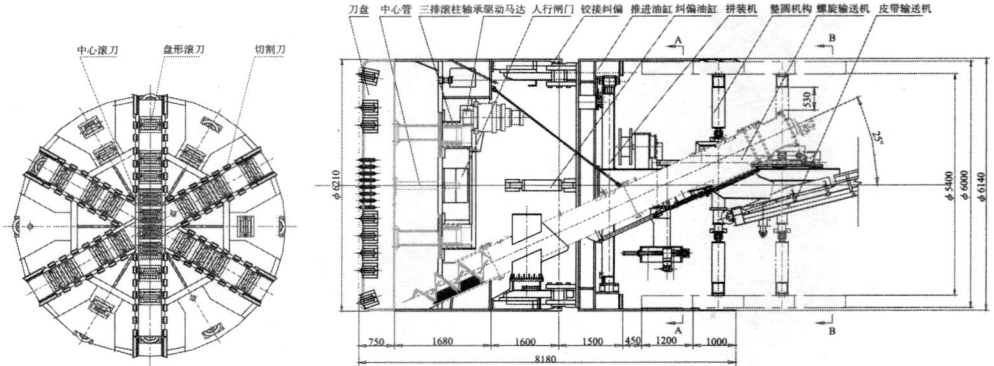

图 4.3.32　复合型土压平衡盾构示意图

3. 砂卵地层盾构隧道施工技术

2001 年，北京地铁 5 号线首次采用土压盾构掘进施工区间隧道，北京城建集团引进 1 台 ϕ6.20m 的海瑞克公司制造的土压盾构，开口率 38%，刀盘布置常规的切削刀具（图 4.3.33）。穿越土层为黏土、砂土、含砾砂土。为解决土砂的塑流，在土舱内添加泡沫剂，掘进速度可达 8m/d。砂砾地层对刀具磨损严重，掘进 346m，因扭矩、推力激剧增大，刀具磨损厉害。更换的齿刀数量为 68 把。经换刀后继续推进，完成 688m 区间隧道施工，成为我国土压盾构穿越砂砾地层的第一例。

北京地铁 5 号线东四站—张自忠路站区间隧道采用 1 台日本 IHI 公司制造的辐条式土压盾构，穿越地层也同样为砂砾地层，直径 6.17m，开口率达 90%（图 4.3.34）。为减少刀具磨损，在刀具高差上配置了先行刀和副切削刀。施工中采用了泥浆和泡沫混合添加剂，用以改善土渣的流塑性。掘进速度快、刀具磨损少。经过北京地铁多项盾构隧道施工，总结了砂砾地层土压盾构掘进施工的技术经验，应选择开口率大的盾构刀盘，一般应在 38% 以上。在地层稳定性较好的区段，从刀具的耐磨角度讲，辐条式刀盘优于面板式刀盘。配置先行刀，可显著增加切削土体的流动性，降低扭矩，提高效率，减少主切削刀的磨耗。

2007 年起，成都地铁 1 号线 18.5km 区间隧道采用 6 台德国海瑞克盾构掘进施工，其中 5 台为土压平衡盾构，1 台为泥水平衡盾构，刀盘外径 6.28m。隧道主要穿越卵石土层，含量高达 55% ~ 80%，粒径以 30 ~ 120mm 为主，局部地层含有 200 ~ 670mm 的大漂石。泥水盾构在处理大卵石和漂石上效率低，换刀时间长，而在土压盾构掘进施工方面逐渐形成施工工艺和换刀技术（图 4.3.35）。2010 年以后，中铁装备集团在对成都砂砾地层盾构掘进施工进行深入研究的基础上，为成都地铁 2、3、4 号线工程制造了 10 台土压盾构（图 4.3.36），施工性能良好，创造了单日 31.5m 地铁盾构掘进施工最高纪录，并在 35 天的有效掘进时间内完成 615m 的区间掘进施工任务。施工经验形成富水砂卵石地层土压平衡盾构施工工法。科技成果获 2012 年四川省科技进步一等奖。

图 4.3.33　φ6.20m 土压平衡盾构

图 4.3.34　φ6.17m 辐条式土压盾构刀盘

图 4.3.35　盾构开挖面换刀作业

图 4.3.36　成都地铁穿越砂砾地层土压盾构

2015 年，兰州地铁有 2 个区间隧道需穿越黄河底部富含水卵砾石层，其中一条隧道穿越黄河段长 404m，最大埋深 42m，地下水压大，卵砾石含量大于80%，含量高、粒径大，透水系数 60m/d，为盾构掘进的世界难题。中铁 6 局采用 φ6.45m 复合式泥水平衡盾构，刀盘装有切削大卵石的滚刀和切削刀，设 2 个破石箱，施工中配置新型泥水处理系统，优化泥水环流系统。施工中克服了开挖面坍塌、刀盘卡住、碎石机损坏等重重困难，形成成套技术工艺。穿越段工期50 天和 75 天，平均每天掘进 6m 和 8m（图 4.3.37）。

图 4.3.37 兰州地铁 ϕ 6.45m 泥水盾构穿越黄河砂砾地层

4. 硬岩地层地铁隧道 TBM 掘进施工技术

钻爆法施工硬岩隧道具有成熟的技术和经验，在广州、深圳、大连、重庆、青岛地铁隧道工程得到应用，但存在施工速度慢、振动噪声大、劳动强度大、工作环境差等缺点。而 TBM 隧道掘进技术具有施工速度快、机械化程度高、安全、施工环境好等优点，但施工成本较大。

2011 年，重庆地铁 6 号线铜锣山隧道全长 5633m，需穿越煤层、瓦斯、岩溶发育带、石膏岩、断层带等复杂地质，隧道最大埋深 371m，水压高，涌水风险大。中铁十八局承建该工程，经分析地质状况，采用 TBM 掘进和钻爆法 2 种施工方法。其中 TBM 施工长度为 2692.7m，钻爆法施工长度为 2936.9m。引进 2 台美国罗宾斯公司制造的 ϕ 6.28m 复合式 TBM 掘进机（图 4.3.38）。刀盘刀具配置滚刀碾压破岩，与刮刀切削破岩，可单独或混合使用，滚刀和刮刀可互换或混装。采用先进的 PLC 控制系统，同时配备激光导向系统、管片安装、豆砾石及注浆系统、瓦斯及有害气体监测系统、视频监控系统等。该机以满足围岩具有自稳能力的条件下实现单护盾模式快速掘进为主；同时兼具局部土层、强风化或中风化等围岩不具备自稳能力条件下采用土压平衡模式掘进的功能，最大推进速度 80mm/min，月掘进速度可达 250 ~ 350 m，最高达 407m。2013 年 1 月隧道贯通，成为国内首条采用 TBM 掘进的地铁隧道。

图 4.3.38 ϕ 6.28m 复合式 TBM 掘进机铜锣山隧道掘进施工

2015 年 3 月 7 日，由中铁隧道集团负责施工的重庆轨道交通 5 号线首台 TBM 掘进机成功始发。5 号线全长 39.75km，其中 22.6km 区间隧道采用 7 台 TBM 掘进机施工。复合式 TBM 掘进机由中国中铁装备集团公司自主制造，直径 6.85m，主机总长 9.4m，总重约 580t，掘进长度 3.3km。

2015 年，青岛地铁 2 号线东段首先采用 4 台由中船重工制造的 ϕ6.3m 的 TBM 掘进 7198m 区间隧道（图 4.3.39），其中 1 台为 DSUC 型双护盾 TBM 掘进机，具备敞开式、单护盾和双护盾 3 种掘进模式，为国内地铁隧道工程首次应用。3 月 27 日第一台 TBM 从海安路站始发，8 月 7 日贯通达到海川路站，长度为 941m，施工历时 4 个多月，由中国铁建十八局集团承建。改良升级版的 DSUC 型双护盾 TBM，集机、电、液、光、气、信息技术于一身，将掘进和支护合为一体，能够根据地质情况选用不同掘进模式，掘进、支护、出渣"一条龙"，达到了国际先进水平。实现了 TBM 日掘进最长 22.5m、月掘进最长 382m 的施工纪录。

图 4.3.39　青岛地铁隧道 ϕ6.3mTBM 掘进机始发

2017 年 7 月 19 日，地铁 1 号线西海岸段 3.5km 采用 2 台 TBM 掘进机施工，穿越 7 条地质断层破碎带。台海区间 5.76km，基本都是微风化的花岗岩和花岗斑岩，强度可达 80～100MPa。

5. 地铁隧道长距离穿江越海施工技术

采用盾构掘进地铁隧道穿越长度 500m 以内、深度 30m 以内的江河底部，在 2009 年前的上海、广州、天津地铁工程中已得到成功应用。2009 年，武汉轨道交通 2 号线穿越长江段 3100m 区间隧道工程采用 2 台 ϕ6.3m 泥水平衡盾构掘进施工，开创了地铁隧道长距离大深度穿越施工的先例。

2012 年，南京地铁 3、10 号线长距离穿越长江，过江隧道地质条件复杂、水压高、长距离穿越长江，越江隧道长 3.6km，埋深达 60m。中铁第四设计研究院首次研究设计了 ϕ11.2m 单洞双线越江地铁隧道断面，隧道分为 3 部分（图 4.3.40），上部为纵向排烟道，中部为轨行区（图 4.3.41），中隔墙两侧设置纵向疏散平台，每隔 200m 设置一樘疏散门洞，采用车厢–疏散平台–道床的疏散模式，下部为排水沟槽和江中泵房。

图 4.3.40　单洞双线三层横断面

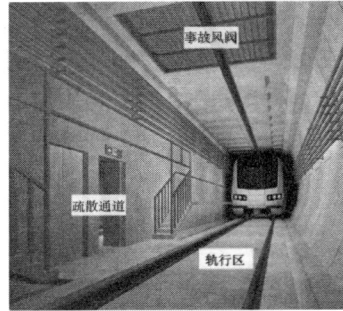

图 4.3.41　轨行区效果图

由中铁十四局承建的南京地铁 10 号线穿越长江区间隧道采用 ϕ11.64m 泥水盾构掘进 3.6km，其中 1.8km 在高压含水砂砾地层掘进。创新采用了开口率大于 35% 的泥水盾构机，配置高浓度泥浆，配有先进常压换刀装置。创造了日掘进 38m、月掘进 636m 的施工纪录。在高水压始发、穿越长距离卵砾石与泥岩等特殊不良地质、常压更换刀具等技术上形成 30 余项成果和专利，实现了同类地质条件下盾构隧道施工的世界纪录，填补了国际上盾构施工技术的空白。

2016 年 6 月，武汉轨道交通 8 号线黄浦路站—徐家棚站区间隧道下穿长江，全长 3186m，隧道外径 12.1m，采用单洞双线盾构隧道，该隧道是盾构一次掘进长、地质条件复杂、工程建设难度大、实施风险最高的过江隧道（图 4.3.42）。

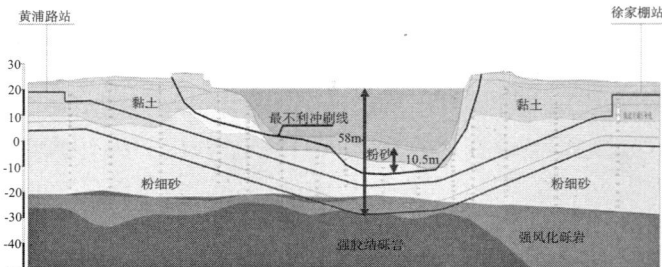

图 4.3.42　越江隧道纵断面示意图

中铁十四局承建该越江隧道工程,采用 1 台 12.2m 复合型泥水盾构掘进施工,同时采用常压下滚刀、齿刀互换技术、伸缩式刀盘等世界盾构施工领域最尖端的科技成果和施工工艺（图 4.3.43、图 4.3.44）。盾构机在强透水地层、长距离穿越上软下硬复合地层,面临盾构击穿冒顶、盾构机掘进速度慢、掘进方向偏移、刀盘磨损严重等多项世界级技术难题的情况下,在盾构施工中第一次实现常压下滚刀、齿刀互换技术。

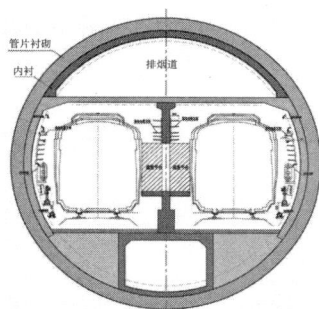

图 4.3.43　越江隧道横断面图

图 4.3.44　越江隧道施工现场照片

厦门地铁 2 号线海沧至东渡区间隧道是国内首条地铁过海盾构隧道,全长 2.8km,海底段长达 2.1km,最大埋深 60m。2016 年 1 月 29 日首台盾构机在海沧大道站始发,由中铁十四局承建（图 4.3.45）。过海隧道采用"盾构法 + 矿山法"的组合施工方案,采用 ϕ 7.05m 泥水平衡盾构机施工。

图 4.3.45　厦门地铁 2 号线过海盾构隧道

厦门地铁 3 号线过海通道工程五缘湾站—刘五店站区间隧道长 1419m,采用 2 台 ϕ 7.05m 泥水盾构施工,海域段长度 1.1km,由中铁一局承建。2017 年 3 月始发掘进,先后穿越了约 200m 孤石群、全断面砂层、风化深槽、上软下硬等复杂地层；长距离穿越强度高达 204MPa 全断面花岗岩地层。创新了"近海域全断面砂层盾构始发""非饱和气压换刀""洞内盾构机弃壳解体""海域全风化花岗岩地层冻结施工联络通道"等多个工艺工法。右线于 2018 年 7 月 13 日掘至工法交接点。2017 年 7 月 19 日，地铁 1 号线台海区间采用 2 台 TBM 掘进施工，区间长 5.76km，基本都是微风化的花岗岩和花岗斑岩，强度可达 80～100MPa。

2018 年 4 月，青岛地铁 8 号线过海段全长 7.8km，其中海域段长度 5.4km，海底 2.1km。采用单护盾双模式 TBM 掘进施工，由中铁二局承建（图 4.3.46）。TBM 掘进穿越了 970m 长的地质断裂带，断裂带地下水丰富，单点涌水量大，且夹带泥渣，国内无类似施工经验可供借鉴。施工中克服重重困难，于 2019 年 1 月完成掘进，比节点工期提前 24 天。

图 4.3.46　单护盾双模式 TBM

2019 年 1 月，由中铁一局承建的地铁 8 号线大青区间（大洋站—青岛北站）东侧过海段泥水平衡盾构顺利始发，海域段长达 5.43km，采用泥水盾构机开挖的区间隧道长达 2.89km，过海最大埋深达 51m，还要穿越随时可能发生海水倒灌的两个断裂带，施工难度可谓"空前"。

2019 年 1 月 18 日，大连地铁 5 号线火车站至梭鱼湾站区间跨海大直径盾构隧道始发，隧道下穿梭鱼湾海域，全长 2870m（其中海域段 2310m），最大埋深 49m。采用由中铁装备集团公司制造的 ϕ12.26m 泥水平衡盾构施工，中铁一局承建（图 4.3.47）。穿越地层围岩强度高，透水性较强，且区间地层存在大量溶洞。海底施工区间面临长距离全断面硬岩掘进，最高岩石抗压强度达 118MPa；隧道底部距离海平面最深达 49m，穿越地层破碎、透水性强，且与海水相连、水头压力大，接近 0.5MPa；盾构施工将穿越 1538m 岩溶地层，岩溶发育强烈、穿越三大溶洞群，最大溶洞高 29.8m；盾构掘进难度非常大，安全风险极高。

图 4.3.47　海宏号 ϕ 12.26m 泥水平衡盾构始发推进

6. 超浅埋盾构隧道施工技术

常规地铁盾构隧道覆土不少于 1 倍直径 6m，出入场线一般采用明挖法施工，使隧道引出地面。地面出入式盾构法隧道新技术（GPST）核心理念是盾构机从浅埋导坑始发，然后可在无覆土条件下施工隧道，最终到达浅埋导坑内。利用盾构掘进替代暗埋段明挖施工，施工场地与开挖方量均可减少 50% 以上，降低了拆迁和对周围环境的影响；以浅埋导坑替代深大工作井，不仅可减少施工风险和开挖方量，也缩短了建设工期，经济与社会效益显著。

南京地铁机场线吉印大道—正方中路盾构区间工程采用 GPST 新技术，突破了传统盾构法隧道施工对最小覆土深度的限制，实现了地下隧道与地面道路连接的一体化设计与施工，规避了暗埋段明挖施工对周边环境的影响，为隧道工程建设提供了一种全新的解决途径。

吉印大道—正方中路区间无工作井盾构法隧道（GPST 工法）位于既有将军大道上。双线盾构段长 124m，最小埋深 1.89m，最大埋深 5m，穿越地层主要为粉质黏土层。工程总平面图及纵断面图如图 4.3.48、图 4.3.49 所示。

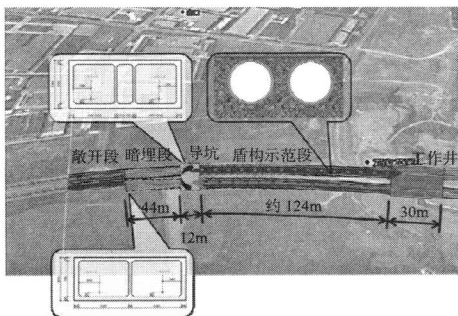

图 4.3.48　工程总平面图

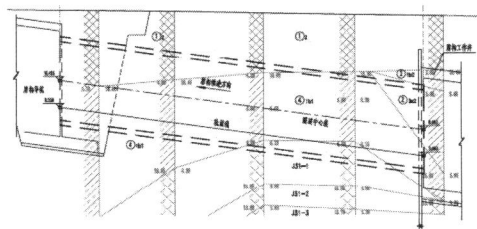

图 4.3.49　工程纵断面图

浅埋盾构段衬砌外径 6200mm，衬砌内径 5500mm，环宽 1200mm，采用错缝拼装。超浅覆土工况下，圆形隧道管片顶部荷载小，两侧及底部反力较大，呈竖鸭蛋变形。设计中针对不同覆土深度、地下水位及地质条件，确立合理荷载 – 结构计算模式，同时设计采取有效措施确保工程安全快速完成。管片环缝及纵缝均采用斜螺栓连接（图 4.3.50）。

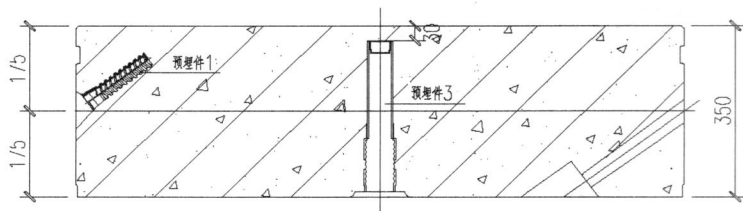

图 4.3.50　管片斜螺栓结构

为提高浅覆土管片抗剪能力及接缝防水性能，每环管片增加 4 只纵向通长螺栓进行拉紧（图 4.3.51）。

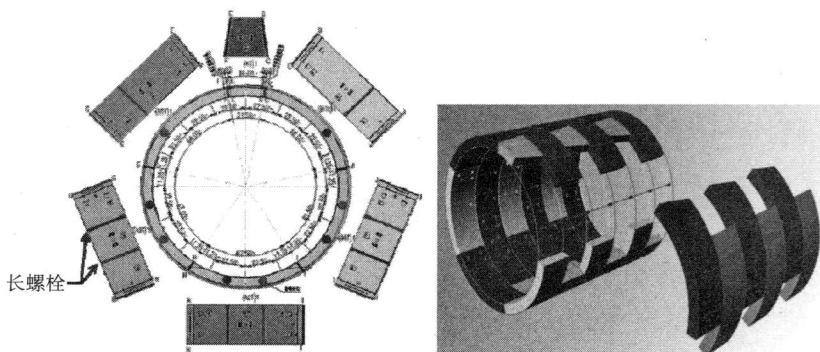

图 4.3.51　浅覆土管片结构

为提高拼装精度，管片设有定位销（位于管片拼装环面）及定位棒（位于管片纵缝面）。施工阶段地面沉降控制在 3cm 内。对于浅覆土的隧道抗浮问题，则结合计算分析，对抗浮不够地段采用了抗浮锚杆，在隧底的标准块各设置一根（图 4.3.52）。

7. 岩石地质条件下单层喷锚衬砌隧道

针对地质情况良好的围岩段，采用喷射混凝土作为永久衬砌，单层衬砌为单拱直墙断面，取消了二次模筑混凝土衬砌。单层锚喷永久衬砌的耐久性要求远远

图 4.3.52　浅埋盾构始发

高于复合式衬砌中的锚喷支护，因单层锚喷永久衬砌在国内地铁的建设中尚属首例，对于其岩性较差地段的适用性、湿喷耐久性混凝土的性能指标、结构的防排水及其施工工艺需进一步研究和验证。单层锚喷永久衬砌适用性研究对于节材环保、降低工程成本及提高施工效率意义重大。

本项技术应用于青岛地铁 3 号线青岛站至人民会堂站区间，工程通过采用耐腐蚀中空注浆锚杆、局部径向小导管注浆封堵地下水、设置网络化的排水系统等措施，采用 C30 纤维喷射早强混凝土湿喷工艺，在国内城市地铁首次形成成套喷射混凝土单层衬砌施工技术并在青岛地铁实施，其主要内容有：

（1）针对地铁区间隧道硬岩、弱水的地质特点，采用光面爆破、径向注浆止水等技术（图 4.3.53），实现了单层锚喷混凝土作为永久衬砌（图 4.3.54），取消了二次模筑混凝土，节约了大量的工程材料。首次采用单层 C30 纤维喷射混凝土作为城市地铁隧道永久衬砌，在国内地铁工程中尚属首例。

图 4.3.53　隧道光面爆破效果

图 4.3.54　单层衬砌效果

（2）采用高性能湿式喷射混凝土作为永久衬砌，使用矿渣粉、硅粉、纤维素纤维、减水剂及无碱速凝剂等材料，控制水胶比，达到强度及电通量等耐久性指标，能够有效改善作业环境，更加有利于作业人员的劳动防护。

（3）提出了围岩渗流场重分布与喷层排水系统相互作用理论，研制出一种适用于喷层结构的柔性可降解材料的排水盲管（图4.3.55），试验结果证明这种材料具备柔性、密贴、耐射流冲击以及可降解等特性，并首次在围岩与喷射混凝土之间设置了可降解的环纵向网络化排水系统，实现了围岩地下水渗流场的重新分布及地下水的限量排放，效果良好，达到了地铁区间二级防水标准，经科技查新表明，利用这种材料在喷层背后布设排水系统属全国首创（图4.3.56）。

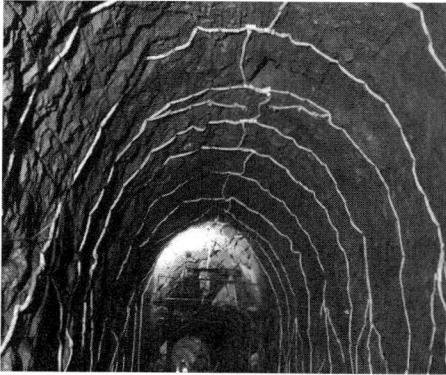

图4.3.55　生物降解排水系统

图4.3.56　湿喷机械手作业

（4）本工程在科学理论分析和具体实践检验的基础上，通过不断地总结创新，采用科学合理的施工方法和喷射方案，积极探索、大胆尝试改进施工工艺，综合引进国外技术，实现了区间隧道硬质围岩单层锚喷永久衬砌方式，并形成了成套喷射混凝土单层衬砌综合施工技术。

4.3.3　高架轨道交通工程新技术发展和应用

高架轨道交通与地铁相比，具有投资低、建设周期短的优点，但对周边环境的振动和噪声影响大，适用于市域线工程。2000年底建成的上海轨道交通3号线25km中，高架线路22km，主要采用传统的钢筋混凝土预应力箱梁、钢结合梁。2002—2004年，北京地铁13号线一期、武汉轨道交通1号线一期、大连轨道交通3号线一期、重庆轨道交通2号线一期工程均主要采用传统的现浇钢筋混凝土预应力箱梁。其中上海、北京、武汉的第一条高架轨道交通均为原有的市内铁路线。2004年，上海地铁1号线北延伸段创新采用高架轨道交通和高架道路一体化双

层高架结构，上层高架道路采用预制
T 型梁，三跨一联（图 4.3.57）。轨道
交通采用现浇简支箱梁、支承块式承
轨台结构。2008 年，上海地铁 8 号线
南段首次引进并采用先进的预制 U 型
梁先进技术，并逐步在国内高架轨道
交通工程中得到推广应用。

1. 高架预应力混凝土箱梁及其组
合梁——上海轨道交通 3 号线

图 4.3.57　轨道交通与高架道路双层结构

2000 年 12 月 26 日，我国第一
条高架轨道交通线——上海轨道交
通 3 号线一期通车运营，线路全长
24.98km，其中高架线路 21.52km，
地面线 3.46km，共设 19 座车站，其
中 16 座高架车站，3 座地面车站。高
架结构主要采用简支和连续钢筋混凝
土预应力箱梁、钢结合梁，基本跨度
30m。桥墩立柱采用独柱、双柱等形式。

有 4 座特殊桥跨，分别是：漕溪路

图 4.3.58　漕溪路预应力混凝土系杆拱
连续梁桥

桥为 54m+128m+54m 预应力混凝土系杆拱连续梁桥，主跨 128m（图 4.3.58）；中
山西路桥为 80m+112m+80m 双薄壁墩预应力钢筋混凝土连续刚构桥，主跨 112m；
中山北路桥位于上海市中山北路、西体育路、新市路与西江湾路的交汇处，上跨
道路中山北路高架桥，与其斜交角约为 30°，桥梁上部结构为三跨（30m+55m+30m）
连续梁，其两边跨为预应力混凝土现浇箱梁，中跨为钢—混凝土结合梁（图 4.3.59）；
苏州河桥位于跨越既有沪杭铁路苏州河桥桥位，与苏州河正交，桥梁需跨越苏州
河及两岸的万航渡路和光复西路，桥式采用 25m+64m+25m 三跨中承式钢管混凝
土梁 - 拱组合体系，桥全长 114m、宽 12.5m，外部结构体系为连续梁，即拱脚与
桥墩处以支座连接，内部为主纵梁、小纵梁、横梁及钢管混凝土拱肋的组合结构
体系，中拱施工时利用旧铁路桥钢桁梁作为支架，成桥后，拆除旧桁梁。漕溪路桥、
中山西路桥由中国铁路设计集团有限公司设计，苏州河桥、中山北路桥由北京城
建设计发展集团股份有限公司设计。

2002 年，北京地铁 13 号线 40km 建成运营，除 1 座东直门站为地下车站，
其余全部为高架线路，由原铁路线改建而成。2003 年底，武汉轨道交通 1 号线

一期 10km 建成运营，为高架线。采用简支梁现浇混凝土结构，过河段采用简支梁移动模架。同年，大连轨道交通 3 号线一期建成运营，也是高架线。2004 年，重庆轨道交通 2 号线一期跨坐式单轨建成通车（图 4.3.60）。

图 4.3.59　中山北路预应力混凝土与钢结合梁桥

图 4.3.60　重庆跨坐式单轨

2. 轨道交通高架区间 U 型梁施工技术

2007 年 5 月，上海轨道交通 8 号线南延伸段高架区间 6.3km 工程，在国内首次采用 U 型梁，这是一种下承式轨道结构（图 4.3.61），其建筑高度低、降噪效果好、结构紧凑、安全性好，降低了高架桥梁全寿命的运营成本和能源消耗，在世界各国多条轨道交通项目得到了广泛应用。引进了法国 SYSTRA 公司的 U 型梁设计技术，断面轻巧新颖，材料用量经济。U 型梁跨度 30m、宽度 5.224m、高度 1m、厚度 240mm，混凝土强度 C50。U 型梁在工程现场进行预制浇筑和预应力张拉。

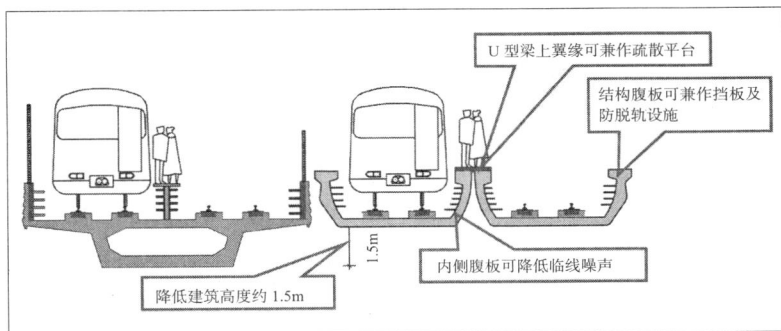

图 4.3.61 U 型梁与箱梁对比

2007 年南京地铁 2 号线东延线在国内首次采用自主研发的 U 型梁技术，并首次应用在 A 型车制式上（图 4.3.62）。

图 4.3.62 南京地铁 2 号线东延线 U 型梁

为了解决 U 型梁的结构安全性，U 型梁系统的环保性、功能性、经济性和结构施工工艺方面的问题，北京城建设计发展集团股份有限公司开展了 U 型梁技术研究，通过对 U 型梁综合降噪技术全面系统的理论分析研究，提出了 U 型隔声断面，采用软件，模拟计算 U 型断面隔声效果，首次提出了由腹板吸声、腹板挑檐隔声以及隔声调整块组成的综合降噪措施，与同等条件下箱梁比较可降低噪声 ≥ 6dBA；按开口薄壁构件理论，进行 U 型梁计算分析，首次提出 U 型梁截面弯剪扭计算方法；通过长期现场温度场监测研究，首次提出 U 型梁温度效应计算方法；首次进行了开口薄壁模型梁的扭转试验研究，验证了试验梁计算方法的可行性；进行了 6 项现场工程试验与长期监测，形成了完整的 U 型梁结构计算

图 4.3.63　高架轨道交通 U 型梁

理论和方法；优化了建筑和设备限界，精巧构造 U 型梁的内轮廓，达到最有效遮盖车辆和梁体之间空隙、提升阻隔轮轨噪声的效果；首次在 U 型梁采用恒张力弹簧补偿器，优化整合桥上设备系统布置方案，以隐形原理构筑 U 型梁折线型外轮廓，优化桥梁外侧立面建筑造型及景观效果；综合解决了 8 个专业子系统的技术问题，成功研发出具有降噪、经济、美观、环境友好的城市轨道交通 U 型梁系统综合技术。

　　2010 年开工建设的上海轨道交通 16 号线是市域线，全长 59km，其中高架线长 45km。在国内首次采用先张法 U 型梁工厂化预制结构（图 4.3.63）。独创"长线穿心式"预应力施工工艺。配套研制的牵引式预应力承力台座与自主开发的"预应力同步控制系统"相结合，提高了施工精度和效率，并具有节能减排的环保效果。

　　2016 年 1 月，由中国铁建大桥工程局承建的上海轨道交通 17 号线 10 标段施工涵盖了线路上全部的 20 座预制节段拼装连续梁桥和 7 处悬浇连续箱梁桥，均为跨河、跨路桥梁，条件复杂、技术难度大、施工节点多。创新开发应用"双U+ 箱型"复合变截面节段梁成套技术和装备，最大跨度 70m，节段梁预制安装全流程监控控制采用国内领先的 SLCCS 控制系统，为世界轨道交通工程中首次使用，成套技术达到国际先进水平（图 4.3.64、图 4.3.65）。

图 4.3.64　"双 U+ 箱型"梁节段拼装

图 4.3.65　首节节段梁拼架成功

3. 高架轨道交通节段预制拼装施工技术

2018 年底建成运营的广州轨道交通 14 号线一期工程高架段长约 32km，标准段采用 4×40m 连续刚构短线法节段预制拼装法施工。标准段采用单箱单室箱型梁，梁高 2m、顶宽 10m、底宽 2.4m，标准节段长 2.6m，每孔梁设 4 个 2.4m 过渡节段，端头节段长 2.4m，端头节段的横隔板与边墩等厚，端头节段内设后浇混凝土与边墩固接。中段现浇段与桥墩一同浇筑。中段现浇段与过渡段之间设 200mm 湿接缝。连续刚构桥梁采用单薄壁矩形桥墩，墩顶宽与梁底等宽为 2.4m，墩底宽根据墩高计算需要变宽。标准段连续刚构采用先简支后连续施工技术，采用上行式节段拼装梁架桥机进行空中拼装、张拉形成简支梁后落梁在临时支撑钢管柱上，架桥机前移后再浇筑湿接缝、张拉连续束形成连续体系。

4. 轨道交通大跨度桥梁施工技术

2010 年 7 月建成运营的武汉轨道交通 1 号线二期工程跨江岸货场槽型梁拱组合桥 105m 主跨创造了在国内外槽型梁拱组合桥中最大跨度（图 4.3.66）。中跨采用梁拱组合结构，对结构受力体系做了全面的计算研究及施工阶段稳定分析，以确保结构安全合理。线路呈 S 形曲线，曲线半径 350mm。

2013 年建成的上海轨道交通 16 号线渤马河桥布置在两幅地面桥之间仅 5.0m 净距之内，三座桥成"品"字形并列，主跨跨径达到 145m（图 4.3.67）。创新采用主桥 87.5m+145m+87.5m 的预应力混凝土 V 形刚构桥，独创墩底顶推跨中合龙的施工方法，解决了大跨 V 形刚构桥跨中合龙时预加力施加的难题。

图 4.3.66　槽型梁拱组合桥

图 4.3.67　渤马河桥

2018 年，深圳地铁 6 号线合薯区间 150m 大跨桥梁结构形式为 90.331m+150m+89.791m 四墩三跨。在全国地铁领域为最大跨度桥梁，也是半径最小、Y 构张角最大的刚构连续桥梁（图 4.3.68）。梁部跨越公明排洪渠、振明路、松白路等城市主干道，由中铁北京工程局施工。

桥梁基础采用钻孔桩 + 承台基础形式，主墩与梁体固结，边墩采用活动支座与梁体连接，墩顶 Y 构区域采取支架现浇，梁段采用挂篮悬臂浇筑施工。

图 4.3.68　大跨度刚构连续梁效果图

4.3.4　地铁工程其他新技术

1. 地铁盾构国产化、信息化技术

盾构是地铁区间隧道施工中一种重要装备，随着我国城市地铁的高速发展，国内盾构市场需求量不断激增，但长期以来，由于我国制造业、电子产业基础较为薄弱，造成盾构法施工装备几乎全部依赖进口，其中德国和日本多家公司的盾构在中国市场的占有率达到了 90% 以上。

2003 年 4 月，国家科技部将盾构国产化列入国家"863 计划"，上海隧道工程有限公司凭借 30 余年的盾构法隧道施工技术及盾构制造的经验，联合浙江大学、同济大学、中铁隧道集团等单位共同承担国产化盾构的一系列项目，包括全断面掘进机、盾构试验平台、盾构施工辅助系统和导向技术研究。

2005 年 4 月，我国自主研发的"先行号" ϕ6.34m 土压平衡盾构通过验收。该盾构最大总推力达 35200kN，推进速度达 6cm/min（图 4.3.69）。切削刀盘驱动系统的主要零部件均采用世界上最好的配套元件，保证了盾构推进较高的可靠性和稳定性，运转寿命可达 1 万 h 以上；采用自主专利的遥控拼装机技术，自动控制系统选用国际上最先进的 Q 系列 PLC 组成。

2004 年 10 月，"先行号"盾构应用于上海地铁 2 号线西延伸段古北路站—中山公园站区间隧道工程，并于 2005 年 6 月完成了首次掘进（图 4.3.70），创造了国内地铁盾构日推进 38.4m 最快纪录（当时进口盾构最快单日推进速度为 31.2m），而最快单月掘进速度达到了 566.4m（当时进口盾构最快单月推进速度为 531m）。盾构在易产生流变的薄弱地层中顺利穿越人防通道、管线和净距 1.4m 的一道箱涵（4200mm×3700mm）。该装备的主要技术指标均达到了国外同类盾构的先进水平，获 4 项发明专利授权、2 项实用新型专利授权。"盾构实时姿态检测装置"达到了国际先进水平。2005 年 10 月，"先行号"国产盾构机在上海轨道交通 9 号线宜山路区间段再次应用，掘进速度最高达到 571m/月（单日最高达 38.4m），盾构的各项综合指标达到国际先进水平。

图 4.3.69　国产"先行号"ϕ6.34m 土压盾构

图 4.3.70　"先行号"盾构始发

2006 年，上海一举拿下该类盾构 22 台次的批量订单，累计实现销售 47 台，产品先后应用于上海、郑州、杭州、南京、武汉等城市的地铁项目建设。同年，该产品被列入国家重点新产品、上海市重点新产品系列，科技成果获得 2012 年国家科技进步一等奖。

2010 年以后，中铁工程装备集团有限公司、中国铁建重工集团股份有限公司、北方重工集团有限公司等制造企业先后为我国各地地铁制造适应各种不同地质条件的盾构，包括泥水盾构、复合型盾构、TBM 掘进机、类矩形盾构、大直径盾构等，逐渐占领了国内市场。

2. 超长距离水平冻结技术

2001 年施工的广州地铁 2 号线纪念堂—越秀公园站区间隧道南段长度约有150m 穿越清泉街断层破碎带，上有砂层分布，埋深 20m，地质条件复杂。国家重点文物保护建筑中山纪念堂坐落在清泉街断裂带上。隧道施工必须避免大量渗水、坍塌出现。隧道施工通过该破碎带时采用了全断面水平冻结法作为辅助施工方法，冻结施工总长度 115m，冻结管单管长度最长达 62m，为当时国内外水平冻结之最。沿隧道衬砌外缘 0.7m 处布置一圈冻结孔，间距 0.8m。冻结壁设计厚度按平面应变的厚壁拱梁计算，取 1.2m；冻结壁平均温度为 -8℃，其强度大于 5MPa。

清泉街断裂破碎带的隧道冻结施工于 2001 年 5 月开始，包括隧道掘进和衬砌施工在内的隧道施工于 12 月底全部顺利完成。地表最大隆起值 5.7mm，最大沉降值 13.1mm。2005 年，广州地铁 3 号线支线天河客运站折返线斜穿广汕公路和沙河立交桥，交通繁忙，地下管线众多，不能封路施工，采用暗挖法施工。折返线长 147.8m，为双线隧道断面，隧道顶面距离地表最小约为 8m，最大开挖跨度约为 13.4m。隧道拱部围岩主要为砂层，边墙及底部围岩主要为花岗岩残积土层。砂层密实度较差，富水性较强，稳定性差；花岗岩风化残积土因含砂量较多，遇水及扰动易软化崩解，水浸泡易发生崩解和流沙，甚至塌方。根据上述工程特征，该段施工采用水平孔冻结加固土体，然后采用矿山法开挖的施工方法（图 4.3.71、图 4.3.72）。直线冻结距离为 140.8 m，采用双向钻水平冻结孔，南、北段冻结长度均为 72.9 m，末端搭接冻结范围大于 5m。该冻结长度是我国市政隧道冻结水平钻孔最大长度。

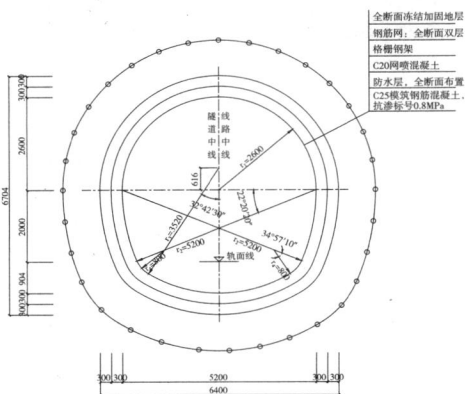

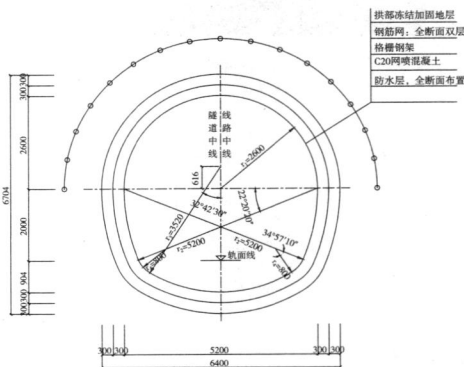

图 4.3.71　全断面冻结施工冻结孔布置图　图 4.3.72　半断面冻结施工冻结孔布置图

3. 岩溶地区修建隧道关键技术

广州地铁首次在岩溶地层中采用盾构技术是在 5 号线"草暖公园—小北"区间，其后在 2 号线北延线的"三元里—远景"区间、3 号线北延线"白云大道—嘉禾—龙归""人和—高增—机场南"区间和 9 号线全线陆续实施。岩溶地质对地铁盾构隧道、明挖结构的施工以及建成后运营的维护都有较大影响。

目前，广州市地铁在岩溶地质条件下施工，一般的处理原则为根据地质情况划分高、低风险区，高风险区范围溶、土洞必须进行填充处理。盾构隧道底板以下 5m 内且位于隧道投影范围的溶土洞必须做填充处理。隧道平面投影外 3m 范围内，按填充处理。明挖结构其结构底板下 10m 范围内，采用水泥土墩柱法并对处理范围内的溶洞进行灌浆加固及压密填充。

盾构区间地段岩溶处理措施：大于 3m 的无填充溶、土洞和半填充溶、土洞（含特大溶洞），先采用吹砂处理，后采用注浆加固的方法。投砂管采用 ϕ200 的 PVC 套管，溶洞加固注浆平面示意图如 4.3.73 所示。

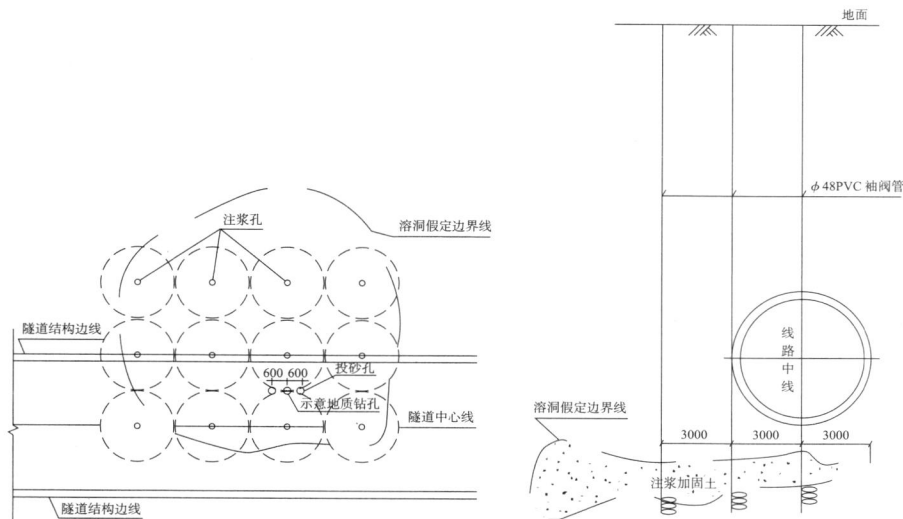

图 4.3.73　溶洞加固注浆平面示意图

全填充溶、土洞小于 3m，无填充溶、土洞和半填充溶、土洞的注浆加固处理的方法为采用 $\phi 48$ 的 PVC 袖阀管注浆，注浆管应进入溶（土）洞底部以下不小于 0.5m；注浆压力从低到高，间歇反复压浆。周边孔双液注浆以相对小压力、多次数、较大量控制,注 3~4 次。中央孔压注水泥浆 3 次，注浆压力为 0.8~1.0MPa。注浆加固扩散半径为 1.5m，施工时应根据实际情况控制注浆压力，防止跑浆、冒浆发生，减少浆液流失。

岩土分界面即岩面，对于结构底板至结构底板下 10m 范围内的岩面进行注浆加固处理。岩面注浆处理方法包含地面岩面注浆、隧道洞内岩面注浆。对于在溶洞处理场地区域内需要岩面注浆处理的区段，岩面注浆与溶洞处理在地面同时实施。

盾构区间对详勘和补勘未发现土洞和溶洞的地段，鉴于实施条件困难及实施效果难于达到理想要求，其岩面不予事先处理，而是在混凝土管片预留注浆打孔条件，确保隧道在投入运营后仍有条件对下方地层进行加固。在地铁运营阶段应加强监测，运营阶段需要进行注浆加固时，可通过管片预留位置处打孔并向管片背后的岩面进行注浆加固。

明挖结构地段岩溶处理措施：理论认为隧道结构刚度可以抵抗其下方出现一定尺寸的洞体（最大跨度 10m）。水泥土墩柱（即水泥搅拌桩与土的组合体系）按照纵向 10m 长（沿线路方向）、10m 净距（墩与墩之间的净距）的基本布置原则，并结合区间隧道变形缝的设置位置（变形缝 60m 一道），一般情况每段隧道（两变形缝之间）范围内可布置水泥墩柱 3 个。水泥土墩柱的竖向长（即水泥搅拌桩深度）原则上要求达到岩面（灰岩的中风化〈8〉或微风化带〈9〉），如图 4.3.74 所示。

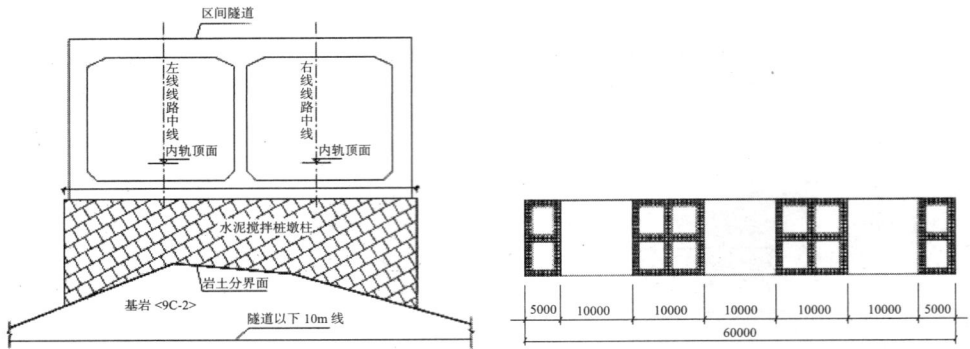

图 4.3.74 桩柱和地层加固图

水泥搅拌桩桩径 550mm、桩距 450mm，水泥掺入量为 10% ~ 15%，水灰比为 0.5 : 1 ~ 0.6 : 1，具体根据现场试验确定。水泥土墩柱的纵向布置每 60m（变形缝间距）4 根。因地质情况及埋深情况局部工点改为单管旋喷桩。搅拌桩在地面施作，隧道底以上部分为空钻。

溶、土洞处理施工应遵循"探边界—填砂（溶、土洞洞高若大于 2m）—注浆充填—注浆效果监测"的顺序进行。注浆施工时，应先施作止水、止浆帷幕，将处理范围内溶洞与外界洞体隔离，再处理中间区域。若在周边孔注第 1 次浆时，注浆量已较多，压力达不到设计要求时，周边孔与中央孔可交替注浆。发现浆液流失严重时添加水玻璃速凝剂，以确保注浆效果。中央区域注浆孔应跳跃施工，以防止跑浆、窜浆现象。

4. 地铁暗挖隧道微振爆破技术

广州地铁 5 号线广州火车站位于火车站广场，主要土层有冲洪积砂、淤泥质土、残积土，下伏基岩为泥质粉砂岩、砾岩、含砾泥质粉砂岩、含砾砂岩等。地下水水位埋藏较浅，稳定水位埋深为 1.09 ~ 2.50m，平均埋深 1.83m。站台层为暗挖隧道，位于地下约 20m 处，隧道上方是车站广场和地中海商场，穿越地桩基础底部约 6m。隧道长 128m，爆破开挖直径约 11.3m。在建筑物密集且部分建筑物抗震性能差的城市繁华地带的地下，进行浅埋隧道爆破开挖施工。针对本工程地处城市地段，所处地层围岩上软下硬，同一工作面分布不同围岩类别等特点，进行隧道微振控制爆破技术设计。通过控制炸药单耗实现降低爆破振动强度，减少爆破对施工区段建筑物的影响，拱部采用光面爆破，墙部采用预裂爆破，核心掏槽采用抛掷爆破的综合控制爆破技术，以尽可能减轻对围岩的扰动。

主隧道采用 CRD 法（交叉隔壁法）施工，爆破顺序为 A → B → C → D。施工过程中，炮孔位置依据岩体保留情况做适当调整。开挖方案采用拱部光面爆破，墙部预裂爆破。由于一般情况下，掏槽爆破的地震动强度比其他部位炮眼爆破时的地震动强度都大，因此从减振出发，选用适于减振的楔形掏槽形式。由于广州地下水丰富，炸药采用乳化油炸药，周边眼爆破采用专用光爆炸药，引爆雷管采用非电毫秒雷管。起爆雷管采用电雷管，实测爆破振动频率比较低，一般在 100 Hz 以下，纵向、横向振动持续时间达到 200ms 和 100ms 左右。为避免振动强度叠加作用，导爆管采取跳段使用；为尽量避免振动波形叠加，段间隔时差控制为 100ms。

循环进尺为 0.75m，采用浅眼爆破，控制一次爆破总用药量和段用药量，达到对围岩扰动的控制。周边眼装药结构视地质情况灵活选用不同的形式：岩层比较破碎时，采用双传爆线结构；中等岩层采用竹片、传爆线、小直径药卷间隔不耦合装药结构，底部药量适当加强；较为完整的岩层，可采用专用小直径光爆炸药的连续装药结构。地下隧道开挖爆破工程设计均依据上述方法及参数进行布孔设计，采用分段微差起爆技术。每段最大爆破药量以周围结构安全允许振动速度指标控制。

爆破参数的选取方法主要有工程类比法、计算法及现场试验法，并根据现场试验调整。根据工程特点、岩层条件，工期要求确定循环进尺为 0.75m。考虑炮眼利用率，拟炮眼深度为 0.9m，掏槽眼另加 20%，约 1.1m。在小直径（35 ~ 42mm）炮眼，开挖断面在 5 ~ 50m^2 的条件下，单位面积钻眼数为 1.5 ~ 4.5 个 /m^2。

采用微振爆破技术，周边轮廓尺寸符合设计要求，超欠挖控制在 10 cm 以内，炮孔利用率达 95%，平均炸药单耗 <0.98kg/m^3。虽然围岩软弱，但光爆半孔率仍达 70% 以上，地表测得的最大质点振速为 0.949mm/s，洞内初期支护无开裂变形、地下管线完好无损，顺利地完成该区段的隧道施工。

5. 地铁和道路合建沉管隧道施工技术

广州珠江隧道于 1990 年 10 月 14 日动工，1993 年 12 月 28 日建成通车。隧道全长 1380m，隧道北端出入口位于荔湾区黄沙，连接内环路、六二三路，南端出入口位于上芳村，连接花地大道是穿越珠江的一条过江隧道，是我国大陆首次采用沉管法设计施工的大型水下隧道，也是第一条地铁和市政合建的沉管隧道。

隧道共有 3 条管道分 3 个孔，西侧两孔为双车道汽车管道，东侧一管道为地铁1号线,由北岸黄沙段、河中段及南岸芳村段三部分组成(图4.3.75)。隧道沉管段长达320m、宽33.4m、高8.15m,分5节预制和沉放,沉管首尾相连,最后与岸上对接,工期18个月。沉管预制采用在船上预制的方案,即"移动干坞"(图4.3.76)。工程采用大型吊船沉放法,其安装沉管的主要步骤如下:

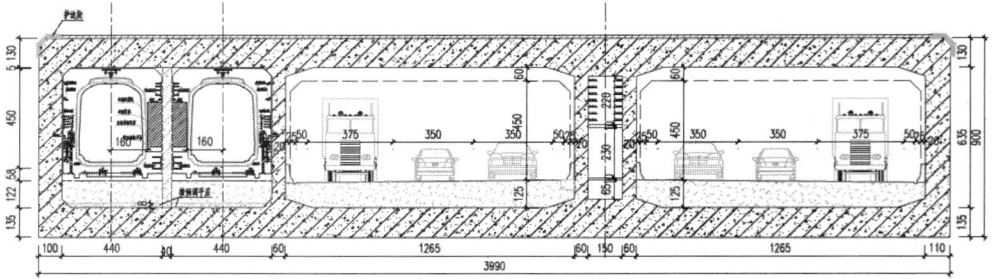

图4.3.75 沉管截面图

图4.3.76 沉管预制

图4.3.77 沉管浮运

(1)将预制管节从干坞浮出,然后拖航到沉放位置(图4.3.77)。

(2)注水于管内压载舱,以抵消江水浮力,令管节沉入已挖好的河床沟槽内预定的位置。

(3)将管节与前段已就位的管节拉合,使GINA橡胶垫在两个管节间,形成有效的初始水密圈。

(4)抽走两管节端封间的水分,形成真空状态,利用四周水压紧压GINA橡胶垫,使接头达到所需的强大水密圈。

(5)拆除接头两侧的端封,在接头内侧安装Omega密封圈,作为第二道止水防线。

(6)注水1400~1500t于压载舱,并利用4个垂直千斤顶调节,使管底与基槽间空隙为600mm。

（7）以砂流法灌填中粗砂，进行管底基础处理，使隧道结构均匀地支承于一个基础平面上。

（8）拆除垂直千斤顶，留下 4 根支杆。

（9）最后沉管上再铺上一层碎石，以保护管道。

由于过江通道资源紧张，在之后的地铁广佛线二期工程中又采用了此工法，穿越东平水道和汾江路南延线工程采用沉管法合建。和珠江隧道所不同的是，汾江路隧道采用旁建干坞形式，即在隧道场址的江边建设大型管节预制场。

6. 浅埋暗挖车站近距离穿越地铁构筑物关键技术

北京地铁 5 号线崇文门站为双柱三跨岛式暗挖车站，中间单层段以 24.2m×11.42m 的大断面下穿既有地铁 2 号线区间，为国内首次采用浅埋暗挖法修建大断面地铁车站近距离下穿既有地铁结构。由于新线结构断面大，与既有 2 号线间距小（仅为 1.98m），既有结构年代久远，且有 6 条变形缝处于 5 号线新建车站施工影响范围内，沉降控制指标严格。

5 号线崇文门站下穿既有地铁区间段采用柱洞法施工，采用 $\phi600$ 咬合管幕、水平跟踪注浆、全断面预注浆等多项地层加固措施，首次在北京地铁建设领域引入远程自动化监测手段，特别是首次在北京地铁建设领域系统建立了浅埋暗挖法近距离穿越既有地铁的全过程评估与施工控制的技术和管理体系，既保证了 5 号线崇文门站的施工安全和按期完工，同时也保证了既有线的运营安全。

北京地铁 10 号线公主坟站首次研发"平顶直墙 CRD ＋千斤顶多重预顶撑工法"，揭示了多导洞同步主动顶撑变形控制机理：变被动控制为主动控制，确定了关键控制工序和主动顶撑参数，将车站结构沉降变形控制在 2.9mm（图 4.3.78）。

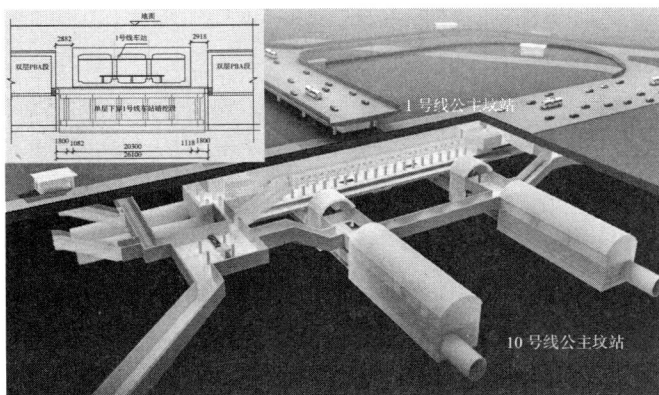

图 4.3.78　下穿既有公主坟站空间示意图

首次提出了密贴下穿工程的 24 字方针："快封闭，早加顶；密监测，勤调整；不卸力，重转换；慎拆顶，高注浆"，在确保运营能力、列车不限速的条件下满足既有站沉降值小于 3mm、变形缝差异沉降小于 2mm 的要求，并形成了北京市市级施工工法，如图 4.3.79 所示。

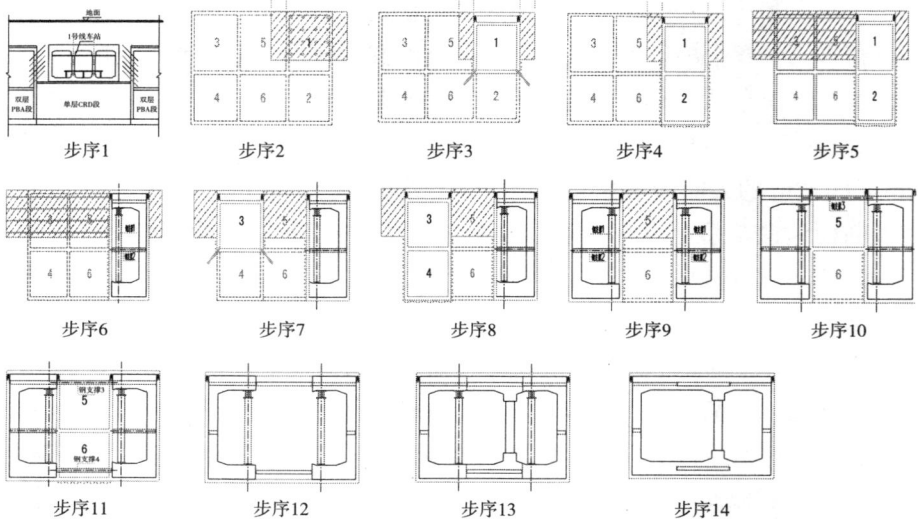

图 4.3.79　平顶直墙 CRD 工法穿越既有车站结构施工步序图

7. 盾构穿越重大风险工程控制技术

北京地铁研发了盾构施工实时监控系统，明确埋深小于 30m 的自稳性较差地层中盾构施工应严禁使用欠压推进模式，确保了穿越工程的安全，形成了北京地铁盾构施工管理制度及实时监控系统，如图 4.3.80 所示。

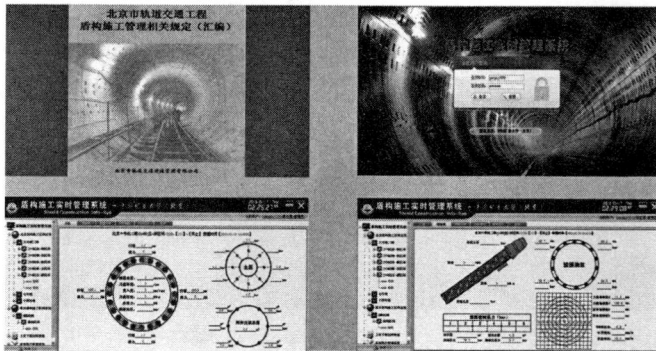

图 4.3.80　盾构施工管理制度及实时监控系统

提出了地铁盾构隧道组段划分方法，研发了砂卵石地层土体改良技术，形成了穿越工程关键参数的设定和控制范围，提高了砂卵石地层盾构换刀距离，确定了刀盘型式与开口率对盾构适应性的影响，成功实现了长距离下穿京西机务段725m（图 4.3.81），国内外罕见。

图 4.3.81　京西机务段俯瞰图

提出了包含古旧建筑群变形预测、控制标准、风险评估等在内的盾构施工微变形控制技术体系，提出了盾构施工引起环境振动的计算方法、控制标准以及评估与控制技术体系，建立了盾构近距离下穿既有地铁车站微扰动控制的工程技术体系，提出了针对敏感建（构）筑物严格控制施工位移与振动的微扰动土压平衡盾构机改造和施工关键技术与成套工艺。成功实现了地铁 8 号线盾构长距离下穿成片分布、结构脆弱、人员稠密的古旧房屋群，首次实现北京地铁盾构近距离下穿运营地铁车站（2 号线鼓楼大街站）。

4.3.5　BIM 技术应用

1.BIM 技术在超大地下交通枢纽中的设计应用

武汉光谷综合体是在建的全球最大地下交通枢纽，线路交织、体量巨大、空间复杂、设计难度大，提出了利用 BIM 手段进行设计，以 Revit 软件为核心，其他系列软件为辅助进行项目的土建模型搭建、三维管线综合设计、人流模拟、气流组织模拟、结构计算等一系列研究，为光谷综合体设计提供最优方案，同时也为 BIM 在特大地下交通枢纽中的应用提供一种技术解决方案。

工程总投资 60 亿元，总建筑面积约 16 万 m^2。工程包含 3 条地铁线、4 个地铁车站、2 条市政隧道工程及综合利用隧道上部空间设计的地下公共空间工程。车站总埋深约 33m，结构采用地下 3 层多跨箱型框架结构。

利用 BIM 技术手段进行车流的仿真模拟，以优化线路、隧道布置的最佳方案；结合 BIM 模型进行复杂空间设计、采光分析以及空调舒适度模拟；结合 BIM 冲突检查协调全专业管线布置，优化管线空间；结合 BIM 模型进行真实的疏散模拟分析。选择以 Autodesk 为主平台开展相关设计。考虑项目需求及各专业设计特点，各专业选用不同的软件进行模型的创建。在创建完所有模型后，相关专业利用 Inventor、Midas、Legion、Ecotect、Fluent、Fds 等软件开展钢筋创建、三维漫游、车流分析、人流分析、采光分析等内容。

3 条地铁线路、2 条市政隧道，为优化最佳线路方案，将线路进行三维立体呈现，并对方案进行交通模拟，采用了 Infraworks 软件，经过多轮的方案比选及模拟，最终将 9 号线站台和鲁磨路隧道上抬到地下一层夹层，设置贯通的地下一层作为交通层。2 号线南延线与珞喻路隧道位于地下二层，11 号线站台布置于地下三层。地铁无缝换乘，实现了交通功能的最优化（图 4.3.82）。

图 4.3.82　线路示意图

采用先进的半自动建模软件 DPModel 软件基于倾斜影像建立整体三维地面和环境模型。

通过 Revit 建立基础土建模型，为提高工作效率，将本项目按楼层、区域进行拆分，并对所有的构件进行精细化建模。对建筑模型中的站厅、站台、出入口等进行精细化设计，通过链接中心文件的方式形成整体 BIM 模型（图 4.3.83）。模型建完后对区域内部的复杂空间进行深化设计，将最终模型导入 Navisworks 中进行列车运行、设备运输等，路径模拟，并导入 Lumion 中进行三维漫游，输出动画效果，核查是否满足设计意图。

结构专业选取建筑中心模型作为参照进行结构搭建，将模型导入到 Inventor 中进行配筋工作。将最终模型输出至结构分析软件 Midas 中进行应力计算、结构性能分析。复杂节点的结构设计结合 Navisworks 生成节点三维施工动画，真实再现复杂节点的钢筋排布及施工工序。与建筑模型一起合成到 Navisworks 中做土建三维碰撞检查，排查三维碰撞，降低土建的碰撞率。

图 4.3.83　土建模型合成图

机电专业选取建筑、结构中心模型作为参照进行协同设计,根据电上、风中、水下的管线综合排布原则,在相互协同下创建水暖电管线综合模型(图 4.3.84)。最后将机电综合 BIM 模型链接至建筑与结构 BIM 模型进行全专业综合碰撞检测,在满足设计施工规范、体现设计意图、符合检修空间要求等条件下,使最终设计成果实现零碰撞。

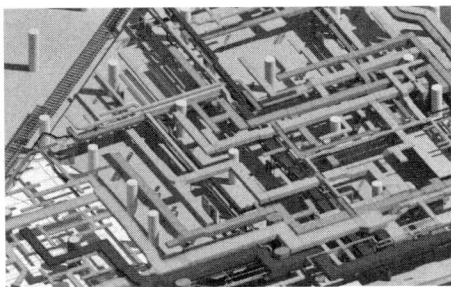

图 4.3.84　三维管线

在设定同样的车流量及延迟限制的情况下,利用 Infraworks 进行交通模拟,对比现状和设计方案完成后的交通情况,可以看到,在增加两条地下隧道之后,地面拥堵情况大为改善,进一步验证了线路设计的合理性。

光谷广场综合体客流主要包含 3 条地铁线进出站客流和换乘客流、过街客流以及商业客流。其中地铁客流高峰时段达 88371 人 / 小时,过街和商业客流达 23358 人 / 小时,如图 4.3.85 所示为换乘大厅最大客流密度图。从最大密度图可以看出,地下一层中心圆盘换乘大厅内大部分区域处在舒适范围内,只在宽度较窄的通道处行人密度较高,但均未发生拥堵,因此,地下一层换乘大厅内乘客服务水平较好(图 4.3.85)。

将 Revit 模型导出 sat 格式文件,导入到 Fluent 模拟软件中作为三维模型,在特定送回风口加密网格、创建边界条件,设置不同的送风温度进行不同工况的气流组织模拟分析,从而验证初步设计方案的合理性和有效性。采用 Ecotect 软件对光谷广场地下一层自然采光与辐射负荷进行模拟计算。通过模拟分析在局部地区增加人工光源,并建议天窗采用可开启形式,在夏季炎热时期可以打开采光天窗来利用热压排出地下一层的热量,降低运行负荷。

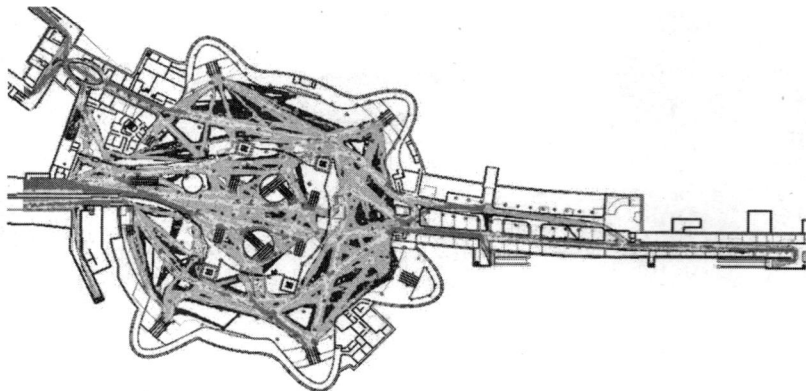

图 4.3.85　换乘大厅最大客流密度图

2. 北京地铁 19 号线 BIM 技术的应用

北京地铁 19 号线位于北京市西部地区，南起大兴区海子角地区，北至昌平区沙河地区，线路站间距大，速度目标值高，采用 A 型车 8 节编组，全线最高速度 120km/h，是一条穿越中心城的大运量南北向快线。在设计、施工、运维全生命周期各阶段建设和应用 BIM，对地铁建设空间几何信息、空间功能信息、施工管理信息、设备等各专业数据信息进行集成与一体化管理，形成三维基础数据库系统，在此基础上进行设计、施工管理，以及后续的竣工、运维管理。

（1）设计阶段，以实施一系列可落地、可持续的 BIM 应用，以提高设计质量、提高方案决策效率，以实现设计协同管理为目标，为后期施工奠定基础。

（2）施工阶段，致力形成以模型数据为基础、进度管理为主线、安全质量风险为重点、投资控制为目标、管理平台为工具的基于 BIM 的创新管理体系，以实现施工全过程的三维化和数字化管理为目标，并为后期工程移交整合过程数据。

（3）竣工阶段，实现 BIM 与竣工验收相结合，实现基于 BIM 的竣工验收全过程数据的采集、集成、归档，在设施设备 BIM 族库基础上，完善资产编码、设备编号等信息，保证数据的可追溯性，为后期运维提供数据服务。

（4）运维阶段，实现基于 BIM 的资产管理，进行设备运行状态的监测与空间管理，通过电子标签、物联网传感器、系统接口等多种手段，集成设施设备的实时运行数据，进行数据分析和设施设备运维监控，实现运维精细化、可视化、智能化管理。

通过 BIM 技术的应用，取得了以下成果：（1）推动实施了二维设计图纸与三维信息模型同步提交；（2）推动实施了施工过程的"虚拟建造、先试后建"，开展基于全线大数据的全线形象进度管理，实现总体调度、安全监控、隐患排查多方面的三维可视化管理；（3）作为住建部相关课题的示范线，编制发布《城市轨道交通 BIM 应用指南》。

4.3.6　工程建设安全管理体系构建与实施

为有效应对严峻的建设安全管理形势，有效遏制地铁建设过程中的重大生产安全事故的发生，上海、北京、广州等地先后建立了工程建设安全管理体系。

以北京为例，北京市轨道交通工程建设安全管理体系由 4 部分组成，即"1+3"安全管理架构（图 4.3.86），其中，"1"为安全生产基础管理体系，"3"为安全风险管理、隐患排查治理以及事故应急管理等 3 项专项管理体系。

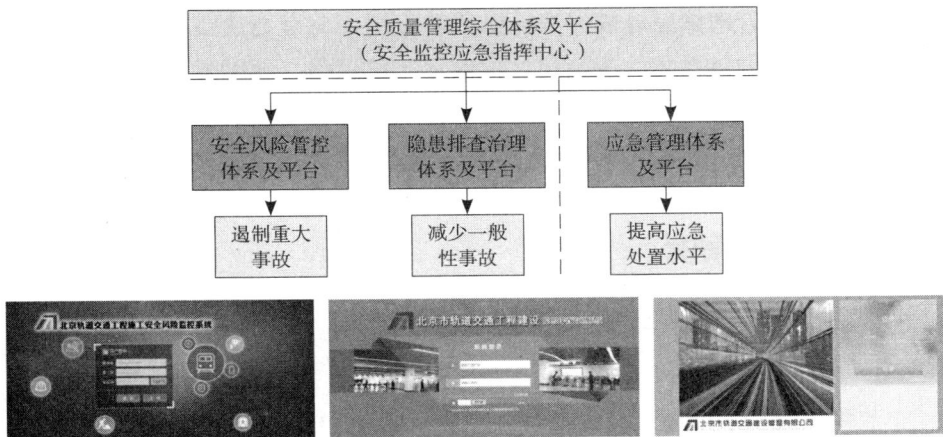

图 4.3.86　北京市轨道交通工程建设"1+3"安全管理架构图

2008 年 10 月，北京市轨道交通建设管理有限公司主持编制完成了《轨道交通工程建设安全风险技术管理体系》，创建贯穿地铁建设（地下工程）土建实施全过程（包含勘察、设计、施工与工后）的安全风险技术体系及安全风险管理信息平台，系统提出了一系列风险辨识、风险评估与分析、风险控制措施，研发的安全风险信息化管理平台包含施工安全风险监控子系统、盾构施工实时管理子系统和现场施工视频监控子系统，充分利用信息化管控手段，实现变形监测、人工巡视、盾构掘进、作业面视频及风险预警等各类信息的实时采集。

2013 年 12 月，北京市轨道交通建设管理有限公司主持编制完成了《轨道交通工程建设安全质量隐患排查与治理管理办法》，配套的安全质量隐患排查与治理管理系统随即上线运行。隐患排查治理体系重点是从规范管理角度消除隐患，减少人的不安全行为、物的不安全状态以及管理缺陷导致的一般性事故，共包含29大类360余项易产生事故的隐患。安全质量隐患排查与治理管理系统的运行有效推进了轨道交通工程建设安全质量隐患排查与治理工作。

2008年以来，北京市轨道交通建设管理有限公司编制出台了《城市轨道交通建设工程质量安全事故应急预案编制指南》，研发并应用应急演练桌面模拟系统，有力促进了城市轨道交通行业和北京市轨道交通应急管理体系的进一步完善，进一步适应城市轨道交通建设需要。2015年1月，将上述安全风险监控子系统、盾构施工实时管理子系统、土建施工视频监控子系统、隐患排查治理系统以及动调管理、试运行故障统计与处置系统、视频会议系统六大子系统进行集成研发的安全监控应急指挥中心正式运营，成为北京轨道交通建设管理信息化新的里程碑。

"1+3"安全管理体系建成以来，已成功应用于北京地铁20多条线路，促进了安全管控工作的体系化、规范化、标准化、信息化，确保了8000多处重大风险源的顺利通过，实现了杜绝群死群伤、杜绝结构坍塌、杜绝影响周边建（构）筑物结构稳定事故，全力压减一般生产安全事故的目标。

4.4 特色工法案例

4.4.1 软土地层地铁车站顶板盖挖逆筑工法

上海轨道交通7号线常熟路车站位于中心城区，道路宽度不足20m，周围建筑物和地下管线众多。车站为地下3层岛式车站，车站主体为双柱三跨结构。车站结构长157.2m，标准段宽22.8m，站台宽度12m。顶板覆土厚度约4.736m，标准段基坑开挖深度约24.3m，端头井基坑开挖深度约25.9m（图4.4.1）。

车站共设4个出入口，其中1号出入口预留，2号出入口从换乘厅直接出地面并可通过换乘通道，与地铁1号线常熟路站实现换乘。3号出入口、

图4.4.1 常熟路车站施工现场全景

中间风井和南侧风井与卫生监督所回搬重建的建筑合建。4 号出入口和北侧风井位于常熟路五原路西北角，独立设置。

在综合分析国内外地铁车站盖挖法技术的基础上，针对上海软土地层、地下管线密集、交通繁忙的特点，经技术经济比较，首次提出上海软土地层地铁车站路面盖挖工法，采用理论分析与数值模拟，创新提出了一种临时路面体系支承结构方式，基坑首道混凝土支撑与盖板支承梁合一设计理论和方法，分析研究了立柱在重载荷下的稳定性，提出了立柱长度系数及偏心系数的设计公式和系数表。

针对上海流变软土，采用首道支撑兼作路面体系盖板梁，分幅施工的盖挖法工艺流程图如图 4.4.2 所示。

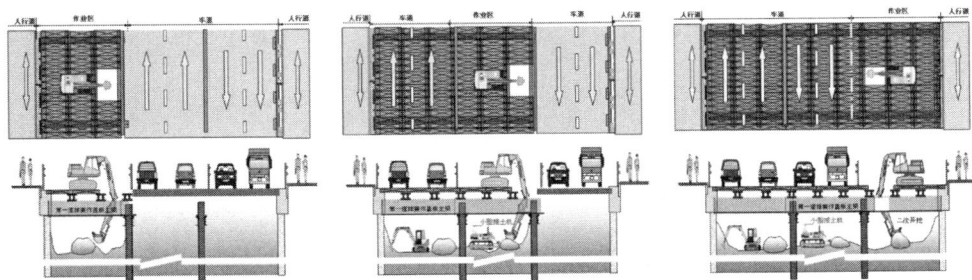

图 4.4.2　盖挖法路面体系施工示意

新型盖挖法设计与施工关键技术及新型盖挖法在工程实例的应用研究包括临时路面系统、竖向支承系统关键技术、横向支撑系统关键技术、管线原位保护技术及围护结构加固技术。

项目研制并应用了多种标准化、可重复利用的钢盖板，表面铺设钢丝网并浇筑 3cm 纤维混凝土作防滑面层，形成盖挖法盖板专利。完成室内静载试验和工程现场实测，经工程应用，具有安装拆卸简便、平整耐磨、减震降噪的优点。

研制并应用了螺杆式预加轴力装置，形成技术专利。经工程应用，具有减小钢支撑安装间隙、有效解决施工过程中轴力松弛、有效控制基坑变形的优点。

研究成果已应用于上海轨道交通 7、9 号线多座地铁车站工程，具有对交通和周边环境影响小、经济、施工方便安全的实效，节省工程投资近 30%，在环境友好与资源节约上具有积极示范效应，经济、社会、环境效益显著。科技成果获 2010 年上海市科技进步二等奖。

4.4.2　装配式地铁车站工法

长春市地处我国东北的严寒气候区域，地铁施工每年有 4 ~ 5 个月的冬歇期，工程工期压力巨大。针对传统工法施工时间长、资源消耗大、作业风险高、结构质量不易保证、劳动力需求难满足等问题,北京城建设计发展集团股份有限公司总工程师杨秀仁领衔的研究团队于2012年以长春地铁2号线袁家店站为试验段,在国内首次对明挖条件下的地铁车站预制装配技术进行了系统研发,研究和应用工作历时5年,至2018年已经成功建成5座地下车站,成效显著,得到了业主和业内专家的充分肯定。

这5座车站均为采用桩锚体系基坑支护结构的明挖车站,车站主体为单拱双层马蹄形结构,结构总宽20.5m、总高17.45m,外围主体承载结构由环宽2m的7块大型预制构件拼装而成,装配式结构整体无现浇混凝土湿作业,为"全装配式结构"。预制装配结构环向的构件与构件之间、纵向的环与环之间均采用"榫槽注浆式接头"形式,接头部位设置多道防水措施,除拱顶外其他部位均未设置外包防水层。

地铁装配式车站是将车站框架外墙主体按纵向分成2m一环,一环分7段进行工厂预制,现场拼装连接,站内上下层之间中板采用混凝土现浇,上层两头设出入口。基坑围护结构采用桩、锚结构,浇筑完垫层混凝土形成拼装作业面后,采用专用拼装台车进行结构构件拼装,车站顶部土方压实回填。

中国铁建大桥工程局集团有限公司承建长春地铁2号线袁家店站,进行首座装配式地铁站施工,将传统的地铁车站施工中的钢筋加工、模板施工、混凝土施工在厂内形成流水线作业模式,构件成品生产后并在厂区内存放(图4.4.3),根据地铁车站施工需求,随时外运至车站施工现场进行拼接,使现场部分施工实现工厂化生产。通过两个阶段的试验环生产、两代现场拼装设备的改良,实施创新创造,成功攻克了构件精度、构件混凝土耐久性配合比技术、厂内窑内蒸养技术,以及拼装定位、纠偏、基面精平处理等系列难题,形成了预制构件的施工新工艺,实现了预制件生产和拼装速度快、精度高、安全可靠等目标。

图4.4.3　装配式地铁车站预制构件

4.4.3　复合型土压盾构隧道工法

广州地铁 2 号线采用盾构法施工的隧道有 6 个区间，单线隧道总长为 10878m，分别是越秀公园至三元里，长度为 1952m，海珠广场至江南西，长度为 17278m，赤岗至鹭江，长度为 2030m，共采用 6 台盾构机进行掘进施工。为首次由国内的单位采用复合地层盾构法设计和施工的地铁隧道工程。

隧道穿越地层为第四系残积土层 <5-2>，白垩系全风化 <6>、强风化 <7>、中风化 <8> 及微风化岩 <9>，洞身内基本呈上软下硬，开挖时易产生泥饼。水文地质条件复杂，越—三区间隧道处于广从断裂和走马岗断裂带；海—江区间隧道处于富水性太平断裂破碎带。隧道穿越 180m 宽珠江，隧道顶强风化岩层的最小厚度仅为 2m 左右，其上为地下水与珠江水连通的 <4-2> 强透水砂层，最小覆土为 5.5m。隧道沿线地表建筑物密集、道路交通繁忙、地下管线复杂，沿途还需穿越火车站站场 14 股轨排、ϕ1620 的跨江特大供水管、内环高架桥和客村立交桥。盾构穿越珠江施工中的安全掘进和更换刀具的安全稳定以及保证隧道的防水效果尤为重要；除了要克服在黏性土和残积土容易形成泥饼的问题外，还需解决通过上软下硬复杂地层、微风化岩和多条地质断裂带的难题。

国内首次成功应用了宽度 1.5m 的地铁隧道盾构管片；在进行隧道管片接缝防水设计时首次采用了性能优越的进口 EPDM 弹性止水条，进一步提高了地铁盾构隧道的防水效果。

在全面总结广州地铁 1 号线盾构隧道工程经验的基础上，在复杂的地质条件下采用盾构技术成功穿越珠江；施工中采用了德国 VMT 公司研制的同步激光自动导向系统 SLS-T 进行施工测量，提高了隧道施工精度；研制出新型盾尾同步注浆配合比，成功应用胶结材料盾尾同步注浆技术，进一步提高了在复合地层用盾构技术修建地铁隧道的质量；总结出一套适用于广州地区复合地层的盾构机选型方法。

根据工程地质和水文地质的分析，赤鹭、越三和海江区间全部选用了土压平衡盾构机。针对隧道地质为软硬交错复合和断裂带富水地层的特点，盾构机选型重点考虑其适应性和耐久性，并对刀盘结构、刚度、刀具的种类、布置及不同刀具之间的互换可能性进行了研究和改进。

（1）加强刀盘结构强度和刚度以防止产生变形，采用 32 把双刃盘型滚刀破碎微风化砂岩，选用齿刀和刮刀切割软弱土层，根据不同的地层更换滚刀和齿刀以增加其适应性和刀具的综合协调破岩能力，将滚刀和切削刀间的高差加大到 40mm（原为 20mm），适当加大了刀盘开口率，加设泡沫注入系统，在仓壁设置多条搅拌臂，以减少盾构机在黏性土掘进时形成泥饼的现象。

（2）考虑掘进过程中经常更换刀具，刀具设计成背装式，可在刀盘后面的土仓内进行拆装，便于拆卸和减少对工作面土体的扰动；采用了大直径（$\phi 900$）大功率的带式螺旋输送机出土以满足大粒径块石通过；其密封由带式密封改为中心轴承密封，增加收缩功能和设有闸门，使盾构机过江时有效控制土仓压力以防止珠江水涌入隧道，从而确保其安全性。

（3）其他辅助技术应用。研制出盾尾同步注浆配合比，使盾尾同步注浆工艺得以应用；管片混凝土浇筑采用平台整体振捣法及蒸气养护，提高了管片预制工效和减小了劳动强度；盾构端头土体加固采用冻结法，提高了砂层的加固效果和隧道洞门的安全度；采用重载列车编组和大土斗一次性出土系统，大大提高了隧道水平运输的能力。

针对盾构过江所遇到的刀盘被坚硬的"泥饼"堵塞、滚刀被单边磨平、土仓温度高、推力高达 2000t、掘进速度低于 2mm/min、扭矩大、三次发生开挖面涌水和涌砂等问题。通过合理调整刀盘刀具配置、布设先行刀，增加了切削能力。盾构穿越中风化泥岩时加上裂隙水、孔隙水搅拌成为高黏度泥浆。土舱分别加入水和发泡剂来降低刀盘扭矩。为防止穿越浅覆土层时发生切口冒顶、盾尾漏泥漏水，在螺旋机的出口设置防喷涌设施，严控出土量，确保了盾构开挖面的安全。

4.4.4 砂砾地层盾构隧道工法

成都地铁 1 号线一期工程盾构 4 标段起于省体育馆站南端，止于火车南站北端。3 段区间隧道总长 4900m。隧道沿线有大量的城市管线和多处建（构）筑物。区间隧道主要在含水量丰富、补给充足的强透水的砂卵石土中通过。隧道埋深 14.0 ~ 21.0m。穿越地层卵石含量约占 55% ~ 80%，粒径一般以 30 ~ 70mm 为主，部分粒径为 80 ~ 120mm，含少量大粒径漂石，最大粒径为 600mm，充填物以砂、中砂为主，含量约 10% ~ 35%。采用土压盾构法施工，土压盾构直径 6280mm，刀盘为面板式结构，中心支撑方式，刀盘转速 0 ~ 4.5rpm，最大推力 34210kN，额定扭矩 6000kN·m，脱困扭矩 7150kN·m，刀盘的开口率为 28%，有 8 个开口槽，只允许粒径 300mm 以下的渣块进入土仓。刀盘面板上有 8 个泡沫注入口，隔仓壁上预留 4 个泡沫注入口备用。采用轴式双螺旋形式，1 号螺旋机长 13400mm，2 号螺旋机长 8100mm，无级变速，转速 0 ~ 22rpm，最大出渣量 285m³/h。螺旋直径 800mm，节距 630mm，螺旋带高度 290mm，粒径小于 300mm 的卵石可直接进入土仓并通过螺旋输送机输出。1 号螺旋机前端 1/3 的螺旋焊接了耐磨块，对前 1/3 的螺旋筒内壁进行了耐磨处理（图 4.4.4、图 4.4.5）。

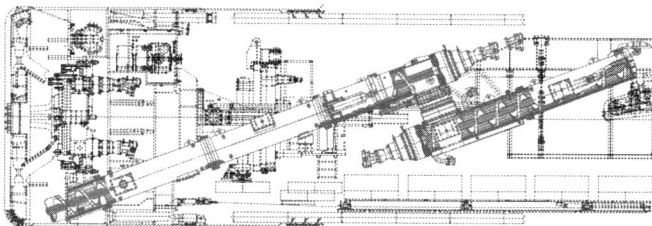

图 4.4.4　ϕ6.28m 土压平衡盾构　　　　图 4.4.5　盾构剖面示意

刀盘换刀处采取"降水井＋人工挖孔桩加固"方案，在隧道中心线左侧设 3 根人工挖孔桩，两侧约 4.5m 处设有 4 口 25m 深的降水井，同时 2 号人工挖孔桩留作换刀和修复刀盘时的辅助降水井和通风井。也有采用"降水＋人工挖孔桩＋高压旋喷注浆"方案，或人工挖孔桩和高压旋喷桩组合的加固方式。

由于砂卵石地层透气性较好，采用气压法换刀关键是保持泥水仓或土仓内压力的稳定，即减少气体的逃逸。对土压平衡盾构而言，采用气压法换刀难度相对较大。停机换刀前，往土仓内注入优质膨润土泥浆，转动刀盘，在气压下浆液会逐步渗透到砂卵石层的孔隙中，进而形成泥膜，一般土仓内压力保持在 0.08 ～ 0.1MPa，可以满足换刀的需要。

土压平衡盾构 2007 年 9 月 8 日始发，经桐梓林站、倪家桥站两次过站，提前半年实现了左线隧道贯通，于 2008 年 9 月 3 日到达省体育馆站，这是成都地铁 1 号线首条贯通的盾构隧道。土压盾构累计掘进 2328m，最高日掘进 24m、月掘进 357m，平均月进度 237m。盾构施工引起的地表最大沉降量为 20.2mm，施工全过程处于安全、稳定、快速、优质的可控状态。建筑物基础最大沉降值为 4.9mm，平均沉降为 2.7mm，房屋倾斜率为 0.4‰，建筑物安全。

4.4.5　TBM 掘进工法

在传统的矿山法隧道建设城市中，对于硬岩长隧道的工期、安全及质量难以满足建设的需求。双护盾硬岩掘进机（TBM：Tunnel Boring Machine）具有速度快（是传统矿山法的 5 ～ 10 倍）、施工环境好、不需要爆破及喷浆、施工质量好、采用预制混凝土管片等优点（图 4.4.6）。

深圳地铁建设在考察国内外应用实例的基础上，针对地层地质特点及周边环境引入 TBM 进行施工。分别在 10 号线孖岭站—雅宝站区间、6 号线羊台山隧道、6 号线民乐停车场出入线隧道、6 号线梅林关站—翰林站区间隧道、8 号线梧桐山南站—沙头角站等共 10 条隧道中应用。针对特定的工程难点，取得了突破性成果，总结目前 5 个盾构区间的应用特点，分别为"极硬岩、小曲线、分体始发、快速掘进"等特点。

图 4.4.6　双护盾 TBM 总体构造

（1）TBM 小半径曲线技术

深圳地铁 6 号线民乐停车场出入线隧道 TBM 施工有 600m 长的 $R260$ 及 750m 长的 $R300$ 的小半径曲线段，且位于双护盾 TBM 始发端，TBM 刀盘与二衬结构面最小距离仅 10cm，该工况下的小半径施工难度极大，在世界范围内都相当具有代表性，是城市地铁隧道施工中的首次探索。

（2）极硬岩的 TBM 掘进技术

羊台山隧道岩性为致密微风化花岗岩，平均单轴抗压强度为 180MPa，最大达 210MPa，石英含量达 70%。造成设备掘进不动、施工进度缓慢、刀具磨损严重的情况，经过刀盘刀具优化取得良好效果。刀盘面板采用 270mm 锻造钢板，面板覆盖耐磨钢板，增强耐磨性能。采用小间距刀具有利于破岩，中心刀刀间距设置为 89mm，正滚刀刀间距为 86mm 和 82mm。对刀具的原材料和热处理工艺改进优化，提高刀具冲击韧性；适度钝化刀具刃形，增加刀刃的宽度，优化刀具双侧曲面的过渡曲线（图 4.4.7）。

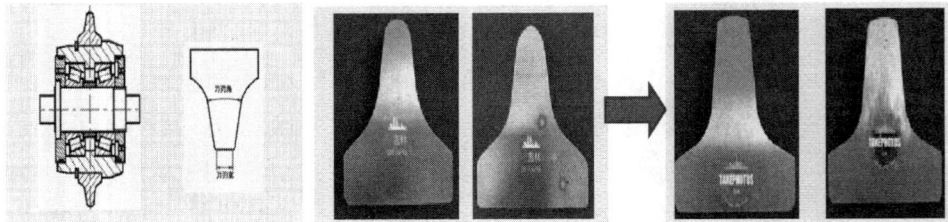

图 4.4.7　几何刃形优化

（3）通过破碎带技术

在双护盾 TBM 应用的各个区间大多遇到了断层破碎带，提出预处理及设备参数设置策略，避免卡机风险。通过超前地质预报，可及时发现异常情况，预告掌子面前方不良地质体的位置。断层规模较小时，采用低转速、大扭矩、小推力、快速掘进的方法直接通过，尽可能不停机或减少停机时间。断层规模较大时，进行超前注浆加固预处理，然后缓慢掘进通过（图 4.4.8）。断层规模更大时，采用超前导洞、绕洞等施工措施，然后 TBM 空推通过（图 4.4.9）。

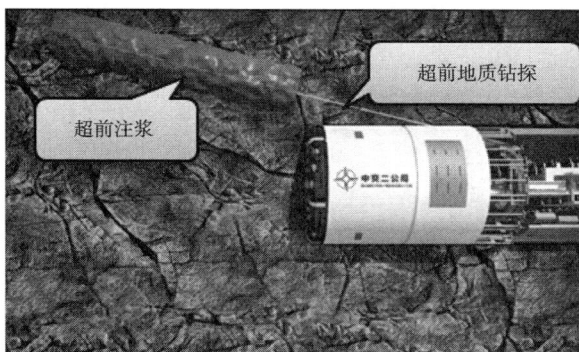

图 4.4.8　超前注浆示意图　　　图 4.4.9　双护盾 TBM 进洞空推

基于上述技术创新与应用，TBM 隧道顺利穿越断层破碎带，其中 6 号线 2 个区间累计掘进 4196 环，8 号线梧桐山南站——沙头角站区间左线累计掘进 4245 环，右线累计掘进 2424 环。并且创造了月掘进 553m 的掘进记录。

4.4.6　类矩形盾构隧道工法

2015 年，宁波市轨道交通 3 号线南侧车辆段出入段线工程，开展类矩形盾构法隧道新技术示范应用研究。该出入段长 390.3m，纵坡最大坡度 35‰，最小平曲线半径 400m，隧道顶部埋深 2.5 ~ 10.46m。区间隧道推进施工采用 1 台新研制的 11.83m × 7.27m 类矩形土压平衡盾构，主要穿越地层为黏土、淤泥、淤泥质粉质黏土、粉质黏土，如图 4.4.10 所示。

隧道结构设计满足 B2 型车限界，隧道建筑限界为 10300mm × 5200mm，综合考虑隧道轴线的施工误差和后期不均匀沉降 ±50mm，确定隧道内径尺寸为 10600mm × 6037mm，如图 4.4.11 所示。

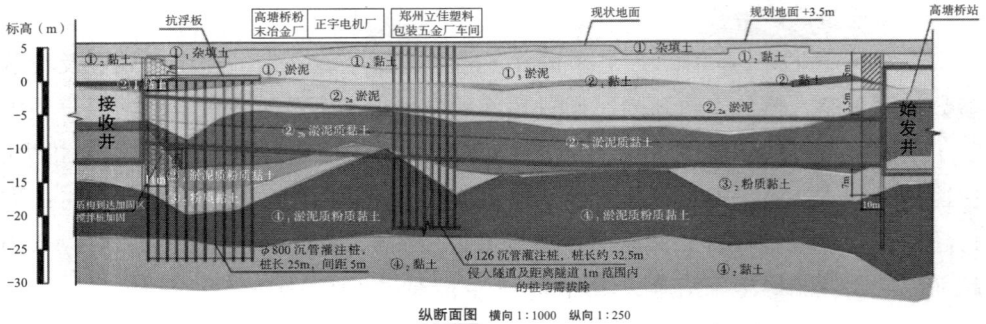

纵断面图　横向1:1000　纵向1:250

图 4.4.10　盾构穿越地层剖面图

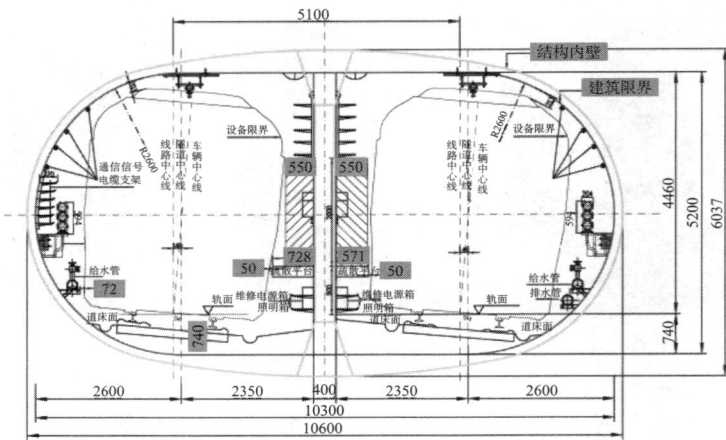

图 4.4.11　建筑限界图

衬砌环间采用错缝拼装。每环管片由 11 块组成，包括标准块 A 型（弧形管片）、T 型（与立柱相拼接）、D 型（中立柱连接 T 型管片）；管片宽 1200mm、厚 450mm。

类矩形盾构外径为 12.04m×7.48m，采用了大刀盘加偏心小刀盘的组合切削形式。设 2 个出土螺旋机，安装由 2 个拼装机组成的拼装系统及由 2 道钢丝刷、1 道钢板刷组成的盾尾密封系统。采用环臂式自动轨迹控制拼装机以及自主研制的新型浆液，解决了矩形盾构顶底部建筑空隙呈水平状、浆液流淌性不足的难题，实现了建筑空隙的有效填充，有效控制了地层沉降。

为确保施工质量和隧道的稳定性，通过管片结构分块分析合理的拼装顺序，然后建立管片拼装的空间三维模型，模拟盾构拼装机管片拼装过程，得出拼装顺序的优选等级，最后通过管片水平试拼装、盾构拼装机试拼装、负环管片拼装，得出最合理的拼装顺序，以确保盾构实际掘进过程中采用正确的管片拼装顺序。

2015 年 11 月 11 日"阳明号"盾构机在宁波轨道交通 3 号线出入段破土而出，这标志着全球最大断面类矩形盾构隧道在宁波贯通。"阳明号"由国内自主研发，是目前世界上最大断面类矩形盾构机（图 4.4.12）。

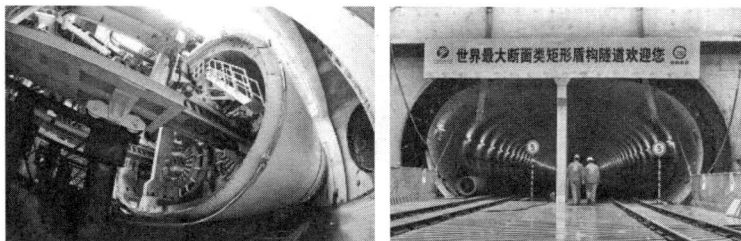

图 4.4.12　类矩形盾构掘进施工

2017 年 5 月 17 日，类矩形盾构机"阳明号"在宁波轨道交通 4 号线翠柏里站始发，两个区间约 1.6km 的隧道成为我国第一条穿越核心城区的类矩形盾构法隧道。作为一项宁波地铁组织自主研发、具有自主知识产权的盾构技术，"阳明号"建立了类矩形盾构法隧道设计、装备、施工三大技术体系，在技术上解决了类矩形盾构全断面切削与异形复杂管片拼装技术的国际难题，在异形多刀盘切削系统、管片拼装系统、推进系统等核心技术方面实现了首创性突破，为城市地下空间集约化利用及高标准环境保护开辟了一条新路，被多名院士、国际专家认定为"世界先进"。

4.4.7　矩形顶管工法

1. 矩形隧道掘进试验研究

1995 年 8 月，上海隧道工程股份有限公司开展矩形隧道掘进施工技术研究和试验工作，在消化吸收日本矩形盾构隧道工程技术的基础上，研制了 1 台 2.5m × 2.5m 可变网格式矩形隧道掘进机，并在 1996 年 2 月完成了 60m 工程推进试验，如图 4.4.13 所示。

2. 地铁区间隧道联络通道矩形顶管工程

地铁区间隧道联络通道和泵站施工是设计施工的难题，上海地铁 1 号线工程中采用地层加固后矿山法开挖修建的 7 座联络通道，只有 4 座功能齐全。1998 年，上海地铁公司、上海隧道工程设计院和上海隧道工程公司联合成立"矩形顶管法建造联络通道、泵站"课题组，结合上海地铁 2 号线陆家嘴站—东昌路站区间联络通道工程进行科技攻关。采用排刀式矩形顶管机，顶进 1.9m × 2.3m 矩形钢壳，宽度 1.5m（图 4.4.14）。

图 4.4.13　网格挤压型 2.5m×2.5m 矩形顶管机

图 4.4.14　矩形顶管施工地铁联络通道

3. 地铁过街人行通道矩形顶管技术

1998 年 2 月，地铁 2 号线陆家嘴站 5 号出入口地下人行通道工程需穿越建成运营的延安东路隧道引道和陆家嘴路，经比选，采用了矩形掘进机施工方案。隧道结构采用长 2m 的钢筋混凝土管节，内净尺寸 3m×3m。1999 年 3 月，研制了一台 3.8m×3.8m 组合刀盘式土压平衡矩形掘进机（图 4.4.15）。

针对矩形隧道掘进机施工中可能出现的机头背土、旋转、轴线不易控制、全断面切削和顶力大等难点，利用大刀盘及正反两把仿形刀完成矩形断面的全断面切削；通过对机头顶部压浆等措施解决矩形掘进机机头背土问题；利用刀盘的正反转及压浆纠转法解决了矩形掘进机机头旋转问题；利用纠偏装置和压浆纠偏两种方法对顶进轴线进行纠偏差控制等（图 4.4.16）。

图 4.4.15　3.8m×3.8m 土压平衡矩形顶管机

图 4.4.16　矩形顶管掘进地铁车站地下人行通道

1999 年 4 月 ~ 6 月，3.8m×3.8m 组合刀盘式土压平衡矩形隧道掘进机在陆家嘴路下 4m 顺利完成 2 条长 54m 的地下人行通道，离延安东路隧道引道底板不到 1m（图 4.4.17）。以后，又陆续完成了上海地铁 4 号线浦东南路站过街人行地道、昆山市长江南路地下人行通道和上海上中路箱涵排管等多项工程。

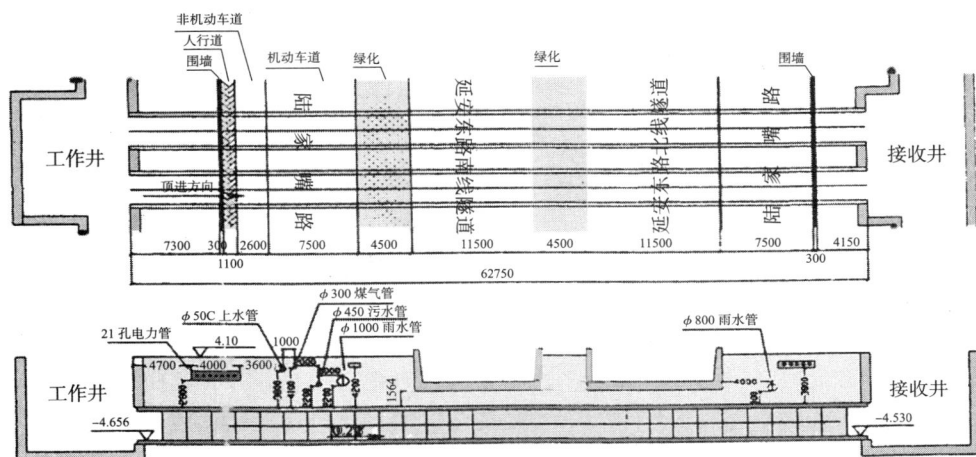

图 4.4.17　3.8m×3.8m 矩形顶管施工平、剖面图

2002 年 11 月，上海隧道工程公司在消化吸收日本异型盾构技术的基础上，设计制造了一台截面尺寸为 1.2m×1m 马蹄形的偏心多轴刀盘式掘进试验机并进行了模拟掘进试验（图 4.4.18），掌握了切削掘进原理及相关技术参数。

图 4.4.18　偏心多轴刀盘式样机及室内模拟试验

2003 年，针对不同土层的性质和技术参数，进行了偏心多轴刀盘式掘进机的切削性能和相关技术参数的针对性模拟试验。通过模拟试验和设计研究，在原

有的矩形隧道掘进应用工程的基础上，研制了一台 6m×4m 偏心多轴式刀盘土压平衡矩形隧道掘进机，如图 4.4.19 所示。该掘进机在宁波市开明街—药行街地下通道和地铁车站过街人行地道等多项工程中得到应用。

图 4.4.19　6m×4m 偏心多轴式刀盘土压平衡矩形掘进机及应用工程

2006 年以来，上海地铁有 70 余项地铁车站出入口人行通道工程采用矩形隧道掘进机施工。南京、广州等城市地铁也采用矩形隧道掘进机施工地下人行地道。科技成果获 2003 年上海市科技进步二等奖。

4.4.8　高架轨道交通 U 型梁工法

2007 年，南京地铁 2 号线东延线在国内首次采用自主研发的 U 型梁技术，并首次应用在 A 型车制式上。

2010 年开工建设的上海轨道交通 16 号线是一条连接市中心与南汇临港新城的市域快线，线路全长 58.96km，其中地下线长 13.7km，高架线长 45.268km（图 4.4.20）。由于标准跨径约占全长的 85%，标准跨比例高，且现场制梁条件有限，因此，在国内首次采用先张法 U 型梁工厂化预制结构（图 4.4.21）。预制梁厂对生产线布置方式、模具的设计、预应力施工方案、混凝土浇筑工艺以及蒸汽养护等方面进行传统工艺集成创新，研究出一套适合轨道交通高架工程的先进预制施工工艺。独创"长线穿心式"预应力施工工艺，配套研制的牵引式预应力承力台座与自主开发的"预应力同步控制系统"相结合，提高了施工精度，比传统作业效率提高约 3 倍。配套研制的 U 型梁预绑胎具和后装式预埋锚栓固定装置，有效解决了 U 型梁易掉角开裂或变形的质量缺陷。自主开发的多元化、通用性、多模数的液压自动模板设计和与之配套的"辐射式"蒸汽养护系统，减少模具配置量达 40%，节约燃油达 50%，达到节能减排的环保效果。

图 4.4.20　16 号线轨道交通运营

图 4.4.21　U 型梁吊装

4.4.9　大跨度、小半径 Y 型刚构连续梁桥施工技术

深圳地铁 6 号线合薯区间 150m 大跨桥梁结构形式为 90.3m+150m+89.8m 四墩三跨。在全国地铁领域为最大跨度桥梁，也是半径最小、Y 构张角最大的刚构连续桥梁。梁部跨越公明排洪渠、振明路、松白路等城市主干道，由中铁北京工程局施工，该桥结构形式为 90.3m+150m+89.8m 刚构连续桥梁，全长 330m，共计四墩三跨，线路平面曲线半径为 550m，纵断面坡度为 20‰。大跨桥梁主墩横跨公明排洪渠及振明路，桥梁基础采用钻孔桩 + 承台基础形式，主墩与梁体固结，边墩采用活动支座与梁体连接，墩顶 Y 构区域采取支架现浇，梁段采用挂篮悬臂浇筑施工。

大型 Y 形墩结构，采用分次浇筑法，Y 形墩为悬臂结构，且夹角大，其 Y 形墩结构及支架将承受很大的竖向力。Y 形墩拱肋截面为矩形，由于钢筋密集，混凝土振捣困难，根据模拟，Y 形墩拱肋混凝土浇筑过程中，内外温差最高可达 40℃，易形成贯穿性裂缝。挂篮悬浇多达 14 段，混凝土浇筑、张拉、挂篮走行、外观质量等控制难度大。桥位曲线半径小，曲梁施工对梁体的线形控制要求非常高。分别对地基、支架、Y 构、0 号块、墩顶梁、节段施工进行模拟计算，建立 BIM 模型，通过对地基、支架、温度及应力监控及数据收集及分析计算，合理地控制施工（图 4.4.22）。

采用"打入桩 + 钢立柱 + 多层贝雷梁"的组合支架模式，避免了管线和排洪渠对基础的影响。

通过建立 BIM 模型对工况进行分析，引入"等代荷载法"，完成了多次受力转换，成功地控制了设计裂缝和支架变形造成的影响（图 4.4.23）。

混凝土配合比采用反击破碎石代替普通碎石，经过反复试验优化了初凝时间和坍落度损失，更好地适应了 Y 构大体积混凝土浇筑要求。温控措施，采取无措施温度应力有限元仿真模拟软件对 Y 构进行建模，并进行温度场和应力场的计算分析（图 4.4.24）。采取结构内部设置循环降温管，外部采取喷淋、覆盖、遮阳等措施降低温差，采取加冰块、混凝土运输车外表淋水等措施对入模温度进行了有效控制，确保了大体积混凝土裂纹控制。

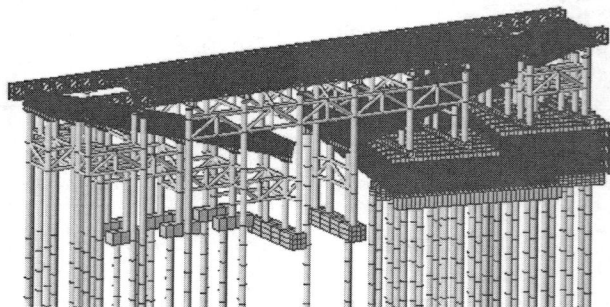

图 4.4.22　Y 构区域支架模型

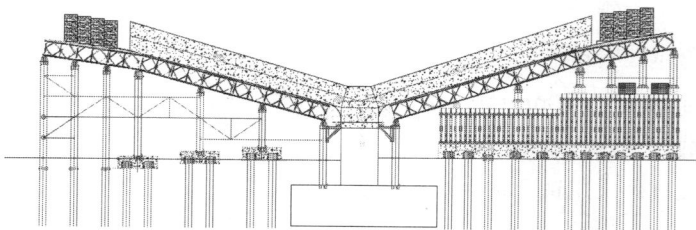

图 4.4.23　等代荷载法体系转换

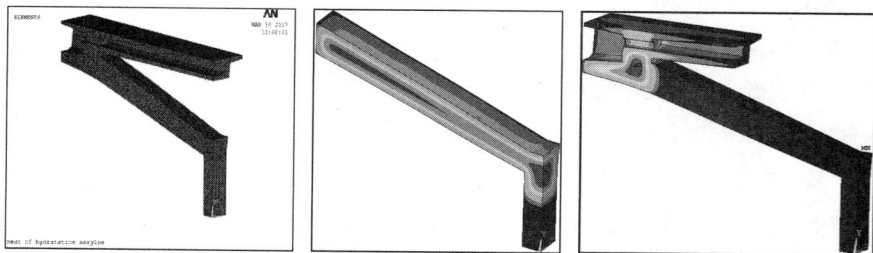

图 4.4.24　温度应力计算模型

　　针对小半径、大坡度三维空间线形控制难题，采用 Madas、桥梁博士及相关大学自主研发的软件对结构进行整体建模分析和数据分析，分析施工阶段每节段施工工况及线形变化量，根据参数调整每节段线型实现了整桥线性的顺利合拢。

4.4.10　大跨浅埋暗挖车站拱盖法建造技术

　　为了满足车站良好的建筑使用功能，充分利用硬岩地层的特点，合理减小车站的埋深，达到功能与结构的良好融合，通常暗挖车站埋深不会太深（8 ～ 15m），均为浅埋暗挖车站。拱盖法车站的基本思路是：断面整体分为上下两部分进行开挖，上半断面因为整体处于土岩结合的地层之中，基本不需要爆破施工，因此可以借鉴双侧壁导坑工法的思路，上部分为左中右三部开挖，每一步独立成环，在上部三个导洞开挖支护完毕后，并不马上开挖下半断面，而是施做上部断面的拱部衬砌，衬砌的大拱脚落在事先做好的底纵梁基础上，再由底纵梁基础将竖向力传至稳定的基岩（中风化以上岩层），然后在拱盖衬砌的保护下，进行剩余的施工工序。

通过建立浅埋碎裂岩体地铁车站的稳定性分析模型，在不同地质条件下对拱盖法施工进行开挖分析，分析了不同地质条件下采用不同支护方法所造成的支护结构应力分布、围岩沉降变形及围岩塑性区分布情况等特点，分别研究拱盖拱脚落在微风化花岗岩上与全风化花岗岩上，主体车站围岩的沉降变形与塑性发展特征（图 4.4.25 ~ 图 4.4.28）。

图 4.4.25　灌注桩施工图

图 4.4.26　锚索施工图

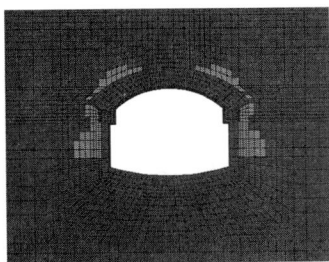

图 4.4.27　拱盖 - 桩锚组合支护体系

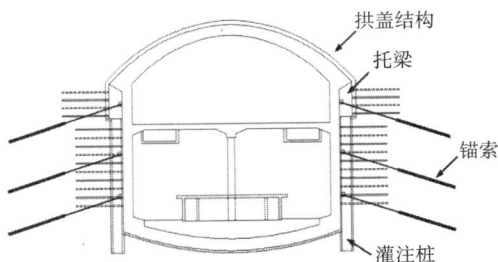

图 4.4.28　拱盖 - 桩锚组合支护塑性区分布

通过数值分析与现场试验相结合，研究分析了拆撑过程中的变形规律及受力特征，确定了拱部拆撑的控制长度、加固措施及施工工艺，保证了拱部衬砌施工的安全。通过 FLAC3D 有限差分程序建立数值模型（图 4.4.29、图 4.4.30），结合数值分析与现场监测，模拟分析了浅埋暗挖碎裂岩体大断面地铁车站拆除临时支撑引起的应力变化和变形分布特征，分析不同支撑拆除长度下的地表沉降分布规律和应力集中特征，对浅埋碎裂岩体拱盖法施工大型地铁车站的支撑拆除安全性进行分析，确定了安全合理的拆撑长度和加固措施，确保了拆撑过程的施工安全。

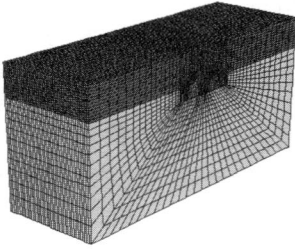

图 4.4.29　主体车站三维模型

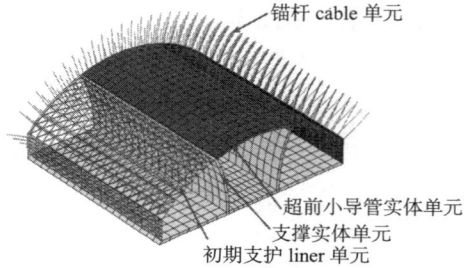

锚杆 cable 单元

超前小导管实体单元
支撑实体单元
初期支护 liner 单元

图 4.4.30　支护结构形式

研究了车站主体与风道交叉洞室不同工况条件下的围岩应力和变形分布特征，提出了优先施做交叉部位加强圈梁的支护体系，保证了车站主体与风道交叉部位的施工安全。

针对风道与主体车站交叉洞室处的断面复杂形状、围岩破碎覆盖浅、临空面大、拐点应力集中等特点，研究了浅埋暗挖大断面交叉隧道施工时的围岩应力和变形特征，动态模拟主体车站与风道交叉点的开挖支护的全过程，研究了不同工况条件下的围岩应力和变形分布特征，针对交叉洞室施工过程中出现的变形加快、初支失稳等状况，对地铁隧道交叉点的施工步序和支护方案进行了优化研究，提出了优先施做交叉部位加强圈梁的交叉洞室施工方案（图 4.4.31、图 4.4.32）。

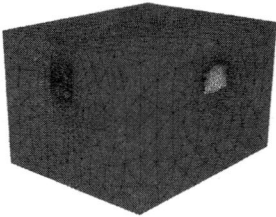

图 4.4.31　交叉点整体三维模型

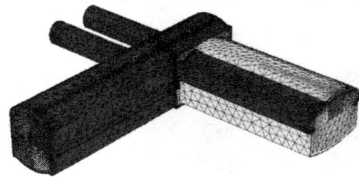

图 4.4.32　交叉点内部构造三维模型

基于结构先行的浅埋碎裂岩体地铁隧道交叉点新施工方案，有效地控制了碎裂岩体的沉降变形，确保了大断面隧道交叉点的整体稳定性；新施工方案显著的特点是先施做交叉点的圈梁和中间二衬，形成稳定的框架结构，可以同时开挖交叉点与主体车站下部岩体。

利用浅埋暗挖大型地铁车站交叉点稳定性分析、浅埋暗挖碎裂岩体大型地铁车站拱盖法施工数值分析的结果，并结合现场实测数据，分别得出主体车站横断面地表沉降曲线及纵向地表沉降曲线，并对各沉降曲线进行拟合得到地表沉降经验公式，研究了浅埋暗挖碎裂岩体单拱大跨地铁车站的沉降变形影响因素及其规律，结合现场监测数据拟合得出地表沉降经验公式，并提出了沉降控制的有效措施。

4.4.11　富水砂层地铁隧道新意法建造技术

国内地铁针对复杂地质暗挖隧道，一般采用降水、大管棚、全断面帷幕注浆进行超前支护加固。青岛地铁 3 号线针对线路邻近海边，部分特殊地段穿越粉细砂层、砂砾层地质，地下水丰富，呈明显流动性，补给强，在地表不具备降水条件，洞内全断面帷幕注浆受地下流动水影响存在注浆效果无法保证的情况。突破常规降水及注浆老思路，创新应用一种新型节水节材的洞内超前支护工艺，意义重大。

技术创新方法及成果：本工程通过明挖基坑外围旋喷桩止水帷幕原理，创新采用隧道周围环向水平旋喷桩超前止水帷幕支护技术，在国内地铁修建中首次运用，安全贯通 400m 特殊地段单线隧道，总结出水平旋喷桩施工设备、不同地层施工参数等关键技术，主要内容有：

（1）通过钻注一体机，采用二管法代替三重管施工工艺，即以高压水泥浆代替高压水切削地层，削除了高压水对水泥浆的稀释，节约了水泥从而也保证了成桩质量。通过成桩相互咬合，便能在隧道周围形成封闭的高强度的水平旋喷止水帷幕，具有非常好的防坍塌涌水作用，保证了隧道掘进的安全（图 4.4.33 ~图 4.4.36）。

（2）选择明挖基坑中与隧道地层相同的黏土层、砂层和碎石土层进行试桩，通过试验确定了黏土层、砂层、砂砾碎石土层中水平旋喷桩的施工参数，成功应用到隧道施工中，为后续类似地层施工积累了经验参数值（图 4.4.37、图 4.4.38）。

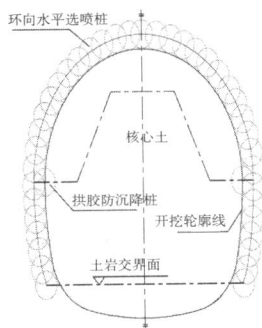

图 4.4.33　环形水平旋喷桩布设示意图

图 4.4.34　开挖支护效果图

图 4.4.35　拱脚成桩效果

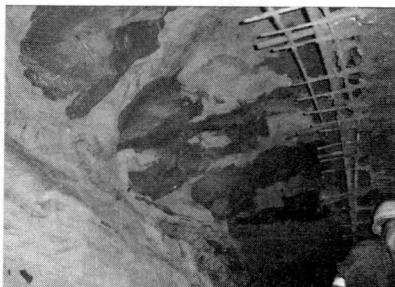

图 4.4.36　拱顶桩体咬合效果

图 4.4.37　试验桩成桩效果

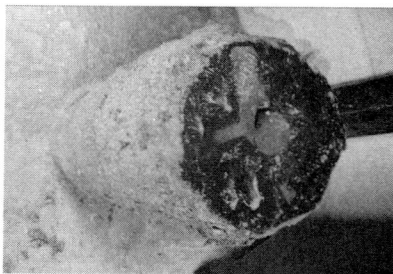

图 4.4.38　桩体芯样

（3）通过外挑角度循环搭接，解决了工作室问题，减少了洞内施做扩大段工作量及工程风险。

4.4.12　大直径土压平衡盾构及 PBA 扩挖车站施工技术

为克服城市复杂环境下地铁车站和常规双线隧道布局受限难题，建立采用大直径盾构建造地铁单洞双线区间，并在盾构隧道基础上小规模扩挖形成车站的建设新思路。以北京地铁 14 号线东风北桥站（不含）—将台站—高家园站—望京南站（不含）为背景，利用外径为 10.22m 的大直径土压平衡盾构进行区间隧道施工以及在区间隧道成型基础上采用洞桩法扩挖地铁车站的施工工艺和技术。工程实施结果表明：大直径盾构施工及其暗挖车站扩挖技术是一种工艺新颖、技术先进、安全可靠的集成建造技术，且对周边环境影响较小，是值得进一步推广应用的施工工法。

北京地铁 14 号线试验段工程（东风北桥站至京顺路站）全长 3.15km，沿线经过酒仙桥地区的老区，现状路宽度 35m，规划道路宽度 55m。万红西街是连接广顺南大街与酒仙桥路的主要道路，现状路宽度 17m，规划路宽度 40m，道路两侧建筑紧贴红线布置，酒仙桥路和万红西街地下管线较多、较密集，因此，将台路站、高家园站的车站明挖实施难度较大。区间沿线下穿建筑、河流及近距离施工控制点，且隧道穿越地层主要为粉土、黏土及含水的粉细砂层，多数地段不具备地面降水条件，因此区间采用暗挖施工几乎无可能性，盾构法是最合理的工法。此外，高家园站现状道路最小宽度为 17m，地下管线密集，且两侧紧临多层居民楼，若采用浅埋暗挖法施工，则制约区间盾构法施工的进度。

区间地段覆土厚度 11.3 ~ 20.2m，最低点处线路埋深 26.8m，纵坡 3‰~ 27‰，最小曲线半径 R=350m。14 号线车辆为 A 型车，通过对区间车辆衔接、区间空间利用、车站布置、工程造价等方面的比较，单洞双线盾构区间隧道的建筑限界为 8800mm，考虑施工误差、结构变形、隧道沉降以及测量误差等，隧道管片净空理论值为 9000mm。隧道衬砌组合、衬砌环宽度、衬砌分块等参数见表 4.4.1，衬砌断面如图 4.4.39 所示。经多轮比选和精心研究，工程采用一台 10.22m 土压平衡盾构机，辐条式刀盘（图 4.4.40）。

隧道基本参数表　　　　　　　　　　　　　　　　　　表 4.4.1

项目	参数	项目		参数
管片外径（内径）	10（9）m	封顶块	楔入量	单侧 400mm
管片厚度	0.5m		接头角	8°
管片环宽	1.8m	楔形量		72mm
管片分块	9 块等分	管片连接形式		环向和纵向采用斜螺栓
管片拼装方式	车站	通缝拼装	衬砌环组合方式	标准环 + 转弯楔形环
	区间	错缝拼装	管片接缝处构造	管片环缝和纵缝接触面均设榫槽

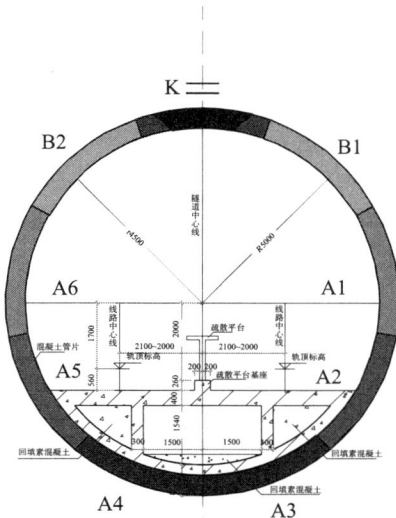

图 4.4.39　区间隧道断面图

图 4.4.40　10.22m 土压平衡盾构机

将台站采取车站站台、站厅分离布置，两部分由联系通道连接。站台形式为地下单层侧式站台，车站端部风道兼作扩挖施工通道；集散厅和附属用房外挂，为地下3层，采用明挖法施工。车站设置三个出入口和两个风亭，一个紧急疏散口。车站长度168m（含1号、2号风道），其中盾构扩挖段总长度144.8m。结构宽度为17.8m，高度9.760m，净空高度7.91m，车站覆土约14.5m，如图4.4.41所示。将台车站埋深25.5m，穿越的地层为：④$_3$粉细砂层，中粗砂④$_4$层，粉质黏土⑥层，黏土⑥$_1$层，粉土⑥$_2$层，细中砂⑥$_3$层，圆砾⑦层，中粗砂⑦$_1$层，粉细砂⑦$_2$层，粉土⑦$_3$层，粉质黏土⑦$_4$层。

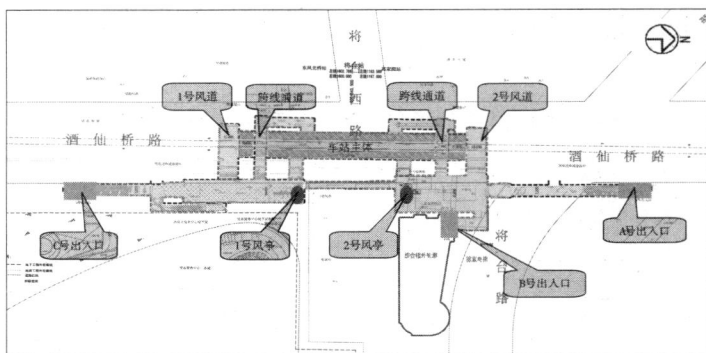

图4.4.41 将台站平面图

高家园站总长度179m，扩挖段长度170m，扩挖结构总宽度17.8m。扩挖结构两侧预留斜通道、连接通道、大里程跨线风道接口。扩挖结构覆土15m，扩挖车站二衬轮廓宽度17.8m，一柱两跨，单跨8.2m。顶拱结构厚度最薄处600mm，底板最薄处800mm。高家园站与将台站车站布局形式基本相同（图4.4.42），底板埋深24.5m，穿越的地层及地层含水情况与将台站类似。

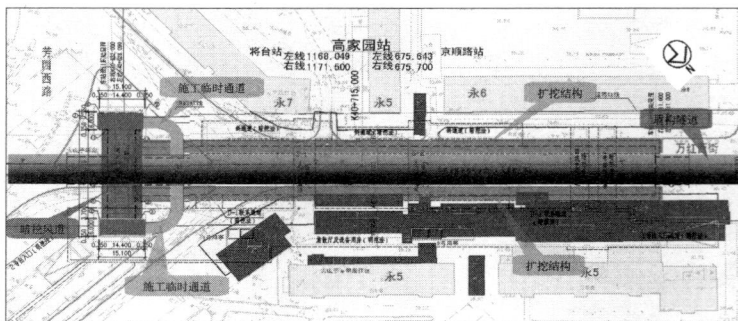

图4.4.42 高家园站平面图

车站扩挖是本工程的主要难点和重点，通过研究和对比分析，采用盾构机先行通过车站，然后利用盾构隧道作为车站的中洞，再扩挖形成车站的站台层。车站扩挖断面如图 4.4.43 所示，扩挖主要施工步序及主要步骤如图 4.4.44 所示。

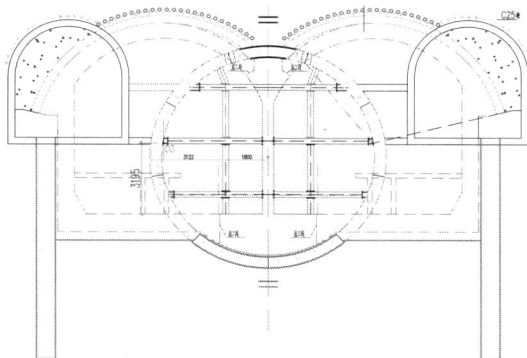

图 4.4.43　扩挖车站标准断面

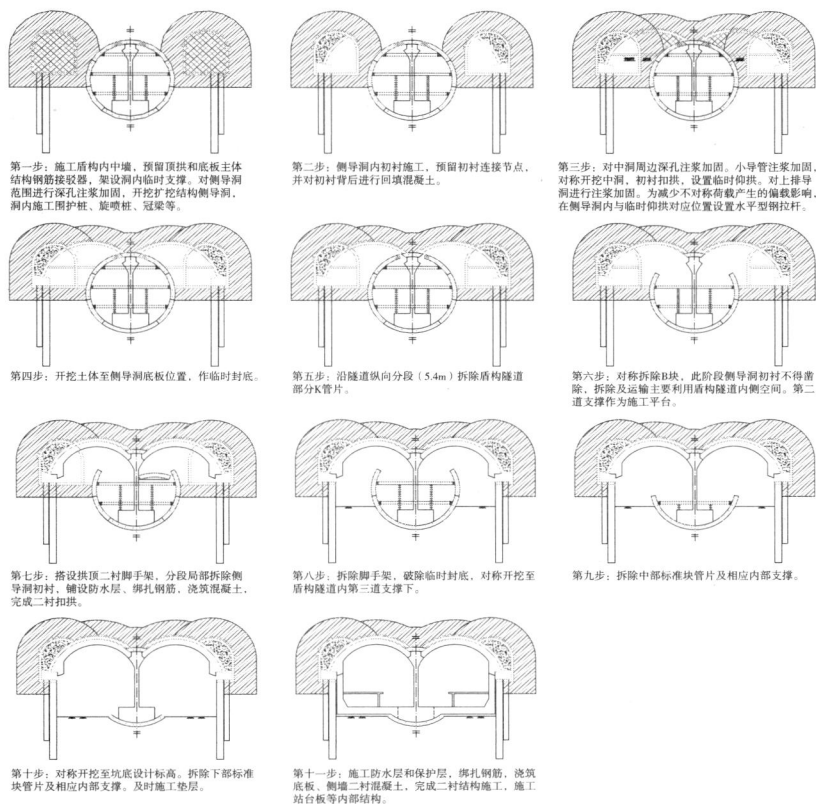

第一步：施工盾构内中墙，预留顶拱和底板主体结构钢筋接驳器，架设洞内临时支撑。对侧导洞范围进行深孔注浆加固，开挖扩挖结构侧导洞，洞内施工围护桩、旋喷桩、冠梁等。

第二步：侧导洞内初衬施工，预留初衬连接节点，并对初衬背后进行回填混凝土。

第三步：对中洞周边深孔注浆加固。小导管注浆加固，对称开挖中洞，初衬扣拱，设置临时仰拱。对上排导洞进行注浆加固。为减少不对称荷载产生的偏载影响，在侧导洞内与临时仰拱对应位置设置水平型钢拉杆。

第四步：开挖土体至侧导洞底板位置，作临时封底。

第五步：沿隧道纵向分段（5.4m）拆除盾构隧道部分 K 管片。

第六步：对称拆除 B 块，此阶段侧导洞初衬不得凿除，拆除及运输主要利用盾构隧道内侧空间。第二道支撑作为施工平台。

第七步：搭设拱顶二衬脚手架，分段局部拆除侧导洞初衬，铺设防水层、绑扎钢筋、浇筑混凝土，完成二衬扣拱。

第八步：拆除脚手架，破除临时封底，对称开挖至盾构隧道内第三道支撑下。

第九步：拆除中部标准块管片及相应内部支撑。

第十步：对称开挖至坑底设计标高。拆除下部标准块管片及相应内部支撑。及时施工垫层。

第十一步：施工防水层和保护层，绑扎钢筋，浇筑底板、侧墙二衬混凝土，完成二衬结构施工，施工站台板等内部结构。

图 4.4.44　车站扩挖工序图

　　扩挖扣拱、管片拆除等问题一直是参建各方对大盾构扩挖车站能否成功的关键之处。施工中针对"管片拆除方法、隧道内的临时支撑设置、扩挖及管片拆除过程中偏载效应的控制"等扩挖结构施工重大风险工程，均制定了有效的应对措施，形成了大盾构扩挖车站的成套技术，车站扣拱施工和管片破除施工图如图4.4.45和图4.4.46所示。

图 4.4.45　车站施工实景图

（a）管片破除施工图　　　　　　　　　　　　　（b）管片破除图

图 4.4.46　隧道管片破除施工实景图

　　东风北桥—望京南站区间3150m，历时14个月（含调整停工时间），平均月进尺306m/月，最快日进尺19.8m（11环），最快月掘进493.2m（274环）；大直径盾构始发井:7个月;地面准备及盾构组装:4个月，其中盾构机组装1～2个月。本工程盾构施工周期，始发井土建至盾构拆解，总计28个月。车站主体扩挖施工工期不超过14个月，相较同规模暗挖车站主体实施工期短（一般为20个月）。

　　将台站、高家园站总体沉降控制较好，地表沉降均在设计控制值范围内（不超过60mm）。大盾构施工引起的地表沉降不超过5mm，盾构施工引致的地层损失较小。在车站导洞开挖引起的阶段沉降约为20mm，初支扣拱阶段引起的地表沉降约为 15 ~ 18mm；这两个阶段引起的地表沉降约占总沉降量的 60% ~ 85%，是沉降控制的关键环节。

通过北京地铁 14 号线东风北桥以北两站三区间的大直径盾构及扩挖车站施工技术实施情况，不难发现大直径盾构及扩挖车站技术存在以下优点：（1）确保安全、质量和工期要求，且造价可接受，实现设计意图；（2）解决区间盾构和车站暗挖的组合问题，突破仅依靠暗挖实现区间渡线的瓶颈；（3）化解地面条件局限的难题，为施工创造运输通道和开挖作业面，方便隧道和车站的施工组织，解决车站与区间隧道相互制约的矛盾。

大直径盾构及扩挖车站施工技术是对传统地铁建设工程方案和施工方法的创新，是传统盾构工法和暗挖工法进行优势互补的集成技术成果，不但为一种新的施工工法，而且为"连续地层含水区间和车站，且车站不具备明挖条件地铁施工"提供了解决方案。

4.4.13　装配式铺盖法设计、制造、施工成套技术

依托北京地铁 9 号线丰台北路站，研制了具有自主知识产权、表面采用特殊防滑凸凹处理的可重复使用的标准铺盖板（图 4.4.47），提出了一套铺盖板制造、检测和验收的标准体系；研究开发了装配式铺盖法的结构体系，研究实施了与铺盖体系相匹配的管线处置技术（图 4.4.48），研究创建了装配式铺盖法施工工法，并成功应用于采用"钻孔灌注桩 + 桩间支撑体系"与铺盖体系相结合的地铁工程，实现了在复杂环境条件下装配式铺盖法施工技术的创新和突破。此项装配式铺盖法成套关键技术已在丰台北路站成功示范应用。

图 4.4.47　标准铺盖板

图 4.4.48　管线处置图

4.4.14　深孔注浆关键技术

注浆技术作为地下工程的"灵魂"，在轨道交通工程建设的安全、质量、经济、环保等方面扮演着不可替代的重要角色。随着城市地铁线网的不断加密，具有地下水控制和地层加固功能的深孔注浆技术得到了越来越广泛的应用。但由于

缺乏系统研究，深孔注浆的理论基础、设计与评价技术、施工控制技术等方面的研究尚不成熟，工程实践也主要依靠"现场经验"。因此，由于注浆效果不理想带来的止水、地层加固效果差、渗漏水、地层变形过大甚至坍塌等事故屡见不鲜。

为此，以北京地铁7号线等工程为依托，提出了适用北京（非基岩）地区全地层的注浆设计计算方法，提出了"降水减压联合注浆"措施，有效解决了饱和粉细砂注浆传统技术难题；提出了深孔注浆土体变形控制技术，发明了地铁车站附属工程仰挖施工工法，提出了"先注后探再挖、拱部先行、逐洞贯通"的仰挖工程设计与施工技术体系（图4.4.49、图4.4.50），为地铁车站附属结构尽早施工提供了有效作业面，为均衡施工创造了条件。此项深孔注浆关键技术已在北京地铁众多大型暗挖车站及其附属工程成功示范应用。

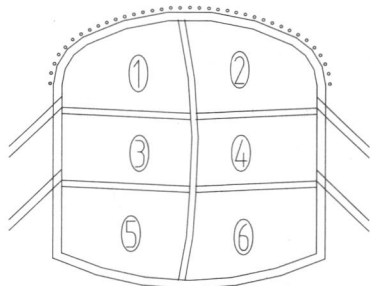

图4.4.49 仰挖施工步序图　　图4.4.50 掌子面深孔注浆效果

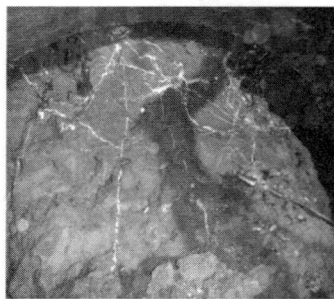

4.5 防护工程

地铁从最初的以备战为主到成为今天的城市公共交通基础设施，几十年来防护工程也经历了变化。

4.5.1 地铁人防工程的发展与变革

几十年来，我国城市地铁建设经历了"以战备为主"到"以交通运营为主"的变化过程。建于20世纪60年代的我国第一条地下铁道，即北京地铁1号线是以"战备为主，兼顾交通"的指导思想而修建的。其工程主体结构和孔口防护等级为三级。孔口防护均设防护门、防护密闭门、密闭门各一道。通风道则为平时和战时两条通风系统。战时通风系统由防爆活门、油网滤尘器、精滤器、密闭阀门和风机组成。

　　建于 20 世纪 70 年代的北京地铁 2 号线更是基于"大打、早打、打核大战"的指导思想而修建的，其整体防护能力提升为二级。孔口防护更是按三防（防原子、防化学、防细菌）的要求安装了防护设备及监测设施。孔口同样设防护门、防护密闭门、密闭门各一道。其战时通风道能满足三防的要求，即设有油网过滤器、滤尘器、精滤器、滤毒器。战时可根据需要进行隔绝式防护和清洁式、过滤式或滤毒式通风。

　　而到 80 年代末以后，随着国际风云的变幻，以及国内改革开放，政治、经济形势的发展，地铁建设的指导思想则发生了根本性的转变，即"城市地铁以解决城市公共交通运营为主，兼顾战备"，此后地铁工程防护等级也改为五级或六级。

　　为统一全国城市地铁人防工程的设计标准，1998 年底全国人民防空办公室下达了《地下轨道交通工程防护技术研究》项目任务书。由总参工程兵四院牵头，历时 10 年，吸收了国内地铁人防的成功经验和先进技术，系统地解决了平战之间的突出矛盾。2008 年 12 月，经国家人防办组织的项目评审会确认，2009 年 7 月《轨道交通工程人民防空设计规范》RFJ 02—2009 正式发布实施。

　　《轨道交通工程人民防空设计规范》RFJ 20—2009 对以下内容做了明确规定：地铁防常规武器及核武器抗力级别为 5 级和 6 级。

　　轨道交通工程兼顾人民防空设计时应同时满足战时的防护和使用要求，当平时的使用要求与战时防护要求不一致时，设计中可采取防护功能平战转换措施。

　　轨道交通人防工程应一次完成，不得预留和二次施工的项目有：战时使用的出入口、通风口的防护设施；区间正线上的防护设施；钢筋混凝土或混凝土浇筑的结构或构件；防爆波地漏、防爆波清扫口、给水引入管和排水出口管。

　　孔口防护和通风要求：战时人员出入口应设置防护密闭门和密闭门各一道；战时清洁式通风宜采用门式通风系统；防化级别为丁级时，设置清洁式通风和隔绝式防护；防化级别为丙级时，设置清洁式通风、滤毒式通风和隔绝式防护。

4.5.2　孔口防护技术的发展与创新

　　作为平战结合的地铁工程，其主体结构工程防护按照国家相关要求和规范进行设计和施工。为战时需要，地铁工程的孔口防护几十年来也经历了一系列的发展和变革。

　　早期地铁由于指导思想是"以战备为主"，战时要求孔口防护设施均为电动、手动两用，能够快速反应，以达到两分钟内关闭的要求。早期地铁的通风设施也分平时的普通通风道和战时的特殊通风道。

　　近年来，由于指导思想的变化，以及科学技术的创新和发展，地铁孔口防护技术也发生了突破性的发展变化：

所有孔口防护设施的启闭均改为手动，而且能确保两分钟内关闭；出入口防护设施由防护门、防护密闭门、密闭门三道改为防护密闭门、密闭门两道。

降落式双扇立传门适用于地铁出入口，战时门扇通过立转、降落、平移达到防护、密闭的要求。而且联动式机构，只需一人操作即可完成门扇升降及闭锁的功能。

升降密闭梁式手动立传隔断门，该设施无需门室，大大减少了土建工程量，而且结构简单、安装使用维修方便、安全可靠。完全采用手动，省去了电控系统，节省了投资。

门式战时清洁式通风系统的成功创新，使得平时普通通风道和战时特殊通风道合二为一，防护设施与通风设施合在一起，大大降低了工程量和工程造价。

门式战时清洁式通风系统由胶管活门防护门、密闭阀门防护密闭门、风机密闭门组成。胶管活门防护门是在防护门的外表面安装胶管活门，内表面安装油网滤尘器，从而构成了门式战时清洁式通风系统的第一道门。胶管活门的消波效率在90%以上，消波效果稳定，加上油网滤尘器的过滤效果，保证了战时清洁式通风质量。

密闭阀门防护密闭门是将密闭阀门安装在防护密闭门上，用于隔绝式防护和清洁式通风的相互转换，构成门式战时清洁式通风的第二道门。

风机密闭门是将通风机安装在密闭门上，风机设有密闭盖。战时清洁式通风时，打开密闭盖，启动风机。关闭密闭盖和风机，即可转换成隔绝式防护。

4.5.3 未来地铁人防设施发展设想

未来地铁人防设施应遵循《轨道交通工程人民防空设计规范》RFJ 02—2009进行设计与施工。

未来战争主要是核威慑下的高技术局部战争。地铁人防在未来战争中的主要防护对象是高技术武器的局部破坏作用。

地铁人防要突出重点。由于高技术战争空袭时有危险区和安全区之分，所以城市地铁应根据地理位置、地面设施的不同，防护等级也应有所区别。

由于未来战争突然性和隐蔽性大大增强，地铁防护的反应能力应从防护设施、组织指挥上予以加强。

地铁人防要从国情出发，既要满足未来战争的需要，又要合理利用资金。

第5章　轨道

轨道结构是地铁的主要组成部分之一，一般由钢轨及接头联结件、扣件、道床等组成，另外还包括道岔、钢轨伸缩调节器、减振轨道结构、附属设备及安全设备等。它的作用是引导机车车辆运行，直接承受车轮传来的荷载及因温度变化所产生的温度附加力等，并减少振动和噪声。轨道结构必须坚固稳定、结构等强、匹配合理、弹性连续、质量均衡，以保障列车平稳、舒适、环保、安全运行。

我国地铁轨道设备的研发基本上是随着国铁及国际同类产品的发展而发展的，借鉴了很多国家铁路及国际轨道交通的最新轨道技术，结合地铁车辆及运营的特点进行开发研制。在钢轨及联结件方面则直接采用国家铁路的相关设备。

本章主要介绍我国地铁轨道系统自主研发的产品，对于引进的国外产品不做介绍。

5.1　钢轨扣件

5.1.1　正线一般轨道扣件

1. 正线一般轨道地下线扣件

城市轨道交通地下线一般采用整体道床，正线扣件多采用弹性分开式结构扣件。

（1）DTⅡ型扣件

该扣件专门为北京地铁1、2号线地下整体道床轨道设计，是我国第一代地铁轨道钢轨扣件，结合当时国铁67型拱形弹片式扣件结构设计，结构形式为带铁垫板的分开式结构，扣压件为8mm厚弹簧钢板，适用于50kg/m钢轨短枕式整体道床。1965年在国铁京广线易家湾明峒整体道床轨道上试铺；1966年和1972年分别在北京地铁1、2号线和朝鲜平壤地铁铺设。其后又设计了类似结构的DTⅡ型扣件，用于北京地铁2号线西环线，如图5.1.1所示。

（2）DTⅢ型扣件

扣件由原北京城建设计研究总院有限责任公司专门为上海地铁1、2号线地

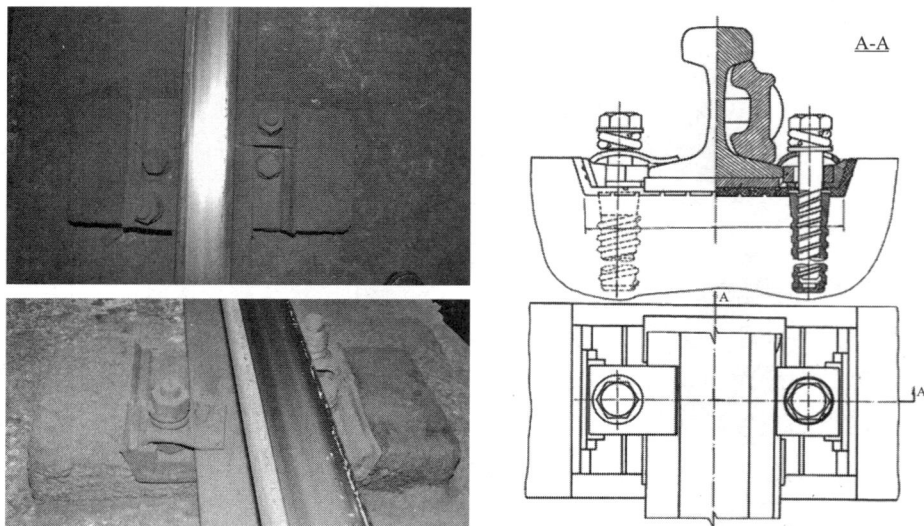

图 5.1.1 DT Ⅱ型扣件

下段长枕式整体道床设计，是我国第二代地铁轨道钢轨扣件。结合国铁弹条Ⅰ型扣件结构设计，其结构形式为带铁垫板有混凝土枕挡肩的弹性分开式结构，采用国铁Ⅰ型 ω 弹条（B 型 ϕ13mm）作为扣压件，该扣件适用于 60kg/m 钢轨长枕式或短枕式整体道床，1987 年铺设在上海地铁 1、2 号线路上。

其后，在上海修建的几条地铁线，该扣件结构又做了进一步修改，取消了混凝土枕挡肩，部分线路采用国铁新研制的Ⅱ型弹条作为扣压件，扣件名称也改称为 DT Ⅲ-2 型扣件，如图 5.1.2 所示。

随后，该扣件逐步被上海地铁定型为全网轨道通用扣件。DT Ⅳ型扣件也是该类型的扣件，所不同的是用于 50kg/m 钢轨，铁垫板承轨槽尺寸按照 50 轨轨底宽度设计，扣件其余部位结构与 DT Ⅲ型扣件类同，1986 年铺设在北京地铁 1 号线复兴门站—西单站区段。

（3）DT Ⅴ型扣件

该扣件由原北京城建设计研究总院有限责任公司专门为北京地铁 1、2 号线轨道大修改造研制。扣件研制的原则是在保持轨下基础结构不变的前提下对 DT Ⅰ型扣件结构重新设计。钢轨扣压件采用左旋式无螺栓 DⅠ弹条（ϕ18mm），即原有螺栓的扣压件紧固方式改为无螺栓紧固，适用于 50kg/m 钢轨整体道床，

图 5.1.2 DT Ⅲ-2 型扣件

该扣件分别于 2006 年和 2014 年在北京地铁 1、2 号线大修改造中铺设。

（4）DT Ⅵ型扣件

该扣件是在国铁弹条Ⅲ型扣件开发研制成功后由原北京城建设计研究总院有限责任公司将技术引入到地铁，国铁Ⅲ弹条直径 20mm，外形类同英国 Pandrol 公司的 e20 系列弹条，地铁采用的是 e18 系列的弹条外形，结合地铁受力情况和

图 5.1.3　DT Ⅵ 2 型扣件

轨道几何调整能力要求而设计了 DT Ⅵ型扣件，1998 年首次铺设于北京地铁复八线，而后上海地铁 2 号线也铺设了试验段。该扣件适用于 60kg/m 钢轨长枕式或短枕式整体道床，此后根据使用情况，结构及性能进一步得到优化完善，最终定型为 DT Ⅵ 2 型扣件，并在国内众多城市地铁中广泛使用，北京地铁、重庆地铁、青岛地铁等将其确定为全网通用扣件，如图 5.1.3 所示。

（5）单趾弹簧扣件

该扣件基本是引进英国 Pandrol 公司的 PR20 系列的扣件，PR20 系列扣件是 Pandrol 公司早期研发的轨道扣件，曾在香港地铁使用。2004 年广州 1 号线、武汉地铁的 60kg/m 钢轨线路都有铺设使用。20 世纪 80 年代后期，英国 Pandrol 公司逐步淘汰该扣件，由 e20 系列扣件替代，不再推广使用。

2. 正线一般轨道地面线扣件

正线一般轨道地面线多数铺设碎石道床，个别铺设整体道床线路，钢轨扣件多数采用与地下线一致的钢轨扣件。铺设碎石道床的一般轨道线路，基本上直接选用国铁相关钢轨型号的扣件，如弹条Ⅰ型、弹条Ⅱ型或者弹条Ⅲ型扣件，但也有个别线路设计研发使用了新扣件。下面以 DT Ⅵ 3 型扣件为例进行介绍。

该扣件是由原北京城建设计研究总院有限责任公司为北京地铁 13 号线地面线研制的。结构形式为预埋铁座的无螺栓弹性不分开结构，钢轨扣压件采用的是右旋式无螺栓 D Ⅰ 弹条（ϕ18mm），整套扣件零部件数量只有 7 件，是目前国内地铁轨道结构中最简单的钢轨扣件，2001 年铺设于北京地铁 13 号线一期工程，而后二期工程及北京地铁八通线的地面线也曾铺设采用，如图 5.1.4 所示。

图 5.1.4　DT Ⅵ 3 型扣件

3. 正线一般轨道高架线扣件

（1）WJ-2 型扣件

该扣件是中国铁道科学研究院集团有限公司专为上海地铁 3 号线（原上海明珠线）高架轨道设计的钢轨扣件。为解决无缝线路梁轨作用力，将扣件设计为小阻力结构，即扣件防止钢轨纵向移动的阻力比常规扣件低。结构形式为弹性分开式结构，利用铁垫板的长圆孔横向移动铁垫板调整轨距。弹条为新设计的低扣压力弹条，1999 年首次铺设于上海明珠线。

因该扣件调整轨距需松开铁垫板联结螺栓，操作不便，结合现场使用意见，后期对扣件结构进行了优化完善，增加了轨距调整块，完善后的扣件型号定为WJ-2A 型，如图 5.1.5 所示。该扣件在国内许多城市高架线上广泛使用。

图 5.1.5　WJ-2A 型扣件

（2）DT Ⅶ型扣件

该扣件是原北京城建设计研究总院有限责任公司专为上海地铁 2 号线东延伸高架段工程设计，吸收了 WJ-2 型扣件的结构特点，并在扣件整体弹性及轨距调整方面做了优化，铁垫板下采用了橡胶垫板取代橡塑垫板，增加钢轨两侧的绝缘轨距块来调整轨距，不再利用铁垫板上的长圆孔左右移动调整轨距。该扣件于 2001 年铺设使用，其后又进一步修改，定型为 DT Ⅶ 2 型扣件，并形成北京市全网高架轨道通用图。定型后的 DT Ⅶ 2 型扣件广泛应用于国内城市轨道交通 60kg/m 钢轨高架轨道，如图 5.1.6 所示。

5.1.2　车辆段（车场线）钢轨扣件

1. 车辆段库外线用扣件

早期库外线木枕上采用普通道钉垫板扣件，后采用弹性分开式结构扣件；混凝土枕上均采用弹条Ⅰ型扣件。

图 5.1.6　DT Ⅶ 2 型扣件

该扣件由原北京城建设计研究总院有限责任公司为北京地铁 1 号线车辆段改造而设计，早期的北京地铁 1、2 号线车辆段内车场线采用的是木枕普通道钉垫板扣件，随着时间的推移，道钉易浮起、木枕钉孔腐烂，轨距难保持。2006 年改造时，更换为 DT Ⅳ 1 型扣件，该扣件结构为弹性分开式，扣件铁垫板采用 4 个螺旋道钉与枕木联结，钢轨扣压件为国铁弹条Ⅰ型扣件中的 ωB 型弹条（ϕ 13mm），如图 5.1.7 所示。

图 5.1.7　DT Ⅳ 1 型扣件

20 世纪 90 年代后，新建设的城市轨道交通地面车辆段库外线轨道扣件基本不再铺设木枕，而铺设国铁Ⅱ型预应力混凝土轨枕，扣件也自然采用与之配套的弹条Ⅰ型扣件。

2. 车辆段库内线用扣件

库内线一般采用整体道床，多采用弹性分开式结构扣件。

（1）Ⅰ型检查坑扣件

该扣件于 1960 年铺设在北京地铁 1 号线古城车辆段 43kg/m 钢轨的检查坑地段，是我国最早的地铁专用库内检查坑钢轨扣件。结构形式为弹性不分开式，采用厚 8mm 弹簧片扣压钢轨。扣件的铁垫板与其下的混凝土短轨枕直接联接在一起，扣件不能调整轨距，调高能力只有 5mm，维修困难，后期线路改造逐步更换。

（2）Ⅱ型检查坑扣件

该扣件于 1976 年铺设在北京地铁 2 号线太平湖车辆段 43kg/m 钢轨的库内线短枕式整体道床地段，结构形式为弹性不分开式，采用不同号码刚性扣板扣压钢轨，不设铁垫板，用轨下橡胶垫板包裹钢轨底部及两侧。刚性扣板采用 T24 螺旋道钉与轨下基础直接紧固联结。因弹性差，其后新建线路不再使用。

（3）DJK5-1 型扣件

该扣件是库内检查坑钢轨扣件由弹片到刚性扣板再到弹条逐步发展成熟的一代钢轨扣件，其特点是无挡肩弹性分开式结构，钢轨扣压件为国铁弹条Ⅰ型扣件中的 ωB 型弹条（ϕ13mm），通过钢轨两侧的绝缘轨距块调整轨距，钢轨水平标高可通过铁垫板下的跳高垫板来调整，铁垫板通过 2 个螺旋道钉与其下基础联结紧固，整

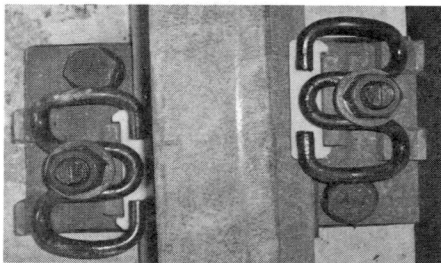

图 5.1.8　DJK5-1 型扣件

体结构紧凑，深受地铁部门欢迎，先后于 1989 年北京地铁四惠车辆段、上海地铁 2 号线车辆段开始铺设，后多个城市地铁陆续采用、铺设，目前已经由北京城建设计发展集团股份有限公司编制为北京地铁全网通用图，如图 5.1.8 所示。

5.1.3　减振轨道钢轨扣件

1. Ⅰ型轨道减振器扣件

1987 年原北京城建设计研究总院有限责任公司参考德国"科隆蛋"资料研制成我国第一代轨道减振器扣件，称为"Ⅰ型轨道减振器扣件"，适用于 60kg/m 钢轨，减振器的承轨板与底座通过橡胶硫化为一整体，并呈锥形联结，可充分利用橡胶的剪切变形，具有较低的垂向静刚度，一般为 10 ～ 15kN/mm。Ⅰ型轨道减振器扣件于 1990 年通过上海市科研技术鉴定，并铺设于上海地铁 1、2 号线上，以后又陆续在广州、北京等地铁广泛铺设，如图 5.1.9 所示。

图 5.1.9　Ⅰ型轨道减振器扣件

2001 年根据大连快速轨道交通 3 号线等工程的需求，研究开发了适用于 50kg/m 钢轨的 Ⅱ 型轨道减振器扣件。

2. 高弹性减振扣件

该扣件由原北京城建设计研究总院有限责任公司专为天津地铁 1 号线高架轨道研制，采用全新的结构设计，为国内首次使用。利用双层铁垫板夹心减振橡胶垫板的结构特点，底层铁垫板与轨下基础紧固，上层铁垫板安装在下层铁垫板之上，两层垫板之间的橡胶减振垫板不受初始紧固力压缩，从而保证其减振弹性不损失。经过试验室实测，与普通扣件相比，扣件的减振能力不低于 8dB。上层铁垫板与钢轨的联结结构类似 DT Ⅶ 2 型扣件，该扣件于 2003 年铺设于天津地铁 1 号线高架区段，如图 5.1.10 所示。

图 5.1.10　高弹性减振扣件

3. Ⅲ 型轨道减振器扣件

鉴于 Ⅰ 型轨道减振器的性能优势尚未达到充分的发挥，如动静比偏高、耐环境老化性能不够理想等，2006 年原北京城建设计研究总院有限责任公司与中国船舶重工集团有限公司合作研制了 Ⅲ 型轨道减振器扣件。从其性能、所用减振材料、制作工艺等方面进一步优化，开发研制了 Ⅲ 型轨道减振器扣件。Ⅲ 型轨道减振器的结构设计及仿真分析以"双刚度"结构为基础研究设计。"减振刚度"是为了提高减振效果，对系统进行动力学最优化所期望的刚度值。"安全刚度"是保证钢轨几何形位变化在安全范围内所必需的支承刚度，如图 5.1.11 所示。

图 5.1.11　Ⅲ 型轨道减振器扣件

4. 双层非线性减振扣件

该扣件由范佩鑫、王安斌于 2003 年发明设计，又经多家单位优化改进。扣件采用可分离式结构设计，巧妙解决了上、下铁垫板的连接问题，不用螺栓锚固和硫化粘接便能传递纵向力、横向力和翻转力矩，实现中间弹性垫板零预压和扣件低刚度，不降低扣件的减振性能。上铁垫板可根据实际情况采用有、无螺栓弹条设计，下铁垫板的钉孔可根据轨枕预埋套管位置设计。该扣件于 2010 年后得到广泛应用，是目前国内地铁中减振轨道使用最多的轨道产品，如图 5.1.12 所示。

图 5.1.12　双层非线性减振扣件

5. 嵌套式高弹性减振扣件

该扣件由北京城建设计发展集团股份有限公司发明，综合了普通弹性分开式扣件、压缩型减振扣件及轨道减振器扣件等优点的基础上历时 7 年研究、优化、成熟。结构的突出特点在于将原扣件铁垫板分解成内外嵌套的两块垫板，俗称"子母垫板"，结构高度与原来扣件等高。外圈母铁垫板通过螺旋道钉与轨下基础固定，通过外圈母铁垫板对内圈子铁垫板进行限位，不对其预压，避免弹性损失。2015 年通过技术鉴定，先后在 2016 年合肥地铁 1 号线、2017 年西安地铁 4 号线、重庆地铁 10 号线一期工程试铺使用，在 2017 年北京地铁 6 号线振动病害整治及2018 年南京地铁 1 号线珠江路站振动病害整治地段使用，效果很好，如图 5.1.13所示。

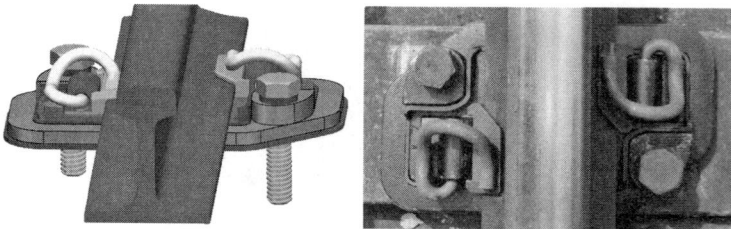

图 5.1.13　嵌套式高弹性减振扣件

5.2　轨枕及道床

我国城市轨道交通 20 世纪 60 年代开始兴建，最早设计的北京地铁 1 号线，整体道床使用钢筋混凝土短轨枕，车辆段地面线、正线道岔区采用木枕。此后，钢筋混凝土短轨枕在国内城市轨道交通地下线、高架线整体道床中大量采用。

1. 预应力混凝土轨枕

20 世纪 90 年代，上海市开始建设城市轨道交通工程，上海地质属于淤泥软土地基，承载力低，为确保轨道稳定，结合城市地质情况，原北京城建设计院研究总院有限责任公司设计了上海地铁地下线预应力混凝土长轨枕，与国铁预应力混凝土轨枕在结构上的显著不同在于沿轨枕纵向分布了 5 个道床钢筋穿孔，解决了道床钢筋纵向连通的问题，同时也加强了轨枕与道床混凝土的连接，这是我国第一根专门用于地铁的预应力混凝土轨枕。目前，预应力混凝土长轨枕逐步在各城市得到广泛使用，如图 5.2.1 所示。

图 5.2.1　预应力混凝土轨枕

2. 可调式框架板整体道床

为解决西安地铁地裂缝地段轨道稳定性及维修问题，2012 年由原北京城建设计研究总院有限责任公司主持研究了可调式框架板整体道床结构。该轨道结构由分开式大调量扣件、预应力混凝土框架式轨道板、板下可调支座、侧向限位胶垫、钢筋混凝土挡台及混凝土基础等组成。该轨道结构适应地裂缝变形，并保证列车安全运行。

考虑到地裂缝的变形，可调式框架板整体道床易于调整和维修，维护工作量小，并能利用地铁夜间停运期间完成调整维修。框架轨道板为轻型预应力结构，框架轨道板中部空间大，水平调整量达 500mm，方向调整量达 105mm，在框架板的中部外侧设置限位凸榫，用于限制框架板的纵向爬行，框架板轨道地段道床采用中心排水沟。该轨道框架整体道床已经在西安地铁广泛使用，在乌鲁木齐地铁 1 号线的地质断裂活动带地段也有铺设，如图 5.2.2 所示。

图 5.2.2　可调式框架板整体道床

3. 减振轨道道床及设备

（1）弹性短轨枕

20 世纪 70 年代，在北京地铁 2 号线东四十条站为解决振动对附近建筑的影响，由原北京城建设计研究总院有限责任公司设计，将混凝土短轨枕置于橡胶套靴内，在轨枕底部与套靴之间设有弹性垫板，经计算一般减振效果可以达到8 ~ 12dB。铺设使用至今约 50 年，性能一致发挥良好。其后在广州地铁、武汉地铁及天津地铁也有使用，如图 5.2.3 所示。

但由于套靴与轨枕在尺寸配合上存在较大误差、施工质量难以达到要求以及更换不易等原因，在我国地铁中的应用逐渐减少。

（2）弹性长轨枕

弹性长轨枕是我国首次在北京机场线直线电机轨道结构中使用，由原北京城建设计研究总院有限责任公司研发。其结构特点是在轨枕的两端包裹减振橡胶套靴，套靴并不是完全封闭，而是成簸箕状，在套靴与轨枕之间设置减振橡胶垫板，弹性轨枕一般减振效果为 8 ~ 10dB。其后在北京地铁 4 号线及 9 号线上也有少量使用，如图 5.2.4 所示。

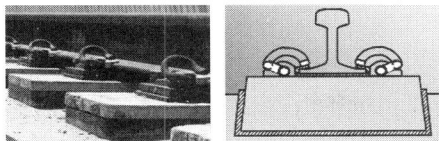

图 5.2.3　弹性短轨枕　　　　　　　　图 5.2.4　弹性长轨枕

（3）梯形轨枕

梯形轨枕减振轨道一般用于高等减振地段，该减振轨道结构最早于 2003 年由原北京城建设计研究总院有限责任公司研究试验成功。其结构特点是：由左右两块预制预应力混凝土纵梁及其连接杆件、减振垫、缓冲垫组成。其中，预应力混凝土纵梁上设有纵向限位凸台，梯形轨枕的参振质量远大于弹性短轨枕和长轨枕，轨道理论计算的减振效果可达到 15dB，多数工程梯形轨枕铺设段的实际在线测试减振效果基本在 9 ~ 15dB，高架线降噪效果为 6 ~ 10dB（A）。

目前，在我国多数城市地铁建设中，通常在高等减振地段采用，如图 5.2.5 所示。

图 5.2.5　梯形轨枕道床

（4）减振垫浮置整体道床

原北京城建设计研究总院有限责任公司于 2004 年通过研究成功试铺了道砟减振垫，与一般碎石道床相比，其减振效果可达到 5dB 以上。此后，浙江天铁实业股份有限公司从德国引进和研究开发了减振垫浮置整体道床技术，其结构特点是：在混凝土道床与隧道结构之间铺设减振橡胶垫板，垫板的厚度及减振参数经计算确定，该减振结构属于质量 - 弹簧系统，结构较为简单，施工方便，减振效果达到 12dB 以上。减振垫浮置整体道床使用寿命应与普通整体道床相同，减振效果应满足环评要求及设计要求，并且有一定的富余量。减振垫浮置整体道床适用于地下线圆形隧道、矩形隧道、马蹄形隧道及高架线。

（5）橡胶浮置道床

橡胶浮置道床亦称质量—弹簧系统。这种轨道的基本原理是在轨道扣件和基础之间插入一个固有频率很低的线性谐振器，防止由钢轨传来的振动透入基础。橡胶浮置道床减振效果一般为 15 ～ 20dB，适用于特殊减振地段。橡胶浮置道床按道床的施工方法可分为就地灌注式和预制式两种。

广州地铁 1 号线从香港引进的橡胶浮置板中间未设孔，不能检查隔振垫（底座）情况，更换时需中断地铁正常运营。广州地铁集团有限公司、中国铁道科学研究院有限责任公司和中铁二院工程集团有限责任公司合作对橡胶浮置板道床的结构、减振效果等进行了系统研究和试验，如图 5.2.6 所示。

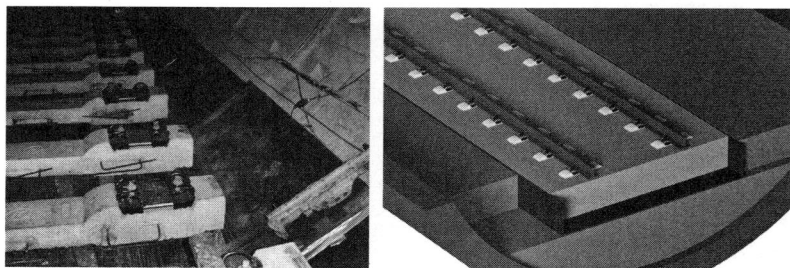

图 5.2.6　橡胶浮置道床

根据不同隧道形式和参振质量经计算确定其浮置板道床横断面，为增加其参振质量、降低系统固有频率、提高减振效果，可将两股钢轨中间和两侧的混凝土结构加高。

（6）橡胶减振器浮置道床

橡胶减振器浮置道床是中船重工集团公司第七一一所等单位研制的。城市轨道交通浮置板隔振装置类似于常规的双层隔振系统，也是一种质量-弹簧系统。利用中间质量的惯性效应和阻尼效应，缓冲浮置板上层列车运行产生的振动冲击力。通过上层减振元件的合理选型、浮置板的精确设计和下层减振元件的匹配设计和适当布置，使得浮置板隔振装置具有很好的减振效果，适用于特殊减振地段，减振效果约为 15 ～ 25dB，如图 5.2.7 所示。

（7）钢弹簧浮置道床

钢弹簧浮置板轨道结构是将无砟轨道板支承在钢弹簧弹性支承上，构成质量-弹簧隔振系统，浮置道床与基底隔离，可大大削弱振动向基础的传入，是一种隔振效果非常好的轨道结构，减振效果一般在 20dB 以上，一般用于地铁或其他城市轨道交通对减振有特殊要求的地段，但造价较高。

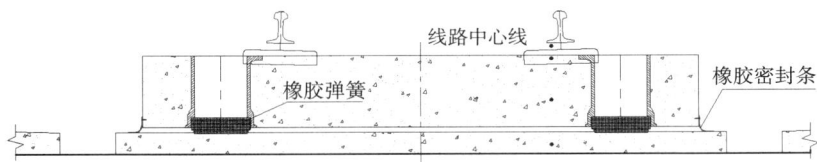

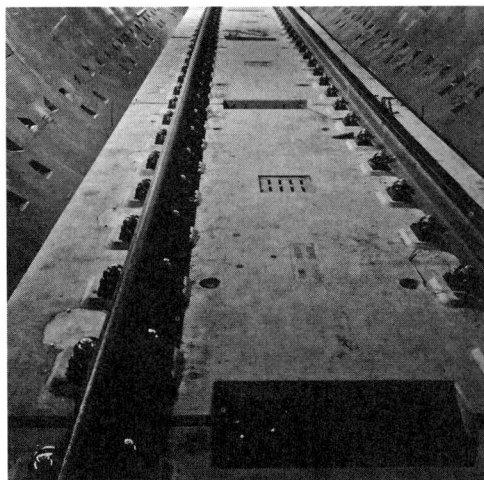

图 5.2.7　橡胶减振器浮置道床

浮置板轨道的隔振效果取决于其自身的固有频率，而固有频率又与浮置板的尺寸、质量、支承的刚度等因素有关。一般浮置板轨道的固有频率介于 6 ~ 10Hz 之间。根据隔振原理，只有大于 $\sqrt{2}$ 倍固有频率的激振频率才能被衰减，因此近年来一直致力于开发固有频率较低的浮置板轨道系统。

钢弹簧浮置道床是隔振效果非常好的轨道结构，在使用性能和使用寿命等方面均优于橡胶浮置板轨道。该技术最初自德国引进，国内近几年不断研究更新，已经实现国产化，如图 5.2.8 所示。

5.3　道岔设备

城市轨道交通用道岔基本上是随着国铁道岔的发展而发展的，并结合城市轨道交通车辆及运营速度的特点不断完善，经过近 50 年的道岔研究设计、施工及运营维修实践，地铁道岔技术日趋成熟。

图 5.2.8　钢弹簧浮置板道床

1. 地铁道岔

北京地铁 1 号线一期和 2 号线分别于 1969 年、1982 年建成投入运营，正线采用了 50kg/m 钢轨 9 号直线尖轨、曲线尖轨单开道岔、9 号复式交分道岔、9 号道岔 4.6m 间距交叉渡线。其中 1 号线一期工程道岔均采用碎石道床。后经原北京城建设计研究总院有限责任公司与多单位合作研究成功试铺了无枕式道岔整体道床，在北京地铁 1 号线一期 402 线 8 组和 2 号线复兴门北单渡线计 10 组 50kgm 钢轨 9 号曲线尖轨单开道岔上使用。

1981 年，研究开发并试铺成功道岔短枕式整体道床，在 2 号线开始使用。车场线采用 43kg/m 钢轨 6 和 7 号单开道岔、木枕碎石道床。

1992 年，北京地铁 1 号线设备大修工程、各类道岔改造后，道岔木枕碎石道床均采用类似弹性分开式 DTⅣ1 型扣件；道岔整体道床均采用弹性分开式弹条Ⅰ型扣件。由于当时条件限制及对道岔标准化认识不足，基本上是按需要特殊设计道岔，造成道岔类型较多。

1993 年，上海地铁 1 号线一期工程通车，正线道岔引进国铁技术，首次采用 60kg/m 钢轨 9 号半切线型弹性可弯曲线尖轨单开道岔。道岔导曲线半径为 200m，直向容许通过速度 120km/h、侧向容许通过速度 35 km/h。扣件采用弹性分开式弹条Ⅰ型扣件，道床采用短枕式整体道床。车场线铺设 50kg/m 钢轨 7 号曲线尖轨道岔，还铺设了一组交分道岔，扣件均采用弹性分开式弹条Ⅰ型扣件，道床采用木枕碎石道床，如图 5.3.1 所示。

图 5.3.1　50kg/m 钢轨 7 号曲线尖轨道岔

2003 年，北京地铁 13 号线、八通线工程通车，正线采用了 60kg/m 钢轨 9 号 AT 直线尖轨道岔，直向容许通过速度 90km/h、侧向容许通过速度 30km/h，简化了电务设备，只设 1 台转辙机牵引，扣件采用无螺栓弹性分开式扣件，首次实现了道岔扣件与区间钢轨扣件的完全统一，道床形式有预应力枕碎石道床和短枕式整体道床两种。

2004 年，深圳地铁 1 号线 1 期工程通车，为提高列车折返速度，缩短折返时间，首次铺设了 60kg/m 钢轨 12 号曲线尖轨单开道岔和交叉渡线。道岔采用 60AT 曲线尖轨、高锰钢整铸辙叉和分开式护轨，导曲线半径 350m，直向容许通过速度 80km/h、侧向容许通过速度 50 km/h。扣件采用弹性分开式弹条Ⅱ型扣件，轨下基础采用短枕式整体道床。

2005 年，广州地铁 3 号线首段通车，为解决道岔区振动问题，铺设了

60kg/m 钢轨 9 号特殊减振的减振道岔，减振道岔采用钢弹簧隔振器，轨下基础采用钢弹簧短枕式整体道床，与一般正线用整体道床道岔相比，减振效果可达 15dB 以上。

2005 年，广州地铁 4 号线首开段通车，该线路车辆为直线电机牵引，为保证牵引电机定子和转子之间的间隙，根据日本专家的要求，道岔轨枕全部采用合成树脂枕，正线道岔采用合成树脂枕整体道床，车场线铺设了 50kg/m 钢轨 6 号道岔，也采用合成树脂枕碎石道床。

2007 年，上海地铁 9 号线通车，为缩短道岔区占用线路长度，首次在停车线铺设了 60kg/m 钢轨 9 号对称三开道岔。采用 60AT 尖轨，侧向容许通过速度 35km/h，扣件采用弹性分开式弹条 II 型扣件，轨下基础采用短枕式整体道床。

2008 年，北京地铁机场线（直线电机系统）通车，为了减少小辙叉有害空间，提高列车通过道岔的平稳性，工程中首次铺设了 60kg/m 钢轨相离线型 60AT 曲线尖轨可动心轨辙叉 9 号单开道岔和交叉渡线、60kg/m 钢轨 18 号曲线尖轨可动心轨辙叉单开道岔，均采用无螺栓弹性分开式扣件和短枕式整体道床，如图 5.3.2 所示。

图 5.3.2　60kg/m 钢轨相离线型 60AT 曲线尖轨可动心轨辙叉 9 号单开道岔

2008 年，北京地铁 10 号线一期工程通车，正线铺设了 60kg/m 钢轨 60AT 直线尖轨 9 号减振单开道岔，减振道岔首次采用道岔减振器扣件，轨下基础采用短枕式整体道床，与一般正线用整体道床道岔相比，减振效果可达 8dB 以上。

2012 年，苏州地铁 1 号线通车，为缩短道岔区长度，首次在存车线铺设 60kg/m 钢轨 4.5 号对称道岔，导曲线半径 $R=200m$，道岔容许通过速度为 35km/h。转辙器尖轨只设一个牵引点，设计动程为 152mm。扣件采用弹性分开式无螺栓 DI 弹条扣件，轨下基础采用短枕式整体道床。

2012 年，北京地铁 6 号线通车，首次在需要减振的道岔区采用橡胶减振浮置板道床，在地铁五路居站铺设了 60 kg/m 钢轨 12 号交叉渡线减振道岔，与一般正线用整体道床道岔相比，减振效果可达 12dB 以上。

2012 年，北京地铁 10 号线二期工程通车，为满足地铁五路居车场上盖开发需解决车场咽喉区道岔区行车振动问题，首次在停车场铺设了 50 kg/m 钢轨 7 号减振道岔，轨下基础采用橡胶减振垫碎石道床，与一般车场线用道岔相比，减振效果可达 10dB 以上。

2016 年，北京地铁 16 号线北安河至西苑段开通，为解决车场上盖开发的振动问题，首次研制铺设了 50kg/m 钢轨 7 号组合减振道岔，道岔扣件采用减振器扣件，轨下基础采用减振垫碎石道床。

2016 年，上海地铁 12 号线通车，在虹梅路站铺设了 60kg/m 钢轨 9 号道岔，轨道基础首次采用道岔板式无砟道床。轨道结构由道岔钢轨件、扣件、道岔预制板、自密实混凝土层、土工布隔离层、限位凹槽和底座等组成。道岔预制板共 9 块，板厚 200mm，板底设置门型连接钢筋，板内预埋扣件套管、起吊螺栓、杂散电流端子和注浆孔等。在道岔牵引点处将预制板断开，设置板缝，宽 420mm。需要安装角钢的位置，预制板设置凹槽，宽 200mm、深 90mm，在配筋时，采用横纵向钢筋加密进行加强。

2017 年，青岛城市轨道交通 13 号线通车，正线采用 60kg/m 钢轨 9 号道岔，轨下基础首次采用桁架式长枕整体道床，桁架式长枕有利于保证道岔的组装精度，加强岔枕与道床的可靠连接，提高道岔整体性能。地下停车场采用桁架式长枕 50kg/m 钢轨 7 号道岔整体道床。

2. 钢轨伸缩调节器

参照原国铁《桥用钢轨伸缩调节器伸缩量系列》TB 1729—1986，国铁伸缩器伸缩量系列为 600mm 及 1000mm 两种；根据地铁工程特点，设计了 420mm 伸缩量的伸缩调节器。

2000 年，上海明珠线通车运营，该线是我国第一条高架城市轨道交通高架线，铺设无缝线路，为解决大跨度桥梁的梁轨作用力，确保线路安全，中国铁道科学研究院集团有限公司研究设计了 60kg/m 钢轨单向和双向钢轨伸缩调节器。单向钢轨伸缩调节器伸缩量 420mm、结构长度为 10.8m，尖轨采用 60AT 轨制造，设 3mm 藏尖，钢轨伸缩调节器按有轨底坡设计，在基本轨与尖轨贴合面范围内采用导向轨撑导向及扣压钢轨，适用于直线地段及半径不小于 2000m 的曲线地段。轨下基础采用短枕式整体道床。双向钢轨伸缩调节器结构长度为 21.6m，两侧伸缩量各 420mm，如图 5.3.3 所示。

图 5.3.3　单向钢轨伸缩调节器

2014 年，南京宁天城际一期通车运营，为解决长大跨河连续梁桥无缝线路钢轨温度伸缩位移的问题，中国铁道科学研究院集团有限公司研究设计了 60kg/m 钢轨单向钢轨伸缩调节器，伸缩量达 1000mm，结构长度为 12.5m，基本轨和尖轨长度均为 10m，采用尖轨锁定，基本轨伸缩。基本轨采用轨撑与钢垫板联结，轨下基础采用短枕式整体道床。该设备定型为国铁客专通用产品。2018 年，重庆环线通车，也铺设了该钢轨伸缩调节器，轨下基础采用树脂枕，通过螺栓连接在钢桥桁架上。

3. 有轨电车道岔

北京有轨电车西郊线（2017 年通车运营）正线、配线及库外线大部分地段采用 59R2 槽型钢轨 6 号系列道岔，包括 3.6m 间距单渡线、3.65m 间距单渡线、4.5m 间距交叉渡线，部分库外线采用 59R2 槽型钢轨 3 号单开道岔。

正线用 59R2 槽型钢轨 6 号单开道岔，角度 9°27′44″，导曲线半径 50m，全长 L=15650mm，前长 a=4788mm，后长 b=10862mm，直、侧向允许通过速度分别为 80km/h、20km/h。

道岔转辙器采用整体合金钢，分成合金钢尖轨和合金钢整体座；尖轨采用藏尖式、固定接头弹性可弯跟端结构；辙叉也采用整体合金钢制造，辙叉趾、跟端与导轨焊接。尖轨设一个牵引点，牵引点设计动程为 45mm。

正线用 59R2 槽型钢轨 6 号 4.5m 间距交叉渡线，转辙器部分与 6 号单开道岔相同。单开辙叉、锐角辙叉、钝角辙叉均采用合金钢制造，辙叉两端均采用焊接接头。道岔全长 L=36576mm。

转辙器为框架式结构，采用合金钢、钢板焊接制造；尖轨为合金钢尖轨，水平藏尖 3mm；A（B）/C（D）型辙叉为整体式机加工辙叉，采用合金钢、钢板焊接制造；护轨采用合金钢板制造；锐角、钝角辙叉采用高锰钢整铸式辙叉，辙叉表面进行爆炸预硬化处理。道岔内部及与区间线路连接时采用冻结接头。尖轨设一个牵引点，牵引点设计动程为 55mm。

正线道岔铺设无枕式钢筋混凝土整体道床。扣件采用 WH-1 型无枕弹性扣件。轨距调整量为 ±10mm，调高量为 25mm。单个扣件节点静刚度为 30 ~ 60kN/mm，纵向阻力不小于 9kN/组。扣件绝缘电阻大于 $10^8\Omega$。扣件金属件表面需做防锈处理。

车场线用 59R2 槽型钢轨 3 号单开道岔，角度 22°19′16″，导曲线半径 30m，全长 L=10376mm，前长 a=5905mm，后长 b=4471mm，直、侧向允许通过速度分别为 25km/h、10km/h。

道岔转辙器为框架式，采用合金钢、钢板焊接；尖轨为合金钢尖轨，水平藏尖 3mm；辙叉为高锰钢整铸式辙叉；护轨采用合金钢板制造。道岔内部及与区间线路连接时采用冻结接头。尖轨设一个牵引点，牵引点设计动程为 47mm。

道岔采用弹性扣件、无枕式整体道床，钢轨件轨腰设防护材料，如图 5.3.4 所示。

图 5.3.4　59R2 槽型钢轨 3 号单开道岔

青岛城阳有轨电车（2016 年 3 月通车运营）正线及配线采用 60R2 槽型轨 6 号系列道岔，包含单开道岔和交叉渡线。

6 号单开道岔采用直线道岔，全长 14.45m，其中前长 a=4.226m，后长 b=10.224m，导曲线半径为 50m，侧向容许通过速度为 20km/h，直向容许通过速度为 80km/h。

交叉渡线线间距为 7.8m。

单渡线两组道岔之间的部分采用相同型号的槽型轨（60R2）进行连接，并与道岔焊接。扣件及轨枕采用道岔内 B 型弹条扣件及其配套轨枕。

道岔地段根据道岔平面结构进行道床设计，道床分块布置，道床混凝土强度等级采用 C40，道床内布设双层钢筋网，纵向钢筋兼作杂散电流的排流筋。为避免道岔尖轨受雨水、沙、渣等的影响，造成卡阻，道岔前设置横向截水沉沙槽，并与有轨电车纵向排水系统相连。

车辆场采用 50kg/m 钢轨 3 号单开道岔和"梳子型"道岔。

（1）50kg/m 钢轨 3 号单开道岔

道岔全长 10.667m，其中前长 a=5.833m，后长 b=4.834m，导曲线半径为 25m，侧向容许通过速度为 10km/h，直向容许通过速度为 30km/h。

采用相切圆曲线线型，50AT 尖轨，尖轨跟端采用间隔铁活接头结构。尖轨设一个牵引点，牵引点动程为 120mm。为加强基本轨稳定性，减少外倾，在基本轨外侧设置轨撑。辙叉采用高锰钢整铸辙叉。护轨为分开式槽形护轨结构。护轨顶面高出基本轨 12mm。扣件采用弹条 I 型扣件。该道岔采用碎石道床，钢轨中心线处轨枕下的道砟厚度不小于 0.25m。采用预应力混凝土岔枕。

道岔间不足 50m 地段采用道岔内弹条 I 型扣件及混凝土岔枕。

（2）50kg/m 钢轨"梳子型"道岔

"梳子型"道岔平面布置形式按车辆场轨道走向设计，道岔第一岔位前长 6711mm，一、二岔位及二、三岔位道岔中心距离均为 5500mm，第三岔位后长为 4298mm，梳子型道岔全长 22009mm。

双尖轨转辙器主要结构采用 50AT 尖轨，尖轨跟端采用间隔铁活接头结构。尖轨设一个牵引点，牵引点动程为 120mm。

单尖轨转辙器结构采用高锰钢，分为铸造尖轨和铸造尖轨座两部分。尖轨设置一个牵引点，设计动程 40mm，辙叉技术条件与 50kg/m 钢轨 3 号单开道岔相同。

深圳龙华有轨电车（2017 年通车运营）正线及配线采用槽型轨 6 号系列道岔，包含单开道岔（单渡线）、交叉渡线、曲线单开道岔，另有几组菱形交叉。

1）6 号单开道岔采用直线道岔，全长 16.673m，其中前长 a=4.76m，后长 b=11.913m，导曲线半径为 50m，侧向容许通过速度为 20km/h，直向容许通过速度为 80km/h。

道岔转辙器为框架式结构，采用合金钢、钢板焊接制造，尖轨采用合金钢尖轨；辙叉为整体式机加工辙叉，采用合金钢、钢板焊接制造。护轨采用合金钢板制造。尖轨设一个牵引点，牵引点动程 60mm，转换力及锁闭力不大于 3000N。

2）交叉渡线线间距为 4m 和 4.3m，技术条件见单开道岔。

3）曲线单开道岔全长 15.216m，其中前长 a=6.16m，后长 b=8.606m，导曲线半径 50m，侧向容许通过速度为 20km/h，直向容许通过速度为 80km/h。

曲线单开道岔采用与 6 号单开道岔一致的转辙器，仅辙叉为曲线辙叉。其余技术要求与 6 号单开道岔一致。

单渡线两组道岔之间的部分采用相同型号的槽型轨进行连接，并与道岔焊接。扣件及轨枕采用道岔内通用扣件及其配套轨枕。

车场线采用 59R2 槽型轨 3 号单开道岔和"梳子型"道岔。

（1）59R2 槽型轨 3 号单开道岔

道岔全长 11.000m，其中前长 a=5.343m，后长 b=5.657m，导曲线半径为 25m，侧向容许通过速度为 10km/h，直向容许通过速度为 25km/h。

道岔导曲线钢轨采用 59R2 槽型钢轨制造；转辙器为框架式结构，采用合金钢、钢板焊接制造，尖轨采用合金钢尖轨；辙叉为整体式机加工辙叉，采用合金钢、钢板焊接制造。护轨采用合金钢板制造。

尖轨设一个牵引点，牵引点动程 50mm，尖轨前端开口值为 61mm，转换力及锁闭力不大于 3000N。

道岔区采用钢筋混凝土整体道床，扣件采用无枕式弹性扣件。

（2）59R2 钢轨"梳子型"道岔

"梳子型"道岔平面布置形式按车辆场轨道走向设计，"梳子型"道岔全长 53893mm。道岔导曲线半径 25m，直向、侧向容许通过速度均为 10km/h。道岔导曲线钢轨采用 59R2 槽型钢轨制造；转辙器为框架式结构，采用合金钢、钢板焊接制造，尖轨采用合金钢尖轨；辙叉为整体式机加工辙叉，采用合金钢、钢板焊接制造。护轨采用合金钢板制造。

该道岔共设置 10 个牵引点，尖轨牵引点动程 37mm，尖轨前端开口值为 43mm，转换力及锁闭力不大于 3000N。

道岔区采用钢筋混凝土整体道床，扣件采用无枕式弹性扣件，如图 5.3.5 所示。

图 5.3.5 59R2 钢轨"梳子型"道岔

5.4　轨道安全设备

1. 挡车器

挡车器是轨道系统的安全设备，随着城市轨道交通运营安全性标准的日益提高，城市轨道交通研究设计及管理部门对挡车器的重视程度越来越高，挡车器技术也在不断发展。

国内城市轨道交通已运营及在建的城市轨道交通中，正线多采用了传统的缓冲滑动式挡车器，该挡车器具有结构简单、性能良好等优点。当列车以规定速度撞击后，挡车器可滑动一段距离，能有效地消耗列车的能量，多数情况下能保障车辆及人身安全。

但是，这种挡车器在撞击的瞬间，制动力存在一定的突变，个别情况下如果制动力突变过大，可能会导致车辆的损坏。

为此，1999 年原北京城建设计研究总院有限责任公司联合上海某设备厂开发研制了液压缓冲滑动式挡车器，在传统缓冲滑动式挡车器的撞击部位设置一台小型液压油缸，具有优良的制动力特性，造价也大大降低，这种新型挡车器已在国内城市轨道交通新建线中广泛使用，如图 5.4.1 所示。

图 5.4.1　液压缓冲滑动式挡车器

为进一步减小缓冲滑动式挡车器占用线路的长度，国内有关单位又研制开发了新型的长行程液压挡车器，其制动力曲线变化平缓。此外，这种挡车器还具有自动复位及事故报警、记录等功能，可大大缩短事故处理、恢复运营通车的时间。

2. 防脱护轨

护轨主要用于城市轨道交通小半径曲线地段及需要防护车辆脱轨地段。1995年以来中国铁道科学研究院集团有限公司铁道建筑研究所与有关铁路局合作，对护轮轨开展了大量的现场调研、理论研究、设计、试制与室内外科学试验，于1998 年研制成功新型护轨即防脱护轨。该防脱护轨能抗横向弹性变形、减少小半径曲线轨道外股钢轨轨头侧面磨耗与接触疲劳损伤；还能有效增强轨道框架结构横向稳定性；可以改善列车运行时的横向摇摆（即蛇形运动），提高运营舒适度；防止列车车轮脱轨。

新型防脱护轨主要由护轨与护轨支架等组成，护轨采用特制的双头护轨（或标准轻轨）。护轨支架采用精密铸钢（或模锻）制作，基本轨轨底两侧边设有绝缘缓冲高强垫片，护轨与支架之间设有横向弹性调距垫块，护轨采用相应型号的接头夹板（或绝缘夹板）连接。

新型防脱护轨自1999年开始，在全国城市轨道交通线上，逐步大量推广应用，如图5.4.2所示。

图 5.4.2　防脱护轨

第6章　机电设备

6.1　供电技术

供电系统包括系统方案、变电所、牵引网、电力监控系统、杂散电流腐蚀防护系统几个方面。其中牵引网根据悬挂位置的不同,可分为架空接触网和接触轨。

6.1.1　系统方案

中国自第一条地铁建设之初,从系统安全性和可靠性的角度出发,电源系统就选用了双路供电方式,一直持续到今天的地铁建设中。

1969年,北京地铁1号线工程建成通车,沿袭苏联供电制式,首次在中国地铁建设中采用了35/10kV集中式供电方式,外部电源进线电压为35kV,中压供电网络电压为10kV,也是首次采用牵引供电、低压配电混合式供电网络,设置35/10kV主变电所,主变电所之间采用10kV单环网联络接线。

1992年,北京地铁1号线设备大修工程,结合城网取消35kV电压等级,地铁也随之取消了35kV电压等级,地铁改造为就近从电力公司110/10kV变电站直接引入10kV外线电源,开始了北京地铁采用10kV分散式供电的应用,外部电源进线电压和中压供电网络电压均为10kV,设置10kV电源开闭所,采用单环网联络接线。

1993年,上海地铁1号线一期工程建成通车,该线建设之初车辆选用8节A车编组,由于10kV电压等级的限制,很难满足8A编组的牵引供电需求,这就要选择更高等级的电压满足供电要求。由于35kV(中国国家标准)空气绝缘设备体积较大,SF_6气体绝缘设备小型化但投资高,当时国内尚不具备大规模生产制造SF_6小型化设备的能力,因此,采用了欧洲原装进口设备。由于欧洲标准为33kV,经分析33kV与35kV差异不大,牵引系统选用了33kV电压等级(欧洲标准),低压配电系统仍然采用10kV电压等级。从而在中国首次采用了110/33/10kV集中式三级供电方式,外部电源进线电压为110kV,牵引供电、低压配电为互相独立式供电网络。牵引供电系统中压供电网络电压为33kV;低压配电系统设置33/10kV中心降压变电所,中心降压变电所中压供电网络采用

265

33kV，低压配电系统中压供电网络采用10kV，设置110kV主变电所，33kV中压供电网络、10kV中压供电网络均为首次采用"小分区"的供电方式。1997年，广州地铁1号线一期工程建成通车，紧随上海地铁1号线继续全盘引进欧洲33kV设备，由于33kV不是中国国家标准电压等级，自2000年上海地铁2号线建成通车开始，除了广州地铁后续线路中压供电网络依然采用欧洲标准33kV外，全国其他城市地铁建设均放弃了33kV电压制式，而采用中国国家标准35kV。

2000年，上海地铁2号线工程建成通车，随着35kV技术的发展以及SF₆气体绝缘小型化设备的成熟，国内已经能够大规模配套生产35kV小型化设备，价格也相对适中。上海地铁2号线建设直接选用了35kV作为中压供电电压等级，取消了上海地铁1号线存在的33kV中压供电网络以及10kV中压配电网络，构建35kV牵引降压混合式供电网络，开创了中国地铁后续建设线路的样板，一直持续到今天的地铁线路建设中。

2001年，长春轻轨环线一期工程（长春轻轨3号线一期工程）建成通车，这是中国第一条完全自主知识产权的轻轨工程，首次在北京之外的城市采用10kV分散式供电方式，外部电源进线电压为10kV，中压供电网络电压为10kV，设置10kV电源开闭所，电源开闭所之间采用单环网电缆联络接线。

2003年，大连地铁快线R3线工程建成通车，也是北京之外的第二个城市采用10kV分散式供电方式，外部电源进线电压为10kV，中压供电网络电压为10kV。此工程也是国内首次不设置10kV电源开闭所，每座变电所从电力公司引入一路10kV外部进线电源与相邻变电所的另一段10kV母线构成电源电缆接线关系的地铁线路。

2003年，北京地铁八通线工程建成通车，继续沿用北京地铁1992年大修之后的10kV分散式供电方式，外部电源进线电压为10kV，中压供电网络电压为10kV。但其首次中压供电网络采用双环网供电方式，开创了北京地铁后续建设线路的样板，一直持续到今天的北京地铁建设中。

2004年，武汉市轨道交通1号线一期工程建成通车，该线路为武汉市4B编组的轻轨工程。由于轻轨工程用电负荷较小，受武汉市电网10kV分布不均的影响，武汉轨道交通1号线一期工程首次采用110/10kV集中式供电方式，外部电源进线电压为110kV，中压供电网络电压为10kV，设置110kV主变电所，10kV中压供电网络首次采用"小分区"供电方式。

2010年，沈阳地铁1号线工程建成通车，由于东北电网一直沿袭苏联电网特点，其外部电源没有110kV电压等级，仅有类似的66kV电压等级。沈阳地铁1号线成为首次采用66/35kV集中式供电方式，外部电源进线电压为66kV，中压供电网络电压为 35kV，设置 66kV 主变电所的地铁工程，35kV 中压供电网络采用"小分区"供电方式。

2011 年，深圳地铁 5 号线一期工程建成通车，采用 110/35kV 集中式供电方式，外部电源进线电压为 110kV，中压供电网络电压为 35kV，设置 110kV 主变电所。一直以来，地铁建设供电受继电保护选择性的影响，中压供电网络采用"小分区"的供电方式，随着差动保护和数字通信电流保护的应用，本工程成为中国地铁 35kV 中压供电网络首次采用"大分区"供电方式的地铁线路，一直影响到今天的中国地铁建设。

6.1.2　变电所

1969 年北京地铁 1 号线工程建成通车，受苏联变电所设置以及设备可靠性的影响，变电所 10kV 设备采用少油断路器，直流 750V 主接线采用主母线加备用母线的接线形式，设置独立的信号变压器，整流机组采用 6 脉波整流，双机组构成等效 12 脉波整流。直流主母线加备用母线的方式，系统可靠性高、设备投资高，操作复杂，一直影响到今天的北京地铁建设。随着外资设备引入，直流断路器设备产品可靠性提高后，北京之外的其他城市地铁线路均放弃了主母线加备用母线的直流主接线形式，通过产品可靠性替代系统可靠性，选用了单母线不分段的直流主接线形式。

1992 年，北京地铁 1 号线设备大修工程，结合城网取消 35kV 电压等级，地铁改造首次采用无油化设备替代少油化设备，且结合 1984 年北京地铁牵引系统火灾事故，直流牵引设备首次采用了直流双边联跳保护，一直持续到今天的中国地铁建设中。

1993 年，上海地铁 1 号线一期工程建成通车，首次采用 35kV SF_6 气体绝缘金属封闭式真空断路器柜、交流 2 台微机继电保护装置，即采用交流微机差动保护装置加微机过流保护装置。直流牵引系统首次采用直流 1500V 电压制式和配套的手车式直流快速断路器和直流微机继电保护装置，首次采用直流单母线主接线，设置 1 台钢轨电位限制装置，且首次设置了直流纵联电动隔离开关和大双边联跳保护转换设备，通过站外设备实现大双边供电，一直持续到今天的中国地铁建设中。

1999 年，由中国援外设计的德黑兰地铁 2 号线首通段建成通车，直流牵引系统是中国技术首次采用单台 12 脉波整流不移相设备，两台整流设备为 12 脉波叠加整流，替代原国内 2 台整流设备移相构成的等效 12 脉波整流，为后续中国轨道交通应用移相等效 24 脉波整流设备进行了技术储备。

2000年，上海地铁2号线一期工程建成通车，是直流牵引系统首次采用等效24脉波整流，替代12脉波整流的地铁线路，直流系统输出电流更加平顺、谐波含量小，一直持续到今天的中国地铁建设中。

2004年，重庆跨座式单轨2号线一期工程建成通车，受单轨交通车辆限制，首次采用"四轨"供电，也是首次应用地面电阻消耗型再生能量利用装置，开启中国第一次地面（非列车）利用车辆再生制动能量的尝试。

2007年，北京地铁5号线工程建成通车，首次试用地面电容储能型再生能量利用装置，一次装机了4套设备，由于价格昂贵，直至今天中国城市轨道交通单条地铁线路对于地面电容储能型再生能量利用装置的应用仍未超过当初的试用数量。

2008年，北京地铁机场线工程建成通车，中压交流系统微机保护首次采用数字电流通信保护，解决中压供电网络继电保护选择性问题，一直持续到今天的中国地铁建设中。

2010年，北京地铁昌平线一期工程建成通车，直流纵联设备首次采用直流快速断路器柜，实现了地铁直流牵引系统无时限的大双边供电转换，开启了运营优先的论证，也是首次于低压配电系统应用地面电阻消耗型再生能量利用装置加低压能馈型再生能量利用装置，进行再生能量的尝试。

2011年，北京地铁9号线工程建成通车，直流牵引系统首次全部应用地面低压能馈型再生能量利用装置，完全取消了耗能型的再生消耗电阻，受低压配电系统容量过小的影响，再生回馈能量无法大范围地利用，也验证了车站再生能量直接馈电给低压系统非最优的方案。

2012年，北京地铁10号线二期工程建成通车，首次全线路地应用地面中压能馈型再生能量利用装置，将再生制动能量反馈给中压供电网络。经验证，分散式供电方式的中压能馈型再生能量出现了无偿返送给北京电力公司的现象，在分散式供电系统中，再生制动能量未能得到很好的应用，需要寻求储能型再生能量利用装置。此外，配电变压器首次采用了非晶合金技术，实现了低压配电系统变压器方面的节能。

2014年，南京地铁3号线工程建成通车，中压交流系统微机保护首次采用基于IEC61850的GOOSE保护，由于GOOSE系统缺乏有效的规范支持，技术特点突出、专用性强，未在后续的中国地铁建设中得到推广。

2015年，杭州地铁4号线首通段工程建成通车，中压交流系统微机保护首次采用双差动保护，由于微机差动保护设备和微机过电流保护设备价格差异不大，选用不同类型的差动保护装置比差动保护设备加过流保护设备的组合方案投资增加不多，但是可以有效提高供电系统继电保护的可靠性、选择性、灵敏性、速动性，在中国地铁的后续建设线路中，部分城市地铁建设得到了认可和采纳。

2015 年，北京地铁 14 号线一期工程建成通车，直流牵引系统整流变压器首次采用了非晶合金技术，开创了国内首次牵引变压器节能型的尝试；2016 年，北京地铁 1 号线西单牵引站改造，采用卷铁芯变压器，开始了另一种类型的节能变压器的应用尝试。

6.1.3　牵引网

1. 架空接触网

1993 年，上海地铁 1 号线一期工程建成通车，地铁隧道内首次采用 DC1500V 弹性支架简单悬挂柔性架空接触网（图 6.1.1），在适应隧道空间尺寸的前提下，提高了供电电压等级，增大了牵引供电间距。由于弹性支座为德国专利技术且简单悬挂，弹性相对较差，未在中国城市轨道交通得到推广，且随着接触线使用寿命的临近，上海地铁也取消了弹性支座技术，更改为刚性悬挂。

图 6.1.1　架空接触网

1997 年，广州地铁 1 号线一期工程建成通车，隧道内首次采用 DC1500V 弓形腕臂链型悬挂柔性架空接触网技术。在适应隧道空间尺寸的前提下，弓形腕臂有效地缩小了隧道内接触网悬挂尺寸，改善接触网弹性，提高接触网受流质量。弓形腕臂技术为柔性简单链型悬挂的一种，承力索和接触线均存在预张力，有效改善了接触网弹性和取流质量。由于柔性悬挂维护工作量大、技术复杂、不利于抢险救援，未在中国城市轨道交通得到推广，随着接触线使用寿命的临近，广州地铁也将弓形腕臂柔性链型悬挂更改为刚性悬挂。

2001 年，长春轻轨环线一期工程（长春轻轨 3 号线一期工程），首次采用

DC750V 链型悬挂柔性架空接触网，实现有轨电车和新型轻轨均可在线路上运营的示范，后续中国建设的有网有轨电车工程均选用了 DC750V 柔性架空接触网。

2002 年，广州地铁 2 号线一期工程建成通车，隧道内首次采用 DC1500V "Π" 型悬挂刚性架空接触网。在适应隧道空间尺寸的前提下，刚性悬挂有效缩小隧道内接触网悬挂尺寸，减小接触网维护量，降低牵引网阻抗，增大接触网载流量。一直持续到今天的中国地铁建设中。

2004 年，重庆地铁 2 号线一期工程建成通车，首次采用 DC1500V "T" 形悬挂刚性架空接触网。"T" 形悬挂刚性架空接触网，有效减小接触网维护量，降低牵引网阻抗，可以增大接触网载流量。但是，受到接触线载流和磨耗的影响，后续的中国跨座式单轨基本以侧部接触钢铝复合接触轨技术为主。

2. 接触轨

1969 年，北京地铁 1 号线工程建成通车，沿袭苏联接触轨制式、材质，中国地铁首次采用了 DC825V 上部受流接触轨（图 6.1.2），材质为低碳钢轨。

图 6.1.2　接触轨

1999 年，中国援外设计的德黑兰地铁 2 号线首通段建成通车，是中国技术首次采用 DC750V 牵引电压制式和下部受流接触轨，材质为低碳钢轨。2001 年长春轻轨环线一期工程（长春轻轨 3 号线一期工程）建成通车，是国内首次采用 DC750V 牵引电压制式。

2004 年，武汉轻轨 1 号线一期工程建成通车，引入法国钢铝复合接触轨材质，是国内首次采用 DC750V 下部受流接触轨，只是接触轨材质由低碳钢轨变成钢铝复合导电轨。受 DC750V 电压等级的限制，钢铝复合轨虽然减小了牵引网阻抗，但也仅仅略微改善牵引供电间距。由于钢铝复合轨的阻抗小、导电性高的优越性，后续中国地铁建设中，在采用接触轨受流方式时，也都采用了钢铝复合轨。

2005 年，广州地铁 4 号线一期工程建成通车，首次采用双流制式、DC1500V 隧道内"Π"型悬挂刚性架空接触网和隧道外下部受流钢铝复合接触轨，也是首次进行 DC1500V 下部受流钢铝复合接触轨技术的尝试。DC1500V 刚性架空接触网和 DC1500V 下部受流钢铝复合接触轨均大范围降低了牵引网阻抗，增大了牵引网载流量。由于 DC1500V 供电电压等级的提高，也增大了牵引供电间距。此外，由于 DC1500V 下部受流钢铝复合接触轨的首次应用，也为后续部分城市地铁线路采用 DC1500V 钢铝复合接触轨技术决策提供了依据，积累了经验。实际上，深圳地铁 3 号线最早开始 DC1500V 钢铝复合接触轨技术论证，但由于其工程建设缓慢，致使广州地铁 4 号线成为中国第一条采用 DC1500V 钢铝复合接触轨的线路。

2007 年，北京地铁 5 号线一期工程建成通车，首次采用 DC750V 上部受流钢铝复合接触轨，与武汉轻轨 1 号线一期工程的下部受流形成了两种受流类型，但是仍然受到 DC750V 电压等级的限制，仅对增大牵引供电距离略有改善。

2016 年，长沙地铁中低速磁浮快线建成通车，采用 DC1500V 电压制式，首次采用侧部受流"四轨"钢铝复合接触轨，实现了中国第一条中低速磁浮快线的运营，侧部受流形成了钢铝复合接触轨的第三种受流类型。"四轨"钢铝复合接触轨，从根本上解决了杂散电流腐蚀防护的问题。

2017 年，北京地铁 S1 线建成通车，采用 DC750V 电压制式，侧部受流"四轨"钢铝复合接触轨，实现了中国第二条中低速磁浮快线的运营。由于北京 S1 线技术论证和开工建设远早于长沙磁浮项目，受拆迁影响，工期远远滞后，且受当时的车辆技术和建设工程的影响，S1 线最终选择了 DC750V 牵引供电制式。而长沙磁浮交通快线技术论证和开工建设均晚于北京 S1 线，其建设时意识到 DC750V 电压等级的局限性，直接选用了 DC1500V 牵引供电电压等级，且工程工期建设管理顺畅，实现了后建设先开通。北京 S1 线的能耗水平、牵引变电所数量均高于 2016 年通车的长沙地铁中低速磁浮快线。

3. 市域轨道交通

市域线路大部分采用单相 AC25kV 供电制式，例如，在建的温州市域 S1、S2 线，台州市域 S1、S2 线，成都地铁 28 号线，北京地铁新机场快线，广州地铁 18、22 号线等。AC25kV 供电制式具有供电距离长、运力高、车辆速度快等优点，可以在车站间距较大的市域快线中应用。此外，中国普速铁路、客运专线、客货混线、高速铁路也都采用了单相 AC25kV 供电制式。单相 AC25kV 供电制式负序电流大、谐波含量高，对城市电网有着一定的冲击和影响。

北京地铁新机场线工程计划 2019 年建成通车，是市域城市轨道交通首次在 160km/h 时速工况下刚性悬挂接触网的应用尝试。

6.1.4　电力监控系统

1969 年，北京地铁 1 号线工程建成通车，首次设置 RTU 屏，采用人工电话调度的方式进行供电调度作业。

1993 年，上海地铁 1 号线一期工程建成通车，随着自动化水平的提升，首次采用独立的电力监控系统替代电话调度，进行供电调度作业。

2002 年，北京地铁 13 号线西段工程建成通车，首次集成了电力监控系统和 BAS 系统，进行简易的综合监控系统尝试，电力监控系统和 BAS 系统的站级和中心级功能均集成在同一套监控系统内。

2007 年，北京地铁 5 号线一期工程建成通车，首次设置综合监控系统，电力监控系统的中心级功能集成在综合监控系统中，一直持续到今天的中国地铁建设中。

正在建设中的昆明地铁 4 号线、武汉地铁 5 号线、太原地铁 2 号线、呼和浩特地铁 1、2 号线，即将采用云平台监控进行调度管理，为后续城市轨道交通自动化水平的建设开启了新的思路。

6.1.5　杂散电流腐蚀防护系统

1969 年，北京地铁 1 号线工程建成通车，首次采用绝缘隔离法、素混凝土道床进行杂散电流腐蚀防护系统的设置，全线不带电金属体均要绝缘安装。采用人工测量的方式获得杂散电流相关监控数据，不设置排流柜和排流钢筋网。由于绝缘实施的工程难度高，未在后续的中国地铁建设中得到应用。

1993 年，上海地铁 1 号线一期工程建成通车，首次采用导通法，在道床内设置排流钢筋网，设置独立的集中杂散电流监测系统，对隧道结构钢筋、道床钢筋进行监测。设置排流柜，当极化电位超出标准要求时，通过排流钢筋网进行回路排流，一直持续到今天的中国地铁建设中。

6.2　综合监控

6.2.1　综合监控系统

综合监控系统是为用户"量身定制"的综合监控平台，它集成、互联了电力监控、环境与设备监控、站台门、通信、信号、火灾自动报警、自动售检票等几乎所有地铁内的系统，使得地铁内强电、弱电、机电系统能够在统一的监控平台上进行调度指挥、监控和管理，并在统一的平台上实现信息互通和紧急情况下设备之间的联动（图 6.2.1）。

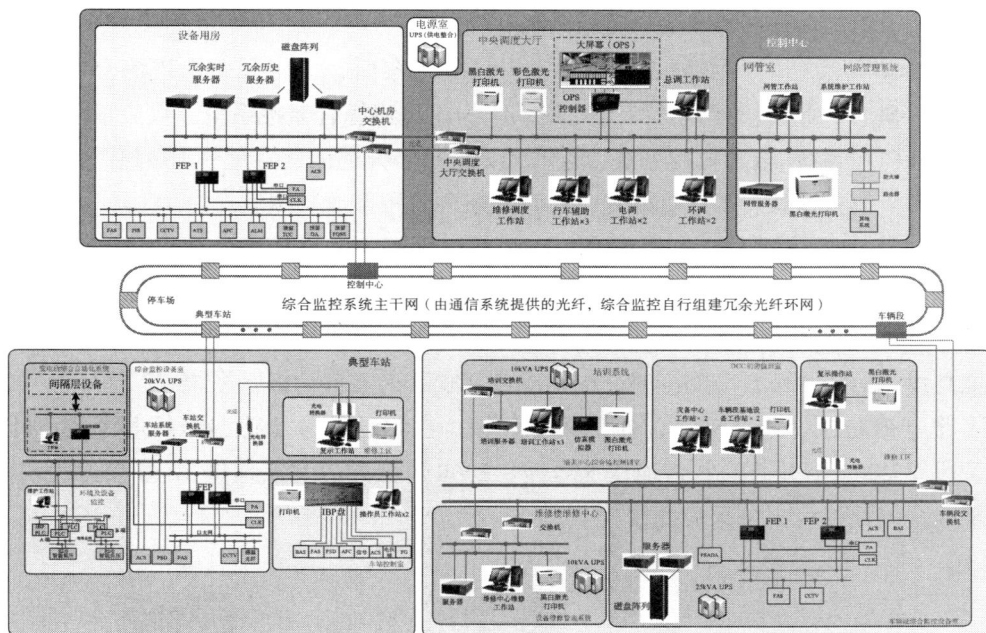

图 6.2.1　典型综合监控系统构成图

随着运营水平的不断提高，使得运营需求不断向着减员增效的方向发展，在综合监控系统用户需求上也不断向着高度集成的需求方向发展。纵观综合监控发展史，可大致分为 4 个阶段：

（1）第一阶段：系统相互独立（图 6.2.2）

1990 年以前国外建设的城市轨道交通线路以及国内 2000 年以前建设的城市轨道交通线路，各个设备系统相互独立，采用单一系统的垂直管理，尚无综合监控系统概念。

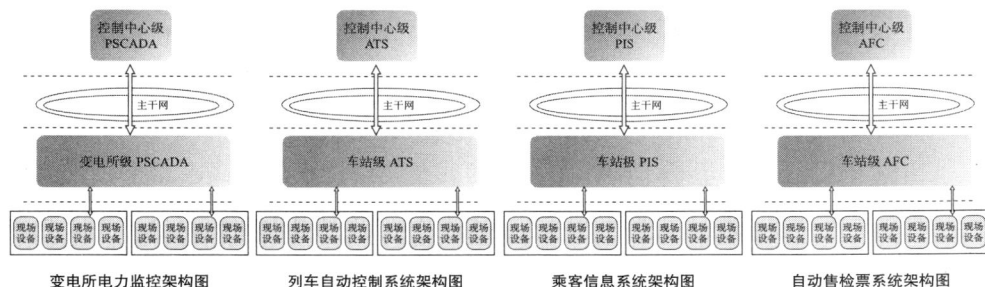

图 6.2.2　第一阶段系统示意

（2）第二阶段：初级综合监控系统

2000年后，对新加坡、中国香港、日本考察后，国内开始引进综合监控系统设计概念，此阶段建设的综合监控系统为小集成综合监控系统，仅集成了环境与设备监控系统、电力监控系统。此阶段以2002年开通的北京地铁13号线为代表。

（3）第三阶段：多专业集成、互联的综合监控系统（图6.2.3）

2003年后，我国北京、上海、广州、深圳等一线城市地铁建设进入了全面发展阶段，设备系统也越来越多，传统的分立系统和小集成系统已无法满足运营管理需求，此阶段提出了多专业集成、互联的综合监控系统。集成电力监控、环境与设备监控、站台门的同时，也集成或互联了火灾自动报警系统、广播、时钟、闭路电视监控、乘客信息、通信集中告警、门禁、信号、感温光纤等系统。此阶段以2007年开通的北京地铁5号线、2008年开通的北京地铁10号线为代表。至今全国地铁大部分采用此模式。

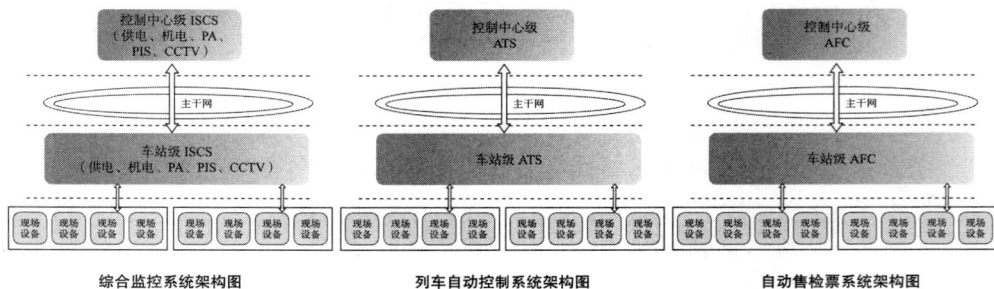

综合监控系统架构图　　列车自动控制系统架构图　　自动售检票系统架构图

图6.2.3　第三阶段系统示意

（4）第四阶段：综合集成的综合监控系统（图6.2.4、图6.2.5）

2016年后，随着无人驾驶技术的发展，信号系统与综合监控系统的信息互通更加紧密，两系统的融合已成为必然趋势，2012年开通的北京地铁6号线为信号系统与综合监控初级融合系统，2017年开通的北京地铁燕房线行车综合自动化智能系统（TIAS）为完全融合系统。2017年以后，所有北京地铁建设线路均采用此系统，其他地区也开始借鉴并应用此项技术。

2017年后，随着电子计算机技术的发展及网络技术的提高，云平台形式的综合监控系统建设已成为可能，现正在建设的昆明地铁4号线综合云平台、武汉地铁线网综合云平台等均采用此技术，在提高地铁单线路内系统集成度的同时还可提高线网间信息互通能力，大大节省了系统投资，同时优化了运营管理及维修管理架构，此技术将成为未来综合监控系统的主要发展方向（图6.2.6）。

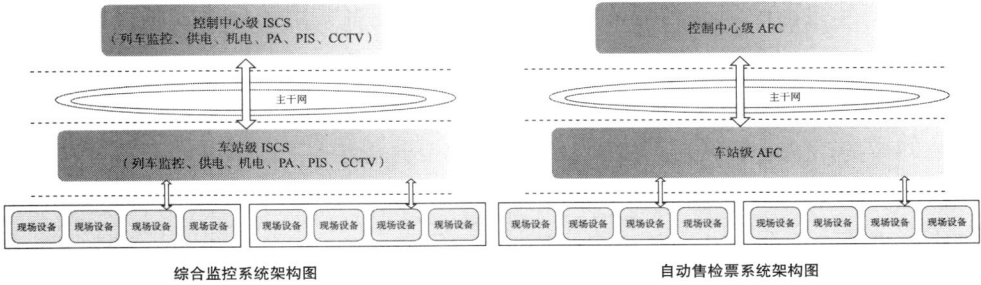

图 6.2.4　小综合集成的综合监控系统

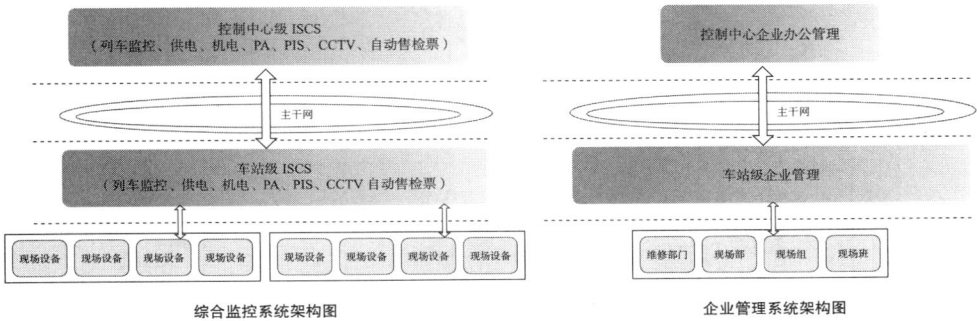

图 6.2.5　大综合集成的综合监控系统

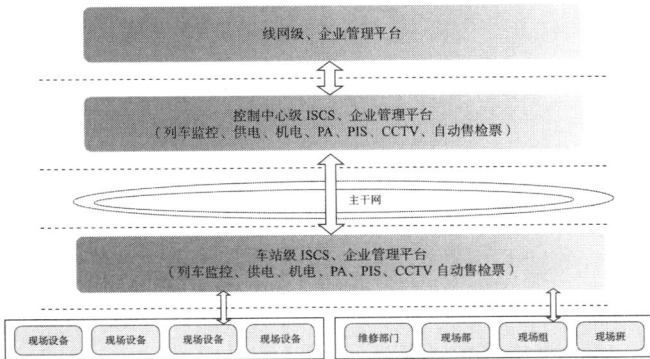

图 6.2.6　网络系统平台与企业管理平台架构图

6.2.2　环境与设备监控系统

环境与设备监控系统主要实现了对通风空调、给水排水、动力照明等机电设备的监控和管理。在综合监控系统产生以前，车站级及中心级环境与设备监控系统独立存在。当综合监控系统产生以后，环境与设备监控系统成为综合监控的集成子系统，只保留了就地级设备，车站级及中心级软、硬件均由综合监控系统构建。

2010年以前，地铁内环境与设备监控系统大多采用了总线式的环境与设备监控系统设计方案。

2010年以后，随着网络技术的发展，随着BAS底层监控设备的增多、监控点数的增加，为追求更高的传输速度，环境与设备监控系统开始推进以太网方案的发展，以2010年开通的南京地铁2号线为代表。2017年后国内地铁线路大多采用此方案（图6.2.7）。

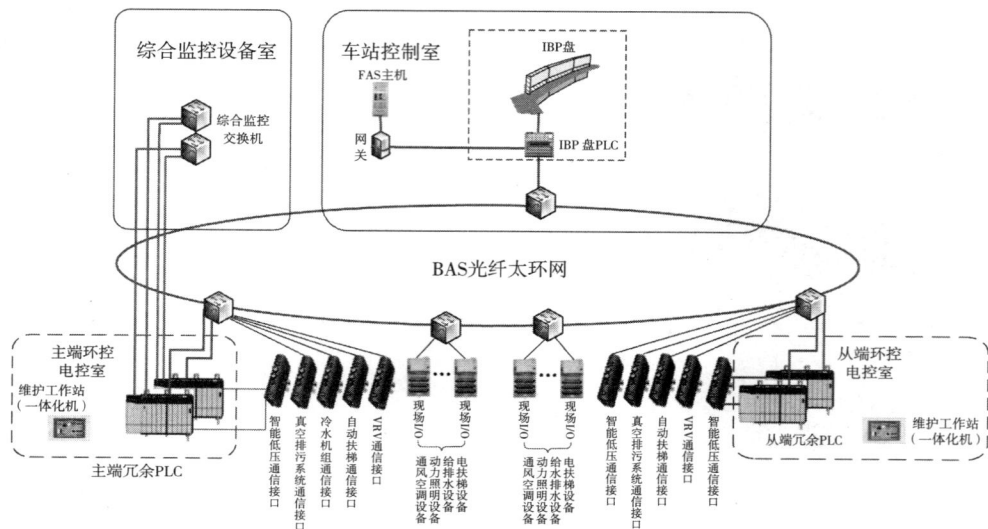

图6.2.7 典型站环境与设备监控系统构成

6.2.3 火灾自动报警系统

火灾自动报警系统，主要实现火灾情况下的火灾探测及对地铁内消防设备及相关消防联动设备的监控和管理，监控的设备包括：消防通风系统设备、消防给水系统设备、应急照明系统设备、消防电源监控系统设备、非消防电源切除设备、门禁断电释放、AFC闸机释放等（图6.2.8）。

火灾自动报警系统整体方案和技术上并无较大发展，只是在报警产品上应用了一些新形式的火灾探测设备。

2007年开通的北京地铁5号线，首次在地下区间设置了感温光纤探测系统，现国内建设的地铁地下区间，大多设置了此方案。

2009年开通的北京地铁4号线，为提高火灾报警的探测精度，方便设备检修，采用了极早期吸气式火灾报警探测器，现已大规模应用于车辆段高大空间、车站公共区和设备区走廊等不容易检修的场所。

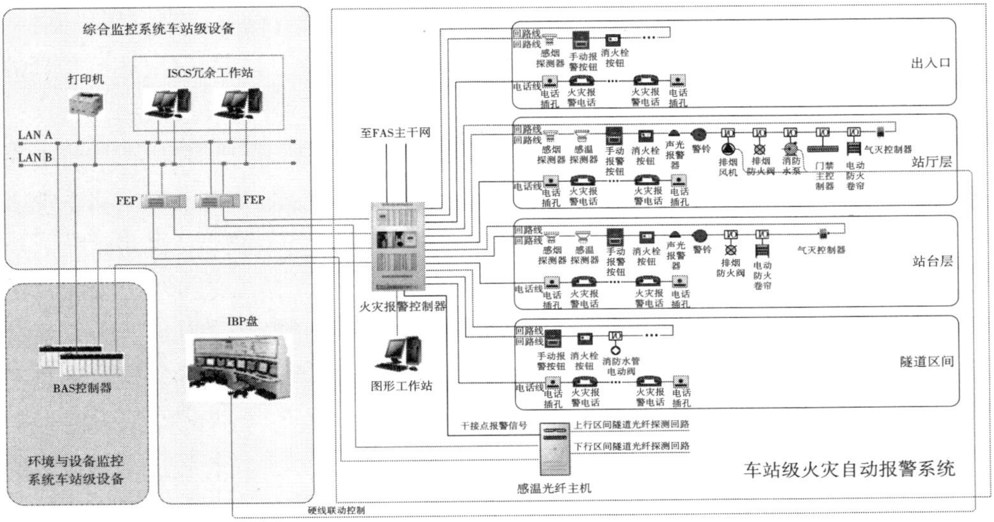

图 6.2.8 典型站火灾自动报警系统构成

6.2.4 门禁系统

2010 年以前，地铁均不设门禁系统。2010 年以后，随着出入管理要求的提高，门禁系统才开始应用于地铁内，以 2010 年开通的北京房山线、昌平线为代表，至今所有新建线路均设置了门禁系统，且方案一直采用了较稳定的双总线或环形总线方案。

2013 年后，随着各城市地铁线路的增多，为了增强门禁系统的集中授权管理功能，各地区开始研究线网门禁授权管理平台的建设，2014 年重庆建设并开通了门禁线网授权管理平台，线网门禁授权管理平台成为多线路运营减员增效的又一手段。

6.3 通信信号

6.3.1 通信系统

通信系统是城市轨道交通运营指挥、企业管理、服务乘客的网络平台，它是城市轨道交通正常运转的神经系统。现代城市轨道交通之所以具有快捷、高效、可靠、安全等众多的优点，是与完善而先进的通信系统分不开的。1969 年，北京地铁 1 号线通车，第一列地铁走进人们的生活，中国地铁建设在艰难的环境下起步，而地铁通信技术当时一直以满足地铁运营为主，起到了地铁运营的基础性作用。直到 20 世纪末，地铁建设取得了巨大的成效，地铁通信系统也以多种技术手段、设计方法构建出由传输系统、公务电话、专用电话、广播、无线通信、视频监视、电源、时钟等子系统联合组成的地铁通信系统。同时针对客流管理的要求增设了视频监视等功能，使得地铁通信系统取得了起步阶段的成功。

21世纪以来，地铁通信技术已经在满足地铁运营业务的同时，在功能上有所增加：增加了专用通信系统中的办公自动化系统（部分城市为信息网络系统）、乘客信息系统、会议电视系统、集中告警系统、集中录音系统等，满足运营人员及乘客的新增不同业务需求；增加了公安通信系统，满足地铁范围内公安用户的办公、执勤需要；增加了民用通信系统，满足地铁范围运营商进驻以及公众移动通信的需要；增加了乘客信息系统等业务，拓宽了除基本运营外的功能，满足了乘客的信息服务需求。轨道交通通信系统的发展通常与通信行业的发展同步进行，早期通信系统的建设主要满足基本行车相关运营调度需求，随着轨道交通技术的发展，通信系统的服务也逐步从行车调度转为综合调度、运营管理、乘客信息服务等服务内容。通信系统的发展历程可以概括为网络化、信息智能化、系统多元化、宽带化以及多业务承载一体化几个方面。

1. 网络化

（1）早期建设情况（2000年以前）

大多数城市轨道交通早期建成的线路，或者只有一条线路，或者具备多条线路，但通信系统大多为单独建设，在设备制式、容量等方面未考虑统一标准、接口和互联互通问题，使各线间和各子系统间的资源无法实现资源共享、集中维护和管理。

（2）现状及发展趋势（2000年至今）

随着轨道交通在国内的发展，大中城市均有轨道交通建设的线网规划，很多大型城市的线网规划线路规模超过20条。2000年以后，各城市轨道交通的通信系统逐步进行网络化建设，改变了轨道交通通信系统单线单网的局面，实现了通信网络的统一规划管理，促进了网络规划建设 - 运营 - 发展的良性循环，提升了轨道交通网络的整体水平（图6.3.1）。

2010年后，各城市逐步建设轨道交通的网络运营指挥中心、应急指挥中心、清分中心，构建网络运营的高效运作管理体系；建立传输、交换、无线等网络支持系统，构筑网络运作基础平台；协调制式、统一标准、规划通道，最

图6.3.1 综合通信网络体系

大程度实现网络互联互通；在互联互通基础上，通过网络统筹、系统整合，实现资源利用高度共享与集约化。

2. 信息智能化

（1）早期建设情况（2000 年以前）

早期城市轨道交通中的通信系统主要是以人工操作为主，如视频监视系统的视频监视和录像选择主要是由人工进行切换，实现特殊场景的监视。

（2）现状及发展趋势（2000 年至今）

智能化城市轨道交通系统是高新技术在城市交通领域的综合体现，智能化交通充分利用了信息传输和处理的技术，在提高现有交通设施的利用率方面发挥着极为重要的作用。通信系统的智能化发展主要体现为视频智能分析技术的应用。视频的智能分析技术是在摄像机监视的场景范围内，对出现的运动目标进行检测、分类及轨迹追踪，可应用于各种监控目的，可根据需要设置各种警戒要求，一旦系统检测到的运动目标及其行为符合预先设定的警戒条件，则自动产生报警信息（图 6.3.2）。

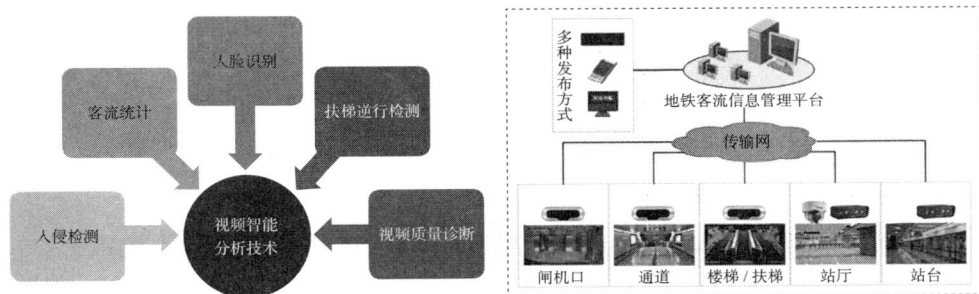

图 6.3.2　通信系统智能化

3. 系统多元化

（1）早期建设情况（2000 年以前）

早期建设轨道交通系统主要是为运营服务的专用通信系统，专用通信系统主要包括传输系统、无线通信系统、公务电话系统、专用电话系统、视频监视系统、广播系统、时钟系统、通信电源及接地系统等。这些系统能够完成轨道交通内的运营调度管理、维护等功能。

（2）现状及发展趋势（2000 年至今）

随着社会的不断进步，人们的服务意识不断提高，为了不断完善城市轨道交通的服务，相应功能的新系统将不断融入现有城市轨道交通信息通信系统中，如民用通信系统、公安通信系统、乘客信息系统、办公自动化系统、安防系统等。

4. 宽带化

（1）早期建设情况（2000年以前）

1）有线传输系统

早期建设的轨道交通线路通信传输系统由于传输业务单一且带宽较低，大多为2.5G和622M带宽，业务需求大多为语音业务以及部分数据业务。

2）无线系统

早期建设的无线调度系统主要为TETRA系统，其数据传输能力只有KB级规模。

车地无线系统主要为WLAN系统，采用802.11a或802.11g技术，接入速率分别为11Mbps及54Mbps。

（2）现状及发展趋势（2000年至今）

随着轨道交通的不断发展，新系统、新业务也将不断加入进来，如视频监视系统、乘客信息系统、综合监控系统、高清视频监视系统等，导致传统的TDM业务以及实时性的数据业务、图像业务等将大量增加。为了满足各种业务的需求，提高业务质量、增加网络传输带宽势在必行。

1）有线传输系统

传输系统从早期的SDH系统逐步发展到MSTP系统，增强MSTP系统乃至OTN系统，系统带宽也逐步增加至10G、40G乃至100G的容量。

2）无线系统

无线调度系统从早期的TETRA系统逐步发展为LTE系统综合承载模式。车地无线系统主要发展为LTE综合承载模式以及802.11AC WLAN系统等，传输带宽最大可增加至300M（图6.3.3）。

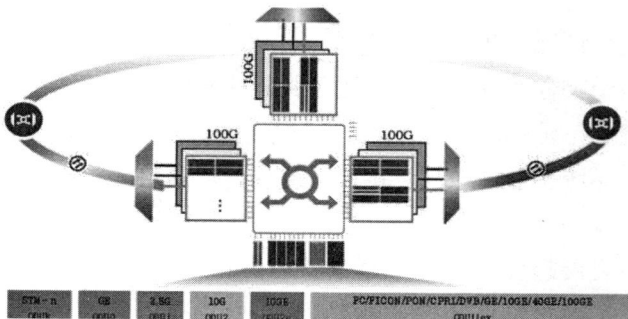

图6.3.3 无线信息系统

其中，TD-LTE（3GPP Long Term Evolution）技术是目前轨道交通车地无线采用的主流技术，采用 OFDM 和 MIMO 作为其无线网络演进的唯一标准。在 20MHz 频谱带宽下能够提供下行 100Mbit/s 与上行 50Mbit/s 的峰值速率。可综合承载轨道交通信号 CBTC、车载视频、乘客信息（PIS）、车辆状态信息等多种车地无线业务，并且具有移动适应性强、抗干扰性强等特点，在轨道交通中得到了广泛应用。

未来车地无线技术会随着运营商无线技术的发展，逐步采用 5G 技术，可提供提高更大的传输速率、更大的连接数以及更小的传输业务延时，满足未来车地无线以及其他无线传输业务的需要。

5. 多业务承载一体化

（1）早期建设情况（2000 年以前）

早期轨道交通中的业务主要有实时业务和非实时的数据业务等。对于不同的业务类型有不同的技术平台来支撑，比如 SDH 技术适合于传送实时性强的 TDM 业务，而 IP 技术适合传送实时性要求相对不高的非实时数据业务等。

（2）现状及发展趋势（2000 年至今）

将多种不同类型的业务融合在一个传输平台上进行传送，是轨道交通通信传输系统发展的趋势，更利于管理和提高效率。MSTP 多业务传送平台既能保证目前大量的 TDM 业务对传输性能的要求，同时融合了 RPR、PTN 等技术对以太网数据业务高效、动态的处理功能，将不同业务最适合的承载方式集于一体，逐步成为主流的技术路线。未来基于 OTN 技术的多业务传输平台，可实现更大带宽的多业务传输，属于技术的发展方向。

6.3.2　信号系统

信号系统是城市轨道交通自动化系统中的重要组成部分，该系统以安全为核心、以保证和提高列车运行效率为目标，在保证列车和乘客安全的前提下，通过调节列车运行间隔和运行时分，实现列车运行的高效和指挥管理的有序。城市轨道交通信号系统的自动化水平较高，系统协同性较强，通常又被称为列车自动控制（ATC）系统。

ATC 系统自 70 年代投入运用至今，经历了 30 年的发展，技术日趋成熟，为使列车控制技术经济指标更加合理，世界各国纷纷开发了先进的 ATC 系统，随着微电子技术、计算机技术、通信技术的发展而不断发展，ATC 系统按闭塞方式大致经历 3 个发展阶段：

1. 基于固定闭塞方式的 ATC 系统

固定闭塞方式的信号系统，通常以轨道电路按预先设定的长度，检测列车位置和列车间距。线路条件和列车参数等均在闭塞设计过程中加以考虑，并体现在地面闭塞分区的划分中。ATP 根据每个闭塞分区的限速指令，监控列车的速度。由于列车定位是以固定区段为单位，所以固定闭塞系统的速度控制模式一般都是分级方式，即阶梯方式（图 6.3.4）。当列车运行速度超过限速指令时，对列车实施制动控制。由于该制式通常无列车行进的精确距离信息，所以列车在某闭塞分区收到限速指令时，ATP 将在闭塞分区的入口端或出口端将当时的列车实际速度与接收到的速度码进行对比检查，并实施安全防护控制。

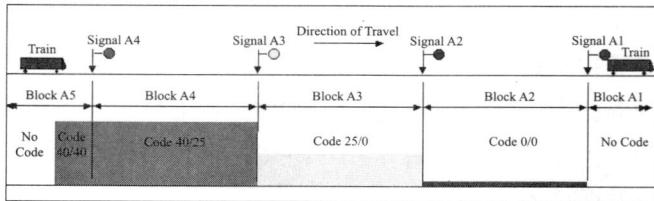

图 6.3.4　固定闭塞原理

系统的 ATP 采用阶梯式控制方式，对列车运行控制精度不高，降低了列车运行舒适度，增加了司机的劳动强度，限制了通过能力的进一步提高。固定闭塞分区的划分依赖于指定列车的性能，当线路上有不同性能的列车时，为保证安全，需按最严格的条件设计，既影响运行效率也不适应今后列车类型的变更，属于 20 世纪 80 年代技术水平，西屋公司、GRS 公司分别用于北京地铁、上海地铁 1 号线的 ATP 系统均属此种类型。

2. 基于准移动闭塞方式的 ATC 系统

准移动闭塞目标距离控制方式的信号系统，也进行闭塞分区的划分，但根据列车前方目标距离、线路状态、列车性能等因素确定的速度 - 距离控制曲线对列车的速度进行监控。原则上当列车速度超过速度—距离控制曲线限定的速度值时，对列车实施安全制动控制。由于准移动闭塞系统同时采用列车移动和固定分区的定位方式，其速度控制模式既具有连续的特点，又具有分级的性质。若前行列车不动，而后续列车前进时，其最大允许速度表现为按速度 - 距离控制曲线连续变化。而当前行列车前进，其尾部驶过固定闭塞分区的分界点时，后续列车的允许速度将产生跳变。为使后续列车能够根据自身的定位，生成其速度 - 距离控制曲线，需通过报文向其提供前方线路的各种参数及前行列车所处闭塞分区等信息，准移动闭塞系统主要通过地对车的单向安全数据通信是其基本技术特征之一（图 6.3.5）。

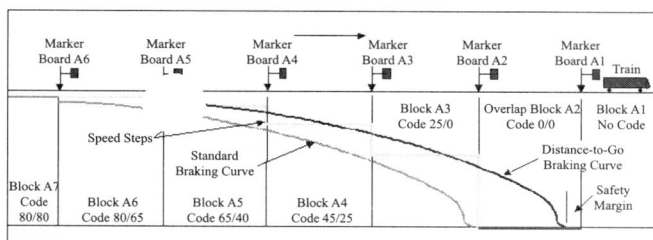

图 6.3.5 准移动闭塞原理

基于数字轨道电路的准移动闭塞系统在国内已经有很多应用实例，例如，上海地铁 2 号线、天津地铁滨海线由 USSI 公司提供的准移动闭塞 ATC 系统，上海地铁 3 号线、4 号线由 ALSTOM 提供的准移动闭塞 ATC 系统，广州地铁 1 号线和 2 号线、深圳地铁 1 号线、南京地铁 1 号线由 SIEMENS 提供的准移动闭塞 ATC 系统，北京地铁 5 号线、天津地铁 1 号线采用西屋公司的准移动闭塞 ATC 系统。

3. 基于移动闭塞方式的 ATC 系统

移动闭塞系统通过提高列车定位精度和移动授权更新率来提供更大的通过能力并减小列车的间隔距离。因此在移动闭塞系统中，ATP 防护点不是在轨道区段的分界点，而是在前行列车车尾后方加上安全距离的位置，列车安全间隔距离信息是根据最大允许车速、当前停车点位置、线路等信息计算出的。信息被循环更新，以保证列车不断收到实时信息。因此，在保证安全的前提下，能最大程度地提高区间通过能力。

移动闭塞的列车定位由车载定位设备和轨旁位置校准设备两部分组成，车载定位设备主要包括安装于车轴上的测速电机、车载 ATP 计算机、ATP 车载位置校准天线，轨旁位置校准设备包括安装于地面的交叉感应环线或应答器，通过车载位置校准天线和轨旁位置校准设备并结合车载线路数据库，以及测速电机测出的列车走行距离的方式来建立列车位置信息。在车载 ATP 启动时，列车未定位，但是车载计算机单元的线路数据库记录有应答器的位置，一旦列车经过第一个应答器（或环线交叉点）时初始化列车的位置，但是列车不知道自己在轨道上的运行方向，在通过第二个应答器（或环线交叉点）后，根据线路数据库里应答器的顺序，确定了列车的运行方向，同时也确定了列车的位置。列车在两个应答器之间运行时，依靠测速电机对列车进行连续地位移测量，当经过另外一个应答器（或环线交叉点）时，一列已定位的列车将根据应答器的位置校正信息（或环线交叉点）来校正列车的位置。车载 ATP 计算机根据这些列车位置信息与车载线路数据库相结合，计算出列车在线路上的位置并以位置报告的形式通知地面 ATP 设备（图 6.3.6）。

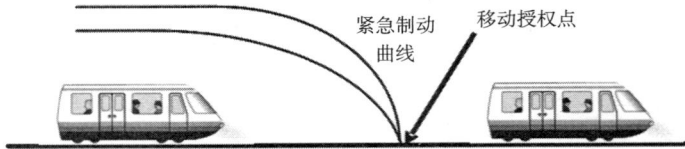

图 6.3.6　移动闭塞原理

2008 年，北京地铁 2 号线作为我国第一条 CBTC 线路正式运营，核心设备为国外产品，而此后几年 CBTC 系统迅速占领了国内轨道交通的 80% 的市场，但这期间，主要供货商均为国外欧美等发达国家供货商。直到 2010 年 12 月 30 日，北京亦庄线、昌平线开通，CBTC 系统由北京交通大学组织研发，并通过了国际安全认证，标志着我国掌握了 CBTC 核心技术。目前，国产 CBTC 系统主要包括北京交控科技有限公司的基于无线通信的 LCF-300 型 CBTC 移动闭塞系统、中国铁道科学研究院集团有限公司的基于无线通信的 MTC-I 型 CBTC 系统、通号建设集团有限公司的 FZL300 型基于无线通信的移动闭塞系统、卡斯柯信号有限公司的 iCMTC 型 CBTC 移动闭塞系统、浙江众合科技股份有限公司的 BiTRACON 移动闭塞系统及富欣智控的 JeRail® CBTC 系统。

4. 全自动无人驾驶技术的发展

近年来，全国各大城市纷纷步入"地铁时代"，地铁成为市民出行的主要交通方式。而随着无人驾驶技术的发展，为了进一步推动地铁服务升级，提升效率与安全性，无人驾驶地铁建设正加速开展。

目前，地铁实现无人驾驶主要依靠全自动无人驾驶系统。这类系统集成了包括无人驾驶在内的多项技术，可以在完全没有司机和乘务人员参与的情况下，实现全自动运营，自动实现列车休眠、唤醒、准备、自检、自动运行、停车和开关车门，以及在故障情况下实现自动恢复等功能。

北京房山区全国首条无人驾驶地铁线路燕房线已经开通运营。燕房线是中国内地首条完全自主研发的全自动运行轨道线路。它按照目前世界上列车运行自动化等级的最高级别建设，不仅有条件尝试"无人驾驶"，甚至取消了驾驶舱，整个线路的运营、维护都实现了智能化。

目前除北京外，上海、成都、苏州、南京、武汉、深圳等多条线路均按照全自动无人驾驶设计。

6.4　车站系统

6.4.1　AFC 系统

我国大陆地区城市轨道交通运营始于 1969 年 10 月——北京地铁一期工程线路开始试运营。在其后的近 20 年时间里，在国内乘坐地铁使用的都是纸质车票，没有自动售检票的设备，一切都靠人工进行。直到 20 世纪 80 年代末，上海地铁开始自主研制 AFC 系统，并在 1 号线的徐家汇等车站成功试用，结束了人工售检票服务的时代，我国 AFC 系统之路才正式启程。

经过 20 多年的建设和发展，我国大陆轨道交通 AFC 系统从无到有，从生疏到熟悉，从引进到国产化，再到当下的运用"互联网＋"的多元化新型支付方式，AFC 系统的快速发展极大地丰富了 AFC 运作模式，让乘客使用更加快捷方便，让地铁运营管理者更加轻松精确。与城市轨道交通的其他系统相比，无论在认知水平、技术水平和管理水平上，AFC 系统的技术更新速度更快，国产化程度更彻底，前沿新兴技术应用程度更高。

从 AFC 系统发展角度来看，我国走过的发展历程可以分为三个阶段：一是"引进＋合作"发展阶段；二是国产化蓬勃发展阶段；三是"互联网＋"发展阶段。

1. "引进＋合作"发展阶段（1993 ～ 2004 年）

20 世纪 80 年代末，城市轨道交通 AFC 系统概念在中国还是一片空白，人们还看不到该系统在轨道交通大系统中的重要性和必要性。直到 20 世纪 90 年代初，在广州地铁 1 号线可行性研究报告中，票务系统是采用人工还是自动收费仍是可研报告的一个重要章节。在这个阶段，地铁公司需要以相当的篇幅对人工收费和自动收费的利弊作出分析，以说明自动收费的重要性。那时，对 AFC 系统的功能设置是以学习国外成功系统经验为主，在此期间香港地铁给予了国内同行许多帮助，将他们宝贵的建设和运营经验传授给内地；同时，国际著名的 AFC 专业厂家，如美国的寇比克（CUBIC）、法国的 CGA（后来被法国泰雷兹集团 THALES 收购）和日本信号（NIPPON SIGNAL）等，也通过产品和系统的推介，把其 AFC 系统许多好的技术特性推荐给了国内地铁公司，这些都为广州地铁和上海地铁的 AFC 系统在建设之初就拥有严谨和基本完善的系统框架奠定了基础。

1988 年，上海地铁凭借在国外收集到的资料，艰难地开始了 AFC 系统和设备的试制。从 1989 年至 1992 年经过三年的努力，研制出了 6 台样机（2 台检票机、2 台售票机、1 台补票机和 1 台分拣机），并于 1993 年获得上海市科技进步三等奖。1993 年到 1996 年又完成研制了 39 台功能样机，并在上海地铁 1 号线南段 5 座车站试用，实现了该项目的扩大试验。但从功能样机到产品还必须经过至少 4 ~ 5 年的时间，而当时上海地铁 1 号线已全线开通运营，2 号线也开始开工建设，对 AFC 样机设备来说已没有时间再做进一步的研究。于是经过上海市政府的批准，同意由国内自行开发转为引进。当时，上海地铁 1、2号线花了将近 2800 万美元，购买了美国寇比克公司的 AFC 设备。1996 年签订合同，1999 年 3 月实现全线开通运行。同期开工建设的广州地铁 1 号线也是全套引进美国寇比克的系统，1998 年 6 月开通西朗—黄沙段 AFC 系统，1999 年6 月 1 号线开通试运营时全线 AFC 系统开通运行。在 20 世纪 90 年代国内开通的 AFC 系统都采用磁卡技术。

随着 2000 年前后国内第一轮城市轨道交通建设高潮的到来，北京、上海、广州、大连、天津、深圳、武汉、重庆和南京的城市轨道交通项目陆续上马。在这一轮建设大潮中，AFC 系统不再是"豪华配置"，而是成为"标配"。其建设有两个特点：一是车票的介质从磁卡逐步变成了 IC 卡；二是在系统建设时要考虑与公交（市政）一卡通的对接。同时，国外的知名 AFC 厂商纷至沓来，像欧美的寇比克、泰雷兹、英德拉（Indra）、泰尔文特（Telvent）、亿雅捷（ERG）、固力保（Gunnebo）、马格内梯克（Magnetic），日韩的欧姆龙（Omron）、日信、三星 SDS、乐金（LG CNS），新加坡的新科电子，以及中国香港和台湾的三商、优联、高明等，外方各公司在各种技术交流会、展览会上频繁出现。

当时，国内的业主一方面是基于建设资金贷款的问题需要，而选择贷款国的厂家；另一方面是考虑系统成熟度和规避建设风险的需要，而采用全盘引进的方式。例如，2000 年上海明珠线（3 号线）采用西班牙英德拉公司的设备，2001年广州 2 号线由美国摩托罗拉公司中标（在项目建设过程中由于摩托罗拉公司业务重组，合同转让给韩国三星 SDS 公司），2003 年北京地铁 13 号线采用日本信号产品，2003 年天津津滨轻轨采用西班牙英德拉公司和韩国乐金公司的产品，2004 年天津 1 号线由西班牙泰尔文特中标。虽然全盘引进的国外系统技术成熟、稳定，但却存在造价昂贵、运营费用高、技术对外方依赖性强以及功能与国内运营和管理要求匹配度低等问题，从而对降低成本、适应本土化的需求逐渐呈现出来。

国内 AFC 系统潜在需求市场的不断扩大，吸引了一大批国内的高新科技企业纷纷加入。他们积极与国外厂家合作，引进消化国外先进技术。例如，南京熊猫与法国泰雷兹在南京地铁 1 号线合作，中软万维与日本信号在北京机场线合作，方正国际与日本欧姆龙在北京 5 号线合作，广电运通与法国泰雷兹在北京地铁 1、2 号线和八通线等项目的合作。这些合作探索和拓宽了国内企业与外国企业合作的道路，使国内企业在实际项目实施上得到锻炼，加快了对国外 AFC 技术的转化和吸收。

2. 国产化蓬勃发展阶段（2004 ~ 2015 年）

1999 年，国务院办公厅转发国家计委《关于城市轨道交通设备国产化实施意见的通知》明确规定：城市轨道交通项目，无论使用何种建设资金，其全部轨道车辆和机电设备的平均国产化率要确保不低于 70%，对 AFC 系统的国产化提出了明确的要求。

基于此，国内企业在与外国企业合作完成项目的同时，也投入了大量资源进行 AFC 系统和设备软硬件的攻关与研发。例如，上海邮通（上海普天）、上海华虹计通、上海华腾、南京熊猫、中软万维、方正国际、深圳现代、浙大网新、广电运通等厂家，在经历了国内组装、部件供应、合作开发等阶段之后，AFC 能力和经验不断提高，初步具备了独立设计和建造的能力，使 AFC 系统的国产化工作取得了重大进展。但是也有一些国内企业兴冲冲地进入这个行业，却是只做了一轮"买办"就悄然离场。

经过几年的 AFC 建设和运营实践后，AFC 行业的从业者们，不管是业主还是供货商都在总结经验和教训，逐渐形成共识——必须建立统一的 AFC 系统规范和标准，才能避免在轨道交通大建设的高潮中出现新旧线路不兼容或者建新线改旧线的情况出现，这样才能保证 AFC 的健康发展。于是，2003 年国家发布了《地铁设计规范》GB 50157—2003，其中第十八章就是"自动售检票系统"，明确规定了 AFC 系统的功能和接口要求；2006 年发布了《城市轨道交通自动售检票系统工程质量验收规范》GB 50381—2006，明确了 AFC 系统的工程质量规范以及验收流程和标准；2007 年发布了《城市轨道交通自动售检票系统技术条件》GB/T 20907—2007，明确了 AFC 系统的五层架构体系以及各层架构的技术条件和接口要求；2011 年发布了《城市轨道交通自动售检票系统检测技术规程》CJJ/T 162—2011，明确了五层架构体系下 AFC 设备单机测试和联机测试的规程。上述这些规范的制定，使 AFC 在国家层面上形成了一套涵盖设计、建造、检测和验收全过程的标准体系。此外，北京、上海等城市还发布了有关 AFC 的地方标准，广州、深圳等城市的轨道公司也制定了有关 AFC 的企业标准，规定和统一了 AFC 系统和设备的功能需求、技术标准和数据接口规范，使 AFC 系统设备成为相对标准化的产品（图 6.4.1）。

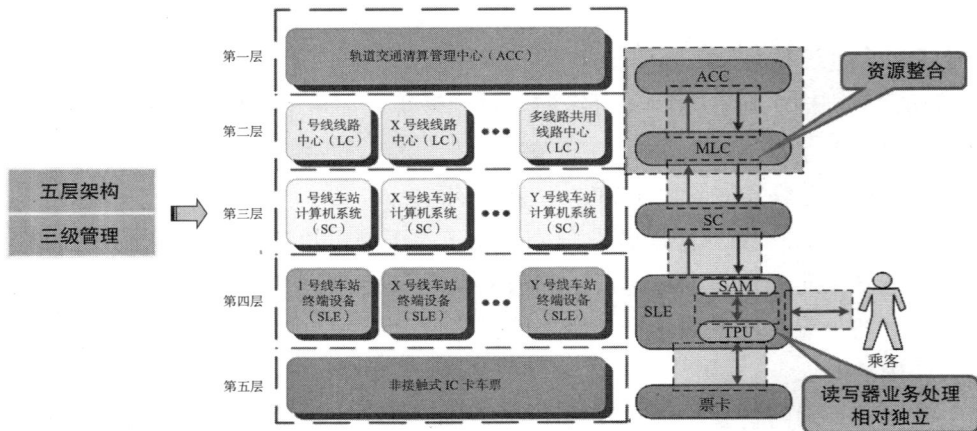

图 6.4.1　AFC 框架

　　在这样的环境下，国内的 AFC 企业蓬勃发展，凭借着与国外 AFC 厂商合作经验以及在金融、公交等领域的技术积累，快速崛起，打破了国外厂商的垄断，并逐步从市场的配角变成主角，国外企业则在竞争下逐步退出国内 AFC 市场。如寇比克在 1999 年完成上海和广州的项目后，由于成本和系统理念等因素退出；西班牙英德拉和泰尔文特在完成了上海和天津的项目以后相继离场；摩托罗拉由于业务重组，在匆匆把项目转让给韩国三星 SDS 公司后结束了 AFC 业务；日本信号和欧姆龙则把技术转让给国内合作伙伴后，专注做专有模块的供货商，不再充当系统集成商的角色；泰雷兹和亿雅捷则在国内分别设立合资公司，但所占市场份额都比较小；新科电子也在国内建立了合资公司，在将业务交给合作伙伴以后，也退出了国内市场；至 2015 年三星 SDS 宣布撤出中国城市轨道交通 AFC 市场，标志着外国企业在轨道交通 AFC 系统集成领域的全面退出。

　　在 AFC 国产化过程中，政府与城市轨道交通项目业主单位发挥了主导作用。在国产化工作起步阶段，政府强化产业政策的导向作用，通过制定产业发展规划、提供研发资金、出台优惠的税收政策等一系列措施，给国内企业以大力扶持。城市轨道交通项目业主单位则积极为国内企业创造条件，提供参与建设的机会，促成其与国外企业合作，学习国外的成熟技术和先进经验，进而开展自主研发工作，以尽快提高国产化产品质量。例如，深圳现代是最早进行国产化实践的国内企业，从 1999 年开始，以深圳地铁项目为依托，开始 AFC 的国产化研究，其参与的 2004 年底开通的深圳地铁 1 号线就号称是第一条全国产化的 AFC 系统；广电运通研发了拥有完全自主知识产权的纸币识别模块和纸币循环模块；艾弗士等许多厂家研发了国产的扇门模块；铭鸿数据 2004 年就开发出城市轨道交通专用的大读写器，后来这种模式逐步被推广应用。

经过了十余年的发展，目前国内 AFC 企业已经掌握了 AFC 系统的核心技术，能够自主开发全套应用软件，具备专用设备的整机与模块的设计和生产能力。各企业之间分工合作、各有侧重，大致分为以下几种类型：一是系统集成企业，如上海邮通（上海普天）、上海华虹计通、中软华腾、南京熊猫、中软万维、方正国际、深圳现代、浙大网新、新科佳都、仪电物联、京投亿雅捷等；二是设备生产企业，如广电运通、上海华铭、上海怡力、苏州雷格特、青岛博宁福田、上海永邦 / 永旭、北京卓因达、康保等；三是专用模块生产商，如艾弗世、固力保、深圳雄帝、深圳德卡、北京迪科等；四是国外专用设备和专用模块的国内代理，提供纸币识别模块、硬币识别模块以及扇门模块等专用模块，如南方银通、德银、金瑞致达等；五是 AFC 专业维护服务商，如锦源汇智、南方银通、北京地铁科技、广电运通等。

3. "互联网 +" 发展阶段（2015 年以后）

2008 年 7 月，广州地铁与中国移动合作，在闸机上开通手机支付，乘客使用 NFC 手机或者装用特制 SIM 卡的手机直接刷手机过闸，但是由于各种原因，这个项目没有向乘客全面推广使用；2015 年 6 月，寇比克在伦敦地铁的闸机上测试刷 VISA、万事达、Apple Pay 等电子票证方式过闸功能。

与此同时，国内业主单位和供货商也将互联网等新技术运用到 AFC 系统上。2014 年，就有国内厂商在 AFC 年会上提出二维码和移动支付等技术在 AFC 系统上的应用；2015 年底广州和深圳两个城市先后上线了基于互联网支付技术的云售取票机设备；2016 年，广州地铁陆续开通了二维码 / 银联 /NFC 过闸功能；上海、北京、深圳、苏州、宁波、长沙、南宁等 20 多个城市地铁也在 2016—2017 年陆续开通了 APP+ 现场取票或者使用移动支付在 TVM 购票或者刷手机过闸等功能。

"互联网 +" 与 AFC 的融合，不仅是技术发展的趋势，更是乘客和地铁运营管理者乐于接受的。乘客能免去现金兑换和找零烦恼，减少排队时间，乘车方便快捷了不少；地铁运营管理者则简化了设备，减少了车站的现金管理，同时能整合消费数据，打造增值服务平台，留存乘客实名信息，提高安保效率，大大提升了运营企业服务水平。因此，短短 3 年间，"互联网 +" AFC 的应用"风生水起"。

"互联网 +" 时代下的 AFC（图 6.4.2），衍生出云平台、云闸机和云售票机等各式新型设备，同时也出现了新的企业面孔，如盘缠、如易行、优城科技、八维通、小码联城、大都会、佳都数据、武汉智慧地铁等从事互联网支付应用的企业。

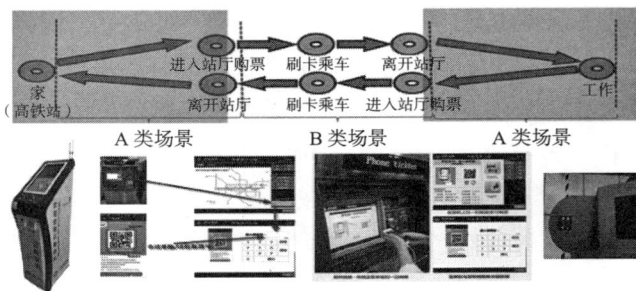

图 6.4.2 "互联网 +"时代下的 AFC

6.4.2 站台门系统

站台门系统是城市轨道交通中一种安全装置。它安装于车站站台边缘，将列车运行区域和站台候车区域隔离开来，在列车到达和出发时可自动开启和关闭，为乘客营造一个安全、舒适的候车环境。

站台门系统可分为全高封闭型站台门系统（图 6.4.3）、全高非封闭型站台门系统（图 6.4.4）和半高站台门系统（图 6.4.5）。其中，全高封闭型站台门除了具有保证乘客的安全作用外，还具有隔断区间隧道与车站区的气流交换功能，降低车站通风空调系统的运营能耗。

图 6.4.3 全高封闭型站台门　　图 6.4.4 全高非封闭型站台门

图 6.4.5 半高站台门

对于地下车站，车站通风系统制式可分为全封闭站台门系统、闭式系统和可开启式站台门系统，车站可对应通风系统制式在站台边缘安装全高封闭型站台门系统、全高非封闭型站台门系统和可开启站台门系统。

对于高架车站，从降低工程投资角度考虑，车站一般采用半高站台门系统，对于存在特殊要求的车站也可采用全高封闭型站台门系统。

对于地面车站，结合车站通风系统制式，分别对应设置全高站台门系统或半高站台门系统。

1. 早期情况

60 年代，列宁格勒（现俄罗斯圣彼德堡）的地铁系统采用类似高站台门的钢门。

80 年代初期，法国的自动捷运系统 VAL 的里尔地铁为列车站台特别订造自动滑门，成为世界上最早安装玻璃高站台门的铁路系统。

80 年代后期，新加坡地铁同样采用玻璃高站台门。其后，欧洲及亚洲多个地区的铁路系统相继采用高站台门，成为现时铁路系统的安全标准之一。

随后出现的低站台门（半高站台门）是在高站台门的基础上发展。香港地铁在 2005 年率先采用低站台门。

2. 国内现状和发展趋势

国内早期建设的城市轨道交融项目并未设置站台门系统。随着城市化进程的加快，轨道交通客流量不断加大及轨道交通 "以人为本" 的理念，对车站的候车环境、安全保障、节能减排等方面提出了更高的要求。

初期国内站台门市场被国外供应商所垄断，如英国 WESTIONGHOUSE、法国 FAIVERLEY、日本 NABCO、瑞士 KABA 等。国内第一条安装地铁站台门的线路是广州地铁 2 号线，随后上海、深圳、天津、北京等城市的地铁也安装了地铁站台门。随着地铁站台门的普及，国内多家站台门生产企业深圳方大、南京康尼、上海嘉诚、常州今创、重庆川仪、中船重工等也逐渐打破了其核心技术被国外几家企业垄断的局面，深圳方大集团于 2006 年 4 月率先研发出了具有自主知识产权的国产化站台门系统，通过了国家评审，并且于 2007 年 3 月与深圳地铁签订了 1 号线续建工程地铁站台门系统的总承包合同，标志着我国的地铁站台门产业已经进入世界先进行列。

在站台门型式方面，广州地铁 2 号线于 2003 年 6 月 28 日正式开通运营，并第一个采用全高封闭型站台门系统；北京地铁 5 号线于 2007 年 10 月 7 日正式开通运营，并第一个采用全高非封闭型站台门系统；2010 年后，结合中国的北方地区受气候变化条件的影响，温差较大等因素，车站设置可开启式站台门系统。在站台门门体方面，早期站台门门体采用铝型材和不锈钢结构；为了更好地解决站台门绝缘问题，近年来部分地铁城市也在推广或尝试一种可在站台门门体表面附着绝缘材料的方式，以达到门体绝缘性能效果。在站台门电源系统方面，早期站台门均采用交流供电方式，但此种方案存在交流转直流设备配置多、转换效率低和造价高等问题，2002年开始通过技术研发，电源系统基本采用直流供电方案。对于站台门控制系统方面，早期的站台门系统的控制和监视均集成在一起，如PEDC出现故障可能会造成监视影响控制问题；2006年开始，控制系统内的PEDC模块逐步从整体式转化为控制与监视系统分离模式，且PEDC的控制部分也逐步演变为模块化设计。

6.4.3　电扶梯系统

自动扶梯与电梯设备作为轨道交通车站的大型设备，是车站与乘客接触最为紧密的设备。自动扶梯作为集散乘客的主要运输工具（图6.4.6），它可以将乘客安全、快捷、舒适地送入或送出车站，有效改善乘客乘车条件，增加乘客舒适度。同时，为了满足无障碍设施设计要求，并兼顾乘客行李垂直乘降，车站也需设置垂直电梯（图6.4.7）。

图6.4.6　自动扶梯

图6.4.7　垂直电梯

自动扶梯与电梯作为机电一体化的特种设备，是机械装置、电力驱动和计算机控制的集中体现。设备整机的核心技术集中在驱动技术和控制技术，设备产品的更新换代也标志了关键技术的升级。目前，轨道交通均采用的驱动和控制技术有VVVF（变频变压调速）驱动技术、智能变频控制技术等。

国内早期轨道交通工程线路（如北京1号线和2号线）均未配备电梯，为了方便残疾人员进出车站，后期运营中在楼梯侧边增设了轮椅升降平台。同时，根据无障碍设施配置需求，北京地铁13号线安装了垂直电梯，但该垂直电梯为液压电梯（靠油液进行驱动），存在故障率高、维修量大等缺点。随着电梯技术的发展，曳引型电梯逐渐代替了传统的液压电梯，并在轨道交通工程全面应用。

近年来物联网技术已逐渐渗透到社会经济民生的各个领域，在越来越多的行业创新中发挥关键作用。面对庞大的电梯保有量，如何降低电梯安全事故率，成为监管部门、电梯企业和用户亟需解决的问题。物联网作为一种新兴技术近年来在电梯安全监管中逐渐崭露头角，电梯物联网通过配置具有运行参数采集功能的数据系统，实现了电梯安全的智能化监管。2017 年 7 月 12 日，中华人民共和国国家质量监督检验检疫总局、中国国家标准化管理委员会发布了《电梯、自动扶梯和自动人行道物联网的技术规范》GB/T 24476—2017，并于 2018 年 2 月 1 日实施。物联网技术和电梯体系的结合，可有效解决电梯安全监控问题。目前，轨道交通工程已开始对此进行专题研究。

6.4.4　安检系统

安检系统在地铁行业的应用最早是北京 2008 年奥运期间，经北京奥组委申请，北京市市政府和北京市公安局主持，经国务院批准下设立的，在北京地铁各线路加装安检设备。安检系统的设备类型主要包括通道式 X 射线安全检查设备、台式液体检查仪、便携式液体检查仪、便携式爆炸物探测器、防爆球（罐）、防爆毯、危险物品存储罐、手持金属探测器、辅助设备及安检标识等。地铁安检试检查的时间是 2008 年 6 月 20 日，地铁安检正式进入检查时间是 2008 年 7 月 1 日。北京地铁安检实施 8 个多月查出 3.7 万余件违禁品就充分证明了地铁安检的必要性。从 2008 年开始，国内地铁各城市的安检系统建设和运营进入了常态。

2013 年 12 月，北京地铁《进一步加强轨道交通运营安全的工作方案》发布，提出地铁站将实施"人、物同检"措施。陆续在天安门东站、天安门西站、西单、王府井、东单、建国门、龙泽站等站开展人物同检试点，加装金属探测门；15 号线二段、14 号线东段等线路实施人物同检，增加金属探测门。地铁安检从单一的物品安检过渡到全路网人物同检，不断细化标准、健全机制，逐步得到了《中华人民共和国反恐怖主义法》《北京市轨道交通运营安全条例》的认可和支撑，最大限度地发挥了地铁安检的关口防范和震慑警示作用，为轨道交通运营安全及乘客出行安全提供了强有力的保障。

随着《城市轨道交通公共安全防范系统工程技术规范》GB 51151—2016《城市轨道交通安全防范要求》GA 1467—2018 等标准规范的发布，安检系统的配置也逐步提高。同时安检系统也在进行新技术的储备，如人脸识别技术、太赫兹技术、毫米波技术等，未来会随着技术的发展成熟逐步得到深度应用。

6.5 机电技术

6.5.1 通风空调系统

我国地铁建设初期，通风空调系统的设置仅仅是为了保证地下空间内的通风换气量，以及在火灾等灾害工况下能够排除烟气、保证乘客的安全疏散。早期的北京地铁1号线的通风系统就是这种设计思路的产物。1969年，北京地铁1号线参照苏联建设的经验，地下区间隧道和车站采用活塞通风加车站局部排风的通风系统，利用列车活塞作用对车站进行通风换气。

随着社会经济水平的日益提升，乘客对公共区域环境的要求不断提高，因此空调系统开始引入地铁工程，地铁环控系统真正意义上从通风系统进入了通风空调系统的转变。随着我国多年的地铁建设，设计单位不断改进空调系统形式，从最初的闭式空调系统衍生出多种新的空调系统形式，更好地适应了我国不同地区的气候特点。

1993年，上海地铁1号线工程，首次在国内地铁车站采用空调系统，区间隧道采用活塞通风系统。上海地铁1号线工程所采用空调系统制式为闭式空调系统。车站引入空调系统后，提高了车站内的环境舒适度，使得地铁站的服务质量得到很大提升。

闭式空调系统的节能特性主要体现在非空调季节。由于闭式系统车站公共区与区间隧道之间连通，因此闭式系统在空调季节所需要的冷量较大。总体而言，非空调季越长，闭式系统的节能性才能更好地发挥。

2003年，首次在国内设置空调系统的广州地铁2号线地铁车站设置了全封闭的站台门，通过站台门的设置将站台区域与区间隧道进行了隔绝。全封闭站台门的设置使空调季列车活塞风对站台的影响显著降低，大大节约了空调季车站的能耗，提高了夏季车站内乘客的舒适度。结合站台门的设置，空调系统的布置形式进行了一系列的调整，从而产生了全封闭站台门通风空调系统。全封闭站台门系统的出现很好地适应了我国南方地区空调季长的气候特点，提升了地铁车站的节能以及环境舒适水平。

随着地铁建设的不断推进，伴随着变频等新技术的引入，设计单位在闭式系统以及全封闭站台门系统的基础上创造性地衍生出集成闭式系统以及可调通风型站台门系统，这两种系统也是我国独创的通风空调系统形式。

2007年，北京地铁5号线工程首次在国内地铁车站中采用集成闭式系统，通过可开启式换热器、正反转变频轴流风机等新型设备的研发使用，有机地将区间隧道通风系统和车站公共区通风空调系统结合在一起，缩短车站长度超过20m，有效降低了车站土建、设备系统投资，减小了后期运营维护工作量。

2013 年，上海地铁 11 号线工程首次在国内地铁车站采用可调通风型站台门系统，在充分掌握地铁通风空调系统运行规律的基础上，有机地将"设置安全门"的闭式系统和设置"全封闭站台门"的全封闭站台门系统结合在一起，实现了地铁车站一年四季的全工况综合节能。

2014 年，北京地铁 14 号线阜通站，首次在国内地铁车站应用"新型蒸发冷凝结合冷媒直接蒸发系统"，实现了地铁空调系统冷源技术的第二次技术革命，解决了困扰地铁建设和运营多年的"占地、环评、运营维护"等难题，实现了地铁冷源系统质的飞跃。

6.5.2　给水排水与消防系统

给水排水及消防系统自北京地铁 1 号线开通运营以来，在给水排水及消防系统管材选择、车站卫生间生活污水提升、高架车站消防给水系统形式选择、自动灭火系统灭火介质选型等方面一直在进行优化和创新，旨在提高给水排水及消防系统管材的适用性及使用寿命，改善车站整体环境，降低运营成本，缩短施工工期及减少气体温室效应对地球环境的影响等。

1. 给水排水系统

2012 年，北京地铁 6 号线、10 号线、14 号线生活污水系统采用密闭式污水提升装置，解决了污水泵房环境污染问题，改善了车站环境，目前，国内大部分城市污水提升均采用密闭式污水提升装置。

2014 年，杭州地铁 4 号线废水排水系统在区间取消主废水泵站，在轨道设置内置废水泵站，解决了区间泵站施工问题，节约了施工工期。2017 年，长春地铁 1 号线在区间采用了相同方案。目前，在宁波地铁 3 号线、北京新机场线内置废水泵站得到广泛应用。

2017 年，石家庄地铁 1 号线工程生产给水系统在冷却水管选型上采用不锈钢管，解决了衬塑钢管脱塑、镀锌钢管易腐蚀及安装问题。

2. 消防给水系统

1971 年，北京地铁 1 号线消防给水系统在区间消防管道采用球墨铸铁管，该管材使用至今已将近 50 年未更换，较好地适应了区间潮湿的环境，深受运营公司认可，在后续北京地铁区间消防给水系统设计中一直延续使用。

2011 年，沈阳地铁 2 号线消防给水系统车站和区间消防管采用内外涂环氧给水管，解决了管道防腐问题，同时改善了球墨铸铁管管材重、施工难的安装问题。

2018 年，长春快速轨道交通北湖线一期工程消防给水系统在高架车站采用干式消防给水系统，解决了寒冷地区消防管冬季防冻保温问题，大大降低了运营成本。

3. 自动灭火系统

2006 年，南京地铁 1 号线自动灭火系统在地下车站采用七氟丙烷洁净气体替代 1301、1211 气体灭火系统，解决了气体温室效应排放问题。

2012 年，北京地铁 10 号线五路停车场采用高压细水雾自动灭火系统在大库内作为防火分隔，起到一定的降温除尘效果，解决了大库防火分区超面积的问题。但由于高压细水雾喷放后对电气设备造成的二次水渍损失的不确定性，以及既有国家标准的限制，该系统目前在车站暂未得到全面推广应用。

6.5.3 动力照明系统

1. 照明配电系统

1965 年，北京地铁 1 号线工程开工设计，为保证应急照明配电系统的可靠性，车站的应急照明配电系统采用"456C"方式。车站公共区正常照明采用三相交叉配电、单相"上灯"的配电方式，适用于当时照明回路控制设备的需要。当时采用苏联设计标准，低压配电系统为 TN-C 接地形式，灯具均为 II 类灯具，无 PE 端子，仅相线、中性线配电到灯具。

2003 年，低压配电系统引入 IEC 标准，北京地铁八通线工程开始全面采用了 I 类灯具，相线、中性线、PE 线"上灯"，满足了间接防护的要求，低压配电系统更为安全、可靠。

2005 年，北京地铁 5 号线工程开始全面使用 EPS（集中应急电源）为应急照明供电，不再采用"456C"供电方式，使得应急照明系统接线变得简单、可靠。

2005 年，北京地铁 5 号线工程开始试用推广绿色照明技术，采用了三基色荧光灯，在当时背景下对于提高光效、节约用电发挥了重要作用。

2006 年，北京地铁 1、2 号线开始改造，将应急照明的"456C"供电方式改为 EPS（集中应急电源）供电，至此在全国地铁后续线路中以 EPS 作为应急照明电源的配电方式得以推广采纳。

2007 年，杭州地铁 1 号线首次在全线设备区、区间的照明设计中采用了 LED 灯，进一步提高了地铁车站照明节能效率，同时，由于 LED 灯具有更长寿命的优点，后期灯具的维护量进一步减少。

2008 年，北京地铁 10 号线一期工程开始在正常照明分配电回路中采用紧定式钢管穿导线敷设方式，加快了施工速度。

2009 年，广州地铁 6 号线首次在车站公共区采用 LED 灯，至此 LED 灯在国内地铁车站、区间、场段得到了普遍采用。

2010 年，深圳综合枢纽工程首次采用了光导管照明技术，将光导照明引入了交通枢纽工程。导光管采光系统，通过室外采光装置收集自然光，经过导光管高效反射传输，由漫射器将自然光均匀散射到室内的任何角落，是一种不需要电能的新型照明技术，最大限度实现了照明节能。

2013 年，杭州地铁 4 号线一期车站公共区首次在地铁设计中采用了 DALI 调光技术，实现了均匀调光、多种场景调光，该技术的应用促进了城市轨道交通行业智能照明技术应用水平的提高。

2. 动力配电系统

1969 年，北京地铁 1 号线一期工程线路开始试运营。低压配电系统采用TN-C 接地形式；车站分设强电、弱电接地网；信号设备由信号专用变压器提供电源；低压配电柜采用固定柜型；配电回路短路保护多采用熔断器。

1993 年，上海轨道交通 1 号线工程动力设备开始采用变频器、软起动器控制；环控设备采用环控电控室集中配电、控制，第一次引入了地铁环控设备集中配电、控制方式。

1999 年，北京地铁复八线低压 0.4kV 开关柜开始采用分隔柜（抽屉柜或固定分隔柜），不再采用传统的固定柜型。

2003 年，北京地铁八通线工程中，车站强、弱电接地网不再分设，引入了"综合接地"概念，低压配电系统采用 TN-S 接地形式，TN-S 接地形式使得低压配电系统更为安全、可靠。

2005 年，广州地铁 3 号线首通段和 4 号线大学城段首次在地铁工程中使用环控智能低压控制系统，智能低压控制系统利用低压智能元器件、PLC 替代了传统继电器，通过网络控制器实现了 BAS 对环控设备的控制及数据传输，告别了靠多根"硬接线"控制电缆与 BAS 连线、低压控制系统自身不能进行数据存储的控制时代。

2005 年，北京地铁 5 号线工程开始使用"防火电缆桥架"。

2009 年，北京地铁 9 号线郭公庄车辆段设置净高不低于 1.9m 电缆隧道穿越咽喉区，改善了电缆敷设和维护的条件。

2009 年，北京地铁 9 号线车辆段工程设计为太阳能并网发电技术预留基础和管孔条件。

2013 年，北京地铁 14 号线张郭庄站首次在地铁车站采用太阳能并网发电技术。

3. 电气火灾监控系统

电气火灾监控能在发生电气故障、产生一定电气火灾隐患的条件下早期预警，避免电气火灾的发生，具有超强的电气防火预警功能。2010 年，在广州地铁 3 号线北延线首次运用了电气火灾监控系统，对低压配电线路及供电设备可能发生电气火灾情况进行了探测，通过合理地设置电气火灾监控系统，有效探测供电线路及供电设备故障，可避免电气火灾的发生。

6.6　线网信息中心平台

随着各城市轨道交通建设线路的增多，单一线路的管理已无法满足线网运营需求，必须建立一个统一的轨道交通线网平台协调线路之间的人员调度、设备调度、电力调度、换乘站调度等工作；统一进行轨道交通外部接口管理（包括政府、公安、消防、交通、气象等部门）；统一制定线路的建设及运营标准；统一进行应急指挥；统一进行信息安全管控等，线网信息化平台系统建设开始提上日程。

线网信息化平台系统建设方案在我国首先在北京提出，以"线网的高度、长远的眼光、全面的思维"作为指导，在保障安全的前提下，实现集中指挥、信息共享、易于系统扩展，并形成了"城市轨道交通网络信息化"的顶层设计、工程示范和一系列标准规范。北京线网信息化平台系统 2005 年开始立项，2008 年 5 月随着北京小营一期控制中心正式建成，北京线网信息化平台系统也正式投入使用，虽然北京线网信息化平台 TCC 系统功能较为简单，但也已成为全国线网平台建设的标杆（图 6.6.1）。

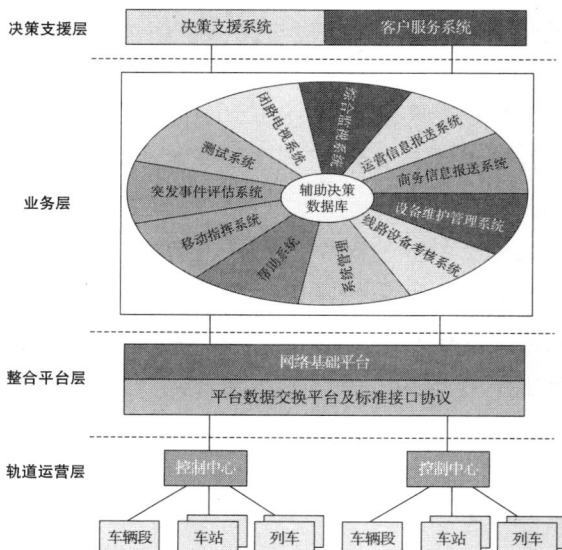

图 6.6.1　北京轨道交通指挥中心 TCC 线网平台总体架构

紧跟其后,广州、天津、武汉、广州、重庆、成都等地区也陆续开通了线网信息化平台系统,厦门、南京、西安、郑州、沈阳也在规划建设中。各地区线网信息化平台功能模块大致分为:线网应急指挥中心、线网清分中心、线网编播中心、线网数据中心、线网门禁授权管理中心、线网列车监控系统、线网车辆信息管理系统、线网安防中心、线网运营维护管理平台、线网建设管理平台、线网传输系统、线网接口平台等(图 6.6.2)。

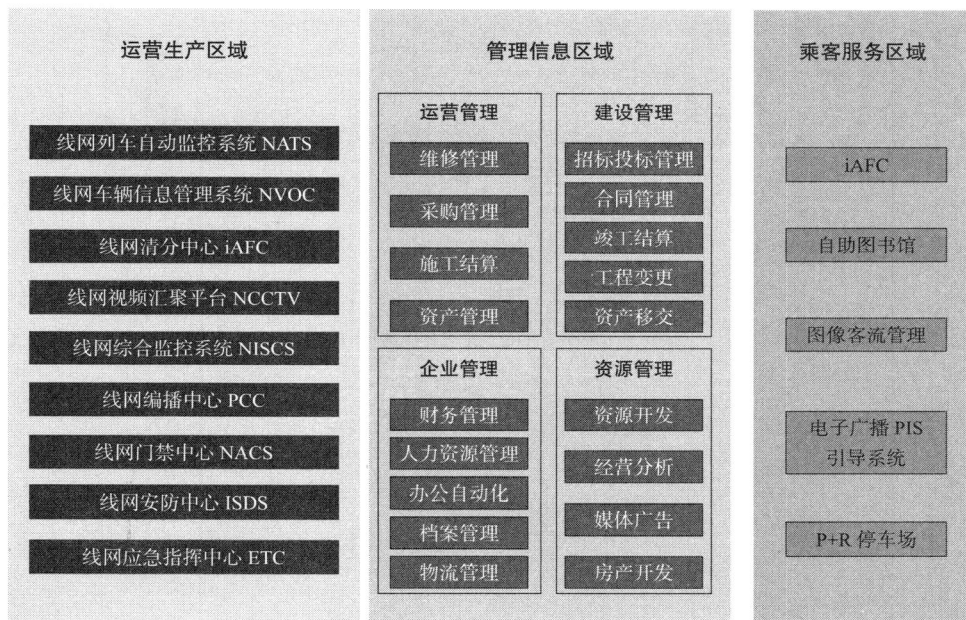

图 6.6.2　线网信息平台功能构成

已开通的线网信息化平台系统均采用了传统的 C/S 架构或与 B/S 架构相统合的形式,随着网络技术及云服务技术的发展,各地区开始探索云技术在线网信息化平台建设中的应用方案,此方案以武汉地铁计划 2020 年年底建成的国博现网信息化云平台为典型,此平台不仅提出了线网中心自身的云平台建设需求,且融合了线路中心综合监控、AFC、CCTV、PIS、OA、ATS、ACS、公用电话、PSCADA 等建设需求,各线路系统无须建设各自的线路中心级系统,直接将车站级信息传入线网云平台系统,大大节省了线路投资,且便于系统扩展,此方案为未来线网信息化平台建设的主导方向(图 6.6.3)。

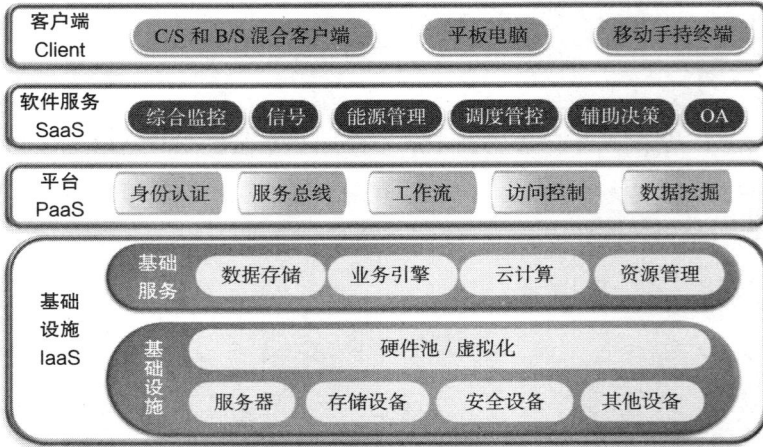

图 6.6.3　云平台架构线网信息平台

第7章 运营管理

我国城市轨道交通发展正处于超常规快速发展阶段，建设速度和运营规模世界领先。城市轨道交通以运量大、快捷、准点、环保等优点，已成为国内城市公共交通的主干线和客流运送的大动脉，与城市居民的出行、工作和生活关系日益紧密。科学、有序、高效的城市轨道交通运营管理，是城市轨道交通功能与优势得以充分发挥的重要保证。如何持续提升运营效率、服务质量、安全保障，是我国各城市轨道交通运营企业必须关注、研究与实践的永恒课题。本章将企业管理理论与实例分析结合，立足国内城市轨道交通的健康可持续发展，在总结中国城市轨道交通近 50 年运营管理经验的基础上，兼顾国内外优秀城市轨道交通企业的运营实践，对城市轨道交通运营统计指标、战略管控、运营管理模式、运营管理等主要技术应用方面进行系统阐述，使运营管理从有序到更高效，为城市轨道交通运营管理单位提供借鉴。

7.1 运营数据

7.1.1 城市轨道交通运营概况

中国城市轨道交通的历史可以追溯至 19 世纪末 20 世纪初有轨电车的出现，而地铁的运营则是以 1969 年北京第一条地铁线路开通为起始标志，至今为止，大致可分为 3 个阶段：

（1）20 世纪 60 年代至 80 年代为我国地铁发展的起步阶段，北京地铁、天津地铁分别于 1969 年和 1984 年正式开始运营。

（2）进入 20 世纪 80 年代中期，借着改革开放的春风，地铁建设由战备需求转变为经济发展需求，我国的地铁发展进入了平稳发展阶段，上海与广州也于这一时期加入了地铁运营的大家庭（上海地铁 1993 年开始运营，广州地铁 1997 年开始运营）。

（3）21 世纪以来，我国经济步入高速发展时期，城镇化率不断提高，人口向城市流动造成城市人口骤增，汽车保有量逐年递增，造成道路拥堵，交通出行压力变大。由于地铁有着运量大、节地、快捷、准点、环保等优势，城市对于地铁建设呼声日益上涨。为缓解交通压力，地铁建设进程也快速推进，地铁迎来了快速发展的阶段。

截至 2018 年 12 月，我国共 34 个城市（不含中国香港、中国台湾）拥有合计 181 条城市轨道交通运营线路，运营线路总长达到 5451km（表 7.1.1）。

开通运营线路时间表

表 7.1.1

开通时间	里程（km）	城市数量	线路数量	城市及线路数量
1969 年 10 月	23.6	1	1	1 座城市，1 条线（北京）
1984 年 12 月	54	2	3	2 座城市，3 条线（新增天津）
1995 年 12 月	70	3	4	3 座城市，4 条线（新增上海）
2000 年 12 月	127	4	7	4 座城市，7 条线（新增广州）
2005 年 12 月	444	10	20	10 座城市，20 条线（新增长春、大连、重庆、武汉、深圳、南京）
2010 年 12 月	1418	12	54	12 座城市，54 条线（新增沈阳、成都）
2015 年 12 月	3293	25	110	25 座城市，110 条线（新增佛山、西安、苏州、杭州、昆明、哈尔滨、郑州、长沙、宁波、无锡、青岛、南昌、淮安）
2016 年 12 月	3832	29	128	29 座城市，128 条线（新增东莞、合肥、南宁、福州）
2017 年 12 月	4712	33	161	33 座城市，161 条线（新增石家庄、贵阳、厦门、珠海）
2018 年 12 月	5451	34	186	34 座城市，181 条线（新增乌鲁木齐）

最近几年，我国城市轨道交通事业发展迅猛。2013 年至 2018 年，中国内地开通城市轨道交通系统的城市总数增长 84.2%，运营里程增加 110%，客运量增长约 70%。从运营里程发展趋势分析（图 7.1.1），1998 年国内城市轨道交通运营里程合计 242.9km，到 2008 年运营里程增长至 1125.2km，再到 2018 年运营里程增长至 5451km。从近 20 年运营里程及新开通里程统计来看，中国城市轨道交通每 10 年运营里程增幅将近翻四倍（分别为 3.6 倍、3.9 倍）。我国已成为城市轨道"交通大国"，正迈向城市轨道"交通强国"。

根据中国城市轨道交通协会的统计，截至 2018 年底，包括铁路总公司负责管理的市郊铁路北京 S2 线、上海金山线、成都成灌线、兰州机场线在内，中国内地开通城市轨道交通的城市共 35 座，运营里程达 5766.7km。其中，33 座城市开通地铁 5013.3km，9 座城市开通轻轨 420.8km，15 座城市开通有轨电车 332.6km。各城市总运营里程排名如图 7.1.2 所示。上海、北京的规模遥遥领先，而里程超过 200km 的城市多分布在长江沿岸和珠三角地区。

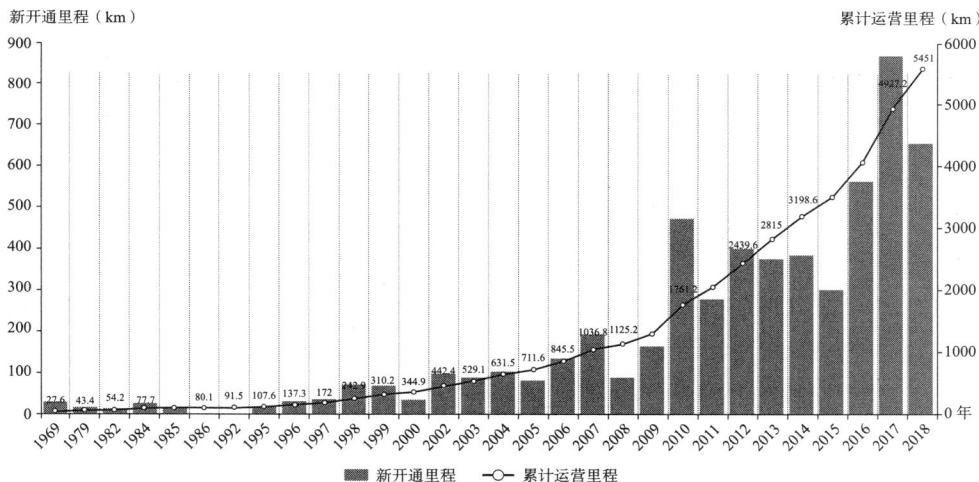

图 7.1.1 中国城市轨道交通运营里程年度统计

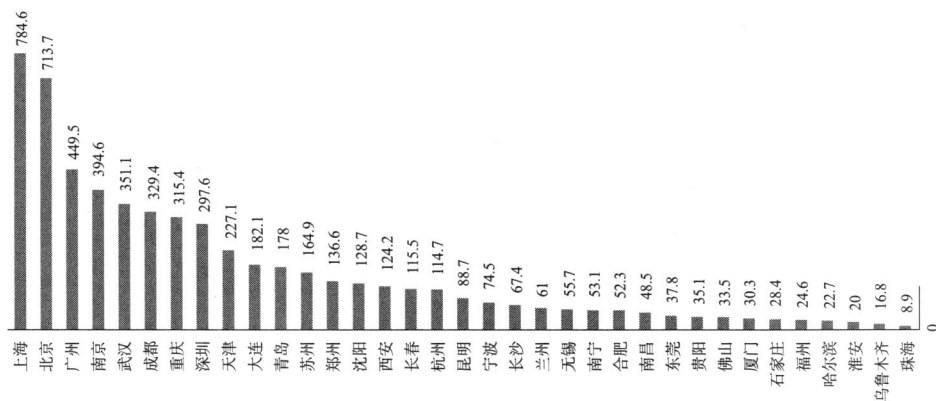

图 7.1.2 国内各城市轨道交通总运营里程统计

根据《2017 中国城市轨道交通统计年报》，中国城市轨道交通客运量和客运强度排名前十的城市分别如图 7.1.3 所示。北京、上海、广州城市轨道交通客运量位居前三位，中国客运量排名前十的城市客运量全部超过世界平均水平，且有 8 座城市的客运强度超过世界平均水平。西安以 89.0 km 的里程实现了 1.86 万人次 /（d·km）的客运强度，位居中国城市轨道交通客运强度第一名，运营效率较高。

轨道交通客流量也呈现出逐年递增态势，根据交通运输部数据，轨道交通客运量在 2010 年至 2015 年 5 年间从 55.7 亿人次上涨至 140 亿人次，激增 151%。伴随着城市轨道交通的发展，轨道交通客运量仍将持续上涨。

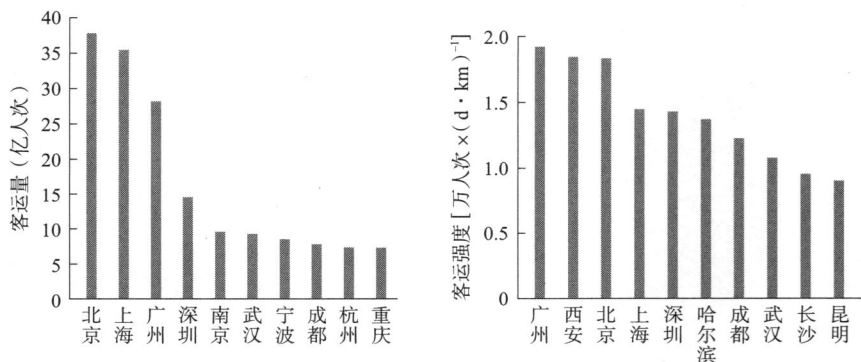

图 7.1.3　中国城市轨道交通客运量和客运强度排名前十的城市

7.1.2　运营数据统计指标

城市轨道交通运营数据统计指标能反映地铁运营的特点和发展趋势，同时，对指标的分析也能为提升地铁运营管理与服务质量提供数据支持。我国地铁在运营 50 年发展的基础上，已形成一套基本稳定的轨道运营数据统计指标体系。

城市轨道交通运营数据统计指标体系可大致分为基础指标、安全指标、服务指标、财务指标、能耗指标五大类（图 7.1.4），并在此分类基础下细化，此外，根据轨道交通运营方的需求，可在此基础上新增更为丰富的运营数据统计指标类别，如人力资源指标、新线建设指标、科研指标、固定资产设备指标、资源经营指标等。以广州地铁为例，本节选取部分关键指标举例说明：

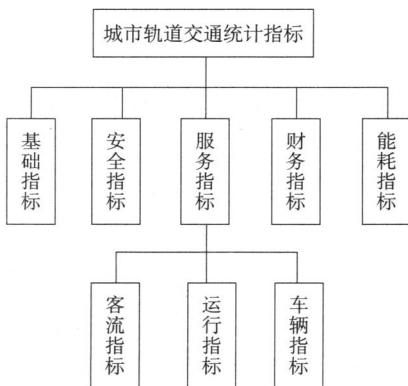

图 7.1.4 城市轨道交通统计指标体系

客运量（客流指标）——统计期内，轨道交通运送乘客的总次数，即进站量与换乘量之和。2018 年广州地铁（含广佛线）客运量为 30.26 亿人次。

运营里程（运行指标）——统计期内，列车为上线服务在线路上载客行驶及空车行驶的全部里程。2018 年广州地铁（含广佛线）运营里程 3.35 亿车公里。

由上述例子可见，运营数据统计指标是地铁发展规模、线路客流时间空间特征、服务情况、安全情况等的直观展现，通过相关指标将运营情况量化，能更好地应用到运营分析中，有助于优化运营管理，持续提高运营服务质量。

7.2　运营管理模式

7.2.1　运营组织架构

1.轨道交通运营组织形式

（1）运营组织形式分类

国内轨道交通行业运营组织，主要有事业部、分公司和子公司三种形式，组织形式特点如下：

1）事业部是指总公司按产品、地区等设立的具有相对独立性的业务经营单位，在组织管理系统上是相对于职能来进行区分，具有较大的经营自主权，但不具有独立的法人资格。

2）分公司是总公司的附属机构，在法律上和经济上与事业部一样，都不具有独立的法人资格。但相对于事业部，分公司业务经营的自主程度、经营的独立性通常会比事业部高一些。

3）子公司是被总公司或母公司直接股权控制，或全资控制的企业，是独立的法人企业。

（2）确定运营组织形式的考虑因素

1）设立事业部或分公司的主要考虑因素

① 内部资金的统一灵活调度

事业部或分公司与隶属公司统属一个法人单位，在经济上统一核算，相对于子公司，其经营活动中的资金可以更加统一、灵活地调度。

② 降低公司总体税负

从财税制度政策上看，子公司独立经营、自负盈亏，自担税赋；事业部或分公司也可自主经营，但资本的转移更加灵活，且不承担税赋，而是与隶属公司合并计税，共担税赋，可以降低公司总体税负。

③ 实现对该业务的管控意图

从业务管控而言，对子公司的管控，只能采用间接控制方式，即通过任免子公司董事会成员和投资决策来影响子公司的经营决策。而对事业部或分公司的管控，总公司或母公司可以采取直接控制方式，即根据自身管理需要，直接、灵活地采取各种形式管控模式，实现对事业部或分公司业务管控意图。

2）设立子公司的主要考虑因素

① 规避公司的经营风险

子公司是独立法人，经营过程中发生的债权债务等各种风险均由子公司承担。总公司或母公司具有更加充分的时间和空间应对各种经营风险，从而制定各项严密政策或措施规避、应对各种经营风险。

② 获取业务开展必需的相关资格，满足企业未来发展需要

随着企业未来业务的不断发展和成熟，将实行线网运营、经营管理模式，运营业务可整合整个公司的优质资源，开展多种经营，成立子公司筹备上市，筹集资金投入地铁新线建设。因此，在业务初期，直接成立具备独立法人的子公司，获取业务开展必需的相关资格，培育自身的经营和管理能力，为企业未来发展奠定基础。

③ 充分发挥子公司各业务单位的积极性

子公司自负盈亏，可以激发子公司各业务单位员工积极性，在不断提升自身能力水平的同时，提高员工的效能，为实现自身企业的各项经营目标全身心投入和努力。

（3）其他考虑因素

轨道交通企业在考虑运营业务的组织形式时，需要分析各种因素，从运营业务组织定位和发展空间、城市轨道交通运营业务特点、财税制度政策等，进行权衡。

1）考虑组织定位和发展空间

轨道交通企业可以从：轨道交通项目融资、建设、经营、管理几个方面考量组织定位，应重点考虑投资主体、运营里程、经营环境等因素，还应考虑企业所处阶段，为运营组织留有发展与提升空间。

2）考虑企业运营业务特点

① 高度的协调性

运营作为城市轨道交通设计、建设、运营、经营等诸多业务中的连接纽带，和其他业务之间的沟通与协调必不可少，并且运营业务各专业、技术之间也有较多的协调性工作，需要其他部门一起来共同完成。

② 高度的统一性

运营指挥具有高度统一性，对人员、设备、技术资源等方面的共享性要求较高；管理决策要求反应时间迅速，经营的自主程度要求较高。

3）考虑财税制度政策的影响

从财税制度政策上看，子公司独立经营、自负盈亏，自担税赋；事业部和分公司也可自主经营，但资本的转移更加灵活，且不承担税赋，而是隶属公司合并

计税，共担税赋。

从目前国内城市轨道交通企业运营业务的组织性质来看，组织形式主要以分公司和事业部为主。国内轨道交通行业企业，在不同的发展阶段，依据组织形式特点，结合轨道交通行业的特点，选择合适的组织形式，以适配运营业务的发展。

2. 轨道交通运营组织演变

国内轨道交通行业发展的历程，从运营单位管理组织架构的调整与优化看，运营组织的演变遵循了线路运营和线网运营两个阶段，两个阶段运营管理组织架构，随着运营单位自身能力，以及线网建设带来的任务变化持续调整。

（1）线路运营阶段的组织架构

一般在初期线路运营阶段，城市轨道交通自身组织与分工较为简单，一般以专业划分为主线的直线型组织架构形式出现，此时的运营单位主要有以下特点：

运营线路只有 1 ~ 3 条，运营的线路里程和车站数量不大。

运营组织人员，无论是技术方面还是企业管理方面，其经验相对不足。

运营组织管理界面仍需要磨合及调整。

运营主要目的是能力的培养与运作的稳定。

采用直线型组织结构模式，每个专业的职责都是负责全线网对应专业的所有业务，推动组织内部专业化，减少对管理人员和专业人员的再培训过程，从而能够为企业正常运作提供良好人力支撑。

这种形式的组织架构，最高管理层决策权集中，提高了决策的响应速度及有效性；加上专业化分工，可以简单有效地划分内部职责与工作范围，进而减少组织内部摩擦。

专业化分工带来的工作重复性，可以为员工提供良好的专业技能实践以及经验积累，工作效率能够很快得到提升。

所以对于刚起步而且承担运营里程不高的城市轨道交通运营单位，直线型组织架构是最佳选择。具体来看，采用直线型组织架构的城市轨道交通运营单位，按各部门所执行的工作性质进行划分和设置。一般来说，从专业的切分看有深有浅：

——浅度分立，即车务与维修分立，生产调度与车务结合（图 7.2.1）。

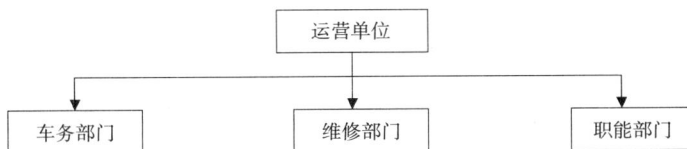

图 7.2.1　运营组织架构（浅度分立）

——中度分立，车务与维修分立的同时，与生产调度也分立，同时维修专业内部进行深层次的划分，如车辆与其他设备设施维修之间的分立（图7.2.2）。

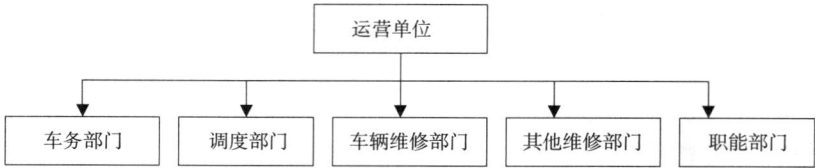

图 7.2.2　运营组织架构（中度分立）

——深度分立，主要体现在中度分立的基础上，对其他设施设备专业之间再进一步进行切分，分为信号、通信、机电、桥隧、房建等模块（图7.2.3）。

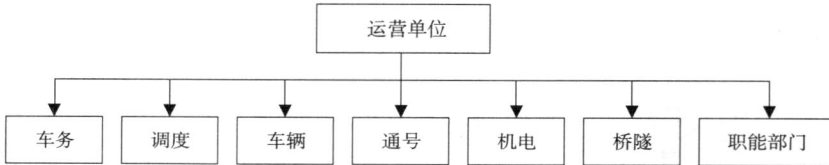

图 7.2.3　运营组织架构（深度分立）

一般来说，分立程度的深浅是由城市轨道交通运营单位自身的发展、业务的上升，以及分工的不断细化带来的。

直线型组织架构也有自身的局限性。随着公司的发展壮大以及市场环境的变化，专业内部种类不断细分，或者按照线路细化，集中于专业负责架构的中高层管理进行决策。在此条件下，专业内部会出现管理跨度过大的情况，导致相互协调和组织中的信息沟通变得困难。而且由于专业部门只负责自身表现，不为线网整体服务质量负责，城市轨道交通运营单位管理层，直接承担整体服务质量交付，业务协调与决策量倍增。而且直线型组织架构的运营单位，在需要进一步发展壮大时，可能缺乏综合型高级管理者或技术人员群体，人员晋升与业务能力拓展空间受限。

（2）网络化运营阶段的组织架构

随着城市轨道交通线路的不断建设、开通，线路里程达到一定规模，网络基本连通、覆盖城市的主要区域，城市轨道交通站点布局可达性得到增强，特别是在城市核心区域和客流集中区域，1km半径内就能找到城市轨道交通进行交通接驳，推动城市轨道交通在城市公交出行中所占比例的提升。一般来说，城市轨道交通客运量的公交市场占有率应达到 30% 以上的比例，中心城区达到 50%。这种服务规模、服务覆盖范围与搭乘便捷程度的提升，对原有的城市轨道交通运营直线型组织架构形成了挑战。

从行业的组织运作模式看，一般在这种情况下，组织架构的区域化管理变革就成了主题。区域型组织架构模式是城市轨道交通运营单位线网发展到一定规模，网络化运营阶段时所采用的一种较为复杂的运营管理组织架构模式。这种模式的区域化，一般是以线路的技术特点、运营年限、线路覆盖区域等因素进行归类与划分，按照一个区域化管理主体负责 3 ~ 4 条线路的比例，进行区域管理，承担所管辖的多条线路内所有专业业务的开展（图 7.2.4）。这种组织架构具有较大的灵活性，能够适应各地区的不同情况；而且有利于将权力和责任授予下级管理层，减轻高层决策者的管理压力，优化管理层级；同时通过内部的竞争刺激，推动各区域组织的快速发展；并保证区域内的生产服务和经营管理等活动的协调，节约并提高工作效率；也为培养高级经理人才和综合型技术人才提供了良好的环境与平台。

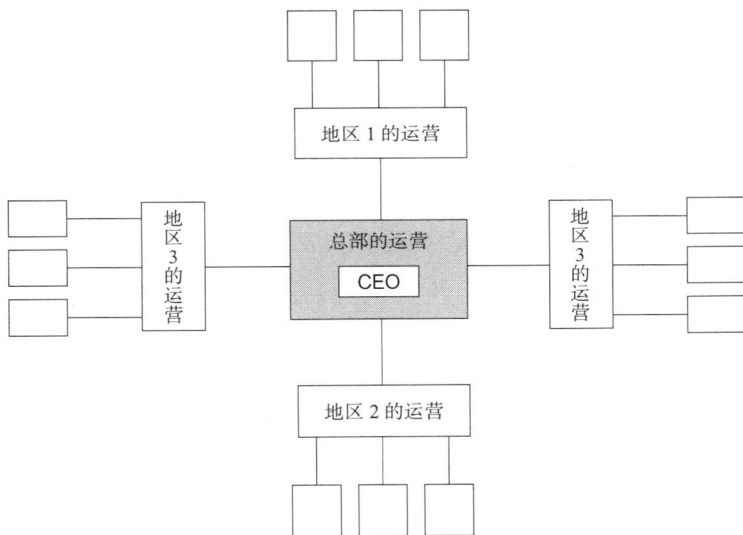

图 7.2.4　区域型组织架构基本模式

按照区域运营主体的形式划分，区域型组织架构可以划分为以下 3 种类型：

1）服务界面区域化

就是将前线服务界面涉及的模块，即车务（站务、票务、乘务）、调度、AFC、机电等专业进行区域化划分，同时将其他剩余的维修业务仍按照专业化管理的划分方式，放在后台进行运作（图 7.2.5）。

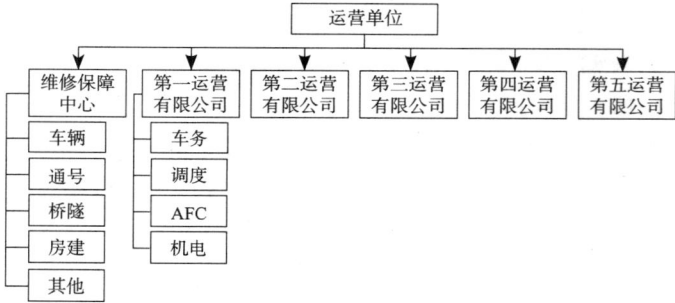

图 7.2.5　服务界面区域化组织架构

这种模式较好地解决了前线对运输服务及相关设施维护快速响应的需求，并在区域范围内形成了客运服务与现场界面设备维修的融合，实现了乘客服务界面服务一体化运作。但由于只涉及乘客服务界面的业务融合，后台的维修业务依然条块化运作，后台业务未能摆脱线网规模提升下的管理幅度过大等问题，同时部分维修作业需要前线的配合，在运营过程中，容易产生前线服务界面施工作业与后台施工作业之间的摩擦。

2）在线业务属地化

在线业务属地化，就是将区域内所有需要在线操作的业务，包括车务、通信、信号、线路、房建、隧道、机电等专业，交由车站群区段内的管理者全盘负责，这种划分方式不但解决了客运服务的区域化灵活管理需求，而且将在线作业整合在一起，方便专业之间的协调与配合（图 7.2.6）。

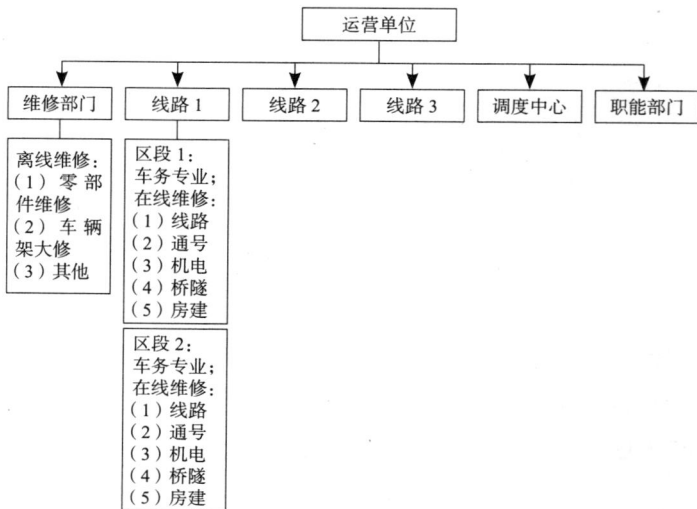

图 7.2.6　在线业务属地化组织架构

这种模式下，地区段的管理需要具备较高的管理技能与多业务操作经验，对行车、客流组织以及维修作业等工作必须非常熟悉，给管理者提出较高的要求，带来较大的工作压力；同时由于这种组织模式较为精细化，比较适合网络规模适中的运营单位采用，而且需要具备较好管理能力的支撑，以及高效的信息化管理工具的支撑，否则高层将难以了解区段内的真实工作情况，各区段间的配合也会出现问题。对于一些内部管理组织较弱、管理区域范围大的城市轨道交通运营单位来说，如果按照车站群区段进行统筹管理，会面临管理人才缺乏、精细化管理基础不足的约束。

3）服务交付区域化

服务交付区域化模式就是将某个区域的前台运营服务的功能与责任都交由所属区域的运营主体进行负责，包括了车务、调度，以及完整的小修及以下维护功能模块，这种模式下，区域运营主体负责的就是区域内线路端对端的整体服务质量的完整交付，要求区域运营主体在维修维护、客运服务、行车组织、生产调度等方面统筹兼顾，实现整体服务的最优。而与前台维护模块相对应的是后台的中大修能力与零部件维修的培养与发展，为前台提供设施设备的中大修服务，并提供精深化的支持（图 7.2.7）。

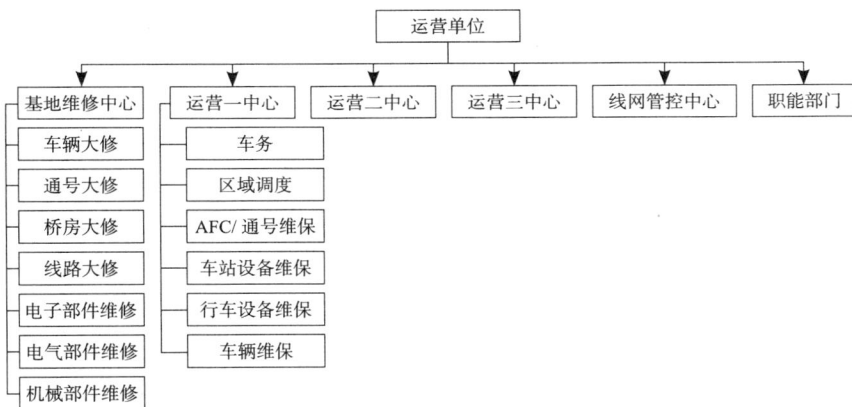

图 7.2.7　服务交付区域化组织架构

这种完整服务交付的区域化模式，其实就是将区域主体打造成为一个小型的运营单位，除了中大修功能外，五脏六腑齐全，在这种设置下带来的就是全线网的管理、技术力量的摊薄，同时前后台维修之间的切分由于维修规程上的问题，容易带来切分不清晰的情况。所以采取这种模式的运营单位，需要推动管理流程的简化，完善区域管理的授权体系，强化区域运营主体的自主经营决策能力，并建立前后台以及前台横向上的维修技术经验交流机制。

3. 轨道交通运营组织选择

城市轨道交通运营是一个百年行业，在长时间的发展中，环境几乎是不可能稳定的，组织架构的适用性也就随着环境的变化、自身发展的需求而改变，所以城市轨道交通运营单位的管理组织架构演变都是一个在运作中优化、在优化中进行调整与变革的过程，同时也是城市轨道交通运营单位在发展中解决发展带来的问题的一个缩影。

目前，国内轨道交通规模排名前三的北京、上海、广州地铁已完成了从线路运营到线网运营的阶段，线网规模决定了以区域化线网组织架构，匹配线网规模，以上城市区域化线网运营组织架构又有所不同（表7.2.1）。

主要城市地铁运营组织形式与架构对比　　　　　　　　　　　　　　　　表 7.2.1

公司	线网规模		运营组织形式	运营组织架构
	里程（km）	线路数（条）		
北京地铁	574	16	分公司	服务界面区域化
上海地铁	627	19	分公司	服务界面区域化
广州地铁	296	11	事业部	服务交付区域化

注：以上数据，统计时间截止为 2016 年 12 月 31 日。

其中，广州地铁运营组织，从 1 号线 1997 年开通运营至 2000 年，组织形式为运营有限公司，2000 年改制为事业部制，事业部制保留至今；从 1997 年开通运营 1 号线至 2013 年，以专业化的直线型组织架构运作，从 2013 年起，以服务交付区域化组织架构进行运作：实施服务交付区域化运营模式，匹配区域化运营组织架构，营运大规模网络化轨道交通线网。

网络化运营组织架构特征，包含运营组织架构的机制和管理策略，以下以广州地铁为例，介绍主要体现在服务交付主体、维修模式、线网管控等 3 个方面：

（1）构建区域责任主体，推动服务交付责任下沉

在城市轨道发展初期，只有一条线路或线路较少，这时候，"专业化"是基础，城市轨道运营主体大多采用了"专业化"的管理模式对地铁的运营实施管理，按专业系统类别及特征分别成立车务、车辆、通号、维修等生产模块，强化生产业务单元的组织体系，培育并提升专业化管理优势。这种业务运作及组织模式，是城市轨道行业的普遍做法。

广州地铁在发展过程中，也是从"专业化"起步，在运营事业总部下先是成立了车务部、车辆部、维修工程部等，随着营运线路从 1 条增加到 4 条，为了分

摊管理压力，进行了横向扩充，即是以"专业化为主，区域化为辅"，业务部门分化为车务一部、车务二部、车辆部、维修一部（通号、工建）、维修二部（供电、机电）；随着营运线路继续增加，最后又发展成了车务、车辆、通号、维修四大专业中心，以纵向的层级增加，缓冲了业务量带来的压力。在此过程中，"专业化"为基础的管理理念一直没有发生变化。

如果以这样的"增量"设置方式，来应对业务发展，势必使组织体系陷入一个不断循环的膨胀过程，显然不能从根本上解决问题。网络化条件下，发展阶段不一样了，"生产力"发生了变化，"生产关系"也要随着调整。这时候，总部（指城市轨道运营公司或事业部）管理的对象，应该从过去的"线路"，转变为"线网"，而把"线路管理"的责任下沉。

广州地铁对比了国内外很多地铁的做法，进行了优劣分析，对整体运营线路进行区域划分，建立了完整的区域化服务交付责任主体——区域化管理的运营中心。各区域运营中心直接承担所辖线路的客运服务和前台设备保障服务责任，既负责站务、乘务、票务、区域调度等车务运作，也负责所辖线路各专业设备的日常检修、维护保养及故障处理。

（2）构建前后台维修体系，培育核心能力与技术

一般而言，在线网形成的时候，部分早期开通的线路，由于时间较长，已经到了设备老化的阶段，面临大修的需要。线网运营，必须考虑相关技术能力的储备，特别是核心技术。

为提升专业设备大中修及零部件精细维修能力，掌握核心技术，节约维修成本，广州地铁的实践就是构建前后台的维修体系，把原有的设备维修模式，分离成前台维护加后台维修。在这一体系下，成立一个专业技术服务后台——基地维修中心，为各区域运营中心提供强有力的维修支持。前台的维护由各区域运营中心来负责，对所辖线路进行计划性的日常检修、维护保养、故障的快速排除，以区域化的模式提高响应速度，培养综合化维保能力；后台的维修由基地维修中心负责，抽离各专业的大中修、零部件维修，培养高精深维修技术能力。同时，后台也为各个专业设备维护提供大型的监测、设备检测、计量等共享服务（表7.2.2）。

（3）集中管控线网运作，统筹与协调线网资源

随着线网不断延伸，线网管辖里程越来越长，故障处理和应急抢险的快速响应难度越来越高，因此，整体线网的联动和协调的统一指挥协调起着关键的作用。运营事业总部下设置了线网管控中心，对线网业务运作进行集中管控，统一指挥和协调，达到线网联动、协调运作的目标。线网管控中心不仅可以优化运营模式，协调生产运作及应急组织，确保线网运营的安全、可靠、有序；而且可以规划线

网运输，明确线网客运组织原则，统一服务标准，提供服务、票务、清分、信息化等管理及共享服务，为服务交付的顺利完成提供强大支持。

广州地铁采用"集中＋区域"的调度模式，强化线网与区域调度的联动。线网管控中心（COCC）主要对整体线路管控、协调资源配置发挥作用，并起着对各区域运营控制中心（OCC）分级进行管理的作用（表7.2.3）。各运营中心下设区域控制指挥中心，负责各运营中心内所辖线路的运营监控和指挥，包括对行车、电力、环控、维修、运营服务组织和信息收集等各环节进行集中调度指挥，并接受线网指挥中心的统一指挥。保证了运营一线发生的状况能最快反馈至最高决策部门，同时各种决策也能最快地传达到运营一线，实现运营指挥的准确、连贯、高效。

广州地铁前后台维修体系的分工与发展方向对比　　　　　　　　　　表7.2.2

	前台维护	后台维修
定位	在设备运行现场对设备进行的维护、保养	对搬离设备运行现场的设备零部件或整体进行全面的修复，同时兼顾大中修实施工作
目标	保证服务交付的快速响应、及时处置，确保在线设备的安全、可靠运行，满足乘客需求，培养综合化技能	整合维修资源，培育精细化维修能力，为城市轨道巨额资产增值保值提供技术支持，为前台提供大型抢险专业力量之源
主要职责	主要包括设备计划性及故障性维修（更换坏件为主，故障抢险的第一层响应）、保养工作	负责中大修，以及故障件的离线维修。统筹零件部件相关故障信息的分析、监测，推进科研技改，提供应急抢险的技术支持
人才培养	综合性维护人才	"高、精、尖"的专业维修人才

COCC 与 OCC 功能定位对比　　　　　　　　　　表7.2.3

功能	线网管控中心（COCC）	区域运营控制中心（OCC）
应急预案	牵头编制，组织实施	细化编制与实施
紧急突发事件	集权处置	分级负责
线网关系	协调各区域（线路）调度	协调本区域（线路）调度
地面交通系统关系	落实政府、公司交通决策，协调与地面公交系统的接驳	落实本区域（线路）地面公交系统的接驳
外联部门关系	代表总公司与政府相关部门协调，建立紧急突发事件联动机制	配合及实施
信息处理	代表总公司负责线网运作及应急信息的收集与对外发布	区域（线路）运作信息的收集与发布

7.2.2　运营运输模式

随着我国城市化进程的加快，城市轨道交通发展迅猛，新线路不断建设及投入运营，北京、上海、广州等特大城市轨道交通网络已初具规模，网络化特征日益凸显，未来将有更多的城市逐步迈入网络化运营。随着网络规模的日益扩大、网络化结构日益复杂，新线路、新技术、新设备密集投入使用，不同轨道交通线路制式和功能多元化，客流需求时空分布呈现多重性，多运营主体出现，不同运营主体或不同线路间运营协调要求提高等，都使得轨道运营管理的难度大大增加。而运输组织作为运营管理最重要的组成部分之一，其对城市轨道交通最大限度地满足客流需求并实现"安全、有序、高效、便捷"运营具有至关重要的作用。

1. 运营组织体系

轨道运营从单线运营到网络化运营，运营企业所面临的内外部环境发生重要的变化，运营业务量的剧增、组织规模的急速扩张，导致了初始的组织管理体系与发展要求不匹配的情况，为顺应城市轨道交通网络化运营大发展所带来的挑战要求，运营企业也在不断寻求适应企业发展的运营组织体系，由专业化管理的企业逐步向运营一体化管理转变。

2. 运输组织机制

（1）运营服务时间设置

根据《城市轨道交通运营管理规范》GB/T 30012—2013 要求，各线路全天运营服务时间不少于 15h；遇重大活动或节假日等特殊情况，根据实际客流情况延长运营服务时间。在首末班车时间设置方面，一是按照水平保持的原则，尽量保证已开通运营线路车站首末班车时间原则上不降低目前服务水平；二是按照预留检修的原则，预留正线没有运营列车占用的时间保证 4h 以上，保证正线线路施工检修需要；三是按照往外扩散的原则，末班车总体尽量满足市区向郊区乘客出行的需要；四是按照统筹协调的原则，以最大化地方便乘客出行和无法到达目的地的客流最小为目标，统筹协调设定尾班车。

（2）行车服务水平设置

一是运力安排需结合客流在空间、时间上的分布特点，实施精准运力投放，最大限度地与客流特征相匹配。在每月运力安排方面，要结合季节客流变化规律、大型活动、节假日客流需求，制订不同的阶段运行计划，满足乘客出行需求；在每周运力安排方面，要结合周一～周日客流变化特点，制订匹配线路周客流规律的周一、周五、一般工作日和周六日等运行计划；在每天不同时段运力安排方面，要结合每日不同峰期时段的客流特点，合理划分峰期，并考虑与所衔接线路的换乘匹配，尽量错开不同方向的列车在换乘站同时到达，缓解换乘压力较大。

二是运输能力设置应以满足乘客需求为目标，按高峰期尽力满足、非高峰期确保能满足客流疏导需求为原则。当最大运力无法满足运量需求时，原则上以设备的最大能力安排运力；当最大运力能满足运量需求时，保证服务水平的前提下按"以需定运"原则，高峰期小时满载率原则上控制100%以内，非高峰期列车满载率控制在70% ~ 85%之间。

三是峰期时段划分需充分结合乘务服务需求水平设置，原则上根据行车间隔设置不同的峰期时段。如对于最小行车间隔达到7min或以上的线路，全天可只设置平峰；对于最小行车间隔在7min以下的线路，根据实际需求可分别设置高、中、低峰。其中，高峰时段，各区间单向小时满载率宜控制在100%以下；当运力无法满足运量需求时，原则上以设备的最大能力安排运力。非高峰时段，各区间单向小时满载率宜控制在70% ~ 85%之间。

（3）运营交路模式选择

列车运行交路方式的选择要综合考虑线路长度、换乘站、客流数据、运营管理和折返能力等因素。结合线路客流断面空间分布特征和线路设备技术条件，采用相匹配的行车组织方式和行车交路，可以在更好地适应线路客流在各区段分布的不均衡情况下减少运能浪费。其中，运营交路模式主要包括单一交路、大小交路、Y形交路、环形交路等，行车组织方式包括均衡运输、不均衡运输、快慢车运输等。其中：

1）单一交路：指运营列车在两端终点站折返并循环运行，适用于线路长度相对较短、客流分布比较均匀的线路（图7.2.8）。

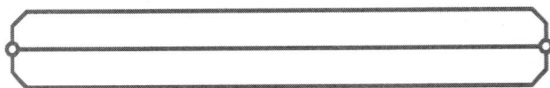

图7.2.8 单一交路

2）大小交路：指开行线路两端大交路的基础上，再增加部分列车在终点站或中途具备折返条件的车站折返的小交路，从而形成中间重合段相对密集的行车方式，适用于长度相对较长、客流高度集中在部分区段的线路（图7.2.9）。

图7.2.9 大小交路

3）衔接交路：指若干短交路的衔接组合，列车只在线路的某一区段内运行，在指定的中间站折返。与常规交路相比，采用衔接交路方案可提高断面客流较小

区段的列车满载率，但跨区段出行的乘客需要换乘，以及需要设置中间折返站
（图 7.2.10）。

图 7.2.10　衔接交路

4）嵌套交路：指两种交路的列车分别运营在线路的一个区段，且两交路有
一个交错区段。采用嵌套交路方案时，交错区段一般为市区，运行最大列车对数
（图 7.2.11）。

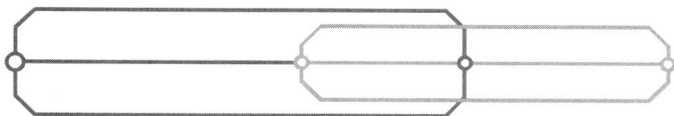

图 7.2.11　嵌套交路

5）丫形交路：指某条运营线路上的运营列车交路形成一个丫字形结构的行车
方式，适用于丫形线路，并根据该线路的组团交换情况、客流断面情况，合理设
置匹配的行车方式（图 7.2.12）。

图 7.2.12　丫形交路

6）环形交路：指列车沿着环形线路在运营时间内按一定方向不断循环地从
一个站点开往另一个站点，适用于环形线路（图 7.2.13）。

图 7.2.13　环形交路

7）快慢车运输：为了满足城市发展需要，在长大线路增设越行线，快车在越行线超越慢车，达到"大站快车"的效果，适用于市域快线，以提高旅客的通达性（图7.2.14）。

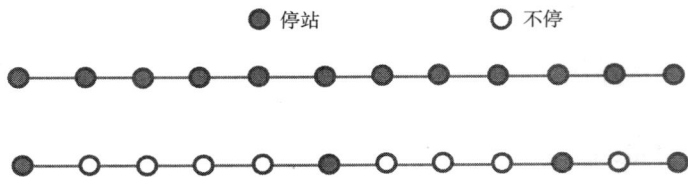

图7.2.14　快慢车运输组织方式

3.运输管理策略

面对超大线网的运输组织压力，运营企业需不断开拓创新，精准对接网络大客流需求，优化网络化运输组织模式，逐步从传统型的计划性运输组织向灵活的运输组织转变，实现运能的精准投放，以满足日益增长的客流需求，为广大市民提供更加方便的交通服务。主要运营组织策略如下：

（1）建立全时序多场景客流预测体系，助力科学运力配置

随着城市轨道交通的快速发展，轨道交通网络不断扩张，运营企业应以网络客流预测为突破口，以运能衔接匹配为着力点，以需求为导向，充分挖掘AFC刷卡大数据，建立了全时序多场景的网络客流预测体系与客流的动态疏导。同时，运营企业还需全面推广网络直播平台应用，由现场人员对大客流、突发事件动态进行直播，各层级管理人员可直观、快速地掌握现场情况。

（2）创新运输组织方式，实施运能精准投放

一是针对部分线路运力提升受限的情况，运营企业需综合考虑客流特点和线路设备条件等因素，创新行车组织方式，实施精准运力投放，将运能精准投放至高断面客流区段。如广州地铁3号线高峰期采取不均衡运输和大客流站点定点投放空车措施，同时开行同和—大石短线车和番禺广场—同和小交路，有效降低高峰期3号线运输拥挤状况；又如上海地铁为进一步提升虹桥枢纽铁路旅客的输送能力，10号线在工作日平峰、晚高峰及双休日全天增加虹桥火车站—江湾体育场站小交路。

二是结合线网客流变化规律，精准对接客流需求，科学合理调配运力。如暑运期间，北京、上海、广州、深圳等特大城市，由于旅游客流增加，线网日均客运量也有不同幅度增长，为满足客流增长需求，通常需要增加白天中峰运输能力，执行暑运专用时刻表；而哈尔滨、长春、沈阳等北方城市，受冬季寒冷天气等因

素影响，通常在冬季实行冬季运营时间。

三是在重大节假日及特殊活动期间适当延长服务时间，方便市民出行。如广州地铁，在每年春节（花市、除夕及春节）、五一、国庆、元旦、中秋法定节假日和重大活动期间，延长线网运营服务时间；上海地铁 1、2、7、8、9、10 号线逢周五、周六延长运营服务时间；此外，结合春运客流出行需求，北京、上海、广州等城市均适当延长与铁路交通枢纽等重要节点相衔接线路的运营服务时间。

（3）优化客运服务组织方式，确保乘客安全有序出行

一是利用客流仿真技术，细分线网客流联控制度，建立四个梯度、六个级别的大客流联控分配机制，并逐步强化控制力度，在大客流车站出入口、站厅、站台、换乘通道等关键地点增配人员值守，由内而外逐级进行客流控制，确保客运安全。

二是及时发布车站客控信息，引导乘客出行。在工作日常态化客流控制信息变更或增加、节假日需启动客流控制时，提前通过官方微博、微信、报纸、地铁电视和车站告示等多种渠道向广大市民公布，提醒乘客做好出行安排并错峰出行，及时发布客流拥堵信息，指引乘客在大客流期间避开拥堵区段或选择其他交通工具。

三是区域联控，协同做好客流控制。积极联系车站属地政府（公安、街道 / 居委）协助维持车站内部和外部秩序，建立客流控制联动机制，联防联控快速疏导乘客，减缓大客流对车站的冲击。

（4）强化行车关键岗位应急响应，提高运营服务可靠度

一是加大设备检修力度，做好车辆、信号、线路、供电等关键行车技术设备设施维修、保养工作，不断提升设备运行质量，确保各项设备设施安全可靠地投入运营服务；同时，加强技术人员高峰期现场驻点值班，及时响应和快速处理各类突发设备故障，减少对乘客服务的影响。

二是通过规范现场指挥部运作管理、深化现场指挥官培训、优化行车关键岗位应急处理程序、完善信息发布手段等措施，提升行车关键岗位应急处置技能。

三是加强对各类信号、车辆等关键行车设备故障影响的预判，及时启动相应预案，灵活采取载客越站、清客、抽线等行车调整手段，尽快恢复行车秩序，降低故障对乘客造成的影响。

（5）推进运输瓶颈改造和车辆增购，缓解高峰拥堵状况

一是提前进行设备设施改造，提升高峰运输能力。如广州地铁 3 号线通过拆除部分车厢行李架及短座椅，有效载客能力提升约 3.3%；北京地铁 1 号线通过信号系统升级改造，最小发车间隔将由 2min5s 缩短至 2min，运力提升 4.2%；上海地铁为提高服役期超过 20 年的地铁 1 号线信号系统的可靠性与稳定性，开展新、

旧信号系统升级改造，同时为有效提高1号线折返能力，对1号线莘庄站进行道岔了改造。

二是提前筹划，推进线网列车增购工作。依据客流预测及运输规划，针对运力提升的瓶颈点提前开展专题研究，从线网运输组织需求角度系统提出未来用车需求，提出线路列车增购计划，在增购车到货后及时调试，并结合客流需求提高车辆投放力度，快速提升运能。

7.2.3 运营票制模式

轨道交通票制模式是运营管理中应该首先确定的主要内容之一，合适的票制和合理的票价有利于吸引客流，增加票务收入，保障运营单位的可持续发展。本节将从轨道交通票制、定价机制、票价管理3个方面介绍运营票制模式。

1. 轨道交通票制

（1）单一票制

单一票制是指乘客单次出行只支付固定价格的票款，票价不随乘车距离不同而变化。单一票制的操作和管理简单，在较低的票价下能更好吸引客流，缓解城市拥堵。但其也有明显的局限性，如计费缺乏公平性、运营单位难以收支平衡、政府财政补贴压力大等。

（2）计程票制

计程票制是指票价随着乘车里程或区段的变化而变化，其票价形式最为公平和直接。计程票制的费率一般还会遵循递远递减的原则，能够将成本、乘距与票价结合，有利于调节客流和发挥中长距离客运功能，但其也存在收费多变、操作复杂的缺点。目前，我国大部分轨道交通采用计程票制。

（3）分区票制

分区票制是将轨道交通线网分成若干区域，在同一区域内出行只需支付该区票价，如跨区出行则需额外支付费用。分区票制操作管理较简单，有利于城市公交一体化建设，但不同计费区的划分和计费标准较难确定，因此该票制适用于线网规模趋于稳定，且有明显区域中心及功能分区的城市。

（4）分时票制

分时票制作为一种辅助票制，是在前三种票制基础上，将每天的运营时间划分为高峰期和非高峰期，设置不同弹性因子，制定高低峰票价。分时票制能够均衡客流，实现"削峰填谷"，促进轨道交通客流合理分布，缓解高峰期运输压力。

（5）优惠政策

除基础票制外，由政府或运营单位制定的票价优惠政策也影响实际的票价水平。如广州、深圳、东莞的地铁票制和计价规则相同，但由于广州的票价优惠无论是政策覆盖面还是优惠力度皆超过另外两个城市，因此广州的人公里票务收入也相对较低。

2. 轨道交通定价机制

轨道交通定价主要有 3 种方式：第一种是由政府制定福利性票价，如西方发达国家大都采用该定价方式；第二种是由运营单位根据成本情况制定经营性票价，如中国香港地铁；第三种是由政府主导，统筹考虑各方承受能力，制定准公益性票价。

国内轨道交通作为准公益产品，既不能完全交给市场定价，也不能由政府免费提供，需统筹平衡社会可承受能力、行业发展和政府财力，制定合理价格。因此，国内轨道交通定价机制属于准公益性定价，定价程序大致如图 7.2.15 所示。

图 7.2.15　票制定价程序

3. 轨道交通票价管理

轨道交通的准公益属性，决定了票价管理的目的是保障运营的可持续发展，而非盈利。运营单位应根据线网运营所处的发展阶段，兼顾长期战略和短期目标，灵活设定票制票价。

（1）轨道交通运营初始期

在运营初始期，处于客流培育阶段，轨道交通一般为单线运营，且开通线路多属于站点布置均衡的市区客流疏导型线路。可考虑采用单一票制或分段计价的计程票制，票务管理较简单，初期投资成本相对其他票制较低，且乘客易于理解接受，有利于吸引客流。以广州地铁为例，首条线路 1 号线 1997 年开通起，实行"按区间分段计价，每 3 站为 1 段，起价 2 元，每进入下一段加收 1 元"的分段计价政策。

（2）轨道交通运营发展期

在运营发展期，新线路陆续开通，初步形成线网结构，开始出现站点布置不均衡的城市规划引导型线路，轨道交通可达性提高，客流量也急剧增长。此时，单一票制和分段计价的计程票制已不能满足轨道交通可持续发展的需要。可考虑采用里程计价的计程票制，遵循递远递减原则制定计费规则，以吸引中长途客流，发挥轨道交通作为城市公共交通骨干的作用。以广州地铁为例，其基于 2010 年形成初步线网的规划，于 2006 年调整为"起步 4km 范围内 2 元；4 至 12km 范围内每递增 4km 加 1 元；12 至 24km 范围内每递增 6km 加 1 元；24km 以后，每递增 8km 加 1 元"的里程计价政策。

（3）轨道交通运营成熟期

在运营成熟期，线网规模趋于稳定，客流量处于顶峰，票价管理的重点由扩大增量向优化存量转变。此时，应基于客流时空分布情况和城市公共交通一体化建设需要，通过基础票制、计费规则、优惠政策、票卡票种的合理配置，实现轨道交通运营的可持续发展。以北京地铁为例，2015 年起在部分站点试行工作日 7：00（含）前持一卡通刷卡进站票价 7 折优惠措施，鼓励乘客错峰出行，缓解高峰拥挤状况。

7.3 运营创新技术

随着地铁网络化运营效益的日益深化，地铁运营管理工作的标准和难度也随之提高，为了提高地铁运营管理工作效率，适应网络化运营信息交互与运营服务可持续发展需求，科学合理地利用既有信息和资源，本节从互联互通融合技术建设、多元化支付技术应用、车站安检配置与模式探索及既有线更新改造规划管理成套技术等方面对新技术在城市轨道交通运营管理中的应用进行介绍，为轨道交通运营管理提供一些借鉴和参考。

7.3.1 互联互通技术

1. 发展历程

城市轨道交通专用无线通信系统主要为实现地铁内部固定工作人员与流动工作人员之间高效的短信息、话音及图像、视频通信，通过为不同用户分配不同通信组实现个体之间、组别间的无线通信，实现轨道交通线网的统一无线通信。传统的轨道交通专用无线集群通信系统主要采用 800M TETRA 无线通信制式，采用由摩托罗拉系统（中国）有限公司、空中客车防务与空间有限公司、海能达通信股份有限公司、东方通信股份有限公司提供的 800M TETRA 窄带无线集群通信系统。自 2017 年广州地铁 14 号线知识城支线正式开通首例采用 1.8G 4G-LTE 宽带无线通信技术搭建的专用无线系统，近年来，国内开始广泛采用 4G 无线宽带集群通信系统。

地铁车站日常运营管理中，车站管理人员通过无线系统便携手持台建立与车站控制室的实时无线通信。由于各线路建设时间不一，在换乘车站存在前后建设的两套或多套无线系统，出现管理人员进入非本无线系统的信号覆盖区域时手持便携设备无线信号丢失、无法注册入网及建立通信失败等现象。通过不同系统间的互联互通，可以实现不同线路间无线用户的语音通话功能，为换乘车站人员日常通信及线网统一通信提供解决方案。行业内线路间无线系统互联互通主要采用以下 3 种解决方案：

（1）同品牌无线系统间的互联互通

广州、深圳、上海、北京等规模较大的地铁线网内，均存在多线路采用同一品牌无线系统的建设现状，以广州地铁为例，3 号线、3 号线北延段、5 号线、6 号线首期、6 号线二期、APM 线及广佛线采用摩托罗拉系统（中国）有限公司提供的 800M TETRA 无线系统，1 号线、2 号线、4 号线、4 号线南延段、7 号线一期、8 号线、9 号线一期及 13 号线首期采用空中客车防务与空间有限公司提供的 800M TETRA 无线系统。同品牌无线系统的互联互通借助于全 IP 交换核心的网络结构，通过广域网接口设备等实现无线主站的交换机级别互通，实现不同线路无线系统的互通漫游功能，线路移动终端可以实现跨线路注册和漫游通话；各线路专属数字集群移动台可以在本专属域内进行无限制漫游呼叫。交换中心间的拓扑关系与互通方式示意如图 7.3.1 所示。

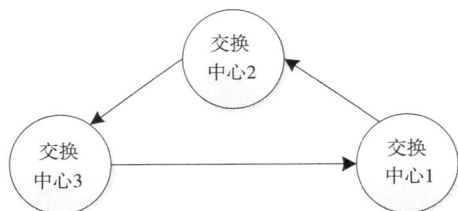

图 7.3.1　同品牌无线系统间的互联互通方式

（2）不同品牌 800M TETRA 无线系统间的互联互通

换乘线路分别配置不同品牌的 TETRA 无线系统，采用固定台 / 车载台背靠背语音派接方式实现不同系统间的互联互通。以广州地铁为例，广州地铁 3 号线配置摩托罗拉 TETRA 集群，2 号线配置空中客车 TETRA 集群，在 2 号线及 3 号线换乘的嘉禾望岗车站设置背靠背语音派接设备，该派接设备中的两台车载台分别接入两个数字集群域的无线信号，在系统内分别配置车载台及用于漫游的手持台数据信息后，即可实现两个域间手持台的语音漫游通话，配置漫游信息的手持台可以在本手持台归属系统的无线信号覆盖范围内进行全线网移动台的语音呼叫。在应急调度时，可以在线网指挥中心通过设置好漫游功能的手持台实现全线网的语音信息发布和调度。系统设备配置示意如图 7.3.2 所示。

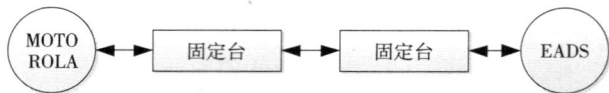

图 7.3.2　不同品牌 800M TETRA 无线系统间的互联互通方式

（3）800M TETRA 无线系统与 4G-LTE 无线系统间的互联互通

为适配不同 TETRA 系统提供的对接接口和对接方式，LTE 系统和 TETRA 系统对接采用 LTE 集群网关与 TETRA 固定台 / 车载台设备对接的方式。以广州地铁为例，广州地铁 3 号线配置摩托罗拉 TETRA 集群，2 号线配置空中客车 TETRA 集群，14 号线一期配置鼎桥通信 LTE 集群，在三线换乘的嘉禾望岗车站设置接入 LTE 系统集群网关及分别接入 2、3 号线 TETRA 系统的车载台设备。LTE 系统使用 eMDC 作为接口设备，通过以太网与集群网关设备相连，通过标准 SIP/RTP 协议和集群网关设备对接，同时集群网关使用 4 线音频接口与 TETRA 系统车载台对接，从而建立 3 个不同无线系统间的语音互通通道，实现不同无线系统用户间的语音通话功能。其对接互通方式示意如图 7.3.3 所示。

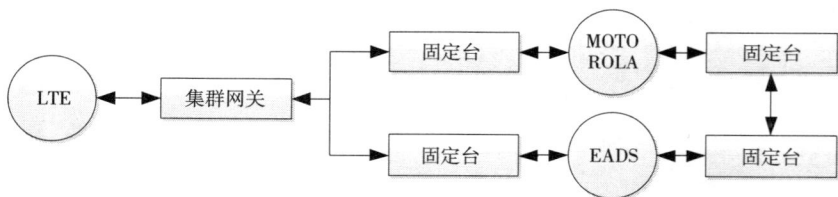

图 7.3.3　800M TETRA 无线系统与 4G-LTE 无线系统间的互联互通方式

广州地铁 2011 年实现了线网内使用摩托罗拉 TETRA 集群的广佛线、5 号线、三北线、APM 线专用通信无线系统间的漫游互通，以及线网内使用空中客车 TETRA 集群的 2 号线、4 号线、8 号线专用通信无线系统间的漫游互通。2012 年，实现了使用摩托罗拉 TETRA 集群线路与使用 EADS 数字集群线路的 2 号线、8 号线、4 号线间的无线系统互联互通，4 号线南延段、6 号线首期及二期、7 号线一期、9 号线一期、13 号线首期在线路开通时同步实现同品牌无线系统的跨线路互通漫游功能，以及不同品牌无线系统的跨线路语音互通功能。2018 年 12 月实现 14 号线一期、知识城支线及 21 号线 1.8G LTE 无线系统与摩托罗拉及空中客车 800M TETRA 无线系统的互通功能，实现全线网的无线系统互联互通。

2. 应用前景

（1）提高线网内移动用户的协作效率

通过系统间的互联互通，可以实现同品牌无线系统设备的跨线路注册及入网、通信等功能，实现跨系统的语音通话功能。线网移动用户在跨线路作业时可以充分利用系统互通的便利，简便高效建立通话，同时加强多线路工作人员间的协作能力，提高整体工作效率。

（2）提升线网整体调度能力

线网互联互通为线网上层统一无线调度架构的建立提供技术基础，通过统一的调度通信实现对全线网所有线路的一致调度，在应急处理等场景中迅速建立线网调度通信组，为资源调配、人员调度等提供高度协同的信息发布手段，提升整体调度能力。

（3）进一步促进互联互通技术发展

既有无线系统间的互联互通可以实现线网内无线终端间的通话功能，但不同无线系统的短数据、图像、视频等其他数据和信息交互仍未能实现。通过在轨道交通运营中扩大互联互通成果的应用，深化互联互通需求，从用户层面推动技术的进一步发展。结合 1.8G 4G-LTE 宽带无线通信系统的逐步推广，以及 B-TrunC（宽带集群通信）标准、《城市轨道交通车地综合通信系统（LTE-M）规范》等对于无线系统互联互通的要求，进一步强化无线系统间的互联互通，实现不同系统核心网级别的互联互通，从而实现系统间各类数据的交换处理，实现城市轨道交通无线网络的整体融合通信。

7.3.2　智能支付技术

1. 发展历程

（1）智能支付最初是在地铁实现二维码购取票功能应用，广州地铁与深圳地铁先后推出该功能。

2015 年 12 月，广州地铁集团公司召开了 NFC 手机支付工作汇报会并做出指示，新的购票及过闸方式可降低运营成本，并将全面提升广州地铁乘客服务水平，意义重大。2015 年 12 月 22 日，云购票机在广州火车站、广州南站上线试点运行，实现了互联网购票，快捷搭乘地铁。

2015 年 12 月 28 日，广佛线开通，广佛线后通段各站、机场南站同步增加运购票机试点运行；2016 年 1 月 5 日，1、2、8 号线重点车站共增加 9 台云购票机试点运行；2016 年 2 月 4 日，全线网各线路云购票机也完成安装调试，上线试点运行的云购票机总数达到 42 台。

（2）为了进一步方便乘客，扩大智能支付应用范围，广州地铁引入移动快捷支付过闸功能。

2016年2月4日，9台云闸机在APM线各站上线试用。同时，广州地铁微服务APP增加购票功能，广州地铁云平台同步上线试用。

2016年6月，云购票机售票金额突破100万元，售票量突破20万张；8月18日，APM线成为国内首条实现银联"云闪付"付费过闸的地铁线路；11月，全线网超过50个站部署云购票机，售票金额突破300万元，售票量突破70万张；12月底，全线网将实现银联"云闪付"付费过闸，且每个站将至少部署2台云购票机，实现手机购票"零距离"。

经过广州地铁、中国银联、苹果公司为期近半年的多轮联合测试，Apple Pay过闸功能于2017年9月顺利上线。

（3）二维码过闸技术逐步完善，各城市地铁开展系统改造，推动上线。

2018年5月8日，深圳地铁乘车码正式接入使用。

2018年12月，广州地铁实现全线网二维码过闸功能，并建立上线多元化支付后台系统。

目前，北京、上海、武汉、成都、无锡、南京、郑州等多个城市的轨道交通均采用了智能支付技术。

2. 应用前景

（1）为乘客提供多种支付方式

多元化支付技术应用后，乘客除使用常规的现金（纸币、硬币）购票，还能利用互联网第三方支付及银行卡等方式进行购票，解决了乘客可能因为忘带现金或者零钱不足导致不能购票的情况，为乘客提供个性化和方便的购票体验。

（2）缩短购票轮候时间，提高运营效率

多元化支付技术的应用，乘客可提前通过多种渠道（地铁官方APP、微信服务号、支付宝城市服务等）预购车票，到达车站后只需轻松扫码即可完成购票流程，较传统的"点选站点—支付现金—找零—取票"购票流程大大节约了轮候时间和购票时间，车站的客流组织也更加顺畅。

（3）促进社会流通现金结构调整

随着交易金额的不断提高，硬币与纸币的流通也随之减少，广州地铁为无现金化时代做出重大的贡献。减少现金流通过程中人力、物力和能源消耗。

（4）AFC系统进入云时代，提升数据价值

由于多元化支付体系有一套完整的用户管理方案，可进行数据的收集、跟踪、分析等，结合地铁以及其他交通方式采集的海量数据进行深度挖掘，指导建设和

运营，也可引导周边商圈的发展。

（5）推动智慧地铁发展，促进社会效益

多元化支付体系的建立，代表地铁也步入移动互联时代，智慧地铁目标指日可待。目前，广州地铁多元化支付上线以来，使用量逐步攀升，这是乘客的认可，也是需求的体现。整体来说，该成果可带来轨道交通 AFC 行业的又一次飞跃，真正实现了方便、准点、快捷的地铁出行。

7.3.3　智慧运维技术

1. 智慧运维必要性

城市轨道交通在带给城市诸多效益的同时，围绕着建设安全可靠、高效集约、网络化的城市轨道交通可持续发展战略目标，也使得城市轨道交通的建设与运营部门面临着巨大挑战，尤其对于网络化条件下不断演化发展的城市轨道交通关键设备的系统维护与全寿命周期管理问题。如何在保障轨道交通系统安全可靠运营的基础上最大限度降低维修成本，满足环境可持续发展战略要求的同时提升城市轨道交通设备智能化管理水平，越来越成为同行广泛关注和研究的热点。

随着城市轨道交通线路的不断增多，设备设施数量剧增，设备维护管理信息化重要性愈发突显，目前多家轨道交通企业虽然已经建立了一些设备管理信息系统，但是各个系统的业务不够完善和相对孤立，信息数据源利用率不高，城市轨道交通信息系统涵盖业务系统众多，如列车运行全程监控、客流监控、集中告警、轨道供电等，由于多系统、多厂商设备、多业务系统等原因，城市轨道信息系统的运维管理环境趋向复杂多变，因此需构建一套完整、适合城市轨道交通关键设备管理要求的智能运维管理系统，既要立足于生产现场的资产与备件管理、设备巡检、故障处理及状态监测管理等基本要求，又能提升设备网络层动态数据更新、维修和故障管理水平，实现规范化的动态数据需求和决策分析管理。

鉴于此，智能运维管理系统是建立在设备使用现场的以预测性维修模式为主的一体化平台，在大数据中心支持下，实时监控关键设备的运行状态，执行故障预测与设备劣化趋势判断，实现关键设备在线实时故障诊断，自动生成维修工单，进而触发关联的物料、备件、资产等管理系统。从而实现故障早期预警和分级报警，指导关键设备现场维修作业，进而实现物料、备件和设备资产的智能化管理。

2. 试点应用现状

近几年，全国各地城市轨道交通企业开展智慧运维技术应用研究。如引进推广 CBTC（基于无线通信的列车控制技术）、全自动驾驶技术等，对车辆等关键设备实施在线监测和移动巡检，全面提高列车安全运行、设施设备维修的质量和效率。同时，国内各城市轨道交通也陆续开展相关系统平台研究，内容如下：

（1）北京地铁建设地铁检修智慧云管控平台，通过规范检修业务体系，同时引入大数据、云计算、物联网、人工智能等技术手段，迭代出灵活的系统应用功能，实现精准生产、降低成本、全流程可视化。

（2）上海地铁研发设备智能运维系统平台，提出现代化运维模式转变后，正加大运用信息化智能化技术提升服务质量、提高运输效率、保障系统安全可靠的探索实践。

（3）深圳地铁正在推广故障远程诊断和排除等智能维护维修模式，提升科技保安全能力，从而有效防控城市庞大地铁系统的安全隐患。

（4）无锡地铁对关键设备的运行情况、运行环境、运行数据等进行综合研究，打造以"监控平台、系统联动平台、状态修平台"为核心的"全生命周期"智能运维平台，提升生产效率，降低运营成本。

（5）广州地铁探索应用各类智能监控系统和检测技术、实现实时监测、诊断、预测的系统功能，进而满足故障诊断、寿命预测、数据决策的业务需求，以相关专业试点深入研究，构建理论至实践的验证方式，强化故障防御机制，倡导设备"健康管理"理念。

下面重点介绍广州地铁率先在以下几个专业方面的智慧运维应用的经验分享：

（1）在信号道岔方面，开发"道岔健康监测管理系统"，搭建线网层面的道岔健康管理数据分析中心，实现道岔继电器组合电路、转辙机故障的智能判断及道岔健康度评分，实现道岔各部件故障诊断及维修指导，提高对故障的处置能力及道岔维修管理水平。

（2）在车辆车门方面，研发"城轨车门系统智能诊断及运维平台"，实现车门系统的故障诊断和亚健康状态预警功能，选取 5 号线和三北线列车智能检测设备并开展状态修试行，有效提高车门系统的运行可靠性，分别节约车门维修工时约 34% 和 45%，通过车门实时数据收集、分析，掌握车门运行实时状态，提高车门可靠性，降低车门运行对正线的影响，为实现车门系统可靠性维修做了很好的技术筹备。

（3）广州地铁积累了大量的历史运营数据，再加上各种监测设备产生的实时数据，形成了一个海量数据库。为充分挖掘数据的价值，提高设备可靠性和运维效率，研制了城市轨道运维一体化系统，开展城市轨道设备设施全寿命周期可靠性分析研究与实践创新。对运营数据进行标准化管理，利用四象限风险矩阵理论选择关键设备与关键子系统，利用可靠性算法评估和预测设备的可靠性水平，最后将分析结果导入运维保障，生成差异化维保策略和精准化状态修建议，同时为优化资源配置提供参考。目前，这套系统已在广州地铁 2、8 号线广泛使用，接入了车门、走行部在线监测预警信息和"隐患数据采集、挖掘分析及评估预警系统"输出的隐患挖掘信息，进而提升线网策略维修、应急响应和指挥能力。同时，广州地铁下一阶段的智慧地铁项目将在 18、22 号线的国家试验列车上增加更多监测功能，如车门智能监测、空调智能监测等，同时增加轨旁智能监测设备，实现列车智能化运维。

3. 未来应用前景

中国城市的发展带动了轨道交通的迅猛发展，政府对其规划和审批的范围与速度也在逐步加大、加快。城市轨道交通在互联互通、无人驾驶、网络化运营、一体化管理和多制式发展方面显现出明确的需求和快速的推进，由此带来的对大数据、云计算、数据安全、自动化运维、业务融合的技术需求和服务需求也与日俱增，同时为城市轨道交通设备系统智慧运维系统提供技术支持。目前，以轨道交通为代表的公共交通技术，正在从以不断提升硬件制造技术来提升核心能力的阶段，向以优先发展服务于乘客出行体验的运营管理技术为核心发展方向的新阶段发展。为此，未来应更加坚定地采用先进的传感技术和面向互联网、物联网的 IT 技术与轨道交通、公共交通深度融合，为轨道交通大数据的采集提供精确保障，同时对这些行业数据进行多层次的分析和挖掘，以支撑企业管理决策，满足城市轨道交通运营企业高效运作。

未来智慧运维规划，应融合运营需求及痛点导向，围绕系统全寿命周期维护特性，针对设备巡视、检修、维护自动化、一体化、智能化、网络化的运转需求，充分利用物联网、移动互联网等先进技术，实现契合乘客出行需要的设备设施在线信息采集，形成设备实时感知、在线监测、故障预警、状态甄别、策略指导为一体的运维新模式，开创适配超大线网的运维新局面。

需要从以下 4 类共性需求开展研究、探索：

（1）设备设施在线监测及预警

通过在线监测系统对设备对象变量实时、连续采集检测，以设置基准参考系为阈值对比标准，具备即时检测、报警功能，减少人工巡检频率，节约人力成本。

（2）业务运转可视化报表

针对业务运转过程产生的数据信息，以集成化、规范化的方式自动生成各类报表，并以图形可视化的方式呈现于业务人员，为业务人员的生产运作及调控决策提出指标性的参考依据。

（3）全寿命周期运维管理

针对设备运维阶段产生的部件检测、维修、更换等过程性数据统筹记录，形成设备元件级全寿命周期履历信息库，并直观反映运维阶段对设备维护的人力投放及物件消耗程度。

（4）大数据应用分析决策指引

结合在线监测、离线试验等运维数据，通过大数据处理、挖掘技术进行状态评估及诊断分析，基于业务现状提供合理、科学的决策指引。

未来应注重智能运维系统顶层设计。智慧运维发展方向是由运营需求引领的，对需求有不同层次的理解，从微观层面看，是针对个体／单体设备或系统的需求，终端层次则是各种系统之间的匹配性需求。轨道交通的终端层次是各系统之间的协调性需求，为达到各系统的协调统一，则须做好顶层的设计。在顶层系统设计上，思考如何让各个系统协调发展，从而达到以最小的成本来实现轨道交通的安全、准点、舒适的运行需求。

未来智慧化运维应实现简单演绎复杂，用简单的行为来演绎复杂的功能，从而达到与环境相适应，实现更高的智能。对于轨道交通而言，可以通过各种新技术、人工智能来保障轨道交通设备系统安全可靠运行，并简化运维管理模式，提高运营服务质量，从而让人民的生活更美好。城市轨道交通的智慧化未来走向，亟需各城市轨道交通建设与运营企业、设计单位、设备供应商一起为提升全行业智能化水平出谋划策，共同推动中国城市轨道交通健康快速发展。

7.3.4 车站安检技术

1. 安检发展历程

地铁车站实施安检最早始于2008年北京奥运期间，为确保平安奥运，本着"大事不出、小事减少、严格管理、秩序良好"的要求，2008年6月29日，北京市政府发布公告正式明确地铁实施安全检查，按照"阻截大件，抽查小件；人机结合，警犬配合"的模式，完成了安检点建设、安检员配置，落实了"一点一警"的警力部署，在公安机关的组织指挥下在地铁全路网开始实施安检。

2009年6月26日，北京市政府对《北京市城市轨道交通安全运营管理办法》（市政府213号令）进行修订，其中第三十二至三十四条规定了"对进入城市轨道交通车站人员的携带物品可以实施必要的安全检查措施"，以此明确了轨道交通安全检查进入常态化。

2013年，北京市政府有关部门决定"地铁安检向机场安检模式靠拢"，地铁公司在天安门东等6座政治中心区车站，实施"人、物同检"试点。同时，按照政府有关部门的要求在2014年底以后开通的新线路与运营同步实施"人、物同检"。

2016 年 1 月 1 日起,《中华人民共和国反恐怖主义法》正式实施,明确要求城市轨道营运单位应当依照规定配备安保人员和相应设备、设施,加强安全检查和保卫工作。

2. 行业实施状况

（1）国内城市安检模式

目前,北京、上海、深圳等国内城市地铁安检均采用 X 光机安检模式,并配备炸药探测器、金属探测仪、液体探测仪等设备,委托专业安检公司开展安检。相关费用由市财政承担。

北京地铁:实施 X 光机安检始于 2008 年奥运会,执行安检较严。除配置上述设备外,还参照机场安检模式,在部分车站配置安检门,对乘客进行安检。部分安检点设置在站外,乘客需经过安检后才能进入地下空间。目前,北京正委托设计单位编制站外"人、物同检"方案。

上海地铁:实施 X 光机安检始于 2010 年世博会,安检模式与北京地铁类似。承担安检的公司为上海市公安局下属的保安公司,安检业务由保安公司负责日常管理,公安部门监督指导。

深圳地铁:实施 X 光机安检始于 2011 年大运会,除配置上述设备外,每个安检点均配置了防爆罐、可视电动杆式机械手,设备配置类别较齐全。据了解,正在着手实施"人、物同检"。

（2）广州地铁安检模式

广州地铁日均客流强度位居全国首位,面临着前所未有的安保压力。特别是随着《中华人民共和国反恐怖主义法》的颁布,广州地铁在安保方面的短板凸现。

为加快推进广州地铁车站尽快开展安检工作,广州地铁充分调研了兄弟城市安检工作组织管理经验和存在的问题,掌握了市民和社会各界对地铁安检工作的认知和需求,充分预测安检升级风险,有针对性地制定安检升级工作方案。

2017 年 10 月 15 日起,广州地铁分三个阶段实施地铁安检升级工作,顺利完成了广州市内 177 座车站的安检升级任务。截至 2019 年 1 月 31 日,广州地铁14 条线路共 242 个车站,740 个出入口实施安检升级,配置 X 光安检机 699 台、安检门 763 个、防爆球 554 个,配备安检员 9700 名。

3. 安检配置及模式

（1）国内车站安检配置及模式

目前,国内各地城市安检配置及模式如下:

上海地铁:安检工作主要采用 X 光机、液体探测仪、金属探测仪进行检查,实施乘客"进站安检";安检原则为:"大包必检,小包抽检、逢疑必检";重点站每个安检点每班配置 3 名安检员，一般站配置 2 人。

杭州地铁：安检工作主要采用 X 光机、液体探测仪、金属探测仪进行检查，实施乘客"进站安检"，按"逢包必检、逢液必检、逢疑必检"的要求开展安检工作，安检点的人员按高 4 平 3 要求上岗。

成都地铁：安检工作主要采用 X 光机、液体探测仪、炸弹检测仪以及金属探测仪进行检查，实施乘客"进站安检"，按"大包必检，小包抽检、逢疑必检"的要求开展安检工作，安检点的人员按高 4 平 3 要求上岗。

广州地铁：全线网配置 X 光机、安检门、炸药探测仪、液体探测仪、金属探测仪、防爆球、防爆毯等设备，具有全面性；在全国轨道交通行业率先配置了双源双视角的 X 光机和安检门，提高了危险品的识别率。在 30 个重点车站安检点，设置两套或多套安检设备，提高通行效率；在线网 10 个交通枢纽车站，设置大型 X 光机，方便大件行李通行。

（2）安检模式创新举措

以广州地铁为例，介绍安检模式举措：

1）"人员 + 设备"租赁安检模式：综合考虑安检政策变化多、安检技术更新快、设备折旧率高等多方面的问题，为确保安检实施能够不断适应政策变化及技术更新迭代，在同行业没有委外租赁安检设备先例的情况下，广州地铁首创"人员 + 设备"一同租赁委外安检模式。

2）"3+3"安检模式：以"安检为人民，少扰民"为目标，广州地铁创造性地提出并实施"3+3"安检模式，实行"一机一门""一机多门""机检 + 人检"三种安检模式。

针对特殊群体、早晚高峰和突发大客流三种特殊情况，采取特殊安检措施：对孕妇、1.2m 以下学生及行动不便等特殊群体，采取"人检"模式优先安检；针对早晚高峰个别大客流站点、突发大客流等特殊情况，按照排队时长 10min 为临界点，适时采取"机检 + 人检"快速疏导乘客，有效避免了因安检效率导致的乘客长时间排队情况的发生，实现了安全与效率的平衡。

3）以客流为导向，精准实施安检：通过对线网各站早晚高峰客流进行分析，将线网各站按进站客流大小分为三个等级，根据实际客流分析，科学化制定针对性实施方案，实现分级管理。

按进站客流大小将全天运营时间划分为高峰期、平峰期和低峰期三个时段，分时段和车站精准配置安检员。既满足了不同车站和不同时段对安检的不同需求，也节约了人力成本（表 7.3.1）。

车站分配与安检员配置　　　　　　　　　　表 7.3.1

车站等级	客流分析	安检人员配置
一等站	日均进站客流 5万人次以上	高6平5低4
二等站	日均进站客流 2～5万人次	高5平4低3
三等站	日均进站客流 2万人次以下	高4平3低2

4.智慧安检建设

全面实施安检后，存在部分车站客流强度大，安检员长时间判图易疲劳，效率降低，各个车站的客流不均衡，安检利用率低，以及反恐形势严峻，乘客身份复杂且普遍随身携带物品，部分乘客携带物品涉及个人隐私和生活习惯存在差异化，配合安检意愿不强，容易引发社会矛盾等问题。

依托《城市轨道交通公共安全防范系统工程技术规范》GB 51151—2016 和《国务院办公厅关于保障城市轨道交通安全运行的意见》(国办发〔2018〕13 号文)等政策的支持，部分城市均开展"智慧安检"的研究。

（1）国内城市智慧安检研究

北京地铁：北京地铁在线网9座车站布置了21套智慧安监系统（双源双视角 X 光机 + 安检门 + 智能视图）；在天安门东、龙泽、三元桥三座车站试点了智能核人，对乘客分级管理，依据人脸识别、情绪识别、乘客实名认证、金属探测等手段，智能识别乘客安全等级，设置红色、黄色、绿色区分，对乘客实施有差别的安检；在新开通的燕房线，由于客流较少，线路管理独立，实施了线路后台集成管理系统。

上海地铁：上海申通地铁有28个车站，共55个安检点配置了太赫兹安检系统，配套上琛安防科技有限公司的双源双视角 X 光机，带智能判图功能。

广州地铁：为探索解决安检中存在的痛点，2018 年 10 月，广州地铁与 4 家单位合作，选取了 5 座车站试用了太赫兹安检通道、实名认证安检通道以及集中判图等智慧安检设备。

1）集中判图系统

该套系统采用了先进的图像实时传输技术，并具有人工智能辅助判图的功能，改变目前单纯依赖安检员肉眼判别图像的现状，有效提升安检员的判图效率和危险物品识别的准确率。

2）太赫兹安检通道

太赫兹新型安检通道利用太赫兹光波和先进的成像技术，实现对乘客随身携带的金属、陶瓷、粉末、液体、胶体等物品进行检测，本身不存在电离或电磁辐射。区别于现有的安检通道，太赫兹新型安检通道不仅可探测乘客随身携带的金属物质，还补充了对非金属物质的探测，能进一步提高对地铁安全运营的把控。

3）实名认证安检通道

实名认证安检通道通过人脸识别功能实现乘客通行实名认证，可进一步提高危险因素排查的准确率，增强乘客出行安全的保障力度。

（2）智慧安检试用情况

1）集中判图

初步实现了系统设计的功能，通过对设备的改造，基本上满足判图员远程判图、开包台响应操作的工作流程和时效要求。该系统设想、构建、测试证明，可以明显起到减少判图人员、提高人员利用率的效果。

2）太赫兹安检通道

相对于金属探测门，对随身物品识别具有明显的优势，对乘客随身携带的物品一览无余，有效地提高了对乘客随身携带违禁品的震慑作用。但同时也存在只能判断乘客随身是否携带物品，对手机、皮带扣、钱包等均提示"可疑危险物品"，无法做到对危险品的精准识别，且存在价格高昂、体积庞大等缺点。

3）实名认证安检通道

现阶段受到政策的限制，"实名认证，快速通行"未得到有效认可，当前试用的技术方案对乘客、安检人员、社会大众暂未能有效体现出价值。

后续将综合考虑外部政策、客运需求和各站点运营场景，从实名认证、区域性集中判图、不同运营时段等多个维度，系统整合各设备厂家的先进技术，继续推进智慧安检建设。

7.3.5 更新改造管理

1.更新改造目的

城市轨道交通快速发展是解决城市交通问题的有效途径，近年来城市轨道交通得到了快速发展，随着线网规模不断扩大，线路运营年限不断增加，城市轨道交通固定资产更新改造问题愈发凸显。首先，更新改造资金的快速增长给政府带来巨大的财政压力；其次，线网规模的不断扩大给固定资产状态维护增加了困难，安全运营形势越来越严峻。轨道交通固定资产更新改造对于轨道交通行业的可持续发展具有重要意义。

设备更新改造目的是对设备设施进行整体资产更新、完善或增加配套，以提高线路运行的安全性、可靠性、经济性和满足智能化环保的要求。根据既有线路运营需要及设备损耗规律，有计划、按周期性地对损耗部分进行更新和改造，从而恢复和提高设备可靠度，维持设备运行状态，延长设备使用寿命，保证达到相应的服务要求和标准，提供持续、稳定、安全和优质的运营服务。

2. 管理方法与举措

（1）更新改造决策流程机制

中国城市轨道交通发展至今，国内城市轨道交通运营单位，如北京、上海、广州、南京等城市地铁，已陆续开展更新改造规划。以广州地铁为例，遵循公司战略可持续发展要求，从业务前段进行规划，到后期对更新改造项目立项、项目执行到项目的执行监控等全流程进行把控，加强项目的评价和项目效益的后跟踪，确保资金的投入效率与效益，使得资产使用效率最大化的同时达到成本管控要求，同时保证资产的安全、可靠。结合企业运营管理战略规划对既有线路的更新改造规划进行预测，以期能够把控资产更新改造的投入、资金使用的效益，保证线网设备的安全、可靠运行。

国内城市轨道交通运营单位，主要以各专业设备更新改造年限、设备技术评估的实际情况、行车及运营服务要求为启动标准，根据各专业不同的系统运行特性及可靠性要求，匹配公司战略规划要求，制订更新改造规划，确定更新周期和更新内容。具体项目的选择、实施及优先排序将结合设备技术状态分析及经济效益评审开展。更新项目的实施过程中，城市轨道交通运营单位将进行项目的监控、对标并进行项目的后评估，以期保障项目的最佳效益。

（2）更新改造评价体系

研究合适的更新改造评价体系是很有必要的，在事前对更新改造项目效益进行全面客观的评价，提高项目科学决策水平，保证改造项目发挥良好效益，促进其可持续发展。目前，国内城市轨道交通未有成熟的更新改造评价机制，北京地铁、上海地铁、广州地铁陆续开展相关研究，如尝试对既有线更新改造项目效益分析方法进行系统研究和探索，提出适合我国国情的更新改造项目效益综合评价指标体系和理论方法，构建更加系统和完备的审核方法作为科学决策的工具。考虑到项目评价的可触摸性，按方案涉及的影响因素及其之间的层次关系，构建相应的评价指标。

（3）更新改造技术条件判断方法

针对城市轨道交通固定资产更新改造管理现状，北京地铁、广州地铁等陆续研究以实际使用寿命和可靠性指标为判定标准的健康状态作为城市轨道交通固定资产更新改造技术条件，分别建立相应的评估模型，解决现有技术条件存在的主要问题，使新的技术条件更加科学合理，更便于城市轨道交通固定资产更新改造管理的实际操作。

3. 改造难点及应对措施

不停运下的既有线更新改造工程对运营产生的影响，其应对措施是否得当，关系到设备更新改造工程能否顺利进行。截至 2018 年底，北京地铁完成了 1、2 号线既有线整体更新改造，广州地铁正在实施 1 号线信号系统更新改造工作。下面将以北京地铁 1、2 号线改造工程为例，介绍既有线改造难点及应对措施。

（1）既有线改造难点

北京地铁 1、2 号线改造工程是世界地铁史上规模最大、复杂程度最高的改造项目，涉及 32 座车站、41km 地下线路与两座车辆段和所有设备系统并新增 AFC 系统。北京地铁改造工程面临很多技术难点：缺乏设计规范及标准，设计方案应符合不停运下多系统同期进行的条件，新旧系统接驳过程中维持系统既有水平，现场情况复杂，制约因素众多等。

一般情况下，施工安排在停运后，有效时间仅为 3h，作业时间非常紧张，且多专业同时进行。因各种复杂原因，对第二天的运营可能造成影响，如运能降低、停运、火灾、伤亡等。

对运营的影响因素总体上划分为两类：显性因素和隐性因素，其中可细分为 4 种类型：必然产生的影响、短时间内丧失功能的影响、可能产生的影响、工程实施产生的影响。

1）必然产生的影响

因某些设备、设施存在唯一性，且涉及维持运能、行车安全，在改造期间，对运营必然产生影响，如道岔和信号系统。

2）短时间内丧失功能的影响

因某些设备、设施存在唯一性，且涉及服务水平、消防安全以及环境需求等，在改造期间，短时间内相关设备系统、设施将丧失功能。如机电系统、车站出入口改造等。

3）可能产生的影响

在改造期间，既有系统可靠性和稳定性下降或新旧系统交替使用时，对运营可能产生影响。如配电变压器更换、列车调试和直流牵引供电系统整体改造等。

4）工程实施产生的影响

大规模的改造工程，工种多，施工人员多，施工面大。在现场施工的需要或者施工组织出现纰漏情况下，可能会造成服务水平下降、运能降低甚至停运，如设备超越限界、区间遗留杂物、施工围挡及意外火灾等。

（2）既有线改造应对措施

更新改造工程应将对运营的影响程度降到最低限度，应从设计方案、工程筹划、协调管理以及应急预案等方面统一筹划，保障每个环节到位和紧密衔接。

1）完善设计方案和工程筹划

根据设计方案和工程筹划甘特图，研究多专业同期、同地施工时构成对列车运行、车站运营影响最大、最突出的薄弱环节，进行全面综合分析，并采取相应措施。制定设计方案时，不能机械地采用新建线路做法，应遵循因地制宜原则，做到方向明确，追求改造整体的协调性，避免因单系统的最佳方案而导致其他配套系统无法实施的现象。工程筹划的编制原则：工期服从于安全、进度服从于质量；接驳方案应安全可靠、并具有可实施性，对各方面的影响降至最低；与消防安全、行车安全密切的改造内容优先实施；从改造时间、地点和技术衔接三方面，合理协调各专业进度计划安排。

2）制定应急预案、事故预案

应急预案、事故预案是对不停运下的既有线改造设计方案的补充，针对的是接驳方案失败、既有系统故障、突发事件以及临时措施等。如施工时，需改变设备一次系统运行方式，可能影响安全运营，应做好应急方案及事故预案，施工单位制定相应事故处理措施。如对部分设备停电施工，特别是临近带电的设备必须有相应的安全措施，确保无误后方可施工，并设专人进行监护。必要时，采取临时封站、部分出入口封闭、地面疏导等管理措施，以保证乘客的安全和施工进度。既有线改造工程中难度最大的系统是供电和信号。供电系统对运能保证、消防安全以及运营安全都有直接影响。信号系统改造期间对行车安全、运能保证有很大影响。

3）建立管理机构与协调机制

建立专门管理机构，提高协调机制的高效性，改造工程的全过程应做到责任到人。建立高效的内外协调机制，为设计、施工创造有利条件。设计边界条件包括供电系统增容、外线引入、市政管线改移、消防方案审查、交通导改等，在工程实施前期应得到落实。如边界条件不稳定，则影响设计方案的可行性，会增大改造期间对运营的影响程度或发生概率，造成严重返工或无法实现改造预定目标。

4. 思考与建议

目前，国内北京地铁、上海地铁、广州地铁部分早期线路已超过 18 年。随着时间的推移，设备将逐渐临近报废期，运营也有了新需求，一些地铁将进入改造周期。基于既有线改造工程，尤其大规模改造工程的复杂性，均面临着风险性控制问题，建议未来围绕以下方面进行研究：

（1）建立改造工程评价体系，编制改造工程行业技术导则，此项工作具有很大的实际意义，可填补国内空白。

（2）重点研究既有线改造的目标、规模、实施模式、时机、周期、投资等关键技术，研究形成既有线改造的技术方案协调、风险控制技术、工程筹划控制技术、组织结构管理等成套技术。

（3）建立既有线更新改造技术评估体系；科学有效地评估运营线改造的必要性和时机。

城市轨道交通固定资产更新改造技术条件主要包括固定资产的设计寿命和健康状态两类，但存在设计寿命信息不完整、对资产实际使用状态考虑不足以及健康状态指标不完善等问题，难以为更新改造管理提供足够的支撑。因此，需建立并持续完善既有线更新改造技术评估体系，确定更加明确可行的更新改造技术条件，为更加科学合理地分配使用更新改造资金提供依据，更好地满足安全运营需求。

第8章 站场一体化开发

8.1 综合开发概念

城市轨道交通综合开发是指以城市轨道交通为主体（或载体），整合和安排沿线的各项城市要素（功能、设施），以"有机结合、功能协调、节约资源、综合发展"为目标，通过轨道交通建设引领城市发展，带动沿线土地和物业增值，实现轨道交通内外部效益最大化，保证城市轨道交通良性、快速和可持续发展。

8.2 发展历程

以公共交通为导向的城市发展模式（TOD）于 1993 年由美国加州大学伯克利分校的 Calthorpe 提出后，引起了全球规划学者的广泛关注，现已被视为缓解交通拥挤、城市无序蔓延、降低城市能源消耗、促进城市可持续发展的规划理念。

我国在引进 TOD 理念后，于 1994 年在北京对四惠车辆段进行了国内首次车辆段上盖开发，其后，国内其他城市也进行了早期的轨道交通综合开发尝试。这段时间内，我国综合开发还处于萌芽探索阶段，对综合开发复杂性认识不足且存在诸多规划及技术问题，导致综合开发项目存在结构体系不合理、工程造价较高、环境景观设计缺失、垂直交通设施不足，无法与周边环境形成有机的融合等一系列问题。

随着我国轨道交通建设进入快车道，以轨道交通为导向引领城市发展的 TOD 理念也被越来越多的城市所接受，综合开发领域的研究也越来越深入。同时，通过系统学习日本、中国香港的轨道交通综合开发成功经验，国内对轨道交通综合开发有了新的认知，并对车辆段上盖开发、站点综合开发、地下空间及织补项目开发、轨道红线及沿线储备开发等方面进行了积极探索，取得了良好成果。

近些年，国家对轨道交通综合开发给予了越来越多的重视，住房和城乡建设部于 2015 年颁布《城市轨道沿线地区规划设计导则》，针对城市总体规划、控制性详细规划及修建性详细规划三个层次提出了有针对性的规划原则、控制重点与设计方法。国内各大城市纷纷在城市规划及各类政策规定中着重强调并切实推动轨道交通综合开发建设。同时轨道交通综合开发也越来越追求人性化设计，重视居民生活品质及出行体验。该阶段综合开发类型进一步丰富，开发流程更加规范化、科学化、便捷化，且更加注重综合项目的品质及用户体验。

8.3 政策沿革

国家层面上：

2012年12月，国务院为实施城市公共交通优先发展战略，提出《国务院关于城市优先发展公共交通的指导意见》（国发〔2012〕64号）。

2014年5月，国土资源部颁布《节约集约利用土地规定》。

2014年7月，国务院为实施铁路用地及站场毗邻区域土地综合开发利用政策，支持铁路建设，提出《国务院办公厅关于支持铁路建设实施土地综合开发的意见》（国办发〔2014〕37号）。

2014年9月，国土资源部为切实解决土地粗放利用和浪费问题，以土地利用方式转变促进经济发展方式转变，推动生态文明建设和新型城镇化，提出《国土资源部关于推进土地节约集约利用的指导意见》（国土资发〔2014〕119号）。

2015年12月，住房和城乡建设部印发《城市轨道沿线地区规划设计导则》，进一步加强和改进城市轨道沿线地区规划设计工作，推进轨道交通与沿线地区地上与地下整体发展，促进轨道交通建设与城市发展相协调，提高轨道交通运营效益。

2016年5月，住房和城乡建设部编制了《城市地下空间开发利用"十三五"规划》，以促进城市地下空间科学合理开发利用为总体目标，指导各地开展地下空间开发利用规划、建设和管理。

地方层面上：

中国香港1991年制定《都会计划总体发展密度指引》，对车站周边划分密度区，并规定容积率。

2001年7月，深圳制定《深圳市地下铁道建设管理暂行规定》，意图促进地铁沿线物业开发。

2005年12月，中国香港印发《香港规划标准与准则》手册，用以厘定各类土地用途和设施规模、位置需求及地盘面积。

2009年，广州出台了《广州市推进轨道交通沿线土地和物业开发工作方案》，明确实行"地铁＋物业"的开发模式，对轨道交通沿线土地进行统一规划、统筹储备。

2010 年，深圳印发《深圳市轨道交通条例（征求意见稿）》，进一步推行地铁上盖物业开发建设。

2011 年 8 月，宁波制定《轨道交通专项土地储备制度》，议定轨道交通专项土地储备范围为轨道站点 500m 半径范围内用地，并以此赋予轨道公司综合开发经营轨道沿线土地的权利。

2013 年 5 月，深圳颁发《深圳市国有土地使用权作价出资暂行办法》，确定国有土地使用权作价出资在市地铁集团有限公司、市机场（集团）有限公司、市特区建设发展集团有限公司先行先试。

2014 年 2 月，上海提出《关于进一步提高本市土地节约集约利用水平的若干意见》，加快推动创新驱动发展、经济转型升级，落实最严格的土地管理制度，转变土地利用方式，提高土地利用效率和效益。

2014 年 4 月，上海出台《关于推进上海市轨道交通场站及周边土地综合开发利用的实施意见（暂行）》，从综合开发规划控制、开发方式、反哺机制及政策支持等四方面系统地明确了站点及车辆基地综合开发利用方案。

2014 年 5 月，贵阳颁布《贵阳市城市轨道交通国有土地使用权作价出资暂行办法》，提出创新"轨道 + 物业"良性循环的"融资—投资—建设—运营—物业开发经营—偿债运作"模式，明确土地作价出资的操作流程及各部门职责。

2014 年 6 月，上海颁发《上海市轨道交通车辆基地综合开发建设管理导则（试行）》，创新了轨道物业开发的审批机制和建设方式。

2015 年 4 月，广州通过了《关于推进广州市轨道交通沿线物业综合开发的实施意见（试行）》，提出建立轨道交通沿线物业综合开发机制，明确工作目标及基本原则、物业综合开发范围、开发机制、保障机制等内容。

2015 年 10 月，南京市提出《关于推进南京市轨道交通场站及周边土地综合开发利用的实施意见》，建立符合南京市发展实际的轨道交通场站及周边地区综合开发利用模式，最大限度提升土地开发收益反哺轨道交通建设、运营，促进土地资源的集约利用、城市功能结构的优化提升和轨道交通的持续健康发展，实现轨道交通功能、收益和效率的最大化。

2016 年 10 月，上海颁布《关于推进上海市轨道交通场站及周边土地综合开发利用的实施意见》，推动建立符合上海发展实际的轨道交通场站及周边地区综合开发利用模式，形成运用土地综合开发收益支持轨道交通建设的发展机制，促进土地资源的集约利用、城市功能结构的优化提升和轨道交通的持续健康发展。

2016 年 10 月，青岛颁发《青岛市轨道交通土地资源开发利用管理办法》，主要对土地规划控制范围、土地开发核心区和特定区的设置、土地利用专项规划的编制、综合开发项目整体规划设计、沿线土地开发整理以及土地使用权出让收益归集管理等方面进行了规定。

2017 年 3 月，广州印发《广州市轨道交通场站综合体建设及周边土地综合开发实施细则（试行）》，切实推进轨道交通场站同步规划、同步选址、同步设计和一体化建设，同时围绕轨道交通场站开展土地储备规划，推进土地储备，实施综合开发，形成城市功能区，实现土地高效集约利用，筹集轨道交通建设和运营补亏资金。

2018 年 1 月，东莞颁布《关于创新体制机制加快轨道交通建设发展的若干意见》，对沿线土地同步规划、提前控制、及早储备，构建以轨道交通建设带动土地资源增值、以土地资源增值收益支持轨道交通建设的机制。不断加快 TOD 综合开发实施进度，着力提升 TOD 综合开发工作成效，促进土地资源集约利用、城市功能优化提升和轨道交通可持续发展。

2018 年 2 月，东莞颁布《东莞市轨道交通站场地区规划管理办法》，明确了轨道交通站场地区 TOD 规划总体要求，并积极探索城市空间结构引导、容积率奖励、审批程序优化等政策制度。

8.4　发展现状

目前，国内轨道交通综合开发率和综合开发水平普遍较低，存在轨道与城市空间关系不紧密、沿线土地利用不集约、乘客使用不方便等问题。但国内各大城市对轨道交通综合开发的积极尝试却正在如火如荼地开展，国家及国内各大城市为推进轨道交通综合开发，纷纷制定相关政策规定在土地出让、投融资、规划、开发模式等方面保障综合开发顺利实施，推动科学制定综合开发方案。同时，各大城市积极拓展轨道交通综合开发形式，形成包括车站及车辆段上盖综合、沿线地下空间综合开发、站域综合一体化开发、综合枢纽综合开发、地下空间织补项目、沿线土地综合开发等多种形式在内的综合开发体系。

随着对轨道交通综合开发问题研究的不断深入以及综合开发项目经验的不断积累，政府及社会对轨道交通综合开发项目提出了更高的要求，在建、在规划综合开发项目也更加追求精细化设计，强调各部门、各部分同步实施，注重提升生活品质的人性化设计。

8.5　存在问题

目前，国内轨道交通综合开发项目在政策机制、规划统筹、审批程序、项目实施等方面还存在诸多不足。

8.5.1　政策机制方面

轨道交通综合开发是一项系统工程，包括了顶层设计、政策设计、总体规划、资金核算、具体工作计划以及项目实施的督促、落实等诸多环节，涉及面广，政策性强，系统性强，需要多政府部门、多企业全力支持，具体工作的推进尤其需要发改、规划、国土、建设、财政等多部门通力协作才能完成。但目前，各城市轨道交通综合开发相关支持政策及协调推进工作机制还不完善，项目实施及工作衔接方面存在较大困难。由此引起的相关程序脱节，致使轨道交通综合开发工作严重滞后地铁线路建设进度，二者难以同步实施。

8.5.2　规划统筹方面

目前，在轨道交通规划建设实施过程中尚未充分考虑与场站综合开发的统筹协调。除少数城市外，其余城市在线网规划、建设规划、线路可研等环节缺乏与场站综合开发的有效衔接；由于轨道交通建设与场站综合开发的主体不尽统一，所以较难实现轨道交通建设与场站综合开发"同步规划、同步设计、同步建设、同步运营"的综合建设目标。

受限于轨道交通投融资体制、综合开发后土地收益分配机制以及属地政府的建设指标分配问题，属地政府在推进轨道交通综合开发方面存在积极性不高的问题，致使综合开发项目实质性落实推进难度大，制约项目实施进度。

8.5.3　审批程序方面

目前，我国轨道交通综合开发在审批程序方面存在以下几点问题：

（1）轨道交通综合开发审批程序不明确；

（2）轨道交通综合开发相关工作暂无立项批准文件；

（3）发改立项方面缺少政策支持；

（4）综合开发规划方案审查周期长，延缓预留工程设计如期开展；

（5）根据国土部政策要求，轨道交通线路及附属场、站用地需按照立项批复内容（一个立项对应核发一个征地批复文件），导致综合开发无法独立申办征地批准手续；

（6）我国土地使用的相关法律规定，经营性用地必须通过公开"招拍挂"程序实施出让。因此，这样就直接导致城轨交通企业在参与轨道交通物业开发的过程中无法实现综合的联动开发，致使开发成本增加、开发周期增长与协调难度加大，综合规划方案无法真正落地。

8.5.4 项目实施方面

由于目前轨道交通综合开发一、二级是分开实施的，二级的实施滞后于轨道交通建设，使得在后期开发工程建设过程中存在着威胁轨道交通运营安全的风险，同时造成了建设周期和成本的剧增。

同时，由于综合开发与地铁建设范围不统一，征拆进度不匹配，以及土地出让收益分配等问题导致属地政府征地拆迁缺乏积极性，征拆进度滞后；线路征地工作制约轨道交通综合开发项目按期供地。

8.6 发展方向

未来轨道交通综合开发建设应坚持立足实际，加强顶层设计，积极有序推进，切实提高建设和管理水平；坚持规划先行，推进城市设计，完善技术规范，满足城市公共服务功能；坚持政府引导，加大政策支持，发挥市场作用，吸引社会资本广泛参与。我国在推进轨道交通综合开发过程中应坚持以下基本原则：

（1）公交优先，协调发展。以保证公共交通功能为基本要求，采取公共交通导向的模式，推进综合开发利用，体现综合交通效益，促进城市与交通协调发展。

（2）统筹规划，功能复合。对规划开发边界范围内、生态敏感区外、具备交通条件的轨道交通场站进行综合开发利用，优先安排配建公共租赁住房，以及公益性公共服务设施、动迁安置房等，完善提高区域服务功能和土地资源节约集约利用水平。轨道交通场站及周边土地实行统一规划，形成集多种功能为一体的综合性区域。

（3）市区联手，以区为主。充分发挥市、区两级政府的合力特别是区政府的积极作用，探索轨道交通场站及周边土地综合开发利用的有效推进机制。

（4）充分体现人性化设计。轨道交通综合开发过程中注重生态节能、慢行交通系统设计，注重提升生活品质及出行感受。

8.7　案例分析

8.7.1　四惠车辆段综合开发

1. 概况

四惠车辆段位于北京市朝阳区东四环和京通快速路的交汇处东北角，总占地面积 34.04 公顷，平台面积 29.4 公顷，主体东西长 1291m，南北宽 226～240m，总建筑面积约 120 多万 m²，其中首层车辆段面积 14 万 m²，二层管道设备层面积 30 万 m²，三层开发物业面积约 76 万 m²（图 8.7.1）。四惠车辆段规划用地性质为市政用地，平台上层按规划设计建成集商业、娱乐和生活于一体的现代化多功能小区。1999 年车辆段投入使用（图 8.7.2）。

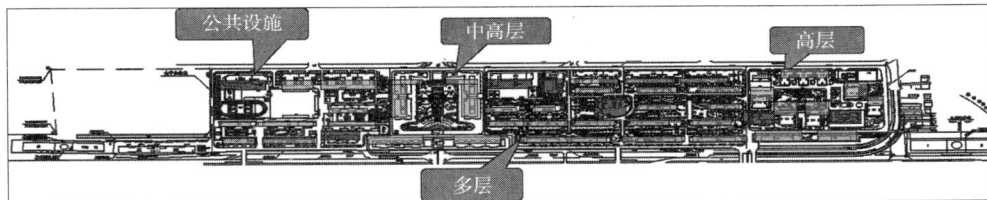

图 8.7.1　四惠车辆段综合利用规划总平面图

图 8.7.2　四惠车辆段实景图

2. 总结

四惠车辆段作为国内第一个车辆上盖综合利用项目，开创了国内车辆段综合利用的先河。四惠车辆段上盖是国内第一个自主实施上盖项目，当时上盖技术还不成熟，存在很多规划和技术问题，如结构体系不合理、工程造价较高、环境景观设计缺失、垂直交通设施不足，使项目孤立于城市空间，无法与周边环境形成有机的融合。因为对车辆段综合利用复杂性认识不足，车辆段盖下工艺环境考虑不足（库内通风、采光条件较差）、盖下盖上管理界面不清晰（轨道运营和上盖物业管理互相干扰）、综合利用模式处于探索阶段，在土地出让、权属划分、投资切分及后期管理运营的切分等方面也存在许多问题。

8.7.2　上海吴中路停车场综合开发

1. 概况

建设中的吴中路停车场位于吴中路外环线附近，北临吴中路、西至外环线、南临虹泉路、东临虹莘路，基地占地约 23.4 公顷。通过公开的市场招拍挂，上海申通地铁资产经营管理有限公司以 12 亿元成功竞得土地产权。为集约高效利用土地，拟将吴中路停车场综合开发作为大规模轨道交通优质土地资源综合利用的试点。

除用于 10 号线列车的停放和养护外，深入挖掘地铁对城市发展的贡献和价值，规划在停车场设施上建顶盖再造"土地"，在顶盖之上进行集商业、办公、酒店、娱乐和公共设施等多种物业为一体的综合开发。其开发主题愿景为"上海 NewSpeed"，借地铁 10 号线来体现上海地铁的延伸速度和上海城市的发展速度（图 8.7.3）。

图 8.7.3　10 号线吴中路停车场综合开发

其规划指标见表 8.7.1：

吴中路停车场综合用地主要规划指标　　　　　　　表 8.7.1

地块名称	轨道交通 10 号线吴中路停车场地块
范围	东至虹莘路，南至虹泉路，西至外环线（A20），北至吴中路
规划用途	市政、交通、文化娱乐、商业、办公等综合用地
出让年限（年）	商业 40 年，办公 50 年，其他 50 年
土地面积	23.4 公顷
净出让面积	20.24 公顷
容积率	≤ 2.0
绿化率	≥ 35%
建筑高度	42m
总建筑面积	46.5 万 m^2
车场设施建筑面积	7.5 万 m^2
市政设施建筑面积	0.29 万 m^2
公共设施建筑面积	39 万 m^2
文化娱乐	0.5 万 m^2
商业、公共服务	23.9 万 m^2
办公、酒店	14.6 万 m^2

2. 开发思路

以人为本——遵循以人为本的原则塑造环境，使之对提升区域的吸引力起到积极作用。本方案邻近居住社区，在设计中充分考虑综合体内各项设施的利用对周边居民的影响。

综合开发——采用非常规的 TOD 布局，站场建设充分结合地块建筑综合开发，优化设置各类功能建筑体，协调轨道交通市政设施与地块综合开发的关联，提升地块最大利用价值。

交通综合建设——轨道交通与城市公交系统、区域停车系统统筹考虑，一体化建设，充分体现轨道交通的综合辐射功能。

全新开发形态——在难以利用的轨道交通停车场地块内，采用多层次开发的方式，通过建造平台盖板，清晰分割市政与综合开发的设施，有效地融合多种功能性质的综合物业，营造出轨道交通停车场综合体错落有致的全新形象。

3. 开发方案

地铁展示馆：约 5000m^2，受列检库柱网限制，将两个列检库之上部分设计为大跨度的地铁展示馆，以充分利用空间。

商业及办公：约 27.9 万 m^2，充分发挥地铁车站及区域主干道的可达性和便捷性，沿吴中路分区平行布置体态各异、目标消费群体丰富的商务办公楼。

酒店：约 3.5 万 m²，接近居民区相对安静的区域布局酒店，既为酒店住客创造优雅的休憩环境，也不会对周边居住区带来不良影响。

创意中心：约 7.1 万 m²，远离相对嘈杂的主干道，为创意工作提供一个相对安静的创作氛围，丰富了本项目的文化气息。

公共广场：将车场上盖咽喉区等零星面积作为对外开放的敞开式公共休闲广场。既能有效利用散布的平台面积，为整体项目创造多样化的景观效果，又拉近了与市民的亲近感，增加了市民的参与性。

4. 土地使用权获取策略

当前根据国家现行的土地出让的规定，经营性土地必须采取公开市场的"招拍挂"方式进行。吴中路停车场地块属于市政综合用地，按照当前的规定，必须进行公开的市场"招拍挂"。上海申通地铁资产经营管理有限公司竞得停车场综合用地的土地使用权。

5. 开发建设和经营模式

在吴中路停车场综合开发中，本着资源共享、收益分享的原则，拟采取强强联合开发的模式。

开发建设：开发的主体是申通地铁资产经营管理有限公司，在获得用地权后自行进行项目规划，而将项目建设权招标，后期的招商也可尝试外包，委托专业的招商公司来进行。

经营模式：引入战略合作者，强强联合，实现共享共赢。

利用申通地铁资产经营管理有限公司在技术的优势，寻找在地铁停车场综合开发上有丰富经验和资金实力的国内外优质企业，形成"技术+资金+管理"的强强战略联合。

至于建成后是租还是售，可根据自身的现金流情况来定。如若资金比较充裕的话，可考虑长期持有开发的商业物业；反之，选择部分出售或整体出售，来迅速回笼资金，收回成本并获取相应收益。

6. 总结与经验

吴中路停车场综合开发是上海市在探索地铁停车场上盖物业综合开发模式的创新性尝试。希望能从中总结出一系列操作路径和模式，为后续地铁停车场的综合开发提供借鉴。

经验一：统一规划、同步建设和分步实现功能的超前规划理念。

经验二：以市场化"招拍挂"的方式获取土地权属的尝试。

经验三：上盖物业综合开发采取强强战略联合的模式。

在探索的过程中，由于受现行政策、体制机制的限制，也总结出有待于进一步深入探讨的方面，比如在土地获取策略上的更多创新、合作开发的具体方式上的突破等。

8.7.3　深圳前海车辆段综合开发

1. 概况

前海车辆段邻近地铁 1 号线鲤鱼门站东侧，位于轨道线路的西部，地处南山区前海湾，未来前海湾 CBD 区的东南角，平南铁路深圳西站西侧，滨海大道北侧。前海车辆段两面临路，西临 11 号路和振海路，东临 12 号路，并且从南至北有 3 条城市道路横穿基地，分别是学府路、桃园路、桂湾三路（图 8.7.4）。

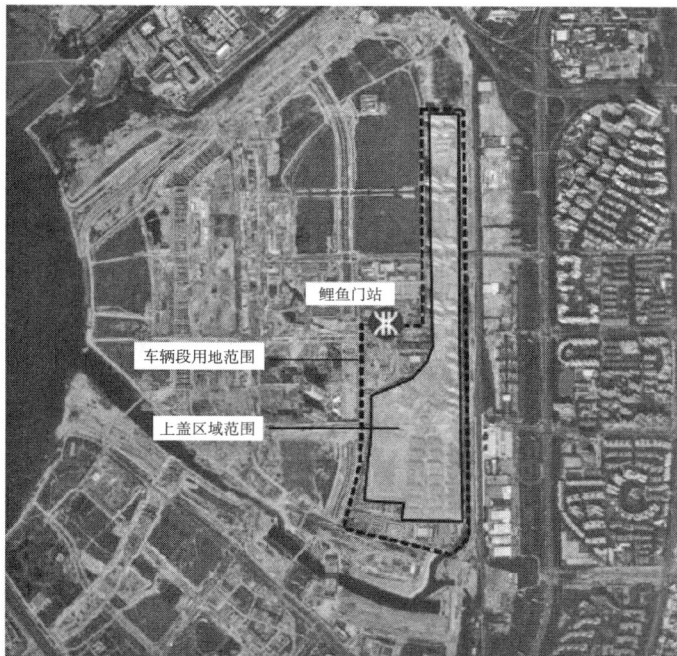

图 8.7.4　前海车辆段区位图

前海车辆段用地整体呈刀把形，南北长 1900m，东西最宽处 560m，最窄处 130m，总占地面积达 47 公顷（其中车辆段厂区占地面积约 35 公顷，白地占地面积约 12 公顷），为我国面积最大的地铁车辆段。前海车辆段上盖面积约为 35 公顷，规划总建筑面积为 141 万 m^2，其综合物业开发采用以商业、办公、住宅、酒店等多种功能复合的模式。其中，保障性住房项目为龙海家园公共租赁住房，总建筑面积约 56.4 万 m^2，现已建成并投入使用。

2. 物业开发

平面布局上，根据车辆段厂区布置特点和工艺流程要求，上下对应，统筹考虑不同功能分区。在停车列检库与架修库区域，上盖工程主体结构较规整，跨度较大，结构的承载力有限，因此安排适量的住宅物业开发。车辆段咽喉区轨道密集，上盖部分不宜进行物业开发，因此作为公共空间，安排绿地广场，布置少量低层、小规模的商业配套设施。在轨行区上方，结合轨道布线条件和轨道空隙，建筑平行布局，布置高层住宅、办公楼或商务公寓。在白地区域进行整体性高强度开发，使用功能不受限制。此车辆段综合开发项目由11个地块组成，分为3种开发模式：一种为上盖商业开发，包括6、8、9、10号地块；第二种为上盖保障性住房及配套开发，包括1、2、3、11号地块；第三种为白地混合开发，包括4、5、7号地块，具体情况如图8.7.5所示，形成以办公和商业为中心，居住功能在外围的围合式空间模式（图8.7.6）。

图 8.7.5　前海车辆段上盖物业布局

图 8.7.6　前海时代项目

其中每个地块内住宅、商业、办公、酒店等设施的开发情况具体见表 8.7.2：

地块内物业开发情况　　　　　　　　　　　　表 8.7.2

用地性质	白地商业开发	上盖商业开发	保障性住房开发
地块号码	4、5、7	6、8、9、10	1、2、3、11
用地面积（m²）	120108.09	217073.84	134765.62
商业（m²）	51000	30100	18000
住宅（m²）	223230	171900	564000
办公（m²）	169350	54950	—
商业公寓（m²）	48670	—	—
酒店（m²）	26250	—	—
学校（m²）	20000	—	8000
幼儿园（m²）	3600	3600	7200
其他公共配套（m²）	2700	2500	4950

3. 总结与经验

（1）总结

1）前海车辆段上盖物业实施"分层设权、分别供地"的土地使用政策，这是我国大陆首次出让地铁上盖用地使用权，使车辆段综合开发土地权属问题在实践层面上首次实现。

2）前海车辆段地处的前海深港现代服务业合作区为规划深圳城市"双中心"之一的"前海中心"的核心区域，定位为未来整个珠三角的"曼哈顿"。为配合国际金融中心这一定位，前海车辆段上盖综合体开发建设高品质的居住办公设施，营造高品位的居住办公环境，打造核心 CBD 片区。

（2）经验

1）2012 年底以来，深圳市针对土地出让方式进行了创新和制度改革，把土地作为一种资产，直接注入地铁公司，直接协议出让。为此，2013 年 5 月，深圳市人民政府办公厅出台《深圳市国有土地使用权作价出资暂行办法》，确定国有土地使用权作价出资在市地铁集团有限公司、市机场（集团）有限公司、市特区建设发展集团有限公司先行先试。

"作价出资"合同由市规土委、国资委和地铁公司三方签订。市规土委负责用地的出让和将来房地产开发方面的监管；国资委管土地获取之后国有资产怎么开发经营，但开发方式不限，合作开发、自主开发均可。从深圳地铁三期开始，市政府给出了极大的优惠政策，有近 800 万 m² 土地被拿来作为整个三期建设的平衡资金。

2）深圳"地铁＋物业"的投融资模式是在政府政策支持下，将地铁企业优化规划出的上盖物业和沿线土地开发资源，通过合法程序赋予地铁企业开发权，由地铁企业进行市场化运作。实现地铁沿线巨大的外部效益部分内部化，由此构建地铁企业盈利模式，以此支持构建并实施市场化运作的投融资模式。通过政府注入配套融资资源（土地），深圳市地铁集团有限公司经市场化融资解决地铁建设资金，再通过土地资源开发收益偿还借款。

3）《深圳市城市轨道交通条例》明确轨道交通物业综合开发利用规划的编制主体。由轨道交通运营单位根据规划地政管理的有关规定，组织编制轨道交通沿线特定区域的土地（包括地下及地上空间）综合开发利用规划，报市规划国土部门批准并办理土地使用权出让手续后，组织分期实施。深圳对于轨道交通物业综合开发利用规划主体的明确，有助于规划更好地制定和出台，同时也有助于明确规划中的各方职责，为轨道交通物业综合开发项目的整体顺利推进奠定基础。

4）深圳地铁上盖物业以合作开发为主，自主开发只占很少的比例，而且是相对简单的部分。合作开发模式又分别采用了法人型合作模式和非法人型合作模式。前者是指深圳地铁公司与合作方通过项目公司开展合作；后者则包括深圳地铁公司与合作方通过签订共享利润共担风险的合作协议或者委托开发等多种方式进行合作开发。

深圳地铁通过对各种物业开发模式和开发方案进行反复比选，综合考虑项目变现、资金回笼需求以及项目复杂性、经济效益和市场风险等诸多因素，形成"创新多种开发模式"的多元化上盖物业开发建设管理模式。视项目的特点，采用自主开发、代开发＋BT、协议型、法人型、协议合作开发＋BT等多种模式。

5）集约利用建筑空间，上盖物业与地铁设施在不同标高分层划分用地权属，实现在城市轨道交通便利地段立体复合利用土地资源。

地铁车辆段上盖综合体的功能确定需以城市功能的完善为基础，规划时可将TOD功能与城市其他功能融合。

轨道交通及上盖物业开发规划一体化，沿线城市规划、土地利用、市政配套须与各条线路设计同步规划。

8.7.4 南京朝天宫站综合体

1. 概况

朝天宫站是地铁5号线的中间站，位于新街口西南处，老城南历史街区西北处，建邺路与莫愁路交叉口西侧，紧邻国家级文保单位朝天宫。设计方案中，朝天宫站点特定规划区约22公顷，其中朝天宫西南为核心区，共计6.3公顷，具体为文津桥路以南、西止马营路以东、莫愁路以西、建邺路以北的围合区（图 8.7.7）。

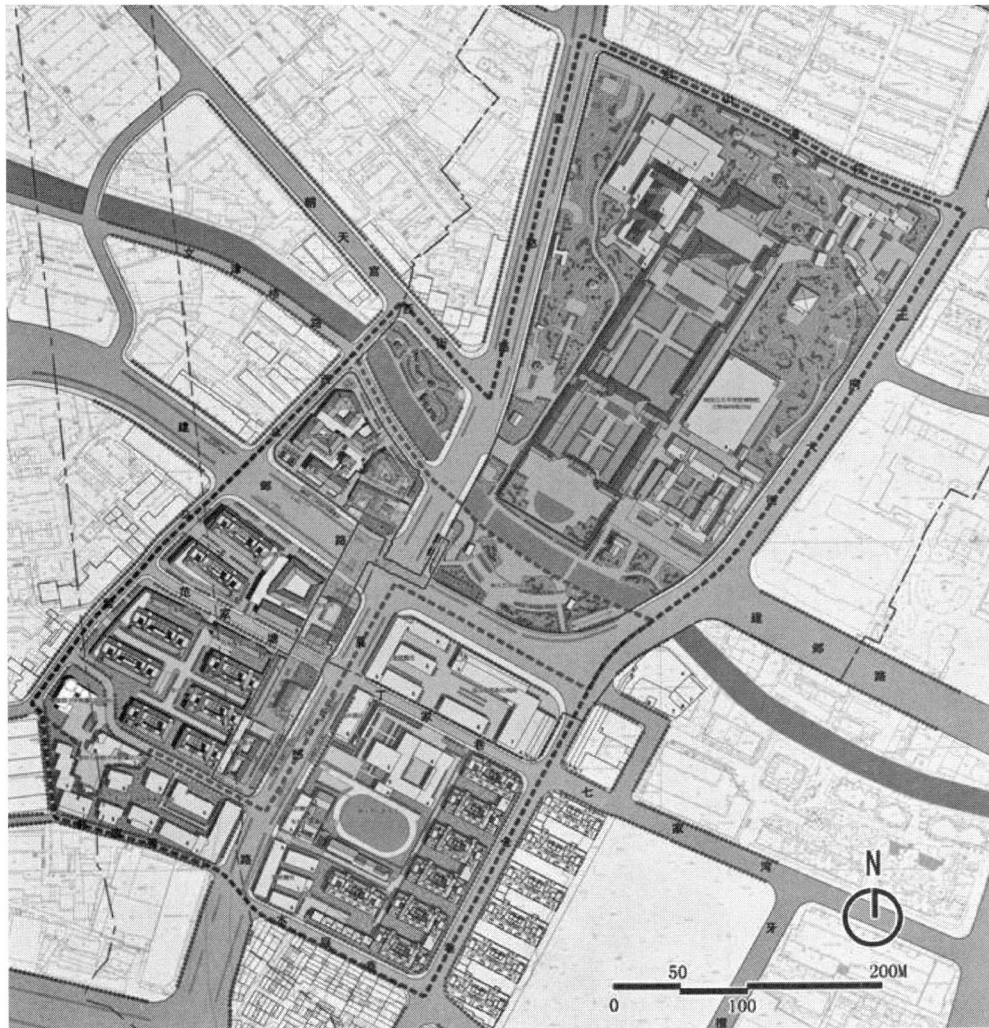

图 8.7.7　朝天宫站点区域划分

　　朝天宫站综合体核心区内可建设用地 3.39 公顷，可建建筑面积 51518m²，可出让居住用地 1.6 公顷，可出让商业用地 0.82 公顷，幼儿园用地面积 0.2 公顷。地铁上盖物业限于商业开发，可建设用地面积 0.77 公顷，可建建筑面积 7676m²。主要经济技术指标见表 8.7.3。

主要经济技术指标 表 8.7.3

特定规划区		可建设用地面积（公顷）	可建建筑面积（m²）
合计		3.39	51518
可出让用地	居住用地	1.6	29530
	商业用地	0.82	12744
公益性设施用地	幼儿园用地	0.20	1568
地铁上盖物业（地下是轨道交通用地、地上是商业）	地面上商业用地	0.77	7676
核心区		可建设用地面积（公顷）	可建建筑面积（m²）
合计		3.39	51518
可出让用地	居住用地	1.6	29530
	商业用地	0.82	12744
公益性设施用地	幼儿园用地	0.20	1568
地铁上盖物业（地下是轨道交通用地、地上是商业）	地面上商业用地	0.77	7676
同步建设区		可建设用地面积（公顷）	可建建筑面积（m²）
合计		1.22	13100

2. 开发方案

朝天宫站综合体仅核心区为可建设用地，已确定由资源公司开发。资源公司与绿地集团签署了合作协议，按地铁 34%、绿地 66% 的股权比例成立合资公司，共同开发该项目。

核心区建设住宅及商业设施，另建一座幼儿园（图 8.7.8）。

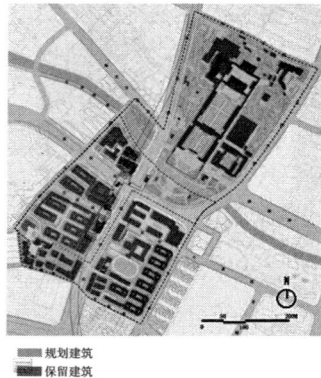

图 8.7.8 朝天宫站点可建设范围

朝天宫站综合体地下一共开发 3 层，地下一层主要是下沉广场、零售商业和休闲娱乐，地下二、三层则是停车场；地面部分将设置文化体验式商业、商业综合体、大型超市、新中式居住以及幼儿园（图 8.7.9）。

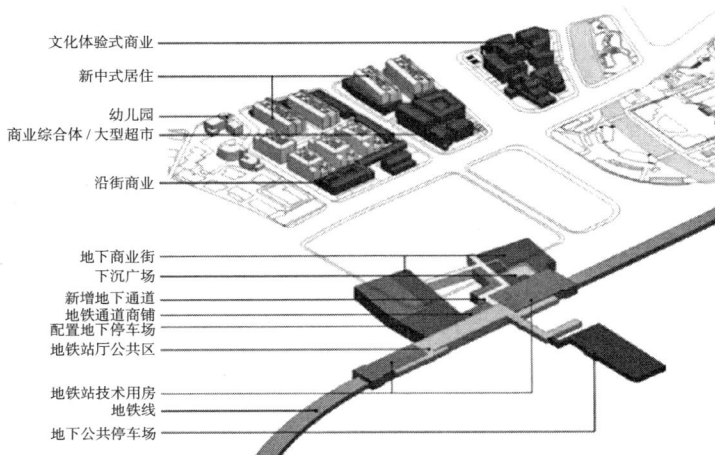

图 8.7.9　朝天宫站层次分布

3. 总结与经验

（1）总结

2015 年，南京市政府公布了《关于推进南京市轨道交通场站及周边土地综合开发利用的实施意见》（宁政发〔2015〕215 号）。通过开展轨道交通场站周边城市设计，锁定场站周边土地，促进场站周边土地开发与城市发展协同，实现各轨道交通场站及周边地区的功能发展战略、土地利用规划、空间景观设计、综合交通设计、土地利用收益"五个一体化"。

首先，对已建、在建和拟建线路场站周边土地进行摸底和梳理，对车站主体周边建筑权属、现状情况以及用地性质等进行梳理，对车站周边的土地潜力进行分析评价。将轨道交通场站周边 500m×500m 范围划定为"轨道交通场站综合开发特定规划区"，简称"规划区"；规划区内 200m×200m 范围划定为"轨道交通场站综合开发核心区"，简称"核心区"；紧邻轨道场站、不具备单独开发条件，且应与轨道设施同步建设的用地划定为同步建设区，具体包括地铁本体范围、周边公益性公共设施用地、周边经营性设施用地。

具备条件的规划区内土地使用权应以"招拍挂"方式公开出让。核心区内车站部分用地划拨至地铁公司，经营性用地可采取协议出让或有条件挂牌形式交由地铁公司运作上盖物业开发，并按规划建设地铁前的市场评估地价收取土地出让金。200～500m 的规划区范围内的用地，交由各区进行运作，土地收益纳入各区对地铁建设投入的资本金。

南京地铁朝天宫站依据"215号文"对周边土地进行划分，并分区域进行土地转让、开发。整个规划区包含国家级文物单位朝天宫，将文物保护与一体化开发统筹结合起来，其范围内仅对核心区土地进行开发，同步建设区内开发部分商业，核心区内有3万m²高端住宅，集文化、娱乐、生活为一体的商业街区。项目核心区已确定由资源公司开发，其后，资源公司与绿地集团签署合作协议，充分借用社会资本，联合开发。

（2）经验

1）政府制定政策制度，促进场站周边土地开发与城市发展协同，实现各轨道交通场站及周边地区的功能发展战略、土地利用规划、空间景观设计、综合交通设计、土地利用收益"五个一体化"。

2）对站点周围进行一体化设计时充分考虑站点周边特殊建筑，将其纳入一体化建设区域范围内，统筹考虑，划定红线，在实现一体化开发的同时充分保护特殊建筑不受影响。

3）充分借用社会资本，鼓励地铁公司在取得土地开发权后与社会资本联合开发。

8.7.5 重庆两路口控制中心综合楼上盖开发

1. 概况

两路口控制中心大楼位于重庆市渝中区两路口（图8.7.10）。为进一步打造重庆市TOD上盖物业开发项目，经重庆市人民政府批准，重庆市轨道交通集团有限公司（以下简称重庆轨道集团）及重庆渝开发股份有限公司（以下简称重庆渝开发）双方共同出资于2008年8月5日以招拍挂形式取得地块土地建设使用权。该地块建设用地6916m²，总建筑面积8万m²。

该项目是"轨道换乘＋公交＋上盖物业开发"的综合一体化项目，为双塔高层综合建筑，地面建筑高度143.10m，地下高度29.60m。地下轨道车站部分由重庆轨道集团建设，并于2008年9月完工，车站建筑分地下四层，负四层为3号线站台层、负三层为1号线站台层、负二层为3号线及1号线公共站厅层、负一层为出入转换厅层(图8.7.11)。上盖部分由重庆轨道集团和重庆渝开发共同开发，地下三层、四层为轨道附属管理用房及物业开发设备用房，地下一层、二层为上盖物业开发停车场库，首层为商业用房，二层至五层为大空间办公用房，六层、七层为控制中心设备用房，八层为轨道控制中心大厅，九层以上为双塔住宅，裙楼使用年限为100年，塔楼为50年（图8.7.12）。

图 8.7.10　两路口控制中心大楼效果图

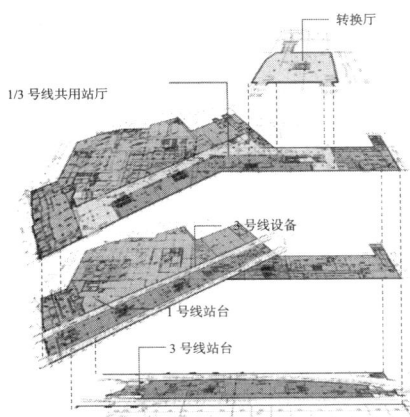

图 8.7.11　轨道站厅分层示意图　图 8.7.12　TOD 综合开发分层示意图

　　项目于 2010 年 3 月 3 日开工，裙楼部分（即轨道控制中心楼）为保证轨道交通正常通车运营先行完成，上盖物业总竣工时间为 2011 年 12 月 29 日。

　　2. 物业开发模式

　　该项目属典型的轨道上盖综合楼，集"轨道 + 公交""轨道 + 商业""轨道 + 办公""轨道 + 控制中心""轨道 + 物业"等多种功能于一体，在建筑规划、建筑设计、建筑施工等工程技术方面有较高难度。另外，由于涉及城市轨道交通建设和房地产商品房开发，在公共设施建设和市场经济运作之间需要找到契合点。为此，重庆市政府会同重庆市国土房管局、重庆市规划局相关部门等进行重点研究和专项指导，在政策上给予了大量的支持，保证该项目的实施。

3. 上盖开发效果

该项目充分利用轨道交通站点场站用地，并结合地下车站空间及上层建筑的充分论证研究，在发挥重庆市中心地段的区位优势及利用原规划的轨道交通控制中心裙楼 12000m² 的基础上进行商业开发，上盖部分总建筑面积达 67689.6m²。出让土地 6916m²，土地成交价 20442 万元。根据重庆市相关政策，该项目土地出让金部分返还轨道交通作为正线建设资金。

同时，该上盖物业市场售价均价为 1.2 万元/m²，项目总值约 8.5 亿元。在增加国家营收的同时，也有力促进了区域经济的发展，加速了重庆市旧城改造升级，进一步完善了重庆市城市轨道交通换乘服务体系和城市空间发展规划的空间格局，体现了极高的经济价值和社会价值。

4. 总结与建议

（1）总结

重庆两路口控制中心大楼是"轨道换乘＋公交＋上盖物业开发"综合一体化项目，是重庆利用轨道交通上盖开发技术实践城市 TOD 发展理念的重要探索。该项目之所以能取得成功，主要有以下几个方面的原因：

1）规划部门对地块控规调整的积极配合、支持。作为轨道交通市政设施用地，该地块的用地性质及相关指标有限。在收到重庆轨道集团的控规调整申请后，规划部门立即展开调研，在较短时间内完成了地块控规的调整，使用地性质由 U21 调整为 C2+R2+U21，容积率由 1.2 调整为 9.6，建筑密度由 30% 调整为 50%，绿地率由 30% 调整为 17%。

2）结合规划，分清土地权属及收益权属。作为轨道交通站点上盖物业，该项目是典型的土地地上、地下空间共同利用的规划模式，涉及不同规划领域和规划指标控制。由于轨道生产设施与物业开发用地性质不同，需要对土地使用权属进行明确划分。根据国土管理部门的创新性智慧，重庆轨道集团与联建方的收益权属实现了明确划分。

3）结合轨道工程，同步开展建设审批手续。该项目地下为轨道交通换乘车站，地上为轨道交通控制中心用房、商业用房及公寓，由于不同内容的投资、规划、土地及功能设置，投资主体、资金来源和建设内容不同，为项目行政审批带来了权限限制、规范限制和政策限制等难点。重庆轨道集团和联建单位通过与轨道工程同步开展建设审批程序，为项目的同步施工提供了条件。

4）开创房地产公司与轨道交通公司联合开发的组织模式。通过房地产开发企业和轨道交通建设与运营企业的合作，可以强强联手，达到双赢的目的。在项目建设中，渝开发股份有限公司作为市属国有企业，与重庆轨道集团认知度较高，相互协调，对于公共部分，如通道、电梯和公用设备等，按各自所属管理部分比例进行分摊，做到责任分担和利益共享。

（2）建议

1）现阶段城市建设过程中，多数城市均将车辆段建设于城市核心区域外，以打造轨道小镇、轨道上盖为主体，其核心商业价值相对较低。如将车辆段设置于区块较好的中心城区位置，以单线 40km 为例，将车辆段设置于线路约 20km 处，同时在城市中心区域综合建设 3 个以上车辆段。以此建设车辆基地将会大大降低运营作息时间，也可同步增加运营检修时间。另外，3 个车辆段供给土地约 30 万 m^3/ 个，按容积率 2 计算，可造就 180 万 m^3 综合中心城市，此时城市可沿城市轨道交通线路进行集生活、工作、娱乐一体的综合开发。

2）站点开发以结合"轨道 + 娱乐""轨道 + 工作""轨道 + 商业"等综合型上盖物业开发。其开发价值可配合一线一站的综合型开发策略，并利用城市规划将周边住宅、商业、娱乐等综合体的信息整合利用，形成轨道所辐射的综合型商业数据库集。

第9章　成果与展望

轨道交通分会成立 40 年来，伴随着中国城市轨道交通行业的发展，也沉淀了系列成果，包括获得"中国土木工程詹天佑奖"25 项，创新推广项目 165 项，出版论文集 16 本，共收录论文 1551 篇，发布技术导则、技术指南及团体标准 3 项。本章将这些成果归集呈现给业内同仁。

9.1 "中国土木工程詹天佑奖"城市轨道交通类获奖项目

"中国土木工程詹天佑奖"由中国土木工程学会和北京詹天佑土木工程科学技术发展基金会于 1999 年联合设立，是经国家批准、住房和城乡建设部认定、科技部首批核准的科技奖励项目，得到科技部、住房和城乡建设部、交通运输部、水利部、中国国家铁路集团有限公司（原铁道部）、中国科学技术协会以及行业内有关单位的大力支持和积极参与，已经成为我国土木工程建设领域科技创新的最高奖项，为促进我国土木工程科学技术的繁荣发展发挥了积极作用。

"中国土木工程詹天佑奖"设置 20 年来，共有 25 项城市轨道交通项目获奖（表 9.1.1），特别是自 2015 年以来，随着各地城市轨道交通项目的日益增多，轨道交通分会也承担了詹天佑奖的专业初评工作，城市轨道交通获奖项目也逐年增多。

历年"中国土木工程詹天佑奖"城市轨道交通类获奖项目　　　　表 9.1.1

序号	年份	届数	项目名称
1	1999 年	第一届	上海市地铁 1 号线工程
2	2001 年	第二届	北京市地铁天安门东站至西站工程
3	2005 年	第五届	重庆市轻轨较新线一期临江门车站工程
4	2007 年	第七届	深圳市罗湖地铁枢纽工程
5	2007 年	第七届	北京市地铁八通线工程
6	2007 年	第七届	深圳市地铁一期国贸至老街区间隧道及桩基托换工程
7	2008 年	第八届	北京市地铁 5 号线工程

序号	年份	届数	项目名称
8	2013 年	第十一届	深圳市地铁 3 号线工程
9	2013 年	第十一届	北京市地铁 4 号线工程
10	2013 年	第十一届	沈阳市地铁 1 号线工程
11	2014 年	第十二届	北京市地铁大兴线工程
12	2014 年	第十二届	北京市地铁 10 号线国贸站工程
13	2015 年	第十三届	深圳市地铁 5 号线工程
14	2015 年	第十三届	北京市地铁 9 号线工程
15	2015 年	第十三届	南京市地铁 10 号线穿越长江盾构隧道工程
16	2015 年	第十三届	北京市轨道交通亦庄线工程
17	2016 年	第十四届	上海市轨道交通 16 号线工程
18	2016 年	第十四届	北京市地铁 15 号线工程
19	2016 年	第十四届	深圳市地铁 2 号线工程
20	2017 年	第十五届	上海市轨道交通 12 号线工程
21	2017 年	第十五届	青岛市地铁 3 号线工程
22	2017 年	第十五届	南京市至高淳城际轨道南京南站至禄口机场段工程（S1 线一期）
23	2018 年	第十六届	长沙市磁浮快线工程
24	2018 年	第十六届	深圳市城市轨道交通 7 号线工程
25	2018 年	第十六届	上海市轨道交通 11 号线工程

9.1.1　上海市地铁 1 号线工程（1999 年第一届）

1. 工程概况

1990 年 1 月 19 日，经国务院同意，国家计委批准上海市新龙华至上海火车站地下铁道正式开工。1995 年 4 月 10 日，地铁 1 号线全线投入试运营。

上海地铁 1 号线南起新龙华站，北至上海火车站，全长 14.57km，设 12 座车站。在线路南端的新龙华设车辆段。4 座车站的地下连续墙在施工结束后单层作为永久性结构，不设内衬墙。地下车站均设站台层和站厅层。黄陂南路、陕西南路与常熟路 3 座车站采用"逆作法"施工。

地铁 1 号线采用无缝线路轨道，运用了目前较先进的焊接技术，用固定式接触焊接，把每根长 25m 的 60kg/m 钢轨焊接成每根长 250m 钢轨，送入隧道焊接成无缝长轨，首次突破了新中国成立以来我国长轨列车运行史上 33% 的大坡道制动防爬技术难关。

地铁 1 号线运营采用中央控制系统，由总调度所实行列车运行和电力调度指挥,并与车辆段及沿线12座车站组成列车运行指挥保障系统。该系统有供电系统,环控系统,给水排水系统,防灾报警系统,通信、信号系统及接触网、电力远动、电梯、车站卷帘门自动控制系统等。

2. 科技创新与新技术应用

地铁1号线及站位的选择,主要根据城市总体规划及地铁网络规划所确定的控制点,既从预测流量、城市商贸、文化设施、居民点分布与地面交通状况等实际因素出发,又充分考虑了工程地质、市政设施与地面建筑物等给工程带来的影响,使线路及车站的选择能达到缓和城市公共交通、方便市民出行、活跃城市经济文化生活、推动城市开发的目的。

地铁人民广场站顶板及地下连续墙的堵漏、抗渗试验:该项目对地铁车站建成初期,由于温差、车站纵向变形等原因可能导致的顶板及地下墙裂缝渗水进行了多项研究、试验,采取堵漏、弹性防水条嵌缝、刚性支座等多种办法进行综合治理,取得了较为满意的效果。

区间隧道防水技术研究:该项目对隧道穿越具有一定侵蚀作用的地下介质层如何满足长期抗渗要求、保护隧道结构的长期安全使用进行了试验研究,在1号线工程中取得了满意效果。

上海地铁区间隧道盾构施工专家系统:该项目以研究隧道中心线以上地面纵向隆沉曲线特征为重点,提出了为实践验证的新研究方法,总结了上海软土地基三十年来盾构法施工的实践经验和科研成果,分析、预测盾构施工所致的地面变形理论和优化施工参数方面,丰富、发展了国外现有的研究成果,形成了一整套盾构施工的理论。

地铁车站逆作法施工技术与环境保护监测和工程结构综合研究项目:该项目针对上海软土地层特点和繁华街区的环境保护要求,开发了地下连续墙围护、顶板和中楼板逆作深基坑暗挖的新技术、新工艺、新设计,与顺作法相比,具有时间短、对道路交通影响小、基坑稳定、能有效保护周围环境等优点,形成了一整套包括地下墙施工、支承桩柱、顶板和中楼板逆筑、增挖支撑作业、暗挖土方流水作业等完善的施工技术系统。

地下连续墙接头防水技术项目,其试验和研究结合地铁漕宝路矩形暗埋区间隧道、人民广场车站等工程,开展了地下连续墙接头防水处理技术的攻关,对地下连续墙接缝渗漏水的原因及防水接缝的构造形式进行了研究,研究成果达到国内先进水平,被评为1992年度上海市科技进步三等奖。

盾构同步注浆材料和压送工艺研究:结合地铁区间隧道施工中同步注浆的工程实践,利用天然黏土提高惰性浆体强度和稠度,解决了现用惰性浆液易液化的问题，其研究成果总体水平接近国际先进水平，被评为 1993 年度上海市科技进步三等奖。

经国家和上海有关机构评审，地铁 1 号线工程获各质量奖项为：上海市白玉兰奖（地铁汉中路车站、新闸路车站、人民广场车站、黄陂南路车站、陕西南路车站、衡山路车站），上海市优质样板工程奖（地铁人民广场车站），上海市市政金奖（地铁 1 号线人民广场至新闸路区间隧道），1995 年度上海市市政金杯奖，1995 年度全国市政金杯奖。

3. 主要获奖单位

上海市地铁工程建设指挥部、上海市隧道工程轨道交通设计研究院、上海建工（集团）总公司、上海隧道工程股份有限公司、原铁道部第三工程局。

9.1.2　北京市地铁天安门东站至西站工程（2001 年第二届）

1. 工程概况

北京地铁天安门东站、天安门西站是复八线上的两座大型、重点地铁车站。位于天安门广场东、西两侧。东站地处天安门城楼东侧、历史博物馆北侧长安街下；西站地处新华门东侧、天安门城楼西侧长安街下。天安门东、西两站及站间区间全长 1144.9m。

天安门东站为 3 跨两柱 3 层框架结构。主体工程包括地下一层自行车层、地下二层站亭层、地下三层站台层。该站设有 4 座出入口、2 座风道、1 座冷冻机房和 2 座地面风亭。车站全长 218.3m、宽 24.2m、高 15.25m，主体建筑面积 15848.58m²。车站顶板距地面 1.1~1.7m。工程总造价为 6.94 亿元人民币。

2. 科技创新与新技术应用

（1）天安门东站、西站分别采用的"条形基础盖挖逆筑法"和"浅埋暗挖柱洞逆筑法"，是把传统的"盖挖逆筑法"和"浅埋暗挖法"进行有机的结合，独创性地运用"带条形基础中柱""条形基础周边无人士深度边桩"作周边围护结构新技术的一种新颖、独特的设计施工方法，在国内外同类工程中首次采用，具有结构受力明确、整体性能好、沉降均匀等特点。

（2）在整个施工过程中进行系统、严密的监控量测，全面、准确地掌握了采用"条形基础盖挖逆筑法"和"浅埋暗挖柱洞法"进行大型地下工程施工的"围岩一支护体系"的动态变化，为该工法的推广及类似工程的建设积累了丰富详实的资料。"条形基础盖挖逆筑法""浅埋暗挖柱洞逆作法"设计施工技术使工程施工不但能达到安全、经济、优质、高效等一系列的工程目标，而且能较好地适合我国国情。这两种方法在成功地应用了多项成熟的施工工法（如"浅埋暗挖法""逆作法"等）的基础上，在控制地表下沉、保护地下管线、复杂条件下的工况转换等方面又有新的突破；与传统的方法相比，具有造价低、安全性好、适应性强和便于施工组织等优点。该施工配套技术将为城市大型地下构筑物的建设提供新的设计与施工思路，因此，这两种施工方法在地下工程施工中具有广阔的应用、推广前景，尤其适用于在城市繁华地区、松散地质条件下的大型地下工程的施工。

（3）该两座车站采用的新技术包括：结构设计分析与试验技术、防排水设计与施工技术、关键工序施工技术、监控量测及信息反馈等多项先进技术。具体在结构形式、施工方法和防水工艺等诸方面都有所突破，在钢管柱节点和钢管柱精确定位技术上有所创新，在地模施工、高边墙基坑稳定及侧墙轨行式模板台车等关键技术上有所改进，形成了一套完整的地下车站设计施工综合配套技术。所建车站结构美观、不裂、不渗、不漏，具有广泛的代表性和极大的推广价值。

3. 主要获奖单位

中铁隧道集团有限公司、原铁道部隧道工程局勘测设计院、中铁隧道集团北京五处有限公司、中铁隧道集团二处有限公司。

9.1.3 重庆市轻轨较新线一期临江门车站工程（2005年第五届）

1. 工程概况

临江门车站位于重庆市渝中区商业步行街下，车站主体隧道沿邹容路走向布置，自邹容路青年路口起，到邹容路临江路口止，线路起讫里程为DK0+768～DK0+966，全长198m。工程全部位于地下，埋深10.5～14.5m。

在车站隧道洞室周围，分布着众多的人防地下洞室和高层建筑物，主要有时代广场、新世纪百货大楼、都市广场、世贸大厦及颐之时大酒楼、和平电影院等建筑物。其中世贸大厦高62层，桩底标高高出车站底板标高8.82m，位于隧道洞室的拱肩处，基础护壁距车站开挖边线最近处仅4.5m，纵向影响长度48m。车站主体洞室为等截面曲墙拱形衬砌，带仰拱。受曲线加宽的影响，车站主体洞室断面分为A、B、B1、C四种类型断面，最大宽度为23.04m，最大高度为19.885m，最大断面面积为421m^2。本车站为地下双层岛式站台车站，由上至下分别为站厅层、站台层。站厅层建筑面积为3890.9m^2，站台层建筑面积为1925.9m^2，站台下层建筑面积为1575.9m^2。

2. 科技创新与新技术应用

（1）大断面隧道开挖技术。临江门车站隧道的开挖中，运用双侧壁预留核心岩柱的开挖方法，成功地实现了断面面积达420m^{2}的大断面隧道的开挖支护。

（2）邻近高层建筑的微震爆破技术。临江门车站隧道位于重庆市渝中区解放碑商业步行街下，四周高层建筑林立，其中的世贸中心与车站隧道水平距离仅4.5m，要求控制爆破震速在 1.5cm/s 以内。施工中应用微震爆破技术，采用超前小导洞先行、预留光爆层光面爆破、密排空眼减震、非电不对称起爆网络等综合减震技术，实现了邻近高层建筑群的微震爆破开挖。

（3）大断面隧道全断面衬砌技术。隧道开挖面积达 420m²，为此研制了全断面整体式衬砌模板台车，并制定了相应的施工工艺，成功应用于此工程，实现了全断面一次衬砌，取得了良好的经济效益和社会效益。

（4）全面监控量测技术。鉴于此工程的复杂性，专门研究了全面监控量测技术，采用超前地质雷达进行超前地质预报，进行了地表沉降、拱顶下沉、边墙收敛等常规监测，同时进行了爆破震速的实测。此外，针对工程特点和难点，选取最关键断面进行了锚杆轴力、格栅拱应力、临时支撑应力、二次衬砌钢筋应力、喷射混凝土与围岩接触压力等项目的量测，有力地指导了施工生产，确保了工程安全。

3. 主要获奖单位

中铁隧道集团有限公司，中铁隧道集团三处有限公司，重庆市轨道交通（集团）有限公司，重庆交通科研设计院。

9.1.4 深圳市罗湖地铁枢纽工程（2007 年第七届）

1. 工程概况

深圳罗湖地铁枢纽工程位于深圳罗湖口岸 / 火车站广场，周边场地狭窄，紧靠火车站和罗湖商业城，总建筑面积为 53000m²。车站主体为双层钢筋混凝土框架结构；交通层主体为单层钢筋混凝土框架结构。枢纽工程由地铁罗湖站工程、地铁罗湖站上部的地下人行交通层工程、交通场站和市政道桥改造及管线迁改工程、环境景观工程四个建设内容构成。地下 3 层、地上 2 层，基坑开挖深度21m。其中车站层总长度 385m，总高度 13.24m，标准段宽度 33.95m；交通层总长度为 412m，高度为 8.0m，最大宽度为 112m。该地铁枢纽工程是一个以地铁站为核心，集口岸、火车站、的士站、大巴站、社会停车场站、休闲广场为一体的达到国际水准的交通枢纽中心，是目前中国已建成的最大最复杂的地铁枢纽工程。

2. 科技创新与新技术应用

（1）先进的综合规划设计。本工程由地铁罗湖站工程、地下人行交通层及平台层、地面广场、交通场站及市政道桥隧道工程、环境景观工程等部分构成，地下 3 层、地上 2 层，自下而上分层科学，建筑功能协调，建筑布局美观，景观自然，具有明显地方特色。工程结构庞大复杂，建成为 5 层立体交通体系。

（2）深基坑施工综合优化技术。该枢纽工程基坑深 21m，周长超过 1000m，地质条件复杂，地下水丰富，预埋管线多，场地狭小，周边环境复杂，施工难度大，施工单位因地制宜地采取了综合优化技术，把原招标的地下连续墙围护结构方案改为其他多种支护形式，包括可回收锚杆、喷锚支护，人工挖孔咬合桩等形式，为业主节省投资 2000 多万元。并在施工过程中采用信息化技术组织施工。确保了安全，缩短了工期。

（3）长超深地下混凝土结构抗裂和防水技术。采取了分缝、分块，构造钢筋布置，混凝土配合比，混凝土浇筑及养护，柔性防水等技术，保证了质量。

（4）建筑防水新技术。本枢纽工程采用以提高结构自防水性能为主，附加柔性防水层为辅，多道防线，层层设防的整体防水方案。柔性防水层采用全包防水结构。车站层结构底板和侧墙外侧采用 PVC 防水卷材，顶板采用聚氨酯防水涂料，PVC 防水板与聚氨酯防水涂料的过渡连接处采用聚硫密封膏；交通层结构底板也采用 PVC 防水卷材外包防水，侧墙采用聚氨酯防水涂料防水，顶板采用聚酯复合片材＋聚氨酯涂料防水。

3. 主要获奖单位

广东省基础工程公司、深圳市规划局、深圳市地铁有限公司、广东省源天工程公司、中国建筑第三工程局深圳装饰设计工程公司、中国国际工程咨询公司深圳地铁监理部、北京城建设计研究总院有限责任公司。

9.1.5　北京市地铁八通线工程（2007 年第七届）

1. 工程概况

八通线工程是北京市重点建设工程，西起朝阳区四惠站，东至通州区土桥站，为已建地铁 1 号线的东延伸线。正线全长 18.964km，其中高架线长 11.053km，地面线长 7.911km，全线共设 13 座车站，其中：四惠站、四惠东站位于 1 号线换乘的地面车站。在通州区土桥站东南部设车辆段一座，在四惠站上部建设指挥中心一座（工程总建筑面积为 405273m²）。全线工程总投资 34 亿元人民币，平均每公里 17928.79 万元人民币。

2. 科技创新与新技术应用

八通线的建设秉承了"以人为本、规划严格、技术创新、节能环保、经济实用、设备国产化"的理念。

第一条全面具有无障碍设施的地铁线，国内首次实现双线两站平行换乘，首次实现地铁与公交零距离换乘，低耗资、高效益。其主要创新点为：

（1）首次在国内城轨交通建设中大规模采用预制施工的预应力混凝土工形组

合梁；解决了以往铁路 T 形梁普遍存在的徐变上拱和轨道交通桥梁整体道床钢筋与梁体的连接问题。

（2）首次设计了 UPS 整合装置，并首次实现了电源开闭所下的双环网供电系统；UPS 整合装置将通信、信号、电力监控等系统各自需要的不间断电源装置进行整合，达到了电源资源共享目的，降低了投资，利于运营管理和维护；电源开闭所下的双环网供电系统，在 4 座电源开闭所之间建立了电源联系，实现双向供电功能，提高了全线供电系统的可靠性。

（3）首次设计了马赛克模拟盘与背投屏幕相结合的显示屏，模拟盘实现行车调度和电力调度功能，背投屏幕实现 CCTV 监视、火灾报警监视和突发事件下的指挥功能。

（4）在国内首次使用硅橡胶绝缘子，采用设计单位研究并申请专利的玻璃钢防护罩。硅橡胶绝缘子解决了地面线路瓷绝缘子因意外因素（如飞溅石子等）而损坏、地面环境温度变化梯度过大而产生纵向位移等问题，延长了产品使用寿命。

（5）首次在地铁建设领域引入虹吸式雨水系统、先进可靠的信号设备；使用了申报专利的新型扣件等专利技术。

3. 主要获奖单位

北京地铁京通发展有限责任公司、北京城建设计研究总院有限责任公司、北京市政建设集团有限责任公司、中铁一局集团有限公司、北京城建集团有限责任公司、中国铁路通信信号集团公司、中铁电气化局集团第一工程有限公司、南车四方机车车辆股份有限公司、中铁隧道集团有限公司。

9.1.6　深圳市地铁一期国贸至老街区间隧道及桩基托换工程（2007 年第七届）

1. 工程概况

深圳地铁一期工程国贸至老街段及桩基托换工程处于深圳市罗湖区人民南路至东门老街，由国贸站、老街站和区间隧道组成。国贸站建筑面积 11412m² （含风道），车站总长 164.4m。车站主体结构设计为地下三层两跨现浇混凝土框架结构，采用复合结构形式，顶、中、底板与内衬墙及围护结构形成一闭合框架结构，围护结构采用 800 厚地下连续墙。老街站建筑面积 11890m²。国贸—老街区间南段隧道全长 191.29m，总宽 7.1m。采用复合结构形式，顶、中、底板与内衬墙及围护结构形成一闭合框架结构；国贸—老街区间北段及桩基托换，分别为华中国际酒店桩基托换工程、百货广场大轴力桩基托换工程、国老区间北段明挖及暗挖隧道工程。

2. 科技创新与新技术应用

（1）暗挖区间隧道采用浅埋单洞双层重叠隧道技术，国内首例，该重叠隧道具有大断面、超浅埋、结构复杂、工程地质条件极为恶劣的特点，施工中必须确保周边建筑安全。尤其通过断层时，通过从地表对断层带实施深孔注浆加固及"长短结合"的小导管超前预支护等各类优化技术措施，安全穿越百货广场桩基托换区，地面百货广场建筑物沉降控制在 7mm，确保了暗挖隧道在该区段施工全过程中百货广场等建筑物处于安全受控状态。

（2）"大轴力桩基托换"创国内地铁行业桩基托换工程最大轴力新纪录，最大轴力达 18900kN。采用计算分析、试验研究和示范桩托换全过程监测分析的综合研究方法，攻克了一系列的技术难题。

（3）地铁 1 号线在该区间的最小半径由原方案的 250m 提高到 300m，还将线路缩减了 210m，降低投资。运营速度由 35km/h 可提高到 60km/h，改善了线路条件及运营条件，满足了深圳市地铁整体规划的要求，达到了协调和促进沿线区域发展的目的，同时也丰富了地下工程的设计及施工技术，为地铁或其他地下工程的选线、选址提供了更广阔的空间。

3. 主要获奖单位

中铁隧道集团有限公司、中铁隧道集团三处有限公司、上海市基础工程公司、深圳市地铁有限公司、铁道第二勘察设计院深圳设计分院。

9.1.7　北京市地铁 5 号线工程（2008 年第八届）

1. 工程概况

北京地铁 5 号线是北京轨道交通线网规划中南北向的轨道交通骨干线。南起宋家庄，北至太平庄。线路全长约 27.6km。全线共设 23 座车站，设太平庄车辆段、宋家庄停车场以及指挥中心。车站、车辆段总建筑面积 423846m²，全线工程总投资 129 亿元人民币。地铁 5 号线是北京市轨道交通的新起点，它不仅是北京市轨道交通的形象工程，更是奥运交通工程的重要部分。

5 号线的规划设计工作长达 15 年，按照"新建地铁要充分体现以人为本、符合现代化大都市水平特点"的指示精神，5 号线的设计充分体现了轨道交通奥运工程"绿色奥运、科技奥运、人文奥运"的设计理念。

5 号线沿线环境条件、地质条件复杂、管线与建（构）筑物众多，全线与已建或规划的 12 条轨道交通交叉、换乘。线路穿过 5 条河流，多处穿越地铁既有线、市政桥梁以及文物保护单位，工程设计难度极大。

地铁 5 号线在国内首次实现了开通即达到 4min 间隔、所有系统全部调试完成的高水平开通。地铁开通日半天即达到 34 万客流，至目前最高日客流已高达 80.2 万，超过国内其他线路开通初期的客流水平，充分发挥了骨干轨道交通的作用。通车运营以来，线路结构稳定，设备运行状态良好，满足设计及使用功能，质量总评为优良，是一条开通水平高、功能完整、安全快速、绿色环保的新线地铁。改变了人们的生活、出行方式，有效缓解了地面交通拥堵的状况，同时也带动了沿线地区经济发展，适应北京作为现代国际化大都市的发展需要，为"新北京、新奥运"做出了重要的贡献。

2. 科技创新与新技术应用

地铁 5 号线穿中心、过老城，工程难点大、风险多。

（1）5 号线工程在设计施工中有创新、有突破。如从现有线路不间断运营情况下，从环线隧道上方（如东单车站）下穿（如崇文门车站）；国内首次采用独塔双索面曲线斜拉桥作为轨道交通桥梁；国内首次研究并成功实施了单拱三跨暗挖车站隧道结构；首次在蒲黄榆车站实施大跨度单拱单柱双层岛式暗挖结构；首次全面开展北京地区特有地质条件下，地铁盾构隧道施工技术研究与成功应用，为北京地铁后续工程大量采用盾构施工奠定基础。

（2）系统设计充分体现人性化服务，轨道交通与公交衔接、导向标识、无障碍设施系统以及现代化装修达到国内先进水平。

（3）系统设备配置技术先进、安全、环保，达到国家对国产化的要求。首次采用了"新型闭式集成通风空调系统"，该系统已被授予国家发明专利，在通风季节能耗可以降低 28% 左右。

（4）设备系统的自动化管理水平有了大幅度提高。国内首次提出并成功实施的轨道交通网络指挥中心（TCC）、AFC 网络清算中心，集成了北京 14 条线路的控制，充分实现了资源的共享和集中管理。

（5）社会效益显著，得到运营公司的充分肯定，受到广大市民的好评，是目前我国开通水平最高、功能最完善的地铁。

经过近一年的运营，线路结构稳定，设备运行状态良好，满足设计及使用功能，质量总评为优良。北京地铁 5 号线在北京乃至全国城市轨道交通建设史上有着其重要的历史地位，是一个重要的里程碑。它是首条贯通北京南北的地下交通大动脉，在社会生活中发挥着越来越重要的作用，大大缩短了沿线居民的出行时间，减轻了地面交通的压力，节约了能源。

3. 主要获奖单位

北京市轨道交通建设管理有限公司、北京城建设计研究总院有限责任公司、北京市政建设集团有限责任公司、中铁隧道集团有限公司、中铁十六局集团有限公司、北京城建集团有限责任公司、中铁隧道勘测设计院有限公司、中铁电气化勘测设计研究院有限公司、北京建工集团有限责任公司、中铁一局集团有限公司、中铁大桥勘测设计院有限公司、深圳市利德行投资建设顾问有限公司、中铁电气化局集团第一工程有限公司、中铁二局股份有限公司、中国铁路通信信号上海工程有限公司、中铁十四局集团有限公司。

9.1.8 深圳市地铁 3 号线工程（2013 年第十一届）

1. 工程概况

深圳地铁 3 号线（又称龙岗线）分为一期工程和西延段工程两部分，线路全长约 41.7km，采取高架、地面、地下三种不同方式敷设，其中地下线 17.364km，高架线 21.809km，地面线（含过渡段）2.493km。全线车站 30 座，主变电所 2 座，车辆段和停车场各 1 座。该工程克服了敷设方式多样、地质条件复杂、工期紧等重重困难，突破了传统管理模式，大胆创新，在轨道交通建设中首次应用多项管理理念和技术创新成果，节省直接投资上亿元。在生态环保、节能减排、节约土地、降低运营成本等方面具有示范效应。工程于 2007 年开工建设，2011 年 6 月竣工，总投资 171.05 亿元。

2. 科技创新与新技术应用

（1）建成了全国首座双层车辆段，结束了车辆段只能平面布置的历史，节省土地高达 60%，把节约土地用于保障性住房建设和物业开发，综合开发总建筑面积达 70 万 m^2。

（2）地下车站结构采用"混凝土自防水叠合结构"，简化了工艺，提高了结构安全度和耐久性，节约投资。

（3）首次全线采用 DC1500V 接触轨牵引供电系统，提高了运营安全性，降低了运营维护成本，改善了城市景观。

（4）首次采用弱电系统后备电源集中供电系统，安全可靠，减少用房面积，每年节约运营维护成本高达 85%。

（5）地铁老街站为国内地铁最大的同站台换乘站，攻克了盖挖逆筑法、重叠隧道、桩基托换、下穿铁路桥、古河床等重大技术难题，节省了大量的拆迁费用。

（6）益田村地下双层停车场集无撑、无锚、环板逆筑、泄水减压、叠合结构混凝土自防水于一体的成功案例，减少了建材用量，节省投资 4500 万元，缩短工期 10 个月。

（7）首次在深圳地区采用单活塞风井作为地下站技术标准，减少投资 3692 万元。

（8）高架车站采用统一造型标准装修，合理规划绿化及车站公共艺术，为高架线路的应用树立了标杆。

3. 主要获奖单位

深圳市地铁三号线投资有限公司、中铁二院工程集团有限责任公司、上海市隧道工程轨道交通设计研究院、中国土木工程集团有限公司、中铁电气化局集团宝鸡器材有限公司、中铁第四勘察设计院集团有限公司、中铁隧道集团有限公司、中铁十三局集团有限公司、中铁十六局集团有限公司、中铁二局股份有限公司、浙江众合机电股份有限公司、中铁隧道集团三处有限公司、铁四院（湖北）工程监理咨询有限公司、深圳达实智能股份有限公司、深圳星蓝德工程顾问有限公司、汕头市达濠市政建设有限公司。

9.1.9　北京市地铁 4 号线工程（2013 年第十一届）

1. 工程概况

北京地铁 4 号线贯穿北京市区南北，是北京轨道交通路网中又一条贯通南北的骨干线，同时也是国内一次建成并通车运营地下线长度最长的地铁。其正线全长约 28.165km，共设 24 座车站，除安河桥北站为地面站外，其余均为地下站；沿线共设换乘站 11 座，可与 10 条建成或在建地铁线换乘；设车辆段、停车场各 1 座；全程运行时间为 48min。

工程于 2003 年 12 月开工建设，2009 年 2 月 28 日各系统设备联调，2009 年 9 月完成竣工验收并通车试运营，总投资 153.85 亿元，是国内第一条实现开通即达到 3min 运营间隔全线自动驾驶模式高水平开通的地铁线路。

自开通至今，4 号线日均客流近 70 万人次，最高日客流量达 116 万人次。尤其是 2010 年 12 月 30 日与大兴线贯通运营后，其日均客运量已达到 88 万人次，与开通初期相比增长了 71%。目前，全线日均进、出站量前三位的车站为北京南站、动物园站和中关村站，其中北京南站最高日进、出站量已经接近 14 万人次，比开通初期的 4.7 万人次增长了 198%；换乘量前三位的车站为西直门站、西单站、宣武门站，其中西直门站的最高日换乘量已达 24.4 万人次。

2. 科技创新与新技术应用

（1）该工程是北京轨道交通线网中客流量较大的骨干线路，途经北京市中心区，工程环境复杂，地面建筑林立，交通繁忙，地下管线密布，多次穿越铁路、地铁、河流。线路穿越松散软弱复杂多变的第四纪地层，同时地下水位高。

（2）该工程是国内首个采用 PPP 投融资模式建设管理的城市轨道交通工程，引入中国香港地铁管理模式，将一个完整的工程项目在物理上划分成两个部分，A、B 部分工程的界面衔接及接口管理使得项目的投融资模式和项目管理模式成为国内首创。

（3）乘客信息系统采用全新的地铁视频媒体五屏环和轨旁高清电视、无障碍系统设计等都体现了"人文地铁"特色。

（4）海淀黄庄站采用扣拱法施工，实现了一次暗挖修建十字换乘车站，创国内领先水平。

（5）创造了新建暗挖站整体下穿既有地铁站的国内先例。

（6）全面系统结合沿线环境情况开展轨道减振降噪技术综合设计，首次对低频振动采用了有效措施，创国内先进水平。

（7）全线一次性开通，实现了高峰时刻 3min 行车间隔，创国内纪录。

（8）采用盾构隧道与矿山法隧道交叠穿越技术。

（9）首次实现了两线同站台换乘等新技术。

3. 主要获奖单位

北京市轨道交通建设管理有限公司、北京市市政工程设计研究总院有限公司、北京市政建设集团有限责任公司、北京城建集团有限责任公司、中铁十四局集团有限公司、北京城建设计研究总院有限责任公司、中铁三局集团有限公司、北京城乡建设集团有限责任公司、中铁十三局集团有限公司、中铁隧道勘测设计院有限公司、北京京港地铁有限公司。

9.1.10　沈阳市地铁 1 号线工程（2013 年第十一届）

1. 工程概况

沈阳地铁 1 号线工程西起沈阳经济技术开发区十三号街，东至大东区黎明广场，横贯沈阳市六个区，全长 27.841km，总建筑面积 56.0557 万 m²，全部为地下线路。包括 23 个区间（含 2 个站后区间）、22 座车站、两座主变电所、一座控制中心和一处车辆段与综合基地。其中明挖车站 11 座，盖挖（局部盖挖）法修建 6 座，暗挖（局部暗挖）法修建 5 座；浅埋暗挖区间 9 个，长 8.3km，盾构区间 9 个，长 10.6km，明挖区间 5 个，长 5.1km。

全线铺设正线轨道 57km、道岔 29 组、交叉渡线 3 组；铺设车辆段轨道 14.8km、道岔 45 组、交叉渡线 1 组。全线挖掘土方 103.6 万 m³，使用钢材 25.5 万 t、混凝土 131.8 万 m³。

工程于 2005 年 11 月 18 日开工建设，2010 年 8 月 30 日竣工，总投资 105.24 亿元。

2. 科技创新与新技术应用

（1）大量采用施工技术难度大、工法先进科学的暗挖法修建地下车站，结构形式多样，把地面拆迁工作量减至最低，把对交通和环境的影响降至最小。开挖宽度均在 20m 以上，最大开挖宽度达到 26.7m，创国内地铁施工之最。

（2）施工单位联合设计、业主和大学科研院所进行科技攻关，提出"区域群井"降水理念和动态降水管理模式，减少了降水对沉降的影响，节省了费用和时间。

（3）攻克地铁群洞结构的施工技术难题。

（4）盾构掘进技术取得突破：①盾构利用车站风道下井、始发施工工法为国内首创；②盾构在暗（盖）挖车站调头和始发，技术达到国际领先水平；③在不限速和对铁路线路不加固的条件下，盾构下穿铁路火车站和铁路区间的施工技术具有创新性；④盾构机在大粒径砾石含量超 40% 的砂砾层中连续掘进 1526m 不换刀，创国内最高纪录。

（5）创新性的工程安全监督技术为地铁施工保驾护航：建立安全保障体系，采取现代化管理手段和先进设备仪器，加强对施工结构和地质变化监测，建立专家系统，进行信息管理，及时解决风险问题，使工程始终处于受控状态。

3. 主要获奖单位

中铁四局集团有限公司、中铁九局集团有限公司、沈阳地铁集团有限公司、铁道第三勘察设计院集团有限公司、华铁工程咨询有限责任公司、中铁七局集团有限公司。

9.1.11　北京市地铁大兴线工程（2014 年第十二届）

1. 工程概况

北京轨道交通大兴线是一条位于城市南部，整体呈南北走向的线路，连接丰台、大兴两个行政区，与 4 号线贯通运营，共同构成一条北京市南北向客运骨干线路。北京地铁大兴线线路起点为地铁 4 号线公益西桥站南侧接轨点，终点为大兴区天宫院站。正线线路全长 21.8km，其中地下线 17.5km，高架线 3.6km，过渡段 0.7km。全线共设车站 11 座（地下站 10 座，高架站 1 座），线路南端设车辆段 1 处，控制中心设在小营指挥中心。

设计最高运行速度 80km/h，设计旅行速度 40km/h。采用 B 型车 6 辆编组，系统最大通过能力按每小时 30 对设计;采用全线大交路及小交路相结合运营，初、近、远期最小行车间隔为 2.5min、2.1min、2.0min。设计远期最大高峰小时断面流量为 2.74 万人 /h，日客运量 38 万人次，年客运量 13921 万人次。

工程于 2008 年 2 月 12 日开工建设，2010 年 9 月 28 日竣工，总投资 114 亿元。

2. 科技创新与新技术应用

（1）一体化设计。大兴线有 6 座车站建筑方案采用地上地下空间及交通衔接一体化设计，提升车站使用功能和土地利用价值。车站与城市建设结合完美，出入口风亭、交通接驳设施与城市景观建筑紧密结合，全线分别在新宫和天宫院设两处 P+R 停车场，人性化设计非常突出。

（2）施工技术创新。黄村火车站—义和庄站区间下穿黄村火车站轨行区 12 股道，盾构覆土厚度 11m，穿越影响范围 130m。成功穿越后轨面最大沉降仅 5mm，创造了新的工程纪录。跨京开高速公路桥梁采用主跨 85m 钢混结合梁，最大单段运输长度 33m，最大单段运输重量达 230t。其主跨长度、单段运输和吊装重量在城市轨道交通方面均创下了国内新纪录。

（3）大兴线每座车站均引入了公共艺术品装饰，使城市轨道交通在承担公共运输功能的同时传承历史文脉，传达城市形象的重要场景空间。

（4）大兴线建成后一次性全功能开通基于无线通信的移动闭塞 ATC 系统，并实现了与 4 号线的贯通运营，开通后高峰期最小发车间隔 2.5min。开通运营后两年来，服务水平超过国家标准，安全运营状况良好，取得了良好的社会评价和经济社会效益。

3. 主要获奖单位

铁道第三勘察设计院集团有限公司、北京市轨道交通建设管理有限公司、北京住总集团有限责任公司、中铁二局股份有限公司、中铁十八局集团有限公司、中铁隧道集团有限公司、北京市市政工程设计研究总院有限公司、北京建工集团有限责任公司、北京城建设计发展集团股份有限公司、中铁电气化勘测设计研究院有限公司、北京市政建设集团有限责任公司。

9.1.12　北京市地铁 10 号线国贸站工程（2014 年第十二届）

1. 工程概况

北京地铁 10 号线国贸站为一座与地铁 1 号线换乘的大型换乘车站，车站处在北京市 CBD 核心区域东三环中路与建外大街交叉口处，呈南北走向，按分离岛式车站设计，复合式衬砌结构。其主洞室设计长度 131.2m，最大单跨开挖宽度 15.15m，高度 19.386m。两个主洞室之间内接两个客流通道与一个设备联络通道，外连东北、西北和南侧三个风道，共设东北、西北（AB）、东南四个出入口以及一个换乘通道。总建筑面积为 18955.8m²。

国贸站位于国贸立交桥下，桥桩密集，管线密布，设站条件非常苛刻，周边环境条件特别敏感。国贸站是首次在桥区采用浅埋暗挖法修建的大型地铁车站，主要采用洞桩法、CRD 法与台阶法进行施工。站址处工程地质与水文地质条件复杂，结构上方上层滞水饱和，拱部多为中细砂与粉细砂，受动荷载影响明显，车站开挖成拱条件极差，施工难度极大，工程风险极高。

工程于 2004 年 3 月开工建设，2008 年 4 月竣工，总投资 2.5 亿。

2. 科技创新与新技术应用

（1）设计思路新颖，首先提出在桥桩密集区域采用分离岛式车站的设计理念。车站处于地面交通繁忙的东三环路下，不允许断路，且地下管线密布，无法采用明挖法施工，即使采用了浅埋暗挖法施工，在桥区也无法采用传统的三跨二柱式结构方案。分离岛式车站将整体车站一分为二，分别设在两排桥桩之间，既可实现设站的要求，又可不拆桥桩，不影响立交桥的正常运行，与错开的侧式车站相比缩短了车站长度，可大大方便乘客的通行。

（2）实行全方位、全过程的风险管理。国贸站周边环境复杂，地铁车站施工直接影响立交桥和既有地铁线路的运营安全，风险极大。在对立交桥进行动态诊断的基础上，根据立交桥的健康状况，创造性地提出市政桥梁采用"分级、分区域、分阶段"控制沉降的概念及具体保护措施。国贸站风险管理的实施，直接引导和推动了北京地铁乃至全国地铁建设中"风险管理体系"的形成和建立。施工过程中国贸立交桥始终畅通无阻，确保了奥运会的顺利进行。

（3）在桥桩加固体和隔离保护中首次采用复合锚杆桩保护技术，即在地面向下施作特制的长锚杆，然后从锚杆孔进行深孔劈裂注浆，达到加固桥桩周围土体，又能隔断洞室开挖变形的传播。该技术不仅克服了传统隔离技术在此无法实现的难题，且成本低、工期短、施作方便。

（4）做到了动态设计，信息化施工。由于国贸站为群洞组成的复杂结构体系，且各洞室埋深差异大，施工时间和顺序各不相同，因此，受力转换频繁，群洞效应明显。施工过程中，通过严密的施工监测和信息实时反馈，进行了施工动态设计，指导了施工措施和施工工艺的调整和优化，确保了施工质量和安全。

（5）首次在地铁车站中采用光栅传感器和光纤光栅—纤维复合筋对车站结构进行长期的健康监测，并建立了"车站结构健康评价体系"，为长期的运营维修提供了科学依据。

3. 主要获奖单位

中铁十六局集团有限公司、铁道第三勘察设计院集团有限公司、北京地铁监理公司、中铁四局集团有限公司。

9.1.13　深圳市地铁 5 号线工程（2015 年第十三届）

1. 工程概况

深圳地铁 5 号线西起前海湾，东止黄贝岭，穿越宝安、南山、龙岗、罗湖四区，全长 40.001km，其中地下线路 35.942km，高架线路 3.283km，过渡段 0.776km；

设车站 27 座，其中高架站 2 座，地下站 25 座。设塘朗车辆段、上水径停车场各一处，西丽主变电所 1 座；采用"投融资—设计施工总承包—回报"的 BT 模式，是国内城市轨道交通建设中一次建成单条线路最长的地铁工程。

车站工程：高架站结构采用"站桥合一"的形式，基础采用钻孔灌注桩基础，主体结构采用钢筋混凝土框架结构，顶层屋面结构采用轻型钢网架结构或门式钢架结构体系；地下站采用了明挖法、半盖挖法、盖挖法和暗挖法，围护结构主要采用钻孔灌注桩 + 旋喷桩和地下连续墙，采用结构自防水 + 全外包防水。

区间隧道：盾构隧道采用直径 6250mm 的复合式土压平衡盾构机掘进，盾构管片设计外径 6m，采用 C50 防水混凝土，抗渗等级 ≥ P10，管片迎土面设防水、防腐涂层，接缝设密封垫。矿山法隧道采用全断面法、台阶法、CD 工法、CRD 工法、偏洞法、中洞法和双侧壁导坑法，辅助工法采用超前小导管注浆、全断面帷幕注浆加固、地表深孔注浆加固、大管棚等；矿山法隧道二衬采用 300mm 厚钢筋混凝土结构，在初支和二衬之间设全包防水层。

工程于 2007 年 12 月开工建设，2011 年 5 月竣工，2011 年 6 月开通试运营，总投资约 200.6 亿元。

2. 科技创新与新技术应用

（1）全国首次全线成功实施地铁建设 BT 模式，在地铁建设中对 BT 模式下的投融资、设计施工一体化管理等进行了诸多探索与实践，极大提升了建设管理效率和效益，带动了国内地铁建设模式的多元化拓展。

（2）地铁建设与周边用地、地下空间综合开发效果显著，新提供（节约）城市建设用地超过 32hm^2，实现了地铁功能、物业开发、环境友好的"三位统一"。

（3）海积淤泥地层深基坑成套施工技术：形成了深基坑在深厚填石、海积淤泥地层施工中对淤泥锁定、基坑稳定、变形控制等成套技术，为前海自贸区内工程建设提供了借鉴。

（4）首次全面开展了深圳地区特有地层条件下盾构施工技术研究，形成了盾构在海积淤泥（填石）地层、上软下硬、孤石、硬岩等复杂地层中的成套施工技术，并攻克了小净距斜穿高速铁路、长距离盾构空推、下穿建筑物沉降控制等技术难题。

（5）设备管线综合设计技术：首次在深圳地铁采用综合支吊架系统，不设吊顶；车站各种设备管线统筹考虑，进一步节省了车站空间，车站内部景观得到了改善，并为运营以后的设备管线维修更换提供了更好的操作空间。

（6）首次提出了列车动载偏压荷载作用下基坑围护结构荷载和位移模式，提出了针对性的基坑支护设计和施工技术，确保了基坑和运营铁路安全，研究成果达到国际先进水平。

（7）自主创新地铁建设工程系统化管理技术及信息化技术，实现施工全过程数字化管理，其中工程项目管理子系统为国内首次。

（8）首次提出适合深圳地区的岩石分类理论和富水复合地层浅埋暗挖地铁隧道施工沉降规律，研究应用了小净距上下重叠隧道、区间风道洞室群等施工沉降控制技术，保证了工程优质、安全和高效施工。

3. 主要获奖单位

中国中铁股份有限公司、深圳市地铁集团有限公司、中铁建设投资集团有限公司、铁道第三勘察设计院集团有限公司、中铁一局集团有限公司、中铁二局股份有限公司、中铁四局集团有限公司、中铁隧道集团有限公司、中铁七局集团有限公司。

9.1.14　北京市地铁 9 号线工程（2015 年第十三届）

1. 工程概况

北京地铁 9 号线作为一条纵贯京城西部南北走向的骨干线，全长 16.5km，主要经过丰台科技园、六里桥客运交通枢纽、北京西客站、中华世纪坛、玉渊潭公园以及国家图书馆等重要区域。沿途与地铁 4 号线、1 号线、6 号线、10 号线、房山线等 9 条地铁线连通，实现交叉换乘。

全线均为地下线，包含车站、区间、车辆段及轨道、车辆、通信、信号、供电、无障碍设施、消防、屏蔽门、电梯、通风空调、自动售检票、综合监控等系统。

9 号线全线位于永定河冲洪积扇的西部，线路穿越的地层主要为卵石层、砾岩层及其交汇层，地层间富含大粒径、高强度、不规则分布的卵漂石，给采用盾构、暗挖、明挖等工法的工程施工带来了极大困难，施工难度国内外罕见。同时，地铁需下穿 3 项特级风险源、47 项一级风险源，施工过程中克服了上述种种困难的叠加影响，创造了多项施工先进技术。

工程于 2008 年 1 月 18 日开工建设，2011 年 12 月 23 日和 2012 年 12 月 28 日分段竣工，总投资 129.35 亿元。

2. 科技创新与新技术应用

（1）富含大粒径漂石地层中采用盾构施工，在盾构机面板类型和开口率、刀具配置、渣土改良、刀具检查更换、大粒径漂石处理等方面均有所创新和突破，推动和丰富了我国乃至国际富含大粒径漂石地层盾构机制造、施工等技术的发展，达到了国际领先水平。

（2）针对 9 号线工程砂卵石及砾岩地层的特点，以安全、高效、技术先进、经济合理为核心，围绕勘察、土建施工的关键技术环节，系统深入进行了明挖法、矿山法和盾构法三大工法及地层勘察的技术集成与提升，实现地铁施工技术的创新与突破，为北京和我国地铁工程发展提供了技术支撑和技术示范。

（3）国内首次采用了装配式铺盖体系，在铺盖体系设计、铺盖装置制造、快速安装和拆除等方面进行了探索，取得了技术突破。

（4）本线建设在车站与周边土地开发一体化设计、车站与枢纽结合以及车辆基地上盖开发设计方面为北京地铁一体化设计开创了先例，为后期地铁工程一体化规划、设计和建设积累了宝贵的经验，探索并总结出一整套可行的决策和操作程序。

（5）本工程为北京市轨道交通首条节能示范线，在再生制动能量回馈技术、通风空调变频技术、节能坡设计等节能技术和措施应用等方面，取得了显著的效果。

3. 主要获奖单位

北京市轨道交通建设管理有限公司、北京城建设计发展集团股份有限公司、北京城建集团有限责任公司、北京市政建设集团有限责任公司、中铁十四局集团有限公司、中铁十二局集团电气化工程有限公司、北京地铁监理公司、中铁一局集团有限公司、北京建工集团有限责任公司、中铁十九局集团有限公司、中铁二局股份有限公司、中铁三局集团有限公司、中铁上海工程局集团有限公司、中铁十一局集团有限公司、中国铁路通信信号上海工程局集团有限公司、中铁电气化局集团有限公司。

9.1.15 南京市地铁 10 号线穿越长江盾构隧道工程（2015 年第十三届）

1. 工程概况

该工程位于南京市浦口区，是国内首座采用单洞双线方案过江的城市地铁盾构隧道，隧道全长 3600m。采用直径 11.64m 泥水盾构一次掘进施工；工程特性主要为穿越砾砂、卵石圆砾等强透水地层，其中江中段长 2300m，最大埋深达 58m，隧道先后下穿自来水厂、临江鱼楼、长江大堤、江心洲民房建筑群等重要建（构）筑物。

隧道线路最大坡度达 28‰，由于隧道的高水压特性，盾构机采用 4 道盾尾密封刷。与普通小直径和短距离的隧道相比，该越江隧道直径超过 10m、隧道长度大于 1500m，为典型的长大盾构隧道。盾构掘进时其水土压力高达 6.5kg/cm^2（0.65MPa）；独头掘进一次穿越长达 1760m 的卵砾石层；穿越长江冲槽段覆土深度仅 10.4m，挑战了水下大直径泥水盾构施工的极限。

工程于 2010 年 12 月开工建设，2014 年 3 月竣工，总投资 8.57 亿元。

2. 科技创新与新技术应用

（1）首次利用离散元技术准确预测卵砾石地层中刀具的磨耗与刀具的使用寿命，创新性地提出了多层次的常压可更换刀具的配置技术。

（2）创新研发了 10m 级盾构机小空间常压换刀技术和装置，为高水压、强透水、高磨耗的卵砾石地层中盾构常压换刀作业的人员和工程安全提供了可靠的技术保障。

（3）首次形成了高水压卵砾石地层大直径泥水盾构施工综合施工技术；首次运用系统学理论和模糊数学方法针对单洞双线大直径泥水盾构隧道洞内运输系统中人、机、环境诸因素进行影响评价，形成了单洞双线盾构隧道洞内快速运输管理技术。

（4）解决了高水压、强透水、卵砾石地层中大直径泥水盾构独头一次掘进施工的世界性技术难题，提升了我国在大直径地铁过江盾构隧道施工领域的领先地位。

3. 主要获奖单位

南京地铁集团有限公司、中铁十四局集团有限公司、中铁第四勘察设计院集团有限公司、上海市隧道工程轨道交通设计研究院、上海建通工程建设有限公司、建基建设集团有限公司。

9.1.16 北京市轨道交通亦庄线工程（2015 年第十三届）

1. 工程概况

亦庄线是连接北京市中心城和亦庄新城的轨道交通线，是典型 TOD 线路。起点为丰台区宋家庄站，经朝阳区、大兴区、亦庄开发区、通州区，终点为通州区台湖亦庄火车站。全长 23.3km，两端地下，中间高架，地下线路长约 8.7km，高架线路长约 13.8km，共设车站 14 座，其中地下站 6 座，高架站 8 座。设宋家庄停车场和台湖车辆段。DC750V 接触轨供电，设计旅行速度 40km/h，单一交路运营。初、近、远期最小行车间隔为 4min、2.5min、2.5min，预留 2min 能力。亦庄线土建结构及部分设备系统采用 BT 投融资建设模式，融资规模到目前为北京市轨道交通建设中最大项目。实现了轨道交通关键设备国产化，是第一条国产CBTC 信号系统的示范线；国内首次实现了站前折返 2min 行车间隔。

初期设计客流 13.65 万，自 2010 年 12 月开通已四年，目前日均客流达 18 万人，线路结构稳定，设备运行状态良好，满足设计和使用功能。

工程于 2008 年 5 月开工建设，2010 年 12 月竣工，总投资约 110 亿元。

2. 科技创新与新技术应用

（1）依据交通引导发展的规划设计理念。亦庄线途经小红门、旧宫等城乡接合部，促进城乡一体化发展，途经开发区及次渠地区实现城乡规划和 TOD 理念。

（2）国内首个具有完全自主知识产权的 CBTC 核心技术及系统装备实际应用示范线。依托亦庄线工程，完善了自主创新的国产信号系统，建成了安全认证体系，制定了相应规范和标准，掌握了轨道交通信号系统高端核心技术，形成了产业化。

（3）综合监控系统软件等关键系统实现国产化，通过计算机硬件和软件的资源共享，实现了系统结构、设备管理及维护的最优组合设计；提高了地铁的运营管理水平，为后期维护、升级带来了便利。

（4）国内首次在线路开通时同步实现了完善的交通衔接功能。全部车站进行了交通接驳设计并实施。衔接涉及与站外交通设施的接驳换乘，步行和集散广场、自行车停车场、公交停靠站位置、公交场站、出租车停靠站位置、小汽车（P+R）等。

（5）高架桥整孔运架以及运梁车通过小半径曲线施工技术：专门设计制造配套的 450t 级轮胎式提梁机、轮胎式运梁车、运架分离两点式架桥机完成了箱梁的安装施工，国内首次顺利完成了 400t 梁在最小 600m 半径段预制梁的架设，并安全通过 450m 半径段。

（6）首次将双曲面球形减隔振支座技术应用到铁路桥梁中。设计在罕遇地震的动力作用下桥墩结构受力明显降低，理论上的减震率可达到 86%；在不增加桥墩尺寸和配筋的条件下，采用减隔震支座代替普通抗震支座获得较好的工程效果。

（7）首次在小半径隧道始发采用割线始发，盾构始发位于半径为 275m 的缓和曲线上。

（8）国内首次在运营高速铁路下修建地铁车站，穿越高铁高压止水帷幕施工技术，隔断外围水源补给，形成帷幕止水隔水，避免了原基坑外降水在桥桩位置处形成降落漏斗，引起桥桩沉降；深基坑采用了二重管双液化学注浆方法对桥桩周围土体进行加固，确保其稳定、安全。

3. 主要获奖单位

北京市市政工程设计研究总院有限公司、北京市轨道交通建设管理有限公司、北京城建轨道交通建设有限公司、北京城建集团有限责任公司、北京城建设计发展集团股份有限公司、北京交控科技有限公司、中铁第五勘察设计院集团有限公司、中铁四局集团电气化工程有限公司、北京建工集团有限责任公司。

9.1.17　上海市轨道交通 16 号线工程（2016 年第十四届）

1. 工程概况

上海市轨道交通 16 号线是轨道交通网络中构成线网主要骨架的 4 条市域线之一。线路连接临港新城与市中心，起于龙阳路站，止于滴水湖站，全长

58.96km，其中地下线 13.69km，高架线长 45.27km。设车站 13 座，地下站 3 座，高架站 10 座，与网络中 6 条轨道交通线路换乘，设 3 座换乘车站。车辆最高运行速度 120km/h，采用初期 3 节编组、近期 3、6 节编组、远期 6 节编组的直流 1500V 接触轨供电 A 型车，初期配属车辆 46 列 /138 辆。设川杨河定修段 1 座，与 11、13 号线川杨河车辆基地共址，占地 67.35hm^2，其中 16 号线部分占地 23.6hm^2。设置北停车场 1 座，占地 25.01hm^2。设主变电站 3 座、控制中心 1 处，并纳入既有隆德路控制中心统一调度管理。全线设有供电、通信、信号、综合监控、自动售检票、防灾报警、安全门等机电系统。

国内现行规范只适用于时速 100km 以下的轨道交通，本工程汲取以往地铁工程建设经验，以最高时速 120km 的轨道交通设计、建设及装备开发作为攻关目标，针对长距离、大运能、高速度带来的运营模式、授流方式、车辆研制、土建实施等重大技术难题，在新系统、新技术、新工艺、新设备等方面开展研究并形成系列创新成果，体现了我国同期轨道交通建设的先进水平。

工程于 2010 年 3 月开工建设，2014 年 12 月竣工，总投资 181.6 亿元。

2. 科技创新与新技术应用

（1）研制了速度等级 120km/h、采用直流 1500V 接触轨供电的 A 型车。

（2）首次在城市轨道交通中采用快慢车组合及灵活编组运营组织模式。

（3）研发了速度等级 120km/h 直流 1500V 钢铝复合接触轨供电成套技术。

（4）研发了轨道交通高精度测量和预制板式道岔系列技术。

（5）研发了轨道交通地下区间单洞双线大盾构隧道的成套设计施工技术。

（6）研发了深基坑移动支撑成套设计施工技术。

（7）研发了高架区间先张预应力混凝土 U 形梁的成套设计施工技术。

（8）在国内轨道交通工程中研发了大跨 V 形墩钢构桥"墩底先铰支后固结"的全新构造及"墩底顶推跨中合龙"的施工技术。

3. 主要获奖单位

上海申通地铁集团有限公司、上海轨道交通十六号线发展有限公司、上海市城市建设设计研究总院（集团）有限公司、上海黄浦江大桥建设有限公司、上海隧道工程股份有限公司、中铁电气化局集团有限公司、中国铁路通信信号股份有限公司、中铁七局集团有限公司、中铁二十三局集团有限公司、中铁十一局集团有限公司、中车株洲电力机车有限公司、上海建工四建集团有限公司、中铁二十四局集团有限公司、上海公路桥梁（集团）有限公司、上海城建市政工程（集团）有限公司、上海市基础工程集团有限公司、上海建工材料工程有限公司。

9.1.18　北京市地铁 15 号线工程（2016 年第十四届）

1. 工程概况

北京市地铁 15 号线始于清华东门，贯穿城区北部，终至顺义俸伯，连接了北京高校区、奥运区、望京地区、新国展、首都机场服务区等大型功能区，加强了顺义新城与中心城区的联系，是北京城市轨道交通网络中一条重要骨干线路。

线路全长 41.4km，设车站 20 座，其中地下站 16 座，高架站 4 座。与 5、8、13、14 号线及规划 S6 线、昌平线南延等线路 7 次换乘。设置马泉营车辆段、俸伯停车场。

15 号线工程采用 6B 编组，最高时速 100km/h；牵引供电采用 DC750V 接触轨；地下站采用屏蔽门系统，高架站采用全高安全门；远期最小行车间隔 2min，高峰小时运能为 4.4 万人次。

15 号线中段（长约 20km）从设计到开通仅用两年时间，实现了全功能、高水平通车运营，创造了国内行业最快纪录。开通至今，线路及设备系统运行稳定，累计运送旅客约 2.9 亿人次。

工程于 2009 年 3 月开工建设，2014 年 12 月竣工，总投资 224.16 亿元。

2. 科技创新与新技术应用

（1）首次研发了暗挖小导洞内大直径成桩施工装备，攻克了地下暗挖小导洞内大直径成桩重大技术难题，形成了预支撑密贴下穿工法，成功应用于奥林匹克公园暗挖站长距离安全下穿城市道路隧道，最终沉降仅为 23.5mm。为复杂环境条件下修建地铁车站探索了新的方法、技术和手段。

（2）首创钢桁架双吊杆悬挂体系，解决了地面无支撑条件加宽站台的技术难题。在未中断运营的前提下将大屯路东站既有站台由 3.5m 加宽至 9.8m，为后续运营线高架站改造积累了技术储备。

（3）首次在六道口站及相邻区间全面采用非降水暗挖工艺，开创了北京地区非降水暗挖施工的先例，节约地下水约 400 万方，有效保护了地下水资源。

（4）首次提出并应用"空间规划"概念，统筹建筑、装修、管线综合等专业，在建筑体量不变的前提下创造出站厅、站台高大空间，改善了传统地铁车站扁平压抑的空间视觉效果，提升了乘客舒适度。为地铁车站在有限结构内拓展公共空间尺度做出了探索。

（5）高架站创新采用全封闭鱼腹岛式站台，实现了候车区与轨行区隔离，避免了风沙雨雪影响，改善了乘车环境，缩小了建筑体量，节能效果显著。

（6）研发了具有自主知识产权的综合监控系统软件，打破了国外软件平台的垄断，提升了运营调度管理水平，已在昌平线、14号线、16号线等多条线路上推广应用，推动了自动化控制系统国产化创新。

（7）创新采用了两路交流直供、一路UPS直流备用、分级切载的后备电源系统整合方案，优化了电池配置，减少了充放电次数，延长了电池寿命，整合了维护资源，为地铁后备电源设置提供了新思路。

（8）针对沿线环境对运营振动的高要求，创新采用了地下碎石道床以及隔振器＋碎石道床综合减振技术。

3. 主要获奖单位

北京城市快轨建设管理有限公司、北京市市政工程设计研究总院有限公司、中铁电气化局集团有限公司、北京建工集团有限责任公司、中铁电气化勘测设计研究院有限公司、北京市政建设集团有限责任公司、北京住总集团有限责任公司、中铁三局集团有限公司、中铁十八局集团有限公司、中铁隧道集团有限公司、北京城建设计发展集团股份有限公司、中铁第五勘察设计院集团有限公司、中铁隧道勘测设计院有限公司、中铁通信信号勘测设计（北京）有限公司、北京市建筑设计研究院有限公司、北京城建勘测设计研究院有限责任公司、北京建工建筑设计研究院、中铁华铁工程设计集团有限公司。

9.1.19 深圳市地铁2号线工程（2016年第十四届）

1. 工程概况

深圳地铁2号线工程是深圳举办2011年世界大学生运动会开闭幕式和重要赛事的后海春茧体育场的交通保障设施，起自赤湾站，终至新秀站，设29座地下车站，线路全长35.787km，分初期和东延段两期建设。

初期工程起自蛇口赤湾站，终至世界之窗站，共设12座地下车站，线路全长15.131km；东延线工程，起自初期工程终点世界之窗站北端，终至新秀站，设17座地下车站，全长20.65km。

线路穿越南山、福田、罗湖中心区，工程环境条件复杂，沿线工程地质岩层起伏较大、地层软硬不均（既穿越了淤泥软弱地层，也穿越了微风化花岗岩层），穿越填海区长度达7km以上，8次下穿既有运营地铁的线路，是国内目前在填海区下穿最长、实施难度最大的地铁线路。

初期工程于2007年6月13日开工建设，东延线工程于2008年6月开工建设，2011年6月28日竣工全线开通运营，总投资193.5亿元。

2. 科技创新与新技术应用

（1）建设管理理念和可持续发展设计理念创新。采用项目负责制的模式，实现全过程项目管理创新；推行内地首个实现上盖物业销售；在商业中心设置车站引入 TOD 设计，与地面物业合建风亭、冷却塔；车站设置艺术墙，创地铁车站文化和人文氛围之先河。

（2）长距离穿越填海区及复杂地层下的盾构机选型等综合新技术。创新了软弱地层深基坑支撑、盾构井环框梁、多联体桩挡土墙设计施工新技术；盾构机选型综合新技术及高强度硬岩预爆及盾构空推技术，形成了上软下硬复合地层条件下盾构施工成套技术与工艺；在软弱淤泥地层填海区盾构机选型、盾构始发及联络通道土体加固新技术及换刀加固技术，形成了抛石挤淤地层条件下一套长距离穿越填海区安全施工的成套技术。

（3）盾构隧道下穿地铁运营线路综合施工控制创新技术，保证运营安全第一的管理理念。通过盾构隧道掘进测量和参数控制与运营线路检测联动，实现了小角度、近距离下穿既有运营线路隧道的盾构机选型以及施工安全进度检测的全套设计施工技术，保障了施工安全及地铁线路正常运营，建立了深圳地区复杂环境下盾构下穿运营线路隧道微扰动掘进技术、地层加固技术、掘进控制技术、安全控制技术体系的安全控制关键技术及指标体系、安全生产管理制度体系、施工安全技术保障预控体系、安全应急预防体系等盾构隧道下穿既有线施工和运营安全控制成套技术体系，该体系已全部纳入深圳市地铁建设标准和设计指引。

（4）创新实现了绿色环保、低碳节能综合技术创新。首次系统地采用全线车站照明和列车智能照明控制的 LED 绿色节能照明；实现空调系统地综合节能控制；实现隧道机械通风按隧道温度节能模式控制；列车首次采用铝基板陶瓷喷涂侧墙墙板环保节能新技术；研发国内首台双能源电动轨道车。

（5）实现了高度集成、互联互通、以人为本和安全运营的地铁建设创新理念。首次在国内地铁设计综合安防系统，并形成了深圳地铁企业标准《深圳市轨道交通运营安全防范系统配置规范》。首次在国内地铁采用了车场智能化的管理模式。首次提出集成气体灭火系统探测报警部分及电气火灾预警系统，并与隧道感温光纤进行有机结合，组成一个完善的地铁防灾报警系统。首次采用由综合监控系统整合 MCC 系统（智能低压）。

3. 主要获奖单位

中国中铁二院工程集团有限责任公司、深圳地铁集团有限公司、中铁十五局集团有限公司、广东省基础工程集团有限公司、深圳市市政工程总公司、中铁十二局集团有限公司、中铁四局集团有限公司。

9.1.20　上海市轨道交通 12 号线工程（2017 年第十五届）

1. 工程概况

上海市轨道交通 12 号线是上海城市轨道交通网络中纵贯中心城区西南至东北向的主干线，串联了大型居住区、综合开发区、核心商务区和旅游商业区等重要区域，基本上与所有运营线路（5 号线除外）实现换乘，发挥出极强的换乘功能，开通运营三年多来连续多次获得乘客满意度评价第一名，被誉为"换乘之王"。

线路始于金海路站，终至七莘路站，全长约 40.4km，设 32 座车站（13 座与既有线换乘，6 座预留换乘条件）、金桥定修段和中春路停车场，设长青路主变、巨峰路主变分别与 13、6 号线共享，设中山北路控制中心与 8、10 号线共享。车辆采用 6 节编组 A 型列车、设计最高运行速度 80km/h、设计最大行车密度 36 对 /h。

针对长距离穿越高密度历史悠久保护建筑群，建设轨道交通枢纽结合型超深、超大地下综合体，在既有运营轨道交通高架线路下施工车站基坑，既有轨道交通换乘枢纽站不停运改造等方面的重大挑战，项目在设计理念、技术集成、理论仿真、工艺装备、软件研发等方面形成了技术创新并应用于工程实践。

工程于 2008 年 12 月 30 日开工建设，2015 年 12 月 19 日运营通车，总投资 364.8 亿元。

2. 科技创新与新技术应用

（1）首创超长距离穿越历史悠久保护建筑群的超微环境影响控制技术体系，发明了新型抗剪缓凝砂浆材料及盾构进洞抗风险装置，实现推进过程中地表沉降毫米级控制，带动城市轨道交通穿越各类建筑施工技术的整体提升。

（2）首创既有轨道交通结合型超深、超大地下综合体设计施工关键技术：基于数据融合理念的深基坑工程多参数预警技术、承压水"隔—降—灌"综合管控技术及设备系统、支撑体系稳定性控制技术、与超高层建筑一体化设计施工技术，为今后深埋车站施工提供了强有力的技术支持，也使我国深基坑风险控制技术的发展达到了国际先进水平。

（3）面对早期车站未预留换乘条件、车站无法中断运营导致的方案选择受限以及站内大客流造成施工要求严苛等困难，构建了集土建实施、机电改造、客流组织为一体的换乘枢纽站不停运改造技术体系，最大限度降低既有站改造工程对社会的影响，为后续轨道交通车站的改造探索了新的方法、技术和手段。

（4）首创围合运营轨道交通高架立柱的基坑设计施工技术，开展了四周卸荷的墩柱承载力影响和变形控制研究，优化了小角度 MJS 工艺，研发了浅层松散土层旋喷桩技术，为同类型项目施工提供了强有力的技术支持。

（5）首次在地铁实现发电规模达到1.91MWp的分布式光伏发电，研制了35kV非晶合金干式变压器，实现了正弦交流电同步汇入电网，空载损耗和空载电流较国家标准降低60%以上。

（6）实现了基于轮轨关系的减振降噪技术有效匹配。首次系统化地将预制装配式钢弹簧浮置板、降噪型车轮及轨道精调技术应用于地下线路，大幅度提高了轨道平顺性，降低了振动噪声水平。

（7）首次在地铁建设的前期规划、设计、施工及运维等全寿命周期中应用BIM技术，构建了基于BIM技术的建设管理平台，研发了配套的建模插件，提升了建设管理水平和工作效率。

3. 主要获奖单位

上海轨道交通十二号线发展有限公司、上海市隧道工程轨道交通设计研究院、上海隧道工程股份有限公司、上海市基础工程集团有限公司、中铁一局集团有限公司、中交隧道工程局有限公司、中国铁建大桥工程局集团有限公司、上海建工四建集团有限公司、上海建工五建集团有限公司、上海市机械施工集团有限公司、中铁四局集团有限公司、中铁二十四局集团有限公司、上海宏波工程咨询管理有限公司、中铁上海设计院集团有限公司、中国铁路通信信号股份有限公司、中国铁建电气化局集团有限公司、中国铁路通信信号上海工程局集团有限公司、北京城建设计研究总院有限责任公司、中铁隧道集团有限公司。

9.1.21 青岛市地铁3号线工程（2017年第十五届）

1. 工程概况

青岛市地铁3号线工程线路全长约为24.8km，全部为地下线。设车站22座、安顺路车辆基地1座、控制中心1座。本工程共有换乘车站6座，其中双岛四线换乘车站2座。全线明挖车站14座，暗挖车站7座，明暗挖结合车站1座，全线设区间21个，暗挖工程全部采用矿山法施工。

3号线在建设过程中面临着诸多困难和挑战：青岛市是典型的土岩二元组合地层结构，地质结构复杂，既有强度较高的硬质基岩地层，也有第四系软弱土层，如何处理好共存的两种工程性质截然不同的地质，以及岩土分界面（强风化性质近似于土）上下两部分的关系，对于车站及隧道结构的安全至关重要；线路浅埋下穿大量国家或省市级文保建筑、房屋及年代久远的历史建筑物，在硬岩地质条件下，需要大量采用钻爆法施工，如何控制爆破振速，安全、经济、和谐、有序地完成爆破作业具有相当重要的意义。青岛地铁3号线工程处在滨海地区综合复杂的腐蚀环境中，混凝土结构要满足使用年限100年需要，耐久性要求高于其他城市地铁工程。本工程是一项综合性的特大系统工程, 机电设施设备多, 运营管理复杂, 如何设计使得资源共享, 达到绿色节能环保的目的, 是设备系统的一大挑战。

工程于 2010 年 6 月开工建设, 2015 年 11 月竣工, 总投资 152 亿元。

2. 科技创新与新技术应用

（1）首创"复杂土岩二元地质条件下地铁建筑综合成套建造技术", 成功解决了复杂土岩组合地层中地铁结构安全施工及变形控制等技术难题, 该项技术国际领先。

（2）全国地铁首创单层喷锚衬砌隧道: 为了充分发挥青岛地区硬质岩层的突出优势, 在 3 号线大胆创新, 采用了单层喷锚衬砌永久支护（即没有二衬）, 为国内首例采用此类型支护的地铁隧道, 填补了国内地铁行业的空白。

（3）全国首创"富水砂层地铁隧道新意大利法设计关键技术", 在地铁领域首次采用新意法的设计理念, 采用水平旋喷桩工艺加固富水砂层, 此法在控制沉降和防止隧道坍塌方面具有明显的优势, 可实现非降水条件下砂层隧道的全断面开挖, 兼顾了施工安全和效率。

（4）首创"硬岩地质条件下地铁工程无感稳态钻爆法施工技术", 破解了硬岩地区地铁施工下穿零距离建（构）筑物、文保建筑、人防洞室裸洞群等诸多难题, 同时填补了本领域施工技术空白。

（5）研发"近海强腐蚀环境下地铁混凝土结构服役性能设计", 有针对性地解决了强腐蚀条件下混凝土结构的耐久性问题, 并在国内首次应用地铁施工弃渣取代天然骨料, 取得了很好的应用效果。

（6）以青岛地域特点为出发点, 率先提出"地铁行业全寿命期能源服役性能化设计", 开创了地铁能源设计的先河, 使地铁各个系统能源利用的方案均达到高效节能的效果。

（7）研发"地铁建设全过程智能动态风险管控系统", 研发风险手机 APP, 实现安全风险的移动式管理; 引入自动化监测技术及 GIS 地图, 实现对风险兼数据的实时采集分析和风险的可视化管理, 成为全国地铁行业风险管理的典范。

（8）国内首条 35kV 分散供电方式的地铁线路, 采用分散式供电方式直接从城市电网 220kV 高压变电站引入 35kV 电源至地铁车站内, 再通过 35kV 电源开闭所进行分配, 具有很高的可靠性。同时, 节约了主所建设用地、投资及运营维护费用。

3. 主要获奖单位

青岛地铁集团有限公司、北京城建设计发展集团股份有限公司、中铁四局集团有限公司、中铁十七局集团有限公司、中铁隧道集团有限公司、中铁三局集团有限公司、中铁九局集团有限公司、青建集团股份公司、中铁十八局集团有限公司、中铁二十局集团有限公司、青岛建安建设集团有限公司。

9.1.22 南京至高淳城际轨道南京南站至禄口机场段工程（S1 线一期）（2017 年第十五届）

1. 工程概况

作为 2014 年第二届夏季青年奥运会重要工程项目的"南京至高淳城际轨道南京南站至禄口机场段工程（S1 线一期）"，采用 6B 编组，设计最高时速为 100km/h 的机场专线。线路全长 35.8km，其中高架段长 16.9km、过渡段长 0.7km、地下段长 18.2km，高架区间上部结构采用预制及现浇混凝土 U 形梁，地下区间采用盾构法施工。共设置车站 8 座，其中高架车站 3 座、地下车站 5 座，换乘车站 5 座，另设车辆段 1 座、控制中心 1 座、主变电站 2 座和 8 个中间风井。

工程于 2011 年 12 月 27 日开工建设，2014 年 6 月 12 日竣工，总投资 136 亿元。

2. 科技创新与新技术应用

（1）创新采用模块化、集约化设计理念，通过对隧道稳定系统、刀盘系统、注浆系统和控制系统等核心系统的集中攻关，成功研制了具有国际领先水平的智能盾构掘进机，研发形成了隧道变形、抗浮、防水以及盾构姿态控制成套技术体系，开创了盾构法隧道在负覆土条件下地面直接始发掘进的先河，拓展了盾构法隧道的应用范围。

（2）针对全断面岩层和复合地层的复杂地质特点，国内首次提出了"平衡＋敞开"双模式转换盾构设计理念，集成研制了基于地层适应性为核心的刀盘刀具、主驱动与推进、排土与出渣等关键系统组成的复合盾构机，成功实现了地铁隧道连续 150m 近距离穿越 6 条高铁线路，变形控制在 1mm 以内。

（3）首创研发了"隧道结构沉降变形自动群测系统"，实现了被测点密度高、被测范围大的隧道结构沉降变形在线连续监测，有效地降低了测量成本、提高了测量效率和精度。

（4）国内首创运用了"基于 BIM 技术的机电设备维护系统及节能监管系统"，实现了机电设备的实时数据管理及 3D 双向查询功能和可视化的能耗监控及优化；深化集成了具有更高调度自动化、集成互联度更优的综合监控系统，提高了地铁的运营维护效率；首次引入了吸气式感烟探测器和感温光纤探测技术，保证了系统在火灾发生初期及时发现火情，提高了地铁的运营安全。

（5）国内首创地铁车站与国际机场航站楼一体化设计与施工，实现了地铁站与航站楼零换乘，创造了国内同步设计、同步建设、同步开通运营的先例。

（6）本项目研究成果总体达到国际先进水平，其中"地面出入式盾构法隧道技术"、"既有盾构适应性改制技术"和"建养一体化的地铁隧道和设备安装维护关键技术"达到国际领先水平，共形成专利 21 项（其中发明专利 17 项）、软件著作权 5 项、省部级工法 1 项、论文 41 篇、专著 2 部。

3. 主要获奖单位

上海隧道工程股份有限公司、南京地下铁道有限责任公司、广州地铁设计研究院股份有限公司、北京城建设计发展集团股份有限公司、广州轨道交通建设监理有限公司。

9.1.23　长沙市磁浮快线工程（2018 年第十六届）

1. 工程概况

长沙市磁浮快线连接长沙黄花国际机场和长沙高铁站，线路全长 18.55km，线路设计最高运行速度 100km/h、运营速度 100km/h、平均旅行速度 62km/h。它是国内首条中低速磁浮商业运营线，也是世界上最长的中低速磁浮商业运营线。

长沙磁浮快线列车采用 3 节编组、常导短定子直线感应电机牵引，依靠悬浮支承与导向实现列车"零高度飞行"，悬浮控制系统合理匹配，满足安全舒适运行。轨排采用 F 轨毛坯二次机加工组装工艺，由 F 型钢、感应板和 H 型钢轨枕通过连接件组成。道岔采用"三段定心式"结构，由一根主动梁和两根从动梁通过机械关节连接而成，全线设有单开、三开两类共 9 组道岔，牵引供电制式采用在走行梁两侧绝缘敷设的 DC1500V 正极轨授电、负极轨回流方式。

工程于 2014 年 5 月开工建设，2016 年 3 月竣工，总投资 42.9 亿元。

2. 科技创新与新技术应用

长沙市磁浮快线是我国第一条中低速磁浮商业运营线，也是目前世界上四条运营线中最长的一条，它的建成和运营标志着我国自主知识产权的中低速磁浮系统已实现工程化应用。主要创新点有：

（1）攻克了中低速磁浮列车大系统集成技术，搭建了中低速磁浮列车系统一体化技术平台，打破了国外技术垄断，填补了我国中低速磁浮车辆工程化和产业化运用领域的空白。

（2）创新了高精度要求的中低速磁浮设计、建造技术，保证车、轨、梁、接触轨四者位置关系的高精度匹配，满足了国内三家高校悬浮控制技术适用于"车—轨—梁—房"耦合关系的严苛要求，解决了系统工程化应用过程中的技术难题。

（3）创新运用动力仿真计算等手段，确立了桥梁、低置结构刚度、自振频率、工后沉降控制标准，各种跨度桥梁轨道接头标准，轨道铺设精度及接触轨安装精度控制技术，确保列车满足悬浮间隙在 ±2mm 范围内波动，乘客乘坐平稳舒适。

（4）运用模糊控制算法减振器技术解决了磁浮车辆经过道岔区振动较大的难题；在线路大桥桥梁地段，采用Ⅲ型轨道接头技术，使得F形轨缝控制在20mm范围内，确保悬浮控制运行条件下列车安全运行。

（5）首次通过在列车底部加装模拟车轮的涡流传感器，并创新多普勒雷达、加速度计融合算法，形成了独特的中低速磁浮测速、定位方案。

（6）搭建了集投资、设计、建设、运营于一体的中低速磁浮交通系统产业链，完善了中低速磁浮交通系统设计、建设、验收和运营的成套技术标准体系，为我国城市轨道交通系统创立了一种新的系统制式。

（7）利用中低速磁浮系统技术最小转弯半径可达50m、列车爬坡能力可达70‰、噪声小、无辐射等方面的优势，长沙市磁浮快线灵活选线，沿城市道路、高速公路绿化带敷设线路，大幅减少工程拆迁量，有效地节约了不可再生的土地资源。

3. 主要获奖单位

湖南磁浮交通发展股份有限公司、中铁第四勘察设计院集团有限公司、长沙市轨道交通集团有限公司、中国铁建股份有限公司、中车株洲电力机车有限公司、中铁二院工程集团有限责任公司、株洲中车时代电气股份有限公司、中铁宝桥集团有限公司、中国铁道科学研究院集团有限公司。

9.1.24　深圳市城市轨道交通7号线工程（2018年第十六届）

1. 工程概况

深圳市城市轨道交通7号线工程是深圳市轨道交通三期工程的重大项目之一，线路横跨南山、福田、罗湖三大中心区的主要居住区与就业区，对完善深圳市轨道交通网络、带动沿线经济发展、方便市民出行具有重要意义。

深圳市城市轨道交通7号线起于南山区西丽湖站，终于罗湖区太安站，采用地下敷设方式，线路全长30.2km，共设车站28座（其中换乘站12座、三层站14座），新建深云车辆段、安托山停车场各一处，全线设西丽、侨城东、体育北三座主变电所，同步实施深圳市轨道交通网络运营控制中心（NOCC）。7号线车辆采用A型车6列编组，最高运行速度为80km/h。

项目建设之初，提出"建地铁就是建城市"的理念，明确建设了一条"生态地铁、创新地铁、环保地铁"目标。线路自开通试运营以来，轨道、车站及区间建筑等工程质量良好，各设备系统运行正常，功能满足运营使用要求，各系统月平均可靠度均高于规范标准。

工程于2012年10月23日正式开工，2016年7月6日全线通过竣工验收，总投资257.2亿元。

2. 科技创新与新技术应用

（1）创建了地下空间与地铁车站同步实施及既有车站扩建施工技术，通过新技术研究、新型设备研制和传统设备改造，解决了高入岩、大倾角、锚索和超宽管线群下地连墙施工、水下大型格构柱高精度安装定位、"下穿上跨"立体交叉施工变形控制、基坑开挖深厚硬岩处理以及运营车站扩建的技术难题，保证了施工安全。

（2）研究应用了极小净距重叠盾构隧道同步下穿既有高速铁路多重近接控制技术，通过新型设备研制和新技术研究，解决了地铁重叠盾构隧道下穿高速铁路多股道沉降控制、传统重叠盾构隧道无法实现同步施工、小净距重叠上下隧道施工结构安全控制的难题。

（3）提出了盾构先导洞冷冻法扩挖及矿山法隧道穿越建（构）筑物施工新技术，解决了隧道"零距离"下穿既有地铁车站施工结构沉降控制难题，开创了扩挖盾构隧道修建大断面隧道的先例。

（4）研发了地铁快速铺轨成套技术，增加月铺轨时间 5 天，铺轨速度提高近 1 倍。

（5）进行生态与地铁功能合一创新设计，旧城地下空间改造与新建地下空间互联互通，带动城市整体改造更新升级。

3. 主要获奖单位

中国电建集团铁路建设有限公司、深圳市地铁集团有限公司、中国水利水电第一工程局有限公司、中电建建筑集团有限公司、中国水利水电第四工程局有限公司、中国水利水电第七工程局有限公司、中国水利水电第八工程局有限公司、中国水利水电第十一工程局有限公司、中国电建市政建设集团有限公司、中国水利水电第十四工程局有限公司。

9.1.25　上海市轨道交通 11 号线工程（2018 年第十六届）

1. 工程概况

上海市轨道交通 11 号线是上海市轨道交通网络中 4 条市域线路之一，呈丫形平面分布，主线起于嘉定北站、支线起于江苏省昆山市花桥站、接轨于嘉定新城站，线路终于浦东新区迪士尼站。线路总长 82.38km，其中地下线 42.10km，地上线 40.28km，设车站 40 座、车辆基地 3 处、控制中心 1 处、110/35kV 地面及地下主变电所各一处。

工程针对跨省长大线路带来的运营与建设管理模式、车站设计、地下区间、综合开发、高架桥梁等建设难题进行了系统的科学研究，在新理念、新系统、新技术、新工艺、新设备等方面形成了技术创新并应用于工程实践，成果经中国科学院上海科技查新咨询中心鉴定，总体达到国际先进水平。

工程于2007年3月开工建设，2015年12月建成通车，总投资372.05亿元。

2. 科技创新与新技术应用

（1）首次在国内市域轨道交通中采用主支线贯通及多交路分段运营组织技术，研发最高运行时速100km/h的接触网供电A型车，实现长大距离跨省轨道交通运营，单线里程数创世界之最。

（2）首次建立了跨省级行政区轨道交通项目规划设计、建设、运营及投资管理模式，实现了上海市与江苏省轨道交通的互联互通，有力推动了长三角交通与经济一体化。

（3）首创利用既有地下空间建设轨道交通枢纽的成套设计与施工技术：既有地下空间改造建设地铁车站设计施工技术、低净空地下空间内暗挖加层技术、软土地质条件下微扰动旋喷桩加固技术。为今后既有地下空间改造建设轨道交通车站提供强有力的技术支持，节约城市土地资源。

（4）首创穿越千年砖木斜塔的盾构微扰动成套技术，发明了高承压含水区盾构进出洞抗风险装置及超缓凝韧性封堵材料，实现推进过程中古塔沉降毫米级控制，提升了城市轨道交通穿越历史建筑的施工技术。

（5）首创敞开类轨道交通地下车站新型式，研发了成套全息纳米智能隔断技术，有效解决了爆发性大客流有序组织集散的难题，具有良好的节能效果，为后续轨道交通车站探索新的方法、技术和手段奠定基础。

（6）面对线路跨越沪宁高速公路的难题，研发了大吨位钢球铰轨道交通节点平转法桥梁设计施工技术，创造了国内轨道交通平转桥段长度和重量之最。

（7）首创"高架车站垂直开发、地下车站平面拓展"的点线面多维度连接方式，形成了轨道交通与周边地块一体化开发规划建设实施及预留技术，实现了沿线80万 m^2 的立体化轨道交通城市综合体开发。

（8）首次建立光伏系统与轨道交通停车库相结合的设计与施工技术，研发了35kV非晶合金干式变压器和正弦交流电同步汇网技术，建成10MW光伏发电示范项目，为同类型项目提供强有力的技术支撑。

3. 主要获奖单位

上海申通地铁集团有限公司、上海轨道交通申嘉线发展有限公司、上海市城市建设设计研究总院（集团）有限公司、中国铁路设计集团有限公司、上海公路桥梁（集团）有限公司、上海隧道工程有限公司、上海市机械施工集团有限公司、上海建工五建集团有限公司、中铁四局集团电气化工程有限公司、中铁上海工程局集团有限公司、上海建工一建集团有限公司。

9.2　轨道交通分会创新技术推广名录

9.2.1　行业科技成果推广项目——轨道交通专项

2006—2008 年，中国土木工程学会轨道交通分会与住房和城乡建设部科技与产业化发展中心联合组织开展 "全国建设行业科技成果评估与推广项目——轨道交通专项技术与产品" 申报工作。通过专家评估的科技成果颁发建设行业科技成果推广项目评估证书，通过推广项目审评审的科技成果将纳入 "全国建设行业科技成果推广项目"，入编《全国建设行业科技成果推广项目简介汇编》，形成正式出版物。

《中国城市轨道交通新技术（第一集）》目录　　　　　　　　　　　　　　　　　　表 9.2.1

序号	项目名称	完成单位	完成人
1	盾构国产化设计与施工技术	上海隧道工程股份有限公司	周文波、王鹤林、张闵庆、黄明涛、黄健、张东星、傅德明、葛道远、虞祖艺、黄圣、顾建江、闵锐、曹张良、陈维明、李海林、沈树、李刚、忠、赵洁咏、张蒲海、李浩、石元奇、沈建华、黎燕、吴列成、裴华
2	双圆盾构隧道工程综合技术研究	上海隧道工程股份有限公司	沈秀芳、周文波、缪海祥、杨志豪、俞加康、袁金荣、杨国祥、顾春华、吴惠明、黄萧滨、乔宗昭、傅德明、陈海龙、郑宜煜、张建斌
3	城市复杂地区辐射井降水技术	上海市轨道交通建设管理有限公司	叶锋、孙长军、刘亮亮、杨健、张成满、崔海涛
		北京市轨道交通建设管理有限公司	
		北京地矿奥通建设工程有限公司	
4	北京地铁工程防水新技术及新工艺——复合式村砌可穿刺、自愈合材料防水及塑料防水板分区防水新技术及新工艺	北京市轨道交通建设管理有限公司	罗富荣、贺少辉、郭德友、张继精、孙长军、张成满、马昕、顾炯武、方宇军、郑勇亚、佟丽华、李兆平
		北京交通大学	
		北京城建设计研究总院有限责任公司	
5	浅埋暗挖隧道和大跨度浅埋暗挖隧道群穿越旧建筑物群施工技术	南京地下铁道有限责任公司	朱自强、张先锋、佘才高、周书明、周顺华、翟可、陈志宁、王星华、黎庆
		东南大学土木工程学院	
		中铁（洛阳）隧道勘测设计院	
		同济大学路基与土工技术研究所	

续表

序号	项目名称	完成单位	完成人
6	SMW工法设计与施工的应用技术	南京地下铁道有限责任公司 / 北京城建设计研究总院有限责任公司 / 上海隧道工程股份有限公司 / 河海大学	朱斌、朱悦明、许建军、刘爱华、李慧、周希圣、张静、施建勇、习哲
7	松软土地基轻轨超长高架桥设计、施工控制技术	铁道第三勘察设计院集团有限公司 / 天津滨海快速交通发展有限公司 / 中铁十八局集团有限公司	李小江、张金立、高应钦、孙树礼、张智新、李义兵、杨春立、郑永红、杨少玉、李黎
8	北京城市轨道交通噪声与振动控制对策研究及示范工程	北京市轨道交通建设管理有限公司 / 中国科学院声学研究所 / 北京铁科海联数码技术有限公司	姜坚白、程明昆、王澜、佟丽华、王朝阳、孙京健、任静、刘鸣、徐维亚、田德水、宣言、徐欣
9	钢铝复合接触轨系统的研究与应用	北京城建设计研究总院有限责任公司	于松伟、张巍、周菁、韩连祥、孙名则、宋文义、包国兴
10	DKZ6新型地铁客车的研制	北京市轨道交通建设管理有限公司 / 长春轨道客车股份有限公司	方少轩、卢西伟、佟丽华、郭景英、朱宝英、王旭东、李国香、高纯友、马奇志、付勇
11	地铁供电刚性悬挂接触网技术	广州地铁总公司	陈韶章、单圣熊、丁树杰、徐明杰、李金华、黄德亮
12	地铁暗挖车站通风空调新型空气-水系统	北京城建设计研究总院有限责任公司 / 清华大学	李国庆、李先庭、王忠良、郭爱东、陈玖玖、冯钰祥、吴鹏、欧阳沁、杨启明、云峰冬
13	轨道交通BAS系统关键技术研究与实践	南京地下铁道有限责任公司	江亿、陈光、许巧祥、秦绪忠、简陈、房玺、段文凯、牛卫星、江泳
14	机电设备综合自动化集成监控技术	深圳市地铁有限公司 / 北京利时系统工程股份有限公司	陈玉明、魏晓东、简陈、张健保、杨经伟、张宁、曲立东、李新文、张延生、刘力、赵云飞、汤召男、袁泉、郑南红、赵晔飞
15	跨坐式单轨工程技术	重庆市轨道交通(集团)有限公司	仲建华、晏绍忠、林莉、范金富、吴焕君、何希和、冯伯欣、陈小平、聂洁民、董德禄、田小龙、李富才、裴绍富
16	地面再生制动能颠收技术	重庆市轨道交通(集团)有限公司	仲建华、李根、陈南平、冯伯欣、程钢、顾天端、王勇、张征宇、张军伟、刘慧良

续表

序号	项目名称	完成单位	完成人
17	车辆轮轨减噪技术	北京市地铁运营有限责任公司	黄茈、刘建
18	地下导洞 - 隔离桩降噪防护技术	北京城建设计研究总院有限责任公司 / 中铁隧道集团 / 北京交通大学	崔志杰、马锁柱、项彦勇、魏怡、刘元重、惠丽萍、韩少光、王福柱、王先堂
19	约束阻尼降噪技术在轨道交通中的应用	北京地铁房地产开发经营公司 / 隔而固（青岛）振动控制有限公司 / 北京市地铁运营有限公司 / 北京市劳保所科技发展有限责任公司	郭建国、尹学军、高星亮、张宝才、孙明昌、李光
20	城市轨道交通项目管理研究	北京城建设计研究总院有限责任公司 / 南京地下铁道有限责任公司 / 北京理正软件股份有限公司	于松伟、冯爱军、王文江、万学红、廖国才、潘学英、梁立刚、李泽光、向上、李文波

《中国城市轨道交通新技术（第二集）》目录

表 9.2.2

序号	项目名称	完成单位	完成人
1	城市轨道交通 PPP 投融资模式	北京市基础设施投资有限公司	王灏、高朋、宋自强、邓志高、邓文斌、王耀、杨锟
2	上海城市轨道交通网络系统	上海申通地铁集团有限公司 / 上海申通轨道交通研究咨询有限公司 / 上海市隧道工程轨道交通设计研究院 / 上海铁路城市轨道交通设计研究院	应名洪、顾伟华、毕湘利、宋键、赵时旻、葛世平、毕艳祥、朱翔、周剑鸿、洪翔、王虹、皇甫小燕、朱弘、王日凡、王晓保
3	城市轨道交通调线调坡集成技术	铁道第三勘察设计院集团有限公司城市轨道交通设计研究分院	张佩竹、李家稳、孟凡铁、李连生、王景江

续表

序号	项目名称	完成单位	完成人
4	用航测技术测绘地铁、轻轨数字化地形图和横断面图	中铁二院工程集团有限责任公司测绘工程设计研究院	朱颖、卢建康、王智、张雪才、吴伟高、谢伟、王义、刘厚强
5	地铁装修和导向设计技术	广州市地下铁道设计研究院	王丹平、何坚、李文新、徐明杰、史海欧、唐亚新、黄凤至、任佩珠、林瑞诚、黄建华、林坚宇
6	城市轨道交通建设安全远程监控预警技术	上海同是工程科技有限公司	刘国彬、吴生怀、于宿海、苏武平、刘涛、阎伟、肖惠亮、刘建军、黄兴
7	地铁隧道内侧向疏散技术	广州市地下铁道设计研究院	王迪军、贺利工、添旭伟、罗燕萍、农兴中、刘智成
8	地铁超长余辉蓄光自发光安全疏散标志系统	深圳市地铁有限公司 四川新力实业集团有限公司 深圳市中世纵横广告有限公司	简炼、张明、张健保、刘力、张立、胡晖辉、胡晖辉、龚佳主、冯晶、张强、汤石男、张建民
9	地铁车站集成应急控制系统	深圳市地铁有限公司 北京利时利时系统工程股份有限公司	简炼、曲立冬、张健保、杨捷、胡晖辉、张宁、赵峰、刘力、聂占文、李高潮
10	南京地铁一号线一期工程小半径曲线高架桥和大坡度地段无缝线路	南京地下铁道有限责任公司 铁科院（北京）工程咨询有限公司	佘才高、贾德华、许建军、李海川、韦苏来、孙宁、赵红光、卢耀荣、苏丽莉、李照星、蒋金洲
11	复合材料疏散平台、电缆支架技术	广州市地下铁道设计研究院	王建、陈玉清、苟俊琴
12	广州地铁二号线海珠广场车站综合技术	广州市地下铁道设计研究院	史海欧、刘承东、廖景、林敏平、杨治兴、刘忠诚、赵德刚、陈岳陵、毛翠萍、陈耀升、刘丽萍
13	节段预制拼装法设计施工技术	广州市地下铁道设计研究院 中铁十七局集团有限公司	叶建兴、梁卫军、郭敏、史海欧、刘忠诚、邓剑荣、杜洋、刘志英、宋晋心、邱永添
14	小间距多孔暗挖隧道群综合技术	广州市地下铁道设计研究院	刘智成、刘忠诚、陈振强、贺斯进、罗燕萍、郭莉、毛翠萍、陈志祥、巫羚、张龙、吴诗敏、杨治兴

续表

序号	项目名称	完成单位	完成人
15	《轨道交通工程施工质量验收标准（土建工程篇）》的研编及实施	北京市轨道交通建设管理有限公司 北京交通大学 北京城建集团有限责任公司 北京市政建设集团有限责任公司 中铁十六局集团有限公司	罗富荣、佟丽华、贺少辉、吴精义、孙健、赵斌、马昕、王暖、张汎、李瑞华
16	真空管井复合降水技术	北京市轨道交通建设管理有限公司 中国地质大学（北京） 北京地矿奥通建设工程有限公司 中煤地质工程总公司	雷军、罗富荣、王贵和、潘秀明、汪国锋、夏桂如、姚磊华、贾苍荣、叶锋、欧阳永龙、赵杰伟
17	北京地铁矿山法区间隧道结构设计计算方法	石家庄铁道学院 北京市轨道交通建设管理有限公司	罗富荣、朱永全、张成满、陈曦、王占生、宋玉香、贾晓云、李宏建
18	深圳地铁减振降噪技术	深圳市地铁有限公司 铁道科学研究院	王敏远、杨宜谦、吴永芳、孙宁、杨骏、柯在田、张艳平、姚京川、董向阳、江成、范佳、李洋、刘鹏辉、胡大斩、宣言、高芒芒、杜小红、贾之旼、林之珉
19	津滨轻轨减振降噪综合技术	天津滨海快速交通发展有限公司 中国铁道科学研究院 中铁十八局集团有限公司	杨宜谦、高应敏、王林、张智新、孙宁、杨孚衡、秦忠强、杨春立、姚京川、范忠胜、于振华、于泳湖、王庆柱、杨少玉
20	津滨轻轨钢桥梁徐变和桥面线形控制技术	天津滨海快速交通发展有限公司 中国铁道科学研究院 中铁十八局集团有限公司	杨孚衡、徐志强、王林、于泳湖、杨春立、杜殿锁、杨宜谦、高应敏、张兴彦、张建正、王淑梅、秦忠强、杨少玉、卫军、颜怀忠、黄键、张建辉、王国炜、杨少玉、翁
21	地铁重叠隧道设计与施工技术	中铁二院工程集团有限责任公司 中铁隧道集团有限公司 深圳市地铁有限公司 西南交通大学	詹森、李德才、李平、仇文革、朱颖、潘明亮、陈湘生、王明年、罗世培

续表

序号	项目名称	完成单位	完成人
22	在既有地铁车站下修建新的地铁车站的节点修建新技术	中铁二院工程集团有限责任公司 西南交通大学	石义军、周晓军
23	超近距离双线盾构隧道防护设计综合技术	北京城建设计研究总院有限责任公司	郭婷、李晓霖、惠丽萍
24	预制钢纤维混凝土盾构管片	北京城建设计研究总院有限责任公司 北京市轨道交通建设管理有限公司 西南交通大学 北京港创瑞博混凝土有限公司	杨秀仁、王臣、陈梁、乐贵平、罗富荣、张成满、李志业、杨思忠、杨寒冰
25	轨道交通安全运营技术	上海地铁运营有限公司	周淮、江秀臣、赵惠祥、邵伟中、周俊龙、徐瑞华、朱小娟、余世昌、达世鹏、王伟、陈鞍龙、郭德龙、王建兵、余强、范佳勋
26	城市轨道交通自动检售票系统	上海申通地铁集团有限公司 上海申通轨道交通研究咨询有限公司 上海华虹计通智能卡系统有限公司 上海金睐时威科技发展股份有限公司 上海复旦微电子股份有限公司 上海邮电通信设备股份有限公司 上海启明软件股份有限公司 上海华腾软件系统有限公司 上海华铭智能终端设备股份有限公司 上海华虹集成电路有限责任公司	应名洪、江绵康、朱沪生、顾伟华、赵时旻、林雪峰、俞军、周向争、张亮、王长年、毕湘利、周芳、冯娟、范恒、韩申瑶
27	轨道交通 AFC 系统	广州市地下铁道设计研究院 广州市地下铁道总公司 三星数据系统（北京）有限公司 新加坡科技电子有限公司	丁建隆、徐明杰、刘靖、李宇军、洪澜、陈晋辉、邓先平、刁涛、毛建华、黄永林、朱亚春、张亚、王新萍

续表

序号	项目名称	完成单位	完成人
28	自动售检票（AFC）系统	深圳市地铁有限公司	简炼、李龙、陈玉明、胡宇舟、申香梅、胡剑锋、胡晖晖、廖东玲、丁航、包纯一、杨晰、张哲、局聆、刘恒学、龚文涛
29	城市轨道交通无触点 IC 单程车票技术	深圳市现代计算机有限责任公司	陈光、房坚、许巧祥、杜国琴、王健、毛建、张宁、陈凤敏
30	轨道交通集中供冷技术	南京地下铁道有限责任公司 广州市地下铁道设计研究院	贺利工、沈锡安、刘承东、江荼、刘忠诚、齐力、陈越、靳守杰、王迪军
31	地铁低净空隧道单臂支撑链型悬挂直流牵引架空接触网系统	深圳市地铁有限公司 中铁电气化勘测设计研究院有限公司 中铁五局集团电务工程有限责任公司	简炼、王爱文、邢尊军、张宁、胡晖晖、谢伟、陈丽、刘宁福、陈伟、史雪红、刘峰涛、朱剑伟、王春全、冉洪、宁晓来
32	地铁扶梯变频调速和信息化节能技术	深圳市地铁有限公司 上海三菱电梯有限公司 天津奥的斯电梯有限公司	简炼、高军章、高净、叶丽娟、竺荣、孙海勇、钟伟明、曾之亮
33	地铁七氟丙烷气体全自动灭火系统	公安部天津消防科学研究所 铁道第三勘察设计院集团有限公司 天津盛达安全科技产业有限责任公司 深圳市卓恩实业有限公司	简炼、谢德隆、刘力、东靖飞、李新文、朱波、贾静、余保红、徐杰、肖军、许春兀、杨智华、薛岗
34	地铁隧道光纤感温火灾预警监测系统	深圳市地铁有限公司 铁道第三勘察设计院集团有限公司 广州市科思通信技术有限公司	简炼、张金成、刘力、刘承谦、张宁、吴大鹏、余保红、黄照东、杜强、张健保、张健保、吕小征、汤石男、赵显志、王勇
35	新型智能化环控通风空调系统	深圳市地铁有限公司 上海市隧道工程轨道交通设计研究院 北京利利时系统工程股份有限公司	陈玉明、简炼、李高潮、胡维锁、杨经纬、胡晖晖、张宁、刘文、龙育才、李新文、张健保、曲立冬、张延生、娄占文、罗峰
36	城市轨道交通设备综合监控系统	铁道第三勘察设计院集团有限公司	管建华、秦小光、金世杰、周宪宝、夏令、戴琳、于春梅、李颀

续表

序号	项目名称	完成单位	完成人
37	南京地铁车辆关键技术	南京地下铁道有限责任公司 中车南京浦镇车辆有限公司	陈光、王晓阳、朱斌、韦苏来、于百勇、房坚、李勇、赵小文
38	城市轨道交通集成闭式通风空调系统	北京城建设计研究总院有限责任公司	李国庆、张春生、褚敬止、王奕然、张良焊、王怀良、祝岚
39	站台屏蔽门系统专项技术综合报告	广州市地下铁道总公司	赵军、王爱仪、邓先平、黄晋宏、孙增田

《中国城市轨道交通新技术（第三集）》目录

表 9.2.3

序号	项目名称	完成单位	完成人
1	BT模式在轨道交通项目中的应用	北京市基础设施投资有限公司 上海申通轨道交通研究咨询有限公司 同济大学	王灏、高朋、邓志高、邓文斌、王耀
2	地铁车站建设安全及风险控制技术	上海同是工程科技有限公司 上海市第一建筑有限公司 上海市住安建设发展股份有限公司 上海市隧道工程轨道交通设计研究院 上海申通轨道交通咨询有限公司	白廷辉、刘国彬、刘朝明、吴玉玮、于宿海、刘涛、史世雄、姜向红、张国峰、陈昌祺
3	城市轨道交通减振降噪综合技术	同济大学 上海交通大学	白廷辉、蒋伟康、耿传智、毕湘利、刘加华、姚文佼、谢炯、万泉、贺建良、仇兆明、朱剑月、李莉、王益群、章国忠
4	广州地铁换乘车站综合设计技术	广州市地下铁道设计研究院	陈惠嫦、史海欧、郑石、罗燕萍、刘丽萍、陈耀升、张丽、王丹平、何坚、邓剑荣、张悦、巫玲、郑隽、谢锐、何颂恒
5	小间距、长距离双线盾构隧道防护设计与施工关键技术	北京市轨道交通建设管理有限公司 北京城建设计研究总院有限责任公司 北京住总市政工程有限责任公司 中国矿业大学（北京）	郭婷、韩少光、江玉生、蔡永立、高亚彬、李晓霖、惠丽萍、颜治国、袁大军、安栋、刘波、钱新、李大勇、吴亮

续表

序号	项目名称	完成单位	完成人
6	浅埋单拱大跨双侧洞暗挖法车站的设计与施工工法	北京市政建设集团有限责任公司 北京城建设计研究总院有限责任公司 北京交通大学	孔恒、黄美群、钟德文、王文正、黄明利
7	区间超小间距隧道施工技术	广州市地下铁道总公司建设事业总部 同济大学 中铁十九局集团有限公司	张志良、杨新安、周壁、孔少波、曾耀昌、林志元、张准
8	轨道交通换乘车站改扩建技术——暨世纪大道站站技术	上海市隧道工程轨道交通设计研究院 上海隧道工程股份有限公司 上海申通地铁集团有限公司	高英林、宋博、陈少波、曹文宏、于宁、郭劲松、杜毅、刘纯洁、郑晋丽、赵琛、黄文艳、黄晨、许峻峰、吴凤仙、朱红
9	桩基的地下托换方法	中铁隧道勘测设计院有限公司	吕剑英
10	地铁换乘车站施工中环境变形控制关键技术	上海隧道工程股份有限公司	朱雁飞、陈少波、杨磊、董海斌、蒋岳成、张志勇、沈蔚、杜毅、校月钿、孙永华、陆普龙、李向红、潘伟强、温锁林、刘干伟、傅德明
11	清河小半径曲线斜拉桥关键技术	北京市政建设集团有限责任公司 北京市政工程研究院 北京市政专业设计院	张汛、李国祥、范良、刘四田、彭国荣、刘涌、张志和、谢伟东、王军民、吕卫东、龙佩恒
12	AM工法:全液压可视可控旋挖扩底灌注桩在上海轨道交通工程中的应用	上海市隧道工程轨道交通设计研究院 上海市轨道交通学科研究发展中心 上海申通地铁交通研究咨询有限公司 上海共和新路高架发展有限公司 上海岩土工程勘察设计研究院有限公司 宏润建设集团股份有限公司 浙江鼎业基础工程有限公司 上海同纳建设工程质量检测有限公司 上海隧道工程股份有限公司	陈文艳、胡晓嘉、吴凤仙、顾国荣、王安宇、韩高高、王福林、杨石飞、李津、平铁、杨洪杰、陈强华、唐国胜、王佩利、范波

续表

序号	项目名称	完成单位	完成人
13	HPC-001S 高性能混凝土综合性能测试仪	北京灵感科技发展有限公司	朱效荣
14	广州市轨道交通四号线主控系统	中铁第四勘察设计院集团有限公司	徐余明、魏祥斌、刘正自、杨承东
15	火灾模式联动控制技术	广州市地下铁道设计研究院 / 广州市地下铁道总公司 / 北京西门子西伯乐斯电子有限公司 / 清华同方股份有限公司 / 北京和利时系统工程股份有限公司 / 镇江默勤电器有限公司	徐明杰、毛宇丰、陈小林、胡竞、黄永波、梁东升、湛维昭、李万略、黄文昕、熊晓锋、张劲、康嘉忠、高翔
16	基于通信的自动列车控制系统	中铁第四勘察设计院集团有限公司	郑生全
17	国产新一代列车自动监控系统（ATS）	中国铁道科学研究院 / 重庆市轨道交通（集团）有限公司	张琦、黄康、王忻、张德明、应志鹏等10人
18	国产化城市轨道交通列车自动防护（ATP）系统	北京全路通信信号研究设计院集团有限公司 / 长春市轨道交通有限责任公司	张苑、王诚仁、邵凯、姚洪伟、刘键、曹国利、洪多才、黄蔚、白雪翎、李宁、孙吉良、李向红、赵东亮、邓华峰
19	城市轨道交通计算机联锁系统	中国铁道科学研究院	段武等30人
20	城市轨道交通乘客信息系统（PIS）技术	北京市轨道交通建设管理有限公司 / 中国铁道科学研究院电子计算机技术研究所	佟丽华、陈忠兴、朱胜利、韩西安、石楚韵、王富章、于鑫、阚庭明、蔡晓蕾
21	轨道交通35kV供电系统国产化 C-GIS 设备关键技术	南京地下铁道有限责任公司	朱自强、张文英、许巧祥、尹永国、裴顺鑫、李国芝、刘斌、栾开宁、徐宏亮、蔡彬彬

续表

序号	项目名称	完成单位	完成人
22	上海城市轨道交通供电系统关键技术	上海申通轨道交通研究咨询有限公司 / 上海交通大学 / 中铁电气化勘测设计研究院有限公司 / 上海电缆研究所 / 西安铁路科学技术研究发展有限责任公司 / 上海隧道工程轨道交通设计研究院	周剑鸿、王晓保、王志荣、辛洁晴、董世光、张智勇、王益群、周晓薇、王晨
23	地铁智能配电控制技术	广州市地下铁道总公司 / 广州市地下铁道设计研究院 / 镇江德勤电器有限公司	谭晓梅、马坚生、刘东武、林勇、陈启明、靳守杰、郭莉、向东、黄彦、陈家乐、李海军
24	城市轨道交通 AFC 票务清分系统	中铁第四勘察设计院集团有限公司	杨承东、范巍、刘正白、魏祥斌
25	城市轨道交通站台屏蔽门/安全门车地联动自动控制系统	广州市地下铁道总公司 / 中国铁道科学研究院通信信号研究所	卢光霖、陈韶章、李霏、蔡昌俊、段晨宁、邹洪民、张楚潘、陈展华、凌光清、龙广钱、肖宝弟、贾学祥、段顺兴、潘明
26	浅埋区间自然通风/排烟系统	北京城建设计研究总院有限责任公司 / 成都地铁有限责任公司 / 铁道第二勘察设计院	张良焊、余波、陈中、吴频
27	国产首批最大运行速度 100km/hB 型不锈钢城市轨道交通车辆	天津滨海快速交通发展有限公司 / 长春轨道客车股份有限公司 / 中国铁道科学研究院	徐志强、卢西韦、孙宁等 21 人
28	城轨交通车辆电控制动系统	中国铁道科学研究院机车车辆研究所	林祜亭、李学峰、樊贵新、李和平、王新海、武青海、韩晓辉、曹宏发、赵屹、范荣巍、杨梅子
29	广州地铁高架段防雷技术	广州市地下铁道设计研究院 / 广州市地下铁道总公司	向东、马坚生、刘东武、靳守杰、谭晓梅、郭莉、刘智成、涂旭炜、陈岳陵、刘丽萍、何治新

9.2.2 城市轨道交通创新技术推广项目

"城市轨道交通创新技术推广项目"是2015—2018年中国土木工程学会轨道交通分会为推动中国轨道交通建设事业的持续健康发展、提升轨道交通建设技术水平、宣传推广轨道交通建设领域的科技创新成果，同时是为更高层次的奖项（中国土木工程詹天佑奖）准备而开展的技术推广活动。该活动主要是通过征集全国轨道交通建设和运营过程中优秀项目包括工程项目、专项技术等，经专家委员会评选作为轨道交通分会的创新推广项目，在行业内进行交流、推广，其中工程类突出者，推荐参加中国土木工程詹天佑奖的评审。4年来共推选出77项创新推广技术。

2015年城市轨道交通创新技术推广项目清单

表9.2.4

序号	项目名称	完成单位	完成人
		工程类	
1	天津市地下铁道3号线工程	铁道第三勘察设计院集团有限公司	华国海、刘乃宗、郭观钏、王宇、马振海、周敏、沙宪木、张莹
2	重庆轨道交通1号线工程	中国建筑第五工程局有限公司 重庆市轨道交通（集团）有限公司 中铁隧道集团有限公司 重庆单轨交通工程有限责任公司 中交第一公路工程局有限公司 中铁十一局集团有限公司	刘文卓、付铁军、张冠忠、袁晏仁、郑邦友、周凯、彭勇辉、龙道选、张波、何志成、吕灿光、范连东、雍军、郭勇、黄才华
3	北京地铁15号线一期工程	北京城市快轨建设管理有限公司 北京市政工程设计研究总院有限公司 中铁电气化局集团有限公司 北京市政建设集团有限公司 北京建工集团有限责任公司	于增、余乐、徐亮、张天军、郭峰、山琳、谢亚勇、赵兴华、陈瑞青、王雪松、韩作青、翁红、王磊、李妙迪、蔡锐

续表

序号	项目名称	完成单位	完成人
4	广州市轨道交通 6 号线首期工程（浔峰岗—长湴段）	广州地铁设计研究院股份有限公司 中铁二院工程集团有限责任公司	贺利工，农兴中，史海欧，李颖慧，曾大勇，王静伟，韦育岑，饶美婉，方刚，徐旭波，秦岭，李隆平，简炜炜，徐小华，涂坚华，吴畋华
5	北京地铁亦庄线工程	北京市政工程设计研究总院有限公司 北京市轨道交通建设管理有限公司 北京城建设计发展集团股份有限公司 北京交控科技有限公司 中铁第五勘察设计院集团有限公司 中国中铁四局集团电气化工程有限公司 北京建工集团有限责任公司	沈建文，郭建平，田桂艳，赵衍发，刘月明，何刚，王志刚，郭晓蒙，邸春海，李源潮，许耀亮，沈振，蒋兆群，程飞
6	天津站交通枢纽轨道换乘中心工程	铁道第三勘察设计院集团有限公司	王世清，田巧焕，朱长江，李红霞，张晨明，郭现钊，杜志田，安玉红，甘继国，吕宝伟
	技术类		
7	北京首都国际机场线工程东直门岩土工程勘察与安全风险监控	北京城建勘测设计研究院有限责任公司	高文新，黄澍航，吴炳海，王伟，谢峰，李世民，周玉凤，郭红梅，滕红军，孙常青
8	天津市文化中心地下交通枢纽	天津市地下铁道集团有限公司 广州地铁设计研究院有限公司 中铁十六局集团有限公司 中铁隧道集团有限公司 中铁十六局集团第二工程有限公司	胡浩，王旭生，秦银刚，黄芃，张海波，资利军，刘亮，李建高，汪立辉，王英茹，马洪杰，丁慧文，袁黎明，胡昌玉，薛普
9	北京地铁 14 号线郭庄站绿色建筑技术	北京城建设计发展集团股份有限公司	张晓林，张彦，刘京，王奕然，刘志敏，张磊，穆育红，袁鑫，王红，陈金科
10	深圳地铁横岗双层车辆段	深圳市地铁集团有限公司 中铁二院工程集团有限责任公司 中国土木工程集团有限公司	林茂德，杨小林，刘卞丁，周勇，朱小刚，肖世雄，张建华，张中安，孙波，张波，李平安，衡会，赵文银，吴林科

续表

序号	项目名称	完成单位	完成人
11	地下工程施工止水技术	天津轨道交通集团有限公司	韩圣章、边素洁、张建生
12	北京地铁8号线安德里北街站一鼓楼大街站区间超近距离下穿既有车站技术	天津新技术产业园区北洋新技术工程有限公司 中铁隧道勘测设计院有限公司	李立、徐筹、付黎龙、袁创辉、张美琴、任玉董、张金伟、马文、柏林、储树构
13	复杂富水环境盾构始发/到达安全控制技术	南京地铁集团有限公司 中铁第四勘察设计院集团有限公司 中铁一局集团有限公司 中铁五局集团有限公司 上海三维工程建设咨询有限公司	余才高、王鹏、贺卫国、黎庆、白利民、杨树才、刘继兵、陈世君、金华、王靖靖
14	加强型合金钢组合辙叉在北京地铁4号线道岔上的改造应用	北京京港地铁有限公司	刘敏、豆传勃、吴晓辉、徐栋、安海、张豪东、刘呈祥、马智聪、杨旭、赵潇
15	城市轨道交通工程集成冷站及节能控制技术应用	中铁第四勘察设计院集团有限公司	车轮飞、蔡崇庆、陈耀武、李森生、刘俊、林昶隆、付维纲、赵建伟、夏继豪、胡清洋
16	城市轨道交通火灾联动控制系统技术创新研究	广州地铁设计研究院有限公司	陈小林、毛宇丰、史海欧、湛维昭、黄永波、吴殿华、王迪军、贺利工、郭莉、韩瑶
17	现代有轨电车设计关键技术在沈阳市浑南新区现代有轨电车一期工程1、2、3、5号线的研究及应用	北京城建设计发展集团股份有限公司	于松伟、廖国才、毛励良、杨阿、冯京波、王进、李鸿旭、秦洪雨、徐寿伟
18	有轨电车智能控制系统集成技术	北京城建智控科技有限公司	王汉军、成砚、张辉、吴正中、杜运、张涛、李杨君、王青红、高卜、徐玉龙
19	天津滨海国际机场扩建配套交通中心工程	天津市地下铁道集团有限公司 铁道第三勘察设计院集团有限公司	刘玉琦、赵军、田巧焕、周印堂、华国海、洪鹏、陈浩、吕宝伟、张祝融、郑东文

表 9.2.5

2016 年城市轨道交通创新技术推广项目清单

序号	项目名称	完成单位		完成人
		工程类		
1	上海城市轨道交通 16 号工程	上海市城市建设设计研究总院（集团）有限公司		徐正良、谢炯、杨流、周良、柳晓峰、张中杰、张长春
		上海申通地铁集团有限公司		
		南车株洲电力机车有限公司		
		中铁二十三局集团轨道交通工程有限公司		
		上海隧道工程股份有限公司		
2	南京地铁 3 号线工程	南京地铁集团有限公司		佘才高、陈志宁、黎庆、张旭辉、金华、赵红光、张杰、冯磊、漆宏、江天堃、贺卫国
		北京城建设计发展集团股份有限公司		
		上海隧道工程股份有限公司		
		中铁隧道集团有限公司		
		中铁一局集团有限公司		
3	深圳市城市轨道交通 11 号线工程南山站	中铁第六勘察设计院集团有限公司		胡建国、曾亮、陈宏、魏雪、梁艳、冯杰、陈红山、周勇全、孟江涛、陈勇
		中铁隧道勘测设计院有限公司		
4	天津西站至天津站地下直径线工程	中铁十六局集团有限公司		黄昌富、李振武、全雪勇、祁文睿、徐福田、李君伟、唐恩超、戴兵、黄庆庭、刘生虎
5	武汉市轨道交通 2 号线一期工程汉口火车站	中铁第六勘察设计院集团有限公司		郑新定、吴圣贤、胡喆、孙磊、姬小勇、刘亮、李慎奎、刘九龙、苏菊芹、蔡明忠
		中铁隧道勘测设计院有限公司		
6	南京至高淳城际轨道南京南站至禄口机场段工程	南京地铁集团有限公司		佘才高、王长宁、郭建强、黎庆、徐源、王丹平、史海欧、王建、刘乐天、裴烈烽、秦立祥、张伟
		广州地铁设计研究院有限公司		
		北京城建设计发展集团股份有限公司		
		上海隧道工程股份有限公司		

续表

序号	项目名称	完成单位	完成人
7	武汉轨道交通2号线一期工程常青花园车辆基地	中铁第四勘察设计院集团有限公司 武汉理工大学	宋丛丽、谢伟平、唐静、熊朝晖、杨铭、肖俊、梁田、邱建平、范永光、王俊、邱海波、代刚
8	广佛线桂城站地下空间项目	中铁隧道勘测设计院有限公司	朱世友、严东、姜宝臣、李现森、杜玲、魏玉省、唐上明
9	西安市地铁1号线一期工程后卫寨—纺织城通化门站	中铁隧道勘测设计院有限公司	全荷敏、张达栋、李卫坤、蔡明忠、雷开亮、张坤、邢艳如、张维世、武建伟、张培杰
技术类			
10	繁华城区浅埋暗挖单拱超大跨地铁车站快速修建技术	中铁隧道勘测设计院有限公司	宋超业、张先锋、贺维国、熊田芳、许俊峰、张海峰、杨超峰、王蓉蓉、任玉璠
11	城市轨道交通强电综合UPS电源系统及供电方法	广州地铁设计研究院有限公司	陈小林、毛宇丰、赵德刚、邓剑荣、成武成、詹占岚、王新、何治新、刘丽萍、程强
12	长沙地铁2号线一期工程集中供冷技术	中铁第四勘察设计院集团有限公司	车轮飞、赵建伟、王彦华、邓敏华、林昶隆、付维纲、蔡崇庆、胡清华、陈耀武、夏继豪
13	武汉地铁4号线轨道工程极限状态设计与应用技术	中铁第四勘察设计院集团有限公司	孙立、许国平、李秋义、王燕荣、邵永杰、陈潇、张珍珍、郭积程、陈仲华、叶松、杨艳丽、朱彬
14	无锡地铁1号线供电系统	中铁第四勘察设计院集团有限公司	刘辉、温建民、吴树强、龚孟荣、蔡远鑫、王开康、吴江涛、路海坤、何俊文
15	北京地铁6号线车公庄站大跨度设计施工技术	中铁隧道勘测设计院有限公司	任玉璠、孙俊利、孙为东、李国清、王胜涛、程科、李明磊、刘昌林
16	北京市轨道交通指挥中心二期工程信息中心、AFC检测中心、ACC/TCC系统扩容设计关键技术	北京城建设计发展集团股份有限公司	宋毅、喻宝宏、徐文、张义鑫、赵华伟、张静、张艳伟
17	繁华商业区超大规模地铁车站施工关键技术	中建南方建设投资有限公司 中国水利水电第四工程局有限公司	范富国、任立志、胡德华、徐新、刘学生、段景川、周建伟、胡卫国、付江山、张雯、吴晓斌、张虎
18	南宁城市轨道交通控制网建设技术	北京城建勘测设计研究院有限责任公司	陈大勇、马全明、耿长良、马尧成、汤发树、熊琦智、高涛

表 9.2.6

2017 年城市轨道交通创新技术推广项目清单

序号	项目名称	完成单位	完成人
1	昆明轨道交通 1、2 号线首期工程	中铁第四勘察设计院集团有限公司 昆明轨道交通集团有限公司 中铁十六局集团有限公司 中铁十二局集团有限公司 西南交通大学	朱丹、李俊、熊笠、裴利华、周伟志、涂汉卿、宗庆生、马天文、杨公正、和振海
2	郑州市轨道交通 1 号线一期工程	中铁第四勘察设计院集团有限公司 郑州市轨道交通有限公司	吕晓应、鄢正平、李文胜、袁聚亮、夏景辉、赵运臣、耿录云、何杰、蓝杰、王永伟
3	逆做围护结构在富水地区轨道交通工程中的应用	中铁第四勘察设计院集团有限公司	熊笠、徐永浩、刘智勇、贺敏杰、李剑发、余明松、陈雨蒙
4	宽频型阻尼减振降噪技术在波磨噪声治理中的应用研究	青岛科而泰环境控制技术有限公司	尹学军、刘兴龙、刘永强
5	分体嵌套式高弹减振扣件	北京城建设计发展集团股份有限公司	吴建忠、孙大新、陈鹏、金晋
6	复杂环境下大断面隧道开挖关键技术	中铁十六局集团有限公司 中铁十六局集团地铁工程有限公司	黄昌富、王炜、杨海滨、唐振波、张旭园、侯睿、喻海、刘金海、王浉、缪明晓、刘芹龙、赵政全
7	轨道交通车辆轮对尺寸在线检测系统	广州地铁集团有限公司 南京理工大学 广州地铁设计研究院有限公司	苏剑颐、邢宗义、肖锋、袁敏正、庞绍煌、朱士友、李宏辉、李海玉、陈希隽、陈刚、李兆新、曹从琪、郭健、张永、兰天野、周利玲、刘增华
8	新型地铁蒸发冷凝结合冷媒直接蒸发空调系统	轨道交通节能北京市工程研究中心有限公司 北京城建设计发展集团股份有限公司	李国庆、张巍、孟鑫、冯西培、张领、王鲁平、张晓伟
9	跨座式单轨平移式道岔	重庆市轨道交通设计研究院有限责任公司	仲建华、何希和、花春桥、杨庆山、崔桂林、王恒、綦绍富、田小琥、苏明辉

续表

序号	项目名称	完成单位	完成人
10	轨道交通工程新型盾构施工设备及施工技术	上海隧道工程股份有限公司	黄德中、李刚、吴惠明
11	盾构长距离穿越古建筑群沉降控制技术	中铁隧道勘测设计院有限公司	李立、贺维国、付黎龙、张美琴、袁创辉、柏林、张金伟、杨晓磊、王庆礼、马文、徐彦举、石广银、魏哲奎、李明磊
12	国内首座复杂环境下洞柱法超大跨单柱车站	中铁隧道勘测设计院有限公司	徐斌、李晓英、申爱敏、刘艺、李田英、马文、董娟、张琴、柏林、邱木来、韩朝言、石斐、韩泽、裴院
13	无锡地铁上马墩站与商业空间融合的实践	中铁第六勘察设计院集团有限公司	李龙、陆彦、杨海猛、岳长庚、姜宝峰、林永清、于加云、张海利、孙晓琼、崔延恒、杨海
14	大面积同期实施的地铁站与物业开发融合设计的成功案例	中铁第六勘察设计院集团有限公司	郑新定、吴圣贤、陶岚、陶海、孙磊、姬小勇、李镇奎、李亚、刘九龙、丁思、部志伟、陈宁
15	广州市海珠区新型有轨电车试验段项目	广州地铁设计研究院有限公司	史海欧、姬葆、何冶新、李平、赵云云、王光希、柳宪东、宗廷隽、公吉鹏、叶劲翔、彭伟、刘晓庆、唐薇、田小威
16	顶推式框架桥穿越地铁机场线自动化监测技术	北京城建勘测设计研究院有限责任公司	陈林、刘承勤、王志京、曹宝宁、石磊、杨明、任干、范静雅、王彪、刘丹、李文聪、吴丽丽、韩飞、佟亚静、王剑
17	综合物探手段在轨道交通勘察中探查复杂地质情况的应用研究	北京城建勘测设计研究院有限责任公司 / 城市轨道交通深基坑岩土工程北京市重点实验室	庞炜、黄澍航、刘满林、谢峰、曹飞、李佩、刘丹、郭红梅、周玉凤、孙常青
18	轨道交通工程降水卵石地层的一次成井技术研究	北京城建勘测设计研究院有限责任公司 / 城市轨道交通深基坑岩土工程北京市重点实验室	万家和、马健、冯科明、宋兑英、韩泽坤
19	InSAR技术在城市轨道交通穿越区地面沉降监测中的应用研究	北京城建勘测设计研究院有限责任公司	刘运明、陈大勇、马全明、李响、汤发树、李华、耿长良、熊腾智、张伟、刘瑞敏
20	U形梁在郑州城郊铁路工程中的应用	北京城建设计发展集团股份有限公司	张学军、阚孜、朱君卿、李文会、吴建忠、刘乐天、刘冰飞、张晓林、杨独、郑海霞、王江、周志亮

表 9.2.7

2018 年城市轨道交通技术创新推广项目清单

序号	项目名称	完成单位	完成人
1	长沙磁浮快线工程	湖南磁浮交通发展股份有限公司 中铁第四勘察设计院集团有限公司 长沙市轨道交通集团有限公司 中国铁建股份有限公司 中车株洲电力机车有限公司 中国人民解放军国防科学技术大学 中铁二院工程集团有限责任公司 中铁二十三局集团有限公司 同济大学 西南交通大学 株洲中车时代电气股份有限公司 中铁宝桥集团有限公司 中国铁道科学研究院 中国铁建重工集团有限公司 武汉地铁集团有限公司	周晓明、靖仕元、刘义山、谢海林、冯钢、彭奇彪、龙志强、李拥军、杨平、鄢巨平、田宝华、林国斌、曾国锋、李晓春、张昆仑、喻柳、张琳、徐杰、周文
2	武汉地铁 6 号线工程——地铁盾构区间同穿越深厚含水砂层直接下覆可溶性岩层的岩溶处理新技术	北京城建设计发展集团股份有限公司 中铁隧道勘测设计院有限公司 中铁五局集团建筑工程有限责任公司 长江勘测规划设计研究有限公司	周少东、姚春桥、何继辉、王金峰、梁立刚、黄美群、陈聪、黄显贵、陆平、江冬飞、刘建芳、游正军、徐海清、贺彬
3	南京地铁 3 号线工程上元门站	中铁隧道勘测设计院有限公司 南京地铁集团有限公司	张存、陈长江、袁云辉、王怀东、李瑞瑞、刘方明、郭庆伟、黄波、彭红霞、唐化程、范太兴、杨运光、冯翔、沈亚威、吕肖

续表

序号	项目名称	完成单位	完成人
4	组合式同相供电技术	西南交通大学 成都尚华电气有限公司	李群湛、郭婧、解绍祥、舒泽亮、李子晗、郭育华、黄彦全、贺建闵、余佼祥、李书勤、邹镁、易东、陈民武、李亚楠、白太平
5	大型换乘车站服务水平和客流流线设计综合技术研究与应用	广州地铁设计研究院有限公司 广州地铁集团有限公司	孙元广、史海欧、衣兴中、王芳玲、梁强升、陈虹兵、彭磊、王仲林、吴嘉、蔡涵哲、袁江、罗信伟、郑翔、陈惠嫦、阳彬武、姜美利
6	富水地区地铁车站喷涂自粘式防窜流防水系统	长沙市轨道交通集团有限公司 中国建筑第五工程局有限公司 中建隧道建设有限公司 中国建筑股份有限公司技术中心 中建工程研究院有限公司 广州地铁设计研究院股份有限公司	许尚农、钟可、邓武、张晟译、胡阿、田春春、李启龙、岳新华、陈东柱、郑邦友、刘德、钟志全、刘谌、刘晓丽、王承科、周阳、罗文、李水生、陈俊、张彪、胡亮亮、宋建荣、崔莹、张鹏、史海鸥、罗文静、唐文鹏、唐勇军、刘坚、曹成、穆岩松
7	城市轨道交通智能化装配式轨道系统及施工装备的应用	北京城建设计发展集团股份有限公司	王汉军、杨秀仁、冯爱军、吴建忠、张辉、陈鹏、郑端武、程坚、富坚、文露
8	长沙市轨道交通1号线永磁牵引系统应用	长沙市轨道交通集团有限公司 株洲中车时代电气股份有限公司 中车株洲电力机车有限公司	刘义山、周晓明、曹前、许尚农、肖利君、杨海通、许平洋、田春春、罗远、谢家红、王小明、陈文光、柳晓峰、陈超录、屈海洋、肖华
9	城市轨道交通客流监测、预警及协同调控平台	北京城建设计发展集团股份有限公司 北京交通大学 北京工业大学	魏运、高国飞、郑重传、陈明佃、李明华、田青、四兵锋
10	城市轨道交通结构病害激光扫描检测专业技术服务平台	上海岩土工程勘察设计研究院有限公司 上海地铁维护保障有限公司	许正文、褚平进、李家平、程胜一、郭春生、王令文、高志强、杨璐瑾、刘蝶

续表

序号	项目名称	完成单位	完成人
11	MJS工法在砂卵石及碎砾等复杂地层构筑近距离下穿运营地铁隧道的应用及实施	长沙市轨道交通集团有限公司 中铁第四勘察设计院集团有限公司 中国建筑第五工程局有限公司 广州地铁设计研究院有限公司	许尚农、钟可、肖明清、傅荼清、邓朝辉、刘星、陈东柱、张波、周明、王俯标、王文辉、钟志全、罗文、刘湛、穆岩松、彭继勇、陈勇军、林泽辉
12	深圳城市轨道交通9号线工程轨道系统技术创新	广州地铁设计研究院有限公司 深圳市地铁集团有限公司	史海欧、衣兴中、刘文武、罗信伟、赵德刚、刘锦辉、王仲林、丁先立、吴永芳、吴嘉、吴梦、尹华拓、刘堂辉、涂勤明、潘鹏
13	基于insar遥感的地铁全生命周期天地融合监控平台	北京城建勘测设计研究院有限责任公司 北京东方万远科技股份有限公司	王思锴、余永明、陈大勇、范胜文、葛春青
14	超大电流断路器通路测试系统研发	长沙市轨道交通集团有限公司 长沙勤智能科技有限公司 珠海伊托尼科技有限公司	邓玉斌、张劲夫、肖双江、樊新宇、刘胜林、黄剑、吴金科、杨波、何新禄、尹博文、林树胜、金恺、蒋海峰、谭国明、李友鑫、刘国明、熊代林、王良勇
15	地铁设备房智能巡检机器人研发	长沙市轨道交通集团有限公司	许平洋、唐利华、张利祥、刘子端、张小虎、王伟、柳繁、周贤兵、李彪、程泽亮、彭泉、刘鑫、张顺意
16	现代水文地质专业技术在轨道交通岩土工程勘察及施工中的应用	北京城建勘测设计研究院有限责任公司	庞炜、黄晰航、刘满林、谢峰、徐永亮、王宇博、董岩岩、郭红梅、周玉凤、孙常青
17	城市轨道交通结构安全立体感知信息服务平台	上海岩土工程勘察设计研究院有限公司 上海地铁维护保障有限公司	许正文、王吉、褚平进、程胜一、李家平、付和览、闫静雅、肖同刚、张辛铖、徐艺文、黄宝森
18	双向变流型再生电能吸收利用装置在轨道交通中的应用	长沙市轨道交通集团有限公司 中铁电气化勘测设计研究院有限公司	陈琪、张海尚、孙才勤、贺轩毅、邓玉斌、戴霞、何臣文、刘广欢、樊新宇、付冶国、谢敏
19	安境迩诺谐振式钢阻尼器	安境迩（上海）科技有限公司	吴天行、周丽艳、曾向荣、李伯文、高志升、翟敏轩、陈阳远
20	上部锁紧式双层非线性减振垫加工应用研究	洛阳双瑞橡塑科技有限公司	王安斌、张用兵、同作为、曾飞、王彦飞

9.3 展望

从 1979 年成立的隧道学会地铁学组，到今天的轨道交通分会，历时七届委员会，经历了改革开放的 40 年，见证和参与了中国城市轨道交通建设快速发展的 40 年，积极参与并推动了 40 年来城市轨道交通的技术发展和技术进步。

40 年来，我国城市轨道交通里程快速增长，从最初的北京 1 号线、2 线 40 多公里，到上海、广州、天津等城市的同步发展，到全国 37 个城市 5000 多公里开通运营。

40 年来，轨道交通分会通过七届几代人辛勤付出和不懈努力，开展了不少工作，积累了一些经验，取得了一定的成绩，获得了上级组织的认可和行业的支持与关注。

40 年来，中国的城市轨道交通技术也在突飞猛进地发展，规划线路从一城一线，到多城多线网络化规划；系统制式由单一的地铁发展到轻轨、有轨电车、磁浮、单轨、市域快轨的多制式多层次交通体系的协调并存；勘察测量技术由传统单一的测量、钻探、取样、试验模式向多种手段结合的综合勘察方法发展，勘测技术逐步精细化、智慧化，监测技术与设计、施工、建设管理等新技术的发展相协同；土建技术结合工程实际，相继出现了"明挖法""暗挖法""浅埋暗挖法""盖挖法""盾构法""冻结法""预制拼装法""装配式车站"等多种工法，实现了多线多工作面的安全监控，保证了大规模高速建设的安全；轨道技术形成了系列化成套技术和专利产品；机电设备系统逐步实现了关键核心技术的国产化，向智能化、集约化、模块化、网络化发展；轨道交通场站从单一的交通功能，逐步发展到与周边土地实行统一规划，集多种功能的城市综合体，建轨道就是建城市的理念得到各方认可；轨道交通运营从单线发展到网络化运营，综合监控、大数据、智能支付、智慧运维等新技术得以推广应用。

回顾过去，展望未来，借助何华武院士和陈湘生院士对未来城市轨道交通的技术发展展望作为本书的结尾。

何华武院士认为（摘自何院士在首届城市轨道交通创新创业大赛的发言），近年来城市轨道交通飞速发展，已初步形成了地铁、单轨、有轨电车、市域快轨、中低速磁浮等多种制式多层次的城市轨道交通系统。在交通运输体系中发挥着越来越重要的作用。展望下一个十年，我国城市轨道交通将迎来一个新的时代，制式更趋多样、建造更趋绿色、装备更趋智能、运营更趋高效，成套技术将逐步走出去。相对于高铁，城市轨道交通与城市居民出行更加紧密，是城市中重要的基础设施项目，在极大地改善人们出行方式的同时，也从根本上提高了城市生活的品质和水准。城市轨道交通的技术发展应体现在以下几个方面：

（1）更多种制式——单一的地铁制式已不能满足不同层次城市的交通需求，需要开拓思路，建设新型城市轨道交通系统。对于几大都市圈城市群的轨道交通的制式选择可以更快速，对于中小城市的制式选择可以更多样。

（2）更快速便捷——目前，地铁的设计速度是每小时 80km，随着城镇化和都市圈的发展，时速 120 ～ 160km 的市域快速轨道交通将是今后一段时间的发展热点，应与国铁的市郊铁路共同构建完善的区域通勤快速轨道交通网络。高速磁浮技术也将被采用。

（3）更智能高效——大力推进"互联网 + 城市轨道交通"，以信息化、智能化覆盖城市轨道交通的建设、运维、安全和服务等各个领域。

（4）更安全可靠——随着建设规模的不断加大，建设环境日趋复杂。地铁线路穿越既有运营隧道、既有建（构）筑物，下穿江河，穿越富水、软硬不均、卵石地层等复杂环境成为地铁建设的"新常态"。因此，一定要采取创新技术解决高速建设和复杂环境带来了施工困难、安全风险等诸多问题。在城轨装备方面，要建立健全关键技术装备的认证体系。

（5）更节能环保——随着轨道交通建设的加速，轨道交通已成为各城市最大的单体建筑，成为城市能耗大户，在节能方面具有很大潜力，在车辆、环控系统等方面应加大节能技术的开发与应用，对振动和噪声等问题积极研究解决措施。

陈湘生院士认为（摘自《世界轨道交通》杂志专访），轨道交通应为城市生态发展之"干将"，地铁除了解决人们的出行问题外，它更应该是城市可持续发展的重要组成部分。城市轨道交通要实现三个可持续发展：一是实现社会的可持续发展；二是实现城市的可持续发展；三是实现轨道交通自身经济的可持续发展。要实现这三个方面的可持续，需要在现有政策和法规基础上，借助科技手段，在进行城市轨道交通的线站位规划时，除了与不同制式交通工具之间相协调以满足居民出行外，还需要使轨道交通与城市环境、城市空间、城市土地集约利用之间协调发展，通过其本身的可持续来支撑城市的可持续发展，实现社会的可持续性；将城市轨道交通规划与城市空间规划融合，利用城市轨道交通建设，将沿线的土地进行立体化高效利用。比如，城市轨道交通建设车站或枢纽城市综合体、串接原来孤立的地下空间、协同旧城改造和重塑协调的城市空间形态等。由此不但能提高整个城市交通服务水平和改善人们出行条件，而且还让人们可以顺利享受联通空间里的其他服务，实现城市环境的可持续性；通过土地立体空间高效利用，给城市轨道交通业主带来大量的客流、持有物业及商业的额外收益。使城市轨道交通在建设和运营实现可持续性发展的同时，又带动城市土地资源高效利用，从中获得环境和新增效益，实现经济效益的可持续性。对于中国城市轨道交通的发展以及未来的展望，陈湘生院士认为：

第一，中国城市轨道交通是中国先进制造的代表，是国家实力的体现，我国城市轨道交通从设计、制造到运营已经走在世界前列。

从北京建设第一条地铁至今，我国各城市的轨道交通在规划和建设方面进行了不断的探索、创新。使得轨道交通在环保、绿色可持续发展上取得了长足进步。首先，是城市轨道交通规划从单一解决出行难题，转到建城市轨道交通就是建城市，对城市可持续发展奠定了重要基础。第二方面，进一步提高了客运的效能和土地资源高效利用。第三方面，从单一城市轨道交通规划到各类制式交通工具协调发展，逐渐实现交通的效能最大化与耗能的降低。第四方面，是一系列节能新技术的采用，使每公里能耗极大地降低。第五方面，是大量改进和利用施工新技术，大大地减少了施工全过程对环境的负面影响。第六方面，是车辆基地加上盖进行土地的二次开发利用，等于再造了相同面积的土地。第七方面，是减震隔振新技术的应用，使得车辆运行在敏感地区的环境得到改善。第八方面，是设计方面取得了巨大提高和改善，让轨道交通更加便捷、舒适地为乘客服务。

第二，要紧紧围绕民生，采用新型城市轨道交通模式、装备以及新的建设和运营管理模式，进一步提升城市轨道交通可持续能力。

一是要将城市轨道交通与城市其他所有地下设施以及与地面空间统一规划于城市上位规划中。使珍贵的城市土地资源实现立体高效利用，各类地下设施之间有机协调设置。即使土地资源高效集约利用，让城市环境与城市轨道交通两者都能可持续发展，又能创造出温馨宜人的城市空间，满足广大人民群众工作、学习、生活、休闲等的需求。

二是各种新的节能技术使用，例如，对地铁车站空调系统的革命性创新和应用、LED等新型照明技术的推广（以后将会直接采用直流供电照明）、再生电能回馈、大规模变频技术的应用、供电系统设计改进和效能提高，这些技术的使用将大大降低城市轨道交通运营成本。

三是创新城市轨道交通建筑结构形式，比如在城市轨道交通高架桥和地下车站采用钢混组合架构、新的建筑材料应用、标准化装配式车站设备用房和管理用房等，不但降低城市轨道交通造价和运营成本，而且能够实现节能、减排、低碳、绿色。

四是大数据、云技术的利用使城市轨道交通实现智慧化，将会改善和优化目前的城市轨道交通系统配置并提高可靠度；逐步在较大范围内实现城市轨道交通全自动运行，极大地提高运营安全和效能；手机刷卡进出闸机、脸谱识别等智能技术会使乘客进出站更加便捷和安全。

第三，要建设高效能的城市轨道交通。

一是将城市轨道交通规划建设与城市空间规划、土地资源集约高效利用相结合。一方面使城市轨道交通业主获得更多的物业空间、商业经营和物业管理新增收益，支持其自身可持续发展；另一方面，土地资源集约高效立体空间利用，可减少土地占用，优化城市空间形态，实现生态环境文明。这样，不但给人们提供了绿色高效的交通工具，还能使人们极为方便地在温馨怡人的城市空间中享受各类需求服务。

二是依托城市轨道交通规划与建设，倡导城市地下空间各类设施布局，尤其是地下空间资源的分层次综合利用的统一规划和统一设计战略研究。因地下工程的不可逆性，这种统一规划是事半功倍的关键。因此，相关的产权确认、所有权和使用权的分离，地下空间的安全、消防模式和疏散模式的创新和规程的修订，以及大数据云计算等技术的利用，地下空间运维管理智慧化等，都需要抓紧研究。

三是要有针对性地开展城市轨道交通工程建设和运营的后评估。以便进一步完善和提高该领域的规划、设计、建造和运维的效能。

附录 1 历年通车里程

1. 截至 2018 年底中国城市轨道交通运营线路统计

（1）运营线路情况

编者统计了自 1969 年中国大陆开通第一条地铁以来，各年开通线路及城市情况，见附表 1.1。

开通运营线路时间表

附表 1.1

开通时间	里程（km）	城市及线路
1969.10	23.6	北京，1 座城市 1 条线
1984.12	54	北京、天津，2 座城市 3 条线
1995.12	70	北京、天津、上海，3 座城市 4 条线
2000.12	127	北京、天津、上海、广州，4 城市 7 条线
2005.12	444	北京、天津、上海、广州、长春、大连、重庆、武汉、深圳、南京，10 座城市 20 条线
2010.12	1418	北京、天津、上海、广州、长春、大连、重庆、武汉、深圳、南京、沈阳、成都，12 座城市 54 条线
2015.12	3293	北京、天津、上海、广州、长春、大连、重庆、武汉、深圳、南京、沈阳、成都、佛山、西安、苏州、杭州、昆明、哈尔滨、郑州、长沙、宁波、无锡、青岛、南昌、淮安，25 座城市 110 条线
2016.12	3832	北京、天津、上海、广州、长春、大连、重庆、武汉、深圳、南京、沈阳、成都、佛山、西安、苏州、杭州、昆明、哈尔滨、郑州、长沙、宁波、无锡、青岛、南昌、淮安、东莞、合肥、南宁、福州，29 座城市 128 条线
2017.12	4712	北京、天津、上海、广州、长春、大连、重庆、武汉、深圳、南京、沈阳、成都、佛山、西安、苏州、杭州、昆明、哈尔滨、郑州、长沙、宁波、无锡、青岛、南昌、淮安、东莞、合肥、南宁、福州、石家庄、贵阳、厦门、珠海，33 座城市 160 条线
2018.12	5451	北京、天津、上海、广州、长春、大连、重庆、武汉、深圳、南京、沈阳、成都、佛山、西安、苏州、杭州、昆明、哈尔滨、郑州、长沙、宁波、无锡、青岛、南昌、淮安、东莞、合肥、南宁、福州、石家庄、贵阳、厦门、珠海、乌鲁木齐，34 座城市 181 条线

截至 2018 年 12 月 31 日，中国内地共有北京、上海、广州、深圳、南京、天津、重庆、大连、沈阳、长春、成都、武汉、西安、佛山、苏州、杭州、昆明、哈尔滨、

郑州、长沙、宁波、无锡、青岛、南昌、淮安、东莞、合肥、南宁、福州、石家庄、贵阳、厦门、珠海、乌鲁木齐，共 34 座城市拥有 181 条城市轨道交通运营线路，运营线路总里程为 5451km，详附表 1.2。有 27 座城市拥有两条及以上城市轨道交通线路，逐步形成网络化运营格局。

目前，中国大陆共有 63 座城市已获城市轨道交通建设批复，除已开通运营的 34 座城市之外，有徐州、常州、呼和浩特、济南、芜湖、兰州、太原、绍兴、金华、台州、南通、洛阳、蒙自、德令哈、三亚共 15 座城市正在进行城市轨道交通建设。

当前我国已运营的城市轨道交通线路制式仍以地铁制式为主，占到总里程的 80% 以上。在已运营城市中，上海、广州、天津等 15 座城市开通了现代有轨电车；北京和广州开通有直线电机线路；上海和长沙两座城市开通了磁悬浮轨道交通线路；重庆市开通了跨座式单轨轨道交通线路。

（2）运营里程排序

在城市轨道交通运营里程排序中，上海居首位，运营里程达 732km，其后依次是北京 637km、广州 463km、南京 395km、武汉 353km、重庆 313km、深圳 298km。以上 7 座城市在已开通城市轨道交通的 34 座城市中拥有较长的运营里程及运营年限，7 座城市的城市轨道交通线路总里程超过全国轨道交通线路总里程的 50%。

（3）运营线路排序

在城市轨道交通运营线路数量排序中，共有 5 座城市开通运营的城市轨道交通线路在 10 条以上，其中北京以 22 条线路名列第一，紧随其后的上海有 19 条，广州次之，以 16 条线路位列第三。从数量上看，北京、上海、广州作为第一梯队，深圳、南京、武汉、重庆、成都作为第二梯队，其中武汉、成都发展迅猛，2018 年各新增 3 条及以上运营线路。详见附表 1.2。

各城市运营线路统计　　　　　　　　　　　　　　附表 1.2

序号	城市及总里程（km）	线路名称	运营里程（km）	2018新开通里程（km）
1	北京 637	1 号线	31	
		2 号线	23	
		4 号线	28	
		5 号线	28	
		6 号线	53	11
		7 号线	24	

续表

序号	城市及总里程（km）	线路名称	运营里程（km）	2018新开通里程（km）
1	北京 637	8 号线	47	21
		9 号线	17	
		10 号线	57	
		13 号线	41	
		14 号线	44	
		15 号线	41	
		16 号线	20	
		机场线	28	
		八通线	19	
		亦庄线	23	
		大兴线	22	
		昌平线	32	
		房山线	26	
		燕房线主线	14	
		磁浮 S1 线	10	
		西郊线	9	
2	上海 732	1 号线	37	
		2 号线	60	
		3 号线	40	
		4 号线	34	
		5 号线	33	16
		6 号线	33	
		7 号线	44	
		8 号线	37	
		9 号线	64	
		10 号线	35	
		11 号线	81	
		12 号线	41	
		13 号线	38	17
		16 号线	59	
		17 号线	35	
		磁悬浮	30	
		浦江线	7	7
		松江有轨电车 2 号线	14	14
		张江有轨电车	10	

序号	城市及总里程（km）	线路名称	运营里程（km）	2018新开通里程（km）
3	广州 463	1 号线	19	
		2 号线	32	
		3 号线	66	
		4 号线	59	
		5 号线	32	
		6 号线	42	
		7 号线一期	19	
		8 号线	16	
		9 号线 1 期	20	
		13 号线首期	27	
		14 号线支线（知识城支线）	22	
		广州 14 号线一期	54	54
		广州 21 号线增城广场至镇龙西段	26	26
		广佛线广州段	12	
		广佛线燕岗至沥滘段	5	5
		珠江新城 APM	4	
		海珠环岛有轨电车	8	
4	天津 226	1 号线	26	
		2 号线	27	
		3 号线	34	
		5 号线	35	35
		6 号线	44	16
		9 号线（滨津轻轨）	52	
		滨海有轨电车	8	
5	深圳 298	罗宝线（1 号线）	41	
		蛇口线（2 号线）	36	
		龙岗线（3 号线）	42	
		龙华线（4 号线）	20	
		环中线（5 号线）	40	
		7 号线	30	
		9 号线	25	
		11 号线	52	
		龙华有轨电车	12	

续表

序号	城市及总里程（km）	线路名称	运营里程（km）	2018新开通里程（km）
6	南京 395	1 号线	39	
		2 号线	38	
		3 号线	45	
		4 号线一期	34	
		10 号线	22	
		S1 号线	36	
		S3 号线	37	
		S7 号线	30	30
		S8 号线	45	
		S9 号线	52	
		河西有轨电车	8	
		麒麟有轨电车	9	
7	重庆 313	地铁 1 号线	39	
		轻轨 2 号线	31	
		轻轨 3 号线	66	
		4 号线一期（民安大道—唐家沱）	16	16
		环线（重庆图书馆—重庆北站南广场—海峡路）	34	34
		地铁 6 号线	76	
		5 号线一期北段	17	
		10 号线一期	34	
8	长春 117	1 号线一期	18	
		2 号线	21	21
		3 号线	32	
		4 号线	16	
		8 号线一期	13	13
		有轨电车 54 路	7	
		有轨电车 55 路	10	
9	武汉 353	1 号线	38	
		2 号线	48	
		3 号线一期	30	
		4 号线	33	
		6 号线一期	35	
		7 号线	31	31
		8 号线一期	17	

续表

序号	城市及总里程（km）	线路名称	运营里程（km）	2018新开通里程（km）
9	武汉 353	11 号线一期	20	20
		21 号线（阳逻线）	35	
		纸坊线	17	17
		光谷有轨电车 T1	13	13
		光谷有轨电车 T2	19	19
		大汉阳有轨电车试验线	17	
10	大连 183	1 号线	28	
		2 号线	30	
		3 号线	63	
		有轨电车 201	11	
		有轨电车 202	13	
		12 号线	38	
11	沈阳 130	1 号线	28	
		2 号线	32	5
		有轨电车 1 号线	70	
		有轨电车 2 号线		
		有轨电车 3 号线		
		有轨电车 5 号线		
12	成都 236	1 号线	41	17
		2 号线	43	
		3 号线	50	30
		4 号线	39	
		7 号线	39	
		10 号线一期	10	
		蓉 2 号线	14	14
13	佛山 22	1 号线	22	
14	西安 125	1 号线	25	
		2 号线	26	
		3 号线	39	
		4 号线	35	35
15	苏州 165	1 号线	26	
		2 号线	42	
		4 号线	53	
		有轨电车 2 号线	18	18
		有轨电车 1 号线	26	8

续表

序号	城市及总里程（km）	线路名称	运营里程（km）	2018新开通里程（km）
16	杭州 118	1 号线	54	
		2 号线	43	
		4 号线一期	21	11
17	昆明 87	3 号线	23	
		6 号线	18	
		1、2 号线首期	46	
18	哈尔滨 22	1 号线	17	
		3 号线一期	5	
19	郑州 91	1 号线	40	
		2 号线	20	
		机场线	31	
20	长沙 69	1 号线一期	23	
		2 号线	27	
		机场磁浮线	19	
21	宁波 74	1 号线	46	
		2 号线一期	28	
22	无锡 55	1 号线	29	
		2 号线	26	
23	青岛 184	2 号线东段	22	
		3 号线北段	25	
		11 号线	58	58
		13 号线	70	70
		阳城有轨电车	9	
24	南昌 48	1 号线一期	29	
		2 号线首通段	19	
25	淮安 20	有轨电车一期工程	20	
26	东莞 38	2 号线一期	38	
27	合肥 53	1 号线	25	
		2 号线	28	
28	南宁 53	1 号线	32	
		2 号线	21	
29	福州 25	1 号线一期	25	
30	石家庄 28	1 号线一期	23	
		3 号线一期首开段	5	

序号	城市及总里程（km）	线路名称	运营里程（km）	2018新开通里程（km）
31	贵阳 35	1 号线	35	22
32	厦门 30	1 号线	30	
33	珠海 9	有轨电车	9	
34	乌鲁木齐 17	1 号线	17	17
合计			5451	741

2. 统计口径说明

（1）统计未包括采用铁路制式的市域铁路，如北京的 S2 线、上海 22 号线、成都成灌线和成彭线、大连旅顺南线等。

（2）统计包括正式运营的现代有轨电车线路。

（3）在线路数量上，支线和主线只算 1 条线。广佛线在线路合计中算 1 条线，但将广州段与佛山段分开到广州和佛山分别统计。

（4）线路里程可能有不同口径，因此各线路运营里程和总里程长度仅供参考。

（5）统计时间截止为 2018 年 12 月 31 日。

附录2 历届学术论文名录

第一届（1979年5月18日—24日，北京）
未出论文集

第二届（1979年11月23日—28日，广州）

附表2.1

序号	论文名	单位
1	土层锚杆技术及其在工程中的应用	00069部队、铁科院
2	千斤顶推进管片试验报告	建字918部队、铁科院
3	北京地下铁道××线×××车站工程指导性施工组织设计	00071部队
4	土中锚杆的机械扩孔	天津市政工程局
5	九号复式交分道岔整体道床	天津地下铁道管理处规划设计所
6	地下连续墙垂直接头的强度设计计算	同济大学地下建筑研究室
7	关于人防干道工程结合地铁建设的简介和探讨	郑州市7401工程指挥部
8	锚杆的定量扩孔钻头及传动装置的设计	天津市政工程局
9	地下连续墙垂直接头的抗剪强度研究设计	同济大学
10	软土地下工程结构的抗震设计	同济大学地下建筑研究室
11	用盾构法在上海软土地层中开挖隧道	上海隧道公司
12	装配式钢筋混凝土圆形衬砌结构在上海含水地层中应用	上海隧道公司
13	地下铁道参考资料	北京市规划局科技处
14	人防干道结合地铁建设几个问题的初步探讨	郑州市7401工程指挥部
15	射流降水	天津市地铁管理处
16	地铁侧式站台设计与施工中的若干问题的探讨	哈尔滨建工学院
17	地下铁道可控硅脉冲调阻电动客车	湘潭电机厂设计科牵引研究所
18	北京地铁工程中的钢管混凝土柱的研究与应用	基建工程兵北京指挥部科研设计院

第三届（1980 年 8 月，哈尔滨）

附表 2.2

序号	论文名	单位
1	轨枕式道岔整体道床	基建工程兵北京指挥部设计院
2	北京地下铁道车站装修施工中的几个问题的介绍	解放军 00093 部队
3	天津市红旗路地道桥气垫顶进工艺总结初稿	天津市地下铁路工程公司
4	深层真空降水	上海市隧道工程公司
5	哈尔滨市二轻局地下职工俱乐部空调采暖设计	哈尔滨人防工程设计处
6	国外地下铁道发展概况	哈尔滨建筑工程学院科研处

第四届（1983 年 1 月 20 日—25 日，北京）

附表 2.3

序号	论文名	单位
1	北京地铁二期工程设计概况	基建工程兵北京指挥部
2	北京地铁二期工程施工情况	基建工程兵北京指挥部
3	北京地铁二期环线工程行车指挥自动化	铁道部通号公司
4	兴建中的天津地铁运营管理情况	天津地铁管理处
5	北京地铁运营情况	北京地铁公司
6	上海市地铁试验工程盾构法施工	上海隧道公司
7	用地下连续墙建造地铁	上海隧道公司
8	国外顶管技术发展概况	上海隧道公司
9	中长距离顶管技术的探讨	上海隧道公司
10	延安东路隧道设计简要	上海隧道公司
11	大直径工业管道水下长距离顶进施工技术与设备	上海隧道公司
12	无抗力圆隧道考虑接头刚度的内力分析	同济大学
13	隧道设计模型理论与试验	同济大学
14	圆形隧道的土压力	同济大学
15	盾构法水底公路隧道展望	同济大学
16	地下连续墙的受力分析与抗隆起稳定计算	广州地铁筹建处

第五届（1986 年 5 月，天津）

附表 2.4

序号	论文名	单位
1	降低地铁造价之途径	上海隧道公司
2	上海地铁试验盾构施工引起的地层沉陷	上海隧道公司
3	发展南京市地下交通的设想	南京市政公用局

续表

序号	论文名	单位
4	天津地铁西站顶进工程	天津市政三公司、天津市政设计院
5	地下工程开挖引起的地层沉陷及防治	北方交通大学
6	快速轨道交通分析	天津地铁管理处
7	世界100个地铁系统资料	上海公用事业研究所
8	影响地铁投资效益的主要因素	哈尔滨建筑工程学院
9	国外新交通系统的发展概况	天津科技情报所、天津理工学院
10	土层锚杆在地铁工程中的应用	天津市政勘测设计院
11	水平井点降低地下水	天津市政勘测设计院
12	不等接头刚度管片的设计计算	同济大学
13	快速轨道交通名词及术语	天津地铁管理处
14	世界136个城市地铁与轻轨交通发展资料	上海铁道学院
15	上海市建设快速有轨交通的可行性	上海铁道学院
16	上海市公共地铁车型选择	上海铁道学院
17	日本的城市交通运输系统	上海铁道学院
18	车体结构材料的可行性探讨	上海铁道学院
19	在高经济增长率时代大都市公共交通面临的挑战及其对策	上海铁道学院

第六届（1987 年 3 月 23 日—27 日，上海）

附表 2.5

序号	论文名	作者
1	北京地下铁道一、二期工程建设回顾	任今浩、王义信
2	上海地铁一号线工程	王振信
3	天津地铁的建设及运营	孙学策
4	广州地铁筹建情况简介	金锋
5	关于南京市地铁建设规划的探索	尹经章
6	我国轻轨交通的发展前景	沈景炎
7	地下铁道与城市其他交通工具的衔接	张驰
8	北京地铁规划设计浅析	叶大德
9	关于上海市有轨快速交通路网规划的探讨	闽企璋
10	中荷合作设计——上海地铁试验段环境控制系统	潘钧、胡维颉
11	上海地铁一号线环境控制系统方案设计简介	马龙英
12	上海软土地层中圆形隧道衬砌型式之探讨	乔宗昭、吕碧幸、曹文宏
13	运用系统工程方法制订上海城市地下空间开发总体规划初探	谢敬通
14	变单一功能的地铁车站为综合型地下建筑工程的探讨——上海地铁徐家汇站方案构思	盛允伟

续表

序号	论文名	作者
15	对哈尔滨地铁车站建设的几点看法	王庆惠、李舜
16	软土中单桩 - 介质相互作用的有限元分析	童晓勤、章国忠、姜启元
17	南京地铁软岩段支护型式的探讨	蒋晃、必勇
18	二十年来上海盾构法隧道建设的回顾	王振信
19	上海地铁区间隧道施工工艺及设备选择的评价	朱金林
20	上海地铁一号线圆形隧道的设计与施工	董云德
21	地铁试验现场调查研究报告（摘要）	潘国庆
22	上海地铁试验盾构隧道衬砌结构的现场测试报告	傅德明
23	上海地铁车辆运行模拟试验初步分析	张庭秀、姜启元、乔宗昭
24	大口径内井点在地铁试验 101 端头井中的应用	倪金海、董云德
25	软土地区隧道施工降水	项兆池
26	大直径机械钻孔灌注桩施工技术	王新杰、杜文库
27	地下连续墙、锚杆深基础工程	王启顺、郝铭莲、增仁
28	钻孔压浆成桩法	陶义
29	下蜀土深基坑土锚加固的工程设计方法	郑必勇、蔡钟业
30	盾构法隧道地表沉陷时效数值解	侯学、李桂花、周知行
31	国外地铁建设费用及资金筹措浅析	薛绍祖
32	软土分层注浆（SRF）	程骁
33	延安东路隧道在建设中	张易谦
34	大直径过江顶管工程施工	于云程
35	一条正在施工中的千米顶管	王承德
36	移动气压焊轨技术在地下铁道的应用	徐连荫
37	遇水膨胀防水橡胶在工程中的设计和应用（摘要）	俞志强、劳复兴
38	土层锚杆及其应用	陶义
39	关于混凝土整体道床减振问题的探讨	杨月云
40	受电弓 - 接触网系统动力学研究（摘要）	沈志云、于万聚、张卫华
41	地下空间内二氧化碳浓度的变化对人员影响的分析	陈立道、钱福元
42	地下商业街的规划问题探讨	陈立道、钱福元

第七届（1988 年 10 月，南京）

附表 2.6

序号	论文名	作者
1	南京市地铁南北线规划研究	南京市地铁专业组
2	北京应发展以地铁为骨干的综合交通体系	谢仁德
3	关于天津市区快速轨道交通系统的分析	马淑珍

续表

序号	论文名	作者
4	地铁建设与城市改造和发展	周庆瑞
5	城市快速轨道交通路网规划之我见	唐国生
6	轻轨交通与地下铁道的比选	沈景炎
7	上海延安东路越江隧道工程盾构法施工	朱凤生
8	北京地铁浅埋暗挖法施工	王梦恕
9	石洞口盾构法隧道修建中局部气压施工	秦亚南
10	石洞口进水隧道施工	丁志诚
11	盾构隧道内衬砌混凝土模板台车的研究与应用	朱金林
12	地下铁道扣件	李湘久
13	北京地铁环线车站集散厅照明测定与研究	董立新
14	天津地铁热环境控制——蓄热式通风	韩志刚
15	地铁防排烟设计的几点设想	刘洪
16	长安街地铁客流预测方法探讨	羌荣庆
17	地下墙竖井内衬混凝土逆作法施工工艺	郭贵歧
18	用相对热指标确定地铁热环境	潘钧
19	用 KH-180MHL 型抓斗构筑地下连续墙	翁史忠
20	杭州西湖风景区地下交通规划构想	李育湘
21	城市公共交通、私人交通与地下铁道	熊火耀
22	城市地铁与隧道规划中的防护因素分析	俞儒一
23	新闸路地铁车站结构设计	李桂花

第八届（1992 年 5 月，北京）

附表 2.7

序号	论文名	作者
1	北京市快速轨道交通发展展望	李耀宗
2	北京地下铁道复八线总体规划	施仲衡、沈子钧、王兆民
3	北京西单地铁车站工程概述	谢量瀛、胡发甫、张笑青、黄长江
4	浅埋暗挖法设计、施工问题新探	王梦恕
5	上海地铁一号线盾构法区间隧道施工	殷关福、薛绍祖
6	北京西单地铁车站工程的系统分析与决策	谢量瀛、黄长江、胡万毅
7	世界各国地下铁道	范文田
8	北京西单地铁车站工程的系统控制	谢量瀛、胡万毅、范明贵、陈景安
9	北京西单地铁车站浅埋暗挖法施工综合效益评价	胡成器、叶荣发、张律平
10	合理确定标准、保证整体行为效果	胡家发、张学文、范明贵、彭济南

序号	论文名	作者
11	西单地铁车站梁板柱结构的设计与施工	谢量瀛、胡继洲、廖美焕、许文学
12	监控量测在北京西单地铁车站工程中的应用	胡家发、廖美焕、胡万毅、杨和平
13	北京西单地铁车站工程综合防水技术	谢量瀛、胡发甫、周强、肖德成、赵国平
14	北京西单地铁车站的科技开发与实践	胡发甫、胡成器、张孝忠、呼贵清
15	北京西单地铁车站立体交叉结构的设计与施工	谢量瀛、廖美焕、胡万毅、韩少光
16	北京地铁复兴门折返线浅埋暗挖法施工的甲方技术监理	许嘉娜、宋长明
17	浅埋隧道暗挖法引起地表下沉的预测及控制	张建华、王梦恕、关宝树
18	微机在北京地铁浅埋暗挖法施工中的应用	张吉
19	地铁环境及其职业卫生评价	张加志、汪彬
20	上海地铁万体馆车站深基坑施工技术	吴红兵、王佐季
21	地下工程造价快速估算的探索	易克俊、张质文、糜祖平、胡莹
22	上海市延安东路浦西矩形暗挖段深基坑施工技术	王鹏兴
23	ϕ11.3m 大型盾构在软土地层掘进隧道的施工技术	朱凤生
24	浅析上海徐家汇下立交工程的开挖支护方式	冯爱军、王文炘
25	延安东路隧道施工监测技术	傅德明
26	三拱立柱式地铁车站试验研究	赵子荣、刘艳青
27	北京地铁浅埋暗挖法监测资料的进一步研究	孙建华、王汝澄、王梦恕
28	南京地铁客流预测在线路规划中的应用	彭长生、蒋晃
29	略谈降低地下水位法在南京地铁施工中的应用	王玉君
30	斜设井点初探	张质文、汪挺
31	地下铁道风险决策层次分析法	顾保南、周顺华、许玉德
32	含水软弱地层深基坑边坡支护方法探讨	潘保国
33	地下连续墙深基坑施工对环境的影响	徐正良、夏明耀
34	广州珠江隧道钢结构工程	陈越、徐一平、吴鸣泉
35	广州珠江隧道浮运法沉放施工方案	陈越、卢陵江
36	盖挖法用于热力管网穿越道路的设计与施工研究	杜文库、董京达、崔志杰、侯忠民
37	大深度地下开发与盾构技术革命	束昱、侯学渊、钱福元
38	北京地铁列车振动对环境影响的探讨	潘昌实、李德武、谢正光
39	软土盾构隧道的沉降分析	徐方京、侯学渊、姜英
40	浅埋暗挖隧道地表沉陷计算方法	高波
41	北京地铁西单车站一号施工横通道"开口段"结构静载模型试验研究	陈豪雄、朱永全、景师庭
42	双护盾掘进机隧洞管片衬砌计算中几个问题的探讨	赵文源

续表

序号	论文名	作者
43	浅埋暗挖地铁车站初期支护力学动态研究	王明年、陈进
44	盾构穿越重要构筑物以双液跟踪注浆控制沉降技术	程骁
45	土压平衡盾构同步注浆工艺的探讨	谢益、刘万兰
46	隧道刚柔复合渗透型防水施工技术的研究	来洪立、杜剑
47	北京地铁西单站工程地质与施工验证	张金富、于希贤
48	加强工程造价管理搞好地铁工程建设	李成荣

第九届（1993年12月7日—10日，上海）

附表2.8

序号	论文名	作者
1	上海地铁一号线土建工程的介绍	董云德
2	中国城市轨道交通建设的发展趋向	王新杰、沈子钧
3	拓宽地铁规划设计思路，适应改革开放形势要求	孙学策、刘洪
4	浅论投资控制法在上海地铁一号线工程中的应用	施洪涛
5	盾构隧道沉降预估	侯学渊、廖少明
6	上海地铁一号线南段试运行与全线贯通运营	唐宪民、杜新言
7	五座地铁车站设计的介绍	韩秋官
8	上海地铁土压平衡盾构同步注浆浆液配比的优选	祝龙根、白廷辉、杜坚
9	淮海地铁车站逆筑法施工若干问题的研究	葛世平
10	上海地铁一号线盾构隧道衬砌防水技术评述	朱祖熹
11	在上海地铁中利用铁路隧道天线传输无线通信的浅析	虞珊珠、郭美均、黄钟等
12	多层刚柔结合法进行单层地下连续墙体建地铁车站的堵漏及防水	董云德、郭庆祥、周保卫等
13	北京西客站预埋地铁工程	崔志杰、关向群、喻晓
14	盾构3.5m厚加固区出洞施工技术	任志峰、刘千伟、白廷辉
15	上海地铁隧道结构研究设计特点	李湘久、盛碧华
16	上海地铁自动售检票系统	陈凤敏
17	上海地铁新龙华车辆段总体布局设计	钱履中
18	盾构进出洞口注浆加固设计与施工技术研究	张庆贺、唐益群、杨林德
19	钢管桩施工桩周土体孔隙水压力变化及其对连续墙成槽的影响	陆林强
20	混合式盾构与地铁工程建设	张海
21	上海地铁火车站站折返段环控设计	林善全

续表

序号	论文名	作者
22	盾构法隧道施工对周围环境影响和防治的专家系统	周文波
23	地铁贯通测量浅谈	唐振华
24	我国地铁工程防水新课题	王振信
25	黄陂南路地铁车站逆筑法施工技术及结构综合研究成果简介	傅德明

第十届（1995 年 10 月 15 日—17 日，北京）

附表 2.9

序号	论文名	作者
1	浅论我国城市快速轨道交通建设	王新杰
2	北京地铁路网的规划与发展	沈景炎
3	南京市快速轨道交通路网规划	彭长生、王新民
4	发展城市快速轨道交通的刍议	林蔚深
5	地下单层车站初评	郭建国、王兆民
6	北京地铁永安里车站盖挖逆作结构设计	李秀舫
7	广州地铁农讲所站投标优化方案设计介绍	李永丰
8	北京地铁建设中筹资问题的几点意见	郭建国、田静
9	拟建中的北京王府井地下商业街	崔志杰、惠丽萍
10	地铁折返站通过能力的探讨	吴懋远、陈琪
11	天津市地下铁道续建改造工程	李忠信、孙学策
12	浅谈天津地铁建设与工程造价的管理	袁素华、李成荣
13	地铁与轻轨高架桥合理跨径的研究	冯爱军
14	我国地下铁道施工技术的发展与展望	刘国琦、杜文库
15	北京永安里地铁车站中桩施工技术	徐军、邢路强、杨永亮、张平
16	十字桩在地铁车站中的应用	王秉云、李凤林
17	大北窑地铁车站连续墙围幕盖挖逆作法施工简介	郑国梁
18	北京地铁复—八线王府井车站浅埋暗挖桩柱支承法方案研究	谢量瀛、胡万毅、李瑞华、韩少光
19	北京地铁复—八线热电厂车站基坑开挖及支护技术	贺长俊、郝秀、王燕凯
20	地铁盖挖法技术	王元湘
21	上海地铁盾构隧道的设计和施工	董云德
22	地铁区间联络通道与泵站施工技术难题与对策	白廷辉
23	超浅埋大跨度有活载地下过街道设计与施工	白效忍、罗富荣、肖广智

序号	论文名	作者
24	五连拱超浅埋暗挖施工技术	靳水明、巩湘军、郭景伟
25	浅埋暗挖五连拱地下工程设计与实践	关向群、王元湘
26	首钢地下运输通廊施工中的预加固（支护）技术及其效果监控	李正全、余波、王申宏
27	大型地下工程暗挖新作构思之一	白效忍、罗富荣
28	从广州地铁设施中探求防地面下沉的方法	傅同雷
29	北京地区地下工程盾构法施工初探	杨秀仁、沈景炎
30	长安街地下过街道大跨度平顶超浅埋暗挖施工技术	邹宗有、董贤顺、陈佑新
31	综述地铁工程防水	单兆铁
32	北京永安里地铁车站防水施工工艺	谈磊、李浩、阎文鹏、郝志云
33	加强地铁防水设计与施工质量，确保地铁安全运营生产	孙学策
34	上海地铁一号线工程防水现状	张可本
35	北京地下铁道施工中地下水的防治	贺长俊、于福山、李铎
36	北京地铁区间隧道治理地下水实况	朱松柏等
37	地铁防潮技术	张云山
38	引进国外交流变频调速车辆中 PWM 调制技术分析	邱勉仁
39	地铁牵引供电制式的比较与选择	杨立新
40	浅谈地铁电力照明系统的供电	刘志明
41	地铁轻轨牵引供电系统新型双边联跳保护装置的研究	党玉俊
42	地铁车站空调负荷计算和分析	田德水、褚敬止
43	北京地铁监控量测技术	钱旭、李达权、戴务进
44	北京地铁区间试验段施工监控量测	贺长俊、王燕凯、司毅民
45	地铁区间试验段隧道衬砌的位移反分析	聂晓燕、李誉、王燕凯、司毅民
46	北京永安里地铁车站及永—大区间隧道地下测量技术	孙继明、孙启有、周春浩、张忠芳
47	浅论地下铁道测量及其测量标准	黄志文
48	GPS 技术在地铁测量中的应用	黄志文
49	关于地铁自动收费系统取舍的几点看法	王健
50	大跨度无基础电力沟整体悬吊技术	郝秀、张金杰
51	城市地下工程环境影响的控制理论研究	张弥、刘维宁
52	上海地铁盾构施工技术和项目管理的新发展	卢尔功、谢益民
53	广州地铁一号线盾构工程国际招标	王文斌、鞠世健、王策民
54	Q89 漏风测试仪西客站地铁工程中的应用	孟昭荣
55	北京地铁复—八线西—八段地面管井降水的原则和方法	郭建国、侯景岩、白树德

第十一届　（1996 年 12 月 3 日—6 日，广州）

附表 2.10

序号	论文名	作者
1	广州地铁一号线总体设计构思	汪禾、梁庆根
2	广州地铁一号线工程综合研究	曹宝贤
3	地铁车站围护结构的施工措施与体会	淑芳、司海锋
4	深圳市客运轨道交通网络总体规划	深圳市地铁办
5	天津市快速轨道交通系统远期规划探讨	刘洪、郭思芬
6	深港罗湖、皇岗 / 落马洲口岸旅客过境轨道接驳工程	深圳市地铁办
7	沈阳市轨道交通的规划	曾伟时、田宝山
8	完善功能、实现零的突破	于波、陈韶章
9	广州无缝线路设计思路及方法	傅宏毅
10	广州地铁一号线工程软土工程地质特征及几点认识	赵平
11	测试单层车站评价	郭建国、王兆民
12	广州地铁工程土方调配系统优化方案	朱本祥
13	地铁车辆段设计规模的探讨	张雄
14	城市地下铁道运行间隔对运输能力的影响及缩短运行间隔的对策	庞秀文、陈浩然
15	大幅度降低工程造价是城市地铁建设的方向	孙学策
16	浅析广州地铁车站建筑装修设计技术管理	于波、俞文江、孔繁达
17	地铁折返线上部空间的利用	张喜正
18	广州地铁一号线工程红色碎屑岩岩土工程地质特征	王茂靖
19	广州地铁二号线工程主要工程地质问题	陈明东、古晓明
20	地铁箱体裂缝分析与防治	际璧江
21	广州地铁隧道箱体裂缝的控制	贺仁安
22	时间序列数值预测方法在地下工程中的应用	王燕凯
23	节理裂隙岩体中地铁隧道支护设计方法评述	李久林
24	软土地基地铁车站施工技术综述	翁可儿
25	上海地铁二号线一期工程的土建工程的简介	董云德
26	大屿山机场铁路列车和有关维修设施的策划和设计	郭建南、邓杰成
27	地铁结构设计中控制裂缝宽度问题的探讨	邹永尧
28	广州地铁公园前车站板、梁、柱节点抗剪静力试验研究	田绍英、贺少辉、张弥
29	广州地铁公园前车站板、梁、柱节点抗剪动力、疲劳试验研究	贺少辉、张弥、吴鸣泉、余哲夫
30	地铁车站规划设计有关问题的探讨	任江
31	排桩与内衬组合的地下车站结构设计探讨	邹永尧、周永、李学军

续表

序号	论文名	作者
32	广州地铁一号线工程芳村车站结构设计	刘启峰、邹永尧
33	芳村车站地下连续墙的设计计算	邹永尧、刘启峰
34	北京地铁车站桩墙支护结构设计	李秀舫、吴凤楼
35	广州地铁一号线杨箕站港机厂宿舍楼段围护桩设计计算分析	周小华
36	广州地铁控制中心螺旋楼梯内力分析及结构设计	林旭明
37	深基坑开挖中钢支撑的力学分析	肖权武
38	深基坑锚喷支护的极限平衡设计与分析	葛树高
39	地铁车站板的设计探讨	张鸿
40	广州地铁花地湾站结构设计	牟锐、刘卡丁、罗世培
41	芳村车站梁板内力探讨	牟锐
42	公园前车站换乘节点的结构设计	石义军、成俊
43	地铁车辆段运用库结构设计	俞济涛
44	青岛地铁第一期工程区间隧道围岩特征及支护设计	李久林、但炳光
45	广州地铁存车线浅埋暗挖法区间隧道设计	扈森、翁祥发
46	浅埋土层隧道稳定性分析	杨秀仁
47	广州地铁黄沙车站结构设计及其优化	王俊强
48	矩形截面对称配筋双向偏心受压柱计算方法的探讨	张登雷
49	塔柱式地铁车站设计探讨	王良
50	北京地铁复—八线区间隧道设计简介	刘运亮
51	广州地铁公园前换乘站的功能设计	于波、汪禾、科罗瓦
52	广州地铁长寿路站地质特点及结构设计的若干问题	陈毅豪、卫深、彭影
53	广州地铁东山口站优化设计实例简析	陈荣庆
54	地铁车站与附属结构接口处挑出部分的做法	李巍巍
55	浅析广州地铁一号线区间隧道结构防水工程中的刚性、柔性防水	邓强
56	上海地铁一号线工程防水技术综述	曹迪光
57	浅谈北京地铁复—八线防水工程	单兆铁、钟鸿英、王培林
58	全面分析地铁车站的外水压力—介绍和评述地下结构外水压力的观点和作法	崔京浩、马英明、陈肇元
59	地铁穿越饱和中细砂层的设施与结构防水	傅全雷
60	广州地铁一号线工程结构防水设计实录	王晋川、刘卡丁、喻波
61	广州地铁一号线工程结构自防水实录	王晋川、周勇、喻波
62	车站地下结构地下水压折减分析	周勇
63	北京地铁东单站的防水设计	朱占国、刘志义
64	上海地铁一号线的防水工程	薛绍祖

序号	论文名	作者
65	桩柱法施工北京地铁东单站土建结构设计	赵子鹤、刘荣明
66	广州地铁矿山法暗挖区间结构设计	刘书斌
67	广州地铁简介及车站初期支护参数的选择浅析	区镇中、周凡生、华琳
68	浅埋黄土隧道径向压力的测试与分析	王连池
69	北京地下直径线出口预埋工程结构设计	刘沐良
70	地铁线路纵断面坡度设计探讨	庞秀文、马仕明
71	土钉支护用于地铁车站施工开挖的可行性 （附土钉支护设计与施工技术指南）	陈肇元、崔京浩
72	广州地铁一号线盾构工程端头岩土稳定性计算及加固方案	许少辉、竺维斌
73	广州地铁桩基转换工程	曾宝贤
74	浅析钢筋混凝土管片开裂对广州地铁盾构隧道的影响	叶见兴
75	广州地铁一号线盾构工程盾构施工及泥水盾构在广州的适用	许少辉
76	广州地铁一号线盾构东段施工控制初探	竺维斌
77	广州地铁一号线黄沙站—长寿路泥水盾构初始掘进开挖面稳定控制分析	张宗贵
78	广州地铁一号线黄沙站—长寿路泥水加压盾构掘进沉降初探	钟长平、鞠世健、麦歇尔
79	北京地铁热—八区间隧道半断面插刀盾构施工初探	郭建国、郭景伟、熊挺
80	广州地铁一号线区间隧道施工之我见	王连池、黄忠明
81	中山七路站西段工程处理措施	周勇、邹永尧、周运斌
82	广州地铁一号线农讲所车站逆筑法施工技术	将光全、陈祥
83	广州地铁一号线农讲所顶板土模的施工	黄忠明
84	矩形挖孔桩的施工工艺及其特点	王林波
85	浅谈矩形挖孔桩在地下工程中的应用	毛念华、李振和
86	地铁车站基坑矩形挖孔桩力学特征现场测试	马德云、宋治、高尔洋、 郭永波
87	盖挖逆作地铁车站施工监控量测	钱旭、司毅民
88	浅论特大直径人工挖孔桩的设计与施工	朱宗明、谢斌
89	浅埋暗挖地铁隧道监测测量与信息反馈	吴康保、李克林、秦晓东
90	广州地铁明挖深基坑支护结构优化设计与施工	李克林、邓普文
91	饱和中细砂层小导管超前注浆加固试验研究与应用	吴康保、孙小田、李克林
92	土质条件下不同施工方法的综合使用——天外天小商品地下商场	关向群、王元湘
93	地铁明挖基坑锚拉桩的设计与施工	魏占忠
94	松散堆积弃岩中的隧道施工技术	曹峰、葛树高
95	CRD 工法临时中隔墙作用之监测分析	黄泽金、孙建华
96	平顶直墙超浅埋暗挖法在多跨地下工程中的应用	崔志杰、惠丽萍、陈之唏

续表

序号	论文名	作者
97	黄沙车站地下连续墙的施工	赵永明
98	地下工程中混凝土渗漏的原因与处理方法的探讨	邱小佩、余哲夫
99	适用于地下铁道和隧道地下铁道防水堵漏的新型材料	李蓉、唐小杉、区镇中
100	明挖地铁隧道结构防渗堵漏技术	袁成国、李克林
101	地铁穿越饱和中细沙层的设施与结构防水	傅仝雷
102	确保工程施工质量是广州地铁体育西路站防水的保证	梁福
103	广州地铁一号线农讲所站关键施工技术问题	何泽刚、崔之鉴
104	暗挖新作地铁天安门西站设计与施工	李继宏、朱松柏
105	地下连续墙在北京地铁复—八线施工应用	贺长俊、邬浩中
106	北京地铁永安里车站中桩柱施工技术探讨	李国智
107	广州地铁一号线体育西路站建筑装修的艺术处理	赵天智
108	广州地铁一号线体育中心站支撑方案探讨	林作忠
109	广州地铁一号线体育西路站天河南一路段施工方案探讨	熊朝晖
110	介绍一种地铁结构防水的新方案	曹绍
111	北京地铁工程防水施工新技术	李继宏
112	锚索在广州地铁一号线公园前站A区施工中的应用	康永胜
113	天外天地下商场防水设计与施工	郭景伟、靳水明、单兆铁
114	广州地铁某站钻孔桩倾斜原因分析	欧阳协
115	广州地铁一号线体育中心站—广州东站区间过林和村段施工方法探讨	左召威
116	机场铁路脉冲编码调制传送网络及其保护机制	陈贺贤、关汉德、林庆樟
117	机场铁路通信系统简介	梁志立、关汉德、林庆樟
118	机场铁路自动收费系统	吴惠利、林永久
119	崭新物料控制概念	黎遂坤、马弘
120	香港地铁结构及设施的保护	黎遂坤、梁泉材
121	香港地铁公司现有及未来的轨道类型	刘天成、潘士棠、赵汝英
122	铁路结构的维护保养	黎遂坤、邓衍镖
123	铁路相关之机电安装工程管理	罗普庆、林保炎
124	广州地铁一号线设计和建设过程中对杂散电流问题的思考	卡特斯、林志峰
125	地铁电力监控系统的设计与国产化问题	贾永新、包童
126	地铁变流技术特点及直流电压调整率的探讨	于松伟
127	地铁供电系统构成	黄德胜
128	地铁车站低压配电设备的控制、保护，测量与接口设计	陈炳璋
129	利用动态仿真计算提高地铁牵引供电及杂散电流防护设计的水平	王立平、俞思杰
130	广州地铁一号线电力监控（远动）系统硬软件功能配置的技术分析	田胜利、高继

序号	论文名	作者
131	论广州地铁环控系统的构成、运行模式及扩展	吴频、潘峥
132	与地铁合建的高层建筑防雷接地装置设计体会	刘炳儒
133	采用可编程控制器提高地铁变电所自动化水平	张建根
134	地下铁道架空接触网分段设置原则	谢伟
135	浅谈地下铁道接地工程设计	龙振滨
136	地铁钢轨电位的分部及限制措施	宋兵
137	牵引网电压水平的研究	肖春华
138	地铁电气扩展浅析	韩钰婷
139	广州地铁通信系统的组成与特点	沈品海
140	地铁信号系统前期选择中若干问题	童宝根
141	地铁牵引供电系统短路故障的进一步探讨	杨立新
142	地铁折返线动力、照明供电设计	何建枝
143	地铁车站照明与建筑装修的配合	赵洪楚
144	地铁闭路电视系统的设计	陈建生
145	地铁自动售检票系统的现状和展望	赵光初、申香梅
146	自动售检票系统在地铁交通中的应用	毛思源
147	火灾自动报警系统在广州地铁中的应用	戴宇平
148	浅谈地铁（轻轨）信号系统的设备国产化	管建华
149	地铁车站电缆桥架布线的设计	郑雪涛
150	通风空调系统风管的漏风与测试	汪曼济
151	广州地铁一号线区间隧道通风系统的设计与探讨	刘广善
152	地铁车站防排烟设计探讨	李懋
153	论广州地铁芳村站环控系统的防排烟设计	潘峥、吴频
154	广州地铁芳村站车站排烟系统烟气控制能力核算	刘伊江
155	城市地下铁路车站防排烟设计中几个问题的探讨	彭良新
156	广州地铁一号线芳村车辆段库内牵引回流网的探讨	唐元方
157	广州地铁一号线东山口站环控设计介绍	涂旭炜
158	环网供电技术在地铁供电系统中的应用	贾永新
159	地下铁道与沿线物业联合开发的理论与实践	郑明远
160	浅谈广州地铁一号线土建施工阶段的项目管理——业主和社会监理相结合的二级监理制	肖权武
161	广州地铁运营管理初探	李玉奇、吴宏、王伟
162	广州地铁一号线烈士陵园至东山口区间隧道铺设防水层监理	尼玉瀛
163	广州地铁工程的施工组织特点及管理	蒙晓莲、莫庭斌

续表

序号	论文名	作者
164	广州地铁一号线运营管理模式	梁庆根、庞秀文
165	地铁工程施工监控量测数据处理工具软件的开发与应用	谢国利、戴务进
166	城市地铁轨道钢轨扣件的选择	刘桢和
167	浅谈控制地铁内的放射性水平	张林、张灿辉
168	Microstation 绘制建筑透视图初探	易其燕
169	广州地铁车站折返能力仿真研究	许斯河、宋文道、胥刃佳
170	城市跨座式单轨列车运行最小间隔时间探讨	洪华南
171	论广州地铁一号线限界设计	倪昌
172	广州地铁一号线控制测量中的集中管理	杜道龙、王镇全、王昌洪
173	浅谈地铁的测量工作	魏恕
174	竖井联系测量在广州地铁建设中的应用	杜道龙、王镇全、王昌洪
175	广州地铁一号线盾构段地面施工控制导线网的技术设计	魏恕
176	广州地铁一号线工程平面（洞外）施工扩展测量	邱发全
177	香港地铁与都市交通轨道化战略	张卓凡
178	双掺技术在地铁工程中的应用	喻波
179	提高混凝土质量的管理技术，开拓国外市场	李菱、郑国铨、梁穗芳
180	地铁车站投资功能分析	崔勤、周顺华
181	松软土层逆作盖挖地模施工监测	李永丰、唐伟、李朝晖
182	地铁车载自动控制系统及其国产化途径的探讨	王健、吴宝才
183	轻轨交通隔声屏研究	雷彬、周以毅、梁汉桥
184	通过车站不停车的列车在站台区限速 40km/h 的设计	徐飞
185	地铁及轻轨岩土工程勘察中地下管线的保护问题	谢明
186	广州地铁体育中心站、体育西路站换乘方式探讨	王健军
187	对地铁与轻轨上部建筑的刍议——采用胶接钢轨和采用乳化沥青水泥砂浆道床的建议	林蔚深
188	双掺技术在广州地铁天河体育中心站大体积抗渗和泵送混凝土中的设计及应用	菜建军、徐淑芳
189	浅谈索赔	杨松海
190	广州地铁一号线盾构工程国际招标回顾	王文斌、钟长平、鞠世健
191	《地下铁道工程施工及验收规范》编制工作情况简介	任今浩
192	广州地铁一号线车辆段及其他施工组织与网络管理	刘建兴
193	浅谈城市地下铁道概算编制的一般原则	李景元
194	香港新机场铁路	唐仕谦、周苏鸿

第十二届（1998 年 5 月 18 日—20 日，上海）

附表 2.11

序号	论文名	作者
1	上海地铁二号线盾构隧道施工若干技术难题及对策	白廷辉
2	地铁中联络通道、泵站设计与施工	乔宗昭、曹文宏、申伟强
3	水底公路隧道盾构掘进中的道路同步施工技术综述	周文波、吴惠明
4	大型泥水平衡盾构监控系统	奚志勇、杨宏燕、顾德琨
5	地铁隧道盾构法施工的质量标准和标准控制	黄士兴、谈伟忠
6	盾构隧道衬砌的梁—接头模型与水土压力的反演推定	朱合华、杨林、丁文其
7	运用时空效应的原理进行软土深基坑变形控制设计与施工	葛世平
8	考虑时空效应的有支护深基坑主动区土压力的取值	刘国斌、侯学渊、黄院雄
9	地铁车站基坑信息反馈施工研究	侯学渊、刘国斌、蒋洪胜
10	上海地铁二号线静安寺车站半逆筑法施工技术	余喧平、吴红兵
11	上海地铁二号线浦东六车站的建设特征	金志根、凌国石、周顺华
12	地下墙深基坑的有限元计算及影响因素分析	徐正良、邵里中
13	上海市地下铁道二号线一期工程地质勘察	张惠忠
14	特殊结构形式在地铁漕宝路车站设计中的应用	章国忠
15	地下工程中应用新规范设计若干问题的探讨	孙巍
16	软土地层槽壁桩承载力研究	傅德明
17	地铁二号线东昌路站穿越由 $\phi 1200$ 上游原水管地下连续墙成槽施工	陆民、潘东燕
18	地铁上面造高楼——上海远东娱乐广场的地下工程	凌昕哉
19	灌注桩与搅拌桩复合围护体在开挖过程中的变位分析	吴海平、孙伯明、周顺华、徐东、周文杰
20	广州地铁西朗车站结构设计	农兴中
21	地下连续墙基坑变形机理分析	廖全燕、周顺华、崔之鉴
22	有上层滞水的地下结构水压计算探讨	吕美慎
23	龙东路站围护结构的试验与现场实测	凌国石、吴海平、周顺华、余绍峰
24	干取土成孔技术在软土地基中的应用	孙伯明
25	地铁车站基坑周侧水平位移值的初步研究	张邻楚、文志云
26	谈控制周围环境稳定在城市深基坑施工中的重要性	都海江、崔松涛、张辉
27	采用平顶直墙暗挖法修建多跨地下建筑的施工技术初探	张兴宇
28	有限元技术在深基坑工程中的应用研究	陈浩生
29	大型十字桩在北京地铁地下连续墙盖挖逆作法设计与施工中的应用	刘俊卿、钟炳芳、张农、范伟
30	广州地铁坑口车站结构设计	史海欧
31	关于上海地铁地下车站防水中的几个问题	曹迪光、董云德

续表

序号	论文名	作者
32	地下工程变形缝设计施工及渗漏水补修	薛绍祖
33	谈中央公园站缝的防水	史剑铤
34	浅谈上海地铁一号线的渗漏水维修	常青
35	补偿收缩混凝土在地铁工程中的应用——上海市地铁二号线杨高路车站顶板混凝土施工经验总结	瞿海荣
36	浅析广州地铁一号线混凝土渗漏的原因及治理方法	莫庭斌、邱小佩
37	结构混凝土裂缝修补技术的应用	陈文玮
38	地铁工程防水失效原因的分析	张占宝、许岚
39	青岛火车站广场地下综合工程防水施工浅谈	郭福成
40	地铁的振动控制	吴觉波、李永福、赵张存
41	地铁无渣轨道中存在问题的探讨	罗雁云、耿传智、吴觉波
42	地铁与轻轨交通轨道结构综合技术	李湘久、周才宝、盛碧华
43	地下车站与区间结合部轨道结构技术探讨	宋键、陆静、张安峰
44	机场铁路建造的品质保证	卢子实、包树年、杨智健
45	城市快速轨道交通线网规划的研究和实践	沈景炎
46	不断认识、不断深入、不断优化——上海轨道交通系统规划过程的反思	徐道钫
47	上海市内高架客运轨道交通制式研究	王瑞华、张柱南
48	本市市区高架轻轨交通网络环境影响分析及环保对策建议	朱宏贵、孙和宁、刘国强
49	换乘与接驳	吴重威、凌国石、谭复兴
50	从莘庄车站的设计探讨上海地铁轻轨铁路公交的换乘	俞加康
51	平交道口在城市轨道交通系统中的应用研究	魏怡
52	列车驱动控制的变革：由凸轮变阻到斩波器	区润树
53	地铁车辆不落轮车轮车床加工工艺的分析与比较	李勇
54	地铁工程机车选型的探讨	王伟、李玉奇、吴宏
55	广州地铁电动客车（车辆）接运方案初探	梁强升
56	地铁一号线 110kV 主变电所的结线与保护	于国栋
57	上海地铁一号线杂散电流防护及监测	史惟直
58	地铁牵引变电所国产化的设想与技术方案探讨	薛末卿
59	牵引变中整流器柜的保护与维修	黄智萍
60	轨道交通中采用的综合传输网	许自强
61	上海地铁一号线电力 SCADA 系统改造方案	张庆年、于伟、方东生、陈瑞华、张建益
62	德黑兰地铁 LPS 系统的分析	贾永新
63	IGBT 及 IGBT 变频器的现状与发展趋势	刘文

序号	论文名	作者
64	ITS 的发展以及在上海地铁的应用	黄钟
65	具有中等能力的城市快速有轨交通的信号系统	王永西
66	上海地铁一号线列车自动控制系统的建设和运行	陈其昌
67	机场铁路主控制系统	曾坤明、郑洁梅
68	上海地铁二号线环控制式论证	胡维颉、陈德芳、郑晋丽
69	关于地铁活塞风道问题的探讨	董更然
70	浅谈冰蓄冷技术在城市地下铁道设计中的应用	刘英杰
71	城市轨道交通技术装备国产化的探讨	王曰凡
72	尽早实现地铁车辆国产化，加快我国轨道交通的发展	刘国强、俞柏荣
73	地铁信号国产设备选型初探	王健
74	地铁 AFC 系统设备国产化探讨	申香梅、赵光初
75	地铁投资的意义及资金来源	金锋
76	关于降低地铁造价的探讨	郭建国、王兆民
77	上海地铁一号线上体馆站超大客流的运营组织	周庆灏、单建平
78	地铁公司乘客资讯显示系统的设计	林柱
79	香港地铁公司之安全管理	李根培
80	ISO9000 系统标准在地铁工程部门的应用	祈辉、陈旭球
81	地下铁路隧道维修	施秉钊、何锦华
82	考虑到施工人员及维修人员的经验而提出的轨道工程设计	刘天成、潘士棠
83	铁路建筑物结构状况勘察系统——地铁公司一项新的开发项目简介	邓衍镖、林志明
84	关于地铁一号线南延伸线贯通运营后行车组织工作的探讨	艾文伟
85	上海地铁一号线客流实际统计与设计差距的探讨	徐春

第十三届（1999 年 12 月 21 日—24 日，深圳）

附表 2.12

序号	论文名	作者
1	地铁专业委员会成立 20 周年为我国地铁交通的发展作出了重要贡献	刘国琦、杜文库
2	深圳地铁一期工程机电设备国产化	陈锡贤
3	世界各国地铁建设情况分析	轩辕啸雯
4	转变观念，发展多层次的城市轨道交通	沈景炎
5	我国城市轨道交通的发展及其规划	金锋
6	深圳地铁一期工程建设前期工作回顾	张家识
7	广州地铁二号线首期工程试验段线路设计简介	杨元胜、鲍风
8	天津市快速轨道交通发展的设想	李忠信、刘树行

序号	论文名	作者
9	广州地铁隧道设备安装限界的确定方法	吴俊泉
10	地铁线路设计经验谈及问题探讨	张佩竹
11	上海地铁监护初探	宋博
12	新奥法在城市地铁设计与施工中力学现象	张柏林
13	软土基坑工程中时空效应理论与实践	刘建航
14	广州地铁二号线海—公区间结构与防水设计	刘智成
15	海珠广场地铁站基坑支护设计	邓剑荣、廖景等
16	北京西客站地铁车站地下综合大厅建筑装饰设计	魏兆祺
17	轨道交通高架桥的特殊荷载及变形控制	冯爱军
18	上海地铁三号线道岔整体道床的设计	董玉熙
19	深圳地铁一期工程车辆段线路平面方案设计的分析	孙彰、张光禄等
20	地铁迷流对钢筋混凝土中钢筋腐蚀的试验研究	周晓军、高波等
21	地铁纵断面 CAD 系统的实现	张海燕、曾学贵
22	磁悬浮轨道交通及信号系统	王洁
23	上海地铁运用车辆的国产化	王曰凡
24	地铁牵引供电牵引网的选择	何海波
25	广州地铁一号线电力监控系统分析及应用	马坚生
26	地铁供电系统的设备国产化	杨立新
27	地铁直流牵引系统短路试验与保护配合	张建根、蔡波
28	上海地铁二号线的 ATC 系统	陈其昌
29	地铁信号 ATC 系统的国产化及其发展策略	黄钟
30	SICAS 微机联锁在广州地铁一号线信号系统中的应用	梁东升、丘庆球等
31	采用接入网技术实现地铁通信国产化	谢建良
32	关于地铁环控系统采用变频调速的可行性探讨	游泽银、李高潮等
33	地铁环控系统设备国产化浅析	刘英杰
34	广州地铁空调系统节能探讨	王晓夏
35	浅论（深圳）地铁夏季空调室内设计参数	刘舸争、柴丽艳
36	浅议地铁空调制冷系统采用新技术的可行性	杨智华
37	关于深圳地铁车站环控设备机房面积的讨论	李高潮、蔡翔
38	伊朗德黑兰地铁通风系统隔声研究	张智斌
39	浅谈屏蔽门渗漏风量	王迪军
40	城市交通智能卡收费管理网络系统	殷锡金、唐晨华
41	地铁单程票介质选择和运作模式探讨	王铁彬、申香梅等
42	地铁控制系统计算机安全管理的研究与探讨	彭北华、永秀
43	上海地铁一号线消防报警系统简介及火灾事故处理方案的探讨	李继栋

序号	论文名	作者
44	气体灭火系统在地铁中的应用	陈学民
45	地铁车站设备监控系统国产化的探讨	张健保、赵晔飞
46	广州地铁一号线的联合调试	张建根
47	减轻北京地铁曲线钢轨侧磨的研究	刘增杰、赵国堂等
48	广州地铁一号线单趾弹簧扣件锚固螺栓的研制	钟文文、万金仪
49	运用螺旋弹簧的减振道床结构与特点	吴永芳
50	10 号盾构电气系统技术综述	顾德琨
51	盾构密闭钢丝刷的国产化	刘知新、陈水高
52	地铁电子系统集成解决方案	吴宝财、徐晓燕等
53	22 米深基坑东南亚最大地铁车站盖挖半逆筑法施工技术	方俊波、李平安
54	地铁平顶直墙隧道暗挖技术	郭景伟、周殿宾等
55	浅谈城市地铁车辆段的施工组织	杨树云
56	河边地铁区间隧道施工技术	王宽
57	北京音乐堂改造工程地下加层与整体基础托换技术	王雅斋、杜文库等
58	工程建设监理图解及其在深圳地铁一期工程中的应用	伍生龙
59	繁华市区重要建筑物下高含水地层水平冻结法施工	马玉峰、汪崇鲜等
60	复八线大热区间含水粉细砂地层水平冻结的隧道施工技术	贺长俊、王玮等
61	北京地铁复八线隧道水平冻结地层冻胀变化规律的分析及探讨	崔海涛
62	城市地下工程应用人工地层冻结法的探讨	李晓昭
63	上海软土负温力学特性的试验研究	汪崇鲜、徐兵壮等
64	广州地铁二号线混凝土品质及控制要求	杨荔
65	软土地基水泥强度性状	葛世平、王吉望
66	达克罗防腐蚀技术在上海地铁工程中的应用	孔华、谢益民
67	深圳地铁一期工程混凝土结构防腐蚀措施的研究	朱占国
68	地铁施工中环境控制专业监理工作的实施	杨宁
69	深圳地铁一期工程水晶岛土钉墙支护设计总结	马晓宾、朱占国
70	环形圈梁 - 排桩深基坑支护技术	高俊合、郭宽成等
71	地铁工程中结构伸缩缝的处理	罗文静、刘忠诚
72	深圳水晶岛站锚索 - 土钉组合支护技术的应用	刘树亚、李鸿威
73	优化信息化施工监测保护地铁基坑及周围环境	耿乃兴、唐如康等
74	广州地铁周边物业开发深基坑工程施工监测分析	梁禹、陈晓丹
75	城市地铁浅埋暗挖法施工地面沉降的预测分析	周书明
76	上海地铁二号线车站防水工程综合治理研究	董云德
77	钢筋混凝土结构自防水在上海地铁工程中的应用	曹迪光
78	广州地铁一号线西门口站防水堵漏施工	范永在、郝小芳

续表

序号	论文名	作者
79	地铁矿山法隧道防水技术探讨	丁建隆、史海鸥
80	821BF 遇水膨胀橡胶实验研究	陈晓理、刘或
81	建议在矿山法施工的地铁隧道采用圆形装配式衬砌	王策民
82	上海盾构法隧道进、出洞口施工浅析	杨我清
83	江中段近距离盾构施工相互影响及治理	白廷辉、李文勇等
84	盾构机始发端头土体稳定性的计算模型研究	谢保锋
85	盾构法施工中回填注浆的施工方法	黄景鹏
86	上海地铁十号盾构自动控制系统研究	白廷辉、尤旭东等
87	混合地层泥水盾构掘进控制	钟长平、鞠世健
88	深圳地铁一期工程重叠隧道盾构法施工时有关问题的浅析	袁真、郑惠平
89	上海地铁二号线（杨高路—东方路）圆隧道施工技术	史惟直
90	运筹帷幄、决胜工地——网络计划技术在北京地铁工程中的应用	靳水明、王宽等
91	广州地铁公纪区间广纺联区段设计方案的数值分析	仇文革、周晓军等
92	深圳地铁重叠隧道平面应变模型试验研究	仇文革、田尚志
93	地铁系统运营模式研究	毛励良
94	谈现代地铁运营管理	司宝华
95	邯钢经验与地铁运营成本控制	颜景林
96	关于运营管理模式编制工作的探讨	陈琪
97	计量管理对地铁运营的监督保证作用	朱小瑶
98	轨道交通系统防灾	罗燕萍、贺利工
99	制定地铁票价应考虑的若干问题	何禹将
100	设备的可靠性与维修性管理	高爽
101	运用现代管理理论，提高站务管理水平——站务的管理手段和方法	刘莲花
102	城市轨道交通行车业务信息的计算机管理系统	窦小惠
103	浅谈地铁运营管理——广州地铁一号线春节观光运行	梁强升
104	浅谈地铁事故应急处理模拟演练的重要性与程序	王伟
105	新建地铁氡地质潜势调查及危险度评估的合理工作程序探讨	朱立
106	关于深圳市地下空间综合开发利用的设想	赵鹏林、廖佩云
107	浅析地铁企业的产品与价格影响因素	苟吉占
108	浅述制定地铁设计概算编制办法的有关原则	王春生
109	论节省地铁人防工程投资的几点措施	杨俊伟
110	建设中的北京地铁复八线八王坟车辆段及上盖开发	王用超、贺长俊等
111	浅谈地铁车辆段上部空间综合开发在我国的应用和发展	赵新卫
112	香港地铁主、副业的关系及启示	颜景林
113	从地铁车辆维修模式谈车辆段工艺设计	蒋卫平

第十四届（2001 年 12 月 22 日—25 日，北京）

第一部分　规划与设计

序号	论文名	作者
1	上海城市轨道交通建设与发展探悉	朱岳方
2	由修建北京城市铁路所引起的启示	蔡顺利
3	如何发挥城市轨道交通在城市公共交通体系中的骨干作用	蔡顺利
4	城市轨道交通的合理发展	赵鹏
5	西部城市轨道交通系统发展对策研究	刘思宁、吴英等
6	北京必须建设立体化的城市轨道交通体系	金辰虎
7	北京三环路建设高架单轨轨道交通刍议	孙宁、金辰虎
8	上海轨道交通发展思路探讨	成竟立
9	天津市城市快速轨道交通线网规划与实践	李忠信、刘迁
10	快线系统的技术特性及发展前景	欧阳长城、鲍凤
11	跨坐式单轨交通应用与发展探讨	周勇
12	城市轨道交通线路设计的几点体会	罗江胜
13	武汉轨道交通一号线一期工程的设计过程及其思考	程振廷
14	地下结构的抗震分析	骆文海
15	深圳地铁一期工程水晶岛站环控设计中存在几个问题的探讨	刘舸争、柴立艳
16	关于明珠二期上海体育场车站换乘的技术探讨	白廷辉、马忠政
17	大跨度无柱地铁车站设计	农兴中
18	越秀公园地铁站建筑设计	张龙
19	旧线地铁车站增设屏蔽门系统的方案探讨	刘承东
20	北京地铁隧道施工用盾构设计方案的研究	王世高
21	广州地铁海珠广场车站深基坑支护设计	丁恒
22	广州地铁二、三号线客村换乘站功能设计	汪晓蓉
23	广州地铁二号线工程公纪区间隧道方案设计	喻波、李德才
24	乘客动态分布与站台宽度的研究	沈景炎
25	地面及高架地铁车站设计中若干问题的探讨	尹强
26	别具一格的斯德哥尔摩地铁	梁广深
27	基础结构分析的一种新方法——基础结构统一计算分析方法	马忠政
28	广州市城市快速轨道交通近期线网规划研究	刘拓瑜
29	青岛市地铁工程继续启动的构思	姜震、何益寿
30	北京地铁五号线简介	成树全、邢文耐
31	谈北京地铁八——通线建设	廉明杰

32	如何加快北京地铁的建设与发展	卢志刚、侯景岩
33	地铁建设为城市地下空间开发带来机遇	王新民
34	空间立体开发条件下大型综合交通枢纽的交通规划	刘迁
35	地铁车站地下空间建筑设计研究——广州地铁二号线首期工程三元里车站建筑设计有感	王丹平、宋宗明
36	轨道交通线路专业应用 ActiveX 技术进行 AutoCAD 二次开发的研究	万传凤、吴爽
37	地铁站上盖物业空间组织的探讨	王河、郑明远

第二部分　施工技术

序号	论文名	作者
1	北京地铁复八线工程土建施工技术综述	郭建国、邢文耐
2	城市地下工程采用 C-S 双液泵注浆导致地面隆起效应研究	张民庆
3	地铁隧道水平冻结施工技术	崔海涛、徐兵壮
4	暗挖法地铁车站方案的评价与探讨	周心培
5	超浅埋暗挖隧道通过密集房屋区施工技术	崔天麟、许燕峰
6	超浅埋暗挖双层平顶过街通道的设计与施工	宋福来、李秀舫
7	上海城市轨道交通明珠线跨苏州河钢管混凝土拱桥设计与施工	冯爱军、陈良江
8	广州地铁混凝土结构裂缝分析与试验	崔京浩、余哲夫
9	上海地铁车站装饰用石材的化学处理保护技术	薛绍祖、陈嘉林
10	近年来上海地铁监护发现的问题及对策	王如路、周贤浩
11	软土深基坑工程时空效应理论简析	王如路、杨国伟
12	地铁某区间隧道裂缝及其原因分析	周世祥、罗富荣
13	大型梁板混凝土浇筑卸载施工技术的应用	石从军、吕豪
14	深圳地铁重叠隧道施工工法的探讨	成俊、李德才
15	顶管出洞洞口土体冻结加固技术	马玉峰、楼根达
16	单跨矩形倾斜通道暗挖设计与施工	周殿宾
17	复八线盖挖车站中桩的施工	杨正
18	深圳地铁国贸—老街区间北段暗挖方案	高俊合
19	广州地铁一号线车站基坑支护评述	陈肇元、余哲夫
20	长安街下超浅埋暗挖平顶直墙结构施工技术	张素英
21	PBA 工法——一种新的大型地下空间暗挖施工方法	惠丽萍、崔志杰
22	双圆盾构隧道管片模型试验及结构分析	王祺、郑斌
23	关于地铁盾构隧道管片制作误差的讨论	李志南
24	广州地铁二号线施工中使用旧盾构机的探讨	罗伟雄、谢保锋
25	加泥式土压平衡盾构电气控制系统剖析	高建峰
26	砂黏土层盾构施工几项技术的探讨	汪挺

续表

27	地铁区间盾构隧道与联络通道组成空间交叉结构的受力分析	林刚、李志南
28	地铁车站盾构综合法技术在我国的应用前景探讨	李围、李志南
29	临近地铁盾构隧道的深基坑支护设计研究	黄彤斌、郑明远
30	地下铁道工程测量主要技术方法	秦长利
31	北京地铁复八线天安门西站至八王坟东站岩土工程勘测	袁绍武
32	广州中旅商业城锚喷支护深基坑监测分析	汪传斌
33	广州地铁一号线平面位移监测方案的制定和实施	梁禹
34	沉降观测中确保精度及提高效率的方法	李展
35	河南中路车站 4 号口施工引起东海商都沉降的全过程分析	王如路、余永亮、周贤浩
36	北京地铁复八线采用复合式衬砌防水	崔恩民
37	地铁复八线结构渗漏分析及治理	梁凤林、金长明、徐阳
38	地铁工程混凝土防水研究	杨荔
39	越秀公园站基坑和隧道涌水量计算	赵刚
40	海珠广场地铁站主体结构防水影响因素分析和探讨	谢保锋、黄景鹏
41	上海外滩观光隧道的防水措施	孔华、谢益民
42	北京地铁热八区间防治水施工技术	靳水明、付爱荣、童利红
43	广州地铁越秀公园站注浆截水帷幕施工技术	强民庆、汪玉华
44	北京地铁浅层地下水的分布与地下铁道隧道工程施工方法选择	侯景岩
45	地铁工程测量监理的基本方法和主要内容	秦长利
46	城市地铁建设管理模式的探讨	司宝华、张建生
47	论工程监理与建设管理	廉明杰
48	亮马河北路污水隧道盾构施工管理	汪波、汪挺
49	伊朗德黑兰地铁一、二号线综合技术研究与应用	廖国才、于松伟

第三部分 运营管理

序号	论文名	作者
1	城市轨道交通面向乘客服务对象的规模与满意度最佳组合的研究	永秀、彭北华
2	北京地铁计程制票价方案研究	蔡顺利、蒋玉琨
3	贯标对提高地铁运营服务质量的保证作用	朱小瑶
4	地铁 AFC 系统选型的关键问题	王健
5	上海地铁电子收费系统与非接触式智能卡（CSC）的应用	殷锡金
6	自动售检票设备布置与客流组织	林珊
7	复八线用工制度的新探索	肖燕明
8	自动售检票系统与北京地铁	石建绩
9	新线开通前如何对原客流预测进行修订 ——客流修订的必要性分析与修订方法	葛馨

续表

10	城市地铁运营模式的探讨	司宝华
11	应用系统原理，提高地铁安全管理水平	李毅雄
12	广州地铁一号线列车故障救援统计分析及对策探讨	李毅雄、万宇辉
13	地铁运营线路上的夜间施工管理	潘春山
14	浅谈新建城市轨道交通线路开通运营前列车运行试验方案	张宇、于亚军
15	安全工作的目标在于系统风险控制	于和平
16	北京地铁复八线开通方案研究	谢正光
17	关于如何减少列车通过的探讨	陈文
18	广州地铁一号线二期工程行车组织办法	梁强升
19	地铁运营行车安全管理评价分析	陈金球
20	城市轨道交通列车运行图编制浅析	张利刚

第四部分　车辆、设备及其国产化

序号	论文名	作者
1	地铁车辆辅助逆变电源研制的探讨	张陆军
2	现代城市轨道交通技术装备发展及面临的机遇与对应的策略	金辰虎、赵菊静
3	北京地铁二期工程电动车辆的技术改造	马沂文
4	上海地铁一号线车辆空调系统故障分析与改造	浦汉亮
5	BDZ-200型地铁电动客车转向架的研制	刘谦
6	地铁车辆交流调速原理——变频调速异步电机的特性分析	曾宪钧
7	影响变频调速车辆特性的制约因素及改善特性的途径	刘文明
8	重庆高架轻轨跨座式单轨线路技术标准	张乃基、朱晓霞、武俐莎
9	北京地铁复八线接触焊焊接钢轨及探伤工艺参数确定	佟伟
10	地铁钢轨焊点伤损超声波探伤方法研究	章秀清
11	整体道床既有线轨墩玻璃钢套管失效恢复	邹策、金鹏
12	碎石道床43kg/m钢轨7号道岔改造	袁昊
13	光控钢轨涂油器研制	王合新
14	重庆轻轨较场口至新山村工程设备国产化简介	张乃基、陈小平
15	北京地铁西环线路DTH型扣件改造	王鸽
16	北京地铁杂散电流对隧道钢筋混凝土支护耐久性影响的研究	周晓军、郭建国
17	如何选择地铁外部电源的供电方案	杨立新
18	地铁供电系统仿真软件	白秀梅
19	一种新型的电力主保护装置	严家松
20	上海地铁110kV主变电所进线低电压保护原理，缺陷及整改的探讨	黄智萍、胡关园
21	GIS在北京地铁供电设备管理中的应用	李山

22	浅谈地铁供电系统用直流电源的选型	张斌
23	地铁接地问题研究	黄德胜
24	地铁电力自动化网络技术分析	陈林
25	北京地铁直流高速开关性能浅析	魏云生
26	直流牵引变电所输出电压中的谐波干扰	张振生
27	中压开关柜的传感器技术	丘玉蓉
28	杂散电流"源"处理方法的研究与探讨	汪园园
29	地铁火灾自动报警系统组网方式的研究与探讨	彭北华、永秀
30	地铁给排水及水消防设计之浅见	熊景芷
31	深圳地铁一期工程环控系统设计	胡维撷
32	楼宇自控技术在地铁工程中的应用	刘琼蓉
33	高大空间地铁车站气流组织的数值分析	罗燕萍、汪迪军
34	变频调速节能技术在地铁环控系统中的应用研究	唐增良
35	广州地铁二号线气体灭火系统的选用及设计	江琴
36	地铁车站设备监控系统及发展构想	夏冷
37	车辆、机电设备选型及相关问题探讨	罗情平
38	成都地铁冰蓄冷技术应用分析	钟星灿、吴频
39	地铁环境模拟软件（SES）的平台转换和升级的一种方案	王良柱、刘英杰
40	变频技术在地铁自动扶梯上的应用	顾庆宜、刘艳荣
41	变频器在北京地铁机电设备中的应用	王冰
42	关于北京地铁环境控制系统的改造	李晓、王丹
43	楼宇设备自动化监控技术在地铁机电设备中的应用	黄文明
44	高技术战争与地铁人防	戴树森、郭建国
45	地铁人防设施比选	戴树森、郭建国
46	地铁人防区间隔断门生产与安装技术	高连吉、张仁凤
47	论地铁人防工程中的几个问题	杨俊伟、王阳明
48	城市地下铁道中的人防防护设备	黄静华、杨俊伟
49	基于通信的城市轨道交通 ATC 系统	张国童、李锦章
50	浅析地铁工程中的电子系统集成	余向海、张、韬
51	城市轨道交通 ATC 仿真测试系统介绍	顾怀高
52	浅谈城市轨道交通信号系统工程建设的监理	李进
53	北京地铁一期技术改造工程引进设备档案的特点及利用	刘波
54	城市轨道交通中集群通信组网及应用初探	胡晓红
55	论城市轨道交通电话交换系统的设计方案	彭振英
56	我国信号控制技术在城市轨道交通应用前景的研究	牛英明

续表

57	运行图对比显示功能在北京地铁的应用	陈军念
58	地铁信号系统车载设备的发展	段蔚芳
59	设备国产化研究及推广	吕平
60	北京快速轨道交通设备配置和维修结构探讨	张亚力

第五部分　经济与环保

序号	论文名	作者
1	广州地铁市场营销方略初探	周冠成
2	利用项目融资发展轨道交通建设	徐阳、朱海洪
3	谈世纪公园站的环境保护	史剑铤
4	地下列车振动环境影响规律的研究	刘卫丰、刘维宁
5	城市快速轨道交通环境景观研究	王丹平、刘拓瑜
6	修建地下铁道与工程环境	袁绍武

第十五届（2003 年 10 月 10 日—11 日，成都）

附表 2.14

第一部分　规划与设计

序号	论文名	作者
1	再谈降低地下铁道工程造价问题	关宝树
2	成都的现代化与城市快速轨道交通	伍勇、雷霖
3	构建地铁产业、发展地铁经济——随中国政府地铁代表团考察西班牙的报告	李平
4	从地铁施工和设计的需要提出地质勘察的内容	钟世航
5	通用管片设计及应用	赵国旭、何川
6	南京地铁规划与建设	余才高
7	成都城市轨道交通建设与城市经营	刘思宁、雷霖
8	大成都快速轨道交通网络构想	伍勇、孙毅
9	在珠三角经济圈两大都市间架起彩虹——关于国内第一条城际轨道交通线路（广佛线）的若干思考	周冠成、蔡波
10	盾构隧道管片环向接头力学行为研究	曾东洋、何川
11	利用区间盾构隧道修建三条平行隧道式地铁车站的受力特征分析	李围、张志强、何川、李志南
12	结合南京地铁探讨盾构隧道结构设计	张柏林、余才高
13	地铁地下车站上翻梁的计算	邹永尧
14	地铁工程中的线路设计	陈馨超
15	地铁盾构隧道管片配筋型式探讨	李志南、陈丽娜
16	城市轨道交通资源共享探讨	朱军、宋键

17	创建良好的城市轨道交通环境最大限度地吸引客流 ——城市轨道交通持续发展的最好途径	程振廷
18	区间盾构筹划软件的开发编制	马忠政、姚文俊
19	围护结构弹性地基梁法的改进研究	白廷辉
20	新型隔断门在地下铁道人防工程中的应用	黄静华、刘宜平、杨洁、王阳明
21	复杂工程条件下的地铁区间隧道设计	唐志成、李德才、扈森、喻波
22	论车辆限界计算方法	倪昌
23	上海轨道交通体制之探索	陈依新
24	天津地铁一号线既有线改建工程方案综述	李丽、邹南昌
25	国内城市轨道交通建设工程量清单计价模式探索	朱俊平
26	城市轨道交通与其他交通方式衔接的分析与研究	姜帆
27	城市轨道交通建设与城市可持续发展的思考	郑永平
28	天津地铁区间隔断门设置难点与对策	王阳明、黄静华、杨洁、胡圣伟
29	存车线设计初探	赵张存
30	重庆轻轨交通二号线临江门车站结构设计	程崇国、蒋树屏
31	浅谈地铁降低成本、增加效益的几点意见	郭建国、田静
32	《城市地铁限界标准》中车辆限界和设备限界的计算	朱剑月、沈培德、罗湘萍、徐博铭
33	香港地铁之土木结构勘察及保护系统	施秉钊
34	现代无金属结构在地铁建筑中应用的若干观点和建议	李大华、张斌
35	运用经营城市的理念探讨广佛城际快线建设的必要性	肖学逊
36	城市地下轨道交通工程的工程地质勘察	张惠忠
37	大型无柱式地铁车站设计	方昌福
38	德黑兰地铁线路调整设计研究	廖国才
39	地铁车站换乘节点结构预留方案探讨	周磊
40	地铁宽大深基坑内支撑设计综述	李学军、刘启峰
41	深圳地铁结构防水的研究与实践	刘卡丁、范勇
42	广州体育大厦基础与地铁同期建设深基坑结构方案的探讨	黄彤斌、郑明远
43	我对地铁设计中几个问题的看法	梁广深
44	城市轨道交通控制系统一体化解决方案的探讨	彭北华、永秀
45	城市轨道交通客流预测的评估和抗风险设计	沈景炎
46	城市轨道交通高架型式设计探讨	冯爱军
47	接头位置及刚度对预制箱形结构内力的影响	刘惠敏

第二部分 设备及其国产化

序号	论文名	作者
1	广州市轨道交通三号线车辆动力性能研究	吴俊泉

续表

2	PLC 在地铁人防控制领域的应用分析	艾瑞才、陈彦国
3	北京地铁牵引供电系统设置	房金萍
4	上海市轨道交通车辆选择及列车编组若干问题探讨	宋健
5	城市轨道交通供电接触网类型的比较	马沂文、白秀梅
6	武汉轨道交通工程项目总控支持系统开发与应用	刘玉华、张松新、王长裕、丁烈云、骆汉宾、余明辉
7	关于地铁工程中若干问题的浅探	李高潮
8	地铁轨道减振器的应用研究与质量检测	黄建畴、杜锦才、周耀、庄表中
9	框架故障保护与轨电位限制装置保护的配合	余梦华
10	浅谈城市快速轨道交通的车辆选型	许斯河
11	地铁车辆连轴节及齿轮箱技术研究	杨迪
12	线性电机地铁在我国的应用分析	杨栓民
13	计算机联锁系统安全可靠性设计浅析	李进、张海军
14	地铁单、双边供电问题研究	黄德胜
15	上海明珠线一期工程车辆国产化	王曰凡
16	论上海城市轨道交通 ATC 系统的发展策略	黄钟
17	屏蔽门系统在地铁的应用前景	孙增田
18	广州市轨道交通三号线列车编组方式研究	吴俊泉
19	城市轨道交通信号系统的安全策略与可靠性分析	王强、李红侠
20	盾构刀盘紧急焊接修复	邹积波、鲁海波、朱华锋
21	模糊控制在地铁地下站空调通风系统中的应用	罗竑
22	基于裂缝波导通信的列车自动控制系统	严德树
23	地下铁道防灾救援系统的初步研究	蒋雅君、杨其新
24	高土壤电阻率环境下的重庆轻轨较—新线综合接地系统研究	伍应忠
25	非磁性电流、电压互感器应用简析	田胜利
26	建立在信号系统上的地铁多车牵引供电实时模拟系统	王彦峥
27	箱式变电所——地铁牵引变电所的新选择	王彦利
28	24 脉波整流机组在轨道交通领域内的应用	张云太、俞思杰、曾庆赣

第三部分 施工技术

序号	论文名	作者
1	南京地铁区间盾构隧道下穿玄武湖隧道的模拟试验研究	何川、李围、余才高、张柏林
2	盾构隧道施工的三维有限元仿真分析	张志强、何川
3	成都地铁一期工程主要施工方法研究与探讨	肖中平
4	越江输水盾构隧道数值模拟分析	林刚、何川
5	大断面隧道钻爆法快速施工技术	张金柱、高连成

6	地铁车站施工监测研究报告	李永丰
7	香港地下铁路的钢轨基座重建工程	施秉钊、梁泉材、张大慧
8	隧道裂缝和渗漏的成因、预防及治理	李固华、郭建国
9	小净距隧道支护结构设计原则与施工措施研究	姚勇、何川
10	盾构法隧道异型断面施工技术初探	晏启祥、何川、李围
11	软土基坑变形全过程控制方法	陈兴年、刘国彬
12	土压平衡盾构在广州地铁中的应用	杨秀权、李孝荣
13	南京地铁一号线新街口车站地下连续墙施工技术	潘秀明、薛立强、焦月红
14	盾构隧道混凝土管片制作施工方法	陈广亮、王大海
15	能量守恒原理在钢纤维喷射混凝土衬砌设计中的应用	刘红燕、李志业
16	盾构法隧道施工过程模拟以及对相邻构筑物的影响分析	于宁、朱合华、姜勇
17	双线、浅埋、土质隧道穿越既有铁路地段施工技术	沈周
18	地铁盾构隧道管片结构受力特征模型试验研究	张少辉、林刚、何川
19	砂型地层地铁盾构隧道荷载与结构行为现场试验研究	谢宗林、何川
20	城市地铁开挖地表变形的随机介质预测方法	施成华、余晓琳、彭立敏
21	上海地铁 M8 线人民广场站与已建车站同站厅换乘深基坑施工方案研究	黄海滨、谢弘帅、孙勇
22	北京地铁五号线盾构试验段工程施工综述	杜文库、王海、闻和咏
23	南京地铁一号线 TA4 标试验段工程施工技术	张伟、陈裕康
24	广州地铁二号线隧道盾构穿越珠江施工及检测控制	何国军、李晓春、何伦、郭永顺
25	上海地铁二号线盾构法隧道施工综述	周文波、吴惠明
26	土压盾构掘进机在我国隧道工程中的应用和发展	傅德明
27	引进二手盾构的监控系统功能优化和软件开发	吴兆宇
28	地铁特殊围护深基坑开挖施工技术	周隽、孙永华、饶维森
29	AFS 自动陀螺快速定位定向系统在地铁建设中的应用	冯夯、李强、王暖堂
30	南京地铁一号线新街口站盖挖逆作法关键技术研讨与实践	潘秀明、董力
31	上海地铁环线——明珠二期工程设计与施工新技术	白廷辉
32	隧道盾构叠交施工技术初探	周文波、吴惠明
33	小净距隧道围岩应力分布规律及稳定性研究	谢卓雄、姚勇、何川
34	海瑞克土压平衡式盾构机分析	鲁志军
35	通用管片拼装点位及对盾构机掘进的影响	叶华
36	连拱隧道二次衬砌结构破坏试验研究	吴兰婷、林刚、何川
37	盾构管片生产中气泡和裂缝的防治	冯夯
38	地铁隧道浅埋暗挖法施工工艺对地层变形的影响	黄俊、张顶立、宋克志
39	重叠隧道地层变形与隧道结构受力研究	张顶立、虞辰杰、黄俊
40	城市地铁矩形地下通道掘进机的应用与研究	吕建中、楼如岳

41	辐射井在地铁及深基坑降水施工中的作用	侯景岩、刘永亮
42	无加固软土深基坑有支撑暴露变形分析	杨国伟
43	重庆轻轨大坪车站隧道暗挖段施工方法数值优化分析	高新强、仇文革、吴剑
44	上海地铁区间隧道盾构掘进施工技术	白云、傅德明
45	地铁轨道工程铺轨基标的测设方法	郭平、段太生、梁红朝、何军
46	轻轨盖梁锚箱支座控制	李康平
47	广州轨道交通三号线车站合理规模的探讨	蒙晓莲
48	广州地铁二号线公纪区间渡线大跨度隧道设计与施工	唐志成、苟明中、李德才
49	浅埋暗挖隧道穿越污水方涵涌水事故分析及处理	贺长俊、周殿宾、付爱荣
50	"SMW"工法在天津地铁一号线洪湖里车站基坑围护中的应用	胡灿辉、吕立明、李养平
51	节理岩体中开挖地下洞室时的损伤域分析	赵德安
52	地铁车站大跨度深基坑支护体系及信息化监测的研究与应用	贾利亨、赵明好、丁文兵
53	计算盾构施工过程中衬砌内力的两种方法比较	朱合华、官林星、刘学增
54	深基坑工程中止水和降水技术的应用	刁东辉、米建平、马喜田
55	成都地铁一期工程区间隧道施工方法的选择	邹永尧
56	软黏土中超长地铁车站施工——上海地铁徐家汇车站的土建工程	凌昕哉、夏伟平
57	明挖地铁车站渗漏水治理措施	靳水明、郭景伟、赵玉柳、童利红
58	化学灌浆法在地铁结构裂缝治理中的试验研究	李养平、冀玲芳
59	深圳地铁会—市区间隧道治防水施工技术	宋官平
60	谈上海地铁深基坑施工中影响工程安全的常见问题	史剑铤
61	轻轨车站施工技术探讨	王达、李康平
62	深圳地铁会展中心站—市民中心站区间锚索施工方案比选与施工方法介绍	雷建海、宋官平
63	城市大型地下空间结构顶进施工法	乐贵平、卢常亘
64	深圳地铁重叠隧道结构受力及地表沉降分析	吴剑、仇文革、曾桅栋
65	伊朗德黑兰地铁轨道施工方法研究与应用	廖国才
66	关于基坑围护结构墙内预留土堤土压力的研究探讨	马忠政、刘朝明
67	土钉支护结构在深圳地铁竹子林站的应用	周小华
68	人工地层冻结在地铁隧道流砂地层盾构出洞施工中的应用	崔海涛
69	上海地铁二号线静安寺车站半逆筑法施工技术	余暄平、吴红兵
70	泡沫在土压平衡盾构施工中的应用	王大海、王海明

第四部分　运营管理

序号	论文名	作者
1	关于地铁建设信息管理的几点考虑	赖邦蕙
2	地铁运营线行车设备维修施工管理模式的探讨	吕刚、梁强升

3	地铁如何参与城市公共交通一卡通	张宇
4	广州轨道交通三号线区间隧道消防疏散方案	王迪军、罗燕萍
5	优化安全管理—系统的方式	A G Hessami
6	地铁一号线运营现状分析及应对措施探讨	伍敏、余海斌
7	实施远程监控管理 防范风险于未然——远程监控管理在地铁车站施工中的应用	王洪新、刘国彬
8	运用"CSI"持续提高运营服务质量	朱小瑶
9	关于如何减少列车晚点，保证按图行车的探讨	陈文

第五部分　其他

序号	论文名	作者
1	水中围护结构的设计和施工	刘颖、刘捷
2	论新建地铁人防工程的设计与建设	杨俊伟
3	关于成都市局部区域发展有轨电车项目的设想	徐智勤、于波
4	我国城市地下空间发展前景分析与展望	沈强、王阳明
5	铁路隧道装配式衬砌研究	贾永刚、王明年

第十六届（2004 年 10 月 17 日—18 日，上海）

附表 2.15

第一部分　城市轨道交通发展与管理研究

序号	论文名	作者
1	打造全新概念的城市轨道交通——深圳市轨道交通二期工程可行性研究新思路	宋键、王建清
2	论城市轨道交通工程全寿命周期集成化管理	陈光
3	北京市轨道交通建设尚需深入研究的课题	张成满、罗富荣
4	南京地铁设备安装阶段工程管理模式的探索与实践	许建军
5	可持续发展的城市轨道交通与城市化	简炼
6	城市轨道交通系统总联调技术难点分析与探讨	彭北华、永秀
7	城市轨道交通建设的几点思考	王刚、高云胜
8	地铁建设安全风险管理的探讨	宋敏华、吕培印
9	广州地铁的新技术应用与创新	卢光霖
10	建设城市轨道交通，实现城市空间的综合开发	韩春素
11	城市轨道交通多种投融资模式探讨	刘卡丁
12	试论地铁资源的开发与利用	尤福永
13	城市轨道交通建设加速深圳经济的发展	龚文平、尤福永
14	城市轨道交通可适用的一种新形式常导中低速磁浮列车	刘志明、王永宁
15	大城市公共交通一体化探索	章云泉

| 16 | 城市轨道交通设计总体总包项目信息化初探 | 冯爱军、潘学英 |
| 17 | 轨道交通大型换乘节点建设与城市地下空间的可持续发展 | 夏则爱 |

第二部分　城市轨道交通综合规划与设计

序号	论文名	作者
1	城市轨道交通技术发展战略探讨	冯爱军
2	辩证分析城市快速轨道交通 TOD 功能	刘迁
3	轨道交通网络化建设中大型换乘枢纽若干问题的探讨	朱沪生
4	城市轨道交通线网建设规划与资源共享规划	丁建隆
5	交通技术轨道论实证分析	林晓言、宋俊
6	城市交通网络形态特征的分形计量	孙壮志、郭继孚
7	小半径曲线高架桥和大坡道上无缝线路	贾德华、孙宁、卢耀荣
8	平行换乘车站方案综合研究	丘蓉、周江天
9	珠江三角洲经济区城际快速轨道交通线网规划研究	傅萃清
10	城市轨道交通车站建筑设计思考	刘学军
11	城市快速轨道交通与城市交通规划	朱斌、周勇
12	简支组合箱梁在城市轨道交通上的应用	刘建瑞、施顺涛
13	直线电机地铁系统技术经济分析研究	冯雅薇、魏庆朝
14	对地铁车辆段用地情况的分析	马沂文
15	北京地铁1号、2号线改造工程气体灭火选型的探讨	赵青
16	地铁工程中采用膨润土防水毯时应注意的几个问题	郭德友
17	地铁车站结构设计中存在的问题	惠丽萍、王良
18	组合截面混凝土梁在城市轨道交通中的应用	陈宝军
19	轨道交通桥梁支座选型和八通线桥梁支座特点	张晓林
20	武汉市轨道交通1号线一期工程车站设计及高架线	田品华、程振廷
21	谈谈考察俄罗斯地铁的一点体会	万学红
22	地铁车辆段室外工程管线采用综合管沟的探讨	李斌
23	城市轨道交通安全工程的设计导则	于松伟
24	依托城市轨道交通的居住区及交通枢纽规划要点	吴爽
25	城市铁路概念研究	许双牛
26	国内轨道交通高架桥标准梁设计的回顾和探讨	张晓林
27	建立武汉城市铁路客运系统的建议和构想	肖斌
28	以轨道交通为骨架构筑城市客运综合枢纽的探讨	沈景炎
29	市域快速铁 R3 线上海国际赛车场 2 站建筑方案创作浅谈	苏梅
30	上海轨道交通徐家汇节点方案研究	徐正良、杜昌锦、汪时中、崔勤、王宝辉

31	日本城市轨道交通应用系统模式	施翃、魏庆朝
32	跨座式单轨交通在我国的实践——重庆轻轨较新线工程设计与实施体会	周勇
33	对穿越既有地铁车站结构技术的探讨	扈森
34	地面线碎石道床一次铺设无缝线路的技术研究与应用	任静、王进
35	轨道交通车站无障碍设施的规划与设计	宋博、杨春立
36	重庆市轨道交通 3 号线运输能力及行车交路研究	宋键、单宁
37	北京地铁 10 号线一期工程国贸站设计	陈学峰、李汶京、刘沐良
38	南京地铁 1 号线珠江路车站 SMW 工法的设计与施工	朱悦明、刘爱华、庞振勇

第三部分　城市轨道交通新型建造技术

序号	论文名	作者
1	关于当前我国盾构技术发展中存在问题的探讨	赵运臣
2	结构渗漏水缺陷工程处理技术浅论	肖民
3	广州地铁清泉街断裂带超常水平冻结法施工技术	雷军
4	大直径钻孔咬合桩施工的钢筋笼定位技术	雷军、欧诗祥
5	地铁明挖车站和区间围护结构的选择	杨骏
6	膨润土防水技术及其在北京地铁工程中的应用	孙长军
7	北京典型地层条件下土压平衡盾构施工	华东、李乐、杜文库
8	北京地铁盾构同步注浆及其材料的研究	朱建春、李乐、杜文库
9	浅议地铁工程施工安全管理	付爱荣
10	紧邻车站深基坑的轻轨高架桩基保护性研究	章国忠、卢礼顺
11	南京地铁 1 号线旁通道两类典型施工技术	周希圣、英旭、李曦、罗志阳
12	上海轨道交通明珠线二期工程地下墙施工邻近建筑物沉降的控制	沈平欢
13	偏心多轴式掘进机的开发研究及工程应用	王鹤林、傅德明、宓佩明
14	矩形顶管近距离穿越地下构筑物的变形影响研究	尤旭东、吉茂杰
15	关于明珠线二期工程的装修管理及探讨	周东、马忠政
16	谈轨道交通车站装修中的几个问题	马忠政、毕湘利
17	浅论广州地铁对中国盾构技术进步的贡献	袁敏正、竺维彬
18	高地应力大变形隧道锚杆长度的研究	肖中平
19	法拉格（FLAG）防水材料在隧道工程的应用	王明飞、闫俊杰

第四部分　城市轨道交通装备技术及国产化

序号	论文名	作者
1	我国城市轨道交通装备技术发展战略研究	孙宁、杨润栋、朱成言、金辰虎、卢渝
2	关于城市轨道交通环控系统研究方法的分析与探讨	刘英杰、那艳铃
3	ATP 车载设备闭环测试系统的研制	王涛

续表

4	轨道交通综合自动化系统可行性探讨	靳守杰
5	自主知识产权地铁列车简介	劳世定
6	城市轨道交通信号系统国产化探讨	肖宝弟
7	对城市轨道交通信号系统国产化的探讨	邢科家、贾学祥
8	城市轨道交通工程实施综合监控系统的探讨	李海川
9	TN 接地系统在地铁应用中存在的问题	杨兴山
10	关于地铁环控系统采用变频调速的可行性探讨	李高潮
11	地铁电动客车大容量辅助静止逆变器的国产化研究	张宇、楚柏青、李文
12	地铁车辆受流器铁质滑块的研制	马沂文、陈宏和、张陆军
13	24 脉波整流变压器性能浅析	朴京红
14	大连市快速轨道交通 3 号线平交道口的信号系统道口控制方案	李克
15	WG-21A 无绝缘轨道电路在直流电力牵引区段应用的可行性介绍	李克
16	国产地铁车辆制动系统	马琪
17	关于地铁工程中若干通风空调问题的浅探	李高潮
18	北京地铁供电系统谐波测试分析	马祖丽、白秀梅、黄旭虹
19	城轨交通轨下基础参数对轮轨作用力的影响	刘维宁、张昀青、孙晓静
20	现代地铁车辆的整车防火性能要求	李晶才
21	移动闭塞信号系统简介	李继栋
22	浅谈盾构经营对策分析	何君君
23	轨道交通隧道内接触网液压补偿装置的研制	周剑鸿、王晓保、董世光
24	新加坡和香港轨道交通观感	王虹
25	天津滨海轨道交通工程系统总联调实践	王林、孙宁
26	深圳地铁车辆国产化及对有关问题的思考	龙育才
27	香港地铁噪声控制技术	耿传智、KS Chung、Johnson、Zheng
28	从莘闵线信号工程的临时管理看信号系统调试过程中应解决的交叉管理的若干问题	张琼燕
29	制定质量检验标准 保证信号工程质量	许义仁、戴星、张琼燕、骆剑飞
30	国内进口地铁转向架的现状分析	陈丰宁
31	上海地铁振动噪声控制技术应用现状	白廷辉
32	M8 线高位喷嘴的实验设计	魏青

第五部分 城市轨道交通运营管理模式

序号	论文名	作者
1	自动扶梯节能运行方式探讨	游泽银
2	城市轨道交通信号系统安全认证体系的研究	牛英名、燕飞、张良

3	浅析地铁的消防安全问题	韩玉峰
4	浅析北京地铁的安全控制体系	葛馨
5	从北京地铁复八线 FAS 系统谈地铁消防联动	王静
6	地铁的环境控制	李沁
7	北京地铁老线加装 FAS 的可行性分析	黄文明
8	地铁运营中乘客自杀现状调查及干预预防对策的研究	谢谦、蒋玉琨
9	北京地铁 13 号线通信电源蓄电池维护	佟岩、王建、祁颖、杨海江、裴鑫、李建坤、侯越红
10	列车自动驾驶（ATO）系统的研究	牛英明
11	可移动式模拟制动机检测装置在环线地铁上的应用	关艳红
12	北京地铁对于信号系统国产化的研究和探讨	陈军念
13	上海轨道交通明珠线环线运行间隔时分分析	朱翔、丰文胜
14	以人为本，大众运输优先	李秀敏
15	从地铁运营管理的角度探讨如何降低地铁工程造价	顾庆宜
16	上海轨道交通运营安全管理	周淮

第六部分　城市轨道交通安全、风险、经济及其他

序号	论文名	作者
1	轨道交通工程建设的远程监控及风险管理	白廷辉、刘国彬
2	城市轨道交通项目前期风险分析研究	朱民、冯爱军、邓志高、李欣、殷伟
3	城市轨道交通工程建设施工的风险识别	毕湘利、周顺华、刘万兰
4	对降低地铁工程造价的探讨	沈建文
5	企业剩余索取权对降低地铁工程造价的激励作用	陈任标
6	北京市新编地铁工程预算定额的主要内容及其作用	郭建国
7	亚洲城市轨道交通系统的未来	Patrice Pelletier

第二十届（2010 年 11 月 11 日—12 日，上海）

附表 2.16

第一部分　规划设计

序号	论文名	作者
1	上海市轨道交通 7 号线工程综合技术	王益群、徐正良、温玉君等
2	上海市轨道交通 9 号线二期工程技术综述	缪海祥、王庆国、朱祖华
3	上海世博地下空间与低碳城市发展模式	束昱、路姗、朱黎明等
4	基于 TOD 的城市地下空间规划模式探讨	朱良成、束昱、路姗
5	后建设期轨道交通可持续网络化体系建设再评估	曹文宏、陈文艳

6	城市轨道交通网络换乘站和枢纽的换乘布局探讨	利敏
7	上海西站综合交通枢纽规划与建设	蒋顺章
8	上海轨道交通13号线隆德路站的交通衔接方案	卢梦超
9	上海卢湾区55号地块开发与地铁车站及隧道共建的研究与实践	胡蒙达、王庆国、贾坚
10	明挖地铁车站结构设计研究综述	陈高峰
11	软土地区地铁车站地下连续墙维护结构设计探讨	刘洪波、王秀志、王维朋
12	上海轨道交通7号线花木路车站大中庭设计	余斌、徐正良、宁左利等
13	上海城市轨道交通网络化背景下车辆基地布局及功能特点	朱蓓玲
14	市域轨道交通线的技术标准探讨	徐正良、饶雪平
15	行人仿真在地铁设计中的应用	陈鸿、李冬梅
16	西安地铁3号线文物保护问题研究	伍建国、徐明、郑博
17	盾构隧道扩挖建造地铁车站方案的分析	丁德云、鲁卫东、杨秀仁等
18	贵阳轻轨1号线试验段区间隧道衬砌结构力学分析	李围、刘向远、陈磊等
19	贵阳轻轨1号线试验段岩质地区区间暗挖隧道设计技术	刘向远、李围、余禹
20	隧道参数化建模关键技术研究与应用	仇玉良、孔祥兴、郑万坤等
21	上海轨道交通兼顾设防的发展历程	吴玮民
22	软弱土层中典型地铁车站结构的地震动力相应特征	陈之毅、才明阳、杨林德
23	软土地层地铁区间隧道抗震计算的等代水平地震加速度法	商金华、杨林德
24	结合地下空间开发的地铁车站抗震性能分析	马忠政、杨林德、马险峰等
25	黄土地区浅埋暗挖地铁隧道的结构受力特性测试	康佐

第二部分　施工技术

序号	论文名	作者
1	既有地下空间改造为地铁车站的关键技术研究	徐正良、张中杰
2	流变软土地层中盖挖法路面体系设计	黄爱军、徐正良
3	饱和软土层地铁车站连续自控化气压沉箱关键技术研究	吴群慧
4	后建车站穿越运营车站施工技术分析	姚健、潘晓莉、郭海柱
5	新加坡地铁环线四期荷兰村站施工关键技术	肖晓春、林家祥、杨国祥
6	紧邻轨道交通车站的狭小空间内盖挖加层施工技术	夏元旦、陶利
7	上海软土超深基坑维护结构水平位移的统计分析	温玉君、刘朝明
8	地铁车站结构诱导缝的应用	隋涛、杨林德、马险峰
9	城市轨道交通地下车站结构渗漏的预防措施	高英林
10	盾构隧道与下立交长距离进洞施工技术	陆俊杰
11	软土地区盾构穿越既有地下连续墙前的爆破清障	王庆国、王秀志、柳献
12	城市轨道交通上、下行线盾构超越技术	王铁
13	地铁隧道下穿既有线地铁车站的施工技术	李硕

14	盾构隧道穿越历史文物的施工技术	杨晓强、温克兵
15	新建地铁穿越既有轨道交通线路的变形控制技术	王彦璨、黄达
16	隧道施工引起高架桥桩基沉降的监控与对策	林开球
17	地铁盾构穿越道路桥梁桩基的托换施工及其三维数值分析	马忠政、马险峰、徐前卫等
18	盾构施工引起的深层位移场分布规律研究	齐明山、徐正良、沈国红等
19	地铁盾构隧道结构变形特性研究	李明宇、王秀志、刘国彬等
20	砂卵石地层地铁大断面隧道暗挖超前支护施工技术探讨	张利娜、郭英杰
21	重庆轨道 3 号线检修（救援）通道生化设计与施工	周维
22	土压平衡式盾构平衡控制的新思路	陈立生、王洪新
23	土压平衡盾构双极螺旋输送机对喷涌的控制技术	刘德智、雷金山、杨秀竹
24	复合地层盾构道具磨损分析及优化配置技术	李刚、彭建成
25	大型下沉式盾构掘进机综合模拟试验平台的研制	庄欠伟
26	新型同步注浆材料在盾构隧道中的应用	杨洪杰
27	人工冻结施工过程技术分析	余占奎
28	无收缩超前预注浆在广州地铁 5 号线动水砂层中的应用	李赟、郭景伟
29	浦江镇公共交通配套工程跨周浦塘 U 形梁吊装	刘伟俊、黄超、赵磊
30	节段箱梁长线法预制在印度新德里轨道交通工程中的应用	倪志根
31	西安地铁 2 号线渭河车辆段屋面虹吸排水系统施工技术	胡世春
32	聚丙烯腈纤维增强水泥土的室内试验	马杰
33	聚羧酸耐久性混凝土在地铁车站工程中的应用	吕文斌
34	广州地铁工程范围岩土层物理力学参数区划	蒲勇、姚江、刘成军等
35	城市轨道交通工程地面施工控制网测量与研究	马尧成

第三部分　安全和风险控制技术

序号	论文名	作者
1	用科学发展观剖析地铁新线建设重大事故发生原因的调研报告	郭建国
2	上海轨道交通基本网络建设期工程风险特征研究	刘朝明
3	深圳地铁 5 号线明挖基坑安全监测系统应用研究	陈湘生、龙宏德、蔡祥
4	探讨深圳地铁 5 号线在 BT 模式下的安全管理体系	林茂德、黄少群、彭秀明
5	深基坑工程施工中的安全风险管理研究	刘臣俊
6	地下工程检测警戒值的设定	王蓉、陈波、龙晓东等
7	宁波市轨道交通工程施工风险管理的探索与实践	李翔宇、林平、黄毅等
8	预警系统在地铁盾构施工中的应用	孙士玲
9	地铁换乘车站施工风险预测分析与措施	朱继文
10	邻近运营地铁隧道的超深基坑开挖实测数据分析	万鹏、魏刚、朱蕾等
11	临近轨道交通线路的基坑施工控制及监护分析	何喆卿

续表

12	轨道交通保护区范围内基坑工程影响因素分析	张少夏
13	不良地质条件下的隧道安全风险控制	田海浪、蒋明星、赵俊侠
14	近距离基坑施工队风塔的保护	陈台礼、严石
15	上海轨道交通隧道结构长期沉降测量特征与原因探讨	魏刚
16	基于风险理念的软土地区城市轨道交通盾构隧道结构养护方法	缪佳敏、黄宏伟
17	盾构穿越对已建成隧道结构影响实力分析	肖同刚
18	软土地区轨道交通隧道收敛变形注浆整治工程实践	王小兵
19	地铁隧道塌方处理施工技术	张琦
20	砂性土层地铁基坑渗漏抢险施工技术	邹剑波
21	高速铁路与城市轨道交通线路交叉运营作用的数值模拟	缪海洋、周彪、谢雄耀
22	超深基坑施工环境的保护措施	付军

第四部分　车辆技术

序号	论文名	作者
1	中低速磁浮交通工程的自主研发与创新	张佩竹
2	城市轨道交通系统各模式车辆的技术特点	王曰凡
3	上海国产化地铁列车计算机辅助设计技术	徐君
4	上海国产化 A 型地铁列车车门系统简析	许敏、穆广友
5	DC01 型电动列车辅助逆变器功能改善案例研究	陈鞍龙、余强、陶生桂
6	电动列车主逆变器 GTO 牵引相模块的 IGBT 替代研制	陆彬、余强、陶生桂
7	上海地铁车辆客车室车门故障原因及整改措施	王建兵、朱小娟、浦汉亮
8	轨道交通故障处置体系与模拟技术研究	周巧莲、邱磊、张灿程等
9	轨道交通车辆智能复合传感器研发的探讨	洪翔
10	城轨列车再生制动能量利用的探讨	范忠胜、温志强
11	智能列车监控系统功能简述	孙军锋
12	车载自动控制系统国产化研究与研发	常鸣、吕新军
13	轨道交通机电系统的若干新技术及其应用发展策略	黄钟
14	CBTC 车载 VOBC 技术及 WSP 丢失故障分析	王松涛

第五部分　机电设备技术

序号	论文名	作者
1	综合监控系统在上海轨道交通 10 号线的应用	周晓玲、张伟国
2	城轨综合监控系统图形用户界面设计	韩玉雄
3	城市轨道交通网络监控中心设计浅析	付鹏
4	轨道交通视频监控系统组网技术的探讨	张洁

续表

5	广州地铁乘客信息交互系统应用研究	林鹤辉、曾剑云、罗慧华
6	移动动漫创意与传播探讨	刘然
7	城市轨道交通供电网络的谐波污染及抑制技术探讨	傅铭
8	地铁杂散电流防护检测中的几大问题	王春金
9	杂散电流防护系统非正常运行分析	刘拥政、达世鹏
10	轨道交通牵引变压器阻抗电压的合理确定	李华
11	蓄电池紧急牵引技术在地铁列车上的应用	肖世雄、范忠胜、温志强
12	深圳地铁龙岗线横岗车辆段接触轨供电分区探讨	曾斌
13	城轨交通直流牵引系统电流增量保护分析与调整	李跃进
14	列车变频空调应用节能效果分析	王晓保
15	北京地铁空调水处理技术的研究与应用	徐传汉
16	地铁通风空调设计回顾与展望	郑晋丽
17	自动售检票系统设备性能检测方法探讨	黄旭宁
18	自动售票系统模拟测试平台的组建与应用	徐高峻
19	轨道交通清分算法的介绍与比较	顾佳源
20	票务系统在轨道交通中的应用扩展	瞿斌
21	城市轨道交通环境振动控制体系及优化	和振兴
22	重庆轻轨进口关节型及关节可挠型道岔设备安装施工技术	范正述
23	地铁车辆车轮外形磨耗自动检测系统	何伟荣
24	城市轨道交通轨道检测技术	刘扬
25	不同类型扣件在地铁中的使用情况调查与分析	周瑓珺

第六部分　经营管理

序号	论文名	作者
1	北京市轨道交通资产管理模式的创新与实践	田振清、梁衡义
2	城市轨道交通经营性投融资模式研究	谢辉、晏克非、谭倩
3	RAMS管理在深圳地铁龙岗线的应用	肖世雄、张栋强、夏江云
4	城市轨道交通设计管理现状分析及基于可持续发展目标的新要求	胡章喜
5	地铁系统可持续发展博弈分析	张佳
6	项目管理咨询在深圳地铁3号线中的实践	章建庆
7	基于周期化运行的北京轨道交通路网运力优化配置方案研究	汪波
8	城市轨道交通火灾对策探讨	俞加康
9	运营轨道交通防灾减灾体系的研究现状	韩春龙、刘国彬、沈圆顺等
10	突发事件下轨道交通车站内人员的疏散方案研究	朱效洁、马艺芳
11	城市轨道交通新线试运营基本条件评审的体会与思考	沈秀芳、周国甫、胡维撷

第二十三届（2013 年 9 月 5 日—6 日，北京）

附表 2.17

第一部分　综合技术类

序号	论文名	作者
1	城市轨道交通的资源共享技术	苏鹏程
2	BIM 技术在北京某地铁站建设中应用研究	汪国锋、苏艺、赵雪峰
3	基于战略的北京地铁系统设备管理指标体系研究	顾庆宜
4	运营需求引导轨道交通设计工作重要性分析及开展方式的探讨	章建庆
5	绿色建筑技术在轨道上盖物业开发中应用研究	汤鸿飞、刘渝洲、周零凡
6	我国有轨电车轨道系统若干技术问题的探讨	李秋义
7	香港地铁车站及车辆段开发技术应用借鉴	郑凤霞
8	"高水平的建设城市轨道交通" —— 浅析北京地铁文化产业在城市轨道交通建设中的发展思路	祝国敬
9	基于不同攻击策略的城市轨道交通网络脆弱性研究	袁若岑、王丽琼、温志伟、李卫军、翁勇南、芦毅
10	城市轨道交通电磁辐射环境影响有关问题研究	黄盾
11	基于移动互联网平台的城市轨道交通导向系统设计研究	廖巍
12	轨道交通灾害情况下面向乘客的多系统智能联动构想	刘刚、韩志伟、戴克平

第二部分　土建工程类

序号	论文名	作者
1	基于随机介质理论的隧道开挖引起地层沉降分析	白海卫
2	改进的浅埋隧道松动围岩压力计算方法	程小虎
3	变位分配控制原理在新建地铁车站密贴下穿既有地铁车站施工中的应用研究	范丽萍
4	北京地铁车站施工方法对比分析	方克军
5	引进韩国 NTR 工法施工技术在城市地铁施工中的应用	于晓东、夏恩声
6	天津文化中心交通枢纽 66 米深异形地连墙施工技术研究	郭振国
7	盾构隧道穿越建筑物群应对措施探讨	邢明全
8	浅埋暗挖法隧道全断面注浆施工技术	方克军
9	某地铁隧道微承压饱和粉细砂地层注浆加固试验研究	汪国锋
10	四维度预顶撑工艺与传统暗挖工法结合的微沉降控制技术研究与应用	郝志宏
11	碳纤维布加固矿山法地铁隧道衬砌结构模拟研究	李宇杰、王梦恕、徐会杰、姜良
12	装配式管道支吊架在地铁中的应用	季赐明、赵金勇、程秀峰、李永政
13	北京地铁 14 号线高架桥冬季混凝土道床施工技术	王亚周、王文飞
14	地铁高架桥冬季现场移动式钢轨闪光焊接施工技术	王亚周、王文飞
15	浅谈北京地铁 14 号线梯形轨枕道床施工	王文飞

续表

16	地铁短轨枕道床轨底坡超限整治施工技术研究	闫龙、王亚周
17	钢弹簧浮置板预制板新工法在北京地铁昌八联络线的运用	贾宁、侯嘉
18	我国轨道交通地下工程的防水技术分析	何紫薇、万承刚
19	北京地铁 14 号线（西段）轨道工程建设管理	乔怀峰
20	北京地铁 10 号线工程建设综合计划调度管理	汪国锋
21	关于监理定位问题的探讨与研究	郭建国
22	对工程安全监理工作的探讨	陈京利

第三部分　运营与设备类

序号	论文名	作者
1	北京地铁 1 号线运输能力挖掘研究	潘晓军
2	城市轨道交通网络列车运行图编制研究	汪波
3	基于持续晚点的地铁车站客流集聚与预警研究	李健
4	自动驾驶 ATO 技术在北京地铁五号线的实现	张爽
5	VRV 空调在北京地铁 1、2 号线改造工程项目中的应用	于永波
6	地铁环控系统中 PLC 技术的应用研究	赵翔
7	北京地铁牵引直流供电应用分析	杨眉
8	城市轨道交通杂散电流分析	常娜
9	地铁综合监控系统技术要点研究与总结	孙虹
10	天津地铁 2、3 号线综合监控系统方式的确定	田昊
11	地源热泵技术在地铁车库内使用的可行性研究	孟磊、霍苗苗、宗立明、安小诗
12	北京地铁车站冷却水中微生物控制管理探讨	夏晗
13	北京地铁钢轨波磨段打磨前后减振效果分析	张衡、孟磊、安小诗、姜良、温志伟
14	内衬塑复合钢管在地铁中的应用	季赐明、赵金勇、程秀峰、李永政

第二十四届（2015 年 4 月 23 日—24 日，天津）

附表 2.18

第一部分　综合篇

序号	论文名	作者
1	北京市域快轨网络化发展通用技术指标研究	冯爱军、路宗存、李忍相
2	城市轨道交通线网规划编制前期工作研究	韩春素、王语夫、张旺
3	悬挂式单轨交通车辆检修工艺及关键设备探讨	薄海青
4	京津冀一体化下中小城市的现代有轨电车骨干交通系统	黄振晖、王贵国、张华、叶桢翔、何嘉耀
5	空港轨道交通可持续发展及区域轨道接驳的探讨	王仕春、徐吉庆

续表

6	城市交通运输信息系统智能化互联互通的统一研究	严兰
7	轨道交通项目节能评价方法研究	邱莅伟
8	介于铁路与地铁之间的市域轨道交通——DC3000V牵引供电制式探讨	赵海军、张云太、刘斌
9	京津冀协同发展关于AFC系统标准化建设的思考	杨艳君
10	现代有轨电车系统发展展望与思考	温兆鹏、钱广民
11	全面质量管理理论在电客车质量控制中的应用	陈卫东
12	天津轨道交通网络化运营条件下开展车辆区域救援的构想	张立刚
13	津滨轻轨调度台布局合理性分析	付晓峰
14	行车设备故障处置过程现状分析	刘顺岭
15	OMD在行车组织中的配合现状及改进方向	孙、岩
16	浅谈列车故障救援的组织措施	刘会来
17	突发事件中信息通报现状分析及改进方案	李玉琢
18	站台火灾下电客车通过车站的可行性分析	桂克
19	北京轨道交通市域线与市区线衔接方式研究	刘冠男、冯琳
20	城市轨交网络化规划与建设的几点思考	吕正昱、叶蓉、梁建国
21	轨道交通投资体制若干模式探析	任俊利、董伟力、赵力、胡旭
22	京津冀地区城镇化背景下多层次轨道交通发展分析	王艳荣、杲晓锋、张华、杨小凤
23	轨道交通建设投融资模式思考	廖德金
24	基于城市一体化视角下的地铁沿线车站物业开发策略研究	郭四海
25	新型有轨电车车辆选型研究	姚应峰
26	地铁地下标准岛式车站公共区布置研究	韩静
27	TETRA技术标准、地铁装备开发与国家发展战略浅议	罗辉
28	车辆段创新集成设计	范志材、孙继忠、任少伟
29	地铁交通项目碳交易量计算方法研究	李萌
30	天津地铁3号线客流特征分析	王多龙、李得伟
31	城市轨道交通网络下的复杂交路形式研究	刘芳
32	东莞区域轨道交通一体化规划设计实践与思考	周勇、李可意、郑阳
33	浅谈轨道交通节能技术	宋琪
34	区域轨道一体化发展相关问题研究	邹文娟
35	对天津市市郊铁路规划的几点思考	白旭
36	城市轨道交通工程总体工程筹划	郑习羿、王辉
37	天津市中心城区轨道交通线网资源共享浅谈	郑习羽
38	浅谈天津市城市客运交通一体化衔接	闫昕
39	京津冀区域协调发展中小城市差异性发展模式初探——以涿州新城为例	谭晓红、叶大华

40	城市轨道交通 PPP 投融资模式研究	梁素枝
41	地铁车辆段上盖物业开发相关问题思考 ——以天津大毕庄车辆段为例	王黔磊
42	关于天津轨道交通枢纽建设的几点思考	赵谦
43	浅析轨道交通工程中施工风险管理	解亚雄
44	地铁沿线桥梁拆改工程实例	李广军
45	单列车各区间载客人数的计算方法与应用	孙寒
46	津滨轻轨在提升运能方面的思考和做法	银超
47	津滨轻轨既有车站改扩建对客流组织影响的分析	孙乐
48	浅谈现代有轨电车运效提高措施	马月利、胡寿建
49	地铁突发事件应急能力评价研究	陈宝
50	城市轨道交通共线运营可行性研究	高俊斌
51	天津城市轨道交通网络化运营安全管理对策研究	郭冰玉
52	关于联网运营后运输能力瓶颈问题的探讨	高泓
53	浅谈津滨轻轨在车站安全管理方面的做法及思考	荆智莉
54	论城市轨道交通安全管理对策	佟瑛璇
55	城市轨道运输安全管理与实施的衔接探讨	赵双
56	新交通车辆配件国产化工作策略研究	钱广民
57	现代电车修程优化研究	曹国梁
58	津滨轻轨客流形态研究	王岩
59	津滨轻轨电话闭塞法行车实施现状分析及改进	易卓君

第二部分　技术篇

序号	论文名	作者
1	城际轨道交通工程坐标系探讨	张志刚、李亚辉
2	地铁车辆段试车线长度精确计算	薄海青
3	城市轨道交通列车防追尾预警系统研究及典型应用评价	王喜军、武长海、王巍
4	列车控制系统中准移动闭塞和移动闭塞的分析与比选	赵红
5	架车机脉冲反馈装置的对比研究	邓文平
6	箱式变电站在天津现代有轨电车中的应用研究	张梅、杨惠利
7	轨道交通视频监控系统的整合及互联互通可行性分析	翟新松
8	隧道渗漏水防治措施研究	万玉军
9	变电站平面布置的发展与趋势	范伟
10	地铁主变电站 35kV 接地变压器的选型	曾进
11	城市轨道交通线网主变电所资源共享电力调度与信息交换协调 机制研究	孔清、刘爱华

续表

12	地铁车辆段上盖物业开发下的轨道减振降噪措施研究	西小鸣
13	武汉市轨道交通网络化条件下的部件集中修研究	周小斌
14	浅析交通枢纽地区的非均衡开发	胡映东
15	地铁盾构施工对高速铁路桥梁桩基的影响分析	王净伟
16	市域轨道交通快线线路平面最小曲线半径研究	杨庆花
17	浅析现代有轨电车系统中箱式牵引变电所的雷电过电压	金涛斌、钱广民
18	城市轨道交通换乘站的综合监控系统方案研究	孙虹
19	基于图像分析的变形监测技术在天津地铁9号线隧道监测中的应用	冯琦、王佳
20	BT模式在地铁建设与管理中的适应性分析	马帅
21	制动闸瓦对车轮踏面的影响	李新宇
22	城市轨道中更换弹性支承块的研究与实践	周泉、冯琦
23	津滨轻轨车辆日产和国产制动系统对比分析研究	刘宏波
24	浅析城轨车辆不锈钢车体的全寿命周期	孙树亮
25	津滨轻轨车辆夏季舒适度状态及原因调查分析	杨冬
26	浅析车辆牵引保护特性	孟庆学
27	受电弓接触力对弓网配合的影响探讨	张雄雄
28	网络化运营背景下综合监控系统发展趋势探讨	侯全山
29	网络化运营模式下ATC互通互联技术探讨	张楠
30	小半径曲线加装减磨护轨的实用性分析	王佳
31	滑片式空压机在新交通现代电车上的节能特性研究	曹国梁
32	现代有轨电车IGBT电池充电系统研究	王玉
33	天津新交通工程司控道岔系统应用的研讨	傅勃
34	现代有轨电车接触网锚段关节结构与检调方法的研究	邢宇婷
35	现代导轨电车技术对环渤海区域城市内部地面电车系统发展的（选型）意义	李悦
36	提升地铁视频监控系统服务管理质量	付兴源
37	电力设备故障现状分析	周欣
38	CAD调度系统（数字集群通信系统）在津滨轻轨应用分析	苏哲
39	智能交通车路协同系统数据交互方式设计与验证	邹枫
40	轨道参数变化对无缝线路稳定性影响的研究	李强
41	钢轮钢轨和胶轮导轨电车对比研究及选型思考	蔡天明
42	地铁车辆段地下固定式架车机系统设计接口与包容型分析	邱海波
43	城轨车辆轮轴检修资源共享方案探讨	廖永亮
44	城市轨道交通车辆基地BIM设计研究	刘奥
45	浅谈地铁车站防踏空胶条安装	杨铭

续表

46	徐州城市轨道交通 2 号线车厢站立标准研究	董皓、彭朋、付义龙
47	铁路路基基床表层改性结构设计	王书卫、孙继忠、贺万里
48	接触网腕臂结构系统动力学分析	李少鹏
49	严寒地区隧道软弱围岩段保温防水层施工技术	宿爱香
50	POS 辅助航空摄影测量在城市轨道交通勘测中的应用研究	邓继伟
51	沉井结构施工过程优化设计研究	葛喆敏
52	哈尔滨地铁二号线地质条件及主要岩土工程问题	周彦杰
53	高分辨率 TerraSAR-X 影像在城市轨道交通设施周围环境变化检测中的应用	周文明
54	以 6A 与 5T 为例的 5G 态北斗 6D 在线检测	焦爱军
55	三维模型技术在深圳 8 号线磁浮轨道交通中的应用	甘俊、吴昊、周文明
56	石家庄市城市轨道交通工程框架控制网的建立	刘晓明、石德斌、欧阳全欢
57	广州地铁无障碍设施建设和管理提升研究	梁燕冰
58	物探技术在地铁勘察中的综合应用	唐扬
59	北斗时序下绿色轨道交通系统安全与施工联控	段龙飞、焦爱平、焦爱军、高立芳、李林波、李同英、王京华、马卿
60	轨道交通行业资产管理解决方案	王晋宁
61	北京城际与市郊轨交通勤的商业需求研究	胡映东、沈百琦、张纯、赵晨

第二十五届（2016 年 4 月 21 日—22 日，深圳）

附表 2.19

第一部分 综合篇

序号	论文名	作者
1	地铁高架线噪声源及其传递计算方法的细化和改进	谭文、曾向荣、曹明华、俞泉瑜、侯建鑫
2	石家庄地铁中山广场站物业开发设计	高兴、孙明
3	富水砂土地层盾构机铰接漏水漏砂事故处置	黄芳林、白丽
4	基于列流计算的铁路系统运输能力适应性分析	董皓、刘涛、郭更云、李璇
5	侨城东车辆段工程践行绿色施工的探索与实践	谭廷荣、李伟
6	济南轨道交通 R1 线引导城市边缘组团发展探析——济南 R1 线重要站点一体化城市设计研究	齐亮、宋春雨
7	拉萨现代有轨电车 1 号线车辆段设计方案研究	高国飞、叶晓平
8	大坡度小半径盾构施工受力分析	杨帆
9	路中高架车站建筑设计全新探索	郝旭楠
10	地铁建设中绿色基础设施的应用示范——以深圳地铁为例	杨智锋、柴民伟、栾博、栾胜基
11	BIM 技术在深圳地铁机电安装工程中的优化施工应用探究	肖正华、高峰

续表

12	城轨道岔减振降噪策略	王阿利、张莉
13	地下通道、地铁车站渗漏水综合整治的新材料、新工艺、新技术	陈森森
14	施工项目部BIM工作站建设实践——以某地铁车辆段项目为例	黄治华、曾建雄、林晨毓、郭德强、文成阳
15	侨城东车辆段项目标准养护室的设计与施工	宋主生、李伟、刘纱纱
16	浅谈如何做好城市轨道交通工程安全应急救援演练	朱元、林洋、田树志、李伟
17	基于车站渗漏的叠合墙的防水施工分析	何文超、文钦佩
18	BIM技术在地铁工程中的应用	韩高生
19	关于有轨电车运营安全对策与分析	沈诗圣
20	城市轨道交通装备企业客户关系管理系统应用研究	李红梅
21	周波过零控制技术在工业热处理大功率电阻炉炉温控制系统中的应用与探讨	李团
22	变压器油的性能对比与选型	陆阳、刘诗佳
23	地方铁路职教工作的难点及解决办法	李洋

第二部分　建设技术篇

序号	论文名	作者
1	边桁架内支撑体系在软弱地层超大型基坑中的应用	孟超、巫裕斌
2	地下四层盖挖逆作地铁车站设计要点研究	胡显鹏
3	基于数值计算分析方法的盖挖法新建地铁车站施工力学研究	段景川、胡德华、周建伟
4	盾构下穿五里墩立交桥桩群微扰动控制技术	马晶晶、沈贵斌、张德武
5	新建暗挖CRD隧道小间距平行侧穿既有隧道施工顺序优化研究	徐建涛、雷思遥、赵永正
6	佛山地铁盾构选型研究	刘毅、高如超
7	城市高陡岩质边坡防护及绿化施工技术	张磊
8	淤泥质软塑地层盾构下穿客运专线设计研究	郭靓、孟伟
9	复合式TBM穿越富水地层时的常见危害及解决办法	杨帆
10	矿山法地铁隧道下穿城市快车道的施工监测沉降研究	胡德华、段景川
11	深基坑施工对邻近建筑物影响的分析	叶盛旺
12	城市地铁盾构下穿既有高速铁路的沉降控制掘进参数研究	段景川、胡德华、周建伟
13	整体移动台车模板在明挖矩形隧道施工中的应用	李鹏飞
14	城市复杂环境下地连墙施工技术	张磊、李宁
15	地铁车站盖挖逆作法施工力学行为研究	任立志、段景川
16	双层盾构隧道内部结构快速同步施工技术研究	李洪博、刘毅、杨擎
17	盖挖法在建地铁车站结构受力与变形规律研究	张磊
18	滨海抛石区地下连续墙成槽工艺研究	苏连军
19	MJS工法地基加固应用技术探讨	程世奎

20	地铁基坑爆破施工动力响应及爆破参数优化研究	张雯
21	矿山法地铁隧道下穿既有高速公路施工技术	张磊
22	城市繁华地段处于硬岩地质条件下的出入口施工技术探讨	刘纪元、张晓东、刘胜利
23	大断面矩形顶管近距离上穿既有地铁隧道的三维数值分析	程世奎
24	高速铁路桥梁遮板快速安装技术	盛怀猛、杨勇
25	盾构过砂卵石地层房屋沉降控制关键技术	杨冬
26	浅谈 AM 扩底桩、钢管柱施工工艺	刘立
27	日照温差影响下钢支撑内力应力有限元分析	杜礼珍
28	深圳地区复杂地质嵌岩式柱桩施工技术	张兴磊
29	浅谈锁脚锚杆与型钢拱架的连接方式	李相钦
30	超高框排架厂房结构工程施工	范智鸣、朱元
31	复合地层中滚刀与撕裂刀使用对比分析	羊涛
32	高大清水混凝土柱施工实践——以某地铁车辆段为例	邓莉兰、李伟、张波
33	HPE 工法在钢管柱施工垂直度控制中的应用	何文超
34	浅议扁平钢箱梁裂缝类型及处治方法	李盛、杜礼珍
35	盾构施工关键节点技术控制探讨	羊涛
36	富水砂层盾构接收克泥效辅助接收技术	周前、张浩
37	深圳地铁小间距隧道盾构接收技术	田宇、鱼志鸿、陈鸿
38	双管双液注浆在动水地区土体加固中的应用	黄哲、陈超
39	滨海填石层地下连续墙成槽施工技术及效益分析	陈鸿

第三部分　设备篇

序号	论文名	作者
1	基于 VBA 的轨道交通电扶梯智能辅助设计技术	李成洋
2	深圳地铁 7 号线 LED 照明的设计及应用	张帆
3	盾构机分体始发技术	韩高生
4	机车轮缘固体润滑棒性能评价及测试方法	胡萍、黄樟华

第二十六届（2017 年 4 月 20 日—21 日，郑州）

附表 2.20

第一部分　工程篇

序号	论文名	作者
1	U 形梁在城市轨道交通中的应用研究	彭华春
2	宁波至奉化城际铁路区间桥梁选型研究	樊磊
3	轨道交通区间隧道对铁路干线的影响与保护	叶亮

续表

4	地铁四号线运行振动对南京鼓楼的影响研究	朱利明、苗宁宁、蓝天、朱红华
5	基于 BIM+VR 技术的沈阳地铁万泉公园站 MEP 设计研究	刘长富
6	"t 检验"在轨道交通补充勘察工作中的应用研究初探	邢立军
7	一种新的民建地下室与地铁连通道暗挖工法	熊竺
8	轨道交通桥梁曲线布置程序开发研究	余兴胜
9	土体卸载对地铁区间隧道的影响分析	侯健
10	地铁动静荷载作用下武汉地区软黏土的沉降变形分析	靳晓波、高振鲲
11	长大水下城市道路隧道工程给水消防新思路	周金忠、张忠品、范太兴
12	地铁敞口风井排水设计方案的探讨	渐明柱、王蓉蓉、范太兴
13	浅析线路坡度对区间洞口雨水泵站设计的影响	范太兴、周金忠、渐明柱、杜金海
14	南京地铁 3 号线过江隧道排水设计探讨	周金忠、徐韬、范太兴
15	小半径单线铁路转体连续梁施工技术	张细敏
16	岛宝沟隧道煤层地段施工地质灾害防治技术研究	梅峰
17	滑轨式钢结构防护密闭封堵设施在地铁人防工程中的应用	田江泽、伏海艳、徐胜、杨洁如、孙志峰
18	嵌入式轨道减振特性分析	何远鹏、苗彩霞、吕强、焦洪林、赵悦、岳军
19	压力可调式灌浆泵在运营地铁堵漏中的开发与应用	杨晓强、王彦臻、薛伟、陈千、李大伟
20	地铁盾构下穿既有线铁路道岔区施工技术研究	王晓普、崔天麟、李红福
21	地铁车站若干设计问题的探讨	裴正茂
22	反应位移法和时程分析法在地下车站抗震设计中的应用	肖茜、寇卫锋
23	郑州城郊铁路工程独柱车站设计探讨	王华
24	郑州市城郊铁路工程给排水接驳设计方案研究	杨广伟、王旭红
25	带压混凝土自来水管在基坑上方原地支护施工方法	王绿斌、陆海云
26	地铁工程渗漏水处理施工技术探讨	王绿斌、董显伟
27	复杂地层三轴搅拌桩施工技术研究	董显伟、王绿斌
28	浅析预埋滑槽在地铁隧道中的选用	刘平原、田红芬、刘勇刚
29	地铁周期性排桩隔振性能研究	张胜龙、王文斌、吴宗臻、李玉路
30	PPP 框架下轨道交通项目车公里计价模式研究	陈宏能、肖靓

第二部分　智能与大数据篇

序号	论文名	作者
1	BIM 技术在郑州轨道交通 2 号线的应用初探	温泉、张俊杰
2	郑州轨道交通 BIM 技术的应用规划	温泉、张俊杰
3	TD-LTE 技术在现代有轨电车专用无线通信系统的应用方案研究	肖宾杰

4	基于 BIM 技术的轨道交通预制构件信息管理系统研究	施平望、马忠政、夏海兵、高新闻
5	浅谈基于 GIS 城市轨道交通线网客流监测预警	罗远煜
6	浅谈地铁警用通信传输系统	刘加成、杨雪
7	5G 技术在轨道交通内的应用探讨	胡昌桂
8	BIM 技术在城市轨道交通工程设计中的应用研究	范礼乾
9	BIM 技术在城市轨道交通通信设计中的应用及需求分析	刘宏源
10	浅谈武汉地铁 6 号线基于 LTE-M 的无线 CBTC 系统	邓志翔
11	浅议基于全自动运行环境下的行车综合自动化系统	王皓
12	面向工业 4.0 的 5G 态北斗 6D 运营监测	焦爱军、刘荣峰、焦爱平、段龙飞、李扬、任耀、马卿、王京华、赵晓明、安世友、孙中会、蒋中文
13	以 6A 与 6C 为例的 5G 态北斗 6D 在线监测	焦爱军
14	全自动驾驶等级及工程建设分析	杨安玉
15	城市轨道交通 TD-LTE 技术组网应用研究与实践	陶宇龙
16	地铁环境与设备监控系统 PLC 组网结构的探讨	周晓鹏、王辉
17	郑州市轨道交通临时线网 AFC 检测中心建设方案探讨	张瀛丹、李道全
18	全自动驾驶模式车地无线通信系统方案研究	焦合峰、杨雪、陶宇龙

第三部分　综合篇

序号	论文名	作者
1	地下车站换乘方案浅析	王贺敏
2	曲靖城市轨道交通方案研究	王定宝
3	城市轨道交通中维修管理系统需求的探讨研究	魏璇
4	UTO 建设模式探讨	郑生全
5	地铁车站建筑设计的不足与创新	张瑞杰
6	郑东新区轻轨龙湖线车站建筑优化设计	张珂、叶晓旭
7	轨道交通出行者均衡特性研究	阿努罕、刘英琪

第四部分　其他篇

序号	论文名	作者
1	地铁内中压供电系统电流互感器变比选择的研究	巨轩同
2	消防水池及地下工程室外消火栓设计中几个问题的探讨	张忠品、周金忠、范太兴
3	单路供水地铁车站消防设计方案探讨	张存、周金忠、张忠品
4	基于灰色关联层次分析的城市轨道交通线路能耗评价与节能措施	张军、杨春
5	郑州市城郊铁路工程气体灭火系统设计总结	曹海量、杨广伟
6	地铁车站消火栓系统验收方法及常见问题	杨广伟、王旭红

鸣　谢

在本书编写过程中，得到了理事及会员单位的大力支持，协助调研及资料搜集，为本书提供了大量素材，在此深表感谢！

特别对各章节主编单位及编写人员表示诚挚的谢意！
北京城建设计发展集团股份有限公司
北京交通大学
北京城建勘测设计研究院有限责任公司
上海申通地铁集团有限公司
南京地铁集团有限公司
广州地铁集团有限公司

以下单位也提供了资料和素材，在此一并表示感谢！
北京市轨道交通建设管理有限公司
天津轨道交通集团有限公司
重庆市轨道交通（集团）有限公司
深圳市地铁集团有限公司
成都轨道交通集团有限公司
哈尔滨地铁集团有限公司
长春市轨道交通集团有限公司
南昌轨道交通集团有限公司
济南轨道交通集团有限公司
青岛地铁集团有限公司
天津滨海快速交通发展有限公司
无锡地铁集团有限公司
南宁轨道交通集团有限责任公司
中铁第四勘察设计院集团有限公司
中铁第六勘察设计院集团有限公司
上海市隧道工程轨道交通设计研究院
广州地铁设计研究院股份有限公司
中铁电气化局集团有限公司
中铁十六局集团有限公司
中电建南方建设投资有限公司
中铁南方投资集团有限公司